国家重大学术文化工程、"十四五"规划项目
《(新编)中国通史》纂修工程重要阶段性成果

《(新编)中国通史纲要》
《中华文明史简明读本》

中华文明史简明读本 上

中国历史研究院 主编

中国社会科学出版社

图书在版编目（CIP）数据

中华文明史简明读本：全二册/中国历史研究院主编. —北京：中国社会科学出版社，2024.1（2025.1重印）
ISBN 978-7-5227-2641-0

Ⅰ.①中⋯　Ⅱ.①中⋯　Ⅲ.①文化史－中国－通俗读物
Ⅳ.①K203-49

中国国家版本馆CIP数据核字（2023）第197984号

审图号：GS（2023）4565号

出 版 人	赵剑英
责任编辑	钟　社
责任校对	王佳玉
责任印制	李寡寡

出　　版	中国社会科学出版社
社　　址	北京鼓楼西大街甲158号
邮　　编	100720
网　　址	http://www.csspw.cn
发 行 部	010-84083685
门 市 部	010-84029450
经　　销	新华书店及其他书店

印刷装订	北京君升印刷有限公司
版　　次	2024年1月第1版
印　　次	2025年1月第3次印刷

开　　本	710×1000　1/16
印　　张	59.5
字　　数	686千字
定　　价	168.00元（全二册）

凡购买中国社会科学出版社图书，如有质量问题请与本社营销中心联系调换
电话：010-84083683
版权所有　侵权必究

总序

盛世修史，资政弘文，述往开来。

我们的新时代，集大成而开新局。中华民族伟大复兴进入不可逆转的历史进程，世界百年未有之大变局加速演进，两个大局同步交织、相互激荡，人类文明走到新的十字路口。面对各种前所未有的风险和挑战，以习近平同志为核心的党中央从历史长河、时代大潮、全球风云中分析演变机理、探究内在逻辑，牢牢把握历史主动、锚定奋斗目标，坚持和发展中国特色社会主义，开辟中国式现代化新道路，创造人类文明新形态，标注中国发展新方位、中华文明新高度，为人类文明进步事业树立了中国典范。

站在新时代的历史制高点，编撰《（新编）中国通史纲要》和《中华文明史简明读本》，二者互为托举、相得益彰，以历史科学的宏阔视野，探求中华民族伟大复兴的历史底蕴和文明动因，揭示中国特色社会主义在五千多年中华文明史上的伟大意义，为广大干部群众增强历史自觉、坚定文化自信，坚定不移走中国特色社会主义道路厚植根基，培育沃土，提供滋养。

一

中国之为中国，是延绵五千多年而不绝的悠久历史，是广土众民凝聚不散的天下秩序，是时空经纬交织下，中华民族成长壮大的宏伟进程，是古今新旧相续中，中华文明不断自我涤荡、不断自我超越的革故鼎新。当代中国是历史中国的延续和发展，中华民族最深沉的精神追求，植根于五千多年中华文明的历史轴线上；中华民族独特的精神标识，奠基于五千多年中华文明的广袤沃土中。源远流长、博大精深的文明历史，培育了中华民族百折不挠、勇往直前的志气、骨气和底气，夯实了中华民族守正创新、昂扬向上的高尚品德和深厚的家国情怀。

"欲知大道，必先为史。"赓续不断的治史、修史传统，是中华五千多年文明薪火相传的文脉支点。自司马迁著《史记》以来，以贯通古今、涵纳天下为旨要的通史撰述传统，即贯穿于两千余年历史演进之中，"究天人之际，通古今之变"成为历代史家肩负的治史使命，"我欲载之空言，不如见之于行事之深切著明"成为历代史家不懈追求的修史精神。"史非一家之书，实千载之书"，正是透过浩如烟海的史学典籍，中华民族的成长历程、发展进程以及思想精华、价值理念得以呈现，得以流传，得以光大，厚植了中华民族生生不息、发展壮大的历史底蕴，增强了中华民族凝聚一统、阔步向前的历史自觉。正是在"承敝通变"的特质导引下，众多"通史"经典之作，积淀着中华民族最醇厚的基因谱系，系著于历久弥新的精神塑造，表征于多元一体的基本图景，构成了中华文明生机盎然的内在机制和演进路径。

五四运动以后，在仁人志士寻求中华民族复兴的伟大奋斗中，以唯物史观为指导、以社会形态研究为主体的马克思主义史学体系在中华大地生根、发芽、结果。这一崭新的学术体系，将中国现代史学与以儒家思想为指导的传统史学彻底区别开来，与以资产阶级意识形态为指导的近代史学彻底区别开来。在马克思主义光辉旗帜指引下，涌现出翦伯赞的《中国史纲要》、郭沫若的《中国史稿》、范文澜和蔡美彪的《中国通史》、白寿彝的《中国通史》等一批中国通史纂修的标志性成果。马克思主义史学前辈们沿着历史唯物主义指引的方向，以宏大的学术气派，细致考察人类历史变迁的内在轨迹，准确揭示了中华文明既遵循人类社会与世界文明发展的一般规律，又具有自身鲜明民族特色的独特发展道路。古老的通史撰述传统重光，在接续发展中焕发出新的活力。

二

中国共产党作为马克思主义政党，坚持把马克思主义基本原理同中国具体实际相结合、同中华优秀传统文化相结合，不断推动马克思主义中国化时代化，推进中华优秀传统文化创造性转化、创新性发展。我们党历来高度重视学习历史、研究历史、运用历史，善于从历史的兴衰成败中总结治国理政经验教训，从而牢牢把握历史规律和发展大势。在中华民族伟大复兴的关键时期，更加需要系统研究中国历史和文化，更加需要深刻把握人类发展历史规律，在对历史的深入思考中汲取智慧、走向未来。

近年来，一系列重大史学工程，如点校本"二十四史"修订工程、夏商周断代工程、中华文明探源工程、清史纂修工程等，有力推动了中国史学繁荣发展。在史学界同仁共同努力下，史学理论、史学方法推陈出新，新材料、新领域不断开拓，新技术、新手段在史学研究中广泛应用，学科交叉融合日益多元，史学成就硕果累累，史学队伍人才辈出。推出一部反映新时代中国史学学术水准、思想标杆的通史著作，可谓恰逢其时。

值得注意的是，西方学界关于中国历史的一些通史类著述，虽然多有史实硬伤，观点失之偏颇，但在国内外学术界和社会上却有不小影响。编撰《（新编）中国通史纲要》就是要继承和弘扬我国治史、修史的优良传统，在一代代史学家理论建树和丰厚学术研究积累的基础上，按照新时代新要求，正本清源、守正创新，以新理论、新材料、新方法，展现中国史学新成就，呈现中国史学新思想，传递中国史学新表达，在国际史学思潮的激荡中，清晰、坚定、响亮地发出新时代中国史学的正声，以新时代中国史学的崭新风貌为中国精神、中国价值、中国力量注入强大能量。

三

习近平总书记指出："一个国家和民族的文明是一个国家和民族的集体记忆。人类在漫长的历史长河中，创造和发展了多姿多彩的文明。从茹毛饮血到田园农耕，从工业革命到信息社会，构成了波澜壮阔的文明图谱，书写了激荡人心的文明华章。"

中华文明是与古埃及文明、两河文明、古印度文明并称的历史最悠久的世界四大古老文明之一，也是其中唯一未曾中断、延续至今的文明。只有厘清中华五千多年文明史的源头，才能真正把握中华文化的历史底蕴，才能培育出文化自信的宏大气度。探索中华文明起源，一是确立符合中国考古资料特征和中华文明特质的文明形成标准，二是追寻统一多民族中国的历史雏形。根据恩格斯"国家是文明社会的概括"的著名论断，我们以历史唯物主义为理论武器，形成符合中国历史实际的文明标准：生产发展，人口增加，城市出现；社会结构上出现社会分工、阶层分化，出现阶级；出现区域性"古国"政体或"早期国家"，形成各地区"相互作用圈"这一"最初的中国"形态。

在距今6000年至5300年前后，中国各地区相继进入早期文明阶段，"古国"——非严格意义上的国家，如"满天星斗"熠熠生辉。以良渚文化为代表的考古发现表明，距今约5300年前后，中国一些地区已经拥有更多"文明"社会的要素，使"中华民族五千多年文明史"的定论，拥有了充分的考古学实证。

内聚的地理环境、广阔的疆域和众多的人口，是中华文明传承的客观条件。农耕文明、游牧文明、海洋文明的相互交融，丰富了中华文明的形式与内涵。中央集权的政治制度，儒家学说为骨干的意识形态，为文明成长繁荣创造了条件。独特的史学传统造就了源远流长、延绵不断的文明传承意识。同域外文化相互交流交融，取长补短、兼收并蓄，是中华文明丰富发展的不竭动力。历经长期发展，中华文明培育出以道为统，以儒为基，以天人合一为根本理念，以民本为政治思想基底，以大一统为政治理想核心，以通变革新为鲜明品格，以天下大同为崇高理想的优秀传统文化，在符合自己特点的道路上生生不息、薪火相传。

中华优秀传统文化是中华文明的智慧结晶和精华所在，是中华民族的根和魂，是我们在世界文化激荡中站稳脚跟的根基。中华优秀传统文化蕴含的独特价值，凝聚多元区域和不同族群，汇聚成中华民族共同体的磅礴力量，而中华优秀传统文化在穷变通久、推陈出新中，展现出持久而强大的生命力，为人类进步和世界文明进步事业作出重大贡献。

近代以来，中华民族从国家蒙辱、人民蒙难、文明蒙尘的空前劫难，到经过百年奋斗逐步走向复兴、重铸文明新辉煌。中国共产党团结带领全国各族人民走上了符合国情的革命道路和发展道路，一步步实现独立自主的现代化，一步步激活中华文明的内在力量，一步步促进中华文明的现代转化，创造了经济快速发展奇迹和社会长期稳定奇迹，中华民族伟大复兴进入不可逆转的历史进程。正如习近平总书记指出的："在漫长的历史进程中，中华民族以自强不息的决心和意志，筚路蓝缕，跋山涉水，走过了不同于世界其他文明体的发展历程。"

一百多年来，党领导人民艰辛探索文明转型，成功走出中国式现代化道路，持续推进中华民族现代文明建设，深刻影响着世界历史进程。我们建设的中华民族现代文明，是中国共产党领导的社会主义文明，是植根中华优秀传统文化、具有中华文化主体性的文明，是借鉴吸收人类一切优秀文明成果的文明。这种新型文明既遵循人类文明发展的普遍规律，又具有鲜明的民族特色和时代特征，体现科学社会主义先进本质，代表人类文明进步的发展方向。

四

习近平总书记指出："在五千多年中华文明深厚基础上开辟和发展中国特色社会主义，把马克思主义基本原理同中国具体实际、同中华优秀传统文化相结合是必由之路。"中国特色社会主义从五千多年中华文明史中走来。"第二个结合"，立足波澜壮阔的中华五千多年文明史，中国道路的历史必然、文化内涵与独特优势，让中国特色社会主义道路有了更加宏阔深远的历史纵深，拓展了中国特色社会主义道路的文化根基。

中华文明具有从历史演进中探寻不变之常道的理性特质，"通古今之变"具有"究天人之际"的超越性意义。文明史视野在当代中国史学的回归，映照着新时代最深切的关怀。当代中国的每一次创造，都是五千多年文明历史的自我更化；中华民族的伟大复兴，也意味着中华文明的伟大复兴，不仅带动了现代世界文明版图的大变化，而且向世界昭示了人类文明的未来前景，昭示了更大格局的人类文明新形态。人类文明新形态是古老的中华文明实现现代化的形态，它根植于深厚的中华文明土壤，以人民至上的核心价值为导引，发挥集中统一的政治领导在组织经济社会生活中的效能；它凝聚起中华民族共同体意识，构建了天下一家的人类命运共同体理念，确立了"和而不同""不齐而齐"的和平发展、和谐共享的世界秩序观念。

中国式现代化道路所开创的文明新形态，不是与传统断裂的新文明，也不是照搬照抄其他国家现代化道路，而是从古老文明中走出来、从中华大地上长出来的古今一贯的中华民族现代文明，向世界彰显了熔旧铸新而非弃旧逐新、独立自主而非附属于他人的文明发展理念，为广大发展中国家的文明发展之路提供了全新启示和借鉴。恰如习近平总书记所言，"中国式现代化是中华民族的旧邦新命，必将推动中华文明重焕荣光。"

马克思、恩格斯指出，"文明"与人类的物质生产、精神生产相联系，以生产力发展水平为标志，标示着社会开化与进步，是人类认识和改造世界活动的全部成果。马克思主义文明理论的核心，是强调"文明是实践的事情，是一种社会品质"，科学阐述文明的实践性和社会性，以及二者在文明生成和发展中的内在逻辑联系。深刻理解人类文明新形态，唯有以唯物史观为根本指引，回到历史深处，才能回答好中华文明起源形成发展的基本图景、内在机制以及各区域文明演进路径，中华文明的精神特质和发展形态，中华文明与其他文明交流互鉴的历史进程与成就贡献等一系列重大问题。

将《中华文明史简明读本》与《（新编）中国通史纲要》配套编撰，同步完成，充分体现唯物史观的基本观点，即社会实践是文明生成、存在和发展的前提和基础。"文明"自生成之时起，就有实际的社会内容，不存在抽象的超社会之外的文明。以唯物史观为指导，是阐明中华民族共同体发展路向和中华民族多元一体演进格局，阐明中华文明讲仁爱、重民本、守诚信、崇正义、尚和合、求大同的精神特质和发展形态，阐明中国道路深厚底蕴的唯一法宝。

五

编撰《（新编）中国通史纲要》和《中华文明史简明读本》是新时代赋予中国历史学的崇高使命，其最鲜明的底色就是以习近平新时代中国特色社会主义思想为旗帜和灵魂，以习近平总书记关于历史和历史科学重要论述为根本遵循，毫不动摇地把马克思主义立场、观点、方法贯穿于两书编撰全过程、各方面。其最显著的特色就是秉持大历史观，立足全局性、长时段、发展的眼光，全面考察历史之"变"，深入探究历史之"理"，努力攀登当代中国史学新高峰。其最核心的目标就是以科学回答中国之问、世界之问、人民之问、时代之问为己任，"以中国为观照、以时代为观照，立足中国实际，解决中国问题，不断推动中华优秀传统文化创造性转化、创新性发展，不断推进知识创新、理论创新、方法创新"，讲清楚中国是什么样的文明和什么样的国家，讲清楚中国人的宇宙观、天下观、社会观、道德观，展现中华文明的悠久历史和人文底蕴，揭示中国特色社会主义道路和人类文明新形态的历史渊源，昭示中华民族伟大复兴的必然趋势，展现新时代中国共产党人对中华民族历史、文明进程的基本立场、基本观点和基本看法，促使世界读懂中国、读懂中国人民、读懂中国共产党、读懂中华民族。

马克思主义社会形态理论是贯穿两书的核心指导思想，科学讲述五千多年中华文明史是两书的基本主旨。在体例上，真正做到"通古今之变"，从文明起源一直论述到2022年党的二十大胜利召开，这在我国史学同类著作中还是第一次。在学术上，立足前沿，力求有所创新与突破，如关于文明的界定、社会形态变迁、民族关系等问题，均不囿成说，提出新观点，运用新概念，做出新阐释。

《（新编）中国通史纲要》在厘清历朝历代主要史实和发展脉络的基础上，以国家统一、社会发展为主线，围绕中华民族历史的关键节点，关键之变，突出历史道路、历史主流、历史成就和历史趋势，讲透彻新时代如何从历史中国走来，新时代取得的辉煌成就和历史意义。全书分三部分：史前部分充分利用考古发掘与研究成果，辅之以出土、传世文献及相关学科的材料，梳理从旧石器时代到新石器时代、从氏族到部落到部落联盟的发展历程；古代史部分以政治和文化为纲，以中华民族成长与壮大为主干，叙述从夏商至清朝各个历史时期的重要史实；近现代史部分，以中华民族伟大复兴为主脉，阐述中国自主的近代化之路被西方列强入侵所打断，中国沉沦至半殖民地半封建社会深渊。在中国人民和中华民族伟大觉醒中，1921年中国共产党应运而生，开启中华民族伟大复兴之路。一百年来，中国共产党团结带领中国人民，坚持独立自主走自己的路，取得革命、建设、改革伟大胜利，开创、坚持、捍卫、发展中国特色社会主义。进入新时代，中华民族迎来从站起来、富起来到强起来的伟大飞跃，中华民族伟大复兴进入不可逆转的历史进程。

《中华文明史简明读本》按照文明成长历程，以思想文化、精神文明为主线，突出"文明地标"，凸显时代特色、世界意义，重点聚焦中国特色文明定义、中华文明发展演进的基本脉络、中华文明生成发展的内在动力，探讨中华文明的核心精神基因、现代元素和突出成就，展现中华文明和其他文明交流互动的历史真相，阐释人类文明新形态的历史渊源、独特品格和世界意义。全书从多重维度展开，以制度变迁和政治思想流变阐释中华政治文明，以绵长深厚的学术传统和灿烂辉煌的文化成就阐释中华精神文明，以传统农工商转向近代工业的发展脉络阐释中华经济文明，以生产工具和科学技术的迭代更新阐释中华科技文明。

"对历史最好的继承就是创造新的历史，对人类文明最大的礼敬就是创造人类文明新形态。"习近平总书记发出了新时代的最强音，为我们赓续中华历史文脉、担负起新的文化使命、建设中华民族现代文明指明了前进方向、提供了根本遵循。新时代的无数创造，无疑具有非同寻常的历史意义。新时代中国特色社会主义宏大实践，既是中华五千多年文明史上最耀眼的篇章，也是对人类文明历史最卓越的贡献。中华民族伟大复兴仍在路上，世界文明进步事业的大道仍充满激流险滩。然而，理想激励着我们，使命召唤着我们，我们要从中华文明中汲取滋养，确保中国特色社会主义实践创新建立在历史发展规律之上，行进在历史正确方向之上。要深刻把握中华民族的根和魂，推动中华优秀传统文化同社会主义社会相适应，更好构筑中国精神、中国价值、中国力量，为新时代改革发展注入强大动能。要坚定文化自信，立足中华民族伟大历史实践和当代实践，用中国道理总结好中国经验，把中国经验提升为中国理论，实现精神上的独立自主。要以开放包容的心态与其他文明交流互鉴，讲好中华文明故事，弘扬中华文明蕴含的全人类共同价值，推动构建人类命运共同体。这就是我们编撰和出版《（新编）中国通史纲要》和《中华文明史简明读本》的初衷和最大的心愿。

两书编写组

2023年12月

总目录

上 册

第一章　文明肇基（史前）……………………………… 1

第二章　夏殷之礼（夏商）……………………………… 59

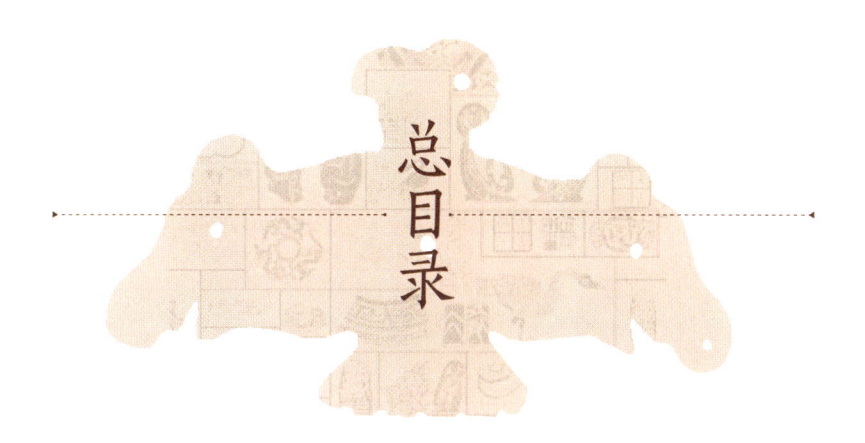

第三章　周命维新（西周）……………………………… 111

第四章　百家争鸣（春秋战国）………………………… 155

第五章　六合同风（秦汉）……………………………… 209

第六章　汇聚融合（魏晋南北朝）……………………… 277

第七章　四海一家（隋唐五代十国）…………………… 331

第八章　"文"冠一时（两宋）………………………… 387

第九章　多元一统（辽夏金元）………………………… 443

下 册

第十章　近代初曙（明清）……………………………… 517

第十一章　沉沦探索（旧民主主义革命时期）……………… 599

第十二章　文明新路（新民主主义革命时期）……………… 647

第十三章　换了人间（新中国成立与社会主义革命和
　　　　　建设的展开）………………………………………… 699

第十四章　春回大地（改革开放和社会主义现代化建设
　　　　　新时期）…………………………………………… 751

第十五章　走向复兴（中国特色社会主义新时代）………… 813

结语　人类文明新形态……………………………………… 901

后　记………………………………………………………… 917

目录（上册）

第一章　文明肇基（史前）

第一节　中华文明基因的出现 ⋯⋯⋯⋯⋯⋯⋯⋯⋯⋯⋯ 5
　　一　中国古人类文化的多样性 ⋯⋯⋯⋯⋯⋯⋯⋯⋯ 5
　　二　农业革命与以农为本 ⋯⋯⋯⋯⋯⋯⋯⋯⋯⋯⋯ 9
　　三　定居和亲族血缘制度 ⋯⋯⋯⋯⋯⋯⋯⋯⋯⋯⋯ 11
　　四　"天人合一"观念和早期宇宙观 ⋯⋯⋯⋯⋯⋯ 14

第二节　中华文明的形成 ⋯⋯⋯⋯⋯⋯⋯⋯⋯⋯⋯⋯⋯ 22
　　一　文明标准的中国方案 ⋯⋯⋯⋯⋯⋯⋯⋯⋯⋯⋯ 22
　　二　多元一体的"最初的中国" ⋯⋯⋯⋯⋯⋯⋯⋯ 24
　　三　灿烂艺术与早期政治实践 ⋯⋯⋯⋯⋯⋯⋯⋯⋯ 27

第三节　"天下政治观"的形成 ⋯⋯⋯⋯⋯⋯⋯⋯⋯⋯ 42
　　一　东西方文明的早期交流 ⋯⋯⋯⋯⋯⋯⋯⋯⋯⋯ 43
　　二　宗教权力与世俗权力的结合 ⋯⋯⋯⋯⋯⋯⋯⋯ 45
　　三　"天下政治观"的初步形成 ⋯⋯⋯⋯⋯⋯⋯⋯ 50

四　中国特色文明型国家发展道路的开启……………… 55

第二章　夏殷之礼（夏商）

第一节　禹铸九鼎…………………………………………… 63
　　一　夏王朝的创建……………………………………… 63
　　二　青铜文明兴起……………………………………… 66
第二节　殷商灿烂文明……………………………………… 74
　　一　都邑营建与繁荣…………………………………… 76
　　二　内外服政体创立…………………………………… 83
　　三　天下四方观念与商文明的传播…………………… 92
第三节　殷人的精神世界…………………………………… 95
　　一　以上帝为核心的众神……………………………… 96
　　二　祖先崇拜…………………………………………… 98
第四节　商文明的伟大成就………………………………… 100
　　一　青铜铸作的鼎盛…………………………………… 101
　　二　成熟的汉字体系…………………………………… 104
　　三　疾病认知与历法设计……………………………… 106
　　四　殷礼影响深远……………………………………… 107

第三章　周命维新（西周）

第一节　家国天下的构建…………………………………… 114

一　宗法与姓氏 …………………………………… 115
　　二　封建亲戚以蕃屏周 …………………………… 123
　　三　册命王臣的行政机制 ………………………… 127
第二节　天命与德治 …………………………………… 134
　　一　"受天有大命" ……………………………… 135
　　二　称颂祖考之德的理性崇拜 …………………… 137
第三节　礼乐文明的发展 ……………………………… 140
　　一　青铜礼器思想变革 …………………………… 140
　　二　汉语记述高度发展 …………………………… 144
　　三　历法重视月相 ………………………………… 147
　　四　周礼的深远影响 ……………………………… 148

第四章　百家争鸣（春秋战国）

第一节　"礼崩乐坏" …………………………………… 158
　　一　变法蔚然成风 ………………………………… 158
　　二　华夏夷狄交错融合 …………………………… 163
　　三　地域文化彰显风采 …………………………… 166
　　四　"士"的崛起与阶层变迁 …………………… 169
第二节　技术进步与百业精进 ………………………… 172
　　一　农田水利耕种技术的新突破 ………………… 172
　　二　冶铸与制造的繁荣 …………………………… 175
　　三　手工业与产业管理的发展 …………………… 181
第三节　诸子思想争鸣 ………………………………… 184

一　百家之学同源异流……………………………………184
　　二　儒家的克己复礼与仁政思想…………………………186
　　三　墨家的自律与格物实验………………………………193
　　四　道家的无为而治………………………………………196
　　五　法家的冷峻与严明的律令……………………………199
　　六　兵家的死生之道………………………………………200
　　七　阴阳家、杂家与纵横家………………………………202

第五章　六合同风（秦汉）

第一节　大一统中央集权的初步确立……………………………213
　　一　皇帝与中央、地方官制的创设理念…………………213
　　二　编户齐民与"治民"思想……………………………219
　　三　统制官营………………………………………………221
　　四　统一端正的文字礼俗…………………………………224
　　五　律令科比与"《春秋》决狱"………………………227
第二节　独尊儒术…………………………………………………229
　　一　从法家主导到黄老无为………………………………230
　　二　表章六经………………………………………………233
　　三　兼取王霸之道…………………………………………235
第三节　文化整合创新……………………………………………237
　　一　经学与典籍整理………………………………………238
　　二　佛、道传播……………………………………………241
　　三　史学与文学……………………………………………243

　　　　四　雕塑与绘画 …………………………………… 246

第四节　科技进步 ……………………………………… 249
　　　　一　农业技术 …………………………………… 249
　　　　二　建筑科技 …………………………………… 252
　　　　三　手工业 ……………………………………… 255
　　　　四　机械技术 …………………………………… 259
　　　　五　历法与算术 ………………………………… 261
　　　　六　中医学 ……………………………………… 262

第五节　文明交通新纪元 ……………………………… 264
　　　　一　四通八达的交通网络 ……………………… 265
　　　　二　陆路丝绸之路 ……………………………… 268
　　　　三　海上丝绸之路 ……………………………… 271

第六章　汇聚融合（魏晋南北朝）

第一节　文化传承与文明融汇 ………………………… 281
　　　　一　王朝兴替与文明交汇 ……………………… 281
　　　　二　典制变革中的文明理念 …………………… 287
　　　　三　知识传承与文明传播 ……………………… 293

第二节　社会思潮与民众信仰 ………………………… 297
　　　　一　国家意识中的夷夏观与正统论 …………… 298
　　　　二　魏晋玄学与士人风貌 ……………………… 300
　　　　三　儒学的传承与发展 ………………………… 302
　　　　四　佛教的本土化与世俗化 …………………… 303

五	道教变革与"三教论衡"	307
第三节	文化自觉与科技进步	309
一	文学自觉与史学繁荣	309
二	艺术的多样化与多元化	313
三	科学发展与技术进步	318
四	物质文明与文化遗产	325

第七章　四海一家（隋唐五代十国）

第一节	东亚政治文明的新典范	335
一	"以民为本"的东亚典范	335
二	科举取士的新探索	340
三	农牧一体的民族新思想	344
第二节	文明的包容与汇聚	349
一	儒、释、道的论争与融合	350
二	排佛与援佛下的思想变革	355
三	丝绸之路大发展与文明互鉴	360
四	对外来思想文化的吸收容纳	364
第三节	文化的灿烂与传播	368
一	史学与文学的繁荣鼎盛	369
二	艺术与科技的蓬勃发展	373
三	物质文化与知识的交流	380

第八章 "文"冠一时（两宋）

第一节 文以立国 ……………………………… 391
 一 "祖宗家法"防弊思想 ……………… 391
 二 变法与政治改革精神 ………………… 397
 三 正统、道统观念的强化 ……………… 399
 四 理性精神的世界性意义 ……………… 404

第二节 人文鼎盛 ……………………………… 407
 一 宋学出现与理学形成 ………………… 407
 二 文学的兴盛发展 ……………………… 414
 三 史学的继承革新 ……………………… 420
 四 四大类书的编撰 ……………………… 424
 五 宗教演进的承前启后 ………………… 425

第三节 一代繁华 ……………………………… 428
 一 经济发展与都市繁荣 ………………… 429
 二 艺术的精致典雅 ……………………… 430
 三 科技的发明革新 ……………………… 437

第九章 多元一统（辽夏金元）

第一节 混一之盛 ……………………………… 447
 一 辽夏金的民族融合 …………………… 447

二　元朝大一统多民族国家形态的缔造……………………453
　　三　元朝统一经济体系的形成与发展…………………………463
第二节　儒学与宗教的新发展……………………………………470
　　一　辽夏金对儒学的认同与崇尚………………………………470
　　二　理学的推广与官方思想地位的确立………………………475
　　三　辽夏金元宗教的新变化……………………………………480
第三节　文化的中外交流与多元气象……………………………490
　　一　元朝中外交流的兴盛繁荣与世界影响……………………491
　　二　元朝文学与史学的多元成就………………………………494
　　三　辽夏金元科技的探索与进步………………………………503
　　四　元朝艺术的博大气象………………………………………511

第一章 文明肇基
（史前）

第一章　文明肇基（史前）

章首语

中国大地，中华文明的孕育之地，地势如同三级巨大的阶梯，环境多元复杂。世界屋脊青藏高原倚天而立，为第一级；大兴安岭、太行山、巫山和湘西群山由东北绵延到西南，西为以黄土高原为核心的第二级；东为各大平原和丘陵组成第三级。以江河为经络，山脉为骨骼，浑然而为一体；又有千差万别的地理单元。既有高山、流沙阻隔，呈独立之势，又东南面向海洋、西北通达欧亚大陆腹心。中国人的祖先，钟此天地之灵秀，得物华天宝，汇多元为一体，包容四方先进因素，以成文明，以成中国。

中华文明起源经历了在辽阔而多元的地理空间中，各地区文化"裂变""撞击"和"融合"，由多元而一体，再到核心文化引领的宏大进程。

漫长的旧石器时代，中国人完成了"连续进化、附带杂交"的演化进程。进入新石器时代，南稻北粟的双作物农业起源、家猪的驯化，不仅为人类生存和发展做出了特殊贡献，也为中华文明起源奠定了坚实的基础，确立了以农为本的重要基因。农业定居生活，促进着工艺、思想和艺术的发展。距今9000—6000年，各主要文化区形成各自的独特传统，中华文明的优秀要素在不同地区先民的生产和生活实践中孕育、生长，焕发出勃勃生机，闪耀着天人合一的智慧。以农为本的居住和生产生活方式，生老病死的循环，滋养着亲情，培育出以血缘为基础的社会组织，成为此后大规模政治组织构建的基础，对家族兴旺的责任和对祖先的敬奉，成为我们重要的文明基因，也成为家国一体政治理念的重要基础。

距今6000年前后，南到长江，北到辽河，文明星火已经在各地熠熠生辉。中华文明的重要元素和基因已经初步形成，先民们以血缘宗族凝聚社会，以天人合一、沟通感应的原始宗教信仰探究自然之奥秘、协调人与自然的关系，以美玉、绿松石、象牙、精致白陶、刻画和彩绘图像物化信仰、展示艺术才华，在物质文化、精神文化和社会发展方面不断取得创新突破。距今5000年前后，以各地"古国"社会形成、"最初的中国"形成和良渚文化构建早期国家为标志，中华文明形成。距今4000年前后的龙山时代，各地区密切互动、此起彼伏构建早期国家的政治实践，孕育出由宇宙观到"天下政治观"的宏大政治理想，成为维系中华文明统一性的"大一统"思想的基础。夏王朝应运而生，中华文明进入强大核心文化引领的新阶段。

第一节　中华文明基因的出现

　　中国广袤大地的自然环境与资源千差万别，由此产生了不同的石器生产技术，孕育出类型多样的旧石器时代考古学文化。中华文明多元发展的特色，在旧石器时代已经萌芽。距今1万多年前，植物和动物的驯化、具有加工谷物等新功能的石器、用于炊煮的陶器以及定居村落的出现，共同在中国南北大地上，描绘出农业革命发生、新石器时代来临的生机勃勃的画面。中国先民在大江南北和大河上下，播下稻种、粟种，也播下了中华文明以农为本的基因。他们在广大的地理空间内，仰观天文，俯察地理，在斗转星移、四季变化中，以独特的智慧，思考天、地、人之奥义，开始了沟通天地，凝聚宗族的实践。距今9000—6000年，各主要文化区形成各自的独特传统，中华文明优秀要素在不同地区先民的生产和生活实践中孕育、生长，焕发出勃勃生机，闪耀着天人合一的智慧。

一　中国古人类文化的多样性

　　连续演化　目前已发现的距今700万—200万年的人类化石全部来自非洲，"人类起源于非洲"是学界主流观点。非洲的南方古猿和能人演化成直立人之后，在距今200万年前后，走出非洲，向世界扩散。中国是世界早期人类扩散和演化最为重要的区域之一。湖北建始人（距今约200万年）、云南元谋人（距今约170万年）和陕西蓝田人

（距今约160万年）等都是中国早期直立人的典型代表。20世纪80年代，西方学者通过对现生人类DNA的测序分析，认为世界上所有现代人，都在20万—10万年前起源于非洲，逐步扩散到世界各地；第一次走出非洲的直立人或已灭绝，或被替代。

中国最早直立人出现后的100多万年中，每个时间段，各地都有古人类狩猎采集身影出现。他们包括北京人（距今78万—23万年）、陕西陈家窝人（距今65万年）、安徽华龙洞人（距今30万—27万年）、陕西大荔人（距今30万—26万年）、贵州盘县大洞人（距今28万—13万年）、贵州桐梓人（距今24万—17万年）、湖北长阳人（距今20万年）、广东马坝人（距今30万—13万年）、河南灵井人（距今12万—10万年）、湖南福岩洞人（距今12万—8万年）、山西丁村人（距今11万—7万年）、湖北黄龙洞人（距今10万—8万年）、广西智人洞人（距今10万年）、广西柳江人（距今6.7万年）和四川资阳人（距今3.5万年）等。这些古人类之间的演化过程，还缺乏古DNA支持。按照第二次走出非洲说，他们都不是我们的真正祖先。距今约4万年的北京田园洞人遗骨上，提取到目前中国最早的人类DNA，属于现代人的一支，但没有繁衍下来。目前，有确凿古DNA证据的中国人最早的祖先，是距今1万多年的东北地区人群。

但是，上述中国古人类头骨都保持着独有特征，如头骨正中的矢状脊、突出的面部、高而前突的颧骨、阔鼻、铲形上门齿和下颌圆枕等。湖南省道县福岩洞发现的47枚牙齿，已经具有现代人的全部特征。因此，从体质特征上看，中国现代人是从本地直立人连续演化而来。同时，古DNA研究最新结果显示，曾被认为灭绝的古人类与现代人存在基因交流，推翻了他们已经全部灭绝或被完全替代的论点。

目前，中国学者提出的中国人"连续进化、附带杂交"观点与考古发现最为契合。

南北差异和多元发展　中国广袤大地的自然环境与资源千差万别，由此产生了不同的石器生产技术，并孕育出类型多样的旧石器时代考古学文化。中华文明多元发展的特色，在旧石器时代已经萌芽。

总体来看，中国旧石器文化可以划分为南北两大石器传统，以秦岭—淮河为界。北方传统以石片石器或小石器为特征。石器多以石片为毛坯，即先从石核上剥离石片，再将石片加工成器。石器类型以刮削器为主体，辅之以砍砸器和尖状器、石锥、石球等。石器加工相对精制，器形相对较小。

南方传统被称作"砾石石器传统"。多挑选合适的砾石（河卵石）直接加工石器。石器以砍砸器为主，刮削器和尖状器不发达。石器加工相对粗糙，多以大型石器为主。虽然晚期石制品存在小型化趋势，石片石器也有所增加，但变化不明显，直至新石器时代仍延续大型砾石石器传统，细石器基本缺失。

南方和北方地区内部，又可以分为不同的类型，北方地区主要有辽宁庙后山、山西丁村、宁夏水洞沟、内蒙古清水河、河北孟家泉等；南方地区主要有贵州观音洞和猫猫洞、重庆铜梁等。各类型在石器原料、制作技术、种类和形态方面各有特色，呈现出多元发展态势。

旧新石器过渡阶段的变革　旧石器时代晚期的一项重要革新是细石器的出现，即用高质量的燧石等原料，加工成细石叶等精细石器。细石器技术有极强的剥片计划性和独特的原料开发理念，涉及复杂的预制、生产过程，要使用软锤打击、间接剥片等技术。距今4万—3万年，中国北方局部区域短暂出现了为数不多的石叶技术遗存，最著名的是水洞沟第1地点的相关发现。当时，延续了百万年的石片技术体系在北方地区依然广泛持续分布，水洞沟遗址的石叶技术短暂出现后又被石片技术取代。与此同时，今俄罗斯及蒙古国的阿尔泰、泛贝加尔和西伯利亚地区，出现了大量与典型细石叶技术具有相似剥片理念的产品。

距今2.6万年前后，末次冰期开始后，寒冷的气候迫使西伯利亚地区人群南下，与中国本土人群发生交流。在此背景下，中国北方的山西下川和柿子滩、陕西龙王辿等遗址突然出现具有经过预制、可连续压制生产细石叶的细石核，标志着细石器制作技术体系在中国正式形成。

距今1.5万年前后，突然出现细石叶技术的爆发式流行，相关遗址广泛分布在华北、东北、西北及青藏高原地区。有些遗址遗存丰富，堆积较厚。例如水洞沟第12地点在残存的断崖上，可见到延续50米的文化堆积，最厚处超过1米。文化层出土丰富的石制品，包括细石叶技术产品以及磨盘、磨棒、磨光石斧等"新石器"；还有骨针等骨制品、装饰品，大量动物骨骼。研磨类工具及中小型动物资源的利用，均显示了食物的多样化。

总之，末次冰期结束以来，掌握细石叶技术的人群流动性加强，资源开发范围极大扩展；同时，他们将以前未受重视的资源纳入觅食范围，食物选择日趋多样，促成社会群体规模的增长。为了适应新的气候和人口增长，一些狩猎采集群体建立大本营，降低流动性，实行一定的社会分工，组织任务小组有针对性地外出获取资源。在这样的变革中，一些农作物得到了更多关注和利用，人群的游动性减弱，为农业革命的到来奠定了基础。

二 农业革命与以农为本

距今1万多年前，植物和动物的驯化、具有加工谷物等新功能的石器、用于炊煮的陶器，以及定居村落的出现，共同在中国南北大地上，铺展开农业革命发生、新石器时代来临的生机勃勃的画面。

江西万年仙人洞和吊桶环遗址发现距今约1.2万年的大量水稻植硅石，表明先民已经开始采集野生水稻。浙江义乌桥头遗址（属上山文化，距今11000—8500年），出土极为丰富的水稻遗存，包括炭化的稻米、稻壳、小穗轴等不同部位，样品总量多达5万余个，表现出明显的驯化特征，以更明确的证据宣示，距今1万年前后，世界最早的稻作农业已经开始萌生。目前，稻作农业供养着世界60%的人口，成为中华文明以创新性生产实践为世界文明做出的重大贡献之一。大体同时，河南舞阳贾湖遗址也发现炭化稻米，将早期稻作农业区的北界推至淮河流域。贾湖遗址还发现距今约9000年最早的驯化家猪。

中华文明在农业起源阶段，便已呈现出多元并进的局面。距今11000—9000年，北京门头沟东胡林遗址发现世界最早的炭化人工栽培粟和黍。虽然粟只有14粒，黍只有1粒，但足以宣示，中国南方先民成功驯化水稻的同时，北方先民也成功开始粟和黍的驯化。南稻北粟的中国史前农业格局由此奠定。

仙人洞发现距今约1.8万年的陶釜残片，是世界最早的陶器，是中华先民又一项创新成果。人类可以使用陶器烹煮谷物，也可以将肉食烹制成汤，极大提高了食物利用率和营养获取率。易碎的陶器广泛使用，也是定居生活出现的明确标志。桥头遗址发现环壕、建筑遗迹和墓葬，呈现出定居村落的样貌。东北地区，北京东胡林、河北阳原于家沟、徐水南庄头和河南新密李家沟等遗址，普遍发现万年以上的陶器。河北尚义四台子遗址发现距今1万年的半地穴房屋。

农业革命是人类由从自然界直接获取食物到改造自然、驯化动植物、主动生产食物的划时代转变，不仅极大提高了人类的生存能力，也直接引发生活方式、社会组织和意识形态领域的深刻变革。对耕地的依靠，使得定居成为农业人群必然采取的居住方式。狩猎采集时期，自然界的山林河湖、野生动物和植物，都是整个社群共享的资源。定居的农业村落出现后，耕地和出产的谷物更容易转化为开垦者和耕作者的私有财产。比起狩猎和采集，农作物的收获更可预期，多一份人力、多一滴汗水，就可以多一份收成；农作物也更利于长期存储，在自然食物资源短缺时，为人类提供生存保证。农业所具备的种种特性，利于私有财富积累，也更易造成贫富分化。更稳定的食物来源，必然带来人口增长、社群规模扩大，最终推动社会组织形式发展变化。

农业社会的居民，也更加重视天文观测，以便掌握季节变化规律，合理安排农时，保证丰产。由此，产生内容丰富的早期宇宙观以及与丰产相关的宗教信仰和仪式活动。相对安定的生活和较为充裕的食物保障，促进着文化艺术的发展，创造出更精美的器物、更精细且内涵丰富的图像。

世界主要原生文明均以农业为基础，中华文明同样如此。万年之前，中国先民在大江南北和大河上下，播下稻种、粟种，也播下了中华文明以农为本的基因。他们在广大的地理空间内，仰观天文，俯察地理，在斗转星移、四季变化中，以独特的智慧，思考天、地、人之奥义，开始了沟通天地、凝聚宗族的实践。

三　定居和亲族血缘制度

随着农业的发展，在距今8000年前后，中国各地普遍出现规模较大、规划完备的定居村落。以辽河流域兴隆洼文化为代表的多个遗址，提供了该时期最丰富完整的聚落资料。

敖汉旗兴隆洼遗址为面积3万多平方米的环壕聚落，百余间半地穴式房屋成排布列，规划有序。半地穴式房屋，就是先挖一个1米多深的大坑，再以木结构架设屋顶，地面用泥抹平。房间布局大致相同，烧火做饭和取暖的灶设于室内中部，部分灶以石板围起来挡火，灶的周围一般不放置任何物品，是日常活动和休息的空间，在此空间和墙壁之间，出土了各种遗物。

因为缺乏确凿证据，中国旧石器时代是否存在民族学调查中记录的原始婚姻制度，尚不得而知。兴隆洼文化考古资料显示，核心家庭很可能已经成为当时的基本血缘和社会单位。兴隆洼文化的房屋内，遗物出土位置很有规律。储存食物的陶罐、加工食物的磨盘和磨棒等放在一侧，可能是女性工作空间；用于农业生产和砍伐树木的石器放在另一侧，可能是男性工作空间。也就是说，一间房屋内，既有女性生活，也有男性生活。此外，每间房屋内，都有相似的生产工具和生活器物，应该居住有比较独立的生产和生活单位。敖汉旗兴隆沟遗址的一间房屋内，埋葬了一对成年男女。这些是中国最早的比较明确的核心家庭的证据。

每座房屋内居住一个核心家庭，每排房屋则对应着由十多个核心家庭组成的扩展家庭，其中大型房址位于各排中心，居住着地位最高的家庭。整个聚落对应更大的亲族组织。聚落中心位置的房屋最大，面积超过140平方米，屋内发现一座特殊墓葬，墓主为成年男性，随葬玉玦、磨光猪牙、兽牙饰品、骨梗石刃鱼镖和900余件细石叶，并有一公一母整猪两只。这位墓主应是整个聚落亲族的领导者。

距今7000年前后，覆盖黄土高原核心地区的仰韶文化蓬勃发展。临潼姜寨遗址一期聚落，是揭露最完整的仰韶文化早期、属于半坡类型（距今7000—6000年）的村落遗址。聚落中约有房屋120座，围绕广场分为东、南、西、西北、北五个房屋组，外围有壕沟围护。每组中各有大、中、小型房屋，门道大体朝向中心广场，房屋组间以空白地带间隔。一般认为，每组房屋代表一个亲属组织。围沟之外有墓葬区，各自对应一组居住区。整个聚落代表一个更大的亲属集团，其布局表现出各亲属组织间的平等关系，以及整个社会对亲属关系的重视。

半坡类型偏晚阶段，大型合葬墓突然开始流行，以陕西华阴横阵墓地、华县元君庙墓地和渭南史家墓地等为代表。横阵墓地发现15座多人二次合葬墓，分别套在三个大集体埋葬坑中，人骨成层安放。第一号大坑内有5个方形小葬坑，各小葬坑内人数不等，最多12

具、最少4具，共有人骨44具。小葬坑和大葬坑明显代表不同的亲属组织，有学者认为此类墓葬是母系氏族社会的反映，尚缺乏足够的证据。不过，这样特殊的合葬习俗无疑充分反映仰韶社会对亲属关系的重视。

长江流域的房屋以木结构干栏式建筑为主。宁绍平原河姆渡文化（距今7000—6000年）的浙江余姚河姆渡和田螺山等遗址，也可以看到成排分布的房屋。更多关于长江流域早期亲族社会的认识，来自墓葬。长江中游汤家岗文化（距今6800—6300年）的湖南安乡汤家岗墓地，是本时期社会发展的重要代表。该墓地经过两次发掘，揭露墓葬104座，分为南、北两区，中间有10米的空白地带。南区又可分为三个小墓群，北区有两个小墓群，各墓群、墓区和整个墓地对应不同的亲族组织。同时期的长江下游马家浜文化墓地，同样有聚族而葬的情况。

墓葬资料还反映了初步的等级分化。很多聚落中，都出现了类似兴隆洼遗址居室葬墓主的领导者，其墓圹规模和随葬品的丰富程度都超过其他墓葬。贾湖遗址的"富裕"墓葬中，随葬品达60件，包括龟甲和骨笛等特殊物品，均应为宗教仪式用品，可见某些个人因其宗教能力获得特殊地位。汤家岗墓地墓葬中，多数随葬品在4件以下，随葬品10件以上的只有6座，1座墓葬随葬品达20件。其中刻画八角星纹等特殊符号的精致白陶盘应为仪式用品，多出现在随葬品丰富的墓葬中。

中国史前先民在赖以生存的土地上，安居重迁，辛勤耕作。以农为本的居住和生产生活方式，生老病死的循环，滋养着亲情，培育出以血缘为基础的社会组织，成为此后大规模政治组织构建的基础，对家族兴旺的责任和对祖先的敬奉，成为我们重要的文明基因，也成为家国一体、"定于一尊"的政治理念的重要基础。

四 "天人合一"观念和早期宇宙观

农业定居生活不断促进工艺、思想和艺术的发展。距今9000—6000年，各主要文化区形成各自的独特传统，中华文明优秀要素在不同地区先民的生产和生活实践中孕育、生长，焕发出勃勃生机，闪耀着天人合一的智慧。

"天人合一"观念 位于长江流域下游以南、距今8000多年的上山文化，其陶器制作技术已达到相当高度。陶器种类多样，造型优雅，器表先抹白色"化妆土"，再施红色陶衣，多以白色彩绘装饰。

图1-1 上山文化彩陶

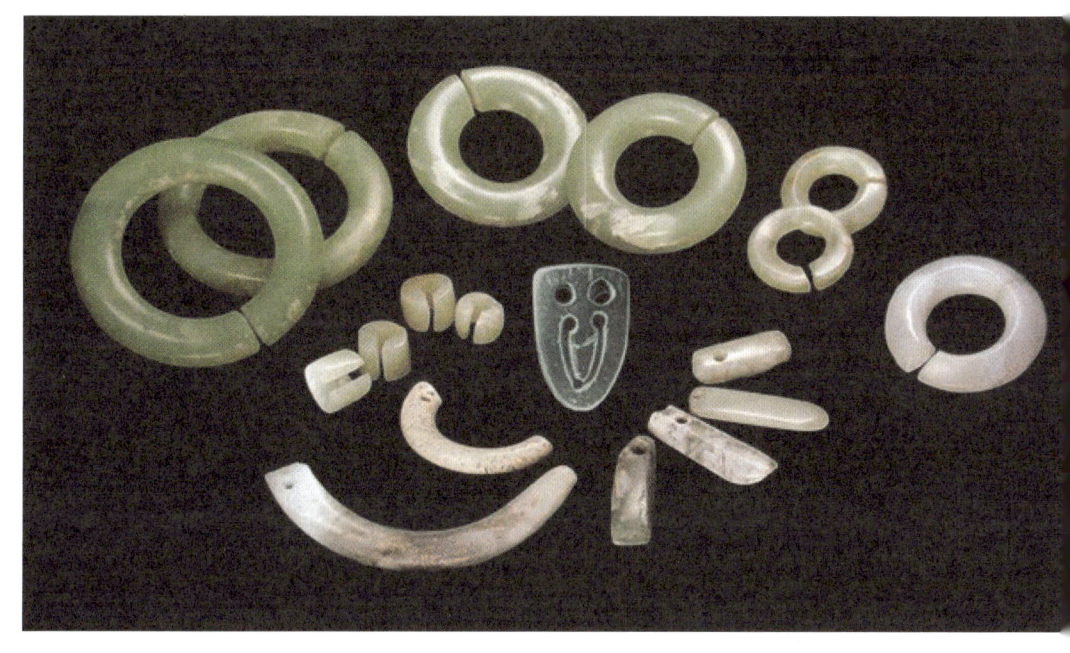

图1-2 兴隆洼文化玉器

纹样有连续点纹和"太阳"纹等。最令人惊讶的是,其中一件陶壶的颈部,发现与"八卦"符号高度近似的图案。但整体而言,该时期物质遗存反映的原始信仰内容尚不清晰。

在西辽河流域,玉器这一中华文明的重要符号,在兴隆洼文化中初放异彩,其渊源或可追溯到距今约9000年的黑龙江小南山遗址。玉器种类不但有玦和坠等饰物,还出现模仿昆虫的特殊器物。中美地区文明是世界上另一个珍视玉器的文明。在中美地区,玉被认为凝聚天地间生命之力,并能把这样的力量赋予佩戴者。中国史前先民可能具有同样观念,人类佩戴美玉制作的饰物不只是为了美观,更是希冀获得来自美玉的特殊能力。内蒙古林西白音长汗遗址兴隆洼文化墓葬随葬玉器中,一件形如柞蚕之蛹,另两件与柞蚕幼虫颇相似。一座房址的灶边发现一石雕人像，整体如尖圆枣核形，有可能是对蚕蛹的模仿，表现此人物正处于如同昆虫破蛹而出的变化中。可见在原始宗教仪式中，巫者崇拜昆虫蜕变和羽化之力，并以玉器表现。他们试图凭借这样的力量，化身为不同形态，开启精神之旅，上天入地，沟通天地神灵。此种万物有灵、人与自然万物密切联系的原始信仰，可以说是"天人合一"观念的最初萌芽。

黄河流域，彩陶艺术在仰韶文化半坡类型时期掀起第一个高潮。半坡彩陶的主题为鱼纹，既有写实鱼纹，又有以直线三角等几何图形组成的抽象鱼纹。有时完整表现鱼体全貌，有时只表现头、身等局

图1-3　仰韶文化半坡类型晚期彩陶的鱼鸟组合图像

部，形式多样，极具创意之新和构图之美。"人面鱼纹"是最引人关注的特殊图像，典型构图是圆面闭目之人口衔左右对称的双鱼，实际应为对一条人面鱼正面和两个侧面的展示。仰韶先民观念中，水和鱼均为冥界象征，人面鱼纹可能有冥界重生的内涵。半坡类型晚期，出现鱼鸟组合图像，鸟或在鱼之头、腹内，或飞出鱼口，表现同为卵生的鱼鸟之间的转化，具有重生转化、万物繁育的寓意。这是"天人合一"观念的另一个重要主题。

在"天人合一"观念下，与自然万物和神灵的沟通，自然成为

先民精神和社会生活的重要组成部分。位于淮河流域的贾湖遗址中，共出土骨笛40多支，先民以鹤的尺骨制成骨笛，大多有7个音孔，个别有2孔、5孔、6孔或8孔，长度介于17—24厘米之间，制作规范，形制固定，技艺高超。这些骨笛可以吹奏出完整的五声音阶、六声音阶至七声音阶，是迄今中国发现最早的可吹奏乐器，堪称中国古代音乐文明史上的奇迹，也是世界音乐文明史上的杰出代表之一，充分表现出中华先民的创新智慧。部分骨笛上契刻有精美图案，其中一件2孔古笛通体光滑，在器体中部正面和侧面契刻有五组精细的几何图案，装饰刻纹的部分长约18厘米，以排列有序的纵横线形成三角纹，以密集的斜线交叉形成菱形图案。这些骨笛大多出土于规模较大的墓葬中，显示墓主在聚落中具有特殊地位。骨笛并非只是娱乐乐器，也会在仪式中使用，掌握骨笛的墓主，也掌握着主持仪式的权力。

贾湖另一种引人注目的器物是成套龟甲，同样大多出土于随葬品比较丰富的墓葬中，多以偶数成组成套出现，龟甲内放有石子，可能有占卜功能。北美地区印第安人常在龟壳中放置石子，舞蹈时绑在腿和胳膊上，作为沙锤类乐器，起舞之时，沙沙作响。贾湖龟壳也可能具有类似功能，与骨笛同为仪式用品。在仪式活动中，乐器发出的声音，既为舞蹈伴奏，也被赋予沟通天地神灵的特殊功能。贾湖人以龟壳为响器，也与先民灵龟崇拜有关。一些出土龟甲上的刻画符号，与甲骨文颇为相似，是龟甲具有特殊含义的证明。

早期宇宙观　新石器时代先民，为安排农业生产，尤其重视天文观测，努力掌握天体运转、季节变化的规律，并试图做出解释，形

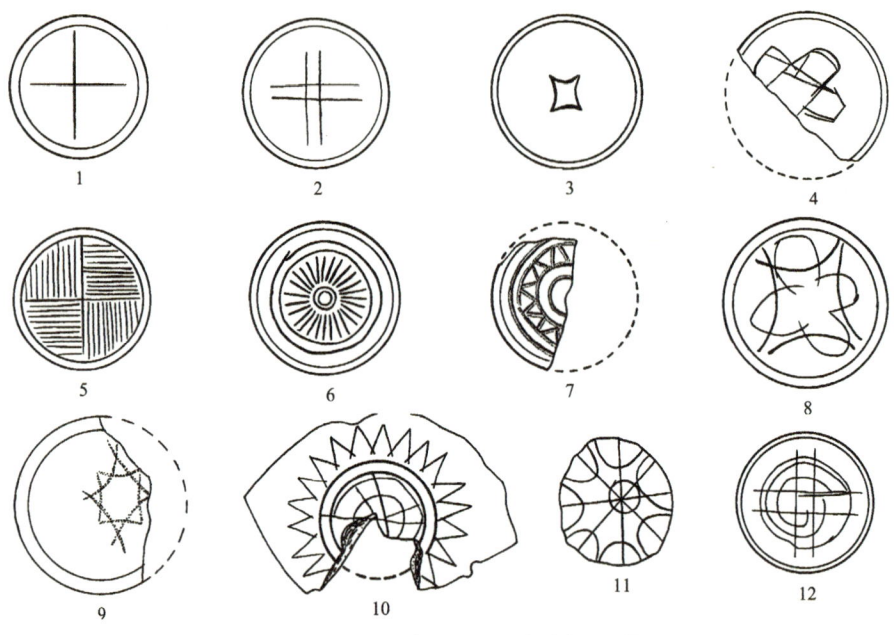

图1-4 双墩遗址陶器底部刻画图像

成早期宇宙观。

屈原在《楚辞·天问》中提出"圜则九重，孰营度之？""斡维焉系，天极焉加？"之问，东汉王逸《楚辞章句》做出诠释："斡，转也。维，纲也。言天昼夜转旋，宁有维纲系缀，其际极安所加乎？"老子《道德经》第七十三章云："天网恢恢，疏而不失。"东汉王充《论衡·谈天篇》云："天极为天中。"在传世文献记载的先秦两汉时期宇宙观中，天为圆形，有多层，各层间有绳索相连，形成天网，绕天极旋转。以天极为宇宙核心和运行枢纽的宇宙观，可以上溯到距今8000年。

淮河下游的安徽蚌埠双墩遗址（距今8000—7000年）以陶碗底部流行刻画纹而闻名。陶碗倒扣，正如盖天说的天体模型，而碗底正在天极的位置，推测这些图像多与天极观念有关。其中一类为单独符号，包括"十"字纹、双线"十"字纹、弧边四边形纹、"亞"字纹、重环放射线纹和重环芒角纹等，均表现天极作为天体环绕运转的中心和方向的基点。另一类为复合符号，包括上述符号的组合。一件碗底图像内容为蚕吐丝成网，多件器底有各种网格类图像，似与"天网"观念相关。

部分出土器物上发现猪的形象，有单体猪，有头向两侧、身体重合的双体猪，还有猪在网中的形象。如果解释成猎获野猪的话，未免简单。有学者指出，文献中有"斗星时散精为彘"的记载，表明古人认为猪是北斗之神，或与北斗形状和猪首相似有关。网中的猪，表现北斗之神具有蚕破茧而出一样的蜕变力量。北斗星绕天极旋转，在春夏秋冬四季，初现天空时会指向东南西北四方，是宇宙秩序最耀眼的象征。

上述图像虽然古朴稚拙，但信息量非常丰富，生动反映先民在农业生产中，因关注四季变化和农事安排，激发对天体运行的观测和思考，并由此形成原始宇宙观及神话传说的历史真实。

在长江中游地区，高庙文化（距今7800—6600年）流行精致白陶，器表刻画图像构图之繁缛精美，内涵之丰富，刷新我们对当时艺术宗教信仰发展程度的认知。在湖南洪江高庙遗址一件陶簋的戳印图像中，中心为阔口四獠牙兽面，外有圆圈，圈外以不同图形分出八方，上下方向为尖顶屋宇形，左右方向为简化鸟首，四维方向为长方形框内加尖顶形状。位居中心的阔口獠牙占据天极之位，代表天极之神的动物形象。两个鸟首代表维护天极运转的神鸟。另一件陶簋刻画图像在器物底部，图像中心为獠牙阔口神面。獠牙之间有仰天鸣叫的鸟首，阔口有一物下垂，如鸟尾。两侧各伸出羽翼，整体恰似神鸟展翅将天极兽面驮负在胸前。

高庙遗址中还发现一处距今约7000年的大型祭祀场所，整个面积在1000平方米左右。随后的汤家岗文化继承这一传统，在湖南安乡汤家岗遗址出土一件白陶盘底部，有三重圆圈，内圈有八角星纹，其中心为一正方形，内有纽结纹，蕴含天极为八方中心、天网枢纽观念。

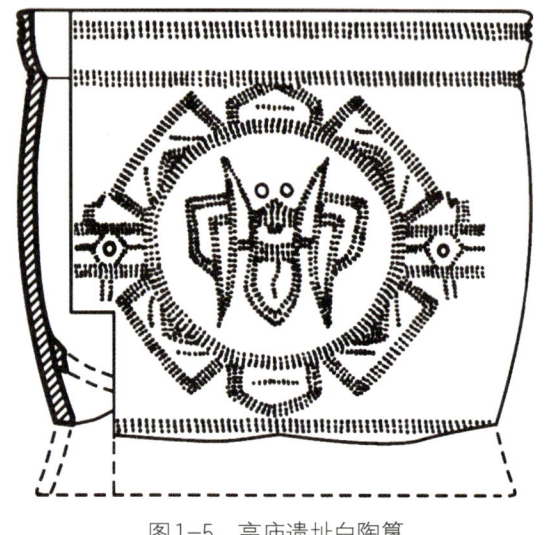

图1-5 高庙遗址白陶簋

西辽河流域，兴隆洼文化之后为赵宝沟文化（距今7000—6000年）。内蒙古敖汉旗小山遗址出土的赵宝沟文化陶尊上，精细刻画了变身的飞鹿、飞鸟和钩虫之体的猪龙图像。中心的猪龙为靠近天极、指示四季变化的北斗之神形象。两侧鸟和鹿，分别代表南方朱雀和北方神鹿两位星宿之神。

黄河流域，仰韶文化的河南濮阳西水坡遗址发现一座特殊墓葬，身高1.84米的高大男性墓主，仰身直卧，头南足北。其东侧以蚌壳摆塑一龙，西侧由蚌壳摆塑一虎，代表东方苍龙、西方白虎两座星宿。墓主脚下，即北侧，有用人骨和蚌壳摆放的北斗。墓主占据的正是天极位置。整个遗迹同样反映与宇宙观密切相关的仪式活动。

宁绍平原地区的河姆渡文化（距今7000—6000年）稻作农业发达，出现大型干栏式木构建筑，并出土象牙雕刻和刻纹陶器等精致艺术品。浙江余姚河姆渡遗址出土的一件象牙"蝶形器"，应为重要人物之冠饰，有线刻双鸟回首面向以多重同心圆形成"重圈纹"的形象，被赋予"双凤朝阳""鸟生育崇拜"等含义，但很可能也与双鸟守护天极的信仰有关。陶器刻画纹包括植物枝叶、几何线条、鸟、猪、兽、鱼等形象。一件陶钵上，有中间凸起的弓形，如展翅飞鸟，下有重环双目，如天极神的面部，表现鸟驮着天极神兽的状态；两侧各立一鸟。余姚田螺山遗址双鸟木雕中，两只鸟的翅膀对接成"介"字形，鸟身为重环形，如兽面双目，曲折的双腿和不规则四边形尾部相交的形态，形成兽面的口齿。正视的兽面和侧视神鸟巧妙地结合在一起，表现的也是鸟与天极神兽主题。

从万年之前的农业革命开始到距今6000年前后，南到长江，北到辽河，文明星火已经在各地熠熠生辉。中华文明的重要元素和基因已经初步形成，先民们以血缘宗族凝聚社会，以天人合一、沟通感应的原始宗教信仰探究自然之奥秘、协调人与自然的关系，以美玉、绿松石、象牙、精致白陶、刻画和彩绘图像物化信仰、展示艺术才华。稻米养育的长江和淮河中下游先民，仰望星空，在北斗绕天极的转动中，企盼着新的发展；黄土高原上的仰韶文化早期先民，在血缘的温情中，渴望着家族兴旺；辽河流域先民，已经感受惊蛰之虫的萌动，期待着新的蜕变。各区域文化传统正待相互激荡，掀起社会发展和文明演进浪潮。

第二节　中华文明的形成

中国史前各地区在距今6000—5300年前后同步跨越式发展。各地区根植于自身传统，实践着不同的凝聚人群、构建高等级社会组织的道路，创造出不同的物质文明和精神文明成果。在东部地区，红山文化和凌家滩文化实施"宗教取向"发展策略。其宗教信仰由早期宇宙观及相关仪式活动演化而来，以对天极之神的信仰和崇拜为核心内容。其社会领导者以精雕细琢、蕴涵深奥的玉器，宣示自己的特殊宗教能力，并不惜人力物力，大规模构建仪式圣地、打造神圣空间。大汶口文化和崧泽文化以棺椁制度和成套陶器制度为标志，在节庆宴饮和丧葬仪式等世俗活动中表现社会身份和等级，更具"世俗取向"。以黄土高原为核心的仰韶文化庙底沟社会则选择淡化个人财富表达，注重公共事务的"集体取向"发展道路。同时，各地区相互交流碰撞，形成可以被称作"最初的中国"的文明体。良渚文化融合四方因素，锐意创新，在距今5000年前后完成构建第一个早期国家的政治实践，在经济、政治和文化方面都将中华文明推向新发展阶段。

一　文明标准的中国方案

恩格斯的著作《家庭、私有制和国家的起源》，一直是指导中华文明起源研究的重要经典。在"文明"的定义上，中国考古学界普遍认同"国家是文明社会的概括",认为文明起源的实质,就是在物质生产和精神生产发展基础上,原始社会氏族制度解体,建立国家组织的历史进程。在认定国家形成的标准上,中国学界最初受到英国学者柴尔德对两河流域文明的研究,以及英国学者丹尼尔综述世界文明起源研究的重要著作《最初的文明》影响,提出城市、金属和文字"三要素"说。若此,中国在殷墟时期才出现国家,形成文明。

20世纪80年代,面对红山文化和良渚文化的重大发现,更多学者认为以殷墟为中华文明起点,低估了距今5000多年即已经明确开始的史前社会的跨越式发展。在1991年"中国文明起源研讨会"上,学者普遍认为,不应局限于"三要素"之有无,只要有足够反映"国家""实质"的考古证据,就可以认定国家出现、文明形成。21世纪初以来,"中华文明探源工程"持续开展,尝试提出文明起源的"中国方案",取得下述广泛共识。

一是生产力高度发展,剩余食物积累,人口显著增加,社会分工明确,专业化生产高级物品。考古证据为大型水利设施、大规模农田建设,大量粮食的集中存储,出现制玉、髹漆、丝织和高等级陶器制作等高级手工业。二是阶级和等级分化的制度化。考古证据为墓葬悬殊的等级化,出现随葬品丰富的"王墓",以用钺制度彰显王权和军权,以具有宗教内涵的玉器彰显宗教权力。三是出现都邑性城市。考古证据为城墙环绕的超过200万平方米的特大型遗址,规划严密,有宫殿、仓储、仪式场所等需要耗费大量人力物力兴建的大型公共设施,为政治、经济、宗教和文化中心。四是区域聚落等级化发展,呈现城乡差别。考古证据为在广大范围内,形成都邑、主要中心、次级中心和一般村落的多级聚落结构。五是文化发展。考古证据为玉器和刻画图像反映的宇宙观及相关天文知识，各种复杂建筑、高级手工制品、复杂的符号系统等。六是各地区在社会发展的同时，发生密切互动，共享文化精粹，形成"中国相互作用圈"或"最初的中国"，奠定了历史时期中国的基础。

前五项内容，为世界文明起源研究公认的文明认定标准，但其考古证据更契合中国考古资料；第六项是着眼于中国历史时期多民族统一国家的形成，是中华文明"统一性"的根源。按照此"中国方案"可以认定，中国史前各地区在距今6000—5300年前后同步跨越式发展，各地区相互交流碰撞，形成被称作"最初的中国"文明体，良渚文化在距今5300年前后形成早期国家并持续发展，标志着中华文明的形成，绵延至今，有5000多年历史。

二 多元一体的"最初的中国"

距今6000—5300年前后，中国各地区同步进入跨越式发展的灿烂转折期。在淮河下游北部，大汶口文化出现随葬品超过百件的大型墓葬。在长江下游，安徽凌家滩遗址出现祭坛和随葬大量玉器的大型墓葬，最"豪华"的墓中出土随葬品330件，包括玉器约200件，有长72厘米，重达88千克的玉猪，为中国史前时代最大玉器。江苏东山村遗址发现崧泽文化最高规格墓葬，随葬大量陶器和玉器。在长江中游，大溪文化也出现随葬大量陶器和猪下颌骨的高等级墓葬。黄土高原的仰韶文化进入庙底沟类型时期，出现100万平方米以上的大型聚落，河南灵宝西坡遗址发现占地面积达500余平方米的"宫殿"式建筑。最引人注目的是西辽河流域的红山文化,出现辽宁牛河梁遗址群,是专门举行宗教仪式活动的"圣地",在方圆50平方千米范围内,集中分布着祭坛、冢墓和"女神庙",高等级墓随葬玉猪龙等有特殊内涵的玉器。

考古发现表明,各地区已经出现"高于氏族部落的、稳定的独立的政治实体"——"古国"。这些"古国"在地域范围、聚落结构、社会组织以及治理方式等方面,已经具备了夏商周三代时期"国"的基本内涵:控制特定自然和政治地理空间,社会上层以经济、等级化礼制、武力和意识形态等方面的领导策略实施管理;社会成员形成对本区域文化、亲缘和政治管理认同,并因此生成归属感,家国体系初步确立。"古国"的形成标志着具有中国智慧的制度文明跨越式发展。

"古国"如"满天星斗"熠熠生辉,各类型政治构想被广泛实践,各地区"撞击"不断迸发新的火花,造就出更具雄心的领导者。在此形势之下,距今约5300年前后,长江下游的良渚文化(距今5300—4300年)领导者在更宏大政治理想促动下,有目的地借鉴各地区"古国"兴衰经验和"领导策略",首次完成构建早期国家的政治实践。

浙江良渚遗址群为良渚政体的核心区,其中良渚古城分为三重,内城面积约300万平方米,外有郭城,总面积超过600万平方米。内城中心为人工堆筑的面积达30万平方米的莫角山,土方量228万立方米,上有35处大型建筑基址,为中国史前最早的宫殿区。遗址群中的反山和瑶山墓地发现高等级墓葬,随葬品中包括精美玉器、象牙器、精致陶器、漆木器和丝绸。其中反山墓地的一座"王墓"中,出土600余件（套）精美玉器，包括被称作"琮王"和"钺王"的大型玉琮和玉钺。琮和璧等玉器上有达到微雕水平的神人兽面和神鸟等精细刻画图像，蕴含宇宙观和宗教信仰，表明神权的突出地位；大量随葬的玉钺和石钺反映了王权和军权的形成。陶器上出现被认为与文字起源密切相关的复杂的刻画符号系统。

古城周边有规模庞大的水利设施，包括阻挡山洪的土筑水坝和引水渠道，水利调节面积达100平方千米以上。整个古城系统土石方工程总量1005万立方米，在当时位居世界前列。古城内仓储区发现稻谷遗存近20万千克，附近的茅山遗址发现5.5万平方米稻田，被称作"国营"农场，反映了稻作农业的高度发展和国家对农产品的掌控。古城周围玉器作坊的发现，则表明国家控制的特殊物品手工业的发展。良渚文化分布的环太湖地区，聚落等级清晰，以玉器为核心载体的宗教信仰及礼制系统具有广泛一致性。

因此，学术界普遍认为良渚社会基本符合上述中国考古学对于"文明"社会发展程度的定义，形成了比一般"古国"更加成熟、可以称作"早期国家"的高级政体。2019年，良渚古城被列入世界文化遗产名录，表明学术界对其文明发展水平的认可。

中国史前社会在多元发展的同时，各地社会上层为获取远方的珍稀物品和神圣知识，以宣示自己超越本地民众的特殊能力，努力开展远距离交流，形成连接各主要文化区的交流网络。交流内容包括原始宇宙观、天文历法、高级物品制作技术、权力表达方式、丧葬和祭祀礼仪等。各地区的交流催生了一个在地域和文化上均与历史时期中国契合的文化共同体，被称作"中国相互作用圈"和"最初的中国"。

至此，中国史前时代形成了"多元一体"式文明演进的宏大格局。

日益丰富的考古证据充分揭示，中国史前各地区在距今6000—5300年前后同步跨越式发展，形成如"满天星斗"的"古国"；良渚文化在距今5300年前后形成早期国家并持续发展；各地区相互交流碰撞，形成"中国相互作用圈"或"最初的中国"。因此，中华文明在距今5000多年前已经形成。

三 灿烂艺术与早期政治实践

在中华文明形成的关键阶段，各地区竞相发展，根植于自身传统，奋力开展着不同的凝聚人群、构建高等级社会组织的政治实践，创造出不同的物质文明和精神文明成果。

美玉之灵和宇宙观的宗教化 西辽河流域的红山文化出土大量精致玉器，彰显由早期宇宙观发展出的对天极之神的信仰崇拜，反映出该地区实施"宗教取向"发展策略，即社会上层主要依靠宗教权力获得和维护自己的权威，推动社会发展。

红山文化玉器多与对昆虫蜕变和羽化能力的崇拜有关。内蒙古巴林右旗那斯台遗址采集到四件玉器，形状酷似蝉的幼虫。牛河梁遗址群高等级墓葬中随葬有玉蚕、玉蚕蛹和玉蝈蝈。

红山文化最典型的玉器"猪龙"，为北斗之神形象，头部如猪首，身体勾曲如昆虫的幼虫，表现的是猪龙经过像昆虫一样蜕变和羽化式的神奇变化后，具有的超自然"神兽"状态，也正是因为有神奇变化能力，猪龙才能够飞升天空（虽然并没有翅膀），维护宇宙秩序。红山文化的"丫形器"，顶端为玉猪龙头部，身体如蚕，整体可理解

图1-6 红山文化玉猪龙

为猪龙正在如蚕蛾一样破茧羽化而出。内蒙古奈曼旗三星他拉遗址采集的"C"形玉龙,背部有似鬃鬣飞扬之物,羽化飞腾之态更为生动,额头和下颌有网格纹,是冲破丝茧的标志。

牛河梁第16地点中心大墓随葬一件玉人,黄绿色,头上有冠,五官非正常地紧凑在一起,双目紧闭如两道短弧线,双臂回收,紧夹身体,双手均四指向上,放在胸前;双腿略弯曲,表现的是神巫(很可能同时也是社会领导者)在通灵状态下向神鸟转化的预备状态。其紧缩而微曲的身体颇似蛹中之蚕,意在表现其正待蜕变的状态。红山文化另一种典型玉器"勾云形器",形态如两翅有猪首的飞鸟,胸部为代表天极之神的獠牙兽面。赤峰博物馆收藏一件红山文化玉虎,可知天极之神的动物形象为虎。

神圣空间的构建,也成为红山社会领导者宣示宗教权力的重要手段。辽宁建平和凌源交界处的牛河梁遗址群即是规模最大的仪式圣地,在方圆50多平方千米的范围内,无明确居址,散布祭坛、积石冢、"女神庙"、大型祭祀平台等仪式性建筑。

"女神庙"所在的牛河梁第1号地点为此神圣空间的核心,整个山体经过大规模人工改造,出土泥塑"女神像"、大型泥塑人体部件、泥塑鸟和熊等动物部件。第1地点西南,可见远处三座山峰聚集,形如猪首,为牛河梁神圣景观的一部分。牛河梁第2地点的一座祭坛,由逐阶上升的三重石砌同心圆坛组成,代表太阳春分、秋分和夏至、冬至在天空运行的轨道,即"盖天说"中的"三衡"。内圈两侧原来摆满无底筒形器。该类器物上常装饰抽象的对鸟纹,或许意在烘托群鸟环绕的"天界"气氛,神巫立足坛顶,如在天上。建筑过程中举行各种仪式活动，并填埋筒形罐等特殊物品，同时埋葬人牲。

祭坛下多有社会上层的墓葬，墓葬中具有强大宗教能力和传奇通神经历的死者、连同随葬的蕴含宇宙观和象征昆虫蜕变力量的玉器，是牛河梁遗址群神圣性的重要源泉和持久保证。各地点的中心大墓位居核心、规模超群、结构复杂、随葬玉器质和量均高，墓主应具有最高宗教能力和权力，也有最传奇的经历，是冢坛建筑神圣力量的根基。

长江流域，安徽含山凌家滩遗址与牛河梁南北相隔1000余千米，但交流密切，同样选择了"宗教取向"的社会发展道路。

凌家滩高等级墓葬中同样随葬大量具有特殊内涵的玉器，包括玉蚕蛹、玉"丫形器"和姿态与红山文化非常相似的玉人。玉人身体收缩、双腿弯曲，小臂佩戴密集的玉镯，表现佩戴者的"昆虫性"。前述大型圆雕玉猪，头部写实，身体如巨大的蚕蛹；另有一件棕黄色小玛瑙猪，头部轮廓似猪首，身体为抽象蚕蛹状。此两件玉器均可解读为表现北斗之神破蛹而出的神圣状态。

凌家滩出土玉版，如同当时盛行的以天极为枢纽的宇宙观图解。两重圆圈和侧视微弧的形状表示天穹，长方形外轮廓表示大地，中心圆圈和外层圆圈间的八条"圭形纹饰"如同连接两重天的绳索，同时表现八方，天穹外层伸出的四支绳索形图案指向东北、东南、西南和西北，应是维系天地的四维。中心的八角星纹正是位于天顶的天极标志。凌家滩还出土一件胸佩八角星纹、双翼为猪首的玉鹰，与红山文化"勾云形器"具有同样内涵，即神鸟托起八角形星代表的天极，与北斗之神共同维护天体运转。凌家滩的一件玉璜，两端为虎头，是天极之神动物形象为虎的明确证据。

图1-7 凌家滩遗址玉版

图1-8 凌家滩遗址玉鹰

我们可以对红山文化和凌家滩由早期宇宙观发展而来的宗教信仰要义做出如下推测：天圆地方，寰天有多层，各层间有绳索相连，形成天网；天极位居天顶中心，是天网的枢纽，常以八角星纹和纽结等符号表示。天极之神掌控天极，维护宇宙正常运转。其动物形象为虎，常以獠牙神面表现。北斗之神猪龙和神鸟均有辅助天极之神的能力。特殊形态和功能的玉器是助力通神的必要装备，也是宗教能力和等级身份的标志。社会上层也是能力最强的萨满神巫，佩戴特殊玉器，构建神圣空间，可以如同昆虫一般蜕变和羽化，与神鸟和神猪交流，甚至合体，与天极之神沟通，维护天体运转，四时变化，风调雨顺，作物丰产，因此获得威望和权力，构建达到"古国"级别的复杂社会。

需要指出的是，凌家滩社会与红山社会的一个重要差别是出现相当成熟的用钺制度。钺就是器身较薄、较宽大的精致斧形器，后来一直是王权和军权的象征，西周金文中的"王"字，就是钺的象形。早在距今约8000年的裴李岗文化时期，已经出现随葬石钺的习俗，代表男性的勇武。距今6000年之后，玉钺和石钺成为权力的重要标志。凌家滩随葬玉版的大墓中，有一件巨型石钺，重达4.25千克。随葬玉钺、斧共8件；石钺、斧共19件。随葬大型玉猪的大墓中，有玉钺、斧4件和石钺9件，放置在墓主身上。很明显，钺成为社会领导者英武品格和军事权力的象征。凌家滩社会虽然与红山社会一样具有浓厚宗教取向，但宗教权力和世俗的军权密切结合。

"世俗取向"的礼制萌芽 黄淮下游、以泰山为中心的山东和江苏北部，被称作"海岱"地区，此时期为大汶口文化（距今6000—

4300年）。聚落资料缺乏，但墓葬资料丰富。大汶口文化早期，高等级墓葬即有超过100件随葬品，并包括大量杯、豆等食器，并放置猪下颌，也有石钺和象牙器、獐牙器。大汶口文化中晚期，形成规范的棺椁制度，大型墓葬多有木椁，或一棺一椁、一棺二椁。随葬品摆放的位置因此分为棺内身边、椁内和椁外等不同空间，提供了更丰富的礼仪表达空间。"陶礼制"更加明确，以随葬品陶器的数量和种类表现社会等级身份的传统被强化。首先是随葬陶器数量被刻意增多，甚至会不惜使用特意为葬礼制作的小型冥器，大量随葬同类器物，如山东莒县陵阳河一座大型墓葬中，仅高柄杯就达96件。大口圜底缸、大罐和大尊都成对出现，形成复杂的陶器随葬规制。出现白陶鬶、白陶壶、白陶杯和薄胎黑皮镂空高柄杯等精制陶器。在大口缸上刻画出特殊符号，一些器物上绘彩，强化了陶器的礼仪地位。大墓中发现鳄鱼皮中的骨板，推测是木制鳄鱼皮鼓，即文献中"鼍鼓"的遗迹。

尽管象牙制作的箍形器、连环状玉器具有一定宗教内涵，陶缸的刻画图像如飞鸟负日悬停在山顶，与宇宙观和宗教信仰相关，但总体而言，棺椁制度和成套陶器制度更多反映在节庆宴饮和丧葬仪式等世俗活动中表现社会身份和等级的"世俗取向"社会发展道路。

长江下游的崧泽文化（距今6000—4300年）选择了与大汶口文化相似的社会发展道路。江苏张家港东山村发现目前崧泽文化最高等级墓葬。随葬品包括大型石钺、玉环、玦和璜等装饰品，但同样以成套的陶器为主。一座大型墓葬中，有67件随葬品，包括5件大型石钺、2件大型石锛、19件玉器以及38件陶器等。玉器为环、玦和璜等装饰品。在头部右上方出土1件石锥、1件砺石以及一堆石英砂，推测是一套制玉工具。陶器包括两件大口缸，另有8件细柄陶豆。与大汶口文化相比，表现出更成熟的用钺制度。

长江中游，大溪文化（距今6000—5300年）的湖南澧县城头山遗址，也发现较大规模墓葬，其中一座随葬2件玉璜和25件陶器，包括7件豆、4件盘。此后的屈家岭—石家河文化（距今5300—4300年）出现大量以城址为核心的小型"古国"，延续世俗取向传统。湖北沙洋城河遗址的一座屈家岭文化大型墓葬中，随葬60余件磨光黑陶器，填土中填埋瓮、罐、缸等数件大型带盖陶容器。湖北天门石家河遗址肖家屋脊地点发现的石家河文化大型墓葬中，随葬品达103件，除1件石钺外，均为陶器，包括鼎4件、高领罐62件和分5排摆放的薄胎红陶杯29件。屈家岭文化核心聚落中，发现管状大型陶器连续套接的遗迹，周围密布祭祀坑。石家河遗址三房湾地点发现大规模石家河文化红陶杯堆积，陶杯数量达到惊人的200余万件。石家河遗址一座灰坑中，发现巫师抱鱼和鱼尾之鸟的陶塑。这些都是仪式活动遗存。但整体而言，世俗权力在社会发展中的作用更为重要。

"世俗取向"发展道路和以日常器物表达等级秩序的政治策略，成为后世中国特色礼制的重要早期实践。

彩陶之美和"集体取向"的仰韶社会 高踞黄土高原的仰韶文化，在距今6000年进入庙底沟类型时期，出现大型聚落和"宫殿"式建筑，西坡遗址中心广场四角各发现一座大型房址，门道均指向广场。聚落整体布局继承了半坡类型时期以中心广场为核心的"向心"传统，凸显对宗族凝聚力的重视。墓地的34座墓葬表现出明确的等级分化，最大的墓葬长5米、宽3.4米，为目前发现的同时期规模最大的单体墓葬。墓圹全用特制的泥填埋，泥中还有意掺杂了芦苇、枣、酸枣、旱柳、五蕊柳和野茉莉等十余种植物。但是，随葬品只有9件陶器，除了一对标志身份的大口缸，其余为釜灶等一般日用器物。其他大型和中型墓中随葬有玉钺和象牙筒形器等标志身份的特殊物品，但随葬品最多的也不过十余件。陕西高陵杨官寨遗址庙底沟时期墓葬更是几乎没有随葬品。黄土高原地带仰韶文化社会，明显采取了不同于其他地区的"集体取向"社会发展道路，即重视宗族集体的团结，建造举行集体仪式的大型公共建筑，领导者不以奢华或具有宗教内涵的特殊物品突出个人身份。他们凝聚社会的策略，是强调亲缘关系、组织大众参与的公共活动、谋取社群集体的发展；他们在社会实践中，展现自己的能力，赢得威望。这一独特道路如黄土般厚重，成为此后家国政治体系构建、以民为本政治理念形成的重要源头。

图1-9　庙底沟类型彩陶群鸟聚集形成的花瓣纹和鱼鸟组合图像

庙底沟类型时期，彩陶艺术高度发展，以黑彩绘制圆点、弧边三角、勾弧和弧线为基本要素，构成生动而意蕴深邃的图像，掀起波及各地的史前艺术浪潮。

最具特征也最绚丽的是被称作"回旋勾连纹"的图案。最新解读认为，此类图案表现的正是半坡类型晚期出现的鱼鸟化生主题。河南陕县庙底沟遗址一件彩陶盆上腹部的黑彩图案是典型例证。两组长平行曲线将图案带分成两部分。较窄部分左端为弧边三角+圆点式鸟纹，右侧为体内有鸟纹的鱼纹；长勾状的弧边"工"字形构成鱼头的主体轮廓，内有直线+勾弧+圆点式鸟纹，圆点又如鱼目；"工"字形右侧与一弯钩纹形成上部未封闭的近圆形空白，内有双横线+双圆点式对鸟纹；末端为弧边三角形鱼尾。较宽部分的鱼体内多了一个4条弧形纹+圆点组成的鸟纹，其他部分完全相同。

鱼鸟主题被以各种或复杂、或简化、或图案化形式表现出来，其中鸟的形象，有的写实，有的简化而抽象。简化鸟纹主要包括三类：一是经常出现在圆形空白内的圆点+弧边三角纹、圆点+弧边三角+弧线或直线纹、圆点+直线纹；二是牛角或月牙形内的圆点+弧线或直线纹；三是圆点+勾弧纹。各式鸟纹或出现在较完整的鱼体内，或出现于表现鱼身体或鱼头内部的圆角方形、牛角形、月牙等几何形状的空间内，或单独，或成对，或相背而飞，或上下相对，或对舞，或勾颈，经常呈现出群鸟孕育的画面。黑色弧线三角鸟体二方连续或四方连续展开，中间露出形如花瓣的红色陶胎，整个图案如多瓣鲜花盛开，被称作"庙底沟之花"。

如上所述，鱼鸟转生主题具有重生转化，万物繁育的吉祥寓意。

但庙底沟类型彩陶多出土于灰坑等日常生活环境中，未发现与宗教仪式活动的明确关联。以粟作农业为经济基础的庙底沟社会，应该有与祈求丰产相关的公共仪式，公众活动也是社会领导者获得和展示威望的重要场合，但他们依赖的并不是对自己沟通天地的特殊宗教能力的展示，而是成功完成公共仪式活动的组织和实施，达到凝聚社会、为民众带来福祉的目的。

庙底沟类型时期，仰韶文化分布范围达到高峰，覆盖了黄土高原之外的第三级阶梯的河北、河南东部和南部。庙底沟风格彩陶影响范围广泛，红山文化、大汶口文化和长江中游的大溪文化、长江下游的崧泽文化中，均可见鸟纹主题的彩陶，成为"最初的中国"一体化进程中最亮丽的符号。

距今5300年前后，庙底沟类型核心地区发生社会变动，大型聚落被废弃，人口减少。与此同时，可见明显的中心人口迁移，促成河套地区、甘肃东部地区仰韶文化晚期社会繁荣。庆阳南佐遗址发现超大型宫殿式建筑，室内面积700多平方米，墙壁保存高度2米多，白灰地面坚硬如水泥。甘肃秦安大地湾遗址也发现大型多间宫殿式建筑。集体取向的社会发展道路仍然被坚持。

尤为重要的是，庙底沟类型人群越过陇东地区，进入陇西洮河流域，并向西进入青海湟水流域，再向西深入河西走廊。西迁人群继承了庙底沟类型文化传统，发展出马家窑文化（距今5300—3900年），由早到晚分别为马家窑期、半山期和马厂期，在仰韶文化其他地区彩陶衰落的情况下，反将彩陶艺术推向又一个高峰。马家窑期彩陶，继续鱼鸟化生的主题，并以多重平行线、弧线和旋涡式曲线为基本元素，用更加繁缛精细的构图表现出来。半山期彩陶，以黑彩和暗红彩绘制的锯齿纹和大旋涡纹为特征，构图复杂，色彩瑰丽，大旋涡纹明显是鸟纹主题的延续，"贝"纹和经常出现在旋涡中的网格纹等，蕴含更深奥的孕育和化生主题。马厂期彩陶线条粗犷，流行"四大圆圈"纹和变体蛙纹，繁育化生主题未变。

马家窑文化是农业人群对中国西部地区的最早开发，为中华文明发展拓展出重要空间，打开了与欧亚大陆腹地文化交流的大门，对中华文明后续发展意义重大。

融合创新和良渚早期国家的形成 良渚文化先民融合四方因素、锐意创新，构建中华文明第一个早期国家，在经济、政治和文化方面，将中华文明推向新的发展阶段。

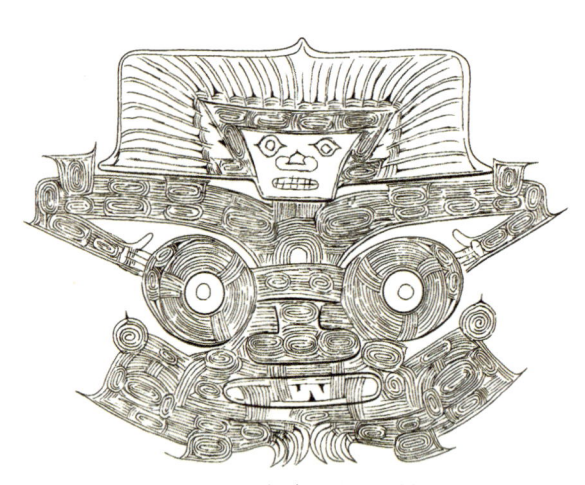

图1-10 良渚文化"神徽"

大型水利设施、大面积水稻田、核心仓储区数量惊人的稻谷遗存及精细加工的石质"耘田器"和犁形器，均实证了稻作农业的高度发展，是长江流域稻作农业传统的延续发展。良渚文化主体人群是本地崧泽文化先民，崧泽社会采取以世俗权力为核心的发展道路，良渚社会领导者则融合其他地区社会发展实践成果，建立了神权、王权和军权合一的早期国家制度。

良渚时期，与钺相关的礼制明显更加规范化。良渚文化早期，即表现出对用钺制度的关注。江苏昆山张陵山遗址一座高等级墓葬中随葬了14件石钺，昆山赵陵山最大墓葬中随葬磨制精良的15件石钺。玉钺或石钺，是崧泽文化和同时期凌家滩、大汶口、大溪等文化表达权力的共同标识，其中以凌家滩社会的用钺制度最为完备。良渚文化用钺制度的发展，既是对崧泽文化传统的继承，也是对凌家滩社会的学习，更有自己的创新。良渚文化兴盛时期，最高等级墓葬的玉钺有精美的漆木柄，柄的顶部和末端均有精致玉饰。反山墓地一座大墓中，随葬了被称作"钺王"的玉钺，长17.9厘米、刃宽16.8厘米，被公认为王权象征。另一座墓葬中除了随葬1件象征王权的玉钺外，还有24件石钺，可能与王权掌控的军事组织相关。良渚遗址群东部的余杭横山遗址，发现一座良渚文化中晚期大墓，随葬玉钺1件，石钺多达132件，墓主应为镇守畿辅东部的重要军事首领。

虽然有对王权和军权如此强烈的宣示，更多的证据表明，良渚早期国家权力结构明显以宗教权力为核心。高等级墓葬中具有宗教内涵的玉器是最主要的随葬品。随葬"钺王"的王墓中，随葬品658件，其中647件为玉器（不计大量玉粒和玉片）。最重要的玉器为琮，是为表达宇宙观和宗教信仰设计的特殊玉器，如同凌家滩玉版刻画图像的立体化。璧为良渚文化的重要礼器。璧的形态比琮要简单得多。只是在大圆形玉片中穿一圆孔，形状与凌家滩玉版中心的两重圆圈相同，也是与宇宙观有关的玉器。一些玉璧上，刻画"鸟立高台"等纹样，是玉璧具有特殊内涵的明证。与琮等器物相比，璧的工艺并不复杂，但要使用大块玉料。反山墓地一座大墓中随葬玉璧达43件，珍稀的玉料在良渚时期无疑是最重要的、与宗教权力相关的战略资源，从这个角度讲，大量使用玉璧，也是掌控玉料能力的炫耀。其他玉器包括冠状梳背、三叉形器、锥形器等组成的头饰和装饰王冠的半圆形器，还有代表昆虫蜕变能力的玉蝉，都是意在宣示社会上层沟通天地的能力。

玉器上有精雕细刻的羽冠方面曲体人像，和环眼獠牙虎面组成的"神人兽面"像，被称作良渚文化的"神徽"，表现的是良渚神巫（也是统治者）正在转化为神鸟，将天极神兽驮在胸口的神圣场景。完整的"神徽"只出现在最高等级的"王墓"中，表明良渚王者对沟通天极之神最高权力的垄断。其他贵族墓葬玉器上，则有标准化的完整神徽的各种简化和变体形式。"钺王"上，也有精细雕刻的完整神徽，是王权和军权借助宗教权力的明证。

不同等级墓葬之间，随葬玉器种类、玉料质量和刻画图像水平有明确差别。最高等级墓葬选择高质量的透闪石玉；制作从大型到小型的各类器物，造型规范，磨光精细；纹饰繁缛细腻，1毫米宽度内，可以刻画5条细线。

良渚遗址群中的瑶山和汇观山遗址均经过对自然山体改造而成，兼具高等级墓地和祭坛功能。瑶山遗址外围有石磡环绕，山顶祭坛中心呈较规整的方形，铺垫红土，其外有方形灰土沟环绕，沟外铺垫黄土并覆盖砾石。汇观山遗址同样有外围石磡和近方形的以灰土沟界定出中心区域，有学者提出两座祭坛都与春分、秋分和夏至、冬至日出和日落方位的观测有关。这是与牛河梁遗址群一样的神圣空间构建。

以宗教凝聚大规模人群，建立复杂社会组织，是凌家滩和红山社会完成的成功政治实践，良渚宗教性取向的早期国家构建方略，无疑是超越本地传统的借鉴融合的结果。宗教性玉器类型规范化、图像标准化和使用制度化等，则是良渚社会的重要创新，均表明宗教观念和仪式的规范化和制度化。

良渚文化晚期，盛行有精细刻画图像的高等级陶器。千姿百态的鸟纹是最重要的图像主题，其中有的鸟纹身如弯钩，更有回环蜷曲之体附着鸟首的图像，被称作"蜷体鸟纹"。有些式样与红山文化玉器相似，与庙底沟类型彩陶的相似性尤其值得关注。相似性包括：大鸟和小鸟组成的双鸟、三鸟和四鸟组合、群鸟齐飞的场面，以及网格纹空白处的鸟纹等，均暗示良渚陶器刻画图像的鸟纹主题，与庙底沟类型彩陶图像间的联系。

象牙器和漆木器的发展达到新高度，成为物化宗教观念和显示身份地位的重要载体。象牙权杖是最高等级墓葬中的标志性随葬品。上海青浦吴家场大墓中的象牙权杖上，精雕繁缛细密的蜷曲地纹和层层叠起的神人兽面纹，工艺之精湛，令人叹为观止。丝绸很可能已经出现，对昆虫蜕变和羽化之力的崇拜，使得丝绸服饰成为具有特殊作用的宗教用品。

在广泛借鉴和融合的基础上，良渚社会将以对天极之神崇拜为核心的宗教发展到新高度，极大强化了宗教维系社会的功能，其影响范围覆盖良渚文化分布的环太湖广大地区。《国语·楚语上》中，观射父给楚昭王讲过著名的帝颛顼实施宗教改革的故事。颛顼命南正重管理通天之事，火正黎管理世俗之事，使得两类事务不再杂糅，杜绝了家家都可以与神灵沟通的混乱局面，垄断了宗教权力，被称作"绝地天通"。良渚社会领导者无疑完成了与文献记载类似的宗教改革，使宗教权力成为构建早期国家的重要保障。

良渚早期国家在环太湖地区建立和发展的千年之中，长江中游屈家岭—石家河文化人群势力强盛，北上占据南阳盆地等河南南部地区。海岱地区的大汶口文化则沿淮河支流和干流西进，占据了河南东部地区。整个三级阶地上，呈现出良渚、大汶口和屈家岭—石家河三足鼎立的局面。以黄土高原为核心的二级阶地上，西部的马家窑文化持续发展，东部地区先进入仰韶晚期，再转入庙底沟二期文化时期。距今4300年前后，良渚早期国家解体，如一石入水，激起万顷波澜，各地区竞相发展，热烈互动，进入龙山时代（距今4300—3800年）。中华文明迎来新的发展时期，中国第一个王朝——夏王朝呼之欲出。

第三节 "天下政治观"的形成

距今4300年前后，金属冶炼技术、小麦、羊和牛，自欧亚大陆草原地带传播而来，中华文明表现出海纳百川的包容性，将这些新鲜因素转化为激发自身发展的动力。良渚文化发展完善的宗教思想广泛传播，天极之神被人格化。"钦若昊天"、倚重新兴的对天帝的信仰，是龙山时代社会发展的主旋律。世俗权力与宗教权力相互促进和融合，是各地区领导者努力探索的新发展道路。西部高地和东部三级阶地交界的中原地区，独具不同文化传统交流旋涡中心的地缘优势，在探索中产生新的政治智慧。晋南地区陶寺遗址显贵阶层的特大型墓葬中，着意展示来自不同地区的仪式用品，很明显，融合四方礼仪已经成为陶寺社会上层重要的领导策略。环嵩山地区，位于中原核心，更是东西南北各方势力激荡融合的熔炉。严峻的政治环境，迫使中原龙山社会领导者实践更有效力的社会组织方式，激发出更具雄心的政治理想，最终完成中华文明发展史中第一个王朝的构建。

一 东西方文明的早期交流

距今4300年前后，金属冶炼技术、小麦、羊和牛，自欧亚大陆草原地带传播而来，成为龙山时代社会发展和早期王朝建立的催化剂。

龙山时代之前，陕西、山西、山东等地区零星发现有黄铜片、黄铜管、黄铜笄、黄铜锥等，是世界上最早的黄铜器物，但均为偶然得到的天然高纯度矿石制作，属于冶金技术的试验期。环顾世界，公元前2000年前后，欧亚青铜时代中期的"环黑海冶金省"崩解，晚期青铜时代"欧亚冶金省"形成，造成人群大范围移动和冶金术扩散，在此背景下，金属制品在中国广泛出现。马家窑文化先民开发的西北地区，成为冶金术传入的关键枢纽。据不完全统计，中国西北地区目前出土的早期金属器已超过千件。铜器的种类以个人装饰物和工具为主，包括耳环、臂钏、手镯、管饰、泡、项饰、牌饰、刀、斧、锥等，也存在少量兵器和作为权力或身份象征的特殊器物。

甘肃张掖西城驿遗址（距今4300—3600年），出土冶铸相关遗物包括炉渣、矿石、炉壁、石范等，操作链基本完整。科学分析显示，西城驿冶炼工匠已经能够使用普通铜矿石冶炼红铜，再配入锡、砷、铅等成分冶炼铜合金，但产品以红铜和砷青铜为主。河西走廊地区在当时已经成为早期冶金中心，开启冶金技术本土化和向东传播的进程。

此后，各地龙山时代文化均普遍出现金属制品，覆盖甘肃大部分地区的齐家文化金属制品尤其丰富，以小件工具和装饰品为主。陕北地区的石峁文化和晋南地区的陶寺文化发现铜铃、齿轮形器类工艺较为复杂的器物，陶寺铜铃的出现可视为组合范铸技术的滥觞，是中国冶金技术的创新。河南龙山文化的登封王城岗、杞县鹿台岗发现了铜片、铜刀等器物，淮阳平粮台、临汝煤山、郑州牛砦等遗址还发现了炉渣、坩埚、炉壁等与冶铜相关的遗物。山东龙山文化中也有小型青铜工具，江汉地区龙山时代的肖家屋脊文化发现冶炼矿渣。

金属冶炼技术的引入，虽然并未形成新的生产力，但极大地促进了各地区交流，为夏王朝时期初步形成的以青铜容器为载体的青铜礼制奠定了基础。

至迟在距今4000年前，小麦已经传入中国境内。出土有距今3000年前早期小麦遗存的考古遗址已经多达30余处。小麦传入中国的路线是多样的，大致由中亚向北传入分布在欧亚草原东部地区的早期青铜文化，借助草原青铜文化之间的密切联系由西向东传播，到达蒙古高原后被中国北方文化区所接收，然后通过南北向的河谷通道由北向南传播到黄河中下游地区。也存在通过绿洲通道传播的可能性，大致由中亚向东，越过帕米尔高原进入塔里木盆地，沿着塔克拉玛干沙漠南北两侧的绿洲通道逐步向东传播，然后穿越河西走廊进入黄土高原地区。

几乎在同一时期，绵羊、山羊和黄牛沿着与金属冶炼技术和小麦同样的路线传入中国，带来影响力更大的生业革新。龙山时代西北地区和中原地区遗址中，普遍发现驯化的羊、牛骨骼，羊和牛在西北地区经济生活中尤其重要，陕西榆林火石沟遗址中，羊骨在可鉴定动物骨骼中占比已经接近60%。陕西神木石峁遗址目前发现的羊骨，最小个体数达到惊人的十多万只。中原地区，河南柘城山台寺遗址发现的可鉴定黄牛标本近800个，一个祭祀坑中埋葬了9头黄牛。羊和牛的传入，使得草地畜牧活动的出现成为可能，打破了以农耕生产为食物获取方式的局面。距今4000年前后，气候进入干冷期，甘青地区和陕北等黄土高原腹心地带，属气候变化敏感地区，农业生产受到影响较大，但促进了草地畜牧活动的发展。羊和牛在生业经济中的比重逐渐增加，人口增长，社会发展达到新的高度，形成可以与东部地区竞争，逐鹿中原的强大力量。中原地区因为江汉地区文化影响，在传统粟作农业之外，开始发展稻作农业作为补充。同时，也开始充分利用土地资源，发展畜牧业，为社会发展提供了更强大的经济基础。

二 宗教权力与世俗权力的结合

龙山时代一个重要文化现象，是对良渚文化发展完善的、以对天极之神崇拜和沟通为核心的宗教思想的传播和革新。良渚文化典型玉器琮和璧广泛扩散，神鸟维护天极之神主题的流传和发展尤其引人注目。

海岱地区的龙山文化中，日照两城镇出土玉圭，两面底部均刻画鸟驮兽面之像，一面为旋目露齿兽面，为天极之神的形象。顶有

图1-11 龙山文化玉圭刻画獠牙人面

"介"字形简化鸟头、其两侧为上扬的双翼,兽嘴两侧为鸟的三趾爪,整体表现神鸟将天极之神驮在胸部的景象。另一面上部类似神鸟驮天极神面图像,鸟翼平张;神面只有双目,下有简化鸟爪。横线之下部分似为由两只回首之鸟守护的天极神面。

台北"故宫博物院"藏玉圭两件,都应出自山东,其刻画图像表达的是同样主题。其中一件的主体图像为拟人化天极神面,口中露出四颗獠牙,面型和其他器官如人;头上如冠的部分为"介"字形头的展翅飞鸟,颌下颈部有一对三趾鸟爪,整体上表现了神鸟驮负天极神面的状态。天极神面两侧,各有一头像,顶发如鸡冠,脑后披下一缕末端勾起的长发,为处于与神鸟转化状态的神巫形象。

江汉地区肖家屋脊文化玉器表达了同样内容。石家河遗址肖家屋脊地点瓮棺出土一件精美的玉雕天极神像,头戴三角形冠,双目两侧有飞翼向后上方展开,蒜头鼻,双耳佩环,口中吐出四颗獠牙。另有一件窄弧形玉人头像,两面均雕出披发侧面人像,为尖顶发型,脑后一缕上有弯钩的披发,也是神巫与神鸟互通状态的表现。

陕西神木石峁遗址的皇城台地点,发现大量石刻,同样以"鸟负天极神面"为主题。在一根石柱两面,雕刻了两个天极神兽的拟人头像。

图1-12 肖家屋脊文化玉獠牙神像

　　天极神兽的拟人化和与神鸟互通的神巫退居次要位置，是引人注目的新现象。说明天极之神除了维护宇宙运转，很可能在王权和军权行使和其他政治事务中扮演了重要角色，其角色已经类似商代甲骨文中记录的"帝"。这是宗教与世俗权力结合的重要转变。

　　与人格化的天极之神沟通，仍然是各地社会上层宣示的重要能力。

　　对蝉的重视是江汉地区肖家屋脊文化的重要特色之一，玉蝉成为高等级墓葬中最重要的随葬品类型之一，仅在一处瓮棺葬中就出土11件，有的精细写实，有的简约写意。蝉除单独出现之外，还与天极之神组合，用以表现更具体、更复杂的转化状态。鹰形笄首是肖家屋脊文化的典型玉器，做敛翅直立、身体紧紧收敛姿态的鹰状器型，表现神鹰处于如蝉幼虫一样的蜕变和羽化状态。

肖家屋脊文化时期，玉虎形象大为流行，有写实虎首、虎首镂空牌饰和虎侧身像，正是天极之神的动物形象。石家河遗址谭家岭地点的一件虎首，上部由颈部和背部间的分割平行线及整体形态看，应为简化的蝉，表现的是虎的转化状态和转化能力。谭家岭另一件玉器，为抽象蝉形，背部凸出人像，细长目尾梢吊起，写实而生动地表现了神巫如蝉蜕般破蝉背而出的状态。

山东临朐龙山文化西朱封大墓中随葬两枚簪形器。一件顶部为典型的肖家屋脊文化风格镂空兽面牌饰；另一件顶部勾曲，有大而圆的双目，应是对蝉幼虫的表现，杆部有两个写实的蝉，下部有表现腹部的横线，翅膀部分未充分展开，也是待变之蝉。石峁遗址肖家屋脊文化风格的鹰形笄首两件，表明两个文化的密切交流和宗教信仰的相似。

新宗教观念，在各地区社会发展中发挥了重要作用，但各地区选择的社会发展道路仍然各不相同。

肖家屋脊文化的宗教气氛浓厚。目前发现的重要墓葬均为瓮棺，高等级墓中大量随葬上述与天极之神信仰和昆虫蜕变羽化相关的玉器。但整体而言，江汉地区受宗教观念影响的社会发展已经转入低潮，核心城址石家河面积缩小，整个地区的聚落和人口也急剧下降。同时，在屈家岭—石家河文化时期北进到河南南部的江汉地区人群持续发展，选择了更重世俗权力的发展方式，成为逐鹿中原的重要力量。

石峁文化是黄土高原地区生业经济变革结出的灿烂发展成果，

图1-13　石峁遗址石雕

同样选择了类似良渚文化的宗教取向发展道路。石峁城址有三重石墙，总面积达到400万平方米，其核心为石砌护墙层层包裹自然山体建成的、高达70余米的巍峨皇城台。已经发掘的东护墙北段上部堆积中，发现展翅的陶鹰20多个，估计原来附近有陶鹰环绕。台顶有一处大型高台建筑基址，大体呈方形，面积约1.6万平方米。内部的夯土台芯高达5米，外表砌石。覆盖石砌护墙的堆积应来自顶部，出土各类标本4万余件，包括牙璋、琮、钺、环等玉器，锥、刀、环等铜器，以及海贝、象牙、丝织品等高等级遗物，以及20余件骨制口簧；此外，还有成层分布的100余片卜骨、数量可观的建筑用瓦等，无不彰显着皇城台的特殊地位。部分玉器嵌入大型石砌基址内，基址石墙上还有内容丰富的石雕，其中包括与肖家屋脊文化玉器相似的神面、侧面之虎和鸟冠发型人面等，无疑是宣示大型建筑神圣性必不可少的要素。石峁外出东门址的发掘中，同样发现在石墙中砌入玉器的现象，赋予建筑神圣性。飞鸟陶塑环绕、层层高起的皇城台，则令人想起《吕氏春秋·音初》记载简狄受孕的圣地"九成之台",应该是石峁人倾力构筑的神圣空间。

三 "天下政治观"的初步形成

世俗权力与宗教权力的相互促进和融合,是龙山时代各地区领导者共同努力探索的发展道路。西部高地和东部第三级阶梯交界的中原地区,凭借不同文化传统交流碰撞中心的地利,在探索中产生新的政治智慧,最终完成中华文明首个中心王朝的构建。

完成了大汶口文化向龙山文化转变的海岱地区,遗址数量增长至近1500处,几乎为大汶口文化遗址数量的3倍。出现大量以夯土城墙和城壕围护的城址,并以城址为中心,在一定区域内形成等级化的聚落群体。每个核心城址的控制区域约1000平方千米,大约为当时一般"古国"范围。城址为"古国"聚落群中心,以下分布不同等级聚落。

海岱地区龙山社会虽然借鉴了良渚宗教思想,但仍然坚持传统,采取了以世俗王权和军权为核心的社会发展道路,出现"礼仪"制度更加完备的大型墓葬。山东临朐西朱封大墓规模大,均有棺椁,随葬品虽然有玉簪和玉柄形器、绿松石器等具有宗教内涵的物品,但仍以成套的、礼仪化的精致陶器为主,也有玉刀、玉铲、石镞、漆木器、鳄鱼皮鼍鼓和獐牙等特殊礼器。蛋壳陶杯是龙山文化礼仪陶器的代表,因其陶胎薄如蛋壳而得名,最薄部位多在杯口,一般厚度在0.2—0.3毫米,重则不超过70克。陶质极纯,皆为精加淘洗的细泥质黑陶,不含任何杂质。陶杯不同部位要分别制作,再拼合在一起。分工制作理念，器身上平行细密的凸棱装饰、规则的几何镂空，都让人能从小小的陶器上，感受到龙山社会制度的精巧和严谨。海岱地区礼制传统，对山西南部的陶寺文化产生了深刻影响。

山西襄汾陶寺遗址，与古史记载中帝尧的地望颇为符合，正位于黄土高原和第三级阶梯交界地带。遗址面积近300万平方米，有外城和内部的宫城。宫城内发现大型夯土建筑。外城东南部发现墓葬

图1-14 陶寺遗址"龙盘"

1000多座，表现出明显的等级分化。大型墓葬的规模和随葬品种类及数量，都在中国史前时代位于前列，漆柄玉钺、刀、俎、豆、石磬、鼍鼓等表现出明显受到海岱传统影响的世俗礼制。2002年发现的贵族墓葬面积约20平方米，随葬品超过百件，有漆柄玉钺、漆木杖、玉器等高等级物品，并有1名殉人和均被劈成两半的猪10头。2003年出土的朱书陶文，被认为是汉字前身。

尤为引人注目的是，陶寺遗址具有从燕山北侧到长江以南广大地域的综合体性质，表现出晋南是"帝王所都曰中，故曰中国"的地位。其典型陶器具有山东、河南、江汉、西北和关中地区龙山时代文化因素；鳄鱼皮制作的"鼍鼓"来自山东龙山文化；铃和齿轮形器等铜器可能受到西北地区影响。玉琮、玉璧和大型厨刀继承了良渚文化传统；透雕兽面玉佩受到龙山文化和肖家屋脊文化共同影响，陶寺高等级墓陶器上盛行以鸟为主题的彩绘。陶寺遗址南部还发现了天文观测设施。可见，宇宙观及相关宗教是陶寺王者权力和威望的重要来源。陶寺显贵阶层的特大型墓葬中，着意展示来自不同地区的仪式用品，显示融合四方礼仪已经成为陶寺社会上层重要的领导策略。

超越良渚社会的"融合"方略，表明陶寺王者胸怀四方，并彰显自己在四方中的核心地位。《尚书·尧典》记载，尧分命羲和、羲叔、和仲、和叔宅于四方，"历象日月星辰，敬授民时"，也许不能仅以"传说"视之，而是陶寺王者从"天极宇宙观"发展出"天下政治观"、推动各地区一体化进程的政治实践。"天极宇宙观"强调的以天极为枢纽的宇宙秩序，正是推进"天下"范围一体化、构建"天下"政治秩序的最有力依托；宣示对天体运行知识的掌控和与天极之神沟通权力的垄断，成为在"天下"范围内树立威望的最有效方略。因此，《尚书·尧典》中"协和万邦"和"光被四表"的记载，并非完全是后代的追颂，而是当时天下政治态势的写照。

进入龙山文化时代环嵩山地区，像海岱地区一样，出现大量城址，嵩山东南地带遗址尤为密集。在古城寨遗址，距今4000多年的夯土城墙，历尽龙山时代的动荡，仍巍然屹立，宣示着环嵩山地区古国社会的组织力、行动力和在动荡中求生存、求发展的坚定意志。与文献记载禹都"阳城"地望相符的登封王城岗遗址由小城和大城组成，小城分东、西两部分，西城面积近1万平方米，发现多处夯土建筑基址，并有13处埋葬人牲的奠基坑，出土铜鬶残片。大城面积近35万平方米，内有多处大型夯土基址和祭祀坑，出有玉石琮和白陶器。此类大型城址应为古国政体的核心都邑。

嵩山东部地区有王城岗大城，也有淮阳平粮台军事堡垒。新发现的淮阳时庄遗址，则是目前龙山时代仅见的一处粮食仓储聚落，新的发现强化了我们对龙山时代聚落功能多样性的认识。难以独立生存的聚落，明显是大规模政治组织大范围政治、经济和军事部署的一部分。环嵩山地区，位于中原核心，是东西南北各方势力激荡融合的熔炉，严峻的政治环境，迫使龙山社会领导者们实践更有效力的社会组织方式，激发出更具雄心的政治理想，是以二里头文化为代表的夏王朝的孕育之地。目前，河南龙山文化中并未发现大型墓葬，但重要遗址中出土少量肖家屋脊文化风格玉器，也发现埋葬整牛的祭祀坑，宗教在社会发展中应该发挥重要作用。但就目前发现而言，其社会发展方略与山东龙山文化和陶寺文化更接近，王权和军权可能具有更重要作用。

距今约3800—3500年，与夏王朝对应的二里头文化继续实践"天下政治观"的宏大理念，完成了具有划时代意义的、中国历史上第一个王朝的构建。

二里头政体的崛起，是环嵩山地带龙山丛林中因风云际会造就的英雄人物，融汇兽面、龙身、玉瓒、玉蝉、漆觚、镶嵌、琢玉、冶铜、筑城、建宫、铺道、排水、行车、五谷、四畜等各种已有的宗教、政治、经济和军事成果，落实陶寺王者勾画"理想的中国"的政治宏图，才得以成就的伟业。二里头文化最精彩的遗存，包括青铜器、绿松石镶嵌器和玉器等，均与宗教有关，使用玉瓒（柄形器）的祼酒之礼可以直接追溯到良渚文化，宗教因素较龙山时代有所加强。随葬重要遗物的墓葬，多位于宫殿区庭院之内，埋葬后，建筑仍然继续使用。墓主们是具有宗教能力和权力的社会上层，他们的墓葬赋予其所在建筑群宗教力量。肖家屋脊文化风格的头顶蝉身的天极神玉雕像、玉和绿松石蝉、绿松石镶嵌牌饰等遗物，均表明"天极宇宙观"宗教被二里头文化借鉴和发扬，成为夏王朝构建的重要依托。

二里头王朝的形成并非"禹生于石"般"断裂"式腾空出世，而如"伯禹腹鲧"，是环嵩山地区龙山社会与"最初的中国"各地区激荡碰撞、风云际会、融合互鉴的结果。正是因为如此国家构建进程，高居二里头宫殿中的王者才能够形成胸怀天下的政治理想，以最强大文化中心的地位，将"天下政治观"实践，发展到新高度，在一个甚至超出"九州"的地理范围内施展政治、经济和军事手段，获取资源、推广礼仪。在盛产铜矿和食盐的中条山脉及运城盆地，在铜矿资源最丰富的长江中下游的湖北和江西,都发现包含二里头文化因素的遗址,很可能与二里头获取资源的努力有关。更有资料表明,为了获取铜和铅,二里头与辽西地区的夏家店下层文化也建立了密切关系。在以各种方式获取四方自然和文化资源的同时,二里头文化也表现出强大的文化扩张力,向四周发射出超越自然地理单元和文化屏障的强力冲击波,其牙璋等礼器传播四方。

中华文明的发展,由此进入核心文化和中央王朝引领的新时代,迈上突出向心性和统一性的道路。

四　中国特色文明型国家发展道路的开启

中华文明,在其初创时期,即已焕发出独特光彩。

南稻北粟的双作物农业起源、家猪的驯化,不仅为文明起源奠定了坚实基础,也为人类生存和发展做出特殊贡献,并确立了中华文明以农为本的重要基因。世界最早的陶器、玉器的制作和使用,象牙器、漆木器制作,丝绸纺织等,不仅为生活和信仰提供了物质载体,而且彰显了中华文明的独特智慧和创新性。大型建筑和水利设施等,是社会发展的重要标志,体现了先民的凝聚力和创造力。

放眼世界,中华文明的形成有两个影响深远的特性。

第一,中华文明形成的宏大进程孕育了多元一体、协和万邦的文明基因。两河流域、古埃及、印度河流域和中美地区等世界其他原生文明的形成空间,均不过数十万平方千米,唯有中华文明的形成如此气魄恢宏,在覆盖长江、黄河及辽河流域面积近300万平方千米的"最初的中国"范围内,以"多元一体"的形式展开。正是因为在如此广大的空间中，经历了各地区文化的"裂变""撞击"和"融合"，中华文明才孕育出"协和万邦"的文明基因，产生了完成各地区一体化的宏大政治构想，周人才能在距今3000多年以分封制完成"普天之下莫非王土"的政治抱负，将"理想的中国"落实为"现实的中国"，创建了人类文明史上最早的广域多民族统一政体之一，此后不断发展壮大，绵延至今。放眼世界，在疆域和理念上略可与之匹敌的古波斯帝国的形成是600年以后的事了，而且转瞬即逝。对中华文明形成历程的考古探源清晰揭示，中华文明在形成之初就孕育了独特的以"协和万邦"理念构建多民族统一的"文明型国家"的基因，这是理解中华文明保持连续性和统一性，不断发展壮大的重要基础。

第二，中华文明形成之初，就确立了独特的天人合一、天文和人文统一的传统，宗法礼制、王权军权与宗教权力密切结合。与夏王朝对应的二里头文化中，宗教权力占据重要地位，商代浓厚的宗教气氛并不突兀，其实与二里头文化一脉相承。宗教权力是世界各大原生文明构建早期国家的重要依托，中华文明也不例外。只有深刻认识宗教权力在中华文明形成时期的重要性，才能真正体会西周时期开启的"人文化"进程的中国智慧。

中华文明在形成时期，即表现出特有的包容性，广泛吸收外来文明的因素，如海纳百川，博大宽容，也因此生机无限，不断发展壮大。中华文明形成、稻作农业的扩散，对整个东亚地区社会发展产生重要推动作用；并引发南岛语族扩散，对东南亚和太平洋岛屿地区影响深远。

本章参考文献

冯时：《中国天文考古学》，中国社会科学出版社2010年版。

苏秉琦：《中国文明起源新探》，生活·读书·新知三联书店2019年版。

王仁湘：《史前中国的艺术浪潮：庙底沟文化彩陶研究》，文物出版社2011年版。

夏鼐：《中国文明的起源》，文物出版社1985年版。

李新伟：《良渚文化"神人兽面"图像的内涵及演变》，《文物》2021年第6期。

本章图片来源

图1-1 《稻·源·启明：浙江上山文化考古特展》，山东美术出版社2021年版，第254—255页。

图1-2 《玉器起源探索：兴隆洼文化玉器研究及图录》，香港中文大学中国考古艺术研究中心，2007年，第45页。

图1-3 《姜寨——新石器时代遗址发掘报告》（上），文物出版社1988年版，第257页。

图1-4 《中国史前陶器图像反映的"天极"观念》，《中原文物》2020年第3期。

图1-5 《洪江高庙》第1册，科学出版社2022年版，第338页。

图1-6 《中国考古文物之美1·文明曙光期祭祀遗珍·辽宁红山文化坛庙冢》，文物出版社1994年版，彩版1。

图1-7 《凌家滩玉器》，文物出版社2000年版，第14页。

图1-8 《凌家滩玉器》，文物出版社2000年版，第12页。

图1-9 《华夏之花：庙底沟彩陶选粹》，上海古籍出版社2013年版，第122页；《庙底沟与三里桥 汉英对照》，文物出版社2011年版，图版贰肆、线图第11页。

图1-10 《反山》，文物出版社2005年版，第56页。

图1-11 《论雕有东夷系纹饰的有刃玉器》（上），《故宫学术季刊》（台

北）1999年第16卷第3期。

图1-12 《石家河遗珍》，科学出版社2019年版，第1页。

图1-13 《陕西神木市石峁遗址皇城台大台基遗迹》，《考古》2020年第7期。

图1-14 《襄汾陶寺：1978—1985年考古发掘报告》第4册，文物出版社2015年版，彩版一七。

第二章 夏殷之礼
（夏商）

章首语

夏商西周王朝,在战国秦汉时代就被学者合称为"三代"。三代不仅是时间概念,还是象征着中国文明传统和华夏历史渊源的文化概念。儒家学说传统上认为,三代文化制度的创造和成就,可概括为"礼",如《礼记·礼器》认为"三代之礼一也,民共由之"。这是说夏商周三代文化制度是一样的,人民都要共同遵守。法家虽然强调应时而变,也将三代文明,特别是政治文明,总结为礼,如《淮南子·氾论训》称"夫殷变夏,周变殷,春秋变周,三代之礼不同,何古之从!"

20世纪初叶以来,随着中国近现代古文字学和考古学从无到有地迅速发展,殷墟甲骨文、商周青铜器、三代都邑和墓葬遗址大量发现,夏商西周文明真实的丰富内涵与璀璨面貌逐渐展现于世,用于祭祀先王先妣和贵族祖先的青铜器,成为象征三代之礼的具体标志,反映中国文明已进入青铜时代,并体现出较强的宗法血缘特征。殷周时代的金文(青铜器铭文)、甲骨文等地下出土文献,与《尚书》《诗经》等传世古书不同，细致记录下来第一手历史信息，保存了大量殷周王朝崇拜上帝鬼神，信仰天命，开展祭祀、军事、政治活动的原始史料，显示出三代文明达到的高度与独特内涵。今天考察和认知夏商西周文明，必须利用古文字和考古材料，才能复原夏商西周文明和三代之礼的真实状况。

从大的方面看，三代之礼是夏商西周统治者用来维持国家与社会运转的一整套文化制度，大致可概括为：敬天法祖，家国同构。具体又可析分为职官、祭祀、军事、刑罚、婚丧、宴飨等多方面细致规定和实施方案，大致与古人所说的吉凶军嘉宾五礼相合。三代之礼的精神实质有一以贯之的延续性，如信奉上帝天命，重视贵族血缘身份，实行世官世禄，祭祀祖先均使用青铜礼器；但随着王朝更替，也发生阶段性变化，如殷王朝使用家族徽号和祖先日名，西周王朝则推行家族姓、氏和贵族名、字制度。夏商西周礼制的大同小异，即诸子与儒家所说因革损益，需要辩证地看待，既不能认为三代文明前后一成不变，也不能过于强调夏商周文化的不同和差异。夏王朝建立，是三代文明的起点，夏商周逐渐形成了以青铜礼器为重要标志的文化传统，是中国历史上的一件大事。

第一节　禹铸九鼎

夏王朝是中国青铜时代的开端，奠定了三代文明的基本面貌和发展走向。禹是夏王朝的缔造者，据青铜器铭文史料记载，最晚在西周中期以后，周人普遍认为禹是接受上天的使命来统治人间下土，这一观念在春秋时期已成为华夏民族的集体认知。考古学方面尚未发现夏代文字，但学者普遍认为二里头文化是由夏王朝创造。二里头城址具有王都规模，二里头文化也拥有发达的青铜冶铸技术，三代青铜礼器基本类型在此时期都已形成。《史记·封禅书》记载："禹收九牧之金，铸九鼎。"其意思是大禹从九州收取铜料铸成九鼎，其间虽掺杂了后世观念，但也并非向壁虚造。

一　夏王朝的创建

据古史传说，中华民族的始祖黄帝、炎帝，已带领人民走上文明之路，促进了民族融合。此后尧舜在中原建立古国、古邦之类的政权，其领袖称为"天下共主"，或称为帝，如帝尧陶唐氏、帝舜有虞氏。上述记述虽然出于后世追忆，但反映出夏王朝的出现，是早期文明长期发展和积累的必然结果。禹创建了夏王朝，这是中国首个统一王朝。司马迁《太史公自序》说："维禹之功，九州攸同，光唐虞际，德流苗裔。"即认为禹的功绩，是继承与发展尧舜时代创造的文化制度，实现天下大同，建立大一统王朝。相传，尧舜时期天下共主

"选贤与能",采用禅让方式继位;夏禹传位给其子启,采用父系世袭的王位继承制度,开启了家天下。夏王朝统治着众多部族,古书称作"万邦"或"万国",战国时人记述夏代疆域有九州;但据二里头文化实际分布地域来看,主要位于河南省中西部、山西省西南部,向西到达陕西关中东部和商州地区,南到豫鄂交界地带,东到豫东开封地区,北达沁河。①

禹合诸侯于涂山,执玉帛者万国 夏王朝的都城,《竹书纪年》说"禹都阳城",有学者认为即河南登封王城岗,考古学界则认为二里头城址是夏的王都,据此来看,夏王朝有其直接统治的核心地带。夏代国家在此前尧舜古国统治的基础上,进一步加强对臣服部族的控制,一方面稳固了父系王位继承制度,另一方面建立以贡赋体系为中心的政治制度,即古书所说的夏礼。启通过军事手段才得以继承禹位,促成夏礼形成。《竹书纪年》载"益干启位,启杀之",禅让制度因此终结。夏人内部的有扈氏不服从启,启在甘地与他决战,作《甘誓》称自己是恭行天之罚,激励手下将领,如执行命令作战,就在祖庙赏赐其功勋,如不执行命令,就在社神面前处死。《甘誓》掺杂后世思想观念,但反映出夏启以天神、地祇、祖先信仰来为政治统治服务。据《竹书纪年》,启与之后的夏王,仍不断进行军事征伐,特别是对淮夷作战,使之臣服来朝,所谓"诸夷宾于王门,诸夷入舞"。

夏王朝统治的部族众多,文献记载为万国。如《左传》哀公七年记载:"禹合诸侯于涂山,执玉帛者万国,今其存者,无数十焉。"

---

① 中国社会科学院考古研究所编著:《中国考古学·夏商卷》,中国社会科学出版社2003年版,第82页。

此段记载确实反映了夏禹征服各地古国、古族,并将他们纳于王朝政治体系的历史。《淮南子·原道训》记载稍详:"禹知天下之叛也,乃坏城平池,散财物,焚甲兵,施之以德,海外宾伏,四夷纳职,合诸侯于涂山,执玉帛者万国。"《淮南子》说禹以德服天下,实为一种政治学说。禹平天下,其原因主要还是有平定水患的功绩,并继承尧舜的古国首领地位,成为古书所说的"天下共主",掌握了当时最正统的政治宗教权力(即受帝命或天命统治)、最强大的军事力量、最高超的工艺技术和最丰富的物质资源,使得其他部族主动臣服。禹所施行的德,是上述各种功绩和实力的综合体现,并非抽象空洞的德政,或个人修养层面的道德。所谓诸侯、万国,即考古学所说的各级聚落,也就是殷周王朝所说的"多方"或"万邦",其大小不一,最小规模者约等同于村落,"万"言其多,并非实指。夏王朝将数目繁多,规模不同的聚落和部族,整合为一个政治实体,在中原地区奠定中华文明的基本走向,是宏伟创举。

禹别九州,堕山浚川,任土作贡 夏王朝的建立,得益于禹的功勋和威望。相传,禹继承其父鲧的事业,平息水患,考察各地形势,区分九州。自西周中期以来,周人推崇禹的功劳,相信禹是承受天命,规划土地,开辟山林,疏浚川泽,打通道路,考察四方,制定贡赋,三代王朝因此得以创建,替上天管理人民。西周青铜器燹公盨铭文中说"天令(命)禹尃(敷)土,隓(堕)山濬(浚)川,廼(乃)差地埶(设)征,降民监德;廼(乃)自乍(作)配,卿(飨)民,成父母,生我王,乍(作)臣。氒(厥)顕(沫)唯德,民好明德,赞才(在)天下",大意是:上天(实为上帝)命禹平定下土,开山修路，疏通河流，考察各地物产，设置贡赋，代表上天统治人民；禹之功绩匹配上帝之命，养育人民，成其父母，我们周王也由此产生，成为上帝之臣。禹受天命统治，受到人民爱戴，赞誉传遍天下。春秋时代秦国君主称自己祖先接受天命，定居于"禹迹"，祖先们在上帝左右，恭敬执行天命，保护秦国。秦君的观念，显然是一种僭越，其来源正是周天子信奉的正统政治思想。西周王朝将天下四方视为禹迹，至战国时进一步形成《禹贡》九州体系，从侧面反映夏王朝乃是三代文明的起点。近年，考古学家通过探索，逐步将禹迹九州与考古学文化相对应，提出夏王朝核心区域是黄河中上游的雍、冀、豫、徐四州，其主体文化即范围广大的中原龙山文化；在禹征三苗之后纳入夏王朝统治的荆、扬、梁三州，其文化属于长江流域的龙山文化；在禹征三苗之前臣服于夏的兖、青二州，其文化当为海岱地区龙山文化。这一观点认为在二里头文化之前，夏禹已统治中国大部分地区。[①]这一观点有较大启示性，说明夏代文明是在龙山文化基础上发展而来的，《禹贡》九州范围与龙山文化分布区域有一定联系。

二　青铜文明兴起

传世文献中的夏代史料，既匮乏又零散，且多出于战国秦汉的追忆。夏王朝创造的都邑文明，主要由二里头文化的城址、宫殿、青铜器及手工业作坊等遗迹与遗物揭示，考古发现展示出夏代物质文化及中国文明发展的独特道路。考古学界认为二里头文化最有资格担当

---

① 韩建业：《从考古发现看夏朝初年的疆域》，《中华读书报》2021年6月30日第13版。

"夏文化"称号，出于两点理由：一是其考古学文化的年代，介于河南龙山时代晚期文化与商代早期的二里冈文化之间；二是其分布范围主要是以嵩山为中心的豫西地区，均与文献记载的夏王朝存在时间与活动区域基本吻合。而早于二里头文化的河南新密"新砦期"城址，其年代已进入夏初，很可能与夏启之都有关。

众星拱月的高等级王都　二里头文化年代为公元前1800—前1500年，主要分布于河南中部、西部和山西西南部，东到豫东，西至陕西关中东部，北达豫北，南抵豫鄂边界，在此范围内发现的遗址多达250余处。在龙山文化基础上发展而来的众多聚落遗址，已由行政管理体系整合起来，形成完善和复杂的社会资源生产与输送网络。最基层的村落数量甚多，面积为1万—2万平方米，用石器、骨器、蚌器等生产工具从事社会生产，供给上一级聚落。村落之上是区域性中心聚落，面积约20万平方米，有防卫性壕沟和青铜器作坊，可发展为城邑。最高一级的是王都，即二里头遗址，其面积达到300万平方米，由周边50多处大小聚落提供资源。

这座都城内有10.8万平方米的宫城，四周有"井"字形大道，宫城中已发现宫殿基址12座，构成宫殿区。学者推测，二里头宫城内部建筑可能承担着南部门塾、西部朝堂、东北部宗庙等不同的功用。[①]宫城周围有成片的贵族居址建筑，中小型夯土建筑基址在宫城以东和东北一带最为集中。宫城以南有上万平方米的铸铜作坊，宫城以外南边接近东墙处有上千平方米的绿松石器作坊，生产制造的高级礼器象征着社会权力与地位；宫城内东南部，及宫城以东、以北区域

---

① 杜金鹏：《夏商周考古学研究》，科学出版社2007年版，第28—106页。

还有制造骨器的作坊，也是为贵族阶层服务。宫城以北还分布着和宗教祭祀有关的建筑，既有高出地表的圆形建筑，又有低于地面的长方形建筑，东西绵延二三百米，考古学者认为即文献记载的圆坛与方壝。二里头遗址内墓葬有400多座，与居址没有严格的区分，这与早晚期遗址的相互叠压混杂有关。小型房屋基本分布于遗址西部和北部，墓葬与居址建造在一起。生产普通陶器的陶窑，分布较为分散。但贵族墓葬（墓穴面积1—2平方米）主要分布于宫城附近的东北部及北部，宫城内也偶有发现，基本位于贵族聚居区。贵族墓的建造，消耗大量社会财富，多有木棺、朱砂，并随葬铜器、玉器、漆器、高档陶器和其他奢侈品。显而易见，二里头遗址的布局，是以宫城为中心，其功能主要是为贵族生活与祭祀、丧葬而服务的。

青铜时代的奠定 二里头文化已开始铸造青铜礼器和兵器，其材质为铅锡铜合金，含有微量的砷。青铜礼器多为爵，也有少数斝、封顶盉、鼎，以酒器为主；青铜兵器有钺、戈、刀，但数量不多。此外，镶嵌绿松石的兽面纹青铜牌饰，是二里头文化的典型器物。二里头青铜器形制朴素，纹饰简单，早期素面无纹，后期也出现线条与几何花纹，如乳钉、方格、圆圈等。上述青铜器虽然较为原始，却显然是商周铜器的早期形态，有明确的前后传承关系，中国青铜时代由此萌生与奠定。

二里头文化的礼器，如随葬器物，也有陶器与玉器。陶礼器也多为酒器，以爵为主，此外有封顶盉、觚与之配套。随葬玉器多为柄形饰，近来学者多认为这是文献记载用来举行祼礼的瓒一类器物。玉器还有圭、璋、钺、戈、刀等，均制作精美，形体较大，主要用于礼仪场合。从陶质、玉制礼器形制与组合来看，二里头文化明显是商周文明的源头。此后商文明中随葬器物，也以觚爵为主。

另外，二里头文化的骨卜礼俗，上承龙山文化，下启殷商文明。在卜骨选择上，除有牛羊猪的肩胛骨外，还取用鹿的肩胛骨，并逐渐开始在灼骨基础上，发明先钻孔后灼烧的卜法，这对殷商占卜制度有直接影响。孔子说，殷因于夏礼，周因于殷礼，但均有所损益，是很正确的认识。

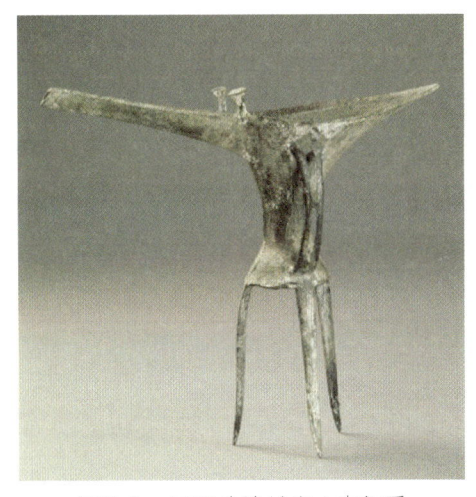

图2-1 二里头遗址出土青铜爵

都城与宫殿营造理念 二里头遗址尚未发现城墙，但其周围拱卫着一群中、小型聚落遗址，与殷墟较为相似。二里头遗址是洛阳盆地中唯一的超大型聚落，在其规模之下的次一级聚落，即面积20万—80万平方米的遗址，超过20处，多为地区性物资集散、手工业制造，及地方行政中心；其下又分布着众多大小不一的村落遗址，约有100处。[①]可以看出，二里头遗址在洛阳盆地125处聚落中，处于独一无二的中心地位，并向其他聚落征取物质资源，其政治等级宛若金字塔的塔尖，由处于塔身和塔底的各级聚落拱卫和支撑，因此这一王都级别的遗址，并不需要修建城墙，就完全满足了防卫条件。

二里头都城的营造原则，是以宫城为中心，宫城周围设置井字形交叉的大道。宫城内部的大型宫殿基址，在南北中轴线两侧分布，大体对称，中间可能建有广场。紧挨着宫城的东面、北面是贵族聚居区，

---

① 井中伟、王立新：《夏商周考古学》，科学出版社2020年第2版，第59页。

其中有大中型墓葬，随葬有青铜、玉、陶礼器与兵器。青铜器与绿松石器作坊位于宫城以南，宫城以北存在祭祀建筑遗迹。二里头都城规划，宫城居中，并有贯通南北的中轴线，这一布局方式，对此后的商代都城影响很大，从郑州商城、殷墟遗址都可以看到相近的营造理念。

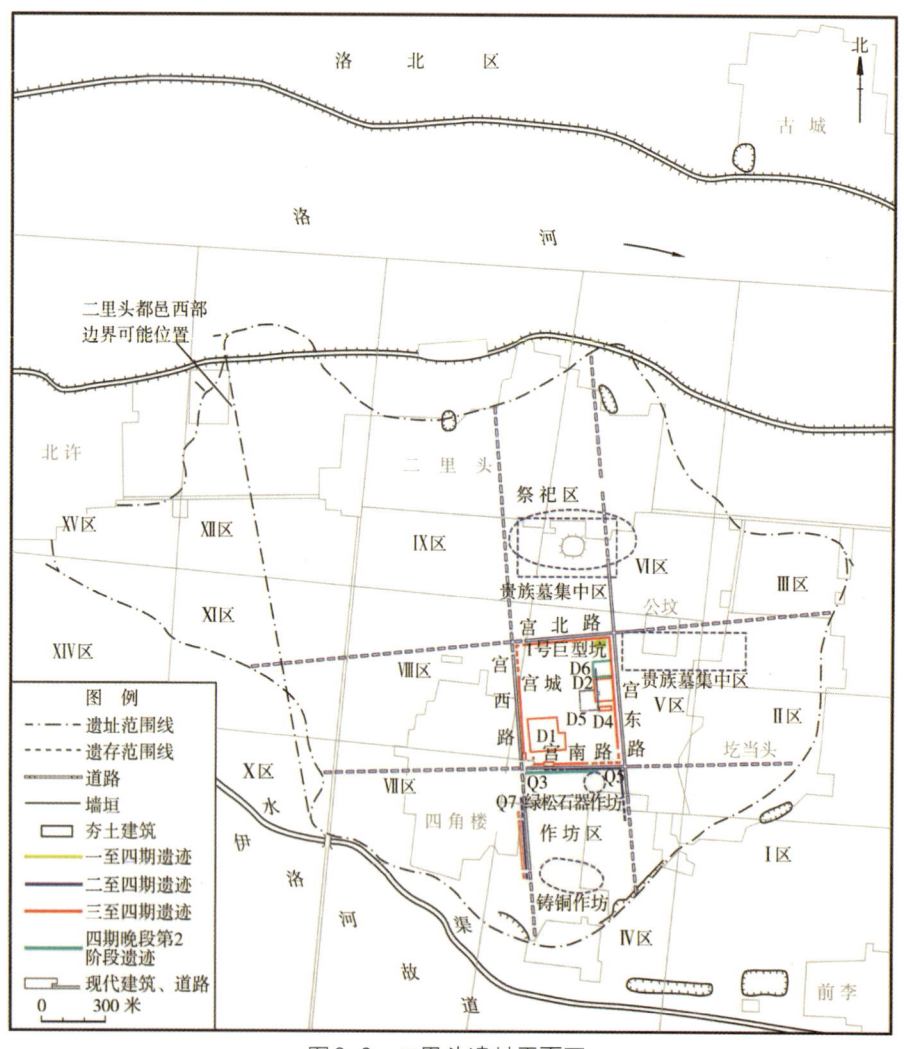

图2-2　二里头遗址平面图

第二章 夏殷之礼（夏商）

龙的观念 二里头遗址发现的文物中，备受瞩目的当属绿松石龙形器，说明当时存在龙的观念，与《夏本纪》等文献所载夏后孔甲豢龙之传说可相印证。这具绿松石龙身长近65厘米，巨首卷尾，由2000多片绿松石镶嵌而成。龙首为扁圆形，有玉石鼻梁、绿松石鼻头和两个圆形白玉凸目，形象生动。在殷商文明青铜器纹饰中，龙也是常见主题，二里头龙形器，应该是其早期渊源。

刻划符号与汉字渊源 迄今为止，二里头文化没有发现记录语言或记录事件的文字符号。目前，科学考古出土的、最早记录语言的中国文字材料，

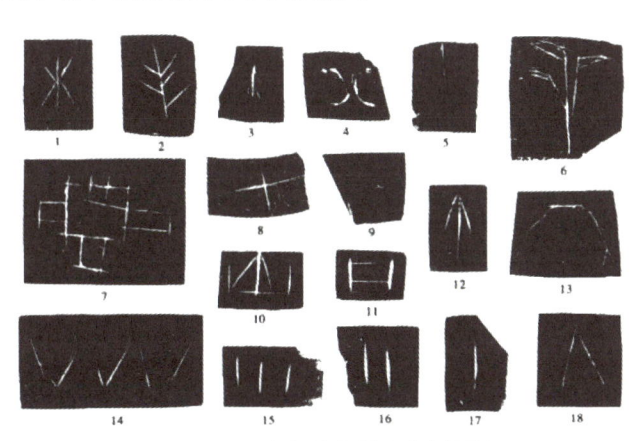

图2-3 二里头遗址陶器上的刻划符号

是殷代武丁时期的甲骨卜辞。甲骨文反映武丁时代已具备成熟的汉字系统，学者推测此前应存在文字，只是尚未发现。二里头遗址陶器上，有一些刻划符号，其形体与个别早期汉字相近似，如有的接近木、矢、亚等字，或与一、二、三、六、十、八等汉字数字相像，但因这些符号都是单独刻划，是否为记言记事的文字，还有待进一步研究。

食货文明的高超成就 食货文明，具体来说就是农业、手工业等经济领域的技术成就。二里头文化的主要农作物为谷子（粟）和水稻，有大规模种植，是重要粮食来源，当时还建造谷仓进行储存。

此外，发现了小麦、大豆、高粱等作物的种子。农业耕种所用工具，则主要由石料制造，也使用骨、蚌等材料。这些材质的铲、斧、刀、镰等农具较为简陋，还不能胜任大规模高强度的农业耕作。当时还使用木耒挖土工作。二里头文化有较发达的畜牧业，家畜中牛数量最多，此外有猪、羊、狗等，还发现有较多鹿骨。这些动物不但给人们提供肉食，其肩胛骨还被用于占卜。鹿是狩猎所获，当时使用铜镞、石镞进行射猎。二里头文化的渔业使用鱼钩、鱼镖和渔网，鱼钩有骨、铜制的，也有蚌制，网坠分为骨制、陶制两种，有倒刺的鱼镖则为骨制。

二里头灿烂文明主要体现在高超的手工艺技术方面。二里头遗址是一处大型青铜铸造和玉石加工中心。如上所述，二里头文化青铜器和商代青铜器相比，虽然类型和数量较少，且形制纹饰简单，却是夏商周青铜铸造传统的开端，奠定此后的工艺特色，形成三代礼器的整体风格。二里头遗址的青铜铸造，已经掌握冶铜添加铅、锡技术，并能控制其比例，浇铸爵、盉、斝等器物时采取合范技术，最多可用12块范。在传统玉石加工方面，二里头文化的技术水准也有提升，可制作大型玉器，雕刻精美花纹，并熟练运用玉石料镶嵌技术。二里头遗址出土的玉璋大多长达50厘米上下，所出玉刀更有长达65厘米的。各种玉器上的纹饰深浅粗细均匀，兼有阴刻和浮雕，工艺水平高超。绿松石镶嵌技术，是二里头文化的典型特征，一件青铜牌饰上可嵌入60—300多块打磨过的绿松石片，其大小只有几毫米。二里头龙形饰镶嵌了多达2000余块绿松石，是当之无愧的国之瑰宝。二里头都城遗址还有精湛的制陶与漆器工艺。陶礼器在二里头文化中占据重要地位，陶鬶、陶盉、陶爵，无论是白陶，还是灰陶质地，器体均经刮削磨光，做工细致；印纹硬陶、釉陶与原始瓷器工艺已被采用。漆器以漆觚为代表，同时存在盒勺等其他器型，多髹红漆，用于丧葬、祭祀等场合。此外，二里头遗址出土丝、麻等纺织品，反映出纺织技术达到较高水平。

对外文化交流和文明互鉴 二里头遗址作为王都级别的超大型聚落，其文化来源与基础是中原龙山时代晚期文化，如二里头玉器及其纹饰就和海岱、江淮、江浙龙山文化玉器之间有较多联系。此外，其发展包含极少数的外来文化因素，如兵器中环首铜刀可能来自北方草原文化。二里头文化的一些地方类型，因其地缘特点，和周边文化有深入交流。如晋南东下冯类型的筒形鬲和蛋形瓮，受到与其毗邻的北方文化影响；豫东牛角岗类型的一些陶器，与邻近的山东岳石文化、冀南下七垣文化陶器特征相同，有粗砂罐、折腹豆、细绳纹鬲、褐陶盉、橄榄形罐、弦纹束颈盆等；豫中南的杨庄类型的一些陶器，地处淮河流域，继承了淮河中、上游地区龙山文化特色，如大口尊形体粗矮，捏口罐有球形腹。由此可见，二里头文化越到其边缘区域，吸收其他文化的元素越多。

对外影响方面，二里头文化处于中心强势地位，其礼仪制度通过具体的礼器，从中原向四周传播到江淮、江汉、成都平原、晋中盆地、甘青地区和北方草原地区。礼器主要是高级陶质酒器（爵、鬶、盉、觚）、玉质礼器（圭、璋），也包括少数镶嵌绿松石的青铜牌饰、铜铃、铜斝。如成都平原的三星堆遗址，出土了和二里头遗址相同的玉璋、铜牌纹；内蒙古东部赤峰敖汉旗的大甸子遗址，高等级墓葬中的陶爵、陶鬶和饕餮纹陶礼器，明显有二里头文化的渊源。《左传》成公二年记载孔子的话："唯器与名，不可以假人，君之所司也。名以出信，信以守器，器以藏礼，礼以行义，义以生利，利以平民，政之大节也。"器以藏礼，即是说器物中蕴含着尊卑贵贱的等级秩序。二里头文化高级礼器的向外传播及其影响，正可以概括为"器以藏礼，政之大节"，反映出中原主流文化制度的领先与核心地位，以及极强的辐射能力。

二里头文化的传播，远至东海、南海，在二里头遗址出土了海贝。《古本竹书纪年》记载："后芒即位，元年，以玄珪宾于河，东狩于海，获大鱼。"反映了夏王朝的影响到达海滨。以牙璋为代表的二里头礼器，传播到长江以南的湖南、江浙、四川、岭南和香港地区，其中包括三星堆遗址。目前，牙璋还在越南出土或采集了8件[1]，表明二里头文化交流之范围甚广，远及海外。

第二节　殷商灿烂文明

商代是中国早期青铜文明发展的第一个高峰，也是一个承上启下的关键阶段。商文明上承夏文明，下启周文明，孔子将此文化制度的继承性，高度准确地概括为："殷因于夏礼，所损益，可知也；周因于殷礼，所损益，可知也。"他认为，夏商周三代文化是相互继承

---

[1] 秦小丽：《中国初期国家形成过程中的牙璋及意义》，《中原文化研究》2017年第4期。

的，后代对前代制度又有发展和变革。用今天考古学和古文字学研究来检验，孔子的看法是经得起推敲的。商王朝在夏文明基础上，进一步发展青铜礼器铸造工艺，达到前所未有的高度，在铜器种类上有极大丰富，在纹饰和文字铸造方面有飞跃式提升，并直接影响了后续的西周文明。

商王盘庚迁都于殷墟（今河南省安阳市小屯村一带）以后，直到西周武王克商，270多年没有改变都邑，因此史家称商后期为殷。殷文明在武丁时代，已经具备成熟的汉字系统，不但为周秦汉晋所用，还一直传续到今天，文字形体结构等核心内容没有变化，甚至语法表述方式及其背后的思维方式都保留下来，堪称人类文明史上的伟大创造。殷代的金文和甲骨文等出土文献史料，记载殷王朝在政治制度建设方面有很高成就，为西周文明的建立与昌盛铺平了道路，如用内外服制来统治广袤疆土的创举，基本奠定周王朝的政体模式。殷人以上帝为至上神的宗教信仰，不但直接影响到西周王朝的天命观，还奠定了从秦汉至明清时期，历代王朝遵行的敬天法祖的政治思想。所以西周天子才感慨说："在昔殷先哲王迪畏天显小民，经德秉哲。"（《尚书·酒诰》）意思是说：往昔殷王朝那些智慧的君王，畏惧天神，顺从天命来统治人民。同时，殷文明有很强的独特性和辨识性，如用图像或文字作为家族族徽，祭祀祖先时用十天干来称呼他们的日名，埋葬死者时在墓底挖掘腰坑殉犬，等等。这些标志性习俗，在西周时期主要是所谓"殷遗民"继承和使用，对周文明影响不大，因此也未传承下去。至于殷代一年360天周而复始地祭祀先王先妣的特有制度，在武王伐纣之后，随着殷王朝的消亡自然不复存在，导致先秦诸子等知识阶层对此也不甚了解。殷文明的标志性特征，虽然在此后中国文明历程中未留下明显印记，但其蕴含的强烈家族意识和祖先观念，对传统思想文化有潜移默化的影响。

一　都邑营建与繁荣

商王朝在迁殷前后两个阶段，在都邑规划建设和政治体制创造两方面都达到高度的文明成就。商王朝在盘庚迁殷之前这段历史，基本没有出土文字史料，但考古发现丰富，城墙、手工业作坊等遗址和青铜器等文物，都记录了商代早期都邑文明的繁盛，与青铜礼器铸造技术的长足发展。商王朝在盘庚迁殷后，在今河南、山西、山东、陕西等省遗留了大量有铭文的青铜器，仅今天安阳市小屯村一带就埋藏了成千上万片刻字的殷墟甲骨，此外玉器、石器、陶器上也书写或刻写有文字，记录了丰富的历史信息，是认识殷文明各方面情况的第一手重要史料。如武丁时期甲骨卜辞记载"作大邑于唐土"，其中的唐就是商王朝开国之君汤，汤土指商王朝的疆土，作大邑是说建造都邑，这条史料很好地反映了商代都邑文明成就。

盘庚迁殷之前，商王朝的都城"不常厥邑"，屡次迁徙。司马迁根据《尚书》序撰写《殷本纪》，写道："自契至汤八迁，汤始居亳，从先王居，作《帝诰》。"这是说从殷人始祖契开始，到汤建立商王朝，曾八次迁都，汤又回到祖先发祥地，定都于亳。《尚书·盘庚》记载自汤之后，商朝先王"不常厥邑，于今五邦"。《古本竹书纪年》《殷本纪》具体记载仲丁迁隞（也写作音近的嚣），河亶甲迁相，祖乙居庇，南庚迁奄，这些史料得到考古工作印证，目前发现数个较重要的商代前期城址，包括河南郑州商城、偃师商城、郑州小双桥商城等都邑遗址，此外还有军事重镇性质的山西垣曲商城、湖北盘龙城等遗址。商朝后期王都主要是殷墟，1928年开始的殷墟发掘不但掀开中国现代考古学序幕，也是全人类早期文明的宝库。这些重要遗址反映出商代都邑文明重视宫殿区、墓葬区、手工业作坊的特色。春秋时代宋人称颂殷王朝的都邑规模宏伟，赞叹"商邑翼翼，四方之极"（《诗经·商颂·殷武》），意思是说，商的王都又宏伟又繁荣，成为四方瞻仰向往的地方。从殷墟遗址在当时独一无二的最高地位来看，作为殷人后裔的宋人，他们对殷都的歌颂，所言非虚。

早期郑州商城规划理念　郑州商城是商代早期规模最大，出土遗迹和文物最丰富的城址，应为商王朝的都城。郑州商城发现于1950年，遗址在今郑州市区，因此考古发掘难度较大。经历了3600多年岁月冲刷，其地表城墙仍然保存，高度为1—9米，蔚为壮观。城墙布局，平面上整体呈方形，周长约6960米，推算总面积约290万平方米；其南侧还发现长约3425米的外城墙，宽度达到12—17米。

宫殿区位于商城东北部，约占内城的六分之一，但受到现代建筑破坏，整体布局情况不明，目前已发现的数十处建筑遗址，面积大小不等，从100多平方米，到2000多平方米的都有。有的建筑可复原出两层柱廊和房檐，较为雄伟庄重。从宫殿区的选址来看，当时的建筑理念是以东北为上位。

商城遗址中，小型民居保存得并不多，基本位于城内北半部的城墙内侧。手工业作坊则分布于城墙外围，外城以内的中间地带。铸铜作坊在南北两边均有，制陶作坊在城墙以西，骨料坑位于北侧。完善的手工业配置模式，反映出商城需要的青铜器、陶器、骨器等礼仪、装饰、日常用品，均由本地制作供应。当然作坊所需的铜料、骨料等资源，是由其周边众多聚落来提供的，甚至是从较远的地方输送而来。

商代的小型墓葬，在内城周边，外城以内发现了一些。但大型墓葬尚未找到，仍在探寻之中。商城内的供水和排水设施较为完善，可见城市建设已达到很高水平。水井分布普遍，宫殿区内还有蓄水池。排水则主要依靠城内的壕沟和护城河。

图2-4 郑州商城出土青铜大方鼎

商城内出土文物，以大方鼎与斝爵觚组成的青铜礼器组合为典型代表，其中兽面乳钉纹青铜大方鼎成为郑州遗址的象征，其高度达1米。兽面纹，就是宋代研究青铜器的学者所说的饕餮纹。饕餮是古史传说中食人的怪兽，而青铜器上的兽面纹实际上取材于虎、牛、羊等多种动物，因此今天考古学家已不采用宋人的说法。铜器上抽象的兽面纹和乳钉装饰，都是商代早期在继承二里头文化基础上，进一步发展出来并普遍推广的；而在此前二里头文化中的青铜容器上，很少见到兽面纹和乳钉装饰。这说明早商青铜文明在继承夏文化基础上，又有突破性的长足进展，为殷墟时期青铜文明高峰的来临，打下坚实的物质基础，并提供充分的技术准备。

南土盘龙城的营建 商代前期城址中，湖北黄陂盘龙城因位于汉水流域备受关注。盘龙城是商王朝早期在南方开拓的一个重要据点，保持着鲜明商文化特色，如中型墓葬有殉人的腰坑，青铜器的形制、风格、纹饰也与中原相近，等等。腰坑是商文明的典型标志之一，即在墓葬棺椁的下方，死者腰部位置，挖掘坑穴，埋入殉人或殉犬，起到守护和陪伴死者的目的。盘龙城青铜礼器的纹饰，普遍装饰兽面纹，与郑州商城保持着相同的文化面貌。

盘龙城的都邑营建理念，与郑州商城基本一致，主要体现为：夯土城墙平面上呈方形，外侧挖掘有壕沟；宫殿区位于城内东北部；中小型房址，手工业作坊，墓葬则位于城墙周围。这些城邑布局特点，就像是郑州商城规划和建设方案的复制，是商文明在汉水流域传播与发展的典型证据。盘龙城出土青铜器种类丰富，既有食器、酒器、水器等礼器，也有兵器和工具，应在当地铸造，并对商代南方青铜器发展有重大推动作用，反映出殷墟时期之前，商文明的青铜铸造工艺已达到很高水平，并具有很强的技术传播能力。

殷墟布局思想 殷墟考古始于1928年，原本计划发掘甲骨，却出乎意料地揭开了殷代王都的面纱，发现西北冈王陵大墓这样令人惊叹的重要遗迹，以及青铜器、玉器、骨器与石器等大量文物，由此拉开中国现代考古帷幕。1950年，中国科学院考古研究所正式筹建后，继续推进殷墟考古工作，取得更大进展，基本完成殷墟作为殷王朝都邑的整体布局调查，对于宫殿宗庙区的结构尽可能进行了探索和还原。

目前，殷墟仍未发现城墙，但从宫殿区、王陵区、手工业作坊、族墓地等现象来看，与此前郑州商城的都邑布局形态相近；另外殷墟出土大量甲骨文材料，仅科学发掘的就有31500多片，加上村民私挖盗掘的总数约有16万片（大多为碎片），以及数以万计的青铜器、玉器、石器、骨角器和陶器，是当时社会财富聚集的中心区与文化核心区。殷墟以外，同时期再无另一个相同规模、内涵如此丰富的遗址。殷代甲骨文除殷墟以外，仅在山东省济南市大辛庄遗址发现过一版龟腹甲刻辞，其文字字形结构和记述用豕牲祭祀先母之事，与殷墟甲骨卜辞完全一致。

殷墟以小屯村为中心，总面积近36平方千米，远远超过郑州商城遗址范围，是商代后期国家实力和社会财富增强的体现。洹河从东北向西南从殷墟遗址中间流过。宫殿宗庙区位于洹河以南，在洹南区域东北部地势最高之处，约有70万平方米，其中从北至南，分布着考古学者编号为甲组、乙组、丙组的三组建筑。宫殿区营建于殷墟核心区的东北方位，显然符合商代都邑设计的总体原则，与郑州商城布局一脉相承。中央研究院历史语言研究所最开始发掘殷墟遗址时，中国田野考古工作刚刚起步，限于当时学术认知和技术水平，不认识宫殿建筑的夯土基址，误以为是洪水冲积形成的淤积层，把各个基址挖断打乱，导致今天很难复原宫殿区详细结构。结合洹北商城发现的宫室基址来看，当时大型房址应是多开间四合院落，入口两侧有门塾（类似今天的门房），中间有庭院，房外还有回廊。殷墟宫殿区的甲、乙、丙三组建筑，其结构很可能就是上述的四合院落形式。如果画一条南北贯穿的中轴线，每组建筑的房屋大致左右对称分布。这种设计理念，对中国后世宫室建筑思想有很大影响。以宫殿区为中心，众多家族的聚居区分布于殷墟各处，形成贵族阶层的集中居住地，这也符合王朝都邑的地位。

殷墟遗址的手工业作坊分布在宫殿区外围，东、南、西三个方向。如在南面、西面、东北方，均有大型铸铜遗址，范围在1万平方米以上。骨料加工作坊，位于东北方，西面，如大司空村制骨作坊约1380平方米。殷墟范围内，还可能存在制陶、玉石器作坊，但相关遗迹发现不多，有待进一步探索。

殷墟与夏商周三代其他都邑遗址的不同之处是，发现了王陵区。区域位于宫殿区西北方向的洹水北岸的高地上，面积超过11.2万平方米。王陵区共发现商王大墓13座，其中带四墓道的有11座，著名商王武丁的陵墓可能位列其中。王陵大墓的规格很高，墓穴底部的四角与中心，殉葬有多位披甲持戈的武士，达9人。其他中小型墓葬仅有一个腰坑殉犬，与王陵在等级规格方面存在着明显的高下差异。王陵内部与周边，还使用大量人牲，如王陵区东侧有密集的祭祀坑，约2500座，其中多为被砍去头颅的人牲。

商王以下的一般贵族，及其家族成员，死后主要埋葬于殷墟洹水南岸的西部，即殷墟西区；此外，也有一些墓葬分布于宫殿区以南、以东。贵族及其家属墓地既有相对独立的较大型墓葬，也有相对集中的族墓地。如殷墟西区众多墓葬，从出土族徽来看，可区分出十

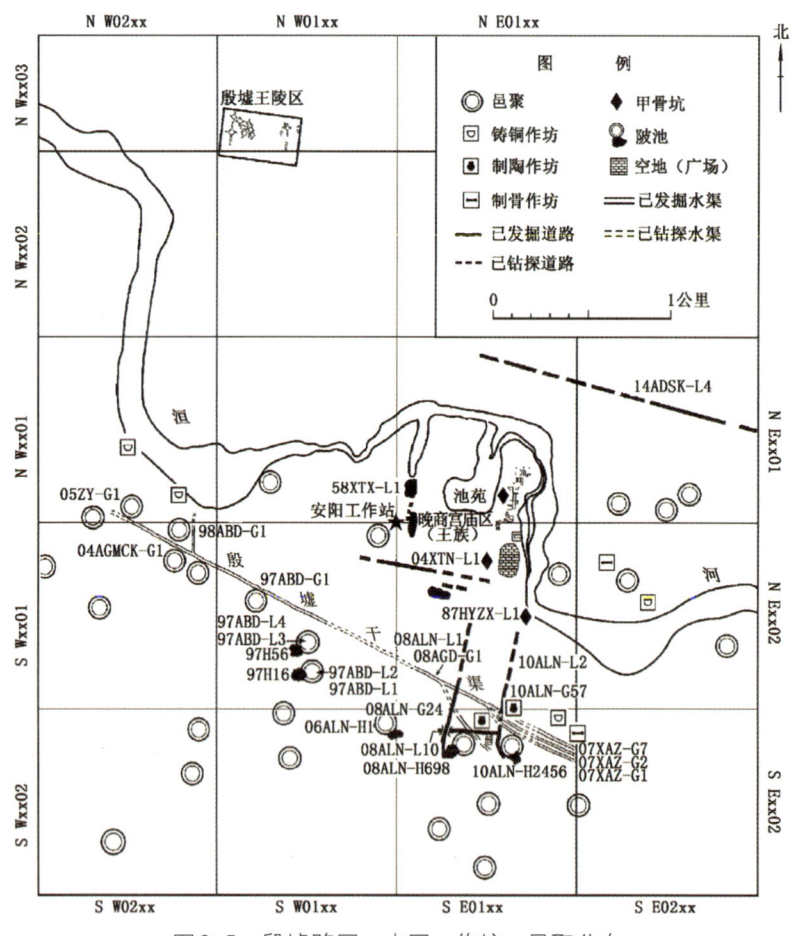

图2-5 殷墟路网、水网、作坊、邑聚分布

多个家族。

殷墟遗址是一座商文明的巨大宝库，目前仍在不断发掘探索过程中，作为殷代晚期都邑，其大而有序的布局结构及丰富的文化历史内涵，不但在中国考古学领域首屈一指，而且在人类文明史上占有极其重要的地位。

二　内外服政体创立

商王朝对中国早期政治文明的最大贡献，是实施内外服政体，即商王直接统治以都城为中心的核心地域，被称为内服；诸侯则驻守拱卫于外，守护王朝边域，被称为外服。所谓"服"的意思，就是服从；内外服大致可以理解为，直接服从商王管辖的区域，以及由诸侯代王管辖的区域。商王盘庚迁都于殷以后，从武丁时期开始涌现大量甲骨卜辞材料，也就是刻在龟甲和牛胛骨之上的占卜记录；同时青铜器铭文也出现了，从武丁时的一字、数字，逐渐发展成为帝辛时代将近50字长篇文献。甲骨文、金文等出土文献，都比较详细地记述了殷王朝内外服的职官和他们的活动，成为研究殷商文明的第一手史料。与之相比，盘庚迁殷以前的商王朝国家与社会的具体情况，还缺乏文字史料记载，仍有待继续探索。殷代内外服制度，完全被西周政体继承下来，周王朝在此基础上，又结合自身的姓氏、婚姻制度，加以改造和发展，最终形成孔子推崇的"郁郁乎文哉"的礼乐文明。

亚、尹、小臣为主的内服王官　殷王朝的职官体系已较成熟，但从表面上看比较复杂。其原因在于：甲骨文和金文等地下出土的古文字资料，并不是整齐划一的史书，相关记录的历史场景较为复杂，同一人物往往具有多重社会身份，所以称呼职官的方式也不完全一致，需要从多个角度来理解。有的记载着眼于贵族的宗法和血缘身份，如多亚、多子；有的称呼针对王臣们组成的群体，如多尹、多臣；有时则直接强调其具体职务，如小众人臣、小耤臣，就是分别掌管众人和农耕之事的小臣。因此，甲骨文、金文中看起来略显纷乱的"职官"称呼，实则还是完善有序的，有着显著的殷文明特色。像殷代的亚、尹、小臣之类典型官名，到西周早期最开始还沿用过一段时间，中期以后随着政体的发展演变逐渐消失了。

"亚"是殷代特色职官，殷人称其群体为"多亚"。亚的称呼，是突出他们身为强宗大族首领的身份。亚在商王的左右辅佐，承担着国家重大事务。如《尚书·酒诰》记载"越在外服，侯、甸、男、卫、邦伯；越在内服，百僚、庶尹、惟亚惟服、宗工，越百姓、里居（君），罔敢湎于酒"，这是以周王的口吻，来描述殷先王的政治制度设计，称颂其统治有方，内外官员都不敢贪杯酗酒。句首的越，是周人常用语气词"雩"的通假写法，放在此处有排比的作用。殷王朝的外服，除了侯、甸、男三类诸侯；还有卫，即成卫的官，类似诸侯身份；最外围则是臣服于商王朝的敌方首领，即邦伯。内服是商王直辖区，百僚、庶尹指众多王臣，类似于甲骨卜辞中的多臣、多尹；惟亚惟服则是着重说强宗大族臣服于王，宗工或是主管宗庙之官，百姓指广大贵族家族，里君是管理基层社区的官员。上述各类职官中，"亚"特别用语词"惟"来突出，是因为他们拥有重要政治、社会地位。

《酒诰》作为重要文献记载，虽出于周人追述，但还是准确说明了殷王朝官制体系的结构和特点。殷墟甲骨卜辞中称为"亚"的贵族,如武丁时代的亚雀、亚启,一方面是国之重臣,担负王朝祭祀、战争等重大职责,既是向鬼神祈求国家风调雨顺、农业丰收的关键人物,又是领军出征、开疆拓土的军事统帅;另一方面他们又与王室有较密切的血缘关系,商王重视其安危疾患,通过祭祀父辈先王为之避祸祈福。亚启又被商王称为小臣,强调他作为王臣的政治角色,说明亚是表示尊贵身份的词语,亚的称呼与臣、尹等官名之间还有明显区别。由此可见,亚这一群体源出于殷商王族,他们的政治地位仅次于王,不但家族显赫,而且位高权重,其身份类似于西周初期的周公。周公是武王的母弟,多才多艺,有着高超政治、军事才能,他既能统摄国政,封建诸侯;又能率领大军,平叛东征;还可主持重大祭祀活动,如武王病危之际,周公祷告太王、王季、文王等祖先,希望以自身替代,祈求武王平安康复。殷代的亚,同样是商王之下,权力和地位最高的王臣。直至西周时代,金文史料中,仍有将大亚和诸侯放在一起称呼的情况(黼簋,《殷周金文集成》4215),反映大亚的强宗大族地位,堪比外服诸侯。西周古书与金文中还常见亚旅,如《尚书·立政》"司徒、司马、司空、亚旅",《牧誓》"我友邦冢君、御事、司徒、司马、司空,亚旅、师氏,千夫长、百夫长",晋侯苏钟铭文"晋侯率厥亚旅、小子、铁人先陷"等例。这些记载一方面在亚旅前面提到司徒、司马、司空等军政重臣,又在其后提到小子等小族长,和千夫长、百夫长之类的基层负责人,因此将亚旅理解为实力雄厚的大族之长,是较合适的。

  内服区域中直接听命于商王的多子,也和多亚类似,是基于家族身份的一种称呼,但更加强调与王室的血缘关系。所谓多子指已经成年，从王室中分化出去，有自己家族的王子。他们和商王之间的亲属关系较为复杂，有的是王的儿子，有的是王的兄弟。殷人将生父和生父的兄弟（叔伯）均称为多父，兄弟不限于同父兄弟，多父之子亦称兄弟。因此，多子中也有商王伯父、叔父的儿子，也就是今天所说的从兄弟、堂兄弟。商王武丁的生父为小乙，他同时又称盘庚、小辛、阳甲为三父，他的同祖、同父兄弟，以及侄儿群体，人数很多。武丁在位50余年，[①]较为长寿，且有妇好、妇妌等三位王后，他亲生儿子较多。殷墟甲骨卜辞中，多子的记载基本在武丁时期，也就是这个原因。

武丁时代，出现具体人名的多子，就有上百位，包括武丁的兄弟、从祖从父兄弟，儿子、侄子、从兄从弟之侄（堂侄），甚至还包括武丁的个别女儿在内，形成了一个团结在商王身边，人数众多，势力雄厚的政治群体。他们的社会身份和政治角色，基本等同于春秋时代从周王室分化出来的王族，从诸侯公室分化出来的公族，后者既与天子、诸侯有紧密的血缘联系，又是政治舞台上的主角。如春秋初期的郑伯，就是源出王室的姬姓贵族，但已分化出来，占据郑地而称郑氏，先担任王朝司徒，逐渐发展为相对独立的政治势力，与天子分庭抗礼，虽未被封侯，实际上已跻身诸侯之列。再如郑伯的后代，从郑公室中独立出来，繁衍其家族，并把持国政。当时著名的七穆家族，都是郑穆公的儿子们发展而来，并轮流担任执政大臣（卿）。孔子景仰和称颂的贤人子产，出身于七穆家族的国氏。国氏家族名号，源于

---

① 学术界认为武丁在位59年。《夏商周断代工程1996—2000年阶段成果报告·简本》，世界图书出版公司北京公司2000年版，第60页。

第二章 夏殷之礼（夏商）

郑穆公的儿子"子国"。子国名发，又称公子发，国是他成年行冠礼后获得的字，其后代因此称为国氏。子产名侨，又称公孙侨，产是其成年后所取的字。子产继承子国，担任国氏家族的宗子，遂能参与政事，并得到七穆家族支持，主持处理国之大事。子产知人善用，深谋远虑，擅长辞令，有不同寻常的政治智慧和勇气，脱颖而出，名望传播于诸侯之间，孔子赞扬他是"古之遗爱"。但溯本追源，子产实际是周天子、郑伯的血脉，是春秋时代执政、参政的众多公子、公孙的一员。殷王朝多子基本兼有族长、王臣双重身份，结合春秋时代子国、子产的史事，能够清楚认识他们的社会角色和承担国政、军务的情况。此外，甲骨卜辞记载，商王与多子关系亲密，常呼多子逐鹿狩猎，这是其他内服贵族罕有的殊荣，反映出其独特的政治地位。

商王武丁时代，有名可考的多子多达上百位，这一团体有着王室血脉的光环，居于当时社会金字塔的上层，是协助商王统治的重要帮手。多子人数众多，因辈分、长幼、才能、实力、族众数量的差异较大，他们在政治、军事、宗教等事务上发挥的作用很不相同。其中的佼佼者拥有大量土地、人口等社会财富和强大的武装力量，被商王委任为得力助手，承担着王朝占卜、军事、贡纳物资等方面的重任，成为时常出现于甲骨文之中的著名人物。如子渔是殷墟考古发现的18号墓主人，子渔多病，武丁对他的健康十分关心，经常祭祀先祖先父，祈求子渔能免除眼疾等祸患。在宗教事务方面，子央最为知名，他负责接收、选取王室占卜所用的龟甲、牛胛骨（示龟、示骨）；子央还常随同武丁外出狩猎，并发生过马车轴断倾覆，导致子央坠车的事故。武丁对外征战的重大战役中，子画、子强、子商等人富有统兵才能，成为重要的军事统帅，在伐舌方、伐基方等强敌过程中发挥了关键作用。子画还被安置于疆域东面，毗邻东部的侯伯，与当地侯伯共同防范东方部族侵扰，并随时向商王汇报敌情。子画本人拥有领地和大量社会财富，曾向王室进贡占卜用的龟甲。子画、子强等多子的军队，当时称为多子族，是商王身边最得力的武装力量，往往与外服诸侯配合作战，如卜辞记载多子族曾与犬侯联合征伐西面的周方。

殷王朝的常任职官，统称为多尹、多臣。多尹之"尹"，本义是手持权杖，就是治事者，后世称为君。"君"字较"尹"字，下面多出一个"口"旁，这是专门表示通假的符号，强调词义的分化。多尹与多子的区别在于，他们所在家族，与王室血缘联系较为疏远，因此商王宴飨臣下时，将多尹和多子作为两个不同群体对待。多尹接受商王之命，从事垦田、征伐、营建商王寝宫等任务。多臣之臣，本义是俯首竖目称臣，即服从者，多臣常受王命征伐敌方，军事上的职能和作用比多尹更为突出，作为内服职官，多臣常需配合边境的外服贵族作战，他们的联军统帅包括臣服王朝的方国首领。如武丁及其子祖庚时代，王室多臣曾联合沚方首领与召方作战。

殷代的小臣，其内涵有广义、狭义区分。广义上，所谓小是对高高在上的商王而言，故位高如亚㠱，也称小臣。狭义上，内服重臣承担具体职事的，多称

图2-6 殷墟历组卜辞"令多尹作王寝"

为各种事务性小臣，如掌管平民的小众人臣，负责耕作的小耤臣等。甲骨卜辞还记录过小多马羌臣，其中多马是骑兵，羌是俘虏，可能也被驱使作战，这种小臣就是专门统御多马和羌的。小臣的分类系统，有点类似春秋楚国各类尹的设置，如执政者叫令尹，其助手有左尹、右尹，此外有具体负责养马的宫厩尹，掌管弓箭手的连尹等。殷代小臣史料，最知名的是帝辛（纣王）时代的小臣墙刻辞，记载了小臣墙联合诸侯征伐危方等部族，俘获人口、车辆、盾矢，并用敌方首领祭祀先王大乙、祖乙、祖丁之事。

殷王朝内服还有一些颇具特色的王官，其中包括商王身边近臣，如作册、寝、戍、宰等。作册的职责不局限于执掌册书，还参与赏赐等礼仪活动，在西周早期继续设置，但逐渐被内史等史官群体所取代。寝官，顾名思义是商王宫室内的近臣，因此有较高地位，除代表商王赏赐臣下以外，还外出视察农田。寝官制作铜器流传至今者有不少件，较知名的有殷墟出土的寝鱼爵、山西曲沃晋国遗址出土的寝挚方鼎等。戍官负责王室卫戍，算是近臣，但也参与征伐，并受王命捕猎猛虎等野兽，殷墟后冈出土的戍嗣子鼎是戍制作的代表性青铜礼器。宰一般认为是王室家臣，起源于烹宰者，商王擒获猛兽，多赐予宰，或与此有关。国家博物馆所藏宰丰骨柶，是商纣王捕获野牛后，让寝官赏赐给宰丰，宰丰取其牛骨精心制作成食器，用来在汤中取肉。西周时代仍任用宰官，主要充当天子家臣。

武丁时代，在商王朝内服事务中发挥重要作用的，还有妇好、妇妌等王后，她们承担着农田、占卜、征伐等方面的职责。相对而言，妇好对外征战的记录较多，她与舌方作战，曾动用1.3万人的军队。妇妌曾征伐召方。当然，王后的对外军事活动，一般都有外服的诸侯给予配合，并非孤军作战。妇好、妇妌都负责接收贵族进贡的占卜用龟甲、牛骨，即示龟、示骨。她们均持有农田，武丁经常占卜她们是否会获得农业丰收。相对而言，在占卜、农耕事务上，妇妌参与得更多。妇好是殷商历史上一位杰出女性，是武丁十分关怀的王后，甲骨卜辞中常见武丁占卜妇好生育、生病的记载，他还推测上帝、先王会夺取妇好的性命，明显出于妇好病重的原因。总之，王后参政是武丁时代的一大特色。

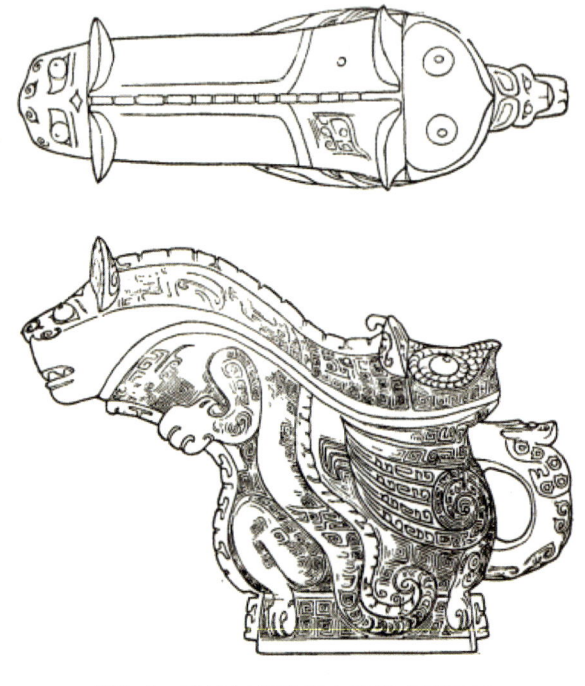

图2-7　殷墟妇好墓出土青铜虎鸮形觥

以侯甸为代表的外服诸侯　外服诸侯与邦伯，在商王朝政体中是不可或缺的一环，特别是在对外征伐，抵御外患方面作用非常突出。《酒诰》记载周天子追述殷代外服为侯、甸、男、卫、邦伯，与殷墟卜辞史料的记载完全一致。诸侯的起源则有差异：侯源于外出侦察巡逻的斥候，故侯字从箭矢之矢；甸字作"田"，本为在外屯垦农田者，军屯也有助于戍边；男在殷代其字写作"任"，是承担劳役者；

卫本义为防卫；至于邦伯，就是方伯，原指未被征服部族的首领，但臣服商王朝后，成为外服的最边缘群体。前面介绍殷代内外服时，已经说过：侯、甸、男是诸侯主体；卫接近于诸侯，但到殷末其作用已不显著；邦伯则处于时叛时服的状态，需要王室进行强有力的控制，才能起到防守边疆的作用。

侯在武丁时代就已成为王朝的重要武装力量，当时著名的侯有仓侯虎。有的侯从武丁在位时算起，一代一代延续到帝辛时代，如东方的攸侯，是抵御人方和东夷的主要屏障。殷末帝辛（纣王）时代的侯、甸两部分诸侯，分别居于东、西边境，称为东侯、西甸。臣服的邦伯，其军事力量不亚于侯甸，在殷代对外战争中，充当急先锋的角色，如武丁时代倚重沚方伯（沚㦰）、望方伯（望乘）与舌方、土方等强大的敌对部族作战。殷代大规模军事活动，内外服军队在商王指挥下相互配合，甲骨文记录为"比"，武丁时代即常见王亲自比望伯，王后（如妇好）比沚伯，进行对外征伐、抵御敌方之战役。殷末帝辛时代有王亲自比东侯征人方、王亲自比西甸征盂方，抗击外来之敌的事件。殷王朝设置外服诸侯，及任用臣服邦伯（方国首领，如周方伯）的制度，是中国早期政治文明的创举，为后来西周王朝礼乐文明的建立和繁荣发展，奠定了坚实基础。

政治性赏赐的行政机制　殷王朝任用、命令内外服职官，履行祭祀、征伐、垦田等职事，在殷墟甲骨卜辞中有诸多详细记载，这些任务多由商王直接发号施令。此外，青铜器铭文材料，大量记录了殷王朝的政治性赏赐制度，其中赏赐海贝最为多见，称为赏贝或赐贝，目前已有40余条相关史料；此外还有赏赐玉璋等玉制礼器之例，但较少见。赏赐仪式中的海贝、玉器并非货币，而是彰显君臣关系，强化上下级政治地位的象征物品；此类赏赐多在王朝祭祀、宴飨等礼仪场合进行。商王的政治性赏赐，多给予内服近臣，基本不用来奖励外服诸侯。殷末的䑞族，古文字学者多释为"举"族，人多势众，他们的族长称为子，殷金文史料也见到这位大族长"子"赏赐海贝给其下属的分支族长"小子"，他赏贝的来源有时明确说是商王赏赐的。可见，政治性赏赐是一级一级进行的：先由商王赐给身边近臣、重臣，再由重臣赏给其家族成员。这反映出殷末行政运转的特色，当时王朝统治较为依赖强宗大族，特别是势力显赫的举族。西周取代殷朝以后，周代行政方式继承了殷代政治性赏赐制度，因此在西周早期乃至穆王时代，赐贝仍非常普遍，其中夹杂有少数赐玉仪式，成为建构其王朝统治秩序的强有力工具，这是殷代馈赠给西周最重要的一份政治遗产。

三 天下四方观念与商文明的传播

四土与多方 商王盘庚迁都于殷之后，殷王朝历经武丁一代将近60年的开拓，国力日渐强盛，形成了鲜明的大一统政治格局意识，即以大邑商为中心，统治天下四土。殷代称周边未臣服部族为"方"，和"四方"的"方"是同一个字，蕴含着四方远处各族的含义，中央王朝并将周边各部族合称多方，这也是今天学者所谓"方国"的出处。王朝居四方之中的"中商"概念，在武丁时代即已形成，一直保留到殷末帝辛之世。中商的中字（中），其意在强调政治格局上的中央地位，因此和常见表示左中右的中字（ ）不同，中间一竖上下都没有旗帜飘带。中商既是政治地理观念，也是经济地理范畴，因此殷王朝经常占卜中商受年，即大邑商获得农业丰收的意思。与此对应，殷王朝重视中商以外的四土受年。四土即东、西、南、北四土，均在王朝疆域之内，又称东、西、南、北四域。殷代的四土与四方内涵略有不同，四方更强调东、西、南、北四方神，及四方风神。虽然四方神灵与四土是一一对应的，但他们掌握的四方土地是没有界限的，超过王朝疆域之外，包括了四方的方国。殷王朝的政治观念与宗教信仰相互渗透，中商、四土受年取得农业丰收，和四方神能否带来风调雨顺密切相关。糅合政治地理与四方神灵的观念，属于天地相通的人文思想，对西周与后世传统文化影响甚大，天人合一理念即可追溯于此。

殷王朝称周边部族为方和多方，也有指称方向的意味，但这个方，与纳入疆域之内的东西南北四土的政治归属有很大差异。多方基本处于时叛时服的状态，他们和殷王朝的实力此消彼长，长期处在对抗制衡的状态。从武丁至帝辛时代，王朝对多方，既有防御，也有征伐。从武丁时伐舌方、土方、下危，到帝辛时征人方、盂方，均有不

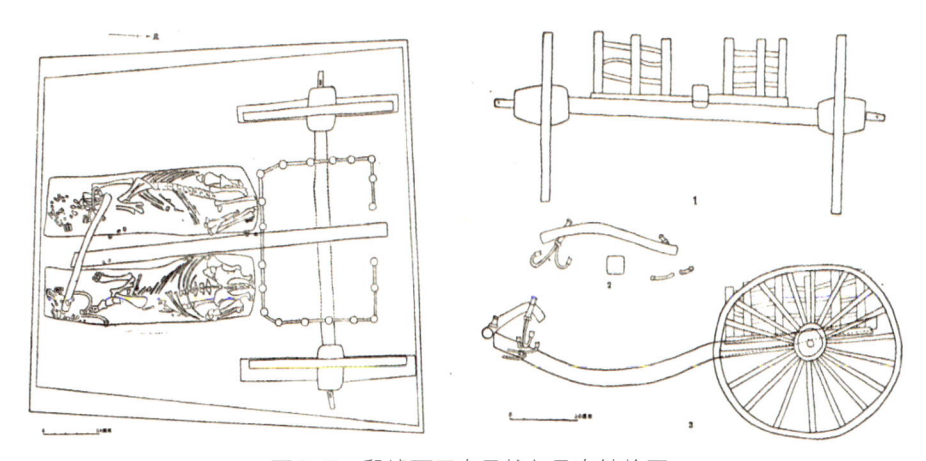

图2-8　殷墟西区车马坑与马车结构图

小规模，但基本是由于敌方入侵而进行的反击。因此，殷王朝眼中的多方是不小的敌对力量，在殷代难以完全形成西周普天之下莫非王土的大一统观念；但西周将天下看成四国（即四域）万邦的政治意识，实际上来自和继承于殷王朝统治方式和疆域规划原则。

"海外有截"：吸收与辐射　　商文明善于吸收外来文化的优秀元素，如殷墟出土的青铜刀，有环首、铃首、马首等形状的，还有青铜短剑，都是由北方草原文化传入的。又如郑州商城、殷墟出土的三角援青铜戈，有典型的南方特色，最早起源于长江流域，是陕南汉中地区较为流行的兵器。郑州商城、殷墟较多发现灰白色印纹硬陶、原始瓷器，是由长江中下游地区和江南传入。殷墟出现的马车带有北方文化因素。可见，殷商文明与北方游牧文明、南方江汉流域文化，都有密切的联系与交流。

商文明自身发展程度很高，对外有极强的辐射能力，在考古学方面已有充分的证据。如带有扉牙的牙璋，这一独特的玉制礼器起源甚早，可追溯至龙山文化时代；经过二里头文化晚期的传播，延及商代，牙璋进一步传播到今天香港地区与越南红河流域。商代青铜礼器铸造，以河南、山东为核心地区，郑州商城、偃师商城、济南大辛庄等重要遗址均集中位于这两个省份；但早在商代前期，青铜铸造工艺已传播到湖北武汉的盘龙城商城遗址，与晋南的垣曲商城遗址，使它们成为商文明繁荣发展的两个重要据点。商代青铜礼器集中出土地点，在中国北部还有晋中灵石旌介墓地，发现了殷木大族"丙"氏的器物；在南方则主要发现于湖南长沙宁乡地区，著名的四羊方尊、铸有"大禾"铭文的人面方鼎，均出土于此，目前宁乡地区出土商周青铜器数量多达300件以上，是殷文明在长江流域遗留的鲜明印记。此外，江西中部的新干大洋洲商代墓葬出土青铜器达到480余件，其中大方鼎、甗、鬲、尊、卣、钺等器物，均为典型的商文明器物，反映出商文明已推进到赣江流域；但大洋洲青铜器也具有明显地方特色，如鼎耳装饰有虎或鸟、甗耳装饰有鹿；此外，虎形尊是当地仿制，盖子是假的无法揭开，腹部未密封无法盛酒，只有礼仪陈设的作用。位于成都平原的广汉三星堆祭祀遗址，举世闻名，所出青铜尊、罍等酒器是典型的商文明器物，说明商王朝的影响已到达此地区，但三星堆遗址出土的青铜人像、青铜面具等文物，有浓厚的地方特色，在其他商代遗址中并未出现过。

《诗经·商颂·长发》称颂："相土烈烈，海外有截。"是说商人的先祖已壮大其势力，使众多部族归服，截有取得胜利之义。《殷武》记载："昔有成汤，自彼氐羌，莫敢不来享，莫敢不来王，曰商是常。"也赞叹成汤时代，臣服了南方荆楚和西方的氐羌等部族，四方莫不来朝见、纳贡。结合考古发现来看，上述文献记述可信，体现了殷商文明在当时世界的巨大影响力。

第三节　殷人的精神世界

盘庚迁殷以后，至其子辈武丁时代，殷王朝已有成熟汉字系统，超过5500件金文与近16万片甲骨文史料，详细记录当时的宗教信仰与礼制观念。这些思想是殷代文明的精华，而其核心是上帝崇拜。上帝是殷人宇宙观的中心，最适合由此来认识和解释当时的精神世界。

一 以上帝为核心的众神

上帝崇拜是殷王朝宇宙观的核心内容。殷人对自然现象的认识，对吉凶祸福的判断，都与相信上帝无所不在的权威有密切关系。殷代神灵体系完全是围绕上帝构建的，并将先王和祖先容纳其中，当时认为上帝是风雨雷电等一切自然力量的主宰，同时掌控着王朝兴盛与衰败的历史命运。

掌控上天与下土的上帝　殷文字中，帝写作₩，是束柴之形，有燔燎木柴，使烟气升腾，上达于天之义。帝居于天，故又称上帝，上帝是宇宙的最高主宰，掌管着各种自然力量与人间一切吉凶祸福。上帝在天上有帝廷，其臣属主要是帝五臣，或称帝五介臣（五介意即五个），五臣为东、南、西、北四方之神和商朝都邑的社神。上帝的使者为风，称帝使风。上帝操控自然现象，如令风、令雨、令雷，通过帝臣来实行。

先王死后，辅佐于上帝左右，如开国之君汤，殷人称为唐或咸，其受祭祀时所用日名为大乙，他成为上帝的重要辅臣。殷墟甲骨卜辞记述"咸宾于帝"，是说大乙到天上向上帝汇报。其他著名先王，如大甲、下乙（祖乙），既可直接陟升天庭，宾见于帝；也可通过大乙向帝转达，即宾于咸。

上帝的意志不可捉摸，商王只能通过占卜加以预测。帝掌管风雨雷电，风调雨顺农业就能丰产，王朝也会兴盛；如有疾风暴雨，农业遭受损失，王朝也面临饥馑灾害。王朝的对外战争，上帝能决定胜败,但是否授予福佑,把胜利的天平倾向于商王,则需要占卜确定。殷墟甲骨卜辞甚至记述,帝终兹邑,兹邑即殷王都,意思是说上帝终结王朝统治,可见在殷人心目中,上帝作为世界宇宙的主宰,并非王朝的保护神,而是祸福无常的。上帝高高在上,无法接触,又不直接保护殷王朝,因此商王并不祭祀上帝。其中隐含的政治思想是:商王朝并非上帝正式授予天命的人间统治者,这为此后西周王朝宣传天命靡常,惟德是辅,埋下了伏笔。

社与四方 殷王朝的都邑,称为大邑商,或中商,其土地神称为土,即社稷之社。以都邑为

图2-9 殷墟甲骨卜辞"于帝五介臣宁秋"

中心,东南西北四方,各有神灵,即四方神和四方风神。四方神与四方风各有其名,甲骨卜辞记载与《尚书·尧典》《山海经》等文献,可相互印证:东方曰析,风曰协;南方曰因,风曰微;西方曰彝,风曰韦;北方曰伏(宛),风曰伇(烈)。上述神名明显与不同季节物候有关,如东方曰析,意指草木于春季发芽,东风曰协,是说春风和煦。相对而言,北风曰烈,就是冬风凛冽刺骨的意思了。

社与四方神、风神，即上帝五臣，分别掌管五方之风雨雷电等自然力，并影响到王朝农业，成为祈求风调雨顺、农业丰产的重要对象。因此，祭祀四方成为殷商王朝头等大事。

祷年于河岳 殷王朝称祈求农业丰产为祷年，也写作祷禾，意思是祈祷农业丰收。祷年的对象，除社与四方神外，河、岳也常见。河即黄河之神，岳可能是嵩山之神。虽然未见明确史料记载，但河、岳作为四方山川神灵的代表，显然是受上帝管辖的。四方之神是上帝之臣，何况四方的山神、河神呢？从甲骨文史料来看，河、岳并非殷人的高祖，而是比四方神更低一个层次的自然神灵，古书统称为地祇。殷王朝非常重视祭祀河、岳，以祈求风雨时至，农业丰收。相关祀典在武丁时代尤其隆盛，重臣亚雀、亚𦥑时常接受王命，前往进行对河、岳的盛大祭祀，所用牛、羊等牺牲达到数十至上百头，采取焚烧、掩埋、沉河等多种祭法，耗费较多社会资源。有时砍杀俘虏来祭祀河、岳。

至春秋、战国时代，帝王采取远远瞻望的方式祭祀山川之神，称为望祭。因此，山川神灵，又被称为四方之望。

二　祖先崇拜

《礼记·表记》有一段很有名的记述，即"殷人尊神，率民以事神，先鬼而后礼，先罚而后赏，尊而不亲"。意思是说，殷人信奉鬼神，带领人民进行祭祀，重视鬼神超过了礼仪，先用刑罚后用赏赐。殷墟甲骨卜辞，大量记载殷王朝开展祖先崇拜和祭祀活动，确实有其迷信鬼神的一面，如商王认为王室祖先会为害己身、王后、王子及王室出身的贵族，这个想法在西周时代不复存在。从甲骨文、金文史料来看，殷王室的祖先，可分为高祖、先王先妣、以伊尹为代表的王朝老臣三部分。

高祖"害云害年" 殷人高祖是世代久远的祖先，如高祖夒、高祖王亥、王夨等。夒是否为古书记载的殷人远祖契，已不可考。王亥则明确见于《山海经》等古书记载，是上甲之父。殷人认为高祖多在四方影响风雨，如夒、王亥均可害云、害年（害禾），即导致雨水失时，农业灾害，因此高祖也是祈求雨水、丰年的常见对象。高祖夒、王亥能掌控风雨，影响农业，当然也是执行上帝命令。殷王朝称开国之君大乙为高祖乙，大乙与其他世代较早的先王，都成为祷雨对象，如武丁时占卜"祷雨自上甲、大乙、大丁、大甲、大庚、大戊、仲丁、祖乙、祖辛、祖丁"，涉及先王较多。殷王朝祭祀土地神、河、岳，祈雨祷年时，也往往一同祭祀高祖，如夒和王亥，说明当时观念中，高祖世代久远，已形同山川神灵，和人间事务联系较少了。

先王先妣害王 殷王朝的先王，可从上甲算起，合祭先王也往往自上甲开始。当然，也有从开国君主大乙开始的合祭。与此相反，高祖则从不与上甲以下先王合祭。甲骨卜辞记载，先王和部分先妣，会危害商王、王后、王子及王族贵族。虽然先王都有作祟子孙的能力，但父辈先王伤害商王更加频繁。如武丁常占卜其父小乙，是否害王、害王后妇好，甚至认为自己齿疾也是父小乙所害。武丁为祈求王后、王子、王族重臣的平安，也会祭祀其父小乙。武丁曾占卜过，上帝夺取妇好性命，同样大乙、大甲等先王也会夺取妇好性命。由此看来，殷人心目中的先王，并非商王室的保护神，而是听命于上帝、执行上帝意志的鬼神。

伊尹的崇高地位 伊尹是辅佐商汤灭夏的重臣，在殷王朝祖先中占据重要地位。伊尹的祭祀均较为隆重，常用牛作为牺牲，并有伊尹与廿三示合祭的情况，廿三示一般认为是包括直系、旁系在内的先王。伊尹被列为王朝祷雨的对象，应和他世代较为久远，纳入上帝臣属之列有关。除了伊尹，学者也多认为殷墟甲骨卜辞记载的咸戊、学戊、尽戊等鬼神是王朝旧臣。但咸戊是否就是古书中的殷代名臣巫咸，仍然存疑，毕竟"戊"字更像是殷人的日名。

以上所述是殷王朝祖先崇拜的大致情况。此外，其先王的集合称谓与祭祀方式，也很能反映殷文明特征。殷王朝将先王按远近分为大示、小示，或上示、中示、下示几部分，此外还有它示，意为其他先王。"示"即神主之意，最知名的大示是上甲、大乙、大甲、大丁、大庚、大戊。祭祀先王的名目有祷、有告、有御、有宁，御指祛祸，宁指平息狂风骤雨。此外，周祭以祭、协、彡、翌、壹五种方式进行，从上甲开始逐日祭祀先王和部分先妣，一个周期约360日，即一个祭祀周期约为一年，周祭因此被纳入殷代历法，并用来记录和强调一些特别重要的日期。如历法中出现肜大乙，祭武丁之类的记载，说明相关事件发生在乙日、丁日。武王克商后，殷王朝覆灭，周祭制度和相关历法表述方式随之废除。

第四节　商文明的伟大成就

考古证实，殷商王朝是中国早期文明中率先使用文字的阶段，夏代文字目前尚未发现。殷代在武丁早期即已大规模使用成熟汉字，是人类文明历程中的伟大创造，为西周礼乐文明提供了文字系统这一重要发展条件。故《尚书·多士》记载周人说"惟殷先人有册有典"。殷文明在文化科技方面的成就，并不局限于文字，如对疾病有很多认识，在历法方面也有突出创造。

一　青铜铸作的鼎盛

商代是青铜器铸造的鼎盛时代，工艺水平达到前所未有的高度，主要表现为器类丰富、纹饰精美。在其后段，即殷代出现了书写工整的铭文。探索商文明，无法离开青铜器及相关金文。

以酒器为主的礼器　殷代青铜器品类繁多，主要有食器、酒器、水器、乐器等礼器，戈、矛、甲胄等兵器，斧、锛、刀、削等工具，此外还有车马器。较夏代而言，殷代青铜礼器已有长足进步，器类完善丰富的程度在三代青铜文明发展历程中堪称登峰造极，尤其是酒器种类繁多，成为鲜明文化特征。食器方面，殷代已有鼎、簋、鬲、甗的完整系列；酒器方面，觚、爵、角、斝、觥、尊、卣、彝、壶等品类丰富；水器方面，盘、盂两种主要器类出现；乐器方面，铙为特色，尚未有钟。因此殷代礼器组合品种数量远超夏代，也比西周中后期丰富，造型精美胜过夏、周二代。夏代青铜礼器初创，较为质朴；周人较理性，不推崇繁复鸟兽纹饰，礼器回归朴素风格，甚至出现素面无任何装饰的形制。殷代礼器中，酒器组合最为瑰丽，不但类型较多，造型奇特，还多有鸟兽纹饰，视觉上华美壮观，可统称为殷式酒器。西周王朝建立初期，青铜礼器铸造与使用，完全继承殷制，无论殷遗民还是以姬姓为主的周人贵族，都制作大量殷式青铜器，包括殷式酒器，这种局面在穆王以后才有所改变。

瑰丽精美的鸟兽纹饰 殷代青铜礼器与夏代、西周中后期器类的最大区别是，大多铸造有精美的鸟兽纹饰，在殷末还出现"三层花"纹饰特点，即以细密云雷纹打底，其上有鸟兽纹饰，鸟兽之上又有装饰图案。宋代以来，学者指出铜器上的饕餮纹，就是典型的殷代礼器纹饰特点，现在考古学者多泛称为兽面纹。所谓兽面，实际包括龙、虎、牛、羊、鹿等多种动物造型，鸟纹最常见的是鸮。多种鸟兽虫蛇纹饰往往汇聚一器之上，如妇好觥前半部为前跃之虎，后半部为蹲踞之鸮。有的铜器，整体铸成一种动物，最典型的是鸟兽形尊，如目前流落美国的小臣俞犀尊就是其中的精品。殷墟西北冈王陵区M1004出

图2-10 殷墟花园庄东54号墓出土青铜牛尊

土牛鼎、鹿鼎，均为气势雄伟的大方鼎，器表装饰有牛首、鹿首，推测为烹煮牛、鹿牺牲的礼器。青铜盘因是水器，则多装饰龙蛇鱼龟等水生动物纹样。

铭功与祭祖的社会功用 殷代青铜礼器之上的铭文，其字数从武丁时代一两个字，发展到殷末帝辛时代的近50字，这些珍贵的殷金文史料，忠实记述了礼器的社会功用。一字或数字的短铭，基本是族徽（或称族氏铭文）和祖先日名。族徽既

图2-11 小子䐝卣铭文

有单一形式，也有复合形式，有些可与甲骨文中的人名对应，如贞人㱿和旬，均见于族徽，已转化为族氏标志。有的族徽中融合了家族世代继承的官职，如册就是史官家族的标志。族徽多与亚形图案结合，或被框在亚形中，这种亚形含义不明，有可能是强宗大族的象征。礼器上的族徽是殷文明的典型特征，与周文化中家族标志为姓氏有明显区别。

祖先日名同样是殷文明的典型特征。日名是为祭祀死者而在十日（十天干）中选取某日，即从甲日至癸日中选取，以便在对应日期进行仪式活动。日名前加缀的祖先称谓，有祖、父、妣、母、兄、子等，子并非儿子，应指宗子（族长）。上甲、大乙（汤）、武丁、孝己（祖己）、帝辛（纣）等商王名号，均为死后的日名。礼器铸祖先日

名，显然是标明祭祀对象。

殷末较长铭文，除标明族徽与祖先日名外，往往记载作器者接受商王或上级贵族赏赐的情况，这些政治性赏赐已形成专门制度，所赐物品基本为赏贝，是维护统治秩序的重要方式。

二 成熟的汉字体系

殷文明影响至今的最大成就即为汉字。殷代语言表述方式及其思维习惯，一直沿用到现代，令人惊叹。殷代占卜反映的辩证思维与积极心态，一定程度上培育了后世中国传统哲学。

甲骨金文代表成熟汉字系统 殷代以甲骨文与金文为主要代表的汉字，均是武丁时代开始使用，甫一出现即非常成熟，主要体现为两个方面：首先，汉字基本构造方式已经具备，即以形表义，借形记音，兼表音义（形声）。以形表义之例，如表示人体器官的字有首、口、耳、齿、止（趾）等，表示动物的字有鸟、虫、马、牛、羊、虎、象、鹿等，表示方位的字有左、中、右、上、下等。借形记音之例，如甲乙丙丁等十天干，子丑寅卯等十二地支，东南西北等，都只借其读音。兼表音义的形声字，如从水可声的河，从秝昔声的䅘等。可见，中国汉字系统在武丁时代已经较为完善，此前的发展情况由于缺乏史料，尚待探索。其次，古文字材料中的殷代汉字数量在4000字以上，今天可识1600字左右，数目较大，现在多数常用汉字在殷代已经定型，如关系到每个人的祖、父、妣、母、兄、弟、姑、子等亲属称谓当时已出现，不能不说是殷文明对中国文化的伟大贡献。当然殷代汉字也有不稳定的一面，如沉字一般是在水中写牛，也有因具

图2-12 殷墟遗址出土刻字的占卜用龟腹甲

体祭祀情况不同,水中改写为羊或人;又如牡牝一般是从牛,也常见从豕、从羊、从马、从鹿。

汉语思维方式的形成 文字是记录语言的符号,殷代汉字同样忠实记录了当时语言,汉语一些独特表达方式在殷代已经形成。最典型的,如唯才是举、唯我独尊、唯余马首是瞻、唯某人令、唯某人呼，这类现代汉语中以虚词"唯"强调宾语，并将其前置的常见语法，在殷代语言中已普遍使用。再如表示推测语气的虚词"其"，殷代也广泛应用，如其受年、不其受年、其雨、不其雨，其例甚多。语法背后是汉语固定的思维方式，今人仍在沿用，堪称殷文明诸多文化创造中使用最长、影响最广的一项。

雨与不雨：占卜反映的辩证思维　殷王朝盛行龟甲、牛胛骨占卜。虽说卜以决疑，不疑何卜，但占卜绝不是询问上帝鬼神的意见，上帝意志实不可揣测，听命于上帝的祖先鬼神也不能给予答案。故占卜时，殷人陈述的是未来事件的可能性。可能性，有时只有正反两面，如雨、不雨，帝授佑、帝弗其授佑，学者称之为对贞。对贞看到事物发展的两面性，反映对未来吉凶、好坏的辩证认识，这种思维方式对中国文化影响很大，春秋战国时期儒家、道家、名家均有所继承。殷人占卜，也往往看到事物好的一面，如例行卜旬，一般只提出"旬无忧"这种好的可能，即未来十日平安无事，而很少讲旬有忧，一定程度上反映对事物发展的乐观态度。

三　疾病认知与历法设计

"肩兴有疾"：对疾病的认识　殷文明对疾病的认识，主要是能够辨别有疾患的身体部位，如记载疾首、疾趾、疾心、疾腹、疾齿（门齿）、耳鸣等。对于疾病缘起，时人认为是祖先加害，特别是父辈先人为害频率较高，伤害亲属范围较广。而医治手段，往往是祭祀鬼神以求禳解。

武丁时代，商王常占卜肩兴有疾，涉及王后（如妇好）、王子

（如子渔）、重臣（如雀、杞侯）。学者此前曾误释为骨凡有疾，甚至误解为风湿病。现在学者已研究清楚，肩兴有疾即克兴有疾，是说疾病有所缓解，有起色。

年岁祀：历法的精细制定　殷王朝的历法已较精细。一年以周祭周期来计算，为一祀，约360日。一年十二月，并会置闰，故卜辞也记载有十三月、十四月。当时已经用旬，一旬从甲至癸共十日，旬末癸日例行占卜下旬福祸。每日用干支纪日，六十干支可记为六旬。一日之中又细分时刻，如常见之夙、旦、中日、夕，此外不常见者如食日、大采、小采、昃，食日是上午进食时刻，大采、小采指光线强弱，分别在上下午，昃指下午阳光倾斜照射之时。细分时刻一直保留至秦汉，甚至沿用至今。

需要注意的是，周人历法中常用的"年"，在殷代语言中多指农业丰年，如受年。今岁、来岁的"岁"，主要用于今岁来岁受年等语句中，没有唯王几岁的说法。殷人不以"年"来纪岁，而是用"祀"，与其祭祀习惯有关。实际上，西周早期受殷文化影响，也常称"祀"，称"年"则是西周中后期的习惯。

图2-13　殷墟甲骨卜辞"今来岁我不其受年"

四　殷礼影响深远

商文明，包括其后段的殷文明，为西周春秋时代，乃至今日遗留了丰厚的文化精神财富。

首先，是汉语言文字的成熟，并普遍应用于文书撰写和历史记述中。西周王朝建立之初，即任用殷代传承下来的史官家族，如作册和史，这些群体将殷代语言文字保留下来并推广使用。到了春秋时代，鲁史《春秋》的经文仍有不少文字，与殷代甲骨卜辞等语言材料基本一致，如"齐师伐我北鄙""大有年""大水""日有食"，这种巧合并非偶然，正是文化传承的结果。今天常用的"唯才是举""时不我待"等表述方式，其思维方式仍直接继承殷代语言，只是日用而不知罢了。

其次，西周王朝建立后，文化制度全面继承于殷文明，西周礼乐文明实际上建立于殷文明基础上，如内外服政体、政治性赏赐制度、殷式酒器的制作和使用、官制体系上任用作册和小臣，不烦枚举。西周中后期出现制度变革，看似已摆脱殷文明的影响，实则是在充分吸收的基础上进一步发展和扬弃，即孔子所谓周礼因于殷礼，有所损益。

最后，殷人崇拜上帝祖先，并将之与政治观念相结合的思想，对西周和后世均有深远影响。帝居于天，其意志即天命，下界人王需服从上帝意志，遵从天命，这一理念在古代政治中始终得到贯彻。殷人虽有惧怕祖先的一面，但从贵族大量制作青铜礼器并主要用于祭祀祖先来看，尊祖敬宗是殷文明隐藏的另一面。这种重视祖先的观念，在西周时代得以发扬光大，并滋养春秋战国的儒家思想，成为中国传统文化主流。

总之，殷文明的个别因素，如周祭、族徽、日名，虽然随着殷代结束和西周文化变革而式微消失，似乎不再作用于中国文明发展进程，但其在汉语言文字、政治制度、上帝天命、祖先观念等方面的贡献，塑造了中国传统文化基本形态，且在后世持续造福于中国文明。

本章参考文献

司马迁：《史记》（点校本二十四史修订本），中华书局2014年版。

《夏商周断代工程1996—2000年阶段成果报告·简本》，世界图书出版公司北京公司2000年版。

程俊英、蒋见元：《诗经注析》，中华书局1991年版。

杜金鹏：《夏商周考古学研究》，科学出版社2007年版。

顾颉刚、刘起釪：《尚书校释译论》，中华书局2005年版。

郭沫若主编，胡厚宣总编辑：《甲骨文合集》，中华书局1978年至1982年版。

井中伟、王立新：《夏商周考古学》（第二版），科学出版社2020年版。

李伯谦主编：《中国出土青铜器全集》（河南上），科学出版社、龙门出版社2018年版。

李志鹏：《二里头文化墓葬研究》，《中国早期青铜文化：二里头文化专题研究》，科学出版社2008年版。

李宗焜：《当甲骨遇上考古：导览YH127坑》，"中研院"历史语言研究所，2012年。

杨伯峻：《春秋左传注》（中华国学文库），中华书局2018年版。

杨天宇：《礼记译注》，上海古籍出版社2016年版。

中国社会科学院考古研究所编著：《殷墟妇好墓》，文物出版社1980年版。

中国社会科学院考古研究所编著：《殷周金文集成》，中华书局1984年至1994年版。

中国社会科学院考古研究所编著：《中国考古学·夏商卷》，中国社会科学出版社2003年版。

韩建业：《从考古发现看夏朝初年的疆域》，《中华读书报》2021年6月

30日第13版。

何毓灵：《殷墟"外来文化因素"研究》，《中原文物》2020年第2期。

秦小丽：《中国初期国家形成过程中的牙璋及意义》，《中原文化研究》2017年第4期。

唐际根、岳洪彬、何毓灵、牛世山、岳占伟、荆志淳：《洹北商城与殷墟的路网水网》，《考古学报》2016年第3期。

赵海涛：《二里头都邑聚落形态新识》，《考古》2020年第8期。

中国社会科学院考古研究所安阳工作队：《殷墟西区发现一座车马坑》，《考古》1984年第6期。

本章图片来源

图2-1　现藏洛阳博物馆。

图2-2　赵海涛：《二里头都邑聚落形态新识》，《考古》2020年第8期。

图2-3　中国社会科学院考古研究所编著：《中国考古学·夏商卷》，中国社会科学出版社2003年版，第126页。

图2-4　现藏中国国家博物馆。

图2-5　唐际根、岳洪彬、何毓灵、牛世山、岳占伟、荆志淳：《洹北商城与殷墟的路网水网》，《考古学报》2016年第3期。

图2-6　《甲骨文合集》32980。

图2-7　中国社会科学院考古研究所编著：《殷墟妇好墓》，文物出版社1980年版，第63页。

图2-8　中国社会科学院考古研究所安阳工作队：《殷墟西区发现一座车马坑》，《考古》1984年第6期。

图2-9　《甲骨文合集》34148。

图2-10　现藏殷墟博物馆。

图2-11　《殷周金文集成》5417。

图2-12　李宗焜：《当甲骨遇上考古：导览YH127坑》，"中研院"历史语言研究所，2012年，第68页。

图2-13　《甲骨文合集》9654。

第三章 周命维新

（西周）

章首语

　　西周王朝起源于殷王朝以西的周方（周邦）。周方位于今陕西岐山南麓平原一带，殷人称其首领为周方伯。周方则称殷王朝为大邑商，自称为小邦周。周人祖先公刘从戎狄之间迁居豳地（今陕西省彬州市），是逐渐进入中原的关键一步。古公亶父率众继续迁于岐山南面的周原，改变戎狄习俗，建城筑屋，设立职官，文化得到大幅度提升。周人称古公亶父为太王，颂扬他说："居岐之阳，其始翦商。"意思是说，迁居周原，走上灭商的大道。至太王之子季历（王季）时代，周人通过联姻结盟扩大势力，能够征伐周边夷狄部落；商王文丁对此深感忌惮，杀死季历。季历之子文王时，周人一方面继续学习殷制之长，一方面以通婚等方式联合"友邦冢君"（结盟的方国部族首领），获得很高威望，史称"三分天下有其二"，文王也因此与殷王朝发生矛盾，曾一度被商王帝辛（纣王）囚禁。武王克商，建立周王朝，继承殷代璀璨文明，并结合周人自身固有的宗法、姓氏、名字等文化传统，经过数代努力，共王在西周中期实现制度变革，又进一步大幅度推动了中国早期文明发展，真正实现"周虽旧邦，其命维新"，为后来儒家思想的产生和发展提供了丰富的精神养料，故孔子曰："郁郁乎文哉，吾从周。"盛赞周文明的繁荣与伟大。

第一节　家国天下的构建

西周王朝建立后，历经周公东征、昭王南征，成功打击控制了殷商残余势力，巩固并加强了统治。除了开展军事行动，周王朝还实施行政地理规划：在北部、东部、南部疆域（当时称为北国、东国、南国）分封同姓及联姻贵族为诸侯，建立各区域统治据点，以加快对广大疆域内部的基层管理。这就是古书所说的众建兄弟、婚媾以蕃屏周，兄弟指同姓贵族，婚媾是联姻的异姓贵族。如在今北京房山有燕侯，今山东临淄有齐侯，今山东曲阜有鲁侯，今山西曲沃有晋侯，今河南平顶山有应侯，今湖北随州有曾侯。通过这一有效的政治举措，周王朝开拓了广大疆土，对各地的统治更加稳固。周王朝自称"匍有四方，匍受万邦"（㝬钟，《集成》251）或"奠（定）四国万邦"（逨盘），都是说自己广泛占有普天下东南西北四方土地，使天下众多部族臣服并接受周王统治。所谓四国，即指东南西北四方疆域；今天所说北国风光、南国风光，正是沿用此意。《诗经·小雅·北山》说"溥天之下，莫非王土。率土之滨，莫非王臣"。也是同样的意思，宣称周王朝拥有四方土地和人民。这句话蕴含的大一统思想，对以后历朝历代影响极为深远，至今家喻户晓。"周有天下，载祀八百（年）"，统治非常久。周王朝在政治统治上的成功，既得益于直接继承殷文明的成熟经验，如内外服制和行政赏赐制度；又源于周人善于发扬自身文化优势，对殷制加以改造，进一步加强宗法等级秩序，并完善封建诸侯、册命王臣的制度，奠定了中国古代政治文明范式，同时成为春秋战国诸子百家思想源头。

一　宗法与姓氏

西周王朝社会秩序的建立，依靠两个关键基本点：宗法与姓氏。这两种文化制度同时是思想观念，具有较鲜明的周人传统特色，与殷文明存在较大差异。比如，殷王朝的社会虽然由家族组成，但未见家族内部推行伯仲叔季的排行，也没有用姓、氏来标识不同规模和等级的血缘集团等习惯。而在西周文明中，宗法排行与男女姓氏则是强制性规定，直到春秋时代依然如此。如要认识西周礼乐文明，必须先从宗法、姓氏两点着眼。《诗经·大雅·板》云"大邦维屏""大宗维翰""宗子维城"，概括说大国是屏障，大族是根本（树干），族长是坚固的城池，是当时社会的真实写照。

伯仲叔季与大小宗的区分　西周王朝的社会组织与殷代一样，仍以家族为主体。但西周金文、《尚书》《诗经》等史料，比甲骨文、殷金文等商代史料更加丰富，记言记事更为具体，因此揭示出较为清晰的周人家族面貌。西周家族内部等级秩序，一言以蔽之就是宗法制度，核心内容是伯仲叔季的排行，既用于同辈兄弟，也用于同辈姊妹，并由此确定宗子和大宗、小宗。具体来说，伯为嫡长子或嫡长女，孟为庶长子或庶长女，仲为次子或次女，季为年龄最小的子女，仲季之间不论有多少人都称为叔。如伯禽就是周公的嫡长子，仲尼说明孔子排行为次子。再如伯姜就是姜姓家族嫡长女，孟姜女是庶长女。排行为"伯"的嫡长子，是族长（宗子）继承的第一人选，因此学者常把西周宗法制概括为嫡长子继承制。但当时实行嫡长子继承制的关键，是伯仲叔季排行，这一点对认识西周社会与政治尤其重要，不可忽视。

伯仲叔季等排行字，并非周人一出生就拥有并使用，这就要谈到西周文明中"名"和"字"的区别。"名"在出生时获得，可以理解为乳名、小名，相对卑贱。"字"在男女成年后，通过举行冠礼或笄礼一类成年礼时获得，因此字可看作大名。排行并不用于年幼即有的名里，只用于成年男性和女性的字中。成年男性的字，完整形式是："排行+字+父"，如伯懋父、孟狂父、叔皮父等。"父"是男人的美称，有时可以省略，如上举的伯禽、仲尼之例。成年女性的字，完整形式是：排行+字+母（女），"母"或"女"是女人的美称，有时可省略，如伯姜。由于成年女性出嫁必须辨明其姓，姓就往往出现在女名之中，特别重要。女性不参与宗子继承，相对而言排行不如男性重要，女名中的排行经常被省略，被替换成姓，其字变成另外一种形式：姓+字+母（女），如姬窦母、姜林母（《集成》3571）。当然，也有排行和姓并存的情况，如仲姞义母（《集成》10238），就是出于实际需要而特别强调女性排行。传说中的孟姜女，其名字的形式则是：排行+姓+女（母），此种形式在西周史料较为少见。

知晓排行含义，便容易理解西周宗法制原则。大宗，指最早或最大的血缘集团，可以理解为家族的根本和树干。大宗族长即宗子，按礼制应由嫡长子担任，是家族内排行为伯的继承人。如周代，姬姓就是统治集团内部最大最重要的血缘集团，被称为天下之大宗。周天子就是姬姓这一大宗的宗子，按规定要由排行为伯的嫡长子继承。小宗是从大宗中分化出来的较小血缘集团，可以理解为家族谱系上的树枝甚至树叶。小宗的始祖，是大宗嫡长子以外排行为仲叔季的兄弟，他们不能继承大宗宗子，只能分宗立族，逐渐从大宗家族中独立。如周公、毕公都是武王之弟，没有继承姬姓大宗的宗子，他们的家族就从王室中分化独立出来，分别形成周氏、毕氏，即周天子的小宗。氏，可以看作姓这个大血缘集团中次一级的血缘组织。氏下面，还可以再分出氏，即更次一级的血缘单位。这是因为随着家族繁衍，小宗家族嫡长子以外，排行为仲叔季的兄弟也可再分家，并组成以自己为始祖的小宗。比如西周凡、蒋、邢、茅、柞（胙）、祭这几个氏，都是周公的后代，是从周氏家族中分化出来的更小的氏，因此均为周公家族的小宗。周公作为始祖的周氏，是周天子的小宗，但相对于凡、蒋、邢、茅、柞（胙）、祭几个氏而言，又成为上一级的大宗。可见大宗、小宗的地位是相对的，只有周天子领导的整个姬姓集团作为天下之大宗，具有唯一性。小宗的族长，按照原则也要由其族内排行为伯的嫡长子继承，因此也称"伯"，如古书记载的周公小宗有胙氏，其宗子在西周金文中就记载为"柞伯"，即胙伯。事实上，无论大宗、小宗，其宗子继承者也有非嫡长子的情况，如周文王长子伯邑考（伯邑父）早死，继承宗子和王位的是文王次子武王。周文王的父亲季历又称王季，排行为季，也非嫡长子。传说季历的兄长太伯、仲雍为让位于他，奔走荆蛮之地。可见，在特殊情况下，家族内排行为仲叔季，甚至庶长排行为孟，都有可能继承族长之位。这样，宗子虽然也称周天子或某氏的伯，此伯并非实际排行，而是强调其族长身份，与伯懋父、伯雍父、伯俗父等贵族的"字"中，专门指称嫡庶长幼的伯有所差异。如春秋郑伯，经常有嫡长子以外、排行不是伯的儿子继承，仍称郑伯，只不过是说明他具有郑氏宗子和郑君的地位罢了。

图3-1 西周金文中男性贵族的字"伯雍父"

男子称氏，女子称姓 西周社会中，姓、氏是最重要的血缘性身份标志，也是礼乐文明的典型特色。姓代表最大、最重要的血缘集团，周天子为宗子的姬姓宗族或姬姓族群，在政治上占据主导地位。与姬姓长期联姻和结盟的姜姓、姒姓、妊（任）姓等几个宗族，一起成为统治阶层，但政治地位略低。姬姓宗族内部，周王室是大宗，其下分化出来周氏、毕氏等小宗，小宗还有各自的小宗，如周氏的分支胙氏。从王室分化和独立出来的家族，不能再冠以"王氏"，便产生各自家族名号，即氏名，如称毛氏、毕氏、柞（胙）氏等。有的氏名来源于周天子分封的诸侯身份，如鲁侯、卫侯、滕侯、晋侯、应侯之类，鲁侯就是鲁氏，应侯就是应氏。

西周的氏，代表姓族群体内部次一级的血缘组织，如姬姓亲族分化为很多氏。周天子是姬姓宗族的宗子，但狭义上的天子家族就是王氏，包括周王和未分家的王子。一般来说，金文等西周史料往往只记录各个家族的氏名，不一定提到姓。如西周的大族井氏（邢氏），族长称为井伯，从字面上看不出是何姓，但当时无人不知他是姬姓。甚至一些强宗大族的姓，像召氏、荣氏，学者一般都认为属于姬姓，但要找到确实的证据也不容易。氏代表的家族，本身是姓族内部的小宗，但又有分支。如周公家族是周氏，属于姬姓，其下还分化出来凡、蒋、邢、茅、胙、祭等更小的新氏。新分出来的家族，有时也继续使用旧氏名，加上各自始祖的伯仲叔季等排行字，以示区别。如姬姓大族井氏，分化出井叔氏、井季氏。姬姓虢氏，分化出虢仲氏、虢叔氏、虢季氏。春秋时代，鲁侯家族分化出来孟孙、叔孙、季孙等三桓家族，来源于鲁桓公诸子排行。新立小宗，还有在旧氏名前加上地名，形成新氏名的情况，如井氏，在郑地的分支家族就称为郑井氏。总之，从大氏中分化出来的小氏，起用新氏名还是仅在原氏名加上排行字或地名来做区分，主要是依据各自家族的不同发展历程与实际政治需要。

氏名可以直接标榜贵族血缘出身和宗法地位，是西周社会中男性最为重要的身份。当时贵族都非常熟悉各个家族的氏名和相关信息，诸如一个氏属于哪个姓，这个氏的大宗又是哪个氏，这个氏的小宗又有哪些氏，大家都耳熟能详。因此，在《诗经》《尚书》等西周文献和金文等古文字史料中，我们一般只能看到成年男性贵族通常自报氏名，其他人也尊称他的氏名，但很少提到族姓和他担任的官职。这就是西周社会里"男子称氏"的原则。如毛氏、毕氏、柞氏、召氏、井氏这些家族，他们的宗子就称为毛伯、毕伯、柞伯、召伯、井伯。小宗族长一般不称伯，其称谓往往是氏名加仲叔季等排行字，如毛叔、毕仲、井叔、井季、虢仲、虢叔，与大宗族长称伯有明显区别。男性贵族从来没有称姓的情况，无论是自称还是他称，都绝不会提到姓。这是因为姓的主要社会功能是进行联姻，只有成年女性才有必要使用。

在克商前，周人已有使用姓的悠久传统，并用于政治联姻。《诗经·大雅·思齐》云："思齐大任，文王之母。思媚周姜，京室之妇。大姒嗣徽音，则百斯男。"思是周人常用的句首语词，有强调之意，如同孔子所说诗三百"思无邪"的思；大任是嫁于周邦的妊姓女子，是季历之妻，文王之母；周姜是嫁来周邦的姜姓女子，有人说是太王之妻；大姒来自姒姓集团，为文王之妻，武王之母；百男是称颂大姒子孙众多。可见，周人早就通过与各个异姓友邦联姻，逐步壮大自身实力，为克商创造条件。西周女性称姓的主要形式有三种：其一是成年女子在姓前加上排行，如伯姜、叔姬之类，多用于家族内部；其二是在姓前加上夫家氏名，如王姜、王姒、王妊、胡姬、毕媿，普遍用于出嫁女性；其三是在姓前加上父家氏名，如王姬、毕姬、井姬、鲁姬、齐姜，是其夫强调女性出身时使用。当然，也有较繁杂的情况，如胡应姬是应侯家的女儿，嫁给南土胡侯。她的姓"姬"字前面，先加夫家氏名"胡"，又加父家氏名"应"，向周天子表明自己是姬媿二姓通婚的当事人，具体是胡应二氏联姻的"使者"和促成者，拥有特殊家世背景和政治身份。由此可见，西周社会中，女名姓氏背后有着丰富的血缘、政治信息。

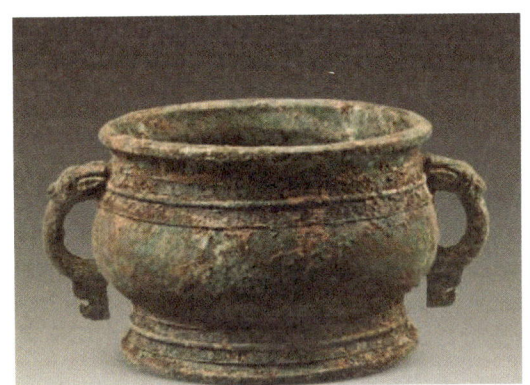

图3-2 西周青铜器昔鸡簋铭文中的姒姓王后称谓"王姒"

同姓不婚的联姻原则 姓是周人固有的文化传统，也是其政治联姻与壮大实力的重要工具。在西周社会中，姓代表最大血缘群体和最根本的政治集团，此群体内部禁止通婚，所谓"男女同姓，其生不蕃"，不利于种族繁衍。《左传》昭公元年记载："男女辨姓，礼之大司也。"更是把同姓不婚提升为最重要的社会规范，由此可看出周人对此原则秉持严格遵守的态度。

西周社会的同姓不婚，与其说出于所谓优生优育的考虑，不如说实际更加看重异姓联姻能直接促进与异姓族群的友好关系，从而提升外交、军事、政治统治优势。如姬姜两大血缘群体长久以来相互通婚，因此保持长期稳固的盟友关系。即使到了春秋时代，姜姓齐侯与姬姓鲁侯仍世代通婚，就是姬姜联姻的典型例证。再如春秋时代秦晋之好，嬴姓秦伯与姬姓晋侯世代通婚，原因在于二者在地理上相互毗邻，在政治和外交上有通过联姻达成和平、促进合作的需要。周人史诗《思齐》明确记载周人克商之前，已经和妊、姜、姒等各大姓族集团联姻结盟，到西周早期，政治通婚关系仍为历代周王所重视。金文史料中，王后多为王姜、王妊、王姒，和《诗经》能够相互印证。

西周王朝还将异姓通婚用于联系和控制已经臣服的边域部族，具体做法是先采取政治性赐姓，再开展政治联姻来进行怀柔和管理，一般情况是姬姓大族与之相互嫁女。如位于今山西绛县的倗氏部族，是当地实力强大的古老家族，曾经接受殷人的文化制度，墓葬中也用腰坑。周天子为加强对这一部族的管理与统治，让他们接受周人的文化制度，并使用姓氏和宗法排行：赐姓命氏，授予其部族首领为媿姓，定其家族为倗氏，家族繁衍也按照伯仲叔季排行，分化为倗伯、倗仲、倗叔、倗季等大宗和小宗，明确其政治定位和宗族身份，并正式纳入西周王朝统治秩序中。周天子赐予媿姓的部族不止北方倗氏一支，在南土还有胡侯的胡氏家族，二者之间可能没有血缘亲属关系，可见周天子赐姓是完全出于政治统治的考量，把周人异姓通婚的文化传统，转化为行政管理的实际办法。对于山西南部倗氏家族，周天子赐予媿姓，选取姬姓集团中的大族和强族毕氏与之联姻，相互嫁女。对于倗氏家族而言，既是恩宠和怀柔，也是约束和管辖，双方女儿都有一些人质色彩。倗氏家族媿姓女儿，嫁到毕氏家族，称为毕媿。毕氏家族姬姓女儿，嫁到倗氏家族，称为毕姬。今天仍能见到，倗氏的宗子倗伯给其夫人毕姬制作的礼器。

周天子给南土汉水流域的胡侯，同样赐予媿姓，在政治联姻方面，安排南土姬姓的应侯家族与之通婚，达到让胡侯效忠，抵御楚人的重要作用。前面提到的胡应姬，就是南国应侯家族的女儿，她在周天子谋篇布局下，出于政治联姻考虑，嫁给了胡侯。胡应姬也确实发挥了促进胡侯守护南国的历史作用，是一位杰出女性。周天子还通过政治联姻的方式,加强对西部边疆的管理和控制,如安排姬姓集团大族井氏,与今陕西宝鸡夨伯家族通婚,井氏嫁过去的女儿称为井姬。这些例证都说明对于周王朝而言,同姓不婚的原则并不简单是优生学认识,更是治国理政的方针政策和实际有效的举措。明白这一点,便能更好地理解西周王朝的社会结构与政治运作方式。

二 封建亲戚以蕃屏周

西周王朝将姓、氏这些血缘集团标志,成功引进到内外服统治的方针政策中,是结合其自身文化传统,运用其族群自身发展壮大的成功经验,从而开展实施的一项创举。宗法原则、姓氏制度在政治统治中的运用,不但奠定西周王朝疆域格局,也深刻影响到后世儒家的伦理观念和政治思想,如亲亲、尊尊思想,都与此有密切联系。

分封同姓诸侯的方针 西周王朝创建初期,政治统治方式整体继承和沿用殷代制度,采用内外服政体,在内服任用王官,在外服分封诸侯。但在具体施政过程中,周王朝则优先将重要职务授予周王同姓兄弟,也就是首先利用姬姓血缘、政治集团内部的成员担任内服执政大臣和外服诸侯。如武王、成王、康王之时,姬姓周公、召公、毕公,是天子身边位高权重的辅政大臣;拱卫于外的诸侯,如晋侯、燕侯、鲁侯、滕侯、应侯,均是姬姓。《左传》隐公十一年记载:"周之宗盟,异姓为后。"说的就是在西周宗法政治生态圈里同姓优先的基本施政纲领。

在同姓贵族之中,周王最看重同母弟。如周公就是武王之弟,周公长子伯禽被分封为鲁侯,鲁侯成为西周东土重要诸侯,所谓周礼尽在鲁矣，足见周公家族政治地位之关键。《左传》昭公九年记载："文武成康之建母弟，以蕃屏周。"二十六年记载："昔武王克殷，成王靖四方，康王息民，并建母弟，以蕃屏周。"都是说从文王到康王时期，周天子都大力分封和任用母弟，使其发挥首要政治作用。不过，以天子母弟为核心的姬姓贵族，担任的具体官职较为复杂，不能简单理解为全部都被分封成外服诸侯，姬姓贵族兼任内服执政大臣与外服诸侯的情况较为常见，如周公执掌朝政，其长子就封鲁侯，次子继承周公之位，成为周氏宗子；再如召公担任执政大臣，其长子封燕侯，次子一支世代担任召伯，成为召氏宗子。可见，在同姓集团内部，强宗大族的政治地位和作用更为突出。

同姓贵族在西周王朝开拓与巩固疆域大业中，一直镇守在前沿第一线，这是为实现藩屏周天子、周王室之政治理念所采取的具体操作方案。其中，较为知名的是周王在南国区域，于汉水北岸安置汉阳诸姬，姬姓曾侯也包括在内，姬姓诸侯和贵族的首要任务就是抵御楚荆，守卫南国。但昭王南征失败后，楚人实力日渐增长，到春秋时期，汉阳诸姬，楚实尽之，都被楚王蚕食吞并。不过，这也说明至少在西周一代，分封同姓诸侯镇守边域的策略还是非常成功的。

建立异姓诸侯的策略 小邦周克大邑商，并非仅仅依靠姬姓血缘、政治集团，还有赖于和友邦盟国的团结合作。友邦与周邦结盟的主要方式是政治联姻，并在通婚的具体过程中逐步接受和采用周人姓氏制度。前面已经说到，周人克商前的重要盟友为姜姓、姒姓、妊姓集团，如季历之妻为大妊，生了文王；文王娶大姒为夫人，生了武王。政治联姻不但直接增强周人政治、军事实力，甚至为其族群生育杰出的领袖人物。西周王朝建立后，早期的武、成、康、昭诸王王后，也主要来自姜姓、姒姓和妊姓，姬姓一直通过联姻保持与几大姓族集团的友好关系，获得政治拥护和支持。

周初进行内外服政治建设，设置官职，就优先考虑姬姓贵族，其次依靠和任用与姬姓世代通婚的姜姓、姒姓、妊姓集团首领和人才。如辅佐武王克商的吕尚，又称师尚父（师是其职），是姜姓集团中的吕氏贵族，被尊称为太公，周王把他分封为齐侯，与鲁侯毗邻，共同承担镇抚和安定东国的重任。齐鲁两个诸侯，一为姜姓，一为姬姓，被安置于东土，世代通婚，拱卫王室，显然是一种巧妙的政治安排。一些异姓集团长期与姬姓稳固结盟与通婚，政治地位很高，周天子和姬姓诸侯称之为舅氏，意为母亲的娘家人。从金文史料来看，西周政治中兄弟和婚媾（指联姻贵族）确实是天子与贵族最重视的社会关系。不过，在西周宗法政治体系中，姬姓政治地位还是高于联姻异姓，这就是所谓的亲亲原则。如《左传》隐公十一年记载，姬姓滕侯、妊姓薛侯朝见鲁侯，二人都想先得到接见，争夺排位先后。薛侯理由是薛分封为诸侯要早于滕，滕侯理由是自己与鲁侯同姓且担任卜正之职。鲁侯判定以滕侯为先，并劝慰薛侯说，如鲁侯朝见薛侯，也要排位于诸妊姓贵族之后。这个故事形象地说明在政治格局和统治体系里，西周王朝如何以亲亲原则来具体处理同姓和异姓的关系。

怀柔多邦伯的眼光　殷王朝称呼周边不臣服的部族为多方，称其首领为多方伯或多邦伯。商王与方伯之间以敌对关系为主。有殷一代，常与多方作战，如武丁伐土方，帝辛征人方。周人的姬姓部族同样被殷人称为周方，首领被称为周方伯，最终周人在首领文王、武王带领下，攻克大邑商，一举灭亡殷王朝。与殷人轻视周边多方的态度不同，西周王朝本来就自视为小邦周，即殷王朝眼中的小方，能成功做到日渐壮大，攻克大商，奉行的最重要原则，就是团结友邦和联姻结盟。因此，周王朝建立之后，天子对边疆以外的多方（多邦）主要持联合和团结的态度，这就是周人有名的怀柔远人的政治策略。用当时的话来说就是"柔远能迩"，迩指近，意思是使远近各邦都能顺从和臣服。在殷墟甲骨卜辞里面，商王抵御、打击多邦伯的记载比比皆是，不乏俘虏、杀戮多邦伯来祭祀先王之事。而西周金文史料中，周王赏赐和任用多邦伯的事情显然增多，两厢形成鲜明对比，反映出不同的治国理念。

周王朝怀柔、任用多邦伯的主要手段是政治上赐姓，再通过联姻使之成为姬姓集团的姻亲（当时称为婚媾），从而纳入统治体系，为己所用。如位于今山西横水的倗氏部族，被天子赐姓为媿，命氏为倗，让他们与姬姓集团中的大族毕氏通婚；不但让倗氏大宗倗伯和毕氏互相嫁女，还让小宗倗仲与毕氏联姻，实现深入全面的政治结盟与控制。与此类似的举措还有不少例证：位于今山西翼县的霸氏部族，天子让他们与姬姓集团中的燕侯通婚；位于南土汉水流域，防御荆楚、淮夷的胡侯部族，被天子赐姓为媿，命氏为胡，并且分封为诸侯，天子让他们与位于今河南平顶山的姬姓应侯通婚；位于今宝鸡的𢐜伯，是西部大族，天子让他们与姬姓集团里面的大族井氏通婚。这种先赐姓再联姻的政治手段，就是周王朝怀柔多邦伯的有效操作方式，反映出周人善于利用其自身文化传统（如姓氏），转化为政治智慧和制度发明。当然，在西周建国以后才与姬姓贵族联姻的多邦伯，与克商之前就和姬姓长期结盟通婚的姜、妊、姒姓集团相比，政治地位略逊一筹，所以在西周早期没有看到周天子迎娶媿姓女子为王后的史料，就不足为奇了。

对于边境上时叛时服的多邦伯，周王朝尽可能先派使者联系，再由天子接见与赏赐其部族首领，使之臣服。如楚人首领，在西周早期被周人称为楚伯、楚子或荆子，周王把他视作邦伯进行团结。在周初，成王会见和赏赐南土的多邦伯时，就让楚人首领荆子担任典礼中的助理之职，以示器重。直到西周晚期厉王时，天子一方面坚决打击反叛的南国诸多邦伯，甚至攻克其都城，彻底剿灭；另一方面也安抚怀柔东国和南国的其他多邦伯，接见南夷、东夷前来朝见的二十六邦。西周王朝对周边部族积极接纳的态度，极大地促进了华夏民族内部的交流与融合。

三　册命王臣的行政机制

西周王朝在政治文明方面的最大创造，是在继承殷礼的基础上，发展出来一套更加完善、高效、制度化的行政体系。西周中后期，将原来继承殷代的政治性赏赐仪式，进一步改造成官职册命礼仪，成为周文化突出的特征，是礼乐文明的典型元素。西周前期，职官体系不可避免地具有浓厚的殷文明影响之痕迹，如保留作册、小臣等官。穆王时代以后，从共王时开始，已建构出有司、师氏、史官三大体系职官架构，官署主要是太史寮与卿事寮两大类，与殷制有了较明显的区别，并直接促成后世《周礼》等礼书中官制思想的形成，如地官司徒、夏官司马、冬官司空等设计就直接来源于西周官制中的三有司系统。西周金文史料也较详细地记载了天子政令从王廷层层下达到基层乡邑的具体实施运作情况，为后世战国秦汉时期行政文书制度的建立奠定基础。

册命礼的形成　册命礼是一套有严格仪式规范的授官命职制度，其开展过程中一般都有政治性赏赐。册命礼在西周中期穆王时代以后，从共王时期开始，才渐趋稳定成熟。而其起源，则可上溯到周初继承的殷代赏赐礼仪。册命礼的仪式过程相对固定，保留在金文史料中的信息主要有如下几项。

一是时间，即册命的具体日期。最完整的是四要素俱全的表述方式"年+月+月相+干支"。月相有初吉、既生霸、既望、既死霸几类，大致是一个月中平分的四个阶段。如唯王三年三月初吉丁亥，就属于四要素齐全的日期。

二是地点，即册命举行的场所。周王莅临的册命场所，多为先王宗庙。如王在周康宫，旦各大室，即位。这一记述是说周天子来到王都的康王宗庙，清早进入主屋大房间，站在自己的位置上。

三是右者带领受册者入门。如甲右乙入门，立中廷，北向，意思是甲带领乙进门，站在中间庭院中，面朝北方站立。其中，右是引见、带领的意思，甲是学者所谓的右者，一般是乙的长官或上级。因天子面南背北而立，他们都要面朝北面。

四是王命史官宣读册书。如王呼内史尹氏册令某人曰，意思是王命令史官宣读给受册者的册命文书。

五是册书的具体内容。这部分可能只是原始文献节选，主要强调天子所授予的官职,赏赐的衣服、车马、弓矢、旗帜,有时也记录天子勉励和训诫的话。因为青铜器用于祭祀祖先,所以记录重点也放在周王授官和赏赐方面。赏赐物品和数量具有象征意义,如册命诸侯需要赐予彤弓彤矢各百个,马凑齐四匹来拉拽兵车。

六是受册者谢恩。多为套话,如"拜稽首","对扬王休"云云,是说叩首行大礼,称颂天子或君主恩典。

册命礼的形成是西周政治制度发展的一大进步,不但职官结构由此理顺,而且天子对世族世官的控制得以加强。周王室甚至通过册命仪式来指定监察外服诸侯的职官,真正做到礼乐征伐自天子出。如出土于山东高青陈庄遗址的引簋,记述周天子册命这位名叫引的贵族,让他继承其祖的官职,司掌齐师,并赐予他弓矢各百、马四匹,等同于诸侯受赏的等级,反映出册命这种政治制度形成之后,在规范西周内外服行政体系、世官制度,以及加强天子权威和统治等方面发挥积极作用。

图3-3 西周中期觐簋铭文记载的册命制度

有司、师氏、史官三系职官设置 西周职官设置，既结合姓氏、排行等自身固有文化传统，又借鉴殷王朝官制和行政赏赐机制，此外也考虑到施政实际效果，是非常成功的。虽然周王朝在早期还全面继承殷代政治制度，但中期已青出于蓝，职官体系建构有重大创新，由此使周礼成为中国古代政治的理想模型，影响深远，一直延续到汉晋、唐宋乃至明清时代。

西周早期官制，一方面保留周人原有的政治军事组织特点，如《尚书·牧誓》记载"我友邦冢君、御事、司徒、司马、司空、亚旅、师氏、千夫长、百夫长"一套体系，就是较好的说明。其中司土（徒）、司马、司工（空）负责具体军政事务，师氏承担军事培训和礼仪教育，千夫长和百夫长是基层行政管理者，他们都是王朝创建和开拓过程中的重要角色。另一方面，在克商之后，以姬姓贵族为核心的周人集团大量吸收和任用殷代遗留的史官家族，其中最知名的是微史家族。周初史官仍按殷代习惯称为作册，掌管文书和礼仪，为西周继承和发展殷王朝的文化、政治制度做出巨大贡献。如微史家族在武王克商后臣服于周王，被安置在今陕西扶风庄白村一带。他们在周初担任作册，保持殷人文化制度，如使用所谓"木羊册"的族徽，祭祀祖先时使用日名；但到西周中期以后，他们已从作册转到史官系统，成为大史副手；其家族也逐渐废弃旧俗，改用周礼，不再使用族徽和祖先日名，家族名号按照周制称作微氏，族长自称为微伯。由此可见，史官家族是殷周制度传承、演变的亲历者和推动者。此外，西周早期继承殷代官制，还反映在保留小臣这类职官方面，让他们服务于周王朝和姬姓的周、召等大家族。从西周早期开始，王朝官制出现新气象，让公作为年长位高的王朝重臣，如周公、召公、毕公等人，把握王朝执政大权，当然他们也承担军事内政各方面的重大职责和任务。史载周公处理政事，深谋远虑又畏惧谨慎，如履薄冰，如临深渊；繁忙得一饭三吐哺，一沐三握发，是公作为群臣之长肩负重任的真实写照。

西周中期共王时代前后，王朝已经逐渐整合周人传统职官与殷代遗留官制两套体系，实现兼收并蓄。周王朝在文化礼仪方面继承和发展殷代史官设置，将作册改造成内史为首长的史官系统；在行政军事方面，进一步规范周人原有的有司和师氏两系职官：司马、司土（徒）、司工（空）为主的有司负责具体政务，师氏承担军事培训和礼仪教育。师氏的氏，用来指代特殊个体或群体，并无实意，如君主可称君氏，伯长可称伯氏，宗妇可称妇氏，姻亲（婚媾）可称舅氏，等等。需要注意的是，王朝内外服的最高长官从西周早期直至晚期仍为公，如厉王时代国人暴动赶跑天子以后，出来主持大事的仍是世袭其位的周公和召公。国人，指王都中的各级贵族，他们率领庶人发动政变。公也统领外服诸侯，其政治地位实际上仅次于天子。

西周中后期，职官体系的成熟还表现在从中央到基层的分层次立体配置方面。简单来说，就是天子之下，公掌握全局。公统率着有司、师氏、史官三系职官。这三个系统的职官，在中央王朝有各自首长，在基层乡邑也分别设置各自属官，甚至在军事组织单位如殷八师和西六师中也会配备。但无论是王廷重臣，还是乡邑小官，从名称上并无区别，如三有司都叫司马、司土（徒）、司工（空）；师都叫师；史都叫史。因此在当时社会和政治舞台中，世家大族出身的贵族，不论是自称还是他称，都很少称官名，而重视和突出其氏名（家族标志），如井伯、荣伯、单伯、召伯、毕伯、柞伯、井叔、虢仲、虢季之类，即使担任群臣之长"公"的职位，还是称周公、召公、毕公、毛公等名号。中央史官多称内史，基层史官多称某地史，具有一定区别。外服诸侯领域之内的职官，大概也是贯彻有司、师氏、史官的三合一配置。但从春秋情况来看，各地差异较大，如郑伯在春秋形同诸侯，其公室的执政官主要是司马、司空、司徒等有司一系；宋公除了设置有司等职，其执政多为左师、右师；晋除诸大夫外，新设三军将佐为军政要职；楚则保留各种尹官，如令尹、连尹、宫厩尹等，很像殷代的多尹，是深受殷文明影响的结果。

图3-4　西周中期裘卫盉铭文中的王朝大臣和地方三有司

从王廷至乡邑的行政运作思路　西周王朝的有司、师氏、史官三系一体设置，集合殷周文明的各自优势，即周人善于处理具体事务，殷人擅长文书礼仪，发挥两种文化特长，整套职官体系实际运转起来很有效率：政令从天子王廷发布，可通过司史师三系渠道迅速下达到基层乡邑执行，分工较明确，有条不紊。在施政过程中，公作为群臣之长，是负责实施天子政令的第一人。中央王朝司马、司空、司徒、师、内史等重臣，接受公的授命与指派，再传令给基层乡邑的有司、师氏、地方之史，最终落实履行王命。

三系职官的工作常态是合作，但有所分工。司马、司空、司徒等有司系，职责重在处理具体事务，因此在军事化组织殷八师、西六师系统中也要设置。专门化官员多设在有司系列中，如司卜、司寇、司士等，还有掌管山林川泽的司虞、司林。中央王朝的三有司，多由世家大族袭任，他们和大师、内史统筹大局，总揽政务，共商国是，分工不一定太细；基层乡邑的司马、司空、司徒更侧重于执行土田划分和交付这类任务。

王朝大师主要负责教育培训天子和王官的贵族子弟。西周贵族从小学习射箭、驾车、礼仪、音乐、诗书和占卜等知识，合称六艺（礼乐射御书数），都是师来传授。基层乡邑的师，主要对庶人平民进行军事训练和组织管理。自上而下，师氏系统均在军事活动的准备、组织及动员等环节中，发挥着不可替代的作用。因此，对于重视军事开拓，并需要不断应对西戎南夷侵犯的西周王朝来说，师氏成为极为重要的群体，今天仍可看到大量西周天子册命各级师氏的金文史料。在成周八师（殷八师）、西六师（驻扎丰镐地区）这种军事组织中，师氏更相当于军事统帅，可直接领兵出征。此外，师氏还担任天子禁卫虎臣的长官，猛士多来源于夷臣，由师负责训练与管束。个别师氏负责掌管王廷钟鼓等乐器，与师传授音乐知识有关。师氏大多世袭，偶有转任有司的情况。

史官负责文书撰写记录，在西周文化礼仪建设和实施方面，作用十分显著。史官前身为殷制作册一职，多由家族世袭。西周中央王朝的史多称内史，在天子册命王官时承担起草和宣读行政文书的职责。基层乡邑的史官，多负责文书记录与传送工作，相当于战国秦汉时期的文史。随着外服诸侯和内服世家大族不断发展势力，服务于诸侯与强宗大族的史官也多展露于历史舞台，如鲁侯史官著成编年体史书《春秋》，经孔子校订，成为儒家授徒乃至施政的经典。

第二节 天命与德治

《礼记·表记》以战国秦汉人的角度，概括三代礼制说："周人尊礼尚施，事鬼敬神而远之，近人而忠焉。"意即周人遵行礼制，重视做事，虔诚祭祀鬼神，又敬而远之，待人亲近又忠信。与所谓殷人尊神，先鬼而后礼，形成较大反差。这种认识有其客观的一面，即周人较为理性，注重实效，春秋时贤人子产说："天道远，人道迩。"（《左传·昭公十八年》）认为上帝天命高远不好把握，人类社会的规矩切近实际便于操作。但另一方面，周礼因于殷礼，并有所扬弃，没有墨守成规，经历全面学习和吸收，做到了取其精华，积极变革，实现苟日新，日日新，其命维新。周礼思想较殷礼的发展，主要可归结为两点：受天命与祖考之德，而这两点又紧密联系、相辅相成，即承受天命的是先王祖考，而先王祖考之德的内涵又是履行天命，这成为西周政治思想乃至周代礼制（或者说周文明）的核心观念。

一 "受天有大命"

西周王朝对于上帝的看法，与殷文明的上帝意志不可知论有显著差异。殷王朝认为，上帝是否授予福佑，人类无法揣测，只能通过占卜来摸索。而周人认为，克大邑商，取代殷王朝是得到上帝的支持，即上帝降懿德；天命是上帝意志的直接体现，周王朝的建立是上帝认可文王、武王，文武受天有大命的直接结果。这并非完全出于周人对统治合法性的宣传，更体现出政治上的自信和理性。

上帝与天命 上帝是殷人宇宙观的核心，今天学者也称为至上神，但在殷人心目中上帝并非王朝保护神，上帝所降福祸很难预测。殷王朝没有提出过天命思想，但他们笃信上帝居于上天，有其帝庭，东西南北中五方之神是其臣属。周王朝建立后，继承殷代的上帝崇拜，称为明明上帝或皇天上帝，赞颂上帝光明伟大，居于上天。周人与殷人不同，认为上帝的意志是存在的，即天命。周人所谓天，就是上帝的化身，天命实际就是上帝之命。称上帝侧重于人格或神格，而称皇天或天命则强调其意志与代表宇宙规律的一面，二者既相通又略有差异，但并非两个不相干的概念。

"膺受天命，溥有四方" 周人认为天命代表着上帝意志，一个王朝能承受天命，就是得到上帝的认可，统治者就是天子，死去的先王则可上陟于天，陪伴在上帝左右。因此，周王朝认为攻克大邑商，是上帝意志的体现，是接受天命的必然结果。这些思想在金文史料中记载为：上帝降懿德，文王、武王受天有大命。所谓懿德，是指上帝的美好意愿，再具体说，就是上帝给予周王朝在人间统治的权力。文王、武王受到上帝认可，是代表周王朝接受天命的人间君主，因此周王可称为天子。是故，文武之德，即文王、武王的品行与作为是后世周王效法的榜样，这样才能像文武一样承受天命，且死后陪伴在上帝左右，继续保护周邦。

文王、武王承受天命，具体表现为广泛地拥有天下四方，替皇天上帝统治四方万邦。也就是说，上帝降下的美好意愿就是建立西周王朝，使之占有和治理普天之下的土地与人民。周人在金文史料记载"匍有四方"，即"溥有四方"，既是受天命的结果，也是继续保持天命的前提，如果不能统率天下，就会丧失天命，同时违背上帝意志，会被皇天上帝抛弃。

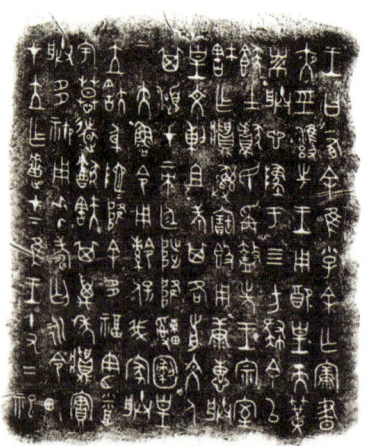

图3-5　周厉王胡簋记载的先王在帝庭陟降

"皇天无亲，惟德是辅"　《左传》僖公五年记载"皇天无亲，惟德是辅"，这句话转引自西周《尚书》一类文献，目前西周金文中尚无类似的话，但有表述相近的思想。如2003年宝鸡眉县出土逨盘铭文："文王、武王挞殷，膺受天鲁命，匍有四方，并宅厥堇疆土，用配上帝。"这是西周晚期宣王时代的记述，翻译成现代汉语是：文王、武王征伐殷王朝，是承受上天的大命，因此才广泛占有四方，统治了征伐得来疆土，其功勋符合上帝的意志。这段史料客观反映了当时的政治思想，很好地说明受到皇天上帝认可的文武之德，实际上就是成功克商并建立西周王朝。

概言之，西周王朝所说的德，并非指个体道德和美德，而是指王朝政治军事实力与治理天下能力。文王、武王统率小邦周，团结联合友邦冢君，积蓄足够力量，一举攻克大邑商，政治军事上的成功就是周人所称颂的德。王朝拥有这样的实力，就会被上帝授予天命，统治天下四方。要长久地保有天命，君王就要兢兢业业维护王朝统治，不能失德，这样才能做好上帝在人间的代言人，死后可升于天庭，围绕上帝左右，周人称为"配天"或"用配上帝"。中国古代学者曾经简单地认为，配天就是祭祀上天时配享陪祭，实际并未领悟到周人的政治哲学。

二 称颂祖考之德的理性崇拜

殷王朝贵族勤于祭祀祖先，制作了大量青铜礼器。同时，从殷墟卜辞记载来看，殷人对祖先存在畏惧心理，认为祖先会祸害子孙，使他们染病罹患，特别是近祖先父的作祟能力尤其强大。周人虽然继承殷礼，铸造铜器祭祀祖先，但却重视与称颂先祖先考之德，希望能继承仿效,发扬光大,以促成家族的发展和繁荣,与殷人观念迥然不同。

德的政治内涵 西周贵族所说的"德",有丰富的政治内涵,并非简单指个人美德或操守。德字本义大概指目光正视,有看准道路的意思。到西周时期,此字增加"心"字作为表意符号。据金文史料记述,西周贵族所说的德主要指辅佐周天子治理朝政,有所作为,获得功勋、政治地位和声望。因此贵族赞颂祖先有德,并不会空泛地夸奖,而是列举其具体的政治贡献,其中一般功勋是辅佐天子,出谋划策;伟大功勋是伴王左右,开拓疆土。因此祖先的德,可落实到"威

图3-6 西周晚期梁其钟铭文记述的帅型祖考秉明德

仪"二字之上，有军事功勋或深谋远虑，才能获得天子信赖重用，才有威望，成为仪表。

帅型祖考之德　西周后期世家大族，尤其是政治上受到周王信赖，位高权重的家族往往强调帅型祖考之德。帅型是效法、继承之意。祖考之德是指政治上获得成功与声望、有威仪，具体而言是受到天子信任与重用。周人所谓德之内涵，关系到整个家族的政治命运与繁荣壮大，与修身养性之道德并不完全等同。

当然，西周社会的德也可落实到勤于政务，谨慎敬事。文献记载周公处理政务，如履如临；任用人才，一食三吐哺，一沐三握发，一顿饭时间就停下来三次吐出肉块，洗一次头期间就停下来三次握发见客，是有德的具体表现。因此周天子在册命王臣时，往往强调臣下要做到夙夜敬事，勿废朕命：从早到晚都要尽忠职守，不能荒废王命。

在德不在鼎：德与天命的关系　《左传》宣公三年记载，楚王至洛邑，观兵周王都城之郊，问鼎之轻重，有取而代之的想法。周王使王孙满答复"在德不在鼎""周德虽衰，其命未改"。较好地反映西周政治思想中德与天命的关系。

在周人看来，文王、武王攻克殷王朝，是政治、外交、军事实力的综合展现，也就是有德，因此上帝授予天命，文武也上陟于天，在帝左右，即其德配天，或用配上帝。此后周王能仿效文武，稳固统治天下四方，就算做到有德，可以保持天命，死后才有在帝左右的资格。至西周晚期和春秋时代，周天子已丧失治理天下的能力，礼乐征伐不再自天子出，而是出于诸侯甚至大夫，显然是周王朝德衰的表现。然此时天子仍是名义上的天下共主，受到诸侯拥戴，不能说完全失德，因此天命未改。天子的地位也不能转交楚王，所以王孙满才说，鼎之轻重，未可问也。总之，德与天命均是西周政治思想中的重要观念，与王朝兴衰荣败息息相关；如不能稳固治理天下四方，就会失德，乃至被上帝抛弃，剥夺天命，这正是周人强调德的原因所在。

第三节　礼乐文明的发展

西周文明的贡献，被秦汉儒生概括为制礼作乐，并将周公视为礼乐文明的缔造者，这种想法或许受到孔子影响，孔子心目中的周公非常伟大。但从古文字与传世史料记载来看，西周文明实际继承了殷文明的丰厚遗产，再结合自身文化传统的优势因素，历经数代才逐渐发展成熟、繁荣昌盛，功劳显然不能归功于周公一人。前面已经从政治制度、思想观念的角度讲述西周文明中的宗法、姓氏、册命、上帝天命、德等重要内容，以下再从文化科技及其对后世影响的角度，补充介绍所谓礼乐文明的特点。

一　青铜礼器思想变革

西周是长篇金文出现和发展的黄金时代，但作为金文载体的青铜礼器，其制作水平并未超越殷代，这与当时礼器思想有直接关系。西周早期至穆王时代，铜器铸造无论是器类还是风格，均承袭殷文明模式，但这一阶段周人已有禁止酗酒的政令，推行礼器制度变革。西周中后期，殷式酒器式微，食器与水器方面出现簠、盨、匜等新器型，铭文记录的礼制革新更加明显，最典型现象是册命金文大批出现，而且铭末祝福的嘏辞出现万年子孙永宝的期望，体现周人政治与社会思想的实质精神。

周因于殷礼 面对强盛的殷文明，周王朝曾自称小邦周。在克商前，周人已接触与吸收了殷代占卜、铜器铸造等文化技术，但迄今未明确发现所谓先周时期的有铭青铜器。西周王朝创建后，在青铜礼器铸造方面全面继承殷代制度，突出表现为沿用风格多样的殷式酒器，纹饰风格以神秘鸟兽图样为主。这种做法，一直保留到穆王时代才逐渐有所变化，如穆王时期铜器上多装饰有大鸟纹，已向现实风格与简化方向过渡。

周王朝建立后，反思殷王朝的覆灭，认为一个重要原因是殷代内外服贵族官员沉湎于酒，以致亡国。故周初虽然沿用殷代青铜礼器制度，普遍使用殷式酒器，但逐步改制，弃用其中个别器类：如废除殷式酒器的典型器类，觚和爵，以及形制相近的斝和角等器。再如方彝，只保留到昭王时代，此后式微。也就是说，饮酒器

图3-7 西周晚期的颂壶

最先被周人淘汰。较能储酒的尊和卣为周人接纳，保留到穆王时代，但将器腹直径扩大，增加容量。穆王以后，周人只保留壶这一种酒器在礼仪场合使用。

扬弃殷礼建立周礼　西周文明成长的基础和养料，除了殷代文化制度，周人自身文化传统也发挥重要作用。如姓氏、名字、排行等。在青铜礼器铸作及其使用方面，周文化的特点也日益显现。

首先，周人禁止酗酒，较为重视食器，逐渐废弃类型多样的殷式酒器，在食器方面较为重视鼎和簋，鬲和甗的使用也较普遍。到中期以后，从圆形簋中分化出来方形的簠和椭方形的盨，水器也从盘盉组合逐渐演变成晚期的盘匜组合。

其次，周文化较为理性、质朴，穆王以后，在礼器装饰上基本

图3-8　陕西岐山董家村出土西周中期青铜匜

放弃鸟兽图样,以素面和几何纹样作为主要装饰。这一变化较为显著,成为区分穆王前后礼器的重要参照。

最后,殷文明的因素在西周中晚期礼器上逐渐消失不见。西周王朝对殷遗民采取怀柔政策,特别是大规模任用史官群体。因此,周初可以看到大量殷遗民制作的青铜礼器,上面有祖先日名、族徽等显著的殷文化元素,其族长也保留称子的习惯。到共王时代,殷礼特色基本消失不见,甚至殷遗民也放弃原有习俗,不再使用族徽、日名,其族长按周人习俗改称为伯。殷代和周初礼器上常见的政治性赏赐,到西周中晚期逐渐被册命礼取而代之,这也是周礼建立的体现。

子子孙孙永宝用的精神寄托　殷代礼器铭文一般不长,但族徽和祖先日名等家族标志不可或缺,文末也没有祝福之语,仅泛泛地说"作尊彝",即铸造祭祖所用礼器之义。周初的殷遗民保留了这一做法,其铭文书写内容几乎与殷末没有区别,只是其中的人物有所变换,并在历日中增加周文化的月相。在西周早期,以姬姓为核心的周人贵族虽然基本不用族徽与日名,但铭文内容同样是为祖先作尊彝,显然是模仿殷礼的结果。

至西周中期,礼制变革的影响也反映在金文文本之中。除了上面提到的册命礼出现取代殷式政治性赏赐外,在铭文末尾出现了祝福祈愿的话,就是嘏辞。嘏辞直接反映出周人的精神追求,这是在殷金文中看不到的史料。起初,在西周中期,嘏辞只是简单的写作,子子孙孙永宝用,希望家族后裔世代珍藏和使用礼器,用于祖先祭祀。到西周晚期,嘏辞增加祈求长寿、平安及保持政治地位的内容,如用祈溃寿(平安长寿),万年无疆,弥生(长生),灵终(令终),绰

图3-9 西周中期伯先父鬲铭文中的"子子孙孙永宝用"

绾（宽裕），百福，百禄，通禄（长禄），永命（长久政治地位）等。其中"禄"有俸禄之意，"命"有天子之命的意思。由此可以看出，周人的愿景是个体长寿平安，家族绵延昌盛，保持稳固的社会和政治地位。即使是周天子作器，嘏辞也说祈求万年，永命，畯在位，"永命"是说长久获得天命，"畯在位"是说长久身处天子之地位。

二　汉语记述高度发展

西周王朝继承殷文明在文化科技方面的创造，也发扬自身文化优势，其文明发展达到新高度，特别是在汉字系统的继承和发展方面有突出贡献。

西周时代，汉字系统应用有了长足进展，主要体现于长篇青铜器铭文的撰写。殷代金文最长的一篇不足50字；百字以上的西周金文不在少数，晚期常见数百字长篇，如毛公鼎字数接近500字，逨盘铭文长达372字；就是在西周中期，史墙盘铭文也接近300字。因此西周可以称作金文繁盛的黄金时代。

第三章 周命维新（西周）

西周金文的发展，并非简单的字数增加，也体现在汉语言记述与表达能力的增强。殷金文与殷墟卜辞的表述较为简单，描述人物、事件与史事均直截了当，显得语言较为贫乏。西周金文则具备更强的述事能力，展现出汉语丰富的表达能力，且已具备成语形式，朗朗上口，富有感染力。如西周晚期宣王时代的逑盘铭文，记述祖先之德时说：

> 丕显朕皇高祖单公，桓桓克明慎厥德，夹绍文王、武王挞殷，膺受天鲁命，匍有四方，并宅厥勤疆土，用配上帝。雩朕皇高祖公叔，克逑（仇）匹成王，成受大命，方逑不享，用奠四国万邦。雩朕皇高祖新室仲，克幽明厥心，柔远能迩，会绍康王，方怀不廷。雩朕皇高祖惠仲盠父，周龢于政，有成于猷，用会昭王、穆王，讨征四方，扑伐楚荆。雩朕皇高祖零伯，粦明厥心，不坠于服，用辟恭王、懿王。雩朕皇亚祖懿仲，往谏言，克匍保厥辟孝王、夷王，有成于周邦。雩朕皇考龚叔，穆穆趩趩，龢訇于政，明齐于德，享辟厉王。逑肇纂朕皇祖考服，虔夙夕，敬朕死事。雩天子多赐逑休，天子其万年无疆，耆黄耇，保奠周邦，谏乂四方。

翻译成现代汉语，即我伟大光明的高祖单公，威武谨慎，取得显赫功勋，辅佐文王、武王伐殷，承受上天大命，广泛占有四方，在勤劳得来疆土上建立都邑，得到上帝的认可。我光明的高祖公叔，辅助成王，成功接受上天大命，讨伐不臣服的族邦，稳固四域万邦。我光明

图3-10 陕西眉县杨家村出土的逨盘

的高祖新室仲,心智聪明,能使远近之人顺从,辅佐康王,怀柔不来朝拜的异邦。我光明的高祖惠仲盠父,从容处理政务,富有谋略,辅助昭王、穆王,征讨四方,打击荆楚。我光明的高祖零伯,思虑周密,不荒废职守,臣事恭王、懿王。我光明的亚祖懿仲,上谏进言,能保其君孝王、夷王,有功于周邦。我光明的先父龚叔,庄重恭敬,办事周到,德行磊落,臣事厉王。逨要继承我光明的先祖先父之职责,从早到晚,虔诚恭敬对待自己的职事。天子多赐给逨福禄,天子万年无疆,年长高寿,安定周邦,治理四方。

这段文字描述史事简洁明快又富有表现力。整个段落,用一连串的语气词雩(越)展开排行,类似今天汉语诗歌中的"啊",使长篇文字保持有节奏的停顿,叙述很有层次,不拖沓。通篇已摆脱殷代和西周早期金文用词简短单调的固定模式,词语运用丰富多彩,既能准确表达思想内容，又注意避免重复。如同样说祖先辅佐先王，使用了诸多不同词汇：夹绍、仇匹、会绍、用会、用辟。同样说受天命，一处说膺受天鲁命，一处说成受大命。同样说祖先心智聪颖，一处说幽明厥心，一处说燹明厥心。同样说善于处理政务，一处说周穌于政，一处说穌匐于政，等等。这样的表述，行文优美，有韵律感，与《诗经》中之雅颂颇为相似，反映了汉语言的高度发展，以及用不同字词反映相近含义的思维方式，对后世影响深远。其中，像柔远能迩、万年无疆之类的说法，以成语形式一直保留到今天。此外，西周语言的一些特殊表述和用法也保持在现代汉语中，我们仍然耳熟能详，如东国、南国之国是指区域，今天常说的"北国风光""南国风光"的国，还是这个意思。西周语言中常用的发语词"思"，也因孔子名言"诗三百，一言以蔽之，思无邪"，为人所熟知。

三 历法重视月相

西周历法特色和进步之处，主要体现在使用"月相"。月相，是指按照月光初生至消失的规律和周期，将一月分为初吉、既生霸、既望、既死霸四个阶段。初吉，周初也叫生霸吉。霸就是月魄，即月光。生霸，是月华初现。死霸，是月光消退。望指满月，月圆。初

图3-11 西周早期作册大方鼎铭文中的历日"唯四月既生霸己丑"

吉，是月光初现的一周。既生霸，是月光已现，尚未满月的一周。既望，是满月后的一周。既死霸，是月光消退的一周。月相引入历法，使日期记录更加精准，即具有年、月、月相、干支（纪日）四个记录点，今天学者称为四要素。

周人使用月相，历史悠久，可能源于先周时代。西周早期的甲骨文与青铜器铭文上均已出现月相，应是殷人史官学习与吸收周人文化，将之应用到文书记录中的结果。早期月相记述还不太稳定，如初吉称为生霸吉，到西周中后期，就固定为上述四种形式了。月相今天虽不再使用，但其中的朔望观念对后世历法与民间习俗影响很大，延及今日。

四　周礼的深远影响

西周文明建立的宗法、姓氏、婚姻这一套等级秩序及创造的天命、德治思想，塑造了中国古代传统文化的基本内核和整体形态，是中国文明发展史上极其重要的环节。孔子说"郁郁乎文哉，吾从周"，并非虚言。

从周公到孔子　周公是西周文明的典型象征与标志，秦汉以来儒家有周公制礼作乐的说法。如上所述，把周文明的功劳归到周公一人，并不客观也非史实。但在西周王朝继承殷文明，结合自身文化特色创造性转化发展的过程中，周公确实发挥决定性作用，他不但通过东征平叛巩固政权、加强统治；还利用宗法、姓氏、婚姻制度建构社会等级秩序，以天命、德政为核心形成周人政治观念。他本人是有德的楷模，勤政、谨慎、富有远见与谋略。此外，周公还熟知殷礼，任用殷人史官，在礼仪和官制方面有所继承，努力革新，最终在损益殷礼的基础上实现周文明的飞跃发展与繁荣昌盛。从这个角度来看，周公堪称是礼乐文明的缔造者之一。

孔子处于春秋后期，对殷礼与周礼的因革损益有较准确的认识。他主张恢复礼乐征伐自天子出的西周社会秩序，认同亲亲、尊尊的政治原则，赞成事鬼敬神而远之的理性态度。从这方面看，西周文明对孔子思想有很大影响。周公对周文明的形成厥功至伟，被孔子称为圣人，是当之无愧的。

郊天祭祖传统 殷文明崇拜上帝，但基本不提天和天命，也不祭祀皇天上帝，对祖先怀有较强的恐惧心理。西周文明则将上帝意志视为天命，把皇天与上帝联系并等同起来，周人认为先王不但从上帝那里接受天命，死后也会回归天庭，辅佐于上帝左右，是为配天或用配上帝。古文字史料罕见周王朝祭祀皇天上帝，天亡簋记载武王"事喜上帝"，㝬（胡）钟记载厉王祈求"唯皇上帝、百神，保余小子"，是不多见的相关材料。但据汉代文献记载，周王朝有郊天祭礼，是后世王朝祭天仪式的最早来源。西周王朝是否祭天，可进一步研究，但其崇拜皇天，笃信天命，是不争的事实，对两汉以降的历朝历代有直接影响。

周人敬重祖先之德，祭祀祖考主要是缅怀纪念其政治功勋与威仪等品行，作为模仿效法的榜样。这种理性态度，透露出对家族昌盛与壮大的现实关怀，成为儒家尊祖敬宗的亲亲思想的主要来源。

官制与行政区划 西周文明的职官体系，发扬了自身有司、师氏传统，又利用殷人史官家族的文化积淀，形成有司、师氏、史官三合一行政架构,不但直接影响了春秋时代职官制度,对秦汉后世的官制也有很大影响。如后代的太师、太保、司马、司徒、司空等职官勋衔,都直接源自西周王朝。

西周文明通过宗法、姓氏、婚姻等手段,封建同姓、异姓诸侯,开拓疆土,拱卫王室。所分封的齐、鲁、燕、晋、宋、卫等诸侯,是中国行政区划的最早雏形。后世行政区划虽屡经变更,但直至今天的省,仍依稀可见西周诸侯领域的影子,是当时文明的重要贡献。

中国和戎夷 殷商时期,已有"中商"和"四方"观念,商王朝自称大邑商,同时将周边诸多部族称为多方,意指四方偏远之族。西周王朝虽然源起于小邦周,但克商之后,强调自己是接受上帝天命统治下土,所谓溥有天下,合受万邦。"周德"就是上天授予的统治权,代表天命。周天子认为自己定都之处就是天下之中,称为"中国"。西周成王时期的矽尊铭文记载:"文王承受天之大命,武王攻克大邑商,并报告上天:我定都于中国,治理下民。"西周王朝将天子统治区域称为内国,与中域意思相近。金文记载,西周王朝还常提到东国、南国,指王朝东部、南部疆域。《诗经》也屡见四国的政治地理概念,应指东南西北四域。

四域之外的部族,西周王朝以夷、戎、蛮来称呼。具体来说,夷有东夷、南淮夷;戎有北方猃狁、西北犬戎;蛮主要指楚人,即荆蛮。周王自认为文王、武王受天命,统治天下四方,夷、戎当然理应臣服,因此周王朝常说南淮夷是"旧我帛畮臣",也就是贡纳织物田产的旧臣。从西周早期开始,王朝就致力于经营四方,巩固边域安宁。但昭王南征楚荆,溺于汉水,南国没有一直稳定,淮夷经常入犯。至厉王时，鄂侯反叛，竟然联合东夷、南淮夷大肆侵伐东国、南国，经过王朝大臣努力协助才最终平叛。西周晚期，猃狁不断从西北骚扰，给王朝造成很大威胁，当时诗篇吟唱"靡室靡家、猃狁之故。不遑启居、猃狁之故"（《诗经·小雅·采薇》）正是实情写照。西周王朝的衰亡，也是由于申侯联合犬戎攻破镐京导致的。综观西周历史，南北戎夷之患一直未曾解除，中央王朝一方面认为他们是四方臣民，另一方面不得不采取军事抵御、征伐的策略应对其侵扰，并加以镇抚和怀柔。厉王平定鄂侯之乱后，巡视东国、南国，召集二十六邦首领前来朝见，就是这种政策的具体实践。春秋时代，天子衰微，诸侯争霸，蛮夷戎狄参与攻伐，导致华夷之辨观念逐渐加强。但与此同时，民族融合进程不断加快，华夏民族实际上也是在吸纳"四夷"的过程中逐步形成。

此外，周礼对中国文化传统也有多方面的深远影响，一直延及近代。其中，最显著的就是姓氏。殷文明中没有明显的姓，其氏名多用装饰性很强的族徽，对后世影响不大。西周文明的姓、氏，虽然主要是贵族阶层使用，但在战国时代姓氏逐渐混淆，发展成为士人、平民的家族称号，其内涵虽有所变化，但也保持到现在，成为中华文化的主要标志和象征。今天男女老少尽人皆知的百家姓，实际上就是西周以来姓氏演变的产物。西周的宗法思想，如嫡庶之分、长幼之别，经过儒家的继承和改造，在中国古代社会长期发挥着历史作用。虽然周人伯仲叔季的严格排行后世不再采用，但区分嫡庶、长幼辈分的思想，一直在皇位、君主、族长继承方面左右着人们。与此类似的是，后世虽然放弃西周大宗、小宗的说法，但家族本干与分支的观念深深地融入儒家思想，是历代宗族内部处理祭祖、族谱等事务时奉行的首要原则。西周文明区分人们名、字的习俗，一直影响着后代的中国文化，直至近现代华人男女仍然有名有字，如毛泽东字润之，郭沫若字鼎堂，王国维字静安，等等。

本章参考文献

司马迁：《史记》（点校本二十四史修订本），中华书局2014年版。
程俊英、蒋见元：《诗经注析》，中华书局1991年版。
顾颉刚、刘起釪：《尚书校释译论》，中华书局2005年版。
黄益飞：《略论昔鸡簋铭文》，《中国国家博物馆馆刊》2018年第3期。
杨伯峻：《春秋左传注》（中华国学文库），中华书局2018年版。
杨天宇：《礼记译注》，上海古籍出版社2016年版。
中国社会科学院考古研究所编著：《殷周金文集成》，中华书局1984年至1994年版。

本章图片来源

图3-1　《殷周金文集成》5420。杰西卡·罗森：《美国普林斯顿大学美术博物馆萨克勒氏藏品》，普林斯顿大学出版社1990年版，第525页。

图3-2　黄益飞：《略论昔鸡簋铭文》，《中国国家博物馆馆刊》2018年第3期。

图3-3　《中国历史文物》2006年第3期。

图3-4　现藏陕西历史博物馆。

图3-5　张天恩主编：《陕西金文集成》第5册506号，三秦出版社2016年版。

图3-6　《殷周金文集成》189。张天恩主编：《陕西金文集成》第4册424号，三秦出版社2016年版。

图3-7　现藏中国国家博物馆。

图3-8　现藏宝鸡青铜器博物院。

图3-9　《殷周金文集成》658。曹玮主编：《周原出土青铜器》，巴蜀书社2005年版，第963页。

图3-10　陕西省考古研究所、宝鸡市考古工作队、眉县文化馆杨家村联合考古队：《陕西眉县杨家村西周青铜器窖藏发掘简报》，《文物》2003年第6期。

图3-11　《殷周金文集成》2760。

第四章 百家争鸣

（春秋战国）

第四章 百家争鸣（春秋战国）

章首语

西周后期，宫廷内外伦序失措，任用嬖佞，专利乱政。至幽王晚年申侯与犬戎入侵镐京，西周灭亡，天下仍在，周室却逐渐衰微。王畿破败凋敝，后经历平王、携王二王争立，对关中故地战后重建更是雪上加霜。尽管由虢公翰拥立的携王余臣被晋文侯所杀，平王最终胜出并于元年（前770）在晋文侯、郑武公、秦襄公等诸侯的保卫下东迁洛邑，但王室权柄既失，实力衰弱，诸侯竞相坐大，争当盟主，发号施令，原先的"礼乐征伐自天子出"转变为"礼乐征伐自诸侯出"，甚至由诸侯所属的陪臣执掌国政。新的时代已然拉开序幕，史称"东周"，亦称"春秋战国"。

面对天下秩序逐步崩解的现实，旧有礼制经历逐步变形的过程，最终被争霸风云冲击瓦解，伴随社会劳动生产力与工艺技术整体提升、社会阶层流动加剧与意识形态承转重塑，上层政治架构的离散趋向导致社会各阶层心理预期复杂多元，诸多因素如波浪拍击海岸，日久积成沧桑之变。春秋时期发端，至战国时代蓬勃兴起的诸子百家讲学，奠定了源远流长的中华文明思想根基，影响了后世文化演进历程中众多观念的形成与定型。

第一节 "礼崩乐坏"

东周天子仍有"共主"名义,却已无力控制诸侯,齐、宋、晋、秦、楚、吴、越等国陆续加入争霸行列,形成多个政治权力中心,政治局面动荡引发制度层面的一系列变革。征战频仍同样带来民族迁徙与交融,华夏民族自我认同开始形成。不同地域逐渐形成独有的文化特征,奠定思想争鸣的社会基础。伴随着宗法分封制度松动和私学兴办,士人群体不断扩充,最终崛起成为全新的社会力量,书写中华文明历史新篇章。

一 变法蔚然成风

西周文明在制度设计方面的核心是宗法制和分封制,无论王畿还是诸侯国,都有一套与之相应的官僚机构专司其事,其中礼、乐成为等级和身份的重要象征,通过政治教化加强内里隐含的伦理观念和道德意义,尤其强调稳定天下秩序的作用。这套文明体系经过春秋至战国的不断消解、重构和更替,最直接的结果就是礼崩乐坏。原先的礼乐制度亟须适应社会阶层结构的转变趋势,发展出既有继承又有新意的东周文明。以乐为例,必须端冕正坐而聆听的古乐让人昏昏欲睡,而活泼轻快的郑卫之音则更具吸引力,听众沉迷其中不知厌倦,客观上推动了乐律知识和演奏技巧的求新图变。

第四章 百家争鸣（春秋战国）

图4-1 曾侯乙墓编钟

　　《国语·周语下》记载周景王向伶州鸠请教乐律，获知在弦线式音高标准器（古称"均钟木"）上，将弦线分为"三等份"的乐律计算方法，是"三分损益法"最早的文字记述，春秋时期已经得到流传运用。① 河南淅川下寺一号楚墓出土9件组编钟的律制已然如此，乐音声域较广，仅取中鼓音，可组成五声徵调或音阶，加上侧鼓音，可组成七声徵调或古音阶，是春秋早期音乐水平的典型代表。山西侯马出土9件春秋中期晋国编钟，根据测音效果，所具的五声音阶与《管子·地员》记载一致，而且以弦律调音，同样符合三分损益律。② "均钟木"是世界上最古老的声学仪器之一，实物出土于战国早期曾侯乙墓，独特的木制五弦器造型印证了古代乐师在音乐理论上的非凡造诣。③ 曾侯乙及曾国乐师的乐理成就与演奏水平是先秦音乐发展历程的最高峰，陪葬的青铜编钟有64件，外加楚惠王赠赙的一件镈，共

---

① 黄翔鹏:《先秦编钟音阶结构的断代研究》,《江汉考古》1982年第2期。
② 冯文慈:《〈管子·地员篇〉和三分损益法以及〈淮南子〉的"参弹复徽"》,《中国音乐》1982年第1期。
③ 黄翔鹏:《均钟考——曾侯乙墓五弦器研究》（上、下）,《黄钟》（武汉音乐学院学报）1989年第1、2期。

65件，总重达两吨半，无论数量和品质都是先秦最完好的一套编钟，铸造工艺精湛，证实先秦青铜乐钟独特的合瓦双音效果。另有编磬多达32件，总音域5个半八度，中间3个八度音域包括了所有的半音，12个半音齐备。编钟与钟架横梁、编悬配件，以及编磬与磬盒上都铸刻相关的记事、标音、律名关系的错金铭文，总字数多达3775字，展示了成熟的音阶知识、旋宫转调技术、乐器工艺等，系统总结了时人高超的音乐学理论。此外，曾侯乙笙的摘片安装运用"活簧"法，使簧片受到气流冲击时可在管内作自由往复振动而产生乐音。该种技法持续领先于世界，直到18世纪活簧安装法西传，引发欧洲簧管乐器革命。各种材质的乐器音律纯正、音域丰广、音色华美、音质清亮，齐奏合鸣，金声玉振，可谓千古绝响。

如此高度的文明形态，需要特定历史条件和环境来促成，西周礼制消解和东周社会转型在其中起到至关重要的作用。周天子因物资匮乏、府库羞涩向诸侯索求财用，已经不合乎礼的形式，井田制破坏和新租税赋役推行则是周人旧有制度从根本上崩溃的表现。《左传》记载，宣公十五年（前594），鲁国实行"初税亩"，即按田亩数征税，标志着井田制开始瓦解，中国土地税制度滥觞于此。前538年，郑国子产实行军赋变革"作丘赋"，以丘为单位征发军赋，为国家财政开源。改革加快旧制瓦解，招致反对与骂声，子产决然表示，"苟利社稷，死生以之"①。如果有利于国家，生死都能置之度外。

---

① （清）洪亮吉：《春秋左传诂》，中华书局1987年版，第662页。

第四章 百家争鸣（春秋战国）

尽管西周覆亡对王朝稳定造成极大冲击，但诸侯国间实力消长和春秋五霸相继兴起，客观上延续了周王朝统治，使天下秩序得以维持并保持相对稳定，且开拓出新的社会发展方向，逐渐形成既有传承又不无变革的礼乐制度和伦理风尚。通过从"治—乱—反—和"的历史循环中吸取教训，诸侯提高施政水平，彰显国家治理能力，形成"胜者为霸、物竞天择"的统治规则。在此过程中，君主无不切实关注经济民生，一定程度上推进了政治文明建设。

常年的争霸斗争必然导致各国变乱频仍，统治失序，民心动荡，有识之士感叹身处"季世"，面对每况愈下的颓势无能为力。春秋末期，小国灭亡屡见不鲜，大国变故频出不穷，君主大权旁落，卿族各自为政。其中，晋国没有公族，执政专权的卿族尾大不掉，公室衰微。前403年，迫于形势的周威烈王承认赵、魏、韩取代晋国成为诸侯，史称"三家分晋"。楚国贵族当权，治国保守，早已失去昔日的霸主风范。齐国国内动乱不止，田氏趁机收买民心，太公始封的吕氏齐国最终被田氏取代。经历春秋时期经年累月的兼并战争，诸侯国数量越来越少，进入战国之后，除了齐、楚、韩、赵、魏、秦、燕之外，越、宋、郑、中山、巴、蜀等小国相继被吞并，战国时代主要是七雄并立的局面。

中国社会经历着一场规模巨大且影响深远的政治变革。从战国初年起，各国变法运动正是为顺应经济变化所做出的努力，并在政治制度上得到体现。官僚选用方式的转变，标志着整个行政体系的改弦更张和国家权力架构的重新设计，贵族世袭官爵的方式逐渐被弱化，官吏出身变得不那么重要，职位升迁主要出于国君的意志，君权得到极大加强。

战国初期，私有制经济活动空前兴盛，各诸侯国出于增强国力的现实需要，与时俱进，纷纷促成了根除旧弊的变法。魏国首先推行新法变革，由于接壤的诸侯国最多，来自周边政治军事压力与日俱增，革旧开新的愿望十分迫切。魏文侯任用李悝进行改革，推行法治，变法内容包括废除世禄，提倡耕作，奖励开垦，储粮备荒，实行平籴，兴农富国，整顿军制，训练武卒，精兵强魏，等等，一时遥遥领先于秦、楚、齐等国。此后，各大诸侯国纷纷强国变法，如楚国吴起变法、秦国商鞅变法、韩国申不害变法、齐国邹忌变法、赵国胡服骑射。这些顺应时代潮流的措施分别使各诸侯国称雄一方，然而整个过程并非一帆风顺，有的受到守旧势力抵抗，中途夭折，如楚国吴起变法。有的改革方向在后期出现偏差，只能昙花一现，如韩国申不害变法。只有秦国商鞅变法，以魏国变法为蓝本，奖励耕织，废除井田，准许土地买卖，按丁征赋，倡导军功，赏爵明罚，抑制权贵，统一度量衡。其持续时间最长、改革最彻底、变动范围最广、结果最成功，故秦富国强兵后，经过六世君主的积极扩张，奋发图强，将天下重归于一，开创了以皇帝为中心的大一统国家体制，影响后世两千多年。

先秦时期逐渐形成的华夏民族表现出集中地域、共同文化、统一语言的特点，激发出强大的创造力，促成中华文明的早期辉煌。春秋战国铸就成型的政治经济模式和思想文化格局，决定了中国古代社会的发展方向，故可被视为中国历史长线上的一个扣结：三代文明，昌盛于斯；秦后政治，发端于此。

二　华夏夷狄交错融合

春秋战国时代不仅是大动荡、大变革时代，同时也是民族大迁徙、大交融时代。各个民族居处犬牙交错，在地域上并没有明显界限，基于社会发展速度不同，形成有所差异的风土民情和思想文化。

最早的"中国"出现于西周何尊铭文，本意为天下之中。因为周人认为中原地区处于天下最中心，所以周人和分封的各诸侯国统称为"中国"，在族姓上则自称"诸夏""诸华""华夏"，按照方位将其他并居杂处的民族分别统称为戎、狄、蛮、夷，明确相互之间的区分，是华夏民族自我认同开始形成的标志。

图4-2　何尊铭文所见"中国"

各民族之间最直接的交流方式是战争，华夏族与蛮夷戎狄各族交融的大幕由此开启。犬戎是灭亡西周的主力之一，平王东迁，王室衰微，号令失效。中原诸侯间战乱不断，北方民族趁机入侵。齐桓公审时度势，倡导"尊王攘夷"，担负起救助诸侯、抵御外族的责任，救邢存卫，保证了华夏诸侯的安定局面，孔子称赞管仲辅佐桓公称霸诸侯，匡正天下秩序，时人仍然能感受到他的政治遗泽，"管仲相桓公，霸诸侯，一匡天下，民到于今受其赐"（《论语·宪问》）。

春秋中期以后，华夏各国通过各种军事活动和手段，利用强大的国力征服、兼并了许多周边民族：齐国灭长狄，吞并莱夷。晋国不断和周边狄族斗争，兼并赤狄的东山皋落氏、廧咎如、潞氏、甲氏、留吁、驿辰，白狄的肥氏、鼓氏以及陆浑之戎、伊洛之戎等，大大扩展了疆域。秦国吞灭西戎，北收义渠，南并巴、蜀，开疆拓土，或以属国、道制作为边区管控①，或直接纳入郡县行政体系管理。燕国消除了孤竹、山戎的威胁，在战国时期大破东胡，设立多个边郡。大部分淮夷小国被楚、鲁所灭；南方的群蛮、百濮为楚、吴、越兼并。战国时代，北狄建立的中山国及游牧民族的林胡、楼烦，最终都被赵武灵王吞并，赵国版图不断向北延伸。伴随民族交流的是政治统合、经济互动与文化浸润，典型例证是2015年洛阳市伊川县鸣皋镇徐阳村发现的陆浑戎墓葬群，以人殉葬、贝币陪葬及在车马坑或墓内放置马牛羊头蹄等丧葬习俗带有明显的戎狄风格，与姬周的特点迥异。高等级墓葬内还发现数量众多的成套青铜器及玉石质礼器，如编钟、编磬、铜车马器、玉璜、玉扳指、骨镞及陶、玉、金、玛瑙、漆器等精美随葬品，这些铜礼器和车舆品类与

---

① 秦汉时期，在部分少数民族聚居地区设置的县级地方政府称"道"。道制对后世的羁縻、土司制度具有开先河的作用。参见罗开玉《论秦汉道制》，《民族研究》1987年第5期。

周代礼制高度契合，彰显了华夏文明的强大影响力。《左传》僖公二十二年："初，平王之东迁也，辛有适伊川，见披发而祭于野者，曰：'不及百年，此其戎乎！其礼先亡矣。'秋，秦、晋迁陆浑之戎于伊川。"陆浑戎最早居于今甘肃酒泉附近，后逐渐东迁至今三门峡卢氏县一带，受秦国、晋国驱使于前638年迁至伊川地区。徐阳陆浑戎墓地进一步证实文献所载的"戎人内迁伊洛"历史事件，为考察东周时期民族交融与文化交流提供宝贵的实证材料。到东周末期，戎狄与华夏交错杂居的形势已经大为改观，中原地区及其周边的各族逐渐融合于华夏族，所谓的华夷之别随之逐渐泯灭，为中华民族的形成奠定基础。

由于文化认同的加深，曾经放言"我是蛮夷，不服从中国名分谥号等礼制"的楚国融入华夏。初期，楚国一直与北方诸夏保持对立态势，随着国力强盛，楚国不断兼并周边国族，既包括"汉阳诸姬"，也涵盖群蛮，灭国数量在东周时期居于榜首。扩大版图的同时，楚国接受周礼影响，从春秋中期开始参与中原各国会盟、争霸活动。《国语·楚语上》记载申叔时论太子教育，提到《春秋》《世》《诗》《礼》《乐》《令》《语》《故志》《训典》，与中原并无差异。战国时期，儒家思想在楚国日渐风行，铎椒摘编《春秋》成《铎氏微》教导楚威王，近30年来出土或公布的战国楚简如郭店简、上博简、清华简等，包含大量孔子及其后学的阐述，充分说明儒家经典在楚地的广泛流传。教育上，楚国与中原各国趋同，知识结构逐渐融入周文化系统，子囊讨论楚共王谥号时指出：国君执掌威名显赫的楚国，从上到下怀柔四边蛮夷民族，使远至南海的土著都顺服归心，率领他们追随班列中原诸国。①这番带有周文化正统立场的表述其实能够代表楚国整体的思想意识，正是对华夏文化认同在心理转变上的集中表露。国族不论实力大小，都服膺于华夏先进的礼乐文明，形成群体一致的心理和文化认同，楚国即为典型，充分体现出中华民族共同体的多样性和包容性。

春秋以来的民族交融是复杂的历史过程，既有社会群体内部的角力，又有国、族间的竞争，两种线索相互交织，构成春秋战国数百年间华夏共同体的丰富面貌。这种一体化趋势到战国后期已基本完成，华夏族吸收许多异族风俗，华夏文化也被其他民族接受，最终交织成为具有共同文化特征的新华夏群体，分布范围日渐拓展。民族交融促进了周边地区的经济文化发展，使先进的文明得到广泛传播。

三 地域文化彰显风采

中国自古是多民族杂居共处的格局，辉煌灿烂的中国文明，是分布在辽阔区域内的先民共同缔造的。不同地区、不同部族的人民通过贸易、战争等方式，使文化交融成为永恒的主题，这个过程既凸显了百花齐放的地方特色，又孕育着广泛的统一基础。在文明时代揭幕前夕，各个文化区已经在广袤的四表域内通过长期的交流融会，形成带有很多共同因素的文化"场"，这一重要背景在国家肇始之际便奠定并逐步形成宏大的规模，熔铸了中国古代文明独具的若干特性。

先秦时期统一的王朝体系是主流政治形态，夏、商、西周上千

---

① 《左传》襄公十三年："赫赫楚国，而君临之，抚有蛮夷，奄征南海，以属诸夏。"杨伯峻：《春秋左传注》，中华书局2018年版，第862页。

年的统一局面，奠定了制度、文化与习俗的普遍共性，使政治、经济整合得更加持久巩固，夯实了高度凝聚力和向心力的基础。青铜时代文明最典型的代表就是青铜器，东周秦、齐、晋、楚、徐、越等国器表上文字写法存在一定差异，不过许多铭文语句都有一致的用韵，且符合《诗经》韵部规律。虽然东周诸侯分立、风俗别出，但如此整齐划一的语言现象无疑是古代传统稳定性的直接表现，是秦完成中国再次统一的文化底蕴。

由于疆土辽阔广大，自新石器时代以来，各个区域递兴迭起众多部族和方国，从源头决定了交融而成的整体必然带有多元性特点，这是中华文明版图与生俱来的地理格局。因此，早期部族方国的日常活动范围具有地域性特征，与中原王朝一起构成层次丰富的立体统治网络，只有深入到诸侯国的层面，才能够透视周朝政治社会结构的真实面目。西周初年分封诸侯导致区域特征的出现，既有悠久历史铸就的渊源，又有各个时段与周边四境人群部族间交流而融入的新特点，同时不同地域在发展速度上的落差带来形态各异的文化，区域特征差异在天子式微、诸侯坐大的东周时代进一步扩大。"田畴异亩，车涂异轨，律令异法，衣冠异制，言语异声，文字异形"[1]，放大了区域性的文化特征，各个文化圈自然形成，显现出多元并存、精彩纷呈的地域风俗。文化的区域划分客观存在，在看到区域差异的同时，应该注意区域间的文化连通以至中华文明的共同特征。下表是目前对东周时期七大文化分区的合理判别[2]：

---

[1] （汉）许慎：《说文解字》卷15上，中华书局2020年版，第492页。
[2] 李学勤：《东周与秦代文明》，上海人民出版社2007年版。

东周时期七大文化分区

名称	地理区域
中原文化圈	以周王都为中心,黄河中游,春秋时包括晋南,郑、卫;战国时包括周和三晋,不包括赵国北部
北方文化圈	赵国北部,中山国、燕国,以及更北
齐鲁文化圈	齐、鲁,以及其他周边小国
楚文化圈	长江中游,以楚国为中心
吴越文化圈	淮水流域和长江下游。以吴、越为中心,以及周边嬴姓、偃姓小国,东南部族
巴蜀滇文化圈	现在四川、云南,巴国、蜀国、滇国以及西南的部族
秦文化圈	西北地区以秦为中心

详细研究各个地区的文化特性,是真正把握古史内蕴的重要路径。《左传》襄公四年记载:"芒芒禹迹,画为九州,经启九道。"西周继承发展新石器时代以来夏商疆域区划,并借助天下一统得以巩固。至春秋时期,权力中心旁落,战国时期的事实割据,被论述成为向心力日益辐辏下的地域分区。这种统一性和地域性的相辅相成,成就了中华文明在整体上的同和辉映与细部中的殊异共融,如果将邻接关联的小区域扩大合观,又可绅绎出隐含的内在经络。普遍存在的文化共性和各地区各部族的文化多样性之间并不对立排斥,反而正由于这种统一的多民族国家形态,东周文明才显现出同源共性、异彩纷呈、丰富多姿的特点。

经过交流融会,趋同的向心力与多元的辐射区结合的同时,国家权力架构呈现出从血缘淡化到地缘突出的转变,社会发展呈现出丰富多彩的文明形态。各国的历史文化传统互有差异,为不同思想流派的产生和文明的多样性准备了文化地理条件。

四 "士"的崛起与阶层变迁

社会的最小组成单位是个人，最能体现群体文明风尚的是人的解放与思想、教育资源的共享，这一点在东周时代可谓突飞猛进，势不可当。

西周分封制是多层级的贵族统治系统，王作为天下共主，以封地册命不同等级的诸侯，诸侯则通过分封采邑统率卿大夫，大夫以家族小宗、家臣和士为下属，如《左传》桓公二年晋师服所言："故天子建国，诸侯立家，卿置侧室，大夫有贰宗"，天子保有天下，在四海之内不居客位，诸侯以至大夫、士，名分确定，等级森严，诸侯和卿大夫的地位、土地均为世袭，奉行嫡长子继承制，次子分封。如诸侯长子继位后成为宗族首领，即宗子，次子或庶子为公子，公子之子为公孙，公子、公孙的家室称公族，享受的名位世代相传，故有世族之谓，均通过氏名标明家族身份，并享有封邑和田地。各种主要资源都由上层控制，并在一个群体闭环内世代相传，此即世袭社会。所谓诸侯有国、大夫有家，后世"国家"联称导源于此。宗法是统驭家族的原则，分封不过是扩充家族系统为国体系统的体现，经历长时段的阶层固化演变成世族政治，春秋时的贵族阶级受两重身份管辖：家族内部服膺宗统，家族之上遵从君统。《礼记·祭统》指出：忠臣服从君主的职分和孝子侍奉双亲的内涵，本质相同，实际上都体现着上下层级的隶属和服从关系。

与世族制度伴生的是世官制度，世袭贵族由于自身阶级地位得以就任对应级别的官职。当然，世官并不等于世职，某一层级的职位由相应的贵族集体选出代表轮流担任，世袭的只是级别而非职位。战国以前，世袭一种官职的贵族固然很多，但也有世官而不世职。如大夫的爵位虽可由各族世袭，执政卿则从各大世族宗子中遴选代表组成，居首的孤卿更要求资历和声望，功劳、品行、才干获得国君及上下阶层的认可。所有贵族"守其官职，保族宜家"，世族制度和世官制度成为联结一体的政治体系。

大小贵族都享受与自身等级对应的权利待遇，必须谨守本分，遵守约束，不能僭越逾矩，此即礼。如，管仲功劳虽大，但受限于出身，觐见天子时要谦卑地让国、高等世家大族先行。

任何制度都不可能一成不变地运行下去，尤其是限定个体越层升迁的世官世族制到春秋中期以后开始松动，在时间与形势的冲击下逐渐弛散，并至分化瓦解。僵化的人才培养模式和选拔制度导致世族职官整体素养萎缩下降，世族内部及新旧各族间连绵不绝的政治斗争伴生持续残酷的倾轧兼并，斗争失败的贵族被降为平民，诸侯被强宗大族压制、架空甚至夺权者比比皆是，所以常见大夫甚至陪臣执政，阶级身份与礼制成为不可倚靠的变数。世族制度走向崩溃成为可以预见的趋势。世官制度是世族制度的伴生品，"皮之不存，毛将焉附"，世族制度崩塌必然导致世官制度的消散。

现实的历史教训如鲁公被三桓驱逐、三家分晋、田氏代齐，无不加剧君主对自身失势的恐惧和紧迫感。在君主集权加大强度的张力下，世族的存在空间受到挤压而缩小。战国时期政治变革主要为加强中央集权服务，其具体表现为，中央选官制度的逐步推行，地方郡县制度的不断扩展完善，这两项制度的实施，成为后世两千年中国政治制度的基本内容。在权力争夺过程中，原先提拔人才的阶级门槛逐渐被打破，身份不再是难以跨越的鸿沟，以低压高、以卑凌尊成为任官授职的常见方式，位于世族之下的士阶层获得空前机遇，能够直接跃迁至卿大夫才能匹配的爵位、官职。阶层固化得以打破和个体身份的束缚得到释放，从而人的思维自由度和进取功利心得到前所未有的激励。具备一定知识又没有身份限制的士人，若无固定居址，便成为游士，职业游士周游列国，出入权贵之门，借机获取官位和俸禄，带来人才需求的旺盛景象，求官干禄的效应渐次形成，这是一种文化趋同与政治统一的内向力。士阶层的扩大，不仅来自上层变迁，也有庶民、奴仆等身份改变的推动。

在周人身份体系中，士属于贵族群体的支庶和附属，其中部分来自平民阶级，后来也有获得解放的奴隶，如斐豹、百里奚。大夫由于政治斗争失败出奔别国，若被客居国任用，能保证爵位待遇，但若未被选用，大多数便成为游离于官方制度约束之外的士人。孔子卸任鲁国官职，可以周游列国，可见人口流动的管制并不十分严格，游学成为士人常见的生活状态。曾经具备官方身份的士，较之常人能更多接触学习官方文书和典章史籍，其最大特长是文化素养较高，在脱离与贵族的人身依附关系后，无论在身份还是思想上都成为自由的个体。

政治松动，导致教育重心下移与受众增加，社会层面最直观的表现是兴办私学，而士人群体的壮大是私学兴起、文化普及的社会基础。孔子聚徒讲授，不设入学门槛，真正将原先的官学知识普及底层士人，在古代教育史上开了先河，并成为文明史上浓墨重彩的一笔。

士人受教育程度的提高，客观上促使培养学生、传播学说成为社会风气，互相推动聚合同道论学，士人和私学相辅相成，为思想文化的多样繁荣奠定了坚实基础，揭开了子学时代的帷幕。到战国时期，各国竞争愈烈，任用贤才的观念格外发达，士人群体乘势崛起，影响力日渐扩大，与私学产生、发展的过程同步。作为"私学"的民间教育不同于原本为贵族官方垄断的王官之学，其内容虽源自官学，但由于传播者不再受到官方定规的束缚，衍生出讲述者提炼和总结自身体会的新知内容，授课方式灵活。同时，私学受众范围没有限制，接受学业是几近自由的，甚至可以博采众家。因此，整个过程中的学与思极大地突破了既有框架，师生交流互动频繁，教学相长。

"礼崩乐坏"之后，以人的思想解放为主要潮流的东周社会焕发出勃勃生机，中华文明再度迎来全新局面。

第二节 技术进步与百业精进

社会进步的主要基础在于生产规模扩大、物资供应丰富，这些都有赖于制造工具的更新与技术水平的提升。对于东周时代而言，最主要的是农业的发展与百工产业的进步，以及隐含其中的生产管理的先进程度。

一 农田水利耕种技术的新突破

春秋战国时期，各国普遍对农业非常重视，视之为国家发展的根本。与此息息相关的水、旱、情况被史官密切注意，并记录于史志中，孔子编《春秋》一并采用，使二百多年来影响农业的环境变迁史料得以流传后世，成为后续正史和地方志系统记录水旱的先声。随着生产工具的更新换代，铁器得到普遍使用，东周时期尤其是战国冶铸遗址中常常出土造型相同的锄、斧等，说明可以用统一规格的铸铁模具批量制造生产农具，农业生产水平实现了突飞猛进的提升。山西侯马东周遗址中出土的铁犁铧，正是耕作方式更新在工具上的体现，从纯用人力耦耕过渡到开始普遍使用畜力犁耕也是革命性变化。此外，有条件的农夫已经使用谷物脱粒工具——连枷，提高农业生产力。

在西周井田制时期配套的排灌系统基础上，春秋战国时期水利技术和设施有了飞跃发展，为农业灌溉提供充分的先决条件，通过调节浇水平衡做到旱涝保收。春秋时代已经流行利用内河航道运送物资。前647年，晋国发生饥荒，秦穆公输送粟米救济晋国，粮船利用渭水、黄河、汾水航道，自秦都雍城到晋都绛衔尾相继，络绎不绝，可见当时已经具备大规模泛舟运输粮食的航运能力，是史书所记漕运的先河。更大规模的水利工程建设体现在人工河湖的开凿上，今安徽寿县芍陂蓄水塘是利用天然湖泊、筑堤形成的大型人工水库，相传是春秋楚庄王时孙叔敖为引水灌溉而修建。前486年吴国在邗筑城，开凿运河连接长江、淮河，称为"邗沟"。前482年，吴国从淮河凿开一条运河使济水和泗水连接，长江水系和黄河水系由此畅通。战国中期魏惠王以魏国境内的天然湖泊圃田泽为中转，修筑两条渠道分别沟通黄河与淮河，合成整条运河，即鸿沟。两条运河使黄河、淮河与长江三条水系之间形成交互网络，交通和农业灌溉都从中受益，对中国历代的经济、文化发展产生深远影响。

战国时期为防止黄河泛滥，齐国与赵、魏两国在黄河两岸筑堤防洪，有效遏制黄河泛滥成灾。秦国对水利非常重视，前246年，秦用韩国水工郑国兴建郑国渠，引泾水向东，开渠300余里，灌田4万顷，是世界上最早的输水渡槽之一，提高了田地的单位产量，为秦统一天下提供粮食保障，秦因此而更加强大。秦昭王后期蜀郡太守李冰在四川成都平原修建著名的水利灌溉工程都江堰，在保证农业良性发展方面发挥了巨大的作用，并且沿用至今，成都平原由此成为沃野千里、溉田万顷的"天府之国"。都江堰不仅带来巨大的经济效益，而且设计、建造技术水平高超，是中国更是世界古代一项著名的水利工程。

图4-3 航拍都江堰

春秋战国时期，人们对地利的掌控能力不断提升。《管子·地员》深入讲解土壤和植物生长的关系，判别地下水位与植物灌溉的关系，并详细区分各种土壤。同时，时人认识到保证农作物通风、光照，可以促进农作物茁壮成长，对土壤改良也有一定作用。《吕氏春秋·任地》提到的甽亩法是一项新技术，要求在干燥土地把作物种在沟甽里，在低湿土地把作物种在垄（亩）上，可以使高田防旱，低田防涝，保证作物正常生长，获得好收成。农业发展的又一动力是土壤改良技术的进步，战国时人已经掌握灌水洗盐改造盐碱土地的技术，西门豹主持修筑漳水十二渠，引漳水（今漳河）灌溉农田，渠首采用多口式引水方式，使附近的盐碱土地可以长出稻禾并获丰收。

精耕细作技术开始流行，春秋时期除少数上等地可年年耕作外，主要还是沿用西周流传下来的休耕制，平均两到三年轮耕一次。到战国时期，由于生产力水平提高，施肥、灌溉等条件好的地区，田地可以连续多年耕作，大部分区域的休耕制逐渐被废除。根据《荀子·富国》可知轮作复耕开始萌芽，某些地区已经做到一年两熟。

随着铁制工具的普遍使用、牛耕的推行、灌溉方式的流行和土壤改良技术的进步，农作物产量明显提高，春秋战国之际的农业飞速发展，为社会群体提供丰厚的食物保障。

二　冶铸与制造的繁荣

春秋战国时期，冶铜业、冶铁业得到迅速发展，为生产工具的更新换代提供无可替代的物质和技术基础。春秋战国时期作为礼器的青铜器在社会生活中仍居于重要地位，因而对冶铸技术的发展提出更高要求，铜的采炼、铸造工艺在商代与西周已有规模上的进一步发展，矿种品类多有拓展，继续保持"第二产业"的辉煌。

作为地理奇书的《山海经》在《山经》部分将岩矿分为金、玉、石、土（垩和赭）四大类，是世界上最早的矿物岩石分类记载，书中还有中国对煤炭（涅石）的最早记述，并列举89种非金属矿物和十多种常见金属矿物的170多处产地。《管子·地数》较系统地总结出金属矿床的共生关系：丹砂—黄金；磁石—铜、金；陵石—铅、锡、赤铜；赭—铁；铅—银，是世界上最早的共生矿产记录之一，也是典籍中有关磁石和磁性矿的最早记载。《史记》记载巴寡妇清探得丹穴（汞矿）而获利，表明战国时已有采汞矿业。

湖北大冶铜绿山古矿开采时间持续较长，遗址规模巨大，结构复杂，设计合理，古矿井的竖井、斜井、平巷所采用的支护技术、排水、提升、通风等措施一应俱全，开凿的竖井、斜井多。古矿井附近春秋时期的炼炉为炼铜竖炉，经实验证明可以用木炭还原法进行熔炼，而且加料、排渣、放铜等工艺流程保持稳定连续，保证金属原料能够源源不断地供应各地。湖南麻阳九曲湾战国时期古铜矿发现古采区14处，包括露天和地下采场，主要是以自然铜为主的矿岩型富铜矿，孔雀石、赤铜矿、黑铜矿并伴生有少量银。遵循优先辨识富矿的原则，运用矿房法和倾斜分层采矿法进行采掘，清理出木、铁、陶器，铁工具有锤、錾、凿等，矿井壁留下大量铁錾开凿痕迹，为研究江南地区青铜器的矿源提供了新资料。时代与中原地区东周同时的新疆尼勒克奴拉赛古铜矿发现有采矿、冶炼遗址，发掘出土有古矿井、木支护、采矿石器、冶炼炉渣、冶炼产品等遗迹、遗物,技术特点是使用硫化矿添加砷矿物冶炼砷铜。

探矿范围的扩大与采矿技术的提升,带来冶炼、铸造等一系列产业的发达。晋国都城新田所在地的侯马有多处铸铜遗址,倚靠的就是中条山铜矿,考古发现烘范窑、房址、灰坑、窖穴等冶铸遗迹以及熔炉残块、炼渣、鼓风管、陶范等遗物。出土的5万多块各类陶范、陶模中,三分之一刻有花纹,能够组合成套,可复原器形的约百件,零星带有铭文。所铸器形包括礼器、乐器、兵器、车马器、工具、生活用具、空首布等,而且还有许多新的范型,各种陶范类型与出土地点有对应关系,显示铸造业已具备较完善的分工体系。其他大型都邑设有制造工坊,如河南新郑郑韩故城发现4处冶铸遗址,发现大量铜炼渣、木炭屑、陶范、熔铜炉和鼓风管残块等遗物,构件范与钱范以及铲、镢、锛、凿等工具范和带钩、铜镜等日用品陶范,还有一眼战国冶炼通气井,井壁为小砖,平砌丁砖错缝,用泥料调塑作胶结材料,为已知最早砖砌壁体。

图4-4 侯马陶范

春秋战国时期青铜器铸造技术进一步发展,失蜡铸造法无疑是

图4-5　淅川下寺M2铜禁

其中的创新。同样是围成外范浇注，但由于内模的材质是蜡而非陶土，会直接融化，所以可以轻松造出各种繁复的镂空造型和纹饰，突破了传统范铸工艺的局限。目前中国已知最早的失蜡法器物是河南淅川下寺二号楚墓出土的铜禁，战国早期曾侯乙墓的青铜尊、盘将失蜡法运用得炉火纯青。《国语·齐语》记载管仲向齐桓公建议用品质上佳的青铜铸造剑戟等兵器，以狗马等牲畜试验锋利程度，品质不佳的金属则铸造锄头斧子等农具，在田地农作中检验效果。《考工记》"六齐"表明古人已经明确认识到每个器类必须对应不同的铜、锡配比分量，以熔铸成适合各种性能的青铜合金，工师已能熟练掌握并总结理论。《吕氏春秋·别类》提到铜、锡的质地均较软，但铸成合金则非常刚硬，是世界上最早关于合金强化与性能分析的论述。复合剑就是类似理论的具体应用，经过两次铸成，先铸剑柄和剑脊，后铸剑刃，剑脊和剑刃含锡量分别约为10%和20%，外坚内韧，将兵器不同部位的功能发挥到极致。

　　春秋战国时期铸造技术的长足进步带动工艺上的精进。由于高

第四章 百家争鸣（春秋战国）

硬度工具出现、失蜡法和低熔点合金铸焊技术的发明和使用，各种装饰技术得以广泛应用，具体可以举出三项新技术：一是镶嵌技术，春秋中期已出现，是在铜器表面上镶嵌红铜、金银丝或其他类似的金属以及玉石、琉璃等装饰，制成图案或文字。山西浑源出土的春秋镶嵌狩猎纹豆、春秋晚期晋国的栾书缶、安徽寿县发现的铜牛等都是青铜器表面镶嵌工艺的珍品。二是雕镂状花纹工艺，在器物表面用钢刀或尖端锋利的工具凿刻或划刻，雕出细如发丝、惟妙惟肖的图形，内容包括水陆攻战、狩猎、宴乐礼仪等。三是表面处理，用一定的物理化学方法在铜器表面做出花纹或形成特殊表面，如最常见的鎏金，即把汞与黄金的液态（或泥膏状）合金涂于器物表面，再加热烘烤，得到镀金器。目前所见年代最早的鎏金器物是浙江绍兴狮子山春秋晚期墓出土的鎏金嵌玉扣饰。鎏银、镀锡的原理也是如此，春秋战国之际，甘肃庆阳、内蒙古凉城毛庆沟、宁夏固原出土表面镀锡的银白色牌饰，带有典型的北方草原地区技术特征。吴越地区能工巧匠擅长在铸造兵器时用天然植物酸或天然酸性盐蚀刻表面，并可能采用渗透、上釉和封闭工艺来制作具有明

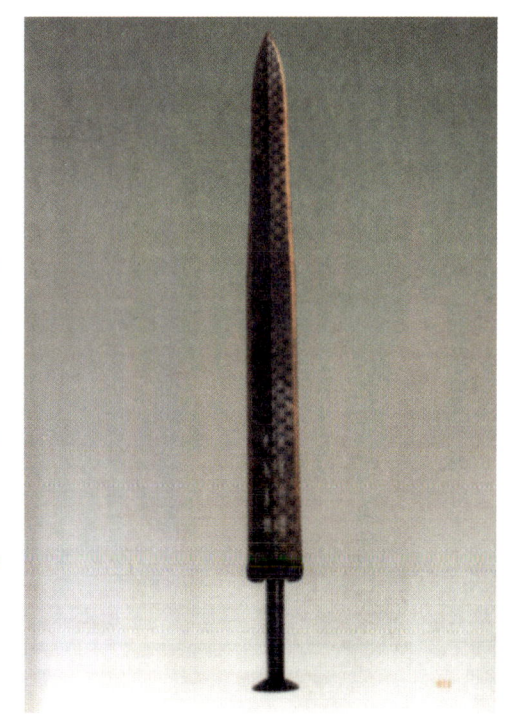

图4-6 越王勾践剑

显凹凸效果的菱形暗格纹，经过千年掩埋后出土，纹饰仍没有发现任何缝隙，与兵器浑然一体，典型例子是吴王夫差矛和越王勾践剑。还有漆绘或彩绘，用漆或类似的彩色在青铜器表面上绘画。青铜铸造工艺突飞猛进，使春秋战国时期成为先秦青铜器艺术史上的第二个高峰。

根据目前冶金考古研究，中国的人工冶铁在公元前14世纪已在西北地区出现，至西周晚期，铁制品开始流行，河南三门峡虢国墓地出土多件铜铁复合器，其中一把玉柄铁剑堪称精品。中原其他地区也有零星发现的铁器，材质多为块炼铁。

另一种材质——生铁则是中国的重要发明创造，山西天马—曲村遗址时代在两周之际的墓地出土的2件残铁器，经分析材质均为过共晶白口铁，是目前中国最早的铸铁件。

春秋时期的生铁制品，如江苏六合程桥出土的铁丸、湖南长沙识字岭楚墓M314出土的小铁锹都是生铁铸造。河南洛阳水泥厂出土的铁炉，成分为铁素体，有团絮状石墨，是迄今为止发现最早的韧性铸铁，同时还有年代最早的经过脱碳处理改善其脆性的生产工具——铁铸脱碳的锛。湖南长沙杨家山出土一件铸铁铁鼎，66号墓和窑岭山15号墓有春秋晚期的铁鼎、铁鼎形器，可见铸铁技术发展的进程。山东临淄齐国故城冶炼遗址发现冶铁遗址6处、炼钢遗址2处、铸钱遗址2处，还有大量炼渣、铸范和铜钱，其中齐国刀币范是最早的阳文钱范盒，是叠铸法制钱币较早的实物，城南炼铁遗址发现"齐铁官丞"和"齐采铁印"等封泥是铁官遗物。山西夏县战国禹王城中，有一片保存较好的战国冶炼铸造作坊，遗存中有大量铁渣和含铁质琉璃烧结物，遗物有锛、锄、刀、镢、斧等工具，以及各种构件和货币等器物的范，有许多范是一器一范或二器一范。河南登封告城镇东周阳城铸铁作坊遗址大部分铁器经过退火处理，以改善白口铁农工具铸件的脆性。板材范、条材范出土数量较战国早期增多，同时还有退火板材半成品，均可证明战国晚期已经发明铸铁脱碳钢的生铁制钢新技术，冶铁业在社会生活中已占据非常重要的地位。

钢铁技术及制具的广泛应用，为生产力的快速提升奠定了坚实的基础，"硬件"的升级客观上也对生产方式等相应的"软件"提出了更高的要求，带动手工业管理方式、生产经济甚至社会关系、政治体制上的一系列变革和进步。

三 手工业与产业管理的发展

大型工程的实施是国家综合实力的具体表现，需要社会各方面的整体规划与系统协调，晋、楚两国在这方面体现出官府强大的管理和组织水平。《左传》宣公十一年（前598）记楚国令尹孙叔敖筑沂城

图4-7 河北中山王厝墓出土双翼神兽

时，命主持建筑城郭的官吏制订工程计划，上报司徒，确定工程进度和期限，分配材料和用具，检查修整筑板，计算所需土方和劳动

力数量，备好土木砂石，确定运输路线和施工地点等。因严格按照规划实施管理，审查的监工根据日程巡视，施工队30天完成目标，没有超出期限。

作为霸主的晋国更是统率诸侯进行大规模合作工程，不仅需要国内配合，且涉及联系诸侯国间的相互协作。如《左传》昭公三十二年（前510），晋国会同诸侯为天子增筑成周[①]城墙，亦有类似记载，大夫士弥牟为成周城墙工程设计方案，计算墙体长度、厚度和高度，包括沟渠深度，从而预计所需的土方数量，选择运输路线，评估完成日期和所需人工，统计所需粮食。随后向各诸侯交代任务，按照情况分配劳役和工程地段，记录下来交给诸侯大夫，归总交至刘子。韩简子作为监工，督促方案执行。晋国在其中处于枢纽地位，计划、预算做得面面俱到，充分考虑到材料、技术和人工等各方面条件，动员、调动和配置有效资源有条不紊，组织、领导、控制、监督全部环节都滴水不漏，保证最后任务的顺利完成。

上述两个例子都有赖于各个行业精细而专业的社会分工，随着社会生产力的提高，这种趋势更加明显。东周手工业技术较前代有较大发展，内部工种类似冶金、木工、漆工、陶工、皮革、煮盐和纺织等，都有更为细致的专业分类。《左传》成公二年（前589）记载，楚共王助齐攻鲁、卫，鲁以执斫（匠人）、执针（女工）、织纴（织工）各百人送楚求和，说明手工业分工的细致程度。《考工记》应是春秋战国之际齐国用以考核、监督百工生产的一部官书，记载

---

① 西周王朝的东都，位于洛邑（今河南洛阳）。

30项生产部门的技术规范、工艺程序、检验方法、材料选择等，内容涉及运输、生产工具、兵器、练丝、染色、冶金、皮革、宫殿建筑等，是中国早期手工业生产规范化和系统化的缩影，其中记述一套比较完整的官府造车技术和规范，对车辆的关键部件车轮提出一系列技术要求和检验方法，说明当时管理制度设计缜密，并得到严格执行。

战国时期，随着国家控制资源的扩张与组织能力的拓展，官营手工业重要的生产领域技术水平均有大幅度提高，各国都邑和郡县都有专门的官府手工业管理机构，如府、库设有专门的工师负责组织和安排生产，其助手有丞或佐，下属是直接制造者，在三晋称为冶，秦、齐等国称为工，有些是平常匠人，有些则是低贱的下层劳役，如刑徒、官奴。不仅在生产环节有上下级间的垂直管理，产品初步完工后，还要在器物表面刻上各级责任人的名字，中央一级有相邦、丞相、工正、邦司寇，地方一级是郡守、县令、啬夫，具体负责工艺流程的工师，直接铸造的冶工等都名列其中，甚至以年代冠首，地点居中，所属府库等信息均必须详尽无遗。其作用类似今天的产品条形码，一扫即可通晓各项源头信息，可见产品质量责任制的严密程度，若物品在使用过程中发生质量问题，可以通过铭文所记的人员信息回溯倒查，追究责任。

细致的分工与严格的流程保证非常规范的生产工序，产品质量可追溯各级管理和生产部门，责任落实到具体人员，是社会经验与行业智慧在工艺创作上的直接体现，可以称为当时世界上非常完善的管理体制，是物质文明得以闪耀辉煌的重要原因。

第三节　诸子思想争鸣

东周社会多源的结构组成，决定了士人群体知识系统的多维度与发散性，原生官学使士人视野大多聚焦于治国理政，以现实为风向标，研究对象围绕天下、人间，这是共同的话题基础。随着社会变革的深入，士人的分化最先体现在思想上，各执己见，没有官方干预、先验命题和标准答案，切入的角度和开出的方案却是千差万别，从而造就了古代思想史上最为夺目的自由争鸣时期。

一　百家之学同源异流

由于私学风气的开放自由，各家各派理论不一，相互辩驳，并在此过程中取长补短，形成了"百家争鸣"的盛况，这既促进了学术思想的整体发展，又涌现出一批中国文化史上的大师，如老子、孔子、墨子、孟子、庄子、荀子，等等，他们的思想经过后学传播整理，结集成不同的诸子古书，代表了中国古代第一次思想文化发展的高峰。

诸子学派的差异与下面几个因素相关：知识士人身份的改变，王官学术传播的普及，原有职业传承的惯性，地域文化特点的融合。王官传承知识多墨守成规，哪怕不知道其中的真实内涵，只需照本宣科般地背诵记忆，不需要作任何的反省，缺乏质疑的精神，从而丧失了创新的动力。但士人不受俸禄、身份的制约束缚，可以在接受成说的同时激发思考，结合现实问题的考量引出不同以往的想法，思路发散，方法多元，角度开阔，春秋到战国时期的百家争鸣就此发端。相对于春秋时期，战国时期国家制度方面的约束日渐放松，不安定的外部环境给了更多人机会，底层平民更有可能通过发挥自身特长取得升迁，士阶层空前活跃，持续的思想碰撞激发出源源不断的新思想和观念，不同层次的学者都可以著书立说，因而诸子学的自由度和创造性是官学无法相比的。

司马谈的著作《论六家之要指》概括出春秋战国时六家显学，即阴阳、儒、墨、名、法、道德。20世纪70年代以来，地不爱宝，出土文献大量涌现，使今人得以看到秦火以前的古书原貌，古文旧典焕发新颜，诸子学说的流传脉络与影响范围更加显露，旧观念被打破，为当代古文字、古文献与思想史研究者提供了千载难逢的机遇。东周时期，政治经济日趋分裂，学术文化空前繁荣。百家只是形容派别众多，并非精确数量，其中主要的思想流派为儒家、道家、法家、墨家、名家、阴阳家。兵家、纵横家和农家不是专门的思想流派，小说家应归为文学家。今天哲学社会科学的发展方向，大多可在诸子讨论的内容中追溯到源头。

在社会秩序变动最激烈的时期，伴随而来的必定是新旧观念之间的纠缠与对抗，各个阶层出于维护自身利益的考虑，希望对国家制度与前景有合乎逻辑的评论及预判。诸子在阐述自己的社会管理主张时，如何解决现实问题成为最佳切入点，其实就是两千多年前的百家争鸣版"中国将往何处去"。

东周时期辩理论学的最高峰出现在齐国的官办学府稷下学宫中，

因为校址在齐国国都临淄的稷门附近而得名。2022年初，山东省文物考古研究院通过5年考古发掘研究，认定淄博市临淄区齐都镇小徐村西的齐故城小城西门外建筑基址群为稷下学宫遗址。

在150年的发展史中，稷下学宫群贤毕至，才士云集，期会辐辏，蔚为壮观，孟子、淳于髡、邹衍、田骈、慎到、环渊、荀况、申子、接予、季真、涓子、彭蒙、宋钘、尹文子、田巴、儿说、鲁仲连、公孙龙、驺奭等一大批顶级学者先后在此高谈阔论，聚议争鸣，辩驳问难，针锋相对，兼收并蓄，综合创新。

学者在稷下学宫论述探讨的内容很多，既有追根溯源的万物本体之辩、视野宏阔精妙的天人之辩、意境玄渺高深的名实之辩、充满理性自省的人性之辩，也有紧贴时势政治的王霸之辩、关注价值取向的义利之辩，稷下学宫的辩手口若悬河，舌战群士，留下了诸多传奇。《韩非子·外储说左上》："儿说，宋人，善辩者也，持'白马非马也'服齐稷下之辩者。"张守节《史记正义》引《鲁仲连子》说："齐辩士田巴，服狙丘，议稷下，毁五帝，罪三王，服五伯，离坚白，合同异，一日服千人。"

齐国临淄作为天下学术中心，学派林立，著述井喷，营造出自由思考、精神独立的学风氛围，成就了中国学术思想史上空前绝后的"百家争鸣"。

二 儒家的克己复礼与仁政思想

孔子作为儒家学派创始人，是春秋末期的思想家、教育家和政治家。先祖为宋国始封君微子启，六世祖孔父嘉得称孔氏，其子因宋国动乱投奔鲁国定居，家族繁衍，至叔梁纥晚年生孔丘。孔丘自小好学，求教于老聃、苌弘、师襄等，仰慕周公志业，立志恢复周礼。由于鲁国内乱，三桓擅权，孔子赴齐国求仕未果，于是返鲁开始潜心整理古代典籍，用作讲解微言大义的渊薮：《诗》抒发情感的志趣，《书》汇集政事的记载，《礼》引导行为的规范，《乐》调节中和的心境，《易》阐述阴阳的道理，《春秋》宣示名分的作用。孔子以上述整理的文献为教材，广泛收徒授业，使《诗》《书》《礼》《乐》《易》《春秋》成为儒家学习传诵的六经。

鲁定公九年（前501），孔子再次出仕，历任中都宰、大司寇，后来还摄行相事，由于"堕三都"、抑制三桓而被排挤。55岁时，孔子开始了周游列国14年的漂泊生活，求见

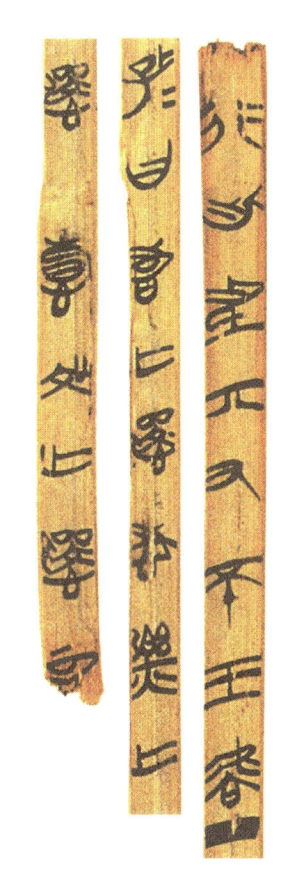

图4-8　上博简《孔子诗论》

君主，宣传主张，却因为不合时宜而屡屡碰壁。鲁哀公十一年（前484），季康子以币迎孔子归鲁。孔子归国后主要精力集中于教育和古籍整理，并删修鲁国史书《春秋》，"微言大义"寓褒贬于字句，自言"述而不作，信而好古"。

孔子一生思想学说的核心是"仁"，必要时可以舍生求仁。他曾解释"仁"就是"爱人"，在各种场合针对不同人对仁的发问，随机作答，拓展了仁的意指，深化了以人为本、仁者爱人的思想，在社

会伦理中奠定了人性的标准。由此倡导"德""礼"治国，反对苛政和刑杀，从而使仁与忠、信、孝、悌、知、义、勇等德行贯通，如"知者不惑，仁者不忧，勇者不惧"（《论语·子罕》）。他对子贡说："夫仁者，己欲立而立人，己欲达而达人。能近取譬，可谓仁之方也已。"（《论语·雍也》）孔子认为，仁就是能够以身作则，推己及人，这是在践行"仁"的理念时对个人品行的要求，故孔子立身讲究道德修养，提升自己的素质涵养，在具体行事中秉承中庸原则，认为过犹不及，希望做到不偏不倚，"己所不欲，勿施于人"。同时，他也清醒认识到"未见好德如好色者也"，感叹自己的主张与所处社会的格格不入。

"仁"作为孔子学说的核心，需要外化配以具体的行为准则"礼"。孔子推崇王道、礼制时代，主张恢复周代礼乐制度，发扬民本、德治的优良传统，反对苛政暴政以缓和社会矛盾。孔子强调加强自身修养进而通顺家庭关系、承担社会职责，乃至参与国家治理，这种理想被《大学》总结为"修身、齐家、治国、平天下"。

尧舜时代的"大同"，夏商周三代的"小康"，都是孔子希望通过"克己复礼"达到的治世。他尤其服膺周礼，赞叹"周监于二代，郁郁乎文哉！吾从周"，为维护周公所创等级有序的礼制而呼吁。由于时代不同，春秋时期尤其是孔子生活的年代，周礼已经式微，他只能通过阐释典章旧籍寄托心中理想，偶尔叹息"久矣，吾不复梦见周公"，以此发思古之幽情。

孔子"不语怪力乱神"，以敬鬼神而远之的态度主张理性思考，运用到解说远古神话传说上表现尤为明显，如夔一足和禹杀防风氏等神话，孔子将其改造成往圣先贤的传说，抹去故事的神话色彩。理性之上，孔子更注重人性的本分。

叶公语孔子曰："吾党有直躬者，其父攘羊，而子证之。"孔子曰："吾党之直者异于是：父为子隐，子为父隐，直在其中矣。"（《论语·子路》）

一般而言，知情者举报犯罪行为是正义的做法，是公共义务，但在面对至亲犯罪时互相隐瞒，则符合人情的自然选择，父子之间血缘亲情应该超越公共义务。顺应真实人性与选取亲情优先的行为，就是"直"的表现，丝毫没有悖于儒家思想之处。孔子非常重视人生"五伦"，因为这是人类社会赖以传承的五种基本关系：夫妇、父子、兄弟、朋友、君臣。其中以家庭为中心的占三种，对其他两种而言是更本质的伦理内核，家庭关系是所有个体在人际交往活动中的比照和引申。同时家庭作为社会网络的最小群体单位，儒家"修齐治平"也是以家庭作为根源性标尺，用以判别个体行事准则与处理社会任务的合理程度，这在逻辑上圆融自洽，谨守人类社会的正常心理界限。

孔子周游列国，广泛宣传自己的思想主张，使儒学影响日益扩大，追随学习者达到"弟子三千，贤人七十二"。孔子认为"性相近，习相远"，意即人需要后天学习。孔子开创私学，提出"有教无类""因材施教""学思结合"等著名教育观念，被后世尊为"万世师表"。

孔子逝世以后，弟子继续传播他的学说，崇尚等级制度，主张"礼、乐、仁、义"，重视伦常关系，鼓吹三纲五常，提倡"忠恕""中庸"之道，希望国君推行"德治""仁政"。遵循孔子学说的儒家在《汉书·艺文志》中被精确概括为："儒家者流……游文于六经之中，留意于仁义之际，祖述尧舜，宪章文武，宗师仲尼。"儒学一派声势浩大，战国时号称"显学"，并根据对孔子言论和思想的不同理解，形成八个不同的派别。《韩非子·显学》："自孔子之死也，有子张之儒，有子思之儒，有颜氏之儒，有孟氏之儒，有漆雕氏之儒，有仲良氏之儒，有孙氏之儒，有乐正氏之儒。"儒家十分重视教育，孔子"设教于洙泗之间"，聚徒讲学，其他高第开始游学授徒，如子夏居西河，弟子三百，声势浩大。其后文脉相承，绵延不绝，后学中影响最大的当属孟子。

孟子（前372—前289），名轲，字子舆（一说子车），鲁国贵族孟孙氏后裔，战国中期祖上迁居邹，追随子思学派接受了纯正的儒家教育。孟子曾游说齐、宋、鲁、滕、魏等国，以推行仁政主张，但最终都没有结果。孟子继承孔子的儒家思想，并做了系统的总结和发挥。孟子由于生活的时代和孔子时代不同，其他学派的思想正在传播，他在坚守儒家基本主张的同时，必须与各家学说激烈论战，培养了凌厉的语言风格和辩才。孟子从儒家的德政思想引申出"仁政"主张，强调民本思想，以"民贵君轻"的卓越见识，奠定了在人类文明思想史上的独特地位。

所有文明都是社会全体共同努力和创造的结果，先秦时期民众只是处在底层的低微个体，地位卑下，承担的义务远远大于享受的权利，故"野人献土，重耳黬然"（《左传》僖公二十三年），这在先秦诸子学说中体现得尤为明显。与此同时，统治者和思想家也意识到民众聚沙成塔的巨大力量，对维护政权统治和国家稳定起到重要作用，由此孕育出民本思想。东周时期孔子、墨子等诸子更是将爱民理论发扬光大，其中的佼佼者便是孟子。

儒家非常注重民生，希望统治者有君子的品行，做"民之父母"。《礼记·大学》有云："民之所好，好之；民之所恶，恶之，此之谓民之父母"，将伦理道德延伸至政治领域，呼吁理想的统治者出现，将身份等级关系比拟成父母与子女，这对饱受统治者剥削的百姓而言有着巨大吸引力，对统治者来说也有利于安抚臣民情绪，维护社会稳定和平衡，达到上佳的治理效果，儒家思想因此备受推崇。

孟子"仁政"冀望于君主能够推己及人，用禹、稷等明君想到天下民众溺水、挨饿就如同自己处在同样逆境中来举例，呼吁统治者能够切身感受民众的难处，体谅他们的疾苦，从人性的层面产生共情。同样的道理，如果君主没有恤民之心，必将被下民唾弃。《孟子·离娄下》提道，"君之视臣如手足，则臣视君如腹心；君之视臣如犬马，则臣视君如国人，君之视臣如土芥，则臣视君如寇雠"，孟子用一种对等的态度和原则看待君主和臣民的关系，由此自然地推导出他对残虐暴君的看法。齐宣王在提及商汤、周武王取代夏桀、殷纣的历史时发问："臣弑其君，可乎？"（《孟子·梁惠王下》）显然针对儒家反对僭越叛乱的原则，对其中的逻辑矛盾挑刺。《孟子·梁惠王下》指出："贼仁者谓之贼，贼义者谓之残，残贼之人，谓之一夫。闻诛一夫纣矣，未闻弑君也。"因此，汤、武取代桀、纣是顺应天意符合民心的正义革命，与儒家坚决谴责的犯上作乱有本质差别。厘清了这个逻辑，就很容易理解孟子为何能石破天惊地说出"民为贵，社稷次之，君为轻"。因为在国君、社稷、民众三者组成的社会方程式中，只有民众是不变量，国君和社稷都是可更换的元素。再深思细论，在君位轮番争夺的政治斗争中，国君的变数最大，而只要君位的血统未变，社稷自然能保持相对稳定。《孟子·梁惠王下》记载了孟子对政权与民心关系的认识，以民心向背作为判别依据，君位的重要性就更加等而下之了。所以，国家的所有构成条件和竞争优势中，民众最为重要。

在价值观的天平上，孟子没有盲从强者逻辑，而是选择站在弱者一边，对前者保持清醒的批判精神。孟子虽是儒家思想的坚定支持者和传播者，但他的伟大之处在于没有固守孔子思想，而是根据现实需要进行变通完善，特别对于民生疾苦倾注了非比寻常的关注，形成独有的仁政爱民思想，成为同时代思想家中的翘楚。

孟子持"性本善"观点，认为人性之所以变恶是后天环境造成的，因而更强调个人具备"仁义礼智"四端的重要性，倡导修养君子气节和浩然之气。文明举止是人类特有的意识与活动，从而能够培养与动物世界判然有别的教化特点，这决定了文明的核心在于以人为本。孟子将人作为文明载体的社会本质与动物本能做了清晰界定，使人性讨论的重心落在社会属性而非自然属性，在诸子的争鸣中独树一帜，堪为时代先声。社会不断趋向文明的进程，就是人类注重自我意识，不断摆脱野蛮，更加关注民生、注重民心、奠定民本的过程。

战国末期的大儒荀子（前313—前238）对法家的理论构建有重要影响。他三次出任齐国稷下学宫的祭酒，后为楚兰陵令，曾经到达过秦国，因而对诸子思想较为了解，能够借鉴其他学派的优点，如吸收法家学派的"法治"观念来改进儒家"礼制"。战国以来法家思想推动社会变革，以法而治的潮流不可逆转。荀子顺势而主张"法后王"，实行"王霸兼用""礼法并治"。他认同法家人性本恶的观点，提出先用礼仪教化人，最终用刑法约束人。《荀子·天论》指出："天行有常，不为尧存，不为桀亡。……日月之有蚀，风雨之不时，怪星之党见，是无世而不常有之。"是对天体运行自有客观规律的肯定和对天人相分思想的阐述。《荀子·天论》"明于天人之分""制天命而用之"及《荀子·王制》"人有气、有生、有知，亦且有义，故最为天下贵也"的观点，成为时人发挥主观能动性、将自然界的客观条件为己所用思想的典型代表。

三　墨家的自律与格物实验

墨家是战国时期重要的学派之一，创始人是春秋晚期的墨翟。墨翟虽为宋国贵族后裔，但已沦落至社会底层，主要思想都体现在墨家后学整理的著述《墨子》中，阐释了兼爱、非攻、尚贤、尚同、节用、节葬、非乐、非命、天志、明鬼十大主张，被视为平民阶级代言人。

墨家以"兼相爱，交相利"作为学说基础，否定以社会等级作为衡量人际关系的唯一标准，抨击世卿世禄的贵族垄断政治，因而政治上主张尚贤、尚同、非攻，坚决抵制非正义的战争；经济上主张强本节用，反对儒家礼乐思想，提倡"节葬""节用"。宋国是商朝后代的封国，保留了大量殷商文化，墨子继承商人"天命观"，认为天的意志不可抗拒，世人必须遵从，同时认为鬼神是绝对存在的，要"尊天事鬼"。不过他所持的天命观只是为了宣传兼爱、非攻等思想，因而也有"非命"的主张，强调自食其力。

墨家领袖称"巨（钜）子"，成员多来自社会下层，相传皆能赴火蹈刀，以自苦励志。墨家具有严密的组织和严明的纪律，巨子更要以身作则，严格遵循墨家规矩行事。《吕氏春秋·去私》记载，墨者巨子腹䵣居秦，其子杀人。秦惠文王怜其年老独子，准备予以赦免。腹䵣却说："墨者之法曰：杀人者死，伤人者刑。此所以禁杀伤人也。大王虽有好意，我不可不行墨者之法。"最终其子被处死，可见墨家对于自律要求得一丝不苟。

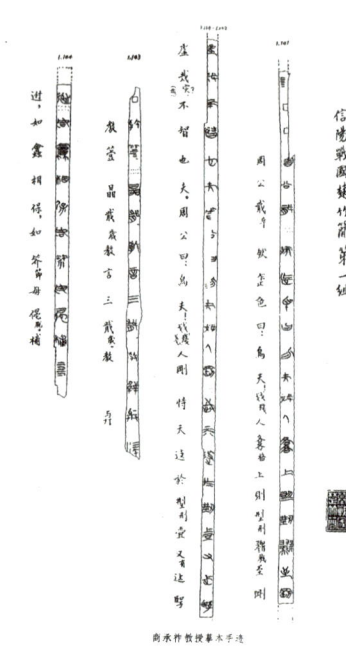

图4-9 长台关楚简《墨子》

正因为墨家平民意识突出，在对待社会问题的立场中有与众家不同的理论基础。《墨子·尚同中》将是否得到民众拥护作为君位合法性的来源之一，认为富贵、贫寡超出界限的不合理对立是安危治乱的根源，爱天下百姓是顺应天理的做法。

墨子强调实践和经验的重要性，意识到观察对象的客观性和可认知性，提出人获得知识的三条基本途径：闻知、说知、亲知。他特别重视亲知，反对儒家"述而不作"，主张既述且作，注重技术创新和教学传承，突破了原有的官学内容体系，具备了基本的科学理念和思想。《墨经·经下》记载了历史上最早的小孔成像实验，指出小孔成像是倒像，光经过小孔具有直进的性质，进而分析了凹面镜、凸面镜和平面镜的成像条件。对于影子如何形成的问题，指出物体在两个光源同时照射下可能形成一深一浅两种阴影，浅影分别在深影两边，这是对本影与半影最早的实验性描述。此外，在阴影的性质方面也有正确解释，认为当物体移动或运动时，阴影并不随之移动或运动，而是旧影不断消失，新影不断产生的连续过程。

光学之外，《墨经·经下》还记载了许多力学实验，讨论了杠杆平衡问题，提出杠杆平衡所需的各种条件，除没有应用数学公式外，墨子的思路涵盖了阿基米德杠杆原理的全部内容。通过观察物体在水中的沉浮状态，最早对浮体规律做出初步探讨。《墨子·备城门》记载了利用杠杆原理的取水机械——颉皋（桔槔）。

墨子对自然界的认识已超越表象，力图探讨自然界运动、变化规律，并创立了一套科学的思想体系。墨子用"端"表示组成物质不可再分割的最小微粒，即构成物质的最小单位，同时隐含无穷小分割思想。他认为自然界是统一的整体（"兼"），个体或局部（"体"）都从统一的整体中分出，都是整体中的一个组成部分。从这一连续的宇宙观出发，建立了有关时空的理论：时（"久"）、空（"宇"）包含着有穷，连续中包含着不连续。时空之外，墨子对物性也有客观的认识，指出了已知物质的属性是物质客体的客观反映，并从哲学层面进行分析。《墨经·经上》将力定义为物体运动状态改变的原因，认为力和重是相当的；提出运动与静止的辩证关系，将运动分为"无久之不止"和"有久之不止"两种情形。《墨经·经下》讨论度量衡时提出一条基本的度量原则：异类不能相比，标准件一经确认，就要作为规范使用。

墨家后学从事谈辩者，称"墨辩"，信守名、辞、说三种基本思维形式和由故、理、类三物构成的逻辑推理，紬绎出一套独有的概念术语，奠定了古代逻辑学的基本理论框架。"墨辩"与从事武侠者的"墨侠"及善于守城的"墨守"成为后期墨家最重要的三个支派。

四　道家的无为而治

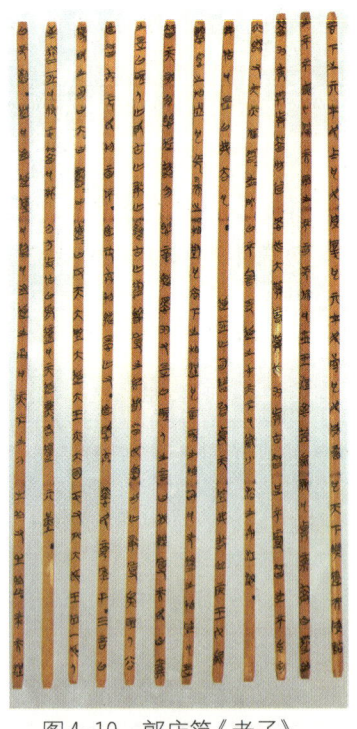

图4-10　郭店简《老子》

道家是战国时期重要学派之一，代表人物首推春秋晚期的老子（或名李耳，又叫老聃）。老子大约和孔子同时而略年长，孔子曾多次请教老子。老子曾任"周守藏室之史"，即周王室的"档案和图书管理员"，因而十分博学。老子对"道"进行哲学意义上的探讨，认为"道"是世界万物的本原及规则，可据以阐释宇宙万物的本质、本原、构成和变化。提出道法自然，清静无为，守雌处柔，向往"小国寡民""无为而治"。老子所著《道德经》中充满了辩证法的哲学思维，认为万物都有阴阳两方面属性，表现为大小、长短、高低、福祸、得失、生死，等等，而阴阳两方面可以相互转化，因此一切应当顺应自然，因此道家又称"道德家"。老子以后，道家内部分化为庄子、杨朱、宋尹和黄老等不同分支。近三十年来传世本《老子》之外，出土文献中郭店楚墓竹简、马王堆汉墓帛书和北大藏汉简都收有《老子》，为探讨老子思想及流传脉络提供了可相互对证的早期版本。

庄子是战国中期宋国人，曾做过宋国地方的漆园吏。楚威王听说庄子贤能，便让使者带重金请庄子出任楚国宰相。庄子婉拒楚国使臣：千金和卿相都是令人羡慕的厚礼尊位，但好比为祭祀天地而养的牛，就算披着带有花纹的绸缎，最后还是要进太庙去当祭品，到那时即使它想做一只小猪也不能够了。您赶快离去，不要拖累了我。我宁可在泥沟里自由地嬉戏，也不愿被国君所束缚。

作为战国思想家和文学家的庄子对后世影响深远，却生平无据，默默无闻，家世渊源、师承关系、生卒年月等更是晦暗难明。除了荀子在《解蔽》中有"庄子蔽于天而不知人"的一句批评外，其他评论无从探索，甚至同时期的孟子对他也只字未提。后人只能通过《史记·老子韩非列传》仅有的二百多字记载及后学弟子收录整理的《庄子》一书窥见庄子思想的大概。《庄子·齐物论》阐述了生成万物的气，经历了若干不同的演化形态和与之相应的不同时段的思想；《逍遥游》《庚桑楚》等篇中包含宇宙无限思想；《庄子·天运》认为天体的运行是无法停止的。因此，庄子思想游离于天人之际，超然心外，物我两忘，淡观生死，道法自然，是一种纯粹而理想的人生境界。庄子继承发扬了老子思想，但更加重视精神自由，认为从道的角度看，世界万物并无任何差别，生死名利都可以无视，完全回归天性，故而崇尚个体价值，拒绝楚威王之聘，厌倦出仕。

庄子的人生态度集中体现在濠梁之上与惠子关于鱼之乐的论辩，两人的辩才都犀利无比，语言技巧互有短长，其中凸显的是认知层面上主观与客观的碰撞，感性与理性的对冲，严谨逻辑与文艺精神的差异，以及思维打破常规的韵律，内里隐含的思想底色是自由的人生观。

惠施是名家学派代表人物，博学善辩，主张"合同异"，提出"历物十事"，对先秦逻辑思想的发展有较大影响。他的"天地一体""天与地卑，山与泽平"等观点是对天圆地方说的否定，"至大无外"是关于宇宙无限空间的简明论述。另一位名家代表人物公孙龙以善辩著称，主张"离坚白"，着重分析概念的内涵和外延，对古代逻辑思想的发展有较大影响，后学编有《公孙龙子》传世。《庄子·天下》记录了公孙龙的名言"一尺之棰，日取其半，万世不竭"，是物质无限可分论思想的较早记载。

田氏代齐后，将老子的道家学派作为官方学说，并在齐国设立稷下学宫，吸引诸子各家在此讲学，鼓励自由讨论争鸣，客观上促成了不同学说相互借鉴融合的新局面。原来主张自然而然的道家学派开始吸收法家的法治和权术理论，形成了一个有巨大影响力的黄老学派，托名黄帝和老子留下的理论，故以黄老并称。

《管子》一书是稷下学宫的学者托名管仲而成，是齐国治国经验的总结。该书以黄老学派的思想为主，包含儒家的仁义礼智和法家的法治思想，凝结了东周以来治国之术的理论精华。管子在某些方面还

第四章　百家争鸣（春秋战国）

继承了老子的宇宙观。《管子·宙合》提道："天地，万物之橐，宙合又橐天地"，初步提出空间和时间相互关联而又有边界的概念。

五　法家的冷峻与严明的律令

法家是战国时期的重要学派之一，因主张以法治国，"不别亲疏，不殊贵贱，一断于法"，故称为法家。春秋时期，管仲、子产即是法家先驱。战国时期，李悝、商鞅、申不害、慎到等开创了法家学派。法家与儒家也有联系，孔子的学生子夏到魏国西河讲学，弟子三百多人，李悝、吴起、魏文侯等都是他的学生，商鞅又是李悝的学生。

图4-11　睡虎地秦简《秦律十八种》

在社会转型与变革时期，各种人员旧有的阶级、身份、尊位等固定性结构被打破，不同群体的利益和诉求相应出现显著分化，礼与刑的分离已经不适应天下与国家日益多元复杂的发展需要，面对日新月异且迫在眉睫的现实问题，形形色色的思想派别产生了各式各样的应对方案，法家的代表人物也逐渐形成一系列理论。[①] 前536年，郑国执政子产率先以铜鼎铭文的形式公布刑罚条文，作为国家常法，这是中国历史上第一次公布的成文

---

① 马南：《先秦法家法律学说通论》，《郑州大学学报》1988年第3期。

法。随后晋国采取了铸刑鼎的方式公布法文，其他国家相继有了成文法，从而在一定意义上破除了法的神秘与垄断，赋予法文客观性、规范性和公开性，各个阶层开始具有以法文作为行为准则的意识，《礼记·曲礼》"礼不下庶人，刑不上大夫"的原则被动摇，促进了治理思想与社会关系的转型。同时，郑国大夫邓析利用"刑书"漏洞，讨论各种异常的情况，对法文用语进行剖析，民众认为其明察秋毫、雄辩有理，但给贵族权威带来了负面影响，故大夫驷歂用邓析所造的"竹刑"将他杀害。毫无疑问，子产、邓析的做法切合社会转型的需要，为法家思想和理论的发轫，对推动历史进步有积极作用。至战国末期，师从荀子的韩非综合商鞅的"法"、慎到的"势"和申不害的"术"，集法家思想学说之大成。法家与战国变法运动的兴起息息相关，法家思想家大多是改革的实践者和理论专家，借助君主权威，颁行严酷刑法，抗衡来自传统势力的巨大阻力，因而在政治上重视君主统治谋略，主张废分封、置郡县。法家不厚古而重今，思想切合现实需要，经济上主张废井田，重农抑商，奖励耕战。在思想和教育方面，法家主张一切以法令为断，以律条为教，以官吏为师，主张禁断其他诸家学说，为建立君主专制的大一统王朝提供了理论根据和行动方略。

六 兵家的死生之道

春秋战国时期名将如云，经典战例数不胜数，但能够从理论上总结兵学思想的军事家却并不多。齐国可谓兵家的培养园地，具有悠久的兵学传统，涌现出司马穰苴、孙武、孙膑等军事家，留下传世兵学著作《司马法》《孙子兵法》《孙膑兵法》。如果探寻渊源，可以上溯至西周著名军事家太公吕望（古书或称师尚父，后人习惯称姜子牙）及托名专著《太公兵法》。孙武作为卓越的军事代表，其见诸史籍的军事实践是助吴王阖闾攻破楚国都城，所著《兵法》是中国古代最杰出的军事学著作。

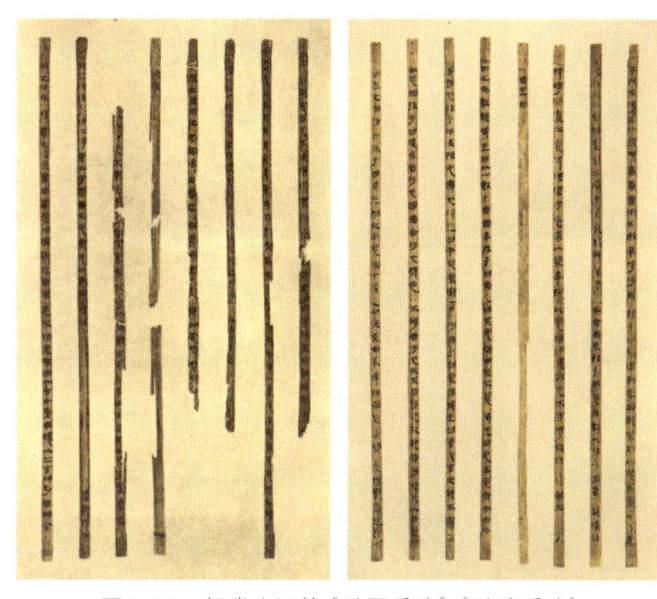

图4-12　银雀山汉简《孙子兵法》《孙膑兵法》

《孙子兵法》是中国现存最早的兵书，也是世界上最早的军事著作，现存约6000字，凡十三篇，全面系统地阐述和总结兵学的具体原则和宏观理论，体现了博大精深的军事学思想。书中开宗明义指出"兵者，国之大事，死生之地，存亡之道，不可不察也"，告诫"忘战必危"，总结"知彼知己，百战不殆"的原则，注重了解情况，全面分析敌我、众寡、强弱、虚实、攻守、进退等矛盾双方，并通过对战争客观规律的认识和掌握以克敌制胜。孙武所著虽是兵争军事之法，却追求不战而屈人之兵；历数百战百胜之道，而首选立足于不败之地。认为"兵无常势，水无常形，能因敌变化而取胜者，谓之神"，强调战略战术上的"奇正相生"和灵活运用。故晚清著名思想家魏源指出:"故夫经之《易》也,子之《老》也,兵家之《孙》也,其道皆冒万有,其心皆照宇宙,其术皆合天人,综常变者也。"(《魏源全集·孙子集注序》)揭示了《孙子兵法》在形而上层面的哲学意义。

七　阴阳家、杂家与纵横家

阴阳家是战国时期重要学派之一,因提倡阴阳五行学说,并用它解释社会人事而得名。这一学派当源于上古时代执掌天文历数的专业官员,代表人物为战国时齐人邹衍。阴阳学说认为,阴阳是事物本身具有的正反两种对立和转化的力量,可用以说明事物发展变化规律。五行学说认为万物皆由木、火、土、金、水五种元素组成,其间有相生和相胜两大定律,可用以说明宇宙万物的起源和变化。到战国时期,当道家黄老思想在齐国成为官方思想之后,齐国的方术之士就将阴阳观念和五行学说结合,形成了比较原始的"阴阳五行"说。为迎合统治者加强对民众思想控制的需求,一些术士以充满神秘观念的阴阳学说来游说君主。邹衍提出"天人感应"思想,认为政权的建立是天的意志,并将五行学说推广到政治领域,把五行属性释为"五德",构建"五德终始说"来解释历代王朝兴替规律,为新兴的大一统国家提供理论根据。据说邹衍的著作《邹子》和《邹子终始》有十余万言,但早已佚失,现只能从《吕氏春秋》《史记》的相关记载中窥见其思想。

杂家是战国末期的综合学派,因"兼儒墨、合名法"(《汉书·艺文志》)"于百家之道无不贯综"(《汉书·艺文志》颜师古注)而得名,代表性著作是秦相吕不韦召集门客编纂的《吕氏春秋》,该书成书于秦始皇统一中国前夕，以儒、道二家学说为主干和基础，兼收名、法、墨、农、兵、阴阳各家思想学说为素材，熔诸子精华汇为一炉。

纵横家以游说闻名，在政治上崇尚谋略，强调审时度势，主张举贤任能。在诸侯间纵论天下大事，左右逢源，说辞大都收录于《战国策》，湖南长沙马王堆汉墓出土帛书《战国纵横家书》也是同样特点的文章，通过鲜明生动的人物形象、辩丽横肆的语言艺术，展现纵横捭阖的时代特征。纵横思想的发展，反映了"士"阶层的崛起。《战国策·齐策四》载齐国隐士颜斶与齐宣王辩论"王与士谁更高贵"，体现出个体在思想自由、品行独立、人格平等上的坚守，代表了东周士人在个体自信上的文明之光。随后，颜斶从历史变迁的角度，以尧、舜、禹、汤、周文王等为例，论证"得士则兴，失士则亡"的道理，阐明"得士"与"失士"的不同结果，并引用《易经》《老子》中富有哲理的格言，深入浅出地解释"明乎士之贵"的重要性。

春秋战国是变革转型、个体觉醒的时代，原始思维转变为理性的道德观念，无论是道家、儒家，还是墨家、法家，都以人为目标重新思考，关注点始终聚焦于现实生活，探索社会治理方案，寻求各种问题的解决之道。"天下同归而殊途，一致而百虑"，尽管各家学说、理念不尽一致，甚至南辕北辙，预设目标也大多未能实现，但诸子对理想抱负的矢志不渝，实现思想文化交流、借鉴与贯通，为统一的国家与民族奠定了刚柔并济的性格特点和天下归心的共同价值，汇集融合成以儒家文化为内核、传布"大道之行，天下为公"的理想主义、具有高度创新力和超强包容性的中华文明。通过对外交流吸收兼容各种不同的新鲜元素,中华文明能够不断适应内外形势和条件的变化,避免像世界同期文明新亚述帝国(前935—前612)、新巴比伦文明(前625—前539)、波斯文明(前550—前330)和亚历山大帝国(前336—前323)那样,随着王朝崩溃而消亡,最终中华文明以连绵不绝的历史和博大精深的内涵塑造国人,影响世界。

与先秦诸子同时,一大批同样思想深刻、影响深远的哲人活跃在世界其他古文明地区。从西到东,如地中海沿岸以古希腊苏格拉底和柏拉图为代表的哲学家、中东以古犹太国缔造圣经文本的赛亚为代表的学者、古波斯以琐罗亚斯德为代表的先知、南亚以古印度释迦牟尼为代表的佛陀,不约而同地留下了传诵至今的经典,代表着人类整体认知发展高峰的同一波浪尖潮头水平线。先秦诸子从人的自我觉醒出发,摆脱原始思维束缚,超越时空和地域限制,用理性之光、悟性之明、德性之善进行关乎人类命运的终极思考,以寻求社会共同遵循的伦理规范,表达具有启蒙意义的人文关怀,其思想遗产为人类文明思想范式奠定了基础,东西辉映,各美其美。

本章参考文献

童书业:《春秋史》,中华书局2006年版。

杨宽:《战国史》,上海人民出版社1997年版。

艾素珍:《中国科学技术史·年表卷》,科学出版社2006年版。

白奚:《稷下学研究:中国古代的思想自由与百家争鸣》,生活·读书·新知三联书店1998年版。

晁福林:《春秋战国的社会变迁》,商务印书馆2011年版。

晁福林:《天命与彝伦:先秦社会思想探研》,北京师范大学出版社2012

年版。

陈鼓应：《老子注译及评介》，中华书局1983年版。

陈鼓应：《庄子注译及评介》，中华书局1991年版。

戴念祖：《中国科学技术史·物理卷》，科学出版社2001年版。

董恺忱：《中国科学技术史·农业卷》，科学出版社2000年版。

冯友兰：《中国哲学简史》，北京大学出版社1985年版。

郭人民：《战国策校注系年》，中州古籍出版社1988年版。

韩汝玢、柯俊：《中国科学技术史·矿冶卷》，科学出版社2007年版。

黄开国：《诸子百家兴起的前奏：春秋时期的思想文化》，巴蜀书社2004年版。

金秋鹏：《中国科学技术史·图录卷》，科学出版社2008年版。

考古杂志社编：《新世纪中国考古新发现（2001—2010）》，中国社会科学出版社2013年版。

李零：《孙子译注》，中华书局2009年版。

李学勤：《东周与秦代文明》，上海人民出版社2007年版。

刘庆柱主编：《中国考古发现与研究（1949—2009）》，人民出版社2010年版。

楼宇烈：《荀子新注》，中华书局2018年版。

吕文郁：《春秋战国文化史》，东方出版中心2007年版。

罗根泽：《诸子考索》，人民出版社1958年版。

吴毓江：《墨子校注》，西南师范大学出版社1992年版。

席泽宗：《中国科学技术史·科学思想卷》，科学出版社2001年版。

杨伯峻：《论语译注》，中华书局2009年版。

杨伯峻：《孟子译注》，中华书局1960年版。

杨文衡：《中国科学技术史·地学卷》，科学出版社2002年版。

张岂之：《中国思想学说史·先秦卷》，广西师范大学出版社2008年版。

张双棣：《吕氏春秋译注》，北京大学出版社2011年版。

赵守正：《管子注译》，广西人民出版社1987年版。

中国社会科学院考古研究所：《新中国的考古发现和研究》，文物出版社

1984年版。

周魁一：《中国科学技术史·水利卷》，科学出版社2002年版。

陈建立：《中国古代冶金研究——对"生业与社会"冶金考古专题的总结和思考》，《南方文物》2022年第3期。

陈坤龙、梅建军、潜伟：《丝绸之路与早期铜铁技术的交流》，《西域研究》2018年第2期。

郭震旦：《道技合一：墨子科技思想论略》，《东岳论丛》2010年第2期。

蒋朗蟾：《曾侯乙墓古乐器研究》，《黄钟：武汉音乐学院学报》1988年第3期。

蒋无间：《曾侯乙墓出土古笙音位排列复原研究》，《黄钟：武汉音乐学院学报》1998年第3期。

李鄂荣：《〈山海经〉中的地质矿产知识》，《中国地质》1986年第2期。

李学勤：《河洛的历史地位与河洛文化的性质》，《寻根》1994年第1期。

马南：《先秦法家法律学说通论》，《郑州大学学报》1988年第3期。

邵勤：《析"民本"——对先秦至西汉"民本"思想的考察》，《历史研究》1985年第6期。

孙开泰：《先秦道家思想的发展》，《历史教学》1982年第9期。

唐翼明、冯天瑜、赵林、陈浩武：《轴心时代中西文化比较——文化名家四手联谈》，《人文论丛》2019年第2辑。

吴业恒：《河南伊川徐阳东周墓地西区2013—2015年发掘》，《考古学报》2020年第4期。

吴业恒等：《河南伊川徐阳墓地东区2015～2016年发掘简报》，《华夏考古》2020年第3期。

赵晓林：《稷下学宫遗址位置确定》，《济南日报》2022年2月26日。

赵玉瑾：《邹衍及其学说简论》，《齐鲁学刊》1985年第1期。

本章图片来源

图4-1　湖北省博物馆，https://www.hbww.org.cn/zgzb/index.html，

2023年12月14日。

图4-2 中国历史研究院主编:《十件文物里的中国故事》,中国社会科学出版社2022年版,第105页。

图4-3 都江堰市人民政府网站,http://www.djy.gov.cn/dyjgb_rmzfwz/c129464/2023-08/14/content_dc946c4a98444e449dbcc50645d38dce.shtml,2023年12月14日。

图4-4 山西省考古研究所:《侯马陶范艺术》,普林斯顿大学出版社1996年版,第100页。

图4-5 现藏河南博物院。

图4-6 湖北省文物考古研究所:《江陵望山沙冢楚墓》,文物出版社1996年版,彩版一。

图4-7 河北省文物研究所:《厝墓——战国中山国国王之墓》,文物出版社1996年版,彩版一六。

图4-8 马承源主编:《上海博物馆藏战国楚竹书(一)》,上海古籍出版社2001年版,第13页。

图4-9 商承祚:《战国楚竹简汇编》,齐鲁书社1995年版,第4页。

图4-10 荆门市博物馆编:《郭店楚墓竹简》,文物出版社1998年版,彩插第1页。

图4-11 睡虎地秦墓竹简整理小组:《睡虎地秦墓竹简》,文物出版社1990年版,第17页。

图4-12 银雀山汉墓竹简整理小组:《银雀山汉墓竹简》,文物出版社1985年版,彩版。

第五章

六合同风

（秦汉）

第五章　六合同风（秦汉）

章首语

　　秦汉是中华文明至关重要的开创与变革时期。公元前221年，秦始皇攻灭六国，开启中国历史上统一多民族中央集权国家的恢宏序幕。秦王嬴政统一中国后，建皇帝之号，自称"始皇帝"，创建由中央官制和地方官制组成的复杂官僚体系，在全国范围内推广郡县制。统一文字、货币、度量衡，"书同文、车同轨"，修筑直道、驰道以及分支道路将王朝全境联系起来。西汉王朝承袭秦制，早期曾短暂用郡国并行制代替郡县制。汉武帝统治时，为巩固"大一统"进行了政治、经济、文化、思想诸方面的创新与变革，通过颁布"推恩令""左官律"和"附益法"，彻底解决诸侯王国问题，使中央集权得到巩固；完善文官制度和官僚体系，实行察举制度选任官员；建立稳定的货币制度，改革货币政策，取消郡国铸币权，行五铢钱；实行盐铁官营、均输平准法等新财经政策，实现国家经济的持续发展；采纳董仲舒建议，确立儒家文化在中华文明中的主导地位；北征匈奴，通使西域，人类文明交通进入新纪元。秦汉在制度、思想、文化、对外交流等领域不断改革，其政治制度和思想体系为后世取法借鉴，经过

4个世纪的创新积淀，新的"中国人"共同身份认同逐渐产生。"六合同风，四海一家"的大一统传统成为中华文明持续发展的坚实基础，中华文明突出的"统一性"正式奠基。

第一节　大一统中央集权的初步确立

秦统一结束了春秋战国五百余年的分裂局面，为巩固统一成果，秦代和继之而起的汉代均采取一系列措施。这些制度实践，不仅初步奠定古代中国版图并使之渐趋稳固，更使得"大一统"观念深入人心，"统一"成为中国历史的主旋律。秦汉之后的中国政治形态，虽有动荡分裂，但不过是统一主旋律中的小插曲；秦汉之后的中华文明，虽在平面上仍显多样性，但也是统一背景下的多样性。大一统成为中国历史发展的主流，在中华文明发展史上具有重要的积极意义。在"大一统"的历史坐标下，秦汉时期的许多制度都具有开创性。例如，以三公九卿制取代此前的世卿世禄制，奠定了后代官僚制度的基石；以郡县制取代分封制，为后世所效法；缜密完备的法律条文，多成为后世法典的渊薮，开创之功不言而喻。

一　皇帝与中央、地方官制的创设理念

"君权神授"的"皇帝"名号　"皇帝"是秦代首创，并被其后历朝历代所继承。先秦时期的最高统治者称"王"，据《史记·秦始皇本纪》记载，早在秦国刚完成统一之时，当时的秦王政认为"六王咸伏其辜，天下大定"，如果自己"名号不更，无以称成功，传后世"，因此命令百官"议帝号"，即讨论新的君主名号。以丞相王绾、御史大夫冯劫、廷尉李斯等为首的大臣经过商议，提出"古有天皇，

有地皇，有泰皇，泰皇最贵"，认为"泰皇"这个称号合适。秦王政并不满意，他最后裁定从上古传说的"三皇""五帝"中各取一字，合为"皇帝"。同时，秦王政下令取消过去"子议父、臣议君"对君主功过进行褒贬的谥法，规定自己去世后皇位"以计数，二世三世至于万世，传之无穷"，自称"始皇帝"。

"皇帝"称号的确立，不仅是最高统治者名号的变更，这里面也反映着新的国家统治观念。"皇"即"大"，上古传说中对祖先和神明称"皇"，"帝"则是对最高天神的称呼，如《诗经·商颂·长发》"帝命不违，至于汤齐"，《尚书·洪范》"帝乃震怒，不畀洪范九畴"，均指最高天神"上帝"。秦始皇否定"泰皇"这一人皇称号，而将"皇""帝"结合，体现在人间最高统治者权威的基础上，将君权神化，"君权神授"成为加强中央集权的重要手段。

为凸显"皇帝"的神圣地位，除重新制定隆重的朝仪外，还定立许多皇帝专用称呼，如皇帝自称"朕"，命令专称"制""诏"，印章专称"玺"。这些称号在战国时原不限百姓使用，但从此皆为皇帝专用，以表示皇帝至高无上、与众不同的地位。文书中提到皇帝时必须换行顶格书写。西汉海昏侯刘贺墓出土奏牍和《海昏侯国除诏书》中，提及皇帝、太皇太后以及皇帝命令专称"制"等，都是顶格书写。对皇帝名字也要避

图5-1 《海昏侯国除诏书》

讳，如秦始皇名政，秦代即避讳"政"及其同音字，"正月"被改称作"端月"。

虽然秦代国祚短促，但是"皇帝"名号连同上述制度大部为汉代继承，仅谥法被恢复。此后历代王朝虽然均会对皇帝制度有所损益，但秦始皇制定的基本框架和主体精神却一直被沿用两千余年。

中央集权的官制设计 在建立皇帝制度的同时，作为大一统国家治理机器的官僚机构也得到系统完善。中央为"三公九卿"，丞相、太尉、御史大夫是辅佐皇帝治理天下最重要的三位大臣，合称为"三公"。丞相是最高行政长官，被视为百官之首，军国大事总汇于丞相，由皇帝最终裁决。太尉执掌军事，实际上秦代未委派任何人担任。御史大夫为副丞相，协理国政，主管图籍文书并负责监察百官。

"三公"以下分设诸"卿"执掌具体政务，俗称"九卿"。以"九"为名，形容"卿"数较多，并非仅有九名。如奉常负责宗庙礼

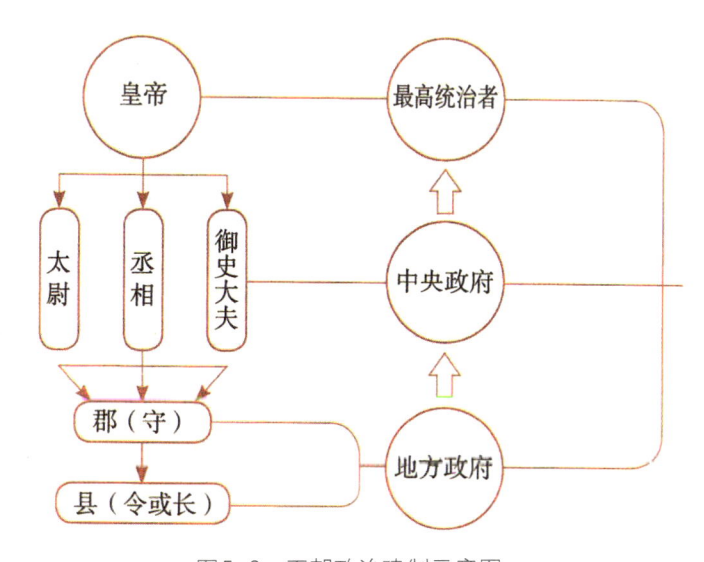

图5-2 王朝政治建制示意图

仪，宗正负责宗室事务，典客负责礼宾，典属国负责边疆和藩属，太仆负责舆马，郎中令负责宫廷宿卫，中尉负责京畿警卫，廷尉负责司法，治粟内史负责政府财政，少府负责皇室财产经营，将作少府负责工程营建等。此外，在皇帝身边还设有一批"掌通古今"以备顾问的"博士"，参与谋划军国大政，不能低估他们在政治生活中的作用。

"三公"和"九卿"各有自己的府寺部属，以便日常政务开展。西汉时期丞相府下分曹处事，西汉后期丞相制向三公制变迁。东汉时太尉、司徒和司空三公为宰相，分别负责军政、民政和工程，其下各有十几曹。尚书台由宫中传发书奏开始不断扩展职能，逐渐关涉机要。西汉时尚书台下有五曹，东汉中后期为吏曹、二千石曹、民曹、客曹和两个三公曹。每曹尚书统领尚书郎若干，又设尚书令史。列曹尚书令下尚书、丞、郎的任命非令所能自决，体现出更多的理性行政色彩。国家政务"分官设职"的形式日趋严谨。

"三公九卿"的中央官僚制度一反先秦时期"世卿世禄"的贵族世族政治，任职者均为专门文武官员，受命于皇帝，各有职司、等级、俸禄，政绩有考课，升迁有制度，公私分明，体制划一，组织完善。因此这套以"三公""九卿"为主干的官僚制度被汉代沿用，为此后历代王朝中央官僚制度的创设，开辟出有效模式。

秦代彻底废除西周分封制度，全面推行郡县制，以郡统县。地方行政机构由郡、县、乡、里四级构成。据《史记·秦始皇本纪》记载，秦始皇二十六年（前221）刚完成统一时，分"天下为三十六郡"，其后随着边疆开发和郡治调整，陆续增至四十余郡（里耶秦简即是三十六郡以外的"洞庭郡"迁陵县文书档案）。郡设郡守为行政长官，

第五章 六合同风（秦汉）

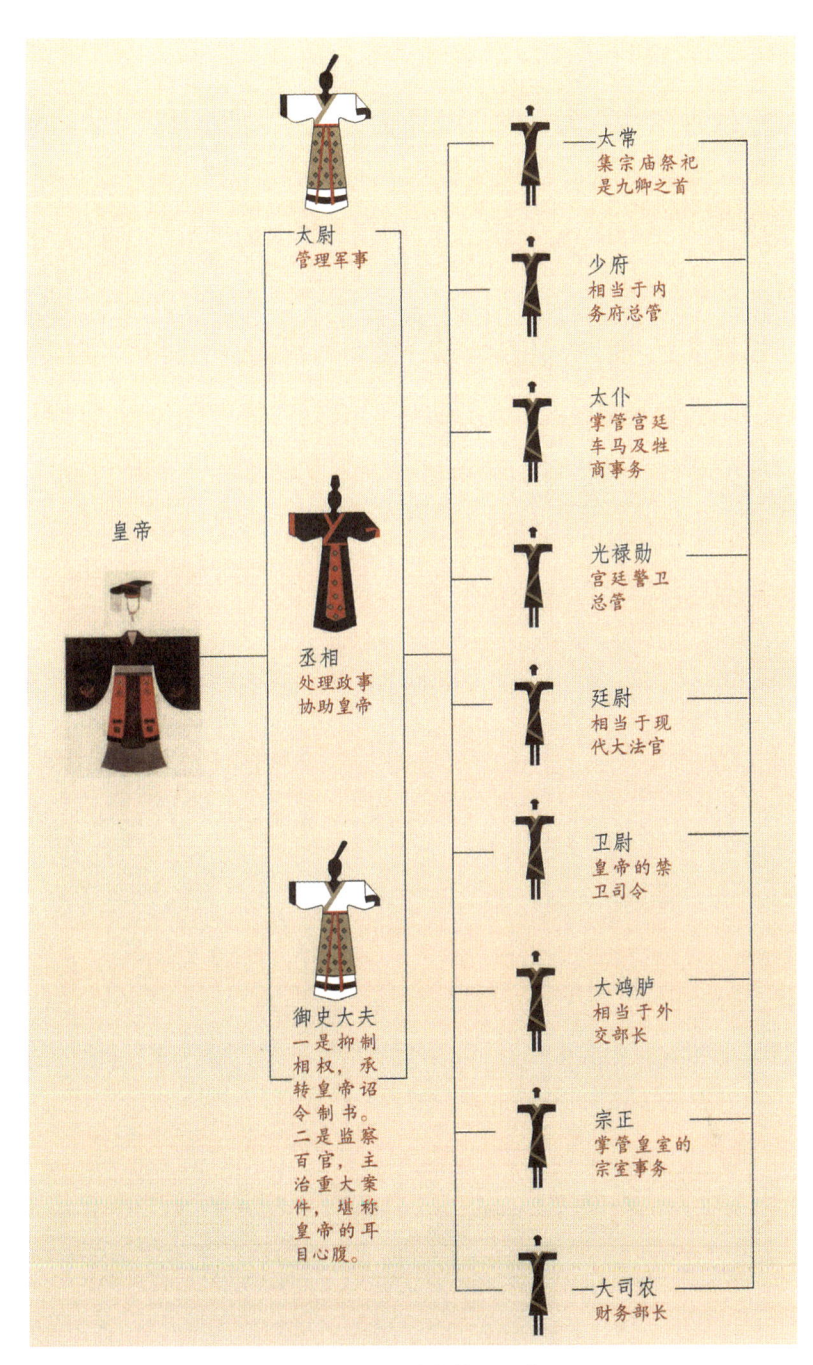

图5-3 "三公九卿"图解

郡丞协助管理行政和刑狱，郡尉掌武事，郡监（监御史）掌监察。内地设县，县的大小不等，万户以上者长官为县令，万户以下为县长，又设县丞、县尉等官。边地少数民族地区设道，与县平级。郡、县（道）的主要官吏均由朝廷任免，并沿用战国时的"上计"制度对其进行考核。

西汉建立之初，为惩秦之弊，曾短暂启用过"郡国并行"的权宜之策，却引发七国之乱。至汉武帝时通过"推恩令""左官律""附益法"等一系列有效措施，使得诸侯国不断缩小，政治特权取消，影响力趋弱。诸侯国内的官吏上至国相、下至县令均由中央委派，诸侯国内的制度与各郡县已无明显区别。

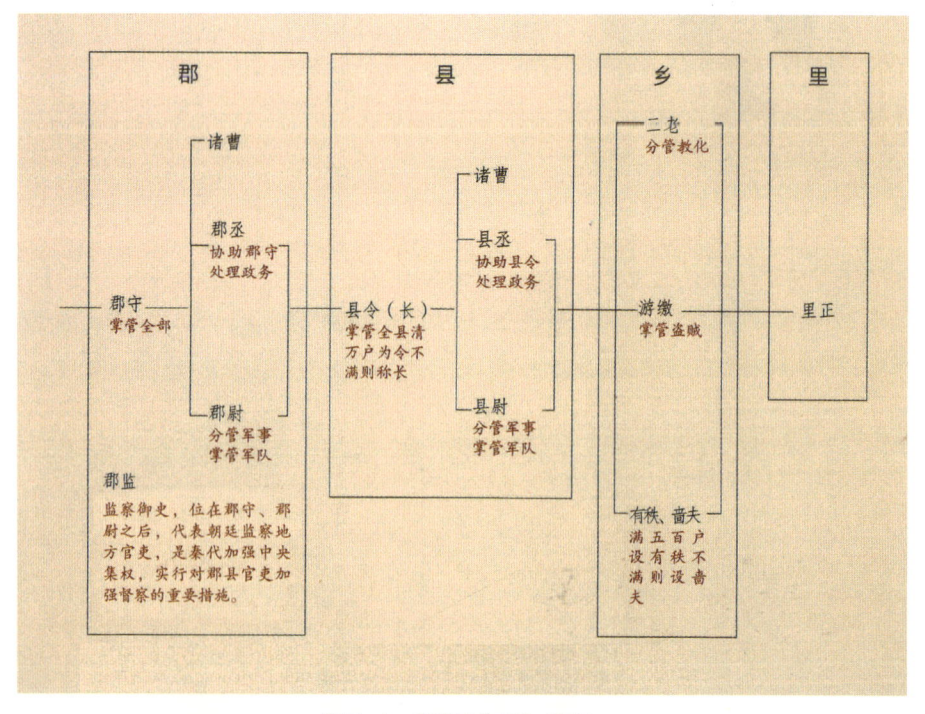

图5-4 "郡县乡里"图解

县以下有乡、里两级基层管理组织，乡设三老、啬夫、游徼等职。里设里正或里典。此外县下还有亭的建置，设亭长，负责地方治安。这样，王朝统治由朝廷下至郡（国）、县（道）、乡（亭）、里，相互配合，逐层控制，国家权力既可以由此延伸到社会最底层，又能自下而上逐级汇集到最高统治者——皇帝的手中。这也是秦朝以降中国历代王朝地方行政制度的基本模式。

二　编户齐民与"治民"思想

"编户齐民"的户籍管理　随着秦始皇统一六国，编户齐民在全国范围内予以推行，并在汉代趋于定型。战国时秦已实行将百姓户籍编为什伍之制，至此制度更加完备。凡男子均须向政府申报年龄，称为"书年"；至成年即载明于户籍，以备国家征发徭役，称为"傅籍"；民户迁居应经官府批准后登记，称为"更籍"。秦统一后"使黔首自实田"，即令百姓申报土地面积，其数目载入户籍，作为国家征收赋税的主要依据。秦末刘邦入咸阳时，萧何"收秦丞相御史律令图书藏之"，秦代的户籍资料和有关管理制度因而被汉代继承。秦汉地方官每年向上级汇报治绩，称"上计"，户籍状况是上计的一项主要内容。

释文为："东成户人士五夫，妻大女子沙，子小女子泽若，子小女子伤。"东成，为里名。户人，指户主。士五，是身份称谓，指无爵或免爵者。女子，即女性。大、小，为课役身份的标志，登记于户籍，作为征发赋役的依据。夫、沙、泽若、伤，均为人名。

图5-5　里耶秦简户籍简

汉代户籍又称"名数",一般每年八月由地方官统一查验户口,称作"案户比民"或"案比",在此基础上登记造册,写明每户男女人口、姓名、年龄、身份、相貌、土地、爵级等情况,年终逐级向上申报。这种通过户籍方式,将全部社会成员的情况进行编录登记,并据此核定人口、土地和赋役的制度,被称作"编户齐民"。

一方面通过"分家立户",王朝得以直接掌控人口,显著提升了国家获取赋役的能力,奠定了"大一统"的经济和军事基础;另一方面通过"户"及其相应的组织建制,王朝建立起有效的纵向控制体系,国家对社会基层的治理效能显著提升。因此,编户齐民有效加强了国家对社会基层的纵向控制,强化了民众对国家权力的认同。国家实现对基层社会的有效治理,从而能够以更少的官员、成本统辖更大范围的人口和疆域,这对古代中国"大一统"国家形态的构建具有划时代的重要意义。

"轻徭薄赋"的赋役征发　户籍制度的实行是为保障赋役征发,维持社会稳定。秦汉时期,王朝政府征收普通百姓的赋税主要有两项:按人口征收的"赋"和按土地征收的"租"。

西汉初年实行轻徭薄赋的政策,政府规定田租的税率是十五税一,稍后更是减到三十税一,这一政策一直到东汉末年都基本未变。里耶秦简、龙岗秦简、张家山汉简等出土简牍证明,田租制度以授田制为基础,征缴谷物、刍稿等不同实物。田租征收谷物,并非临时计算,以实际产量的三十分之一课取,而是换算出多年的平均产量,然后用"三十税一"的标准折算出固定数额,作为缴纳标准,这是一种定额课税制。汉武帝时曾更改亩制,将各地大小不等的划亩标准统一为240平方步为一亩，亩的单位面积增加，但田租额度并未增长，这样田租占亩产量的比率实际上是大大低于三十税一的，故有"百一而税"之称。

在受田的同时，农民按照什伍编制居住在指定乡里之内，不仅承担田税，还承担人口税和各种徭役，他们本质上是国家的课役农。赋的征收标准是，凡年龄在15—56岁的成年男女，每人每年出赋120钱，为一"算"，称作算赋。14岁以下（大多数时候起征年龄为7岁）出20钱（武帝时曾增至23钱），称作口赋。与田租的轻省相比，显然赋的负担对百姓更为沉重。成年男子要为政府负担的徭役主要有"正卒""更卒"两种。"正卒"是指两年兵役，一年在本地，一年赴京为卫士或"戍边"服役，每人一生中至少要赴边疆戍守一年。"更卒"指力役，每年在本地从事一个月的无偿劳动。

这些制度的设计和施行以国家利益为本，以"治民"为根本首归。古代中国的社会主体是农民，经济基础是农业，历代政治家、思想家殚精竭虑、冥思苦想的治国之道的核心要义，就是如何有效管理农民、稳定农业。仁政、德治强调的核心内容，也正是使民以时、取民有度，把赋税、徭役限制在一定范围之内。秦汉赋役制度，特别是以五口之家、百亩之田为基础的文景之治，为后世历代王朝社会冲突、社会动乱与王朝兴衰基本规律的探索提供了重要借鉴。

三　统制官营

货币和度量衡的统一　战国时货币经济已较发达，但各国货币形制各异，形似海贝的"蚁鼻钱"流通于楚国，铲形的布币流通于韩、赵、魏，刀币流通于齐、燕、赵等国，圆形方孔的圜钱流通于秦、周和赵、魏等国。货币的轻重大小、计算单位各不相同。秦统一后，统一货币和度量衡，废除六国旧币，并限制发行两种法定货币：以黄金为上币，铜钱（半两）为下币。铜钱由国家统一铸造，严禁私人盗铸。

西汉前期币制混乱，为解决不同时期、来源、质量的货币同时流通于市场，以及折算困难、交易不便的问题，汉武帝元狩五年（前118），改铸五铢钱，重如其文，严禁私人盗铸。元鼎四年（前113），取消郡国铸钱的权力，五铢钱统一由朝廷铸造。各种旧币一律销毁，铜料输至中央铸新币。新币铸造较精，选料严格，式样规范，重量、成色皆有保证，私人铸造难度较大且无利可图，故盗铸之风得到遏制，币制得以在较长时间内保持稳定施行。此后五铢钱大量铸造并长期行用，流通于世达700余年。圆形方孔从此成为古代中国铜钱的固

图5-6　青铜诏铁权

定形制。

度量衡是商品交换的计量工具。统一度量衡的情况与货币类似，秦代将商鞅变法时制定的度量衡标准器推行全国，六国各自原有的与标准器不同的度量衡一律废止。在当代考古发掘中，刻有秦始皇诏书的度量衡标准器出土范围很广，甚至远及内蒙古赤峰、奈曼旗等塞外地区，可见秦代度量衡确实成功推行于全国各地。

盐铁、酒类的官营与专卖 盐、铁、酒是西汉时期重要的手工业产品和销售量极大的商品，并称为"三业"。起初国家仅设官收税，允许私营。于是豪强地主、富商大贾往往占据山海，他们有的采矿冶铁，有的煮海制盐。一家冶铁或煮盐可能就会使用"至僮千人"。这些人"专山泽之饶"，对国计民生有重要影响的产业部门事实上形成了垄断，这不仅会影响中央财政收入，而且也成为割据势力的社会基础。

为解决这一问题，汉武帝时实行盐铁官营政策。这一政策由大农丞东郭咸阳和孔仅主持落实，此二人一为大盐商、一为大铁商，与出身商人家庭的桑弘羊同受武帝重用，他们是当时财政经济新措施的主要策划者。元狩四年（前119），开始在各盐铁产区设立盐官、铁官，隶属大农。① 盐官的任务是组织盐业生产，募民制盐，然后将产品统一收购发卖。由此以后私煮盐者有罪，私盐更是禁售。铁官的职责是管理铁矿的开采冶炼、铁器的铸造及销售，对这一生产过程的控制比制盐更加严格。西汉盐官设置遍及28郡国，共35处，铁官设置

---

① 大农即大司农，为秦汉时期全国财政经济的主管官，后逐渐演变为专掌国家仓廪或劝课农桑之官。秦置治粟内史，西汉延置，为九卿之一。景帝后元元年（前143）更名为大农令，武帝太初元年（前104）改为大司农。

遍及40郡国，共49处。天汉三年（前98），实行酒类专卖，郡国设榷官垄断酒类销售，其生产或出自官府作坊，或由私人向官府承包。

盐铁官营与酒类专卖使朝廷获得重利，不仅打击了富商大贾和大手工业者，加强了中央集权，也增强了中央政府对国家经济的控制。

调剂供需的"均输平准" 均输即调剂运输，平准即平衡物价，是国家运用经济力量，调节乃至经营商业贸易的措施。均输的本义，是指中央政府在征收地方所贡输的物品时，会按照距离的远近增减所贡物品的数量，以平衡劳费。汉武帝元封元年（前110），大农令桑弘羊主持推行均输法。规定在郡国设均输官，受大农节制。均输官负责将各郡国应缴纳的贡物和土特产品，一部分运往京师，一部分运至价贵地区出售，有时还会在出售地收购当地的土特产，辗转贩卖。此项措施在满足朝廷对贡纳物品需要的基础上，节省不必要的贡品远程运往京师的耗费，又能从贩运贸易中获取大量利润，加强了各地经济联系以及与边疆民族地区的贸易，可谓一举多得。

同时实施平准法，在京师设立平准官，集中管理各地运至京师的均输货物和由大农掌握的其余物资。这些物资根据市场价格涨落买进卖出，达到调剂供需、平抑物价的目的。中央政府通过均输、平准，控制部分商品购销，打击商贾投机，增加财政收入，达到《史记·平准书》所述"民不益赋，而天下用饶"的效果。

四 统一端正的文字礼俗

文字的统一 统治思想的贯彻、法令的颁布和国家行政的正常运转，均需要文字的统一。战国时长期分裂，各国文字异形，基本结构虽大体相同，而字体繁简和偏旁位置多有差别，自然给各地文化交流造成严重阻碍。

秦统一后，秦始皇下令整理各国原来使用的文字，并将秦国过去使用的文字进一步简化，称为"小篆"，在全国普遍推行。秦始皇还命令李斯、赵高和胡毋敬分别用小篆体编写出《苍颉》《爰历》《博学》诸篇，作为识字教材的标准范本，发放全国使用。出土简牍中就不乏《苍颉》篇的发现。

与战国时各国文字相比，小篆明显具有构造简单、易写易认的优点，因而很快被社会接受，并且在其基础上又演变出更为简易的隶书，从而做到"书同文"。

隶书的出现是中国文字由古体转为今体的重要里程碑，是秦代统一文字后使用较为广泛的一种书体。隶书这种字体笔画简洁流畅，结构平整，书写方便，因此不仅在民间流行，还被政府采用为公文书体，除重要的诏书外，律令文书一般都使用隶书。

图5-7　书同文字木牍

秦代统一文字，使小篆和隶书最终成为全国的通行字体，这是对中国文化、政治发展影响深远的大事件。我国幅员辽阔，在秦以后的漫长历史中，曾数次出现过割据局面，各地方言亦不相同，但文字却始终是统一的，书面交流媒介的一致对政治、经济统一起着至关重要的作用。因此，秦代统一文字的功绩，无论怎样强调都不为过。

礼俗的端正 随着文字统一，中央政府致力于推行统一礼俗。秦在统一之前就十分注意整顿各地风俗，如睡虎地秦简《语书》所记，秦王政二十年（前227）秦的南郡守腾颁发的布告中，特别宣布要"除其恶俗""去其淫僻"，并针对"乡俗淫泆之民不止"的现象，重申禁令"举劾不从令者，致以律，论及令、丞"。统一后，更加注意端正风俗，倡导文明。

《史记·秦始皇本纪》记载秦始皇二十八年（前219），秦始皇在号称"礼义之邦"的齐鲁故地泰山刻石"男女礼顺，慎遵职事，昭隔内外，靡不清净，施于后嗣"。这一方面是赞颂统一之辞，另一方面也有表彰当地风俗之意。再对照秦始皇三十七年（前210）的会稽刻石，就可更清楚地体会到这方面的意思。会稽为故越国之地，"淫泆"之风较盛，所以在会稽刻石上就有"饰省宣义，有子而嫁，倍死不贞。防隔内外，禁止淫泆，男女絜诚。夫为寄豭，杀之无罪，男秉义程。妻为逃嫁，子不得母，咸化廉清"等句。可见，这些刻石内容都是有针对性的，其中倡尊"礼义"反对"淫泆"，正是秦统一后端正各地风俗的重要措施。从这些刻石文字中，可见王朝向世人昭示其试图以礼乐道德治理天下的意图。"行同伦"是匡正风俗的结果和目的。

五 律令科比与"《春秋》决狱"

律、令、科、比的法律形式　秦以法家思想为立国主导方针。统一后,将本国的法律加以补充、修订,颁行天下,做到"法令由一统""事皆决于法"。秦律名目繁多,分类细密,就法律形式而言已比较发达,汉武帝大规模修订律令以后,法律形式已基本确定为律、令、科、比四种:

律,是一种比较稳定的法律形式。《太平御览》引《律序》杜预的解释"律以正罪名,令以存事制",说明"律"是规定科罪判刑的尺度,是法律的主要形式。汉律除继承秦律以及汉初萧何所作"九章律"以外,武帝时曾命张汤制定宫廷警卫的专门法律"越宫律"二十七篇;命赵禹制定朝贺制度的专门法律"朝律"六篇,总计六十篇。这六十篇律涵盖广阔,包括"钱律""田律""金布律""上计律""酎金律""左官律""尚方律""挟书律",等等。

令,是皇帝发布的诏令,以及根据律或诏令由地方官员发布的在局部地区具有法律效力的文告。《汉书·宣帝纪》文颖注"天子诏所增损,不在律上者为令"。汉代令的数目已经有很多,据《汉

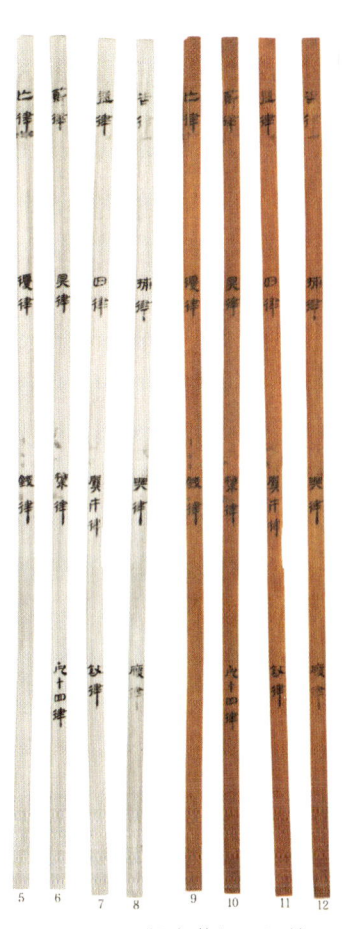

图5-8　胡家草场西汉简律典·旁律甲卷目录

书·刑法志》记载，自汉高祖刘邦制定律令开始，到汉武帝时已达到三百五十九章，到成帝时律令更是"百有余万言"。数量如此多的令按其发布先后编为"令甲""令乙""令丙"，类似今日所谓第一号令、第二号令。"令"的内容更为广泛，几乎包括政治、经济、军事、文化、社会生活各个方面，成为当时人们生产、生活的主要行为规范。

科，这种法律形式起源于汉初，是规定犯罪与刑罚的另一种法律形式。据《后汉书·陈忠传》记载："高祖受命，萧何创制，大臣有宁告之科，合于致忧之义。"汉武帝时科条又有增加："军役数兴，豪杰犯禁，奸吏弄法，故重首匿之科"，就是颁布重惩首匿罪的科条。

比，是以典型案例作为判决的标准，又称"决事比"。《汉书·刑法志》记载，汉武帝时"死罪决事比万三千四百七十二事"，可知其数量是相当多的。睡虎地秦简《封诊式》和张家山汉简《奏谳书》，就和"决事比"这类法律形式有关。

自汉武帝时将律、令、科、比规范之后，古代中国法律的基本形式就此稳定下来。

"《春秋》决狱"的基本原则　相较于汉代以前法家思想主张，西汉时期反对单纯使用法律或刑罚进行统治，提倡礼教、德化同刑、法相互配合，即"德主刑辅""礼法并用"，并使用《春秋》这部儒家经典作为断案依据，即"《春秋》决狱"。在汉武帝大力倡导下，"《春秋》决狱"在实际政治生活与司法实践中受到各级官吏的支持与奉行。

《春秋》记载春秋时期的历史事件，以礼义为基本判断标准。汉武帝"提倡儒家"，宣布以儒家思想代替黄老学说成为国家指导思想后，董仲舒、公孙弘等人便以《春秋》的精神和内容作为断案依据，并得到武帝支持，出现以《春秋》为根据论述断狱原则的著作，如《公羊董仲舒治狱》十六篇。董仲舒之后，两汉经学大儒竞相以儒家经典解释法律，至东汉时"诸儒章句，十有余家，家数十万言。凡断罪所当由用者，合二万六千二百七十二条，七百七十三万二千二百余言"（《晋书·刑法志》）。

"《春秋》决狱"的原则主要是"论心定罪"，即根据罪犯的"心"中动机判定是否有罪，正如《盐铁论·刑德篇》强调"志善而违于法者免，志恶而合于法者诛"，意思是如果犯罪的人动机是"善"的，即使触犯法令也当免刑；如果动机是"恶"的，即使行为合法也可以杀。它不仅对此后数百年的汉晋法律有直接影响，而且对古代中国数千年的法制产生深远影响，由此形成以儒家思想为基础、独具特点的中华法系，成为世界五大法系之一。

第二节　独尊儒术

中央集权制度是古代中国政治文明最主要的标志，由秦始皇创立的中央集权制度是国家统一、社会稳定、民族和睦的重要条件。汉承秦制，西汉国家制度基本沿袭秦代而略有增益，但在施政方针上则吸取秦速亡教训，不再全盘遵从法家政治理念。其治国思想经由黄老道家之学，最终确立为以儒术为中心、缘饰法治的"霸王道杂之"政策，不仅在事实上奠定了中国历代王朝的基本治国精神，也使得儒家思想成为正统，儒家文化由此成为中华文明的主导。

一 从法家主导到黄老无为

法、术、势并重 秦代政治实践的主导思想是韩非将商鞅的"法"、申不害的"术"、慎到的"势"系统结合起来的政治思想。

法,是君主统治百姓的法令,《韩非子·难三》说:"法者,编著之图籍,设立于官府,而布之于百姓者也。"公开颁布的法令必须认真执行。如果可以做到"动无非法""法不阿贵""刑过不避大臣,赏善不遗匹夫",这样即使是资质平庸的君主,也可以很好地治理国家。只有严格以法治国,才能最大限度地发挥国家机器的统治效能,调动社会各阶层的积极性。《韩非子·五蠹》里描述理想的社会状态,是"无书简之文,以法为教;无先王之语,以吏为师;无私剑之捍,以斩首为勇",百姓"言谈者必轨于法,动作者归之于功,为勇者尽之于军",这样才能"无事则国富,有事则兵强"。这其实是在商鞅学派思想传统的基础上更进一步的阐述。

术,是君主驾驭臣下的权谋,重要性绝不下于法。"君无术则弊于上,臣无法则乱于下,此不可一无,皆帝王之具也。"但与法的公开性不同,术的特点在于其秘密性。"法莫如显,而术不欲见。是以明主言法,则境内卑贱莫不闻知也。""用术,则亲爱近习莫之得闻也。""术"建立在极端"性恶"论思想基础上,天下人都是"自为心"的自私自利之徒,彼此皆"用计算之心以相待",除了赤裸裸的利害关系以外就再无其他原则可言。因此君主不可以信任、依赖身边任何的臣子,只能用"术"来防奸。在人际关系方面,它完全不承认伦理道德的调节作用,解决问题的办法只有阴谋和暴力。

势,即君主驾驭法、术的权势。"君执柄以处势,故令行禁止。

柄者，杀生之制也；势者，胜众之资也"，"威势之可以禁暴，而德厚之不足以止乱"。势也就实际上成为贯彻法、术的前提条件。君主要兼顾"自然之势"与"人为之势"，不仅要利用自己至高无上的"自然之势"，更要有意识地用集中权力、严刑峻法创造"人为之势"。因此，法家极力拥护、支持君主的独裁、专制。不仅如此，"势"还从政治领域扩展到思想领域，主张对思想舆论实行严格控制，禁止私人讲学和私人著作的传布。

  法、术、势并重的政治思想更重视对立面的冲突、斗争因素，在论述具体问题时，它往往会把对立面的冲突、斗争绝对化，因而提出的解决策略也就带有强烈的冷酷色彩，缺乏灵活性和腾挪空间。这些策略在秦代大都得到实践，结果却成为秦王朝速亡的重要原因。另外，法、术、势并重的政治思想也为新出现的君主制中央集权王朝提供了充分的理论依据，其中颇不乏实用内容，从而成为后代王朝"阳儒阴法""儒表法里"统治思想的源泉。

  黄老无为 西汉建立之初，经济凋敝，社会残破，汉初统治者注意除秦苛政，与民休息，使社会经济从秦末战乱中逐渐恢复。反映到理论上，即是与黄老道家之学相融合，形成"无为而治"的政治方针。"无为而治"方针不同于法家的严刑峻法，也不合于儒家的繁文缛节，主要是道家思想的实践。当时的道家思想被称作"黄老之学"，"黄"指黄帝，"老"即老子。因为战国道家学者曾假托黄帝之名撰写出《黄帝四经》等著作，故黄帝在一段时期内也被视为道家的代表人物。它扬弃消极、悲观的思想观念，不倡导消极回避的"出世"，秉持正面的"入世"态度；不主张"小国寡民"，赞成统一；它继承先秦道家"道"的本体论和宽大、自然、清静无为、以柔克刚等理论，同时对仁义、道德、贤能、知识等概念，也不再予以否定，这些与先秦时期的老子、庄子思想均有不同，反映出黄老道家在一定程度上融合了儒、墨诸家的思想因素。黄老之学适应汉初希望安定、清静的普遍社会心理，黄老之学风行，实非偶然。

汉初的恢复措施，大都以对秦政的否定、反思为出发点。陆贾为汉高祖所著的《新语》，指出暴政和过度压榨是秦速亡的根本原因。可以用暴力手段夺取天下但是不能用暴力手段治理天下，需要改用宽缓的手段来治理天下。针对汉初局势，陆贾特别强调"道莫大于无为，行莫大于谨敬""君子之为治也，块然若无事，寂然若无声，官府若无吏，亭落若无民，闾里不讼于巷，老幼不愁于庭，近者无所议，远者无所听，邮无夜行之卒，乡无夜召之征，犬不夜吠，鸡不夜鸣"。这就是"无为而治"思想的初步总结，其主要内容，即顺民之情、与民休息，尽可能减少国家对社会恢复和发展的干预。

西汉开国君臣多起自社会中下层，高祖朝中基本都是"布衣将相"。他们熟知民间疾苦，能够顺应百姓的要求，致力于社会经济的恢复与发展。楚汉战争刚结束，刘邦就允许绝大多数军士罢归家乡务农，按爵级分别授予田宅，并在一段时期内免除徭役；还下诏晓谕战乱中流亡的民众各归本土，恢复他们过去的爵位和田宅，因饥饿自卖为奴婢的也释放为庶人；减轻田租，实行十五税一的税率。《汉书》卷39《萧何曹参列传》记述高祖时萧何为丞相，"因民之疾秦法，顺流与之更始"。惠帝、吕后时期，曹参继任为相，遵循萧何成规。选任官吏，专择"木讷于文辞"的"重厚长者"。对部下宽宏大度，不苛求细务。

《史记·曹相国世家》记载时人颂扬"参与休息无为，故天下俱称其美矣"。"黄老无为"的道家思想被当作汉初治国指导思想。

二 表章六经

罢黜百家 西汉自文帝、景帝以来，社会在复苏、繁荣的同时趋于复杂化，新的问题不断涌现，如对匈奴妥协退让，放任诸侯王、大商人势力膨胀等，同时国家经济实力不断积聚，原来以不变应万变的"无为"方针已严重妨害"大一统"王朝加强中央集权。

汉初沿置前代"博士"之官，主要负责保管文献、编撰著述，掌通古今、传授学问，虽然朝廷崇尚黄老，但是其他学派在社会上也有流传。儒家学派因宣扬伦理道德，长期扎根社会，注重文字记载和经典传授，《春秋》学博士董仲舒在对策中指出"今师异道，人异论，百家殊方，指意不同，是以上亡（无）以持一统"（《汉书》卷56《董仲舒传》），请求"诸不在六艺之科、孔子之术者，皆绝其道，勿使并进"。

董仲舒援引"春秋大一统"理论，适应了大一统王朝加强中央集权的时代需要。因此富有政治才略和宏大抱负的汉武帝在即位之初，就极力排除笃信黄老学说的太皇太后窦氏的阻碍，采取"罢黜百家"的方针。汉武帝即位五年后的建元五年（前136），汉王朝正式置"五经"博士。"五经"就是被儒家奉为经典的《诗》《书》《礼》《易》《春秋》。由朝廷批准，专设"五经"博士，表示儒家学说被尊为唯一官方认可的学说，意味着黄老之学退出统治地位。建元六年，随着最后一位顽固坚持推行黄老之学的代表人物窦太后去世，"罢黜百家"最终得以顺利实现，儒学成功代替黄老被奉为至尊地位。由于不治儒家经书的博士均被废罢，儒学作为官方意识形态的地位得以确立。

"大一统"思想在中华文明史上具有重要地位，成为自汉以降历代阐释王朝政治合法性的理论基础。"大一统"出自《春秋公羊传》，董仲舒、何休均训"统"为"始"，即以"一统"为大，基于汉代天人一气相感、天道王道相应的宇宙观，接受天命的王者，布政施教于天下，统系万物万民，成为人间秩序、价值根源和天下纲纪。依循"五德终始"和"阴阳五行"的理论框架，将自身纳入周而复始、不断接续的循环系统，中华文明在"正统"相继的历史时间观和"天下—中国"空间观的时空经纬下，"天下"成为"天人合一""天地万物一体之仁"的世界。

崇经崇儒　与提倡儒学密切相关，这一时期还制定出以儒学为主要考察标准的人才选拔和教育制度。元光元年（前134），诏令郡国每年向朝廷荐举孝者、廉吏各一人以备擢用，由此形成固定的"察举"制度。后孝者、廉吏合并为孝廉，成为汉代普通士人最主要的入仕途径。孝廉以外，还有一些临时性察举科目，如茂才（秀才）、贤良方正、文学等。察举实际上是与儒家思想相适应的一种选官制度，被举者一般都有符合儒家伦理道德标准、通晓儒家经书的共同特点。出身贫寒、40余岁始钻研《春秋》的公孙弘通过"察举"拜为博士，十年之内升至丞相，封平津侯，开创西汉建立以来以布衣身份拜相封侯的先例。

察举制度形成前后，武帝又在长安设立太学。太学学生由五经博士教授，学成后经考试分等第录用，自此博士的主要工作由备顾问转向教学。同时推广蜀郡太守文翁的兴学措施，令郡国皆立学校。太学与郡国学皆以经学为主要教育内容，儒学的社会影响更进一步。

因为形成一整套以儒家思想为指导的教育和选官制度，下层平民有可能通过研习经书致身显贵，故而儒家经学风行于世，学者众多，他们的派别区分也愈加细密。《汉书》卷73《韦贤传》记载俗谚"遗子黄金满籯，不如一经"，班固在《汉书》卷88《儒林传》赞语中揭示关键："自武帝立五经博士，开弟子员，设科射策，劝以官禄，讫于元始，百有余年，传业者浸盛，支叶蕃滋，一经说至百余万言，大师众至千余人，盖禄利之路然也。"流风所及，就连武帝时著名酷吏张汤、杜周等人之子也都以通经知名于世，他们的形象文质彬彬，与父辈迥异。

在西汉前、中期时曾经判然对立的两个社会集团——儒生和"文法吏"，此时渐趋合流，从而形成一个全新又具有长久生命力的社会阶层——士大夫。同时汉儒鼓吹的"天人感应说"在社会上也拥有巨大影响力，使皇权受到一定程度的约束，保证着君主制在相对合理的轨道内继续发展。这些措施使儒家思想逐渐渗透到政治、教育以及社会生活的各个领域，并使其成为中华文明的主导思想。

三　兼取王霸之道

百家并蓄　汉武帝"罢黜百家"的举措，只是把"百家"思想摒弃在官方尊奉的意识形态之外，对这些思想在社会上的自由发展则不予干预，未曾一概禁绝。在实际政策的制定上并非教条地照搬儒家经义，仍然带有相当大的灵活性，用人也不拘一格。即使是以儒术晋身的董仲舒、公孙弘诸人，也是因为"通于世务，明习文法，以经术润饰吏事"才得到武帝赏识。例如董仲舒曾用《春秋》经义判定疑狱，作判例200余则，称《春秋决事比》，公孙弘亦"习文法吏事，缘饰以儒术"。

汉代儒学不仅不排斥其他各家学说，反而不断吸收各派有利于大一统的思想内容。以系统表达董仲舒理论体系的《天人三策》为例，董氏思想精神实质上继承《吕氏春秋》开拓的方向，竭力把人事政治与天道运行附会在一起，认为阴阳五行（"天"）与王道政治（"人"）互相一致而彼此影响，即"天人感应"；将君主权力、社会统治秩序与以"天"为中心的宇宙系统配合起来。

董仲舒构建完成的儒学"新"体系，是把儒、法、道、阴阳五行构成一个系统，完成自《吕氏春秋》以来的各家汇合。因此，这种儒家学说与其他各家并非水火不容，更无须用人为禁令去消灭。与此同时，法家实用性的施政思想、手段继续受到高度重视。但由于法家名声不佳，需使用儒术加以"缘饰"，外儒内法。

汉武帝"罢黜百家"和秦始皇"焚书坑儒"的目的均是统一思想，但二者实行后的结果有很大不同。秦以"焚书坑儒"禁绝大部分书籍，诛杀儒生、方士，导致举国上下更为强烈的反抗，加速秦王朝灭亡。汉代"罢黜百家"并没有采取诛杀或刑罚等暴力手段，而是通过各种措施，使儒学代替黄老之学，成为治国指导思想。儒术的包装缘饰当然不是徒留形式，正是由于儒术的调节，汉武帝的统治政策才没有像秦朝那样偏执极端，而是留有相当的灵活余地，且能"晚年改过"，得到后人称誉。

汉家自有制度　西汉昭帝、宣帝统治时期，治国方针转向"守文"和"与民休息",但这并不表明儒法合流的统治特征有本质变化。昭帝始元六年(前81),曾诏命大臣召集郡国所举贤良文学以问民间疾苦。因为贤良文学都是来自社会基层的儒生,所以他们对武帝以来的财政经济政策提出强烈批评,要求废罢盐铁、酒榷、均输官,并借此对内外政策阐发一系列主张。时任御史大夫的桑弘羊则为上述措施辩护,双方争论十分激烈,史称"盐铁之议"。

贤良文学的活跃在当时很大程度上得到辅政大臣霍光的支持,他们的言论有利于"与民休息"方针的继续贯彻执行,使桑弘羊等理财派官员在政治上受到挫折。但就具体政策而言,此后仅仅停罢了酒类专卖,其余垄断性的财经措施并未废止。

宣帝在位时仍尊崇儒学,但同时"所用多文法吏",常常"以刑名绳下",一些大臣或因小过被杀。《汉书》卷9《元帝纪》记载太子刘奭"柔仁好儒",讽谏"陛下持刑太深,宜用儒生",即遭到宣帝训斥:"汉家自有制度,本以霸王道杂之,奈何纯任德教,用周政乎!""霸王道杂之"一语,比较好地概括出汉武帝以来统治政策的基本特征,即儒、法并行不悖而因时损益,用刑宽严、施政缓急、赋敛轻重,皆会根据具体情况而灵活运用,不执一端。这种统治精神奠定了中国古代主流意识形态建设的基本格局。

第三节　文化整合创新

大一统的政治局面对文化发展、艺术繁荣起到重要的保障作用。

儒学繁荣带动搜集与整理图书的热潮，为古代国家巩固统一和整合文化提供了理论武器。在中华文明史上产生巨大影响的佛教传入，道教出现，文明交流互鉴。《史记》开创了纪传体新史学，《汉书》是中国第一部纪传体断代史。文学逐渐从经学、史学中脱离，以雕塑、绘画为代表的艺术全面繁荣。百家不敝而经史醒世，天下一统的大文化观逐步呈现。

一 经学与典籍整理

今古学派与熹平石经　"经"在汉代特指儒家经典《易》《书》《诗》《礼》《春秋》五经，对它们的字词、义理进行研究阐发的学问称为经学。在中国古代学术研究中，经学长期占据着核心地位。先秦诸子百家中，儒家最重视文字记载和经典传授，故虽经秦火焚毁，至汉初立即重新开始活跃。汉代经学根据所据经书版本解释的不同，出现了两大学派。一派所据经书为师徒、父子口耳相传，到汉代才用当时通行的隶书笔录下来，称为今文经学。另一派根据的是汉代渐次重现于世的先秦典籍旧本，因经书皆用秦以前的文字书写，故称古文经学。

西汉大部分时间里流行的都是今文经学。今文经学诸经传授有不同的门派、家法，其中《易》分四家，《书》《诗》《礼》皆分三家，《春秋》则有《公羊》《穀梁》两传。汉武帝时今文经各学派大都设立博士。为解决经学学派间的争论，甘露三年（前51），汉宣帝亲自主持石渠阁会议，召集儒生讨论诸经各派异同。今文经学的特点是讲求"通经致用"，借用阴阳五行等学说来发挥经书的"微言大义"，宣扬大一统、正名分、天人感应等思想，但不免空疏。随着谶纬的广泛流行，今文经学与其相结合，日趋迷信、荒诞。

成帝时，刘向、刘歆父子相继受命主持图书整理，将整理所得古文经篇目上奏朝廷，请求将其与今文经一同立为官学，并因此与今文经博士进行激烈争论，由此展开近200年的经学今古义之争。王莽当权时刘歆得势，将古文《尚书》《春秋左氏传》《毛诗》《周官》（《周礼》）等古文经立为博士。王莽托古改制，多以《周礼》的记述为范本，古文经学的社会影响大增。

东汉建立后，取消古文经博士，仍立今文经为官学。章帝于建初四年（79）再一次主持白虎观会议，讨论结果被编成《白虎通德论》一书，更系统地将阴阳五行说、谶纬与今文经学融为一体。但此时今文经学弊病已相当明显，而古文经学解经重在"通经识古"，考索经文字句本义，不胡乱穿凿比附，传播日益广泛。古文经学家许慎精研文字训诂，编成第一部系统分析汉字字形和考究字源的字书《说文解字》，共收小篆文字9353字，相关异体古文字1163字，是文字学史上的最经典著作。东汉后期的经学大师马融、郑玄，以古文经为主而兼采今文经之说，遍注群经。灵帝熹平四年（175），蔡邕参校诸体文字经书，以隶书书写经文及校勘记，镌刻石碑，立于太学，后世称为"熹平石经"，这是中国古代最早的官定经书。

《别录》《七略》 刘向、刘歆父子校书所得的《别录》《七略》是中国古代目录学的奠基之作，影响深远。伴随着儒学与经学的发展，汉代盛行搜集与整理图书的热潮。汉成帝时，刘向等人受命校勘朝廷征集到的图书，后其子刘歆继承遗业，在刘向《别录》的基础

图5-9 熹平石经残石3块

上，校书编撰而成辑略、六艺略、诸子略、诗赋略、兵书略、数术略、方技略七种，因名《七略》。

辑略为编辑凡例兼总论各类图书源流，其余六略分类著录各种图书，共38种：六艺略9种，著录儒家经典、汉人解经之作及其他有关书籍；诸子略10种，著录先秦诸子及汉人有关哲学、政治、经济、法律、思想、文化等方面的著作；诗赋略5种，著录楚辞及汉人诗赋等文学作品；兵书略4种，著录军事学著作；数术略6种，著录天文历法及占卜星相方面的书籍；方技略4种，著录医学及有关房中、神仙的书籍。总计著录图书13269卷。

每书校毕皆撰写提要，注明作者、卷数。校书的工作程序有三道。以《管子》为例，当时流传有"中外书五百六十四篇"，第一道工序是从"五百六十四篇"中除其复重，"定著八十六篇"；第二道工序需要总结八十六篇各篇主题并重新排定章序，即序次，而后"杀青而书可缮写也"；第三道工序是略叙成书过程，以明其理，即为"叙"。"管子"成为《管子》书的形态，《管子》书的成书过程实际上也是"目录"的形成过程。

这一古代典籍整体集中整理的重大文化工程，需要从卷帙浩繁的典籍文献中"条其篇目""撮其指意""录而奏之"，如此广度与深度的文献校理，需以基础文字读写能力、专业化人士培养途径，与实际文字处理熟练程度为保障。

《别录》《七略》是中国最早的综合性图书分类目录，保存着文化史的珍贵资料，对后世目录学的发展影响深远。原书宋代已不可见，据推测应亡于唐末五代战乱之际。班固所撰《汉书·艺文志》以《七略》为依据，"删其要，以备典籍"。后人因此能够从《汉书·艺文志》得知《七略》大概。《汉书·艺文志》因此成为反映先秦两汉学术、思想与文学的基础结构，这一认识日益得到不断涌现的战国秦汉简帛典籍的证明。

二 佛、道传播

佛教的传入 佛教产生于印度，约在两汉之交传入中国。西汉时期西域某些小国已经信奉佛教，据研究，大月氏国胡韦色迦王派遣的使者伊存，于西汉哀帝元寿元年（前2）至中国传授《浮屠经》，开佛教传入之先河。东汉初年，佛教已有一定传播。《后汉书》卷42

《光武十王列传·楚王英传》记述光武帝之子楚王英"学为浮屠，斋戒祭祀"，即佛教信徒。东汉明帝亦曾遣使至西域求佛法。

首先传入中国的多是佛像，其后才有佛经的大规模传译。汉桓帝时西域安息人安世高和月氏人支娄迦谶来到内地译经，扩大了佛教的影响。相传，安世高是安息国王子，于桓帝建和元年（147）来到洛阳，翻译佛经35部，41卷；支娄迦谶于桓帝末年（167年前后）来到洛阳，翻译佛经3部，14卷。这一时期前来译经的还有竺佛朔、支亮、支谦、康僧会等人。佛经的翻译和流传极大地促进了佛教在中国的传播，因而在东汉末年，出现了大规模信徒造像活动。安世高所译经卷多属小乘上座部，重点在"禅"和"数"。"禅"即禅法，中国佛教重视"禅"亦自此开始。"数"指数法，是用数字分类论述佛教名词概念并加以阐释。

时人对佛教的认知相对有限，往往将其当作一种方术。佛学为世人所知者主要是清虚无为、省欲去奢等内容，近于黄老之说，故浮屠（佛）常与老子并祭，甚至出现"老子入夷狄为浮屠"的传闻。《后汉书·楚王英传》记载明帝下诏讲"楚王诵黄老之微言，尚浮屠之仁祠"。

佛教传入后，对中国思想界和文化、艺术产生极大影响，是世界文明史上的一件大事。

道教的源起 道教形成于东汉中后期。其假托老子为始祖，实际上是黄老学说中某些思想概念与民间巫术、神仙方术的结合。道教起源，史籍无明文记载，大约在西汉武帝时即已出现道教最早的形态。《史记·封禅书》载汉武帝时有"方仙道"，时人用"方仙道"概括方士活动。"道士"这一名称也出现在武帝时，《史记·封禅书》索隐引《武帝集》："道士皆言，子侯得仙，不足悲"，这里说的"道士"亦指方士。

不过，"方仙道"在当时已具有一些宗教性的特点，对以后道教的正式形成有很大影响。如李少君的"却老方"，用丹砂化黄金、食枣成仙等，为道教外丹黄白、辟谷服食之术的前身。武帝时李少翁的"鬼神方"，能招致鬼神，厌胜辟恶，对道教巫术有很大影响。谬忌的"太一方"，受到汉武帝的提倡，在甘泉立泰畤，三年一次，亲郊太一，成为定制。这些方士及方术，对道教的形成起到重要作用。

东汉初年有以各种名目出现的方术之士，如风角、遁甲、日者、望云、省气等，大多是方仙道的流派。自光武帝至顺帝，许多游方道士在各地传授道术，但尚无教派性的组织和联系。桓、灵二帝时，随着社会危机加深，出现了有组织、有道书、有宗祀信仰和简单仪式的道教。其早期经典为《太平经》，内容十分庞杂。东汉末年，有太平道、五斗米道两大流派。184年，张角通过太平道组织黄巾起义，事败后太平道逐渐消失。张陵在蜀地和汉中宣传道教，入教者纳米五斗，故称五斗米道。而后张陵之孙张鲁利用五斗米道，在汉中建立起政教合一的政权，割据约30年，为曹操兼并。此后五斗米道长期流传，成为道教的主要教派，亦称天师道。东汉末年以后，道教正式成为中国流行的重要宗教之一，对此后的历史、文化产生重要影响。

三　史学与文学

《史记》与《汉书》　司马迁的《史记》是中国第一部体制完备、规模宏大的纪传体通史。全书五十二万六千五百字，一百三十篇，包括十二本纪、十表、八书、三十世家、七十列传，记事起于传说中的黄帝，下至汉武帝当时，历时三千余年。

本纪是全书纲领，按年月记述帝王言行政绩，兼录各方面重大事件。表是用牒谱的形式，厘清错综的史事脉络。书是综合论述的形式，也有部分采用纪事本末的形式，论述典章制度及其沿革。世家兼用编年和传记的形式，记载诸侯、勋贵和有突出成就、能世其家的人物。列传是以人物为中心的传记，有专传、合传和杂传等不同形式。司马迁创造性地以本纪、表、书、世家、列传这五种不同体例来记载复杂的历史事实。五种体例，各有分工又有内在联系，由于本纪和列传是全书主要部分，因而总称为纪传体。这种方法，便于考察各类人物的活动情况以及各类典章制度的沿革源流，开创了以人物传记为中心的纪传体史书编纂方法，成为历代正史典范。

《史记》取材丰富，对《世本》《左传》《国语》《战国策》《楚汉春秋》及诸子百家多所采摘，既充分利用当时所能见到的图书典籍，又利用国家收藏的档案、民间收藏的古文书传，特别是亲身经历的、从交游和见闻中得来的资料，以及实地调查的材料，不仅增加史料来源，而且增强内容真实性。司马迁在广泛取材的同时，注意鉴别和选择材料，淘汰无稽之谈，表现了审慎的治史态度。在撰写过程中"不虚美，不隐恶"，力求实事求是。

《史记》所创造的纪传体裁，被历代奉为修史楷模。它为正史创立体例和规模，开辟途径，奠定基础，是中国史学已成长起来的显著标志。语言丰富、叙事明快，人物形象，可读性强，使《史记》在文学上取得了空前的成功，是中国传记文学的开创者。

班固的《汉书》对传统史学地位的确立做出进一步贡献，它发展和完善了《史记》开创的纪传体，以"断汉为史"的形式解决了司马迁以后历史编纂的难题，自《三国志》《后汉书》至《明史》一直沿用，被称誉为历史编纂上的"不祧之宗"。

《汉书》全书100卷，记事起西汉高祖元年（前206），讫王莽地皇四年（23），共229年，是中国第一部纪传体断代史。《汉书》体例与《史记》大略相同，唯《史记》为通史，《汉书》是断代史，首创断代为史的编纂方法。同时，把《史记》的"本纪"省称"纪"，"书"改为"志"，"世家"合入"列传"并简称为"传"。这些体例上的变化，同样成为后世断代纪传体正史编撰的范例。

《汉书》十志尤受重视，《刑法志》《五行志》《地理志》《艺文志》为班固首创。特别是《地理志》，第一次以"地理"命名，专章论述全国疆域、政区、户籍，兼及自然、人文等事，为中国古代第一部全国性地理著作，为正史内容的完善奠定基础。《汉书·地理志》以疆域、政区为纲的写作体例，被历代地理志沿用，对后世影响极大。

汉赋与乐府诗　汉赋和乐府诗是汉代主要的文学形式。赋是一种介于韵文和散文之间的文体，讲究文采、韵节，通过铺陈文辞以"体物写志"。西汉前期赋的形式与楚辞相仿，韵文特点明显。随后开始出现更为散体化、结构庞大、气势恢宏、辞藻华丽的大赋。在汉武帝影响下，宫廷中聚集一批大赋作家，赋也专以皇家事物为主要描绘对象，其中多铺叙宫殿、城池、苑囿之盛，描述帝王行猎、出巡之壮观。

司马相如的创作为汉赋奠定基本格局，如主客体问答形式、前后左右各方位铺叙事物、韵散交用等，形成汉赋的标准模式，后来作者无能出其右。汉初长期推行休养生息的政策，积累至武帝时，国富民强，因此司马相如所擅长的夸张渲染、排比事物的写法，不仅符合武帝这位有为之君的个人需求，也符合汉武盛世的时代要求，故能取得极大成功，使大赋体裁成为统治者"润色鸿业"的主要样式。司马相如《子虚赋》《上林赋》，扬雄《长杨赋》，东汉班固《两都赋》，张衡《东京赋》《西京赋》，均是大赋的代表作。东汉后期，抒情写物的小赋代之而起，以格调清新见长。

同样作为"润色鸿业"制度之一的文化措施，是汉武帝兴乐府。乐府是汉代中央音乐机构，掌管采集民歌配曲入乐，兼以了解风俗民情。乐府配乐的民歌就是乐府歌诗，以五言为主。乐府歌诗有的是文人所造，多用为雅歌；有的从民间采集，真实地显现出民间百姓生活。乐府歌诗内容丰富、广泛而深刻地反映了社会现实，情感真挚细腻，具有很高的艺术价值。东汉后期，一些文人汲取乐府诗技巧，创作出反映士大夫内心世界的《古诗十九首》，对后世的文人杂言诗和五言诗有很大影响，是古代诗歌繁荣的前夜。

四 雕塑与绘画

兵马俑、百戏俑与石圆雕 秦汉时期的雕塑与汉画艺术灿烂辉煌，数量之繁多、内容之丰富、艺术之水准均达到令人惊叹的地步。秦兵马俑、汉百戏俑等传统雕塑显现出中华艺术文明的悠久魅力。秦陵兵马俑作为秦国军队的象征，十百为群、万千成阵的军马，给人以强烈震撼。秦兵马俑按照真人真马大小塑造，步伍严整，排列有序，组成

第五章 六合同风（秦汉）

浩浩荡荡的大型军阵，是秦国"带甲百余万、车千乘、骑万匹"强大军队的缩影。兵俑手执实战兵器，或站立、或跪射、或御车、或牵马，虽静犹动。陶马的首、尾、躯干，肌丰骨劲，四肢棱角分明，十分神骏。秦俑原型来源于真实生活，因此能塑造出不同身份、不同年龄、不同姿态、不同性格特点的人物形象。秦兵马俑把圆雕、浮雕、线雕、彩绘等艺术手法有机结合起来，在艺术风格和艺术技巧上都开创出新的境界，使雕塑与彩绘相得益彰，形成雕塑艺术的中华传统风格。

西汉皇帝、诸侯王乃至一些大臣的陵墓中也有大量的兵马俑或仪卫俑、侍者俑随葬。汉景帝阳陵从葬的兵马俑、侍俑身材修长，人体比例掌握准确，面貌安详。不过汉代高等级墓葬中成千上万的明器俑像，大都是模制而成，多有雷同。而一般汉墓中，手工雕刻或捏制而成的陶俑，艺术性更胜一筹，民间雕塑俑像中，最为成功者当推姿态万千的百戏俑。所谓百戏，包括舞蹈、奏乐、杂技、角抵、说唱等多种表演形式在内。如济南无影山西汉墓中出土的百戏彩绘陶俑，在一块长67.5厘米、宽47.5厘米的长方形陶版上塑造了奏乐、杂技、舞蹈以及旁观者共十余人，表演者动

图5-10　马踏匈奴石雕

感十足，欣赏者神情专注，加以绚丽的彩绘，堪称雕塑艺术佳作。

地下随葬俑像的同时，地上流行的大型石圆雕代表了另一种粗犷、威严的美。霍去病是汉武帝时期战功卓著的青年将军，死后陪葬茂陵。其坟冢象征祁连山形，坟冢上下矗立着数十尊大型动物石圆雕，有跃马、伏虎、卧牛、蹲象、奔豕、立熊等，其中以"马踏匈奴"最为有名。这些石圆雕大都借助石材原形，以简练的手法勾画轮廓，关键部位画龙点睛，人工痕迹不显，成就灵性十足的艺术造型。霍去病墓动物石雕风格质朴而简约，给人以自然天成的艺术享受，在中国雕塑艺术史上占据重要地位。

汉画 汉画，除了壁画、帛画等一般意义上的绘画外，还包括平面雕刻的画像石、画像砖以及漆器画、铜器画、陶器画、丝织品图案等。作为中国本土艺术，远古流传下来的和新创造的众多神话被表现得淋漓尽致，现实社会生活的方方面面也得到最充分的展示。如长沙马王堆汉墓帛画描写天上、人间、地下诸情景，以表达墓主人升仙进入天国的愿望。其灵动飘逸的艺术手法、神秘诡谲的艺术氛围给人以无限遐想，仿佛带人回到楚汉辞赋中光怪陆离的神话世界之中。

汉代墓葬壁画、画像石、画像砖题材内容大致相似。但壁画、画像石的每个单位（墓葬、祠堂等）的内容和布局多有完整构思，犹如连环画一般，系统表达墓主人和亲属的美好意愿。西汉时期多描绘天象神话，如太阳三足乌、月亮蟾蜍、星辰云气、伏羲、女娲、各种仙禽神兽等，并有墓主驱鬼升仙的场景，构图飘逸灵动，极具浪漫色彩。东汉时期绘画主题有所变化，主要宣扬儒家思想的历史人物和历史故事，如忠臣义士、孝子烈女等；反映墓主仕途经历、享乐生活的内容，如车马出行、庄园府第、家居宴饮、乐舞百戏等；显示大道升平的祥瑞图像，如嘉禾、比目鱼、连理枝等占有更大篇幅，给人以重返人间之感。现实与幻想融为一体，人间与天国完美结合，形成天人合一的和谐宇宙。汉画艺术浪漫主义与现实主义的双重特点跃然而出。

第四节　科技进步

秦汉时期中国的许多科技发明都居于世界前列，是数千年中华文明积淀的成果，也是中华文明突出的创新性的集中展现。代田、区田法等先进耕作技术的出现与《氾胜之书》《四民月令》的系统总结，是秦汉物质文明新高度的首要体现。张衡浑天说、测量地震仪器地动仪的发明以及《九章算术》的问世，均是当时中国在天文、算学和地震学等领域的重大贡献。造纸术的发明是人类书写材料的划时代革命。瓷器的烧造、纺织技术的革新均显示出中国在应用技术领域的创新精神和创造能力。《黄帝内经》《神农本草》《伤寒杂病论》的成书和针灸麻醉技术的应用，证明中医学基本体系已经确立，并已在病理研究、诊治和针灸等方面取得显著成就。古代自然科学的主要学科基本形成体系，从而为后世科技发展奠定方向。

一　农业技术

代田、区田法　秦汉时期是中国农作物生产飞跃发展的时代，也是中国农学取得辉煌成就的时代。中国古代一般农作物栽培的基本原理和技术，大部分在此时期具备；通过精耕细作以取得单位面积高额丰产栽培的科学基础，也在此时期奠定。

图5-11　三杨庄遗址代田法田垄

图5-12　和林格尔东汉墓农耕壁画

中国古代农耕很早就开始采用垄作耕种法，一块耕地分为若干长条形的垄台和垄沟，分别称为上垄、下垄。汉武帝末年，搜粟都尉赵过推广的"代田法"，是对垄作耕种法的创造性发展。代田法的技术要点，在于先种下垄，以上垄土培根，使得作物深植，抗旱抗风，生长茂盛。同时上下垄能够定期互换，轮番利用，充分发挥地力，单位面积产量明显提高，比一般平地耕作每亩可增产一斛以上。当时在关中、河东等西北干旱地区推广的成效显著。

时间稍晚的农学家氾胜之，汉成帝时曾任议郎，在关中地区教民种田，提出一种更为先进的耕作技术"区田法"，实际上是对当时尖端耕作技术的总结。"区"指洼穴，"区田"即在穴中播种，具体有两种形式：一种为带状区田。将长十八丈，宽四丈八尺的一亩土地均分为十五町，每町长四丈八尺，町间留十四条一尺五寸宽的行道。町内每一尺，挖一条一尺宽、一尺深的沟，在沟中点播作物。另一种为方形区田。在土地上挖均匀分布的坑，作物点播在坑内，坑的大小、深浅、距离，随土地质量、作物品种等因素而异。区田法的田间布置十分细致，在小片土地上深耕细耨、等距密植，对拌种、除草、施肥、浇灌等环节有很高要求，是一种园艺式的耕作方法，比代田法精耕程度更深。区田法不仅能更大幅度提高单位面积的粮食产量，而且方形区田还可以施用于山地、坡地等不宜连片种植的地方，扩大了土地利用范围，它开辟的在人多地少条件下精耕细作、少种多收的思路和方法，对农学发展史意义重大。

《氾胜之书》《四民月令》 秦汉时期以耕作技术为核心的农业科学知识，同样取得明显进步，并集中反映在《氾胜之书》《四民月令》等农书中。《汉书·艺文志》在诸子略农家类下著录有《氾胜之》18篇，后人习称为《氾胜之书》。此书久已散佚，现代学者在清人基础上辑得两种辑本，是现存最早的中国古代农学专著。氾胜之在书中除托名古代贤臣伊尹提出区田法外，还包括其他一些重要内容。在耕作原则上提出"凡耕之本，在于趋时、和土、务粪泽、早锄获"。"趋时"就是合理掌握耕作时间，抢墒保墒，不误农时。"和土"就是平整土地，破碎土块，保持土壤松软细密。"务粪泽"即施肥和灌溉。关于施肥，记载基肥、种肥、追肥的不同方法；关于灌溉，专门论述水温调节和地下灌溉的问题。"早锄获"，及时锄地是为了除草和防止水分天然蒸发，及时收获是为了避免落粒、发芽和减少不利天气造成的损失。在具体农作物方面，列举了包括粮食、油料、纤维、蔬菜等在内的十余种作物的栽培技术,分别说明关键环节,如小麦穗选留种方法,桑树桑苗截干方法,等等。在种子处理上,记载了"溲种法",即用动物骨头加附子、蚕粪等煮汁,浸泡下播前的种子,以达到防虫、抗旱、吸取肥料的作用。总的来看,《氾胜之书》对西汉时期北方旱作农业技术进行了前沿性总结,也因此颇受后人重视。它的写作体例,也对此后各代的综合性农书有重要影响。

东汉时期出现一部以时令为纲的农书《四民月令》。与《氾胜之书》相似,它也是散佚后由今人在清代以来学者辑佚基础上辑得。《四民月令》的作者崔寔,出身于官僚世家,曾任太守、尚书等职。《四民月令》叙述以农为主的一般百姓的日常生产、生活情况,开创了中国古代"月令体农书"体裁。东汉是大地主自然经济田庄发展的时代,《四民月令》以此为背景,从一个田庄的角度出发,记载其从正月到十二月的例行活动,包括耕地、播种、分栽、耘锄、收获、储藏等一系列农事安排,较系统地总结了当时的农业生产知识。书中不少地方论及农业技术,如稻秧移栽、果树压条繁殖,都属于当时先进的生产经验,还第一次记述了植物性别与繁育的关系。书中大量篇幅记述田庄的农业经营情况,如多种作物栽培、农产品加工销售等,因此它不仅是一部单纯的农书,更是一部农业经营管理手册。

二 建筑科技

宫殿建筑 秦汉时期的宫殿建造达到当时建筑科技发展的高峰。阿房宫、未央宫以及德阳殿等著名宫殿,今天的国人仍然耳熟能详。秦汉时代的宫殿建筑规模之大,数量之多,精巧之度都是空前的。

秦和西汉的宫室基本沿袭战国以来流行的高台建筑。墙壁多为土筑，秦时壁柱用圆形暗柱，柱脚埋入柱洞，底施柱基；西汉时柱石顶部与地面平齐。壁柱多下埋入洞内，部分不靠墙的柱础正中凹下，柱根置于柱础凹洞中。西汉时上部木结构已能大体保持稳定，为东汉废弃夯土高台建筑代之以斗拱的木结构楼阁开辟道路。

宫殿建筑多四面为檐。秦汉时流行四面流水的殿堂，宫与宫之间往往有"复道"形走廊，精巧者称"飞阁"，是一种类似今日立交桥的廊道。殿中地面除沿用以往抹草泥的方法外，秦和西汉开始使用铺地方砖和空心砖等踏步。西汉时以方砖为多，主要用黑、红两色漆来漆地。

图5-13 七层连阁式四重檐彩绘陶仓楼

墙壁装饰多用灰涂，后宫温室则涂以椒，称为"椒宫"。宫殿及贵族住室墙壁多被以文锦，称为"壁衣"，华丽程度可以想象。建筑中多处使用大型金属构件，《汉书》卷97下《外戚传下》有"壁带往往为黄金釭，函蓝田璧"。《长门赋》《景初殿赋》还见到金、银铺首，出土的汉代金属铺首文物可以证明这些记载的可靠。

东汉时期大量采用"层栏叠宇"支架起斗拱的抬梁式木结构。殿宇的斗拱有实板拱，一斗二升拱，一斗三升拱等。斗拱中栌斗、散斗形状基本定型。柱上和内外檐的枋上斗拱的安装，只限于宫殿、宗庙等建筑。在壁柱使用上，已能妥善解决外转角处的复杂结构。柱形除方、圆两种外，出现三角形等多种形式，表现出建筑的精美和建筑技术的高超。

万里长城　万里长城，是中国古代出色的军事防御体系，如今也成为中华民族的代表性符号。

春秋战国时期，诸侯国在各自边境已修建有防御意义的长城。因为是各自修筑，它们之间互不连接，最长者不过千余公里。秦统一后，为抵御匈奴等外敌侵扰，将各诸侯国所筑长城相连，并增建部分区段，由此形成万里长城。

西汉时期仍时时面对匈奴等外敌侵略，汉武帝时对秦长城继续修缮加固，其后又在河西走廊的大部分地区新筑长城烽燧，规模更为宏大。昭宣时期继续增筑，最终使秦汉长城的长度达到两万里。通过城墙、烽燧以及鄣城、驿传的有机联系，长城的修筑使得长城内外的广袤地区有机结合为一个坚不可摧的防御工程体系。

长城的修筑虽然以坚固为第一要务，但在建筑规划、建筑形式、建筑方法以及建筑结构等多方面，均体现出秦汉时期建筑水平的发达。建筑材料的因地制宜也被后人称道，如平原地区版筑的夯土墙，山脊上石块垒砌的石垛墙，随崇山峻岭人工劈凿的劈山墙等。汉代玉门关长城城墙，还见有戈壁红柳与绿洲芦苇交叠、层层铺设砂石的长城城墙。

秦汉在抗击匈奴时，修筑万里长城等防御工事抵御外族侵扰，与当时使用战马、长枪等冷兵器的战争时代相得益彰，取得了积极的防御效果。万里长城的修筑，不仅在秦汉时期维护了国家的统一与安定，也成为清以前历代中原王朝长治久安的重要保障。

三　手工业

造纸术　造纸术是中国古代举世闻名的四大发明之一，也是中华民族对人类文明的伟大贡献。四大发明之中，造纸术发明的时代最早，并且有明确的出土实物和史料记载。

先秦以来，书写材料或用竹简木牍，以绳编联成册，或用缣帛，曲而为卷。但是简编笨重，缣帛价贵，都不能充分适应文化发展的需要。西汉末，已出现纸的雏形。《汉书·外戚传下》提到西汉成帝的妃子赵昭仪曾写过一封"赫蹏书"，"赫蹏"是用漂絮时积留在箔上的残丝制成，是一种动物纤维纸，成本较高，难以大量制造使用。当时也出现有植物纤维纸，如1957年西安灞桥汉墓出土的麻纸，1986年天水放马滩出土的西汉古地图也施绘在纸上。

两汉之际，开始用麻等植物纤维造纸，但是造纸的质量、成本长期不能满足大规模书写需求。东汉时期的蔡伦，在改进和推广造纸技术方面有开创之功。据《后汉书》卷78《宦者列传·蔡伦传》记载，东汉和帝时，蔡伦"用树肤、麻头及敝布、渔网以为纸。元兴元年（105）奏上之，帝善其能。自是莫不从用焉"。蔡伦用树皮、麻头、破布、渔网等低成本原料造纸成功，价格便宜且易于书写。自此纸的使用逐渐推广，世称"蔡侯纸"。蔡伦以后，用纸作为书写材料的记载大大增多，并在魏晋南北朝时期得到普及。造纸技术的传播和普及，在世界范围内为文化和文明发展做出巨大贡献。

漆器　漆器制造是秦汉时期手工业的重要生产部门。生漆（漆树分泌的汁液）是制造漆器的主要原料，它的生产与利用，在中国具有悠久的历史。秦汉时期的漆器生产更是空前繁盛。当时的漆器制作，多是以木为胎，或经旋挖、或经斫削、或以薄板卷合胶粘，先制成器物的木质胎骨，然后加以髹漆。这种木胎漆器一般比较厚重，在秦汉出土漆器中最为常见，夹苎胎（以麻布为胎）漆器也较流行。考古发掘中也经常出土有髹漆的陶器、铜器、铁器和皮革制品等，反映出当时髹漆手工业的发展和漆器的流行。

秦代漆器造型严谨，纹饰精美，设色庄重富丽，艺术成就颇高。汉代漆器在秦代基础上继续繁荣发展，其出土数量之多，品种之繁，工艺之精，都达到了历史上的极致。汉代中央设有专门制造漆器的工场，并设官吏管理。蜀郡、广汉郡所生产的漆器专供宫廷使用，类似明清瓷器的官窑。汉代漆器种类仍以日常生活用具为主，另有文具、兵器、乐器、丧葬用品等多种。装饰工艺可有彩绘、刻划、镶

图5-14　纺织场面铜贮贝器

第五章　六合同风（秦汉）

嵌、金银箔贴、戗金等，其中彩绘使用最多，特别是利用漆黏稠不易展开的特性，来表现物体的立体感，以达到浅浮雕效果的堆漆法，体现着工艺技法的进步。

纺织　中国是世界上最早饲养家蚕和织造丝绸的国家。秦汉时期纺织业的生产规模、织造技术均有较大发展。官营纺织业生产规模宏大。除在中央政府设有掌管织作缯帛的织室和掌管练染的平准令之外，官府还在纺织业发达地区直接经营有一定规模的纺织工场。织室每年所需的经费高达五千万钱，一些著名的官营纺织工场"作工各数千人，一岁费数巨万"（《汉书》卷72《王贡两龚鲍传·贡禹传》），大工商者经营的纺织业同样兴盛发达。官僚地主的田庄往往自营纺织，有关王公贵族家中"夫人自纺绩"的记载史不乏书。纺织业是当时民间分布最广的家庭手工业，个体经营的小农家庭，无一不是"男子力耕""女子纺绩"，因而纺织业的发展具有广泛基础。

随着纺织业生产规模的扩大，纺织品的社会消费数量也有明显增加。发达的纺织业基础，使得秦汉皇室和官府用于赏赐或发放的纺织品数量非常惊人，除赏赐之外，官吏、将士、戍田卒等也须由官府发放衣物。中原地区的纺织品通过赏赐、贸易等渠道，大量输往边疆少数民族地区。西汉初年，汉廷曾"遗单于秫糱金帛绵絮它物岁有数"。武帝时，匈奴单于曾上书要求岁给"杂缯万匹"。宣帝甘露年间，匈奴呼韩邪单于臣服，汉廷常赐"衣被七十七袭，锦绣绮縠杂帛八千匹，絮六千斤"（《汉书》卷94下《匈奴传下》）。元帝竟宁元年（前33）"单于复入朝，礼赐如初，加衣服锦帛絮，皆倍于黄龙时"（《汉书·匈奴传下》）。整个两汉期间，汉廷赏赐匈奴及其他少数民族纺织品的记载不胜枚举，赏赐数目不断增加。中国丝织品，不仅为当时西方世界所称道，而且通过海路输往南海诸国。纺织业的高度发展、丝织品的大量使用，直接刺激、促进了刺绣工艺的提高。华美的丝绸和多彩的刺绣犹如春兰秋菊，成为标志汉代手工业鲜艳灿烂的两朵奇葩。

陶瓷器 制陶业是秦和西汉的重要手工业部门。东汉时期，陶瓷生产及其工艺有了新发展，陶器种类增多，砖、瓦、水管等建筑用陶规模扩大。低温铅釉陶工艺进一步提高，发展出深绿、浅绿、赭色、黄釉色、酱褐色等不同色调的低温釉陶，其中绿釉陶器在东汉时期最为流行。不过由于釉陶器烧成温度低，陶质不坚，釉易脱落，不宜盛放食物，所以汉代的铅釉陶纯系丧葬明器，未见实用器物。陶明器包括人物、陶塑、屋舍、楼阁、用具、鸟兽动物形象等类别。

东汉时期，制瓷技术有了飞跃进步。对制瓷原料进行精选，对配方加以改进，并对窑炉结构进行改造，烧造技术得到极大提高。至迟在东汉晚期，浙江地区就成功烧制出完全符合瓷器标准的青釉瓷器制品。随着瓷器制造工艺的进步与成熟，原来陶瓷同窑共烧的局面结束。东汉时大多数窑，已成为名副其实的瓷窑，从此陶瓷分家，瓷器生产成为新的独立手工业部门。当时除了青瓷器，还有黑釉瓷与白釉瓷，而以青瓷的生产最为普遍。浙江宁绍

图5-15 水波纹青瓷四系罐

平原、金华丘陵地区和永嘉沿海地区是青瓷的主要产地，仅上虞一县就发现东汉青瓷窑址37处之多。不过这一时期各类瓷器烧造技术虽趋于成熟，但仍然处于瓷器发展的早期阶段。

四　机械技术

指南车与地动仪　秦汉时期，机械技术方面有不少重要的发明，充分体现出时人的聪明才智。指南车是中国古代著名的自动机械，利用齿轮系传动原理制造而成，用以判断行进方向，"设木人于车上，举手指南，车虽回转，所指不移"（《宋书·礼志五》）。传说它的发明者是黄帝或周公，实际上最早出现年代可能是西汉，此后虽不断有人制造，但制造技术却多次失传。《宋书·礼志五》记载东汉张衡曾制造过指南车。

张衡制造的地动仪，运用地震波传送原理测定地震发生及其方向，是中国古代科技史上一项非常重要的发明。它在机械制造方面应用水平摆惯性和杠杆传动原理，构思十分巧妙。对地震发生的起因，古代有种种迷信的看法。张衡在东汉长期担任太史令一职，除记录天象外，掌管记载各地上报的地震资料。经过长期研究，他在顺帝阳嘉元年（132）制成用于测定地震的地动仪。在地动仪内部结构中，中间"都柱"实际上是大的倒立水平摆，重心高于摆动中心；"旁行八道"是控制都柱运动方向的装置，有八条滑道，分别位于都柱的东、南、西、北、东北、东南、西南、西北八个方向；"牙机巧制"是仪器内部的一套杠杆传动系统。地震发生之时，都柱受到地震波的惯性影响发生倾斜，向震源方向的滑道运动，通过杠杆传动，促使这一方向外部的龙首张嘴，龙首中的铜球落入下面的蟾蜍口中，观测者会知道这一方向发生地震。地动仪原理与近代地动仪大体一致，而发明时间早于西方同类仪器1700余年。《后汉书·张衡传》记载地动仪正确测定顺帝永和三年（138）陇西地震，是世界上第一次被测定的地震。

翻车与水碓 秦汉时期，除有一些重要的农业机械发明属于传动机或传动机件的范围外，如属于链条传动的翻车，还在利用自然原动力方面有所进展，其中主要是利用水力，例如水碓。

翻车，亦称踏车或龙骨车，是中国古代常用的灌溉工具。在翻车以前，古人主要使用桔槔和辘轳进行灌溉，前者利用杠杆和坠石作用，后者利用轮轴原理，但仅是间歇性地提水，效率较低。《后汉书·张让传》记载东汉灵帝时期，宦官毕岚发明翻车，与渴乌配合使用。渴乌，一般认为是利用虹吸原理引水的一种设施。翻车与渴乌虽然共同用于喷洒道路，但已具备灌溉原理。至曹魏时，马钧正式制造出用于灌溉的翻车。

图5-16(1) 桔槔汲水　　　　图5-16(2) 辘轳汲水

水碓是舂米工具，大约出现于两汉之际。其构造主要是一个立式水轮，水轮的横轴上穿有若干根短横木，与轴成直角。水力转动水轮，带动短横木旋转，连续拨打碓尾木，使碓不断起落，从而完成舂米任务。水轮大小、轮轴长短、短横木和碓尾木的多少，取决于水流量大小和水势高低，要求一定的流体力学知识，往往还要对地理环境进行一定改造。东汉初年桓谭的《新论》中已有水碓的记载，其中提到上古的舂是用手操作，后来发展为脚踏，"利十倍"，至于利用畜力或水力，"其利乃且百倍"。

五 历法与算术

天文历法 两汉天文学比较发达，已基本形成完整体系，可以通过观测星辰运行推算出二十四节气。天体结构有宣夜说、盖天说、浑天说三种理论，宣夜说打破天的界限，主张宇宙无穷，描绘出一幅天体在无限空间中自然分布与运动的图景，在人类认识史上具有重大意义；盖天说主张"天圆如张盖，地方如棋局"，即天圆地方；浑天说认为天地之象如卵之裹黄，天外地内。浑天说比前两种理论更接近肉眼观测的情形，故在当时情况下能够比较完善地解释天体运行情况，满足观测天象的需要，从而主宰了中国古代天文观测事业。东汉太史令张衡是浑天说的代表人物，著有天文著作《灵宪》，他不仅发明候风地动仪以测定地震，还改进演示天体运行的浑天仪。

天文学的发展使历法制订工作逐渐进步。对历代王朝来说，制订历法具有两大重要意义，一是指导农业生产，合理安排农事，二是预测天象，为政权的"天命"提供依据。因此中国古代颁布的历书，不但要标明气、朔的位置，还要网罗日月五星的各种问题，这种内容包罗广泛的历法，在汉代开始形成体系。汉武帝时的《太初历》以正月为岁首，确定无中气置闰原则，包容日、月食周期和金木水火土五星各自会合周期等重要天文数据，对后世历法有深远影响。原著虽已失传，但其基本内容被刘歆改编为《三统历》，收入《汉书·律历志》，是现存最古老的一部完整历法。东汉后期刘洪所制《乾象历》大大提高了推算日、月食的精确度，并将回归年的数值精确修正到365.2462日。

《九章算术》 历法制订带动数学的发展。西汉已出现古代第一部天文历算著作《周髀算经》，从天文观测中概括出数学定理，如书中在讨论测量太阳高远问题时，提出了勾股定理的一般形式。此外还使用相当复杂的分数运算、开平方、等差级数等手段解决古四分历中的计算问题。东汉时出现数学专著《九章算术》，汇集246道数学应用题及解算方法，系统总结先秦以来的数学成就，囊括初等数学中的大部分内容，在分数四则运算、比例算法、开方、解方程、正负数运算等许多方面都居于当时世界领先地位。《九章算术》开创中国古典数学重视应用计算的传统，被尊为"算经之首"，在中国数学史上影响至为深远，标志着中国古代数学体系的形成。

六　中医学

中医学理论　中医学的体系在汉代建立。现存中国古代最早的医书是《黄帝内经》，其编写可能始于战国，至西汉写定。该书分两部分，《素问》用阴阳五行之说阐释生理病理现象及其治疗原则，《灵枢》记述针刺之法。《黄帝内经》对中国古代早期医学理论与实践进行系统总结，建立的理论体系包括整体观念和阴阳五行理论、脏腑经络学说、病因学说、预防与诊断等，对后代中医学发展有着极为重要的影响，被历代尊为医学经典之首，标志着中医学理论体系的形成。

东汉时出现一部托名战国名医秦越人（扁鹊）的中医理论著作《难经》。《难经》的基本内容是针对《内经》有关论述提出81个问题（"难"），用问答形式加以阐发。81难可以归纳为脉诊、经络、脏腑、疾病、腧穴、针法六个方面的问题，在中医基础理论和临床经验方面多有创见，对后世中医产生重大影响。四川成都天回汉墓所出医简，据整理就是扁鹊一派的医书。

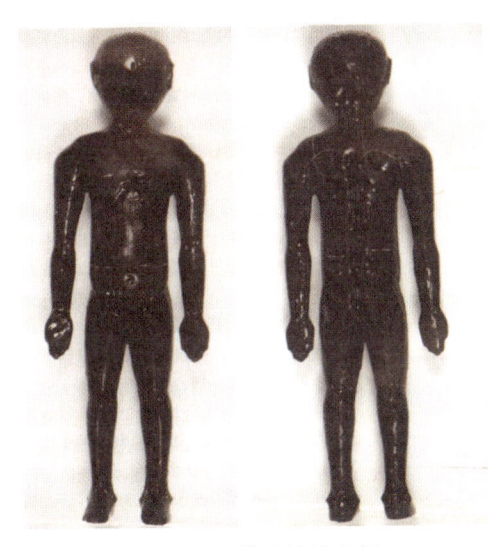

图5-17　漆人体经穴俑

中药学　东汉时问世的《神农本草经》，是中国古代第一部药物学著作。该书共收载药物365种，植物药250余种，其余为动物药和矿物药。因大部分为植物药，故名"本草"，"本草学"也成为后世中药学代称。书中集中论述药物学原理，包括主药与辅助药"君、臣、佐、使"的角色理论及配伍禁忌原则，"五味""四气"等对不同药性的概括、服药剂型、时间等具体用药方法。总体药理与具体药物并论，反映出中药学已经初步形成体系。

中医治疗学　东汉末年，张仲景著有医疗专著《伤寒杂病论》，是中国古代第一部有明确作者的医书。该书分《伤寒论》《金匮要略》两部分，前者论伤寒诸症，后者论内、外、妇科杂病。书中更加系统地论述中医的辨症施治方法，即充分运用望、闻、问、切等诊断手段，综合分析病人复杂的症候，根据相应的治疗原则确定如何治疗。书中总结据以诊断病症的表、里、阴、阳、虚、实、寒、热"八纲"，以及有关治疗药方300余种，皆长期为后世中医继承。《伤寒杂病论》更多论述的是临床实践问题，因而与理论著作《黄帝内经》和药典《神农本草经》相比，在中医治疗学方面做出新的突出贡献，张仲景也被后人尊为"医圣"。

华佗是与张仲景同时代的著名医学家。华佗，字元化，沛国谯（今安徽亳县）人。华佗长期在民间游历行医，后因得罪权臣曹操下狱被杀。根据史书记载，他曾经成功实施腹腔肿瘤切除和肠胃部分切除吻合等一类相当大的外科手术。手术成功的关键，是使用了麻醉剂"麻沸散"，这是世界上最早采用麻醉术的记载。华佗重视医疗体育，曾模仿虎、鹿、熊、猿、鸟五种动物的姿态，创造了一套保健运动体操"五禽戏"。他在望诊、脉诊、针灸、方药等方面都有精深造诣，治病救人的神奇故事也广为流传，有"神医"美誉。

第五节　文明交通新纪元

秦汉王朝构建出四通八达的水、陆交通网络。汉武帝募使张骞出使西域，东西方文明之间的交流进入新纪元。原先邻近地区的自然沟通跃升为中原王朝经营主导下的自觉交流，形成后人所称的"丝绸之路"。"丝绸之路"的开通与发展将秦汉王朝中原与域外紧密相连，中国的丝绸、漆器、铜镜等源源不断向外输出，域外珍奇之物持续流入，使异域文化与秦汉文化日渐融合，有力促进着秦汉时期中国与世界的文明交通，充分体现着大一统秦汉文明的开放与包容，显示出中华文明突出的包容性的悠久传统。

一　四通八达的交通网络

驰道与直道　驰道和直道的修建，是秦汉时期规模宏大的筑路工程，对于陆路交通的发达和经济文化的交流，具有重大意义。由于长期战争，战国时期各国修筑了许多关塞、堡垒，但各国之间的道路宽窄不一，影响交通往来。秦统一中国后，立即下令拆除阻碍交通的关塞、堡垒。秦始皇二十七年（前220），修建以首都咸阳为中心的驰道。驰道主要干线有两条：一条向东直通过去的齐、燕地区；另一条向南直达过去的吴、楚地区。据《汉书·贾邹枚路传》记载驰道宽50步（约合今69米），路基高厚，道旁每隔3丈（约合今7米）种树一棵，其规模令人叹为观止。

秦始皇三十五年（前212），秦始皇又命人修筑一条由咸阳直向北伸的"直道"。这条"直道"从咸阳以北不远的云阳出发，向北直达河套地区，全长1800里（约合今700千米），是从秦朝首都咸阳至北方九原郡最快捷的道路。修筑"直道"的目的，在于迎击北方匈奴的进犯。如果匈奴进攻，秦军可循"直道"由首都直达九原，迅速给予反击。此外，西南地区还开通由今天的四川宜宾直达云南曲靖的

"五尺道",因地形险阻,道路狭窄,故名"五尺道"。

"驰道""直道""五尺道",以及在今湖南、江西、广东、广西间修筑的"新道",共同构成以咸阳为中心的四通八达的道路网,把各地紧密联系在一起。同时,秦又规定道路和车轨的统一宽度,"车同轨""舆六尺",便利了交通往来。中国如今长城线以南以西的地区,大都直接包括在这一庞大的交通网内。即便是现今青海的各个地区,那时也与秦都咸阳有着不同程度的交通联系。道路修筑工程不仅对促进各地经济、文化交流起着积极作用,在军事和政治方面也具有重要意义。

回中道与褒斜道 西汉对秦代修筑的交通干线加以修复、开拓,逐步完成了贯通全国的交通网。其中,向北的"回中道"、向西南的"褒斜道"均在汉武帝时修筑完成。

向北原有秦时修筑的"直道",汉武帝时又于西北边境修筑"回中道"。元封四年(前107),汉武帝行幸雍,祠五畤,于是修"回中道"。此道自汧(今陕西陇县)、回中(今陕西陇县西北)开始,伐山开道,直通萧关(今宁夏固原附近)。于是,从首都长安向北和西北皆有干道可通。

向西南原有秦所修的子午道和故道,时因子午道"途路涩难",故道又偏僻多坂,所以汉武帝时开通"褒斜道"。据《史记·河渠书》,汉武帝任命张汤之子张卬"为汉中守,发数万人作褒斜道五百余里"。此道是一条沿出于秦岭的褒水和斜水,由今陕西眉县附近越过太白山,到达今陕南褒城附近的山路。原准备兼通水陆两路,但因"水湍石"而"不可漕"。水路不能行而陆路便利,成为入蜀的主要交通线。

汉武帝时对秦代所修的通往西南的"五尺道"屡加修复、拓宽，派唐蒙、司马相如先后二度主理修路之举，《史记·平准书》说"唐蒙、司马相如开路西南夷，凿山通道千余里，以广巴蜀"。从此，西南各地与中原的联系更加紧密。

秦代奠定的全国交通干线，至西汉时代更加完善，成为贯通各地的交通网。

灵渠和漕渠　秦汉两代都采取兴修水利与发展水上交通相结合的方针，即一方面大力修整和充分利用天然的江河水道，另一方面大力开凿运河和溉渠，使之"皆可行舟，有余则用溉"。

为便于向岭南地区运粮运兵，秦代官吏在今广西兴安县的山岭上，开凿出一条连接向南流的漓江和向北流的湘江的运河，此即闻名于世的灵渠。灵渠截湘江水引入漓江，不仅有利于当地农田灌溉和运输，还因为沟通了长江、珠江两大水系，对中国南北经济、文化的交流也起到重要作用。

西汉时代的内河航运，在促进国内交通方面起到重要作用。继秦代开创的基础，西汉王朝特别是汉武帝曾不遗余力地开发水上交通，所以西汉的内河航运即"漕运"比秦时更加发达。

除继续利用和修整秦代遗留下的各个水运航道外，西汉重点打通黄河水运航道。因首都在长安，由全国各地征调至首都的粮食、财物皆须运至关中，而主要漕运水道则是从渭水而上，这条漕运水道共900余里，且不易通过。所以，打通黄河航道，是西汉朝廷十分关心的大事。《史记·河渠书》记载，汉武帝元光元年（前134）春，大司农上书提出："引渭穿渠起长安，并南山下，至河三百余里，径，易漕，度可令三月罢；而渠下民田万余顷，又可得以溉；此损漕省卒，而益肥关中之地，得谷。"于是令齐人水工徐伯"发卒数万人穿漕渠，三岁而通"。这条漕运水道打通后，每年"百余万石"的粮谷从关东漕运而至，渠旁农田也便利灌溉。

二　陆路丝绸之路

通使西域　汉时将玉门关、阳关以西之地称为西域，包括今天的新疆及中亚部分地区。当时在天山以南、塔里木盆地南北边缘的绿洲上分布着几十个小国，较重要的有楼兰、焉耆、龟兹、疏勒、且末、于阗、莎车等，天山以北还有乌孙人建立的游牧政权。

西汉初年匈奴强盛，天山南北的大部分地区被其征服，被迫缴纳赋税。西汉统治者在同匈奴的对峙过程中，逐渐认识到西域的重要性，汉武帝即位后决心联系西域。由帕米尔高原向西，有大宛、大月氏、大夏等国。大月氏早先居于祁连山，因受匈奴压迫而西迁。汉武帝即位以后，从投降的匈奴人口中得知此信息，十分重视，希望利用大月氏对匈奴的仇恨，与其结为同盟，共同对付匈奴。但是大月氏离开敦煌故地后，究竟迁徙到何处，当时并不清楚，对于神秘而遥远的西域情况知之甚少。要达到联络大月氏的目的，必须派人亲赴西域寻找。

汉武帝于建元三年（前138）招募自愿出使西域者，郎官张骞勇敢应募，自陇西（今甘肃临洮）启程。张骞西行途中被匈奴俘虏，遭羁留十余年后才寻机逃脱，最终到达大月氏。但大月氏已放弃向匈奴复仇，张骞不得要领而归，一路历经艰难险阻，终于在元朔三年（前

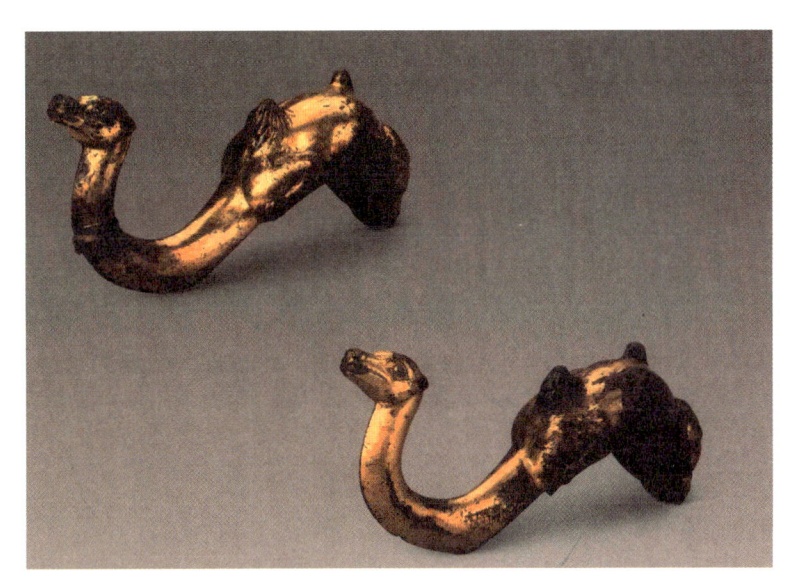

图5-18　海昏侯墓出土鎏金青铜骆驼形钮钟架构件

126）回到长安。此行虽未实现初衷，但在西域传播了汉朝声威，并获得大量前所未闻的当地资料，故被誉为"凿空"之举。

汉武帝敦本务实，虽然合击匈奴的计划未能达成，但为加强与西域诸国的交流往来，在元狩四年（前119）派遣张骞第二次出使西域。这时匈奴已被汉朝击破，故第二次西行比较顺利，此后汉朝与西域交往更加频繁。汉武帝太初四年（前101）在西域置使者校尉，驻乌垒城（今新疆轮台县东北小野云沟附近），又在渠犁（今尉犁县西）驻兵屯田。宣帝神爵二年（前60），汉廷控制西域北道，改使者校尉为西域都护，仍驻乌垒城。从此，今巴尔喀什湖以东、以南广大地区都纳入西汉王朝疆域，归西域都护统辖。通使西域使天山南北地区在历史上第一次与中原连为一体，中原与西域乃至更西地区的交通路线逐步开辟，这就是著名的"丝绸之路"。

当时的道路由东而西，自长安经河西走廊通向中亚，共有两条道路：一条出阳关，经鄯善（今罗布淖尔附近，即故楼兰），沿昆仑山北麓西行，过莎车，西逾葱岭，出大月氏，至安息（今伊朗地区），西通犁靬（今罗马）；或由大月氏南入身毒（今印度）。另一条出玉门关，经车师前国，沿天山南麓西行，出疏勒，西逾葱岭，过大宛，至康居、奄蔡。沿此道路，汉使至安息、奄蔡、犁靬、条支（今叙利亚地区）、身毒等国者，一年中多时十余批，少时五六批，一批多则数百人，少则百余人。经这条道路运往西方的商品有蚕丝、丝织品、漆器、铁器等，铸铁和凿井技术也在这时西传。西方输入中国的商品有良马、橐驼、香料、葡萄、石榴、苜蓿、胡麻、胡瓜、胡豆、胡桃等。中西经济、文化联系日益密切，意义十分重大。

"通西南夷" 秦汉时，在四川南部、西南部和云、贵地区分布着许多语言、习俗不同的民族，统称为"西南夷"。秦代占有四川和云南接壤的东部地区，到西汉初，又全部放弃。武帝即位之初曾相继派唐蒙、司马相如前往招抚。

图5-19 延年益寿大宜子孙锦鸡鸣枕

张骞第一次从西域返回后，曾建议经西南夷开辟道路以通身毒。他在大夏时见到蜀布和邛（今四川西昌东南）竹杖，据当地人说，这些都是从在身毒的蜀商那里买来的。张骞又得知，身毒的位置在大夏东南数千里，在邛西两千里。这说明当时民间应已有通向西南的早期丝绸之路，可能是一条山水阻隔、民族复杂、不易通行的羊肠小道。汉武帝得知后，曾派出十余批人经略西南夷，寻找此路，过滇（今滇池一带）而西，在今洱海附近，被昆明夷所阻。但汉廷仍以征伐、招抚相结合的手段，迫使大批西南部族内属，设置益州郡等"西南七郡"，同时授当地酋长与部族首领王、侯等衔，进行双重统治。

西汉中后期，西南七郡的经济、文化发展较快，对附近的民族地区有很大影响。东汉光武帝时，在哀牢地区为自愿内属的哀牢夷设永昌郡。和帝、安帝时，永昌郡之南的掸王雍由调曾遣使朝见。安帝永宁元年（120），雍由调遣使"献乐及幻人，能变化吐火，自支解，易牛马头；又善跳丸，数乃至千"（《后汉书》卷86《南蛮西南夷列传》）。这些魔术师自言是海西人（大秦，即罗马帝国）。安帝在宫廷观赏了魔术表演，封雍由调为"汉大都尉"，赐给印绶、金银和丝绸。可以看出，到东汉中期，西南丝绸之路已经畅通。

三　海上丝绸之路

南平百越、东定朝鲜　东南沿海的百越地区原已被秦朝平定，但在秦末动乱中相继形成东瓯（今浙江）、闽越（今福建）、南越（今广东）几个半独立政权，为汉藩属。武帝建元三年（前138），东瓯为闽越所逼，举国内徙。元鼎五年（前112），南越相吕嘉杀其王反汉，武帝遣将讨伐，于次年灭南越，以其地置九郡。闽越亦与南越同反，汉军分水、陆进击，至元封元年（前110），闽越诸将杀其王降。至此百越地区全部纳入汉朝的直接统治。

朝鲜为汉初形成的政权，由燕人卫满所建，据有朝鲜半岛北部，都于王险城（今朝鲜平壤市）。武帝元封三年（前108），汉将杨仆、荀彘击破朝鲜，陷其都，以其地设乐浪等四郡。至此，汉王朝海疆稳固，沿海航路畅通无阻，为海上交通贸易发展创造了前提条件。

海运与内河航运联通，是西汉交通网的重要组成部分。百越地区的南海、苍梧、合浦、郁林、交趾、九真、日南七郡，其贡赋除少量由陆路运输外，主要依靠海运，会稽郡的东冶（今福建福州市）是海运转入内河航运的中转站。班固《西都赋》说："东郊则有通沟大漕，溃渭洞河，泛舟山东，控引淮、湖，与海通波。"当时重要的海上、内河航线，南起交趾，中经东冶，至临淮进入淮河，转由鸿沟进入黄河，溯河而上沿洛水可至洛阳，再溯河而上，西入渭水，可抵长安。

海上丝路的开拓 中国古代海上丝绸之路，是由今天两广的某些口岸通向南海、南洋、印度洋的海上航行路线。这条航线的开通并非一日之功，而是随着航海技术的发展，先民们对海洋的逐步探索而形成的。1975年广州出土的秦至西汉初年的造船厂遗址，规模相当宏

图5-20　刘汉造石狮

大，有三个造船台，长度估计在100米以上，可建造身宽5—8米、载重25—30吨的木船。

汉武帝南平百越、东定朝鲜，促进海上交通的发展。远海航运中心已由齐地转到南方，主要海港都会一是会稽郡的东冶，一是南海郡的番禺（今广东广州市）。东冶是东航日本、琉球的主要港口，番禺是南向东南亚各地船舶的主要港口。据《汉书·地理志》记载：自徐闻（今属广东）、合浦（今属广西）沿今印度支那半岛近海南行，可达半岛南部及马来半岛各国；经今马六甲海峡，西过印度洋，可达黄支国（今印度东南）。黄支之南，还有已程不国（今斯里兰卡）、皮宗（今东南亚马来半岛、马六甲海峡一带）等。由此可知西汉时期的中国船队，至少已到过今天的菲律宾、新加坡、马来西亚诸地。

当时汉人带有翻译远航到这些国家或地区，带去黄金和各种丝织品，采购明珠、宝石、珍奇异物等。当地商人航海来汉朝交易也日渐增多。汉平帝时，黄支国王遣使曾送来活犀牛。东汉和帝时，天竺几次遣使赠送方物。顺帝时，叶调国（今爪哇岛或苏门答腊岛）王遣使赠送方物。桓帝时，大秦国（罗马帝

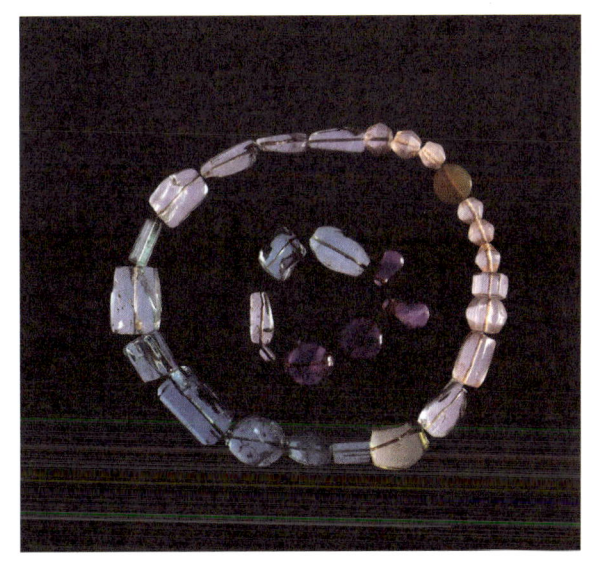

图5-21　广西合浦黄泥岗1号墓出土绿柱石、水晶串饰

国）王安敦遣使送来象牙、犀角、玳瑁等。《吴时外国传》记载："从加郁调州乘大伯舶，张七帆，时风一月余日乃入秦。大秦国也。"双向交流的海上丝绸之路在东汉时已经畅通。

"丝绸之路"的开通，在人类文明史上具有重要地位。它不仅开辟了东西方文明往来的大道，增强了不同文明间经济、文化交流，更进一步扩大了中国在古代世界的声望，从而加速了人类文明前进的脚步。

本章参考文献

林剑鸣：《秦汉史》，上海人民出版社2003年版。

袁行霈等主编：《中华文明史》第2卷，北京大学出版社2006年版。

张帆：《中国古代简史》，北京大学出版社2001年版。

张政烺主编，邬文玲、赵凯编著：《中国古代历史图谱·秦汉卷》，湖南人民出版社2016年版。

本章图片来源

图5-1 《西汉海昏侯刘贺墓出土〈海昏侯国除诏书〉》，《文物》2021年第12期。

图5-2 《中国历史》七年级上册，人民教育出版社2016年版，第46页。

图5-3 《平天下：秦的统一》，西北大学出版社2019年版，第174页。

图5-4 《平天下：秦的统一》，西北大学出版社2019年版，第178页。

图5-5 《历史必修·中外历史纲要（上）》，人民教育出版社2019年版，第15页。

图5-6、图5-9、图5-13、图5-18、图5-19、图5-20、图5-21 吕章申主编：《秦汉文明》，北京时代华文书局2017年版，第44、60、116、332、

351、364、350页。

图5-7 《里耶秦简·壹》，文物出版社2012年版，彩版14（彩图）。

图5-8 《湖北荆州市胡家草场西汉墓M12出土简牍概述》，《考古》2020年第2期。

图5-10 张政烺主编：《中国古代历史图谱·秦汉卷（上）》，湖南人民出版社2016年版，第136页。

图5-11 张政烺主编：《中国古代历史图谱·秦汉卷（上）》，湖南人民出版社2016年版，第136页。

图5-12 《和林格尔汉墓壁画》，内蒙古人民出版社1978年版，封面。

图5-14 张政烺主编：《中国古代历史图谱·秦汉卷》，湖南人民出版社2016年版，第109页。

图5-15 张政烺主编：《中国古代历史图谱·秦汉卷（下）》，湖南人民出版社2016年版，第135页。

图5-16（1） 张政烺主编：《中国古代历史图谱·秦汉卷（下）》，湖南人民出版社2016年版，第85页。

图5-16（2） 张政烺主编：《中国古代历史图谱·秦汉卷（下）》，湖南人民出版社2016年版，第86页。

图5-17 《成都市天回镇老官山汉墓》，《考古》2014年第7期。

第六章 汇聚融合
（魏晋南北朝）

第六章 汇聚融合(魏晋南北朝)

章首语

中国历史上的魏晋南北朝时期始于220年魏文帝曹丕代汉称帝,终于589年隋文帝杨坚灭南朝陈,上承两汉,下启隋唐,时间跨度近400年。在这一历史时段中,中国政治上处于分裂状态,经历魏、蜀、吴三国鼎立、西晋短暂统一、永嘉南渡后东晋与十六国并立,南北朝长期对峙等诸多历史变迁。在所谓战争和灾祸、分裂与倒退的表象背后,中华文明孕育着新的生机。这一时期思想活跃、宗教繁盛、文化自觉。儒学作为两汉以来主流意识形态,继续保持活力,逐步常识化和社会化,深刻影响着政治和法律制度;而作为新的学术思想和社会思潮,玄学以其丰富的哲学概念和范畴,为整个中华文明增添了新的思辨元素,深刻影响了士人的精神风貌。佛教传入中国后,不断本土化和世俗化,最终成为中华文明的重要组成部分;道教作为中国本土宗教,经历了漫长的发展变革过程,最终形成儒释道三教论衡的新格局。文学和史学摆脱了经学束缚,著述众多,形式多样;个性觉醒与文化交融,促成了艺术的多样化与多元化；科学发展和技术进步，创造出灿烂的物质文明和丰富的文化遗产。魏晋南北朝时期是中华文明汇聚融合的重要历史时期，外来文化与华夏文化、农耕文明与游牧文明相互冲撞与交融，时代的激荡使中华文明的内涵更加丰富、构成更加多元、辐射更加久远，为隋唐盛世文明奠定了坚实基础。

第六章　汇聚融合（魏晋南北朝）

第一节　文化传承与文明融汇

魏晋南北朝时期是中国境内各民族大迁徙、大交融的时代，是继春秋战国以后又一次民族迁徙和民族交融的高潮，为中华民族增添了新鲜血液，提高了民族的整体素质，在中华文明史上占据极其重要的地位。这一时期，频繁的战乱和王朝更迭在一定程度上改变了文化的传承方式，官学衰微，家学兴盛，纸张的普及为文化发展提供了极大便利。

一　王朝兴替与文明交汇

魏晋南北朝是中国历史上朝代变更最为频繁的时代。黄巾起义瓦解了东汉王朝，形成魏、蜀、吴三国鼎立的局面。263年，曹魏灭蜀。265年，司马氏集团发动政变，取代曹魏政权，建立西晋王朝，并于280年灭吴，建立起统一政权。门阀士族势力在这一时期逐渐崛起，逐渐成为社会统治势力。西晋统一后仅十余年，就爆发了历时16年之久的"八王之乱"，频繁的攻伐引发了连锁式的社会动荡，部分少数民族酋帅、贵族趁机起兵反叛，整个北方地区广被战火，生产凋敝，生灵涂炭，西晋政权分崩离析。

内迁中原的众多民族以匈奴、羯、鲜卑、羌及氐为主，这些民族或部族在中国北部境内先后建立起前凉、后凉、南凉、西凉、北凉、前赵、后赵、前秦、后秦、西秦、前燕、后燕、南燕、北燕、夏、成汉等多个政权，概称为"十六国"。北方各族以暴力为主要方式的迁徙行动导致严重的社会动荡，经济遭到极大破坏。历经战乱和动荡，各民族交往日益频繁。

中原动乱引发史无前例的移民浪潮，大量士民南渡，流民成为严重的社会问题。317年，晋元帝司马睿在江南建立东晋王朝。此后，宋、齐、梁、陈四朝迭相更替，史称南朝。439年，鲜卑拓跋氏建立的北魏消灭了黄河流域的大小割据政权，统一北方，结束了十六国时期。534年，北魏分裂为东魏和西魏，其后，东魏为北齐所代，西魏为北周所代。历史上把这个南北对峙时期称为南北朝。从东汉末到隋朝再次统一的近400年间，除西晋短暂统一外，大部分时期中国处在分裂割据的状态。

与前后各历史时期有所不同的是，魏晋南北朝时期王朝更迭虽然迅速，但新旧王朝交接方式多采取和平的"禅代"形式，权臣在挟天子及屡建战功的基础上，以强大兵权为后盾，通过逼加九锡，禅代称帝。如曹魏代汉、西晋代魏，刘宋代晋，以及南朝宋、齐、梁、陈的更替，北朝政权的易主，大多通过"禅代"方式完成，即假禅让之名，完成从此姓到彼姓的君臣易位。尽管背后存在着暗流汹涌的武力威慑和血腥杀戮，但"禅代"引发的社会动乱较微弱，付出的社会成本相对较小，在一定程度上保障了文明的延续和文化的持续发展。

魏晋南北朝时期是中国历史上人口迁徙规模最大、范围最广的时期之一。这一时期中国境内的主体民族是汉族，被称为"晋人"。边境和内地分布着许多少数民族，其中比较强大和活跃的，在北方

第六章 汇聚融合（魏晋南北朝）

主要是匈奴、鲜卑、羯、氐、羌等民族，被称为"五胡"，在魏晋南北朝政治和社会发展中扮演着重要角色。十六国以来少数民族政权的部族传统，带来了新的政治因素，它们与华夏旧制彼此冲撞激荡，"胡汉杂糅""胡汉分治"成为十六国政权的突出特点。所谓"胡汉杂糅"，是胡制和汉制错杂交织；所谓"胡汉分治"，是对胡人和汉人采用不同的统治方式。随着北方各民族交融程度的加深，在吸收汉地文化之后，胡族政权努力学习汉制和汉文化，自身不断"汉化"。胡化与汉化的交织，是不同民族制度与文化碰撞、冲突和融合的过程。

439年，鲜卑族建立的北魏政权重新统一北方，相对安定的社会环境使各民族杂居的局面稳定下来。内迁民族与汉族长期一起生活，接触到汉族文化，加上人口的众多与地理环境的变化，原有的部落制已不能满足统治者的管理需要。相同的生活环境与生产生活方式使各民族之间的差异性逐渐减少，民族交融成为大势所趋。北魏太和十八年（494），孝文帝把国都从平城（今山西大同）迁至洛阳，是统治疆域辽阔的多民族国家重要的政治选择。迁都之后，孝文帝汉化改革的重点是"移风易俗"，试图以法令的形式促使鲜卑族内迁贵族和官僚改变原有的生活习俗，接受汉文化："班赐冠服"，即废除鲜卑式官服，改用汉式官服；"断诸北语，一从正音"，即规定在朝廷禁用鲜卑语，只允许使用汉语；改鲜卑族原有姓氏为汉姓，并鼓励皇族和鲜卑贵族与汉族士家通婚。孝文帝改革历时20年，以鲜卑拓跋部社会进步和北方各民族交融的需要为内在动因，大量北方少数民族进入以汉人为主体的中原地区，加速了民族同化与民族交融。在与汉人杂居的过程中，鲜卑民族自觉或不自觉地接受了汉族的政治制度、生产技术，以至语言及服饰等生活方式，最终融入汉民族当中。

西晋灭亡后，司马睿于317年在建康（今江苏南京）建立东晋政权，北方民众大量迁往江南地区，这一时期，移民的绝对数量和移民占总人口的比例，在中国历史上都是空前的。由于大规模的南迁发生在永嘉年间（307—313），历史上称为"永嘉南渡"。随着东晋南朝的行政管辖与经济开发向南深入，扩展到中国南部广大地区，汉族与南方少数民族的接触联系日益频繁。南方少数民族主要有蛮、傒、俚、僚、爨等，南朝政府设立左郡左县，实行羁縻统治。这类郡县数目渐增，反映出汉族与少数民族接触交融的范围日益扩大。南朝政府一般只向蛮族收纳米谷，不征徭役，汉民避徭役者往往逃入蛮中。

永嘉之乱后，北方士民南迁，集中分布在长江中下游的扬州和荆州地区，为安置北方南迁士民，东晋在长江中下游沿线设置了许多侨州郡县。北方人口的大规模南迁，改变了长江中下游地区"地广人稀"的情况，不仅为江南农业的开发增添了劳动力，同时带来中原先进的生产技术，对南方尤其是江南地区社会生产力的发展起到重要作用。六朝时期开凿的第一条人工运河破岗渎，是规模较大的水利工程，对六朝江东经济的开发具有重要意义，在中国运河史上占据重要地位。

南方社会经济的发展和繁荣，是汉族与南方少数民族共同开发的结果。在南方开发过程中，各族人民得以密切交流，相互学习，直接促进了民族交融。人口的大量迁徙使南北地域界限被进一步打破，形成南北方共同的经济生活，使黄河流域和长江流域共同成为中华文明的核心疆域。魏晋南北朝时期，正值中国气候史上的低温时期，随着北方人口南迁，大量北方农作物南移，北方先进的生产技术在南方

第六章 汇聚融合（魏晋南北朝）

得到推广，一向落后的江南经济逐步追上黄河流域的水平，南北的经济差距逐步缩小，南贫北富的局面开始扭转，南方个别地区的经济发展已经赶上甚至超过北方。正因如此，隋朝统一以后，开凿大运河，把南北经济联系起来，成为社会经济发展的客观要求。

中国地域辽阔，人口众多，汉民族语言的地域性十分明显，不同地区间有一定的沟通障碍。大量具有较高文化素质的北人南迁，特别是东晋南朝政权统治主体的北方大族和南方大族的彼此交往，使汉民族的共同语言进一步形成和完善。东晋南朝时期，社会知识阶层中普遍通行的北方官话洛阳话，构成了后世汉语音韵的正宗。

图6-1 陈文帝陈蒨永宁陵石刻

就魏晋南北朝时期民族交融的方式而言，南方和北方有不同的特点。北方民族交融，是汉族中央集权统治崩溃后，各少数民族入主中原并先后建立割据政权，汉族处于被征服、被统治地位的形势下发生的，是文明程度较高的被征服民族同化了文明程度较低的征服民族。而南方的情况则相反，由于疆域狭小，人口较少，为扩大统治区域和争夺劳动人口，汉族统治者采取各种方式对南方少数民族加强统治，从而在客观上促成了南方各少数民族的汉化，是文明程度较高的统治民族同化了文明程度较低的被统治民族。隋朝统一结束了南北朝的长期分裂，也统一了在南北两个方向上发展的汉民族。但此时的汉民族，已经是吸收了南北多民族和部族的新的汉民族共同体。正是有这样的基础，才能出现隋唐大一统的局面，中华民族群体得以吸纳更多更新的因素，华夏文明在新的基础上得到升华。

魏晋南北朝时期虽经历长期战乱与频繁王朝更迭，对外交往与文化交流却从未停滞。中原地区长期战乱，对西域的交通产生严重影响，但中原王朝对西域的统辖与管理关系尚能基本维持，丝绸之路的交通往来亦没有完全中断。萨珊王朝（今伊朗）曾经先后数十次派遣使者前往北魏，送来狮子、驯象和其他珍贵礼物。考古工作者在今新疆、青海、陕西和内地不少省份发现有萨珊王朝的银币和"波斯锦"，还有一些拜占庭金币等，这些历史文物都是在北魏时期途经丝绸之路传来的。波斯的斜纹织法，自北朝后期已反转东传，影响到中国新疆地区，波斯织锦更驰名中华，受到广泛喜爱。罗马统治时期的亚历山大里亚，已成为重要的丝织业中心，织成的透明轻纱返销中国，称为"杂色绫"。

三国时期，吴国的海上交通和海外贸易关系有新发展。吴国政权据有东南沿海地区，造船业发达，而北方商路又因三国分立被阻，因此孙吴注重发展海上交通贸易关系，积极开拓与海南诸国的政治经济联系。《梁书》卷54《诸夷列传》记载："海南诸国，大抵在交州南及西南大海洲上，相去近者三五千里，远者二三万里，其西与西域诸国接。"孙吴遣朱应与康泰先后到达林邑（越南中南部）、扶南

（柬埔寨）等国，所经过和了解到的国家"则有百数十国"。回国后著《扶南异物志》《吴时外国传》，记述海南诸国的物产、土俗及航行经过，留下了中国与海南诸国早期关系的珍贵记录。东晋以后，海南诸国与中原王朝的贡使往来更加密切。随着海上交通发展，印度、大秦（罗马帝国）等地的僧人、商人，也经由海路到达吴国，如世居天竺的康居人康僧会。

六朝时期，由于造船技术有新的发展和进步，海上丝路更加兴盛。《南州异物志》称："船大者，长二十余丈，高去水三二丈，望之如阁道，载六七百人，物出万斛（斛）。"（《太平御览》卷769《舟部二》）《吴时外国传》记载："从加调州乘大伯舶，张七帆，时风，一月余日乃入秦，大秦国也。"（《太平御览》卷771《舟部四》）中日交流有更大发展，往来航线主要有南北两条：北线自长江口出发，沿今山东半岛南部，经百济，到达日本；南线自今福建福州出发，经夷洲（今台湾）之北，过钓鱼岛、琉球群岛，到达日本。此时中日两国间不仅有大量的商品交换，从孙吴到刘宋时期，还有成批中国织工、缝工、陶工相继随使者到达日本，对日本纺织业、制陶业的发展起到巨大作用。

文明与文化的持续延绵，源于传承与交流。魏晋南北朝时期，华夏文明历经劫难而生生不息，不仅基于其千百年来积攒的深厚底蕴，也基于其持久的开放性和强大的包容性。

二 典制变革中的文明理念

东汉政权瓦解后，大姓名士构成各个割据政权的骨干，三国政权

的上层统治者多由新老名士产生，并由此构成魏晋士族的社会基础。西晋王朝建立后，门阀势力得到进一步强化。司马氏夺取曹魏政权，主要依靠平阳贾充、河东裴秀、太原王沉等门阀势力的支持，社会上即流传"贾、裴、王，乱纪纲。王、裴、贾，济天下"（《晋书》卷40《贾充传》）的风谣。大族势力左右王朝兴废是前所未有的社会现象，九品中正制转化为门阀大族控制政权的工具，社会上出现"上品无寒门，下品无势（士）族"（《晋书》卷40《刘毅传》）的现象。朝廷中的重要官职几乎都由大族担任，名家子弟可以不受资历限制，迅速升迁，形成变相的世袭，而庶族寒士基本被排斥出王朝政治核心。

东晋南朝时期，皇权大族门阀之间存在一定的矛盾和隔阂，但皇权不能不承认大族的政治地位，并与他们分享统治权力。门阀士族特别注重郡望、婚姻和流品，严格区分门第尊卑，在高门大姓与寒门庶族之间形成等级森严的壁垒。这一时期，社会身份的贵贱，不因政治地位的升降而改变，士族在政治、经济、文化以及社会生活的各个方面都享有无可争议的特权。士族垄断朝廷清要官职，秘书郎和著作郎是高门甲族的"起家之选"，朝廷官职便有了"清""浊"之分。

南朝刘宋时代是士庶区分最为严格的时代，"士庶之际，实自天隔"（《宋书》卷42《王弘传》）。面对大量寒门士人和佞幸纷纷跻入，受到威胁的高门士族不得不深沟高垒，严加提防，阻断寒门上升途径以保护自身利益，而社会阶层的固化造成了门阀士族的腐朽和衰落。

与士族制度相应，魏晋南北朝时期的社会阶层逐渐固化。士族身份连同祖父官爵都登记在黄籍户口册上。士族一般不服力役和兵役。同里伍庶族犯罪，士族不连坐，某些罪行的处罚，士族较庶族为轻，且一般不受鞭笞。不得以士族之女为妾，不得随意废黜士族为贱民。士族在文化教育方面同样占据优势地位，庶族只能入太学，而士族得入国学。南朝士族得以保持优越门阀地位的经济基础，是占有广大田庄山泽和土地上的大量依附人口。虽然同一家族中个别支派由于种种原因没落穷困，但并不影响其士族身份。

魏晋南北朝时期，宾客从事农耕和畜牧，也可随时组成武装，但他们的身份还不固定；僮客和奴客的身份已完全私属化，是家兵式的部曲，依附地位业已固定。部曲原指军队编制，此时已固定成为私家武装的专称。为保持固定的兵源，曹魏建立了士家制。士家有特别的户籍，男丁世代当兵或服特定的徭役，身份低于平民，兵士逃亡，妻子没官为奴。政府对士家的控制非常严格，不准改行转业，婚嫁只能限于同类，不准与平民通婚，且世代为兵，兄终弟及，父死子承，是一种人身依附性较强的世兵制度。

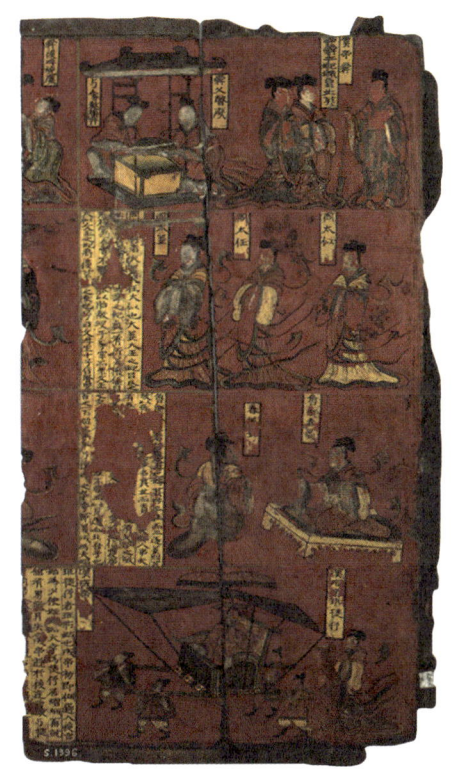

图6-2　北魏司马金龙墓出土漆绘屏风

魏晋南北朝的官制变化有几个特点。第一，中央官制与秦汉相比更为复杂，表现在中书、门下两个部门从为皇帝服务的机构变为参与中央决策的正式机构，尚书省逐渐偏重统领中央各官署以执行政务，意味着中央机构的行政能力得到加强。第二，尚书台取代三公，并架空诸卿，成为国家决策和施行合一的最高机构，尚书令、尚书仆射与尚书之间的关系虽属上下级，但各有分工，不能随意干涉，标志着中央政府进一步摆脱了原本为皇帝个人服务的色彩，成为国家行政部门，官僚体制更为成熟。第三，地方州一级出现了政府与军府并置的局面，军府渐有取代政府行政的趋势。第四，北方游牧部族南下占领黄河流域后，他们一方面在建立政权过程中要对中原王朝官制予以吸收，即所谓汉化；另一方面，在南北分裂的背景下，南朝与北朝的官制又存在着交互影响。

宗主督护是北朝前期北方地区的地方基层组织形式。西晋以后，北方地区经历长期战乱，又经过十六国时期各少数民族政权的频繁更迭，地方行政机构已名存实亡，各地豪强纷纷以宗族乡党的形式，组织生产，武装自卫，维持地方秩序。北魏王朝入主中原，承认"宗主"在地方上的势力和政治经济权利，利用他们"代替"北魏政府"督护"地方，由他们为政府收纳地方租税，征发兵役。宗主督护制是北魏政权同中原世家大族利益妥协的一项制度，在宗主督护制下，各地宗主实际分割了国家的大量劳动力和经济资源，地方大族兼并土地、隐漏户口逃避赋役，又同北魏政权产生尖锐矛盾。孝文帝统治时期，北魏王朝开始采取措施，逐步废除宗主督护制，重建乡里基层组织。北朝后期，三长制取代宗主督护制，成为北方新的社会基层组织。

九品中正制又称九品官人法，创始于曹魏，实际是对两汉察举制度的延续和发展，成为魏晋南北朝时期重要的选官制度。延康元年（220），为拉拢士族，魏文帝曹丕施行"九品中正制"选拔人才。

各州郡选设中正，以家世、才干、道德为标准评定州郡人士，分成上上、上中、上下、中上、中中、中下、下上、下中、下下九个等级，作为政府选用官吏的依据。这一制度至西晋渐趋完备，官员大都从世家大族中选出，导致世家大族把持朝政的局面。

南北朝后期已经出现科举制萌芽。萧梁时期施行察举策试制度，考试分量已大为加重，"以文取人"的原则得到强化。北齐时，甚至出现秀才对策的落第者，反映出察举策试已具备科举考试的雏形，并为科举制的产生创造了条件。

魏晋南北朝处于长期动荡的历史环境中，各王朝为巩固政权，相继对秦汉以来旧有的法律制度进行不同程度的改革，其中最突出的就是法律儒家化，也就是法律伦常化。法律儒家化是中华法系最富有特色的标志，而近四百年的魏晋南北朝是中国古代法律儒家化最重要的时期，后为隋律、唐律所承袭，为隋唐法律发展到封建法律的顶峰奠定了坚实基础。

法律开始儒家化的主要表现为"八议"入律，即"议亲""议故""议贤""议能""议功""议贵""议勤""议宾"。封建贵族官僚中的八种人犯罪后，须"议其所犯"，对其罪行实行减免刑罚的制度，是封建法律特权思想的鲜明特征。《晋律》首立"准五服以制罪"制度（《晋书》卷30《刑法志》），"服制"本是中国古代以丧服为标志规定亲疏远近的一种制度，此时被纳入法典，成为确定亲属相犯时刑罚轻重施刑的原则，规定在刑法适用上，凡服制越近，以尊犯卑，处罚越轻。

魏晋时期律学兴盛，各朝积极编纂与修订法律，对后世影响很大。曹魏依据汉《九章律》制定《魏律》18篇。西晋立国之初，在汉、魏律令的基础上，制定《晋律》20篇，共620条，晋武帝泰始四年（268）颁行，又称《泰始律》，体例较前代严谨，内容亦颇简约。律学家张斐、杜预为《晋律》作注解，晋武帝诏颁天下，内容与《晋律》具有同等法律效力，史称《张杜律》，晋时沿袭未变。南北朝时期，几乎完全沿用《晋律》，只做少量修改。北魏统治者入主中原后，订《后魏律》。东魏有《麟趾格》，西魏有《大统式》。北齐首创"重罪十条"之制，被隋唐以后各法典因袭。

　　土地制度的变迁，与社会发展、税制更迭等有千丝万缕的联系。三国时期的屯田制，是国家对国有土地的一种经营方式。经过东汉末年的战乱，大量土地荒芜，可作屯田之用；曹操收编汝南、颍川黄巾军各数万众，为屯田提供了必需的人力物力，曹操接受部下枣祗、韩浩的建议，招募流亡农民在许县附近实行屯田，这种募民屯田的形式就是民屯。曹操还以军队从事屯田，是为军屯。国家对民屯采用军事组织的管理方式，设屯田司马，其上置典农都尉、典农校尉、典农中郎将等官，与郡县官并列且不相统属，直隶于中央。屯田民被束缚在屯田土地上，不得随意离开，失去了自由民的身份。在社会经济濒于崩溃的汉末三国时期，屯田制的实施，不仅解决了军队给养问题，有利于魏、蜀、吴实现区域性统一，而且对安置流民、缓和社会矛盾、恢复和发展生产也起到了重要作用。

　　西晋政权建立后，随着门阀士族制度的基本确立，士族多拥有私人田庄，经济特权进一步扩大。东晋南朝时期，士族庄园制度发展到极盛。永嘉南渡后，北方士族凭借自身政治优势和从北方带来的大量佃客、部曲和奴僮，到处"求田问舍"，或从皇帝手中获得大片赐田，或进行大规模的占山固泽活动。东晋至刘宋前期，虽然国家的许多山泽已被士族大姓分割占领，但国家在法令上仍保持着对山泽的所有权。尽管国家再三申令禁止私人占山固泽，其结果是禁者自禁，占者自占。至刘宋大明初年，在主要山泽已被分割占领的情况下，国家不得不改变统治政策，颁布"占山格"，取消国家对山泽的垄断权，确认了私人占领山泽的合法性。法令颁布后，士族占山固泽的活动达到高潮，"名山大川，往往占固"（《宋书》卷6《孝武帝本纪》），士族庄园制度在江南地区普遍发展起来。

均田制是中国历史上非常重要的土地制度，是在北魏实行的计口授田制度基础上发展起来的。男子15岁以上，授种粟谷的露田40亩，妇人20亩。奴婢同样授田，耕牛1头授田10亩，限4头牛。授田按休耕周期加一或两倍，也称"倍田"。授田不准买卖，年老或身死还田，奴婢和牛的授田随奴婢和牛的有无而还授。男子授桑田20亩，桑田世业，不必归还国家，可传子孙，多余者可转卖，若未满20亩者亦可补购。产麻地男子授麻田10亩，妇人50亩，年老及身死后还田。均田制的推行使当时无地或少地农民获得了一定的耕地份额，顺应了"耕者有其田"的社会期盼，对稳定小农地产，提高农民生产积极性起到积极作用，同时在一定程度上限制了土地兼并。均田制的实施是中国历史土地制度史上的里程碑，被北齐、北周所继承，直到统一的隋、唐帝国仍在实施，前后持续达两个半世纪。

三　知识传承与文明传播

魏晋南北朝时期，士族阶层处于社会思想文化领域的垄断地位，对中华文明的承传具有深远影响。持久战乱和动荡，使昔日作为华夏文明核心地域的中原及汉族王朝政治中心的都城失去文化中心地位，散居各地的世家大族，特别是其中的文化士族成为中华文化的主要承传者。这些士族群体由于历史渊源、文化传统、家世地位等不同，文化表现与特征存在诸多差异，在南北、中外文化交融的影响下，各家族学术文化与其他文化要素整合，为此后中华文化的进一步发展与变革奠定了坚实基础。

长期动乱影响了学校的正常秩序，玄学清谈的风气和自然放任的教育思潮也阻碍教育事业发展，中央官学衰微，私学繁荣。汉末动乱之后，曹魏沿用汉代旧制，在洛阳正式恢复太学，但规模有限。西晋设立国子学和太学的双轨教育体系，国子学设国子祭酒、博士教授学生，"官品第五以上得入国学"，专门培养士族子弟，太学则成为六品以下子弟的求学之所，这是门阀世族阶层所享有的政治特权在教育体制上的反映。东晋南朝，国子学与太学分立，南朝宋曾设儒、玄、史、文四科并立，这种分科的教学制度，对隋唐时期专科学校的发展有直接影响。北魏重经学，设有国子学、太学，创立四门小学，又开皇亲之学，在地方普遍建立郡国学，但总体而言，中央和地方的官学教育质量均有所下降，失去了学术文化的中心地位，"东汉以后学术文化，其重心不在政治中心之首都，而分散于各地之名都大邑。是以大族盛门乃为学术文化之所寄托"[1]。

与官学兴废无常、水平参差的情况相反，此时的私学空前繁荣，名儒聚徒讲学仍占重要地位，学生人数成百上千者屡见不鲜。太和改

---

[1] 陈寅恪：《崔浩与寇谦之》，载《金明馆丛稿初编》，上海古籍出版社1980年版。

第六章　汇聚融合（魏晋南北朝）

制后，北方游学之士大量出现，反映出世家大族在文化上的垄断地位已被逐渐打破，一个在政治上足以取代它的官僚士大夫阶层正在萌芽。

魏晋南北朝时期童蒙读物的发展也促进了知识的普及。南朝梁周兴嗣所撰的《千字文》，以四言韵语把常用单字组织成通顺的能够表达一定意义的句子，叙述有关天文、博物、历史、人伦、教育、生活等方面的知识，押韵自然，结构简单，易于朗读背诵。《千字文》是开展识字教育和常识教育的综合性课本，自南朝一直流行到20世纪初，是中国历史上流传最久的蒙学课本之一。

文化中心的迁移是一种非常复杂的文化运动现象，"永嘉南渡"后，大量中原人口南下，文化重心随之一度南移。与此同时，由于河西走廊远离中原战场，社会相对安定，成为中原人士避难之地。儒学主要掌握在世家大族手中，学术大多在家族内传承。即使中原地区战火不断，而边陲之地尚能保持和平秩序，家族学术得以传承。魏晋以降，

图6-3　河西魏晋墓出土驿使图画像砖

中原文化转移保存于凉州一隅,"秦凉诸州西北一隅之地,其文化上续汉、魏、西晋之学风,下开魏、齐、隋、唐之制度,承前启后,继绝扶衰,五百年间延绵一脉"①。

在南北朝分裂的历史时期,南北政权间既有互相征战,也有频繁交流,双方遣使互聘近三百次,学术、文化交流是其中的重要内容。交聘过程就是南北双方文化精英的高层次学术文化交流活动,主客间的各种论辩切磋、往来唱和,相互了解、推介、传播彼此最新学术文化成果,这不仅是一种"外交"活动,也是南北文化实力的比拼。

造纸术发明于汉代,汉魏时期的书写纪事材料还是纸张与缣帛、简牍并用,纸张不足以完全取代简帛,这种情况到两晋时期发生根本性变化。晋代已能造出大量洁白平滑而方正的纸,人们不再使用昂贵的缣帛和笨重的简牍,而逐步习惯于用纸。最后纸成为占支配地位的书写材料,彻底淘汰简牍。东晋南朝发明藤皮造纸法,藤纸质地精细,可以染上各种颜色,原料易得,成本较低,纸张已经完全取代简帛。东晋后期,曾下令政府机关"今用诸简者,皆以黄纸代之"②。

纸张的普及极大地降低了书写成本,促进了图书事业的发展,图书传播范围越来越广,造成图书的商品化和市场化。南北朝时期,建康（今江苏南京）、洛阳、长安、大同等城市已出现图书市场,诞生了一种替人抄书的新兴行业——佣书业。佣书者大多是家贫不能自给的读书人,他们受雇为官府、私人、寺观等抄书,赚取报酬维持生计,同时丰

---

① 陈寅恪:《隋唐制度渊源略论稿》,生活·读书·新知三联书店2001年版,第107页。
② （唐）徐坚:《初学记》卷21《纸》,中华书局2004年版,第517页。

富了自身的知识储备。随着图书业快速发展，整个社会形成聚书之风，许多文人拥有自己的藏书，藏书万卷者屡见不鲜，很多平民百姓、贫寒学子也开始拥有自己的藏书，贵族垄断图书的局面被彻底打破。

　　图书业的繁荣催动目录学的发展。曹魏时期，秘书郎郑默编纂《中经》；西晋时期，秘书监荀勖因《中经》更著《中经新簿》；东晋时期，李充撰《元帝四部书目》，谢灵运撰《元嘉八年四部目录》；刘宋时期，王俭撰《元徽四年四部书目录》；齐王亮、谢朓撰《永明元年四部目录》，梁刘孝标撰《文德殿四部目录》，梁阮孝绪撰《七录》，全面总结了前代目录学成就，在中国目录学史上占据重要地位。

　　图书业的繁荣也促成了学术的多元化，读书人的治学兴趣从独尊经学转向追求经籍文史之学，在博物风尚的强烈影响下，类书编纂逐渐走向高潮。类书编纂体例多样化，发展空间扩大，帝王将相、文人墨客多参与其中，编纂了大量类书。魏晋南北朝时期编纂的官修类书有《皇览》《四部要略》《寿光书苑》《华林遍略》《修文殿御览》等。

　　魏晋南北朝时期，中国在政治上虽然处于分裂状态，但不同地区不同政权的官方、民间都存在着密切的图书流通。当时南北方著名文学家的文章普遍传播，为民间诵习。文人间互相学习借鉴，促进了南北朝文化的交流和发展。

第二节　社会思潮与民众信仰

　　魏晋南北朝是中国古代政治动荡和社会变革并存的历史时期，

纷繁复杂的社会环境对传统政治理念和道德观念构成了持久的冲击，从官僚士人到普通民众，从国族观念和政治理想到个人信仰与处世原则，都发生了深刻的变化，从而造就了这一时期社会思潮和民众信仰的多样性与多元性。

一 国家意识中的夷夏观与正统论

魏晋南北朝时期，战乱频仍，局势动荡。大规模的人口流动，造成各民族间不断的矛盾与冲突、发展与交融，民族杂居打破了以往血缘聚居的隔阂，带来不同文化间的交流碰撞，最终走向民族交融和文化认同。

东汉以来，由于中原王朝对北方各少数民族采取了招抚政策，中国西北部和北部的各少数民族开始不断地向内地迁徙，游牧民族越过农牧分界线同汉族杂居相处，以历史上被称为"五胡"的匈奴、鲜卑、羯、氐、羌等族为主。这些民族虽然与汉族联系日益增多，但大多还保留着自己的语言、习惯和部落组织。西晋以来，内迁的胡族部落之多、人口之盛均超越两汉曹魏时期，引起统治者的担忧。江统撰《徙戎论》，提出将关中地区的北方各族迁回原居地，其奏议虽不具备可操作性，但"徙戎论"的提出，是对传统儒家夷夏之辨思想的继承，同时也是这一时期民族矛盾不断激化在民族观念上的反映。就在江统上奏后不到十年，内迁的各北方民族乘晋末动乱纷纷起兵，在黄河流域及整个北方地区建立政权，即旧史所谓的"五胡乱华"。在十六国时期，各族统治者彼此攻战，北方社会经济遭到严重破坏，频繁的战争和人口迁徙，也使各民族的界限逐渐被打破，彼此接触更加密切，民族交融不断加深。

第六章　汇聚融合（魏晋南北朝）

文化认同是民族合作的纽带，少数民族与汉族的交融，一定程度上体现了两者的文化认同。从文化角度看，南北朝时期南北政权的正统之争，蕴含着各民族对华夏文化的认同。在中国古代漫长的历史进程中，华夏既是主体民族，又是政治上的统治民族。因此，自秦汉以来，华夏民族的王朝认同与民族认同是合一的。十六国时期，五胡取代华夏相继成为北方政治主宰，使得主体民族的民族认同第一次与王朝认同分离。深刻的民族危机加深了华夷间的心理隔阂，故此时司马氏虽播越江表，而中州遗黎"思晋之怀犹盛"（《晋书》卷102《载记第二·刘聪》）。在南北、华夷政权对峙的政治格局下，北方主体族群——中州晋人的故国之思，给五胡王朝的统治增加了变数。

十六国北朝时期，少数民族在北方建立多个政权，由借用汉朝后裔之名立国到自称"中国"，逐步对汉族正统论提出挑战。他们从占据中原，到以华夏文化代表自居，不仅反映了民族交融的发展，也使得"中国"一词逐渐超越狭隘的华夷之辨、族类之别，成为中华民族历史文化自我认同的象征。北魏统一北方后，南北方政权都相对稳定，在持续一百多年的南北对峙中，政权的正统性问题成为南北争执焦点。如南朝《南齐书》曾用"魏虏""索头"称呼北魏部族，认为南朝才是传承正统文化的礼仪之邦；而北朝所撰《魏书》则将南朝宋、齐、梁三朝称为"岛夷"。中原华夏原本用来形容和描写周边戎狄蛮夷的词句，现在反过来被鲜卑拓跋部建立的北魏用作描写中原汉人建立的东晋和南朝。这一时期的南北政权都在不断重申所谓"混一之志"，表达统一全国的意愿，北魏从代北到统一北方，进而有"混一之志"，认定自己的正统地位，否定对手的合法性。南北政权互相斥责对方为伪，极力证明自身政权的正统性与合法性，从侧面反映出南北政权对中华传统华夏文明的强烈认同感，体现出"中国"的历史文化认同。这种对于华夏文明历史和文化的认同，一方面是政权统治的需要，同时也是魏晋南北朝以来长期民族交融的直接反映。

二　魏晋玄学与士人风貌

魏晋南北朝时期社会动荡，旧的价值观和社会秩序崩溃，新的社会秩序尚待重建，知识阶层致力于摆脱两汉以来经学传统的束缚，转向注重内在人格的觉醒与追求。他们运用哲学论辩方式，对一些高度抽象的理论进行探索，因而产生这一时代的重要学术思想——玄学。

玄学是魏晋南北朝时期以老庄思想为框架，糅合儒家经义以代替烦琐的两汉经学的哲学思潮，主张研究幽深玄远的问题。它是在汉代经学衰落的基础上，为弥补儒学不足而产生的，由汉代道家思想、黄老之学发展演变而来。玄学主要涉及有与无、生与死、动与静、名教与自然等形而上的问题。

玄学兴起于曹魏时期，在西晋时期成为显学。它基于老庄思想，讨论中心为"本末有无"问题，即有关天地万物为何如此存在，以及如此存在又有何根据的问题，是研究远离"世务"和"事物"的哲学本体论。主要代表人物有何晏、王弼、张湛、裴頠、阮籍、嵇康、向秀、郭象等，大多是当时名士。玄学提出了一套新的概念，并赋予过去已有概念以新含义，从而形成了若干在中国哲学史的发展中有很大影响的新命题，如"以无为本""体用如一""本末不二""无因于有""言意之辨""内圣外王""相因之功莫若独化之至"等。玄学是时人对外部世界认识水平提高的重要表现，玄学所提出的丰富的哲学概念和范畴，为整个中国古代哲学增添了新的精神财富，并为后世哲学的发展开辟了新的途径。

汉末士人恢复汉朝统治的努力失败后，名教理想破灭，他们随即开始寻求新的社会政治理想。魏晋士人曾有意识地矫正虚伪与偏执的世风，崇尚任率随性的生活态度。竹林名士继承这一传统，开创了魏晋"放达"之风，其外在表现形式是"不拘礼俗"，在思想上崇尚玄学，行为上崇尚放达。六朝名士大多沉湎于饮酒、服散，从表面上看放浪形骸，恣意享乐，但体现的是对社会动荡、政治高压的极度不满。

图6-4　南朝大墓模印砖画《竹林七贤与荣启期》

魏晋南北朝时期，隐逸成为士人社会生活中的重要状态之一，是社会思潮和社会风貌的重要表现。这一时期的大部分正史均设有隐士类传，如《隐逸传》《高逸传》《处士传》《逸士传》等，除西晋时期的竹林七贤之外，东晋南朝还先后出现了陶渊明、陶弘景等著名隐士。隐逸之风对中国古代士人的心理、生活、文学和艺术等都产生了极为深远的影响。

三　儒学的传承与发展

魏晋玄学的流行，使儒学独尊地位受到一定冲击，但封建统治的正统思想仍是儒学。儒学深入影响社会各领域，其基本理念、准则开始被社会主流广泛认同，使之从原来的诸子显学之一逐渐转化为社会生活尤其是公共领域普遍适用的基本知识。

儒学常识化，即指其从特定学说不断社会化为公共知识的重要组成部分，从而普及成为常识的进程，这是魏晋以来儒学发展最为基本和影响最为深远的趋势。由儒家经典文本的普及可知儒学常识化早已抵达偏远地区的基层，魏晋以来新编的蒙学教材也无不体现儒家思想。与此同时，古文经学代替今文经学登上历史舞台；学术重心从朝廷转向世家，形成区域性学术。古文经学的迅猛发展及其新说纷涌，表明儒学仍具有巨大活力。

曹魏正始二年（241）刊刻的《正始石经》，是继汉《熹平石经》后的第二部官定儒家刻经，刻《尚书》《春秋》两部经书，字体采用古文、小篆、隶书三种，又被称为"三体石经"。石经的刊刻在中国古代教育史和儒家经学发展史上占据重要地位，是当时中央政府统一思想、稳定政局的重要措施。作为官方钦定的经学正本，它还具有指导全国经学教育，规范经学课考的意义。同东汉相比，魏晋博士虽多专古文经学，但汉魏今古文石经并立于国家太学之侧，说明今古文合流趋势已十分明显。特别是《正始石经》本身兼容古文、小篆、隶书三体，也正是今古文合流的表现形式。

魏晋儒学的特点之一是援引老庄解释儒经及经学的玄学化。王弼《周易注》摒弃象数，专说义理；何晏《论语集解》杂采众说，并下己意。郑玄《易》注、《论语》注，几乎尽为王、何所掩。不过文人们在展开"名教"与"自然"辩论时，无论主张"名教出于自然"者还是强调"名教即自然"者，都对儒家提倡名教给予肯定。儒家学术也因援道入儒的诠释，抽象思维水平得以大大提高。

梁代范缜著《神灭论》代表当时以儒学为背景的无神论主张者，在理论上对佛教的回应或者反驳，提出"形存则神存，形谢则神灭"的观点。梁武帝曾令王公朝贵及僧正六十余人对此进行反驳。梁武帝本人著有《敕答臣下神灭论》，支持"神不灭"，范缜不为所屈，也并未因此获罪。这一事件从侧面表现出南朝的思想宽松和文化包容。

四 佛教的本土化与世俗化

中华文明在发展过程中，不仅对世界上其他文明产生重大影响，同时也气势恢宏地吸收其他文明精髓。佛学传入中国所造成的思想震撼之深之广，都是空前的。中华文明对于这一外来文化元素，经历了从吸收容纳到重组再创的复杂过程，最终为中华文明注入新的活力。

佛教在两汉时期即传入中国本土，但最初的百余年间，无文字经文可传，只能偏重祭祀、方术活动的传教和僧团群体的修行。东晋十六国时期，社会动荡，佛教因果报应和彼岸世界的教义得到普遍认同和接受，并很快普及社会各个阶层。西域佛图澄是后赵统治者尊奉的"大和尚"，朝廷正式允许汉人可出家为僧。于是北方广立佛寺，僧人骤增。佛图澄的弟子分散到全国各地，促进了佛教义理的传播和组织制度的发展。道安是中国第一个僧伽制度的建立者，弟子慧远渡江左，在庐山建寺，成为东晋后期南方的佛教领袖。慧远提出协调王权和僧团、名教与佛法理论，既倡般若，又倡西方净土信仰，被后世净土宗尊为初祖。晋末宋初掀起西行求法浪潮，中国僧人西行求法者，或意在搜寻经典，搜求印度本土的佛教戒律，旨在从天竺高僧受学；或欲睹圣迹，作亡身之誓；或寻求名师来华。龟兹名僧、佛经专家鸠摩罗什到达后秦姚兴治下的长安，翻译了74部384卷佛典，为佛教的发展及中外文化思想的交流融合提供了丰富的思想资料，对后世影响深远，成为中国佛教各宗派立宗的经典依据。东晋高僧法显远赴印度寻求佛教经典，历时15年，历经险阻，从海路回到中国，译出所获经典百余万言，其中最重要的是《摩诃僧祇律》40卷，并把见闻写成《佛国记》一书。据统计，魏晋南北朝时期翻译的佛经有1000多部，3437卷。魏晋时期佛教长足发展，不仅译经数量明显增多，而且质量有很大提高，开佛教"中国化"进程之始。佛教不仅有了自己的目录学，而且有了自己的注释学。自道安、鸠摩罗什之后，中国佛学踏上了独立发展的道路。佛教哲学与儒、道两家分庭抗礼，成为中国文化的一派巨流。

第六章　汇聚融合（魏晋南北朝）

南北朝时期，因社会文化背景差异，佛教逐渐形成南统和北统。南方佛教依附玄学发展起来，重视对教义的探讨和阐发，偏重义理讲论；名士中有很多佛教信徒，他们与僧人过从甚密，讨论佛理，互相唱和；统治者多亲自斋僧，主持法会，讲经说法，如梁武帝自撰《断酒肉文》，倡导素食，并多次舍身同泰寺事佛。北方佛教偏重于坐禅、"修福""行善"等具体活动，不尚空谈；信徒众多，孝文帝太和元年（477），平城即有僧尼2000余人，各地僧尼总数达77258人，至北魏末年，各地僧尼多到200余万人；兴造寺塔的风气极盛，孝文帝太和初年，平城有新旧寺约100所，各地有寺共6478所，到北魏末年，洛阳佛寺1376所，各地寺庙三万有余。与此同时，北朝帝王还主持多项规模浩大的石窟工程。佛教在南北朝时期进入鼎盛时代。

佛教本土化是指佛教为适应所传地区的社会、民族、政治、经济和文化而发生的一切变化，既包括信仰、教义的变化，也包括组织、制度的变化。

为适应中国国情，佛教在传入中国后经过一系列调整，从而形成了具有中国特色的佛教文化。如佛教的基本教义主张无君无父，一不敬王者，二不拜父母，与中国皇权以及儒家伦理道德格格不入，因此佛教在中国化过程中，不得不放弃不敬王者的理念，且将帝王与佛并尊，添加了许多孝顺父母的教义，反映出儒家道德观念对汉译佛经的渗透和影响。为吸引更多信徒，中国化的佛教摆脱了需要经过长期艰苦的修行才能得道成佛的束缚，成佛变得简单化、世俗化，如禅宗提出"不立文字""见性成佛""顿悟成佛"，不需要像印度佛教徒那样累世修行，净土宗更是大开方便法门，认为只要口念佛号，便可往生佛国。

汉地佛教在经过一百多年无文字经文可传，只能偏重祭祀、方术活动的传教时期后，因为出现汉译文字经本，发生由注重形式到注重义理解求的转变，首批译典中的般若经类成为最先研究的经文。对般若空义的研究热始于曹魏，至东晋时，般若空义成为许多晋人毕生探讨讲论、深究推求的重要学问。受历史条件制约，晋人不得不运用本土固有的哲学思想和概念帮助理解、阐释般若空义，出现以玄解佛的热潮。士人以自己对般若空义的理解建立起一批中国般若学派，即"六家七宗"[①]。

图6-5　北齐高海亮造像碑

魏晋南北朝时期佛教对一般民众的影响大大超过其他宗教。普通民众的佛教信仰虽然具有简单化的特点，但简单即易行，佛教在抚慰现实世界中无穷无尽的苦难、支撑普通民众的精神需求方面，提供了比儒家及道教更多的思想资源和更有效的行为方式。民众积极参与各种形式的守戒持斋、造塔立像、造像写经等实际宗教活动。

作为发展成熟、形式完整的宗教意识形态，佛教给中华文明带来深刻影响，最后成为中华文明的一部分。在印度及中亚佛教传入中

[①] 六家为："本无宗""心无宗""即色宗""识含宗""幻化宗""缘会宗"。其中"本无宗"又分出"本无异宗"，故名"七宗"。

国的同时，印度文化和西域文化中的许多知识传入中国，如医学、天文等，经过学习和吸收，为中国文化增添了新的因素。

五　道教变革与"三教论衡"

在佛教广为传播的同时，道教也迅速扩大影响，并与佛教展开激烈角逐。道教作为中国本土宗教，其思想渊源较为古老，内容较为庞杂。道教以神仙信仰为核心，神化老子及其关于"道"的学说，吸收阴阳五行家、道家、墨家、儒家及谶纬学的部分思想，具有较强的巫术色彩。早期道教分有两支：一是张陵创立的五斗米道，二是张角创立的太平道。二者原来主要在民间流传，魏晋以后，经过改造逐渐成为官方宗教。

两晋南北朝时期，一些士人不满足于早期道教的原始和粗糙，开始进行改造。葛洪所撰《抱朴子》是道教发展史上最重要的著作之一，全书分内外两篇，为道教构设修炼成仙方法，建立成仙理论体系，提出以神仙养生为内，儒术应世为外。葛洪结合神仙方术与儒家纲常名教，调和道教理论与主流儒家学说，整合道教理论，让道教更加适应社会，更易被上层人士接受。南朝前期，道士陆修静整理道经，著有《三洞经书目录》，为后世《道藏》的分类编目奠定基础。他还吸收佛教仪式，为道教制定较完整的科仪，改变了早期道教的原始成分。道教教规、仪范经过寇谦之和陆修静修订，逐步定型。在此基础上，陶弘景继续吸收儒释两家思想，充实道教内容，构筑道教神仙谱系，大体上具备了后来道教以三清尊神为首的神谱轮廓。陶弘景成为道教上清派的重要传人，茅山成为上清派基地，自葛洪以来南朝士族道教徒对早期民间道教的改造完成。寇谦之是北朝道教代表，他清整道教，除去"三张伪法"，将早期道教逐渐纳入儒家忠孝仁义的道德规范中，经他改革的道教被称为北天师道。

经过葛洪、陆修静、陶弘景、寇谦之等人的改造和加工，道教融合卜筮、占星、服食、导引、辟谷、行气、炼丹等中国古代宗教迷信和神仙方术进入新的发展阶段，从民间宗教转变成适合上层统治需要的官方宗教。经过不断改造，道教从一个不成熟的宗教转变为成熟完备、与佛教并列的宗教。

在道教传播过程中，佛道矛盾冲突不可避免。南朝的儒释道之争比较激烈，尤其是神灭与神不灭之争，争论时间最长，参加人数最多。这一争论在东晋时即已开始，刘宋初何承天、宗炳等人又反复争论，至齐梁时范缜把争论推到高峰。范缜撰写《神灭论》，主张形尽神灭，而萧子良、梁武帝及其臣下60余人先后攻击范缜之说。最后，虽然范缜在论辩中一度占据上风，而梁武帝却用权势压制，使争论不了了之。此外，还有夷夏之争与"三破论"之争，都是道家和儒家针对佛教的论争，但并不激烈。从总的趋势看，南朝时期虽有儒释道三教之争，但主张三教一致的观念仍占主导地位。

北魏太武帝崇尚道教，任用崔浩、寇谦之，改元太平真君。在镇压盖吴起义过程中，长安佛寺被发现私藏武器，在崔浩建言下，太武帝下诏上自王公，下至庶人，一概禁止私养沙门，并限期交出私匿沙门，若有隐瞒，诛灭全门。长安城的佛寺均受到波及，经卷被焚烧、僧人被处死、佛像被毁坏。北齐文宣帝高洋时，金陵道士陆修静投奔北朝，上章劝文宣帝废除佛教。文宣帝召集僧道两教代表人物至殿前论难，由于皇帝大臣都倾向崇奉佛教，遂下令废除道教，"敕道士皆剃发为沙门；有不从者，杀四人，乃奉命。于是齐境皆无道士"。(《资治通鉴》卷166《梁纪》)北周时期，道教、佛教互相攻击，周武帝宇文邕七次集合大臣及沙门道士，辩论三教先后，最终下令同时废除佛道二教，僧尼、道士还俗为民，并无杀戮措施。至杨坚以左大丞相辅政之时，佛教和道教被同时恢复。

第三节　文化自觉与科技进步

魏晋南北朝是一个文化自觉的时代。文学和史学摆脱了经学束缚，著述众多，形式多样；个性觉醒与文化交融，促成了艺术的多样化与多元化；科学发展和技术进步，创造了灿烂的物质文明和丰富的文化遗产。

一　文学自觉与史学繁荣

魏晋南北朝是中国文学自觉与发展的重要时期。社会中自觉为文的风气进一步推动"文的自觉"(李泽厚语)。文学创作改变了过去从属于政治的教化功能，强调作品个性，探讨创作的规律和特点，在形式、技巧等各个方面都取得了突破，体裁愈加丰富多样。受玄学与佛道等思想意识影响，文人寄情山林，感慨哀乐，更富于艺术精神和文学情致，不仅审美层次有很大提高，文学表现领域也拓宽至山水风物等题材。

这一时期文人创作繁荣，个性鲜明，文人集团大量出现，进一步促进了文学批评的发展。魏晋文人对作家才性、作品风格、写作过程、写作方法、社会生活、自然环境与创作、批评的态度、文体辨析等方面，都有十分深入的探讨。魏文帝曹丕《典论·论文》和陆机《文赋》，已涉及文学评论中的重要课题，探讨了文体特征、批评标准、创作的基本途径、内容与形式的关系等。刘勰《文心雕龙》与钟嵘《诗品》，是两部比较完整而有体系的文学评论著作，在文学批评史上占据不可忽视的地位。尤其是刘勰的《文心雕龙》，"体大思精"，对于各种文体的起源和流变，文体名称和规格要求，写作的基本理论和方法、构思、风格、修辞手法，以及文学与社会生活、自然生活的关系等都进行了深入探讨。《文心雕龙》的出现，标志着这一时期文学批评的高度成熟和文学批评体系的建立，是魏晋南北朝文学创作繁荣的结果。

辞赋是魏晋南北朝时期的重要文体，作品繁荣多样，既有潘岳《西征赋》、谢灵运《山居赋》、梁武帝《净业赋》等长篇大赋，亦有王粲《登楼赋》、曹植《洛神赋》、向秀《思旧赋》、阮籍《猕猴赋》、刘伶《酒德颂》、陶渊明《归去来兮辞》、谢灵运《岭表赋》《长溪赋》《山居赋》、颜延之《赭白马赋》、鲍照《芜城赋》、沈约《愍衰草赋》、萧悫《春赋》、萧纲《舞赋》等一系列抒情小赋。辞赋创作显示出抒情化、小品化或诗化的特色。

魏晋南北朝是中国诗歌的完善与定型期。不仅保持了传统的四言、乐府等形式，七言诗也开始出现，五言诗趋于完善定型。建安文坛以曹氏父子为中心，"建安七子"竞逞才藻，构成后人企慕的"建安风骨"。曹魏后期的正始文学，以嵇康和阮籍等"竹林七贤"为代表，寻求超脱，表达忧生之嗟。西晋武帝太康时期，文坛繁盛，代表性的文学家有"三张"（张载与其弟张协和张亢）、"二陆"（陆机与其弟陆云）、"两潘"（潘岳与其侄潘尼）、"一左"（左思）。晋宋之际，陶渊明在日常生活中发掘诗意，开创田园诗派；谢灵运寄情山水，开创山水诗派。齐梁时代，谢朓、王融将"四声"运用于诗歌，创立诗歌格律，由四声论而产生的声律说，一方面讲究"同声相应"的"韵"，另一方面又讲求"异音相从"的"和"，为了创造音韵美，既要求韵的重复呼应，又要讲究声调的参差变化。诗歌句格趋于严整，并在辞藻、用事、对偶等方面做出新的尝试，"永明体"成为古体诗向近体诗过渡的重要环节。

南北朝的长期对峙和文化、地理以及心理的不同，南北文风差异明显，南方清绮，北方质朴。南朝民歌中的抒情长诗《西洲曲》和北朝民歌中的叙事长诗《木兰辞》分别代表南北朝民歌的最高成就。梁末文学名士庾信北渡，以乡关之思发为哀怨之辞，艺术造诣"穷南北之胜"，促进了南北文风的交流。

魏晋南北朝的小说大致可以分为志怪和志人两大类。志怪小说内容庞杂，有炫耀地理博物、夸饰历史传闻以及讲说鬼神怪异等，以干宝的《搜神记》较为著名。志怪小说中的人物性格和情节构思已粗具形态，影响了唐代传奇小说和宋以后的笔记小说创作。志人小说的兴盛则与士族文人间品评人物和崇尚清谈的风气有很大关系，如《笑林》《西京杂记》等。刘义庆的《世说新语》是其中的代表作，该书多记录魏晋名士的奇闻逸事和玄言清谈，语言简约含蓄，隽永传神，成为传世名著。

文学独立、自觉的另一个标志是总集、别集的编纂。魏明帝时，曾诏撰录曹植所著赋、颂、诗、铭、杂论百余篇成书。自此，别集编纂日渐成风，东晋南朝"家家有制，人人有集"。别集的兴盛，促进了总集的编纂，出现结集各体文学作品的总集《文选》和诗歌总集《玉台新咏》。梁昭明太子萧统延集文人学士编订《文选》，从文学的角度对上起先秦屈原下至萧梁时期，数量浩瀚的文学作品进行清理、筛选，入选作品的各代名家尤以晋、宋以来为多，体现了略古详今的编选原则。这是一部内容丰富而有特色的文学选集，入选作品多是广为流传的佳作，是中国古代文人学子的必读之书。

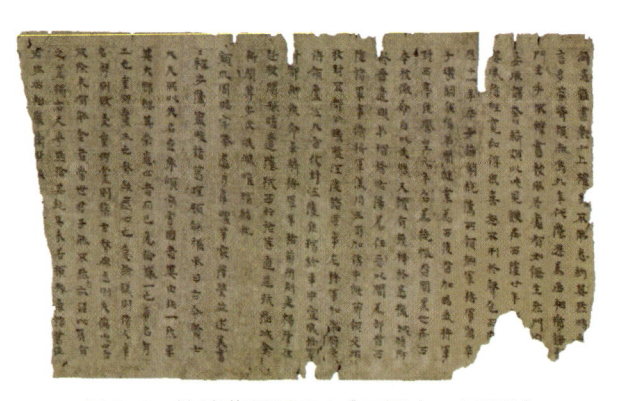

图6-6 敦煌藏经洞出土《三国志·步骘传》

魏晋南北朝时期是史学繁荣的时代，史家人数之众、著作之多、体裁之杂、题材之广、类目之齐，造就前所未有的繁荣局面。由于社会处于长期分裂和动荡不安的状态，官府控制史学的局面被打乱，史学突破了纪传体、编年体的限制，出现了中国历史上前所未有的史学发展新局面。同一领域内私家著作繁多，且编年体与纪传体两者并重，相辅而行，新体制的史学著作纷纷出现。史部著作不仅数目骤增，类型也复杂多样，在传统的纪传体和编年体史书之外，又出现多种形式和不同题材的

第六章　汇聚融合（魏晋南北朝）

史书，呈现出多彩缤纷的局面。《隋书·经籍志》列有正史、古史、杂史、霸史、起居注、旧事、职官、仪注、刑法、杂传、地理、谱系、簿录等史部门类，绝大部分是魏晋南北朝时期的作品，史部摆脱经部的附属地位，正式成为独立的著述门类。史书被放在四部分类法中的乙部（后名"史部"），一直延续到近代。

地理志的编撰是魏晋南北朝史学开创性的新成就，从内容上可划分为前后两期：东汉魏晋时期地理志关注的对象主要是"异物"，而晋宋以后，其关注对象则主要是山水风光。地理志种类繁多，《隋志》所载大致可分为以下几类：一是山水类，如《山海经》《水经》《衡山记》《游名山志》；二是都城类，如《洛阳记》《邺中记》；三是与宗教、异域相关者，如《佛国记》《洛阳伽蓝记》《京师寺塔记》《游行外国传》；四是地名类，如《春秋土地名》《古来国名》《九州郡县名》；五是少数民族类，如《诸蕃风俗记》《突厥所出风俗事》《西域道里记》；六是从征记类，如《西征记》《述征录》《宋武北征记》；七是总志类，如《十三州志》《大魏诸州记》《周地图记》；八是州郡地志类，如《荆南地志》《吴郡记》《湘州记》《广州记》《司州记》《冀州图经》。其中，东晋常璩所著《华阳国志》，上起巴蜀传说时期，下止成汉灭亡，记载了西南地区的历史、风土及人物；北魏崔鸿创作的《十六国春秋》记载割据政权的历史，也具有地方志的某些特点，二书影响延续至今。

二　艺术的多样化与多元化

魏晋南北朝时期是中国艺术史上一个重要阶段。受玄学影响，士人追求理想人格,由此产生美的自觉,在文学、书法、绘画等方面创作了许多价值极高的艺术作品,促成了艺术的多样化。

魏晋南北朝是中国书法的形成期。这一时期,先后出现草、楷、行等新字体,标志着中国书法的成熟。魏晋时期,从隶书的楷法字体中演变出一种更规整的楷书字体,称为"真书""正书",亦称"楷隶""今隶","楷"是规矩、规整之意。与汉代楷法隶书相比,楷书字形不但具有刚柔兼备的特点,而且波势明显减少,笔画趋于平易。

魏晋南北朝是书法名家辈出的时代。钟繇工篆隶、行草,尤以楷书擅名,其《宣示表》《明威将军郭休碑》是晋楷与晋隶的代表作。东晋王羲之书法集前人技巧之大成,又一变汉魏古朴浑雄的书风,备精诸体,兼善草、楷、行,以行书《兰亭序》、草书《十七帖》、楷书《东方朔画赞》为代表。其子王献之书法博采众家之长,兼善诸体之美,赢得了与王羲之并列的艺术地位和声望,世称"二王"。王氏父子的书法促成了行书、草书的定型与成熟,确立了笔法、构字、章法上的艺术技巧。

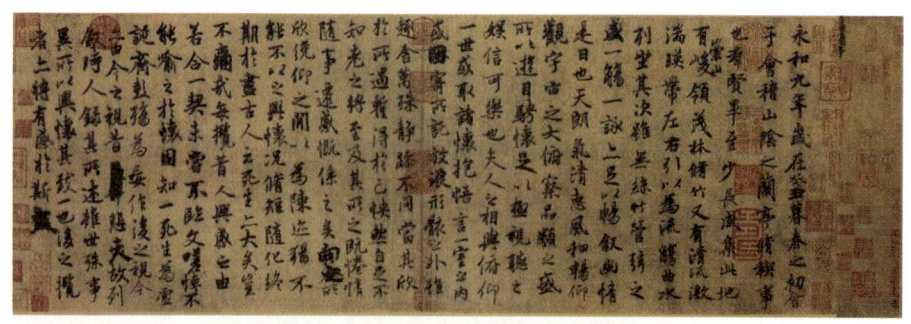

图6-7 《兰亭集序》摹本(神龙本)

第六章　汇聚融合（魏晋南北朝）

中国绘画在魏晋南北朝时期完成了重大历史转折。绘画题材更加全面，技巧更加成熟，绘画理论开始出现，文人介入绘画领域，宗教对绘画产生巨大影响。统治阶层对绘画从消极欣赏转为积极提倡，并运用绘画手段推进社会的政教风化，为中华文化注入丰厚内蕴，从而形成中国绘画史上的第一个发展高潮。

与前代相比，魏晋南北朝时期的绘画带有更多现实因素，彰显人的觉醒，绘画种类多样，题材涉及人物、佛教、山水、花鸟等，其中以东晋顾恺之的《女史箴图》《洛神赋图》最为著名，又因佛教艺术普遍兴起，佛教造像需求量大，绘画作为其有机组成部分，发挥了重要作用。另外，这一时期绘画理论亦趋成熟，专门著作涌现，如南朝宗炳《画山水序》、王微《叙画》、谢赫《古画品录》和姚最《续画品录》等，对创作技法和品鉴评议，进行系统的理论性总结。

十六国北朝时期，伴随佛教传入，犍陀罗艺术不但遍布大漠南北与河西走廊，而且进入华夏文明的中心——长安与洛阳，给中国本土艺术注入强大生命力，塑造了区别于东晋南朝的雄伟豪放风格。石窟的开凿在中国北方日益兴盛，石窟中除了石雕或泥塑造像以外，还包含大量壁画。新疆地处中国西陲，是佛教及佛教艺术传入中原的首道门户，早期壁画形象与印度、巴基斯坦、阿富汗的绘画艺术有密切关系，甚至受到罗马基督教艺术（如带翼的天使形象）影响。新疆克孜尔千佛洞现存236个洞窟，最早于4世纪开凿。壁画的主要内容以佛本生（前生）故事为主，也有说法图和佛传图，如《尸毗王本生》《须阇提太子本生》《睒子本生》，艺术风格明显体现着犍陀罗、西域和中原多元文化的融会。

甘肃敦煌莫高窟始凿于苻秦建元二年（366）或更早，直到元代都有建造，现存洞窟570余个，壁画6万余平方米。北魏、西魏的壁画内容以说法图和本生故事为主，如245窟《摩诃萨埵本生》图，描写摩诃萨埵舍身饲虎得道的全过程，突破时空局限安排故事情节发展，构思巧妙，气氛悲壮。257窟《鹿王本生》图，描绘九色鹿王拯救落水之人后反遭出卖的故事，将曲折的情节安排得非常紧凑。和新疆早期壁画不同，这一时期的敦煌壁画在形式技巧上更多地带有中原地区的风格，可明显地看到对汉代壁画的继承。此外麦积山石窟等处也存有许多同时期壁画。

魏晋南北朝时期，墓室壁画的内容较前代增加了反映现实生活的题材，并以独立的画幅出现。如嘉峪关魏晋墓的壁画砖对放牧、垦荒的描绘，反映出河西地区的生活特点。南京西善桥南朝墓的砖刻线描《高逸图》，刻绘有"竹林七贤"和荣启期八个文人坐像，人物间以树木间开，无论线描技巧、构图方法，还是人物神态的刻画、树木的画法，都超越了前代，题材选择也更为新颖。

汉代的鼓吹曲与相和歌有很多流传到魏晋以后。相和歌所用的乐律，主要是"平调、清调、瑟调"，"汉世谓之三调"。到魏晋时期，在相和歌的基础上，又有新音乐发展起来，称为"清商三调"或"清商乐"。"三调"表示继承相和歌的乐律，"瑟调以角为主，清调以商为主，平调以宫为主"（《魏书·音乐志》）。举清商以代表三调，所以称为清商三调。魏晋两代，朝廷都设置了掌管音乐的机构"清商署"。

第六章　汇聚融合（魏晋南北朝）

西晋继承曹魏的乐舞遗产，保留清商乐，乐舞文化在太康年间（280—289）得到新发展。经过"永嘉之乱"，宫廷歌工舞伎散亡殆尽。十六国时期，西北各少数民族进入黄河流域，带来了各族的乐舞文化，胡乐对中原音乐产生深远影响。随着民族大迁徙，漠北、西域及其他边远地区音乐大量输入，鲜卑、步落稽、高丽、龟兹、疏勒、西凉、高昌、康国、天竺等地的音乐与中原汉族音乐交融汇合，传统音乐更趋丰富多彩，胡笳、羌笛、琵琶等乐器广为流行。东晋南迁，把汉魏传统的乐舞文化带到南方，吴歌盛传于长江下游的太湖流域，西曲流传于中游的荆襄地区，丰富了南方的乐舞文化。

北方经过十六国时期的混战，汉魏传统乐舞传入凉州地区，黄河流域传统乐舞逐渐衰落，而西北少数民族乐舞恰好于此时传入，填补了空隙。4世纪以后，《天竺乐》《疏勒乐》《安国乐》《高丽乐》《康国乐》《高昌乐》相继传入，这些乐舞不仅传到中国北方，并且还流传到南朝宫廷。中外各族乐舞与汉族乐舞交流融合，产生了新乐舞，如《西凉乐》。少数民族乐器琵琶、锣等，成为中国乐舞的主要乐器。

中原和西域乐舞文化的交流活动中，佛教寺院是重要的场所。《魏书·释老志》称"梵唱屠音，连檐接响"。所谓"梵唱"即"梵呗"，"屠音"即"浮屠"之音，都属佛教音乐。佛教音乐由印度等地经西域等地传入中原，逐渐走上中国化的道路。

两晋南北朝时期是各族乐舞文化大融合时期，为隋唐乐舞的大融合大发展创造了条件，唐代十部乐中的绝大部分乐舞在南北朝时期已经出现。

三　科学发展与技术进步

天文、历算与地理测量　魏晋南朝时期，天文学迅速发展，其主要特征是：观测仪器完备，天文数据趋于精密，新的天文现象先后被发现，历法中的数学计算向严密化和公式化方向演进，古代天文历法体系从内容到形式都取得了新成就。

魏晋南北朝时期，天文观测仪器日渐改善，时人对恒星位置有了完整而系统的认识。三国时期，吴国太史令陈卓整理、汇总当时流行的甘氏、石氏和巫咸氏三家星官，并同存异，总结出283星官、1464颗恒星的全天星官系统，并绘成星图，奠定了中国古代星官系统的传统模式。刘宋时期，钱乐之在元嘉十三年（436）和十七年两次铸造浑象，采用的就是陈卓的星官系统。

由于观象授时与生产活动、政治生活有十分密切的关系，编制精确的历法受到历代统治者高度重视，并且成为中国古代天文学的中心内容。由于这一时期长期处于社会动荡、政权分立的状态，各地方政权相应颁行了多种历法。三国时蜀汉沿用东汉《四分历》，孙吴行用东汉《乾象历》，曹魏于景初元年（237）颁用杨伟《景初历》，西晋改《景初历》为《泰始历》继续使用，后秦用姜岌《三纪历》，北凉用赵厞《元始历》。南朝刘宋于元嘉二十二年（445）颁用何承天《元嘉历》，南齐改《元嘉历》为《建元历》。梁天监九年（510），改用祖冲之《大明历》，陈继续使用直到灭亡。北魏颁行的历法有李业兴等编制的《正光历》，北周颁用过《天和历》和《大象历》。此外，还有一些未行用的历法，新历法往往采用天文学的新发现和新成果。曹魏杨伟造《景初历》，论述了月亮运动的不均匀性和黄白交点的变化，提出计算日食食限、日食亏始方位和食分多少等方法。设置闰年是编订历书的一项重要内容，古人把19年称为一章，这是置闰的基本数据。北凉天文学家赵䯽在《元始历》中第一次打破旧章法，改变沿用近千年的19年7闰的旧闰周，提出600年中有221个闰月的新闰周，使回归年和朔望月间的关系得到准确调整。

南朝时期影响最大的历法当属何承天《元嘉历》和祖冲之《大明历》。《元嘉历》的主要贡献是创用定朔算法，利用月食测定日度，实测晷影长度以定节气。祖冲之《大明历》修改了闰法，并且应用"岁差"原理，是当时天文学的先进成果。祖冲之精确测出一回归年的日数是365.24281481日，与现代科学所得日数相比只差约50秒；求出推算日食和月食的重要数值"交点月"是27.21223日，与今天测得的数值只差十万分之一。作为当世最好的历法，《大明历》为梁、陈朝所沿用，前后施行共80余年。《大明历》是第一部将岁差引入历法的创新历法，为后世历家遵循。

伴随着历法完善，魏晋南北朝时期产生了诸多重要的天文发现。东晋天文学家虞喜注意到冬至时太阳在恒星间的位置发生变动的情况，对"岁差"这一天文现象作量化论述，他算得每经50年，冬至点沿赤道向西移动一度的数值，成为我国古代经由特殊途径独立得到的第一个岁差值，虽然发现年代迟于古希腊，但该值的精度已略优。后秦天文学家姜岌约在380年发明了月食冲法，在月食时测量月亮所在宿度，这时太阳正与月亮相差半周天度，由此能较准确推知冬至时太阳所在宿度。北齐天文学家张子信，隐居海岛三十多年，用浑仪观测日月五星运动，取得了太阳视运动不均匀性、五星运动不均匀性及食差等多项重要天文发现。

天文历算的发展是以数学计算为基础的。魏晋南北朝时期的数学理论发达，数学著述众多，仅《隋书·经籍志》所载就有二十余种。其中，赵爽《周髀算经注》、刘徽《九章算术注》《海岛算经》《孙子算经》《张丘建算经》、甄鸾《五曹算经》《五经算术》等，都是重要的数学典籍，被收入"算经十书"，一直流传至今。曹魏时期，数学家刘徽作《九章算术注》，对《九章算术》的诸多数学命题做出严密论证，对于其中重要概念做出明确解释，提出许多新的思想、方法、原理，为中国古代数学奠定坚实的理论基础。刘徽创立割圆术，认为当圆内接多边形边数无限增加时，其周长愈益接近圆周长；圆内接多边形边数无限多时，其周长的极限即为圆周长。据此推算出圆周率值$\pi=3.14$，后世称为"徽率"。南朝数学家祖冲之在刘徽割圆术的基础上继续推算，求出精确到第七位有效数字的圆周率值$3.1415926<\pi<3.1415927$，远远走在世界前列，直到1000年后的15、16世纪才由阿拉伯和法国学者求出更为精确的数值。

魏晋南北朝时期的地理学既继承秦汉传统，又有新的创造。如裴秀的制图理论，葛洪的"沧海桑田"地壳变动思想，利用信风航海的最早文献《法显传》，探矿理论著作《地镜图》，地理著作《水经注》等。这些新的地理学成就，构成这一时期地理学的显著特点。

西晋裴秀绘制《禹贡地域图》，定出制图"分率"（比例尺）、"准望"（方位）、"道里"（距离）、"高下"（地势起伏）、"方邪"（倾斜角度）、"迂直"（河流、道路曲直）六项原则。裴秀进一步指出制图六体的意义、作用，以及互相联系、制约，缺一而失其准确性的辩证关系。这是中国古代最系统、最完整的地图学理论体系，在地图学史上具有首创性的划时代意义，一直被沿用到明末，成为中国绘制地图的基本方法。裴秀也因此被誉为"中国制图学之父"。

北魏郦道元的《水经注》，以水系为纲领和坐标，记述全国地理概况，收录全国1252条大小河流，并从地理现状和历史沿革两方面对河流流域作详尽记述，是一部全面、综合性的全国地理著作，内容涉及河道变迁、地名更替、城市兴衰、部族迁徙、人物掌故、民间传说等，体例严谨、内容丰富、文笔优美，不但是中国古代杰出的地理、文学著作，而且在世界文化史上也具有相当突出的地位。

中医药学体系的成熟　魏晋南北朝时期名医辈出，总结经验、著书立说之风甚盛，无论是在基础理论还是治疗经验方面都有明显进步。三国时期的华佗发明了健身体操"五禽戏"和麻醉药物"麻沸散"，是中国古代"外科鼻祖"；西晋王叔和以儿科为专长，北齐徐之才世代行医，擅治疑难杂症。

魏晋南北朝时期，中医药学体系发展成熟，其特点是一方面对《内经》与《伤寒杂病论》进行理论研究，另一方面对临床经验做出系统总结。西晋王叔和对张仲景的《伤寒杂病论》加以整理编次，将其分为《伤寒论》与《金匮要略》两部，前者专论传染性疾病之辨证论治，后者专述一般杂病之脉因证治。王叔和的《脉经》是现存最早的脉学专著，总结了西晋以前的脉学经验。西晋皇甫谧撰《针灸甲乙经》，是中国针灸学的重要著作，对人体生理、病理及脉穴总数、部位、取穴、针法、适应证、禁忌证等进行系统论述。其中关于取穴方法、针刺手法、疾病主治、禁忌等经验及理论为历代医学家遵循，是针灸学家临床治病和撰著的指南。《针灸甲乙经》不但是中国发展针灸学的经典和培养针灸医师的教科书，而且是日本、朝鲜等国医学教育的教科书，对后世针灸学的发展产生深远影响。东晋葛洪著有《肘后卒急方》，讲述各科病症的治法与药方，对结核性传染病和天花已有记载和认识。南朝陶弘景著《神农本草经集注》，共记录730种药物，将药物分为玉石、草本、虫兽、米食、果、菜及有名未用七大类，成为古代中医药分类的标准。

据《隋书·经籍志》收录，这一时期医学家的医药方书约有百种，在当代及后世有明显影响者，如陈延之《小品方》、范东阳《范汪方》、姚僧垣《集验方》、徐叔响《杂疗方》等，都是有较高学术水平的佳作。这些医方著作一般真实记录著作者的宝贵经验，在隋唐时期仍广泛流传。

炼丹术是中国古代炼制长生不老药的方术，包括炼丹、炼金两项内容。仙丹可直接服食，亦可用来点化他物成金。炼出之金可制成饮食器，亦可化成"水"服用，不管服丹还是服金，都是为求长生。中国古代炼丹术约兴起于秦，魏晋南北朝时期有较大发展，葛洪（东晋）、陶弘景（南朝梁）等著名炼丹家均有总结炼丹经验的理论著述。炼丹术的目的是荒诞的，方法多是盲目的，但在反复制炼的过程中，不乏新的发现。道教炼外丹要使用一些特定的矿物原料，如丹砂、芒硝、雄黄、白矾、石灰、磁石等。道士需要在炼丹过程中对矿物的产地、特性和用途进行各种了解和尝试，在某种意义上具有化学实验的性质，客观上丰富了对矿物的认识。道士常常需要为人治病，炼丹与中医实践相结合，膏药随之产生。汉代以前的医药文献中，很少有通

第六章　汇聚融合（魏晋南北朝）

过化学手段制成的药剂，也未曾使用膏药。两晋以后，采用炼丹方法制作的膏剂大量出现，如五毒神膏、续断膏、丹参膏等。魏晋以降，传统中医外科在治疗疮痈溃疡乃至外伤等伤口时，主要使用膏药一类，膏剂作为中医外科主药一直沿用至今。从这个意义上讲，炼丹术推动了古代制药技术的发展，丰富了古代中国药物学。六朝的炼丹术在中国医学史和世界化学史上占据重要地位，魏晋南北朝对化学的贡献主要表现在汞化学、铅化学、胆铜以及砷白铜、硝石等的制取上，中国古代许多重要的化学知识和金属、非金属材料，都是炼丹家最先发现并记述下来的。

生产技术与制造技术　永嘉之乱后，北方农业曾遭受到严重破坏，耕地荒废，中原以种植为主的农业结构和精耕细作的经营方式受到极大冲击。但由于生活和战争的需要，农业技术仍在发展，并出现诸多农学著述。贾思勰《齐民要术》系统总结公元6世纪以前黄河中下游地区农业和畜牧业等生产经验，整理150余种古书里的农业知识，吸取农民生产经验并在生产实践中加以证明和丰富。该书总结了秦汉以来，以耕、耙、耢为中心，以熟土和防旱保墒为目的的耕作技术体系，阐述了轮作、种植绿肥、选育良种、中耕管理等项技术措施，说明北方旱地各项农业生产技术已达到较高水平。《齐民要术》非常重视耕作时土壤燥湿、耙耢保墒作用和作物轮栽，不但提出要应用有机肥，而且注意到粪有生熟之分，强调应用熟粪。在畜牧饲养方面，贾思勰重视选种、品种改良和畜牧繁殖及管理等方面的工作。

造船业是魏晋南北朝最发达的手工业，侯官（今福州）、浙江临海、广东番禺（今广州）是造船业的中心，政府置典船部尉管理造船

图6-8 南朝青瓷莲花尊

事业。因造船业发达，吴国拥有一支相当规模的水师，大的战舰有上下五层，海船长达二十余丈，可乘数百人，装载万斛。孙权曾派数万人的船队到台湾等地，表明江南造船规模的庞大和技术的进步。

制瓷业是新兴的手工业，由三国吴地会稽（今浙江绍兴）首先发展起来。出土的青瓷釉色茶绿，造型精致，显示出孙吴制瓷业较高的工艺水平。制瓷技术很快传播到其他地区，并形成南北两大系统。南朝是古代青瓷发展的重要阶段，不仅生产技术有很大进步，而且产量激增。青瓷烧造的主要地区在会稽郡，所产青瓷釉质厚润，种类繁多，造型优美。青瓷胎体较薄、造型秀气、釉色青灰、匀净莹润。青瓷品种非常丰富，包括了当世各种用途的生活用具，有碗、盘、碟、壶、盒、桶、洗、盆、钵、杯、耳杯、盏托、水盂、瓶、罐、坛、唾盂、香炉、灯、虎子、砚台、镰斗等，仅壶就有鸡头壶、羊形壶、虎头壶、扁壶等多种形制。青瓷之外，还烧制出漆黑光亮、美观实用的黑瓷。南朝青瓷的长足进步，为隋唐青瓷的全盛打下基础。

北方青瓷粗犷雄浑、造型新颖、胎体厚重、釉色青中泛黄、釉层薄而玻璃质较强，北朝晚期还出现胎体白、釉层细匀的白瓷。北齐时期，由普通红土作胎到用北方瓷土（坩土）作胎，釉陶工艺得到飞跃式进步。娄叡墓、李云墓等出土了大批精美的釉陶器皿，有很多西域的装饰元素，还出现了釉中挂彩的新工艺。南北两大瓷系互相影响，互相促进。这时的瓷器不少使用镂孔、刻划、模印、贴花、施彩、堆塑等方法加以装饰，表明制瓷技术不断提高。

四　物质文明与文化遗产

城市建筑，尤其是都城和宫殿建筑，往往比较集中地反映了每一时代的建筑思想和施工技术的先进水平。在魏晋南北朝城市遗址中，经过考古调查或初步发掘的有曹魏邺城（今河北临漳）、孙吴武昌（今湖北鄂州）、六朝建康（今江苏南京）、北魏洛阳、北魏平城（今山西大同）等。

魏晋南北朝时期，城市的发展经历了由兴盛到极度衰落，进而缓慢复兴的过程。城市的主要社会职能是政治中心和军事要塞，构成城市的主体往往是宫殿和官署，作为商品交换和贸易场所的"市"则规模相对较小，一些城市甚至根本没有"市"。但是，随着商品经济的逐步发展和城市物质生活的需要，"市"在城市中的作用日益突出，城市逐步具备经济内涵和社会功能，开始走向成熟。秦汉时期，南北方城市的地域分布很不平衡，名都大邑多集中在北方地区，除成都外，南方城市无论在规模和密度上较北方都相去甚远。魏晋南北朝以后，由于战乱影响，北方长安、洛阳等城市曾遭到毁灭性破坏，经历了一定时期的衰落。与此相反，由于永嘉之乱后北方人口的大量南迁和南方经济的迅速发展，南方城市在数量、规模和职能方面发生了很大变化，尤其以扬州、荆州、益州、广州四个区域的城市发展最为密集，以六朝都城建康为中心的长江下游地区已形成颇具规模的城市群。

人口增长导致城市规模扩大。东晋以后，建康原有的长桥和大市已不敷应用，城区开始向东南方的秦淮河两岸和青溪发展，出现鳞次栉比的市，一些豪门大族相继移居此地，王、谢两大家族的府邸便在朱雀桥东的乌衣巷一带。从东晋建都建康后，经过200余年的发展，城市人口迅速增加，至梁武帝统治时期达28万户，超过100万人，建康成为政治、经济、文化中心。城区北至钟山，南至雨花台，西至石头城，东至倪塘，建康城周围20里，共九座门。建康还集中着许多官办手工业，如织锦及造纸，设有锦署、纸官署和八处大冶炼所。

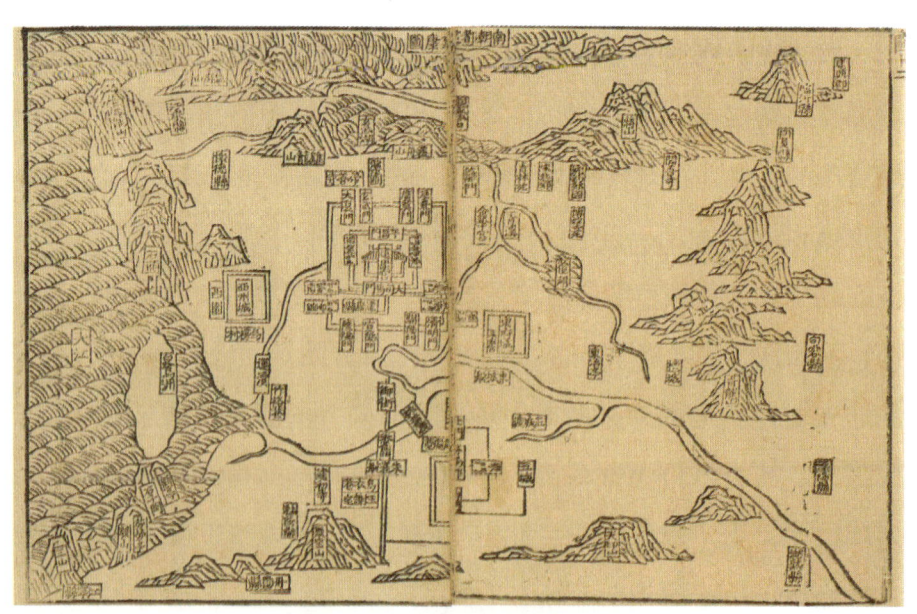

图6-9　明人绘东晋建康城地图

第六章　汇聚融合（魏晋南北朝）

北魏的统一结束了十六国时期北方地区长期分裂割据、战乱频仍的局面，社会趋于安定，农业、手工业和商业都有不同程度的恢复和发展。在这种背景下，北方城市的发展出现转机，诸多郡县城市逐渐恢复元气，尽管北魏后期的战乱使城市遭到破坏，但邺城和长安先后成为东魏、北齐和西魏、北周的国都，连同原北魏国都洛阳，整体获得普遍而迅速的发展，奠定了隋唐都市的基本格局。就具体城市而言，曹魏邺城开创了城市规划与建设的新局面，孙吴建邺的发展带动了江南城市的兴起及中国经济重心的逐步转移。

曹魏、石赵和东魏、北齐曾按照都城规制，对邺城先后进行三次大规模营造，使其政治、经济和军事地位以及繁荣程度一度超过长安、洛阳，其规划布局在古代城市规划中占据重要地位。邺城将宫室、苑囿、官署置于城北，住宅置于城南，城市分区明确，交通便利，其规划继承了战国时期以宫城为中心的规划思想，改进了汉代长安宫城与闾里相参、布局松散的状况，成为一个功能分区明确、结构严谨的城市。该城主要道路正对城门，干道呈丁字形相交于宫门前，把中国古代一般建筑群的中轴线对称布局手法扩大应用到整个城市。这种规划形式深刻影响着后世的都城布局。

佛教建筑是外来文化与中国传统文化相结合的产物，是古代建筑史中极具特色的组成部分，在建筑技术和建筑艺术上反映出中国古代建筑的先进水平。南朝佛教极盛，尤其是梁代，城内有数百座佛寺，被唐朝诗人杜牧描述为"南朝四百八十寺，多少楼台烟雨中"。宋、齐、梁、陈诸朝还大规模扩建玄武湖周围的园林，如宋文帝时筑冬宫、北堤、禾游苑、华林园等，齐武帝时建新林苑、元圃园等宫殿园林。玄武湖内有方丈、瀛洲、蓬莱三神山，湖北有上林苑。

　　魏晋南北朝时期的雕塑中，佛教雕塑居于主体地位，成就突出。南北朝时，石窟大量开凿，山西大同云冈石窟、河南洛阳龙门石窟、甘肃敦煌莫高窟、甘肃永靖炳灵寺石窟、甘肃天水麦积山石窟等闻名于世。云冈石窟位于大同西北武州山，始建于北魏平城时期，前后历

图6-10　云冈石窟

时一百多年，有大小石窟四十多个，佛像约十万尊，最大的佛像高达七丈，最小的佛像不到一寸。云冈的石刻造像气势雄健质朴，风格写实，雕塑技巧高超，人物形象面容清癯、眉目开朗、神采飘逸。龙门石窟位于洛阳城南龙门山，北魏迁都洛阳后开始在此建造石窟，达四百年之久，代表性洞窟有宾阳洞、古阳洞、莲花洞等，石窟中的北魏造像达到北朝雕刻技艺巅峰。

敦煌石窟（莫高窟）开凿于敦煌东南鸣沙山的崖壁上，从前秦时期开始营建，包括北朝洞窟36个，其中属北凉3个，北魏12个，西魏7个，北周至隋初14个。这一时期的洞窟主要有三种形式：一是僧房窟形式的禅窟，即在主室两侧壁上开凿供僧人坐禅修行的小室；二是塔庙形式，即中心塔柱式的石窟，塔柱四面开龛造像，这是北朝时期最典型的石窟形制；三是平面为方形、顶部为覆斗式的洞窟，这种窟形在后壁凿有较大佛龛，于北魏末期或西魏初期出现，一直沿用到元代。由于石质松脆不适于雕刻，石窟艺术表现为另一种形式——壁画和塑像。主要题材是佛说法图和佛本生故事。

孙吴、东晋、宋、齐、梁、陈都建都于建康，因此在南京附近（包括江宁、句容、丹阳三地）有许多帝后王侯陵墓，许多石刻历经千年风雨保存至今，它们形制巨大、造型优美、雕琢古朴，是当时南方石雕艺术的代表作。

本章参考文献

葛兆光：《道教与中国文化》，上海人民出版社1987年版。

侯外庐：《中国思想通史》第3卷，人民出版社1957年版。

李磊：《六朝士风研究》，武汉出版社2008年版。

李力、杨鸿：《魏晋南北朝文化史》，上海人民出版社1998年版。
李约瑟：《中国科学技术史》，科学出版社1990年版。
李泽厚：《美的历程》，文物出版社1981年版。
宁稼雨：《魏晋风度》，东方出版社1992年版。
汤一介：《郭象与魏晋玄学》（第3版），北京大学出版社2019年版。
汤用彤：《汉魏两晋南北朝佛教史》，中华书局1983年版。
万绳楠：《魏晋南北朝文化史》，黄山书社1989年版。
汪高鑫：《魏晋南北朝民族关系与夷夏之辨》，《史学集刊》2010年第6期。
魏道儒：《旧课题与新理论：研究"佛教中国化"的脉络》，《内蒙古师范大学学报》（哲学社会科学版）2021年第2期。
楼劲：《魏晋南北朝儒学的发展》，《历史研究》2022年第3期。

本章图片来源

图6-1 许志强：《昭明太子今何在 南京狮子冲南朝大墓考古》，《大众考古》2016年第11期。

图6-2 现藏山西博物院。

图6-3 现藏甘肃省博物馆。

图6-4 现藏南京博物院。

图6-5 现藏河南博物院。

图6-6 现藏敦煌研究院。

图6-7 现藏故宫博物院。

图6-8 现藏南京六朝博物馆。

图6-9 （明）陈沂撰：《金陵古今图考》，正德十一年刊本。

图6-10 云冈石窟文物保管所编：《中国石窟·云冈石窟》，文物出版社1991年版。

第七章 四海一家（隋唐五代十国）

第七章 四海一家（隋唐五代十国）

章首语

隋唐时代是中华文明的高峰。整体来看，这一时期政治稳定，经济繁荣，文化昌盛，民族团结，展现出光辉灿烂的盛世气象。唐代以贞观之治为代表，突出表现为"以民为本"的政治思想和"爱之如一"的民族思想，同时开始科举制的新探索，展现了中国古代官员选拔新理念，突出体现了中华文明的传承性和创新性。唐代是一个包容汇聚的时期，不仅佛教进一步实现了中国化，而且儒、释、道三教不断融合，思想相互影响，共同成为中华文明的重要底色；在佛教思想的冲击与影响下，作为国家主流思想的儒学开启了思想变革，为宋明理学的发展奠定了基础；唐代丝绸之路迎来大发展，外来思想文化在中原传播，融汇为中华文明的组成部分，突出体现了中华文明的包容性与和平性。此外，唐代史学、文学、艺术、科技等都取得了灿烂成就。

隋唐王朝是当时世界文明的重要中心。唐代的政治体制、律令法规等，被日本、新罗等国借鉴模仿，成为东亚文明典范。同时，隋唐王朝具有前所未有的开放精神，中外交流日益繁盛，一方面各种舶来的奇珍异宝与日常用品成为百姓生活的一部分，各国使节、商人、僧侣等云集长安，使其成为汇聚各种文明因素的大都市；另一方面隋唐的丝绸、茶叶等物质文化大规模输出，汉字、书法、文学等精神文化在周边地区广泛传播，对世界文明的发展产生了深远影响。诚可谓万国会同，四海一家。

第七章　四海一家（隋唐五代十国）

第一节　东亚政治文明的新典范

隋唐承袭汉魏以来中华文明发展轨迹，整合汇聚各种制度因素，形成了重视"以民为本"的政治思想与"爱之如一"的民族思想，塑造了空前繁荣的政治文明。这不仅是此后历代王朝不断追述的盛世图景，也是当时东亚各国竞相学习的文明典范。

一　"以民为本"的东亚典范

贞观之治与民本思想　唐太宗贞观年间正值开国之初，国力尚未达到鼎盛，府库积蓄甚至远不及隋朝，然而贞观时代因其历史上少有的开明局面，成为后人追求向往的理想政治。太宗虚怀克己，兼听纳谏，一时君臣同心，励精图治，很快实现了政治稳定，百姓安居乐业，社会经济迅速恢复，开创了唐代治世，史称"贞观之治"。

民本思想是贞观时期治国的基本理念。《贞观政要·务农》记载，贞观二年（628）太宗对侍臣说："凡事皆须务本。国以人为本，人以衣食为本。凡营衣食，以不失时为本。"这是贞观时代民本观念的总结，继承了《尚书》"民惟邦本，本固邦宁"的思想传统，又将"以人为本"具体落实到"不夺农时"，即国家征发兵役、徭役要遵循农作物播种和收获时节，以保证农业生产、百姓安居。民本观念是对隋代灭亡经验的总结，贞观君臣大多亲身经历过隋朝修运河、建长城，连年征伐高丽，致使民不聊生，引发风起云涌的农民起义，隋朝也在国力强盛之时轰然崩溃。魏徵指出隋代徭役无时，干戈不戢，导致民不堪命，率土分崩。太宗也说隋代大旱之时不怜百姓而惜仓库，故而提出治国应当使人民富足，而非仓库充盈。由此，太宗采取轻徭薄赋、与民休息的政策，并广设义仓以赈济百姓。贞观时代的君臣认为皇帝与百姓是相互依存的关系，国家兴亡在于民而不在天。贞观六年太宗说："'可爱非君，可畏非民。'天子者，有道则人推而为主，无道则人弃而不用，诚可畏也。"魏徵对答："'君，舟也；人，水也。水能载舟，亦能覆舟。'陛下以为可畏，诚如圣旨。"（《贞观政要·政体》）弱化了传统的皇权受命于天的观念，认为天子实际上由人民推举，无道之时甚或被人民弃用，更多地体现出对人事的重视。"水能载舟，亦能覆舟"虽为先秦已有的思想，但吸取隋亡教训的贞观君臣深刻认识到其意义，并切实当作实践的政治观念，他们反复提到以百姓心为心，将百姓利益作为施政的出发点。

仁政是贞观之治的重要特征。太宗即位之初，朝廷就治国行王道还是杂以霸道曾有过一次重要辩论，太宗最终采取魏徵建议实行王道，以怀柔治理天下。这一路线强调国家与百姓和谐共处，统治者以身作则引导百姓向善，而非使用严刑峻法。武德九年（626）太宗在与大臣论止盗时提到，民之所以为盗，是因为赋繁役重，官吏贪求，饥寒切身。故而皇帝应去奢省费，轻徭薄赋，选用廉吏，这样百姓可以安居乐业，自然不会有人甘愿为盗贼。太宗还下令死刑不得立即执行，在京要五次复奏，在地方要三次复奏，以防止妄杀。

贞观之治是后代一直追求的政治典范，唐玄宗提出"依贞观故事，有志者莫不想望太平"（《隋唐嘉话》），五代时编纂的《旧唐

第七章　四海一家（隋唐五代十国）

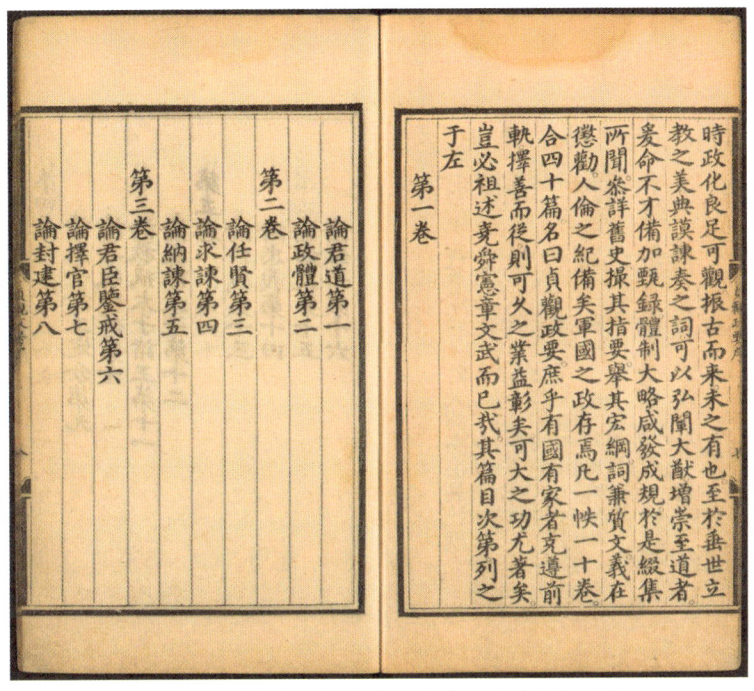

图7-1　明成化元年内府刊本《贞观政要》书影

书》亦言"贞观之风，到今歌咏"。唐代史官吴兢编纂《贞观政要》，记载太宗及魏徵等大臣的言行，由宋至清历代统治者对该书推崇备至。该书约9世纪时传入日本，流传的版本有十八种之多，镰仓时代（1185—1333）博士菅原为长专门为幕府讲解《贞观政要》。

整齐制度与修定律令　隋朝统一之后，从制度上落实文化认同政策，制定了整齐的典章制度。这些制度既延续了中华政治文明根脉，又融汇了南北朝新的变化因素，经过唐代不断完善与革新，影响至为深远。

政治制度方面，建立三省六部制。隋唐时代，尚书省、中书省（隋称内史省）、门下省成为处理中央政务的核心机构。中书省主要负责起草诏敕，门下省封驳诏敕，尚书省贯彻政令。尚书省下设吏、户、礼、兵、刑、工六部，各部分领四司，共二十四司。三省六部又领导监督承担具体事务的寺监及州县。三省既分工合作，又相互制约，共掌国家大政，形成严整的行政体系。为提高行政效率，唐初在门下省设立政事堂，供三省长官与皇帝集体议事。玄宗时为应对国家政务的新变化，将政事堂改为中书门下，成为处理政务的实体机构。安史之乱后使职不断侵夺六部权力，中书门下取代尚书省成为新的行政枢纽，实现了适应时代需求的政治制度调整。

律令方面，形成了较为完备的法律体系，是"中华法系"的重要代表。隋唐的法律形式有律、令、格、式四类，律是刑法典，令是制度规章条文，格是皇帝敕令汇编，式是各种章程细则。四者相互联系，规定了国家的基本制度以及判罪量刑的依据。隋朝建立后，参酌旧有律令开始编定新的律、令、格、式，唐代也不断编修律令使之不

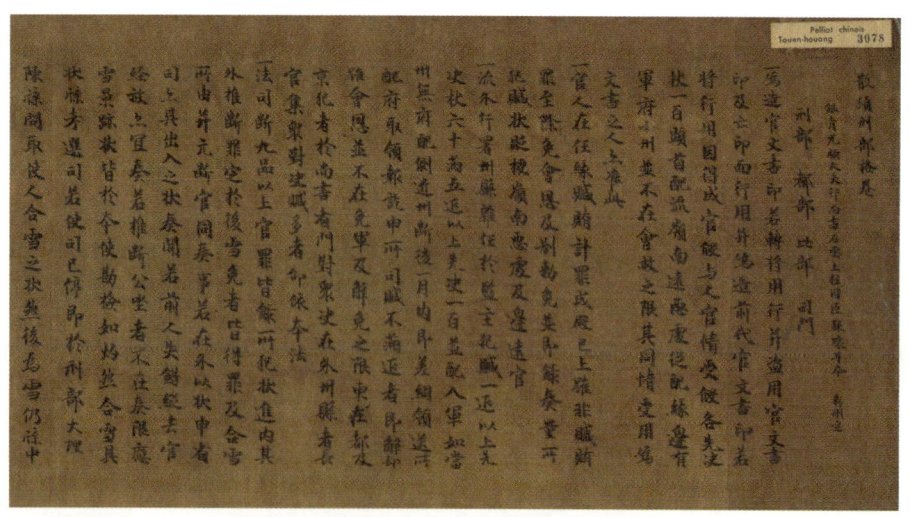

图7-2 唐神龙年间《散颁刑部格》残卷

断完善。目前传世的唐律是唐高宗永徽四年（653）颁布的《唐律疏议》（原称《永徽律疏》），是律文及其疏注的合编，内容包括名例、卫禁、职制、户婚、厩库、擅兴、贼盗、斗讼、诈伪、杂律、捕亡、断狱十二篇，广泛吸收了历代律学成果，形成系统化、周密化的刑法典。唐代的令、格、式未见完整传世文本。20世纪以来出土的敦煌吐鲁番文书中，散见有部分律、令及《刑部格》《户部格》《水部式》等文献。20世纪90年代浙江宁波天一阁发现明抄本北宋《天圣令》，其中保存了大量唐令条文，涉及田令、赋役令、仓库令、厩牧令、关市令、捕亡令、医疾令、假宁令、狱官令、营缮令、丧葬令、杂令等，经学者整理研究部分复原了唐令原貌。

唐代编纂了《唐六典》《通典》等多部总结当时及前代制度的政书。其中，玄宗时李林甫领衔编纂的《唐六典》记载唐前期职官建置及职掌，注文中载有各个职官的历史沿革并抄录有律令条文。德宗时杜佑编纂的《通典》是综述上起尧舜、下迄盛唐的历代典章制度，分为食货、选举、职官、礼、乐、兵刑、州郡、边防八门，展现了迄至唐代的中华制度文明成果。

东亚国家的制度典范　　隋唐国力富强，文明昌盛，以日本、新罗（今朝鲜半岛）为代表的东亚国家开始全面学习中国典章制度。

日本曾成功派遣3次遣隋使和13次遣唐使，以吸收引进隋唐文化。唐太宗贞观十四年（640），长期在中国留学的高向玄理、南渊请安等归国，成为改革派中坚。645年，日本发动大化革新，仿效隋唐制度进行改革，确立了以天皇为中心的中央集权国家。其具体措施包括在中央仿照三省六部制设立二官八省制，在地方分国、郡、里三级。土地及赋税制度上，按照唐朝均田制施行班田制，同时实行租庸调制。此外，还有类似唐朝制度的教育制度、兵制等。大化革新后，日本开始模仿唐朝设立年号，都城营建上模仿长安的城市布局，将宫城安置在北部，同时设置中轴线和坊、市，以此规制建造了平城京（今奈良）和平安京（今京都）等。律令方面，日本以唐永徽律、开元七年令为蓝本，于701年颁布大宝律令，757年颁布养老律令。目前《养老令》大致保存，成为复原唐令的重要参考文献。日本奈良时代（710—794）及平安时代前期（794—896）是全面学习唐朝的鼎盛时代，史称"唐风文化"。

新罗与唐朝的交往十分频繁，曾派遣大量留学生学习唐代文化。新罗仿照唐朝政治制度，在中央设立执事省，下设兵部、仓部、礼部等若干部、府，分掌各项政务。经济制度方面，仿照唐朝均田制设立丁田制，并施行租庸调和户籍制度。自650年（高宗永徽元年）起，新罗一度行用唐朝年号。675年，新罗人德福学习唐朝历法后回国，新罗开始行用唐朝《麟德历》。935年前后，灭新罗统一朝鲜半岛的高丽效仿唐朝，行用三省六部制，其律令篇目及条文与唐代律令颇多相同。

二 科举取士的新探索

隋唐时期成型的科举制，是全新的选拔官吏的考试制度，对中国古代官僚制度和社会文化产生了极为深远的影响。汉代选官主要行用察举制，至魏晋时期发展出九品中正制，但家世门第逐渐成为被察举征辟的首要条件，以致西晋时有所谓"上品无寒门，下品无势族"

（《晋书》卷45《刘毅传》）之说。隋朝建立后，废除九品中正制及州郡长官辟举佐官的制度，各级官吏一律由中央任免，实际上取消了选官门第的限制，逐步形成从经过学习的文士中按照才学选任官吏的新原则。隋代以秀才、明经、进士三科选士格局的形成，标志着科举制逐渐成形。随着经济和社会发展，唐代进一步完善科举制度，至武则天、唐玄宗时期，广泛的考试选拔制度日趋成熟。

科举制是完备的考试系统 唐代的科举选官，相比于前代的察举制和九品中正制，最大的创新在于发展出更加完备的考试制度，科举的人才选拔原则上都要以考试成绩为依据。参加科举者须向籍贯所在地报名，先由县进行考试，再由州府考试，合格者年底随当州朝集使至京，于来年正月参加尚书省吏部［开元二十四年（736）以后为礼部］主持的考试。考试通过后，即可参加吏部铨选。除了常见的明经、进士两科外，科举的其他科目也都要考试。整体来看，科举制在唐代已经形成一套相对完整的考试流程和选拔规范。严格的考试制度保证了国家可以选拔到更优秀的人才。韩愈在《赠张童子序》中记载，仅就明经一科来说，每年参加考试的人数有3000人，最终能够通过层层考试进入官员选拔阶段的只有不到200人，考试难度可想而知。

相比于前代制度，科举制完备的考试规程无疑是一种重要的创新。汉代作为察举常科的孝廉，在很长时期内无须考试。在九品中正制下，品定荐举的权力更是掌握在高门手中。而隋唐时期建立起来的科举制中，最重要的明经、进士等常科是实施自县、州府、尚书省一以贯之的考试方式，这样就形成了相对客观的标准。尤其是自县一级就开始实行考试，可以在很大程度上排除地方大族垄断地方贡举渠道的可能。当然，唐代科举制仍然处在刚刚形成的阶段，尚不能做到完全的严密与公平。在科举考试过程中就曾盛行请托行卷之风，由于最初没有糊名制度，高门子弟便会受到一些照顾。但是科举考试制度的出现，还是为中国古代官员选拔提供了一种新的思路和方式。

进士科逐渐成为入仕唯一正途，开创重视才学诗赋新局面　唐代科举制度的另一个创新是，进士科逐渐成为社会认可的入仕的重要途径，取士标准逐渐过渡到以文学诗赋为主。唐朝初年，明经科因其以儒家经典作为考试内容，而在科举中占据重要地位，唐初的著名宰相如张文瓘、裴行俭、狄仁杰等都是明经出身，进士科则被视为非经世之学的文学之科。至唐玄宗开元年间，由于皇帝及宰相特别重视文学，进士科得到很大发展，参与进士科考试的士子人数众多。安史之乱以后，进士科逐渐成为高级官吏的主要来源，特别是在宪宗以后，进士在宰相比例中占据绝对多数。科举中的进士科成为各级官吏尤其是高级官吏的主要选拔手段。

就进士科本身来说，虽然其考试科目与录取标准有所变化，兼顾士子才学与时务，但相对于明经科，进士科更加偏重文学与诗赋，这与唐代传统经学的衰落、统治集团对于文学的好尚等有密切关系。相对来说，前代的察举制与九品中正制更加重视家世、道德、才能三方面，其中家世门第与德行操守具有至关重要的地位。但是在唐代进士科中，文学诗赋一跃成为评价的重要标准，兼而考察才能，家世与道德成为次要条件。随着进士科成为唐代士庶眼中入仕的唯一正途，重视才学诗赋的倾向也成为社会主流。

科举制新探索的深远影响　隋唐时代科举制度的建立与发展，不仅是选官制度的创新，而且一定程度上影响了唐代社会，对此后中国古代文化的发展也发挥了积极的作用。

首先，社会等级再编制。唐朝初年承南北朝之余绪，世家大族仍然在社会中享有极高地位，扮演着重要角色。以崔、卢、李、郑、王为代表的山东旧士族，以通婚的方式显示自身的高贵身份，朝廷高官竞相与士族联姻。科举制度的确立与发展，为更为广泛的社会阶层提供了上升渠道。尤其是唐后期，科举制度成为官员选拔的主流，科举应举范围随之扩大。一方面，科举及第的阶层有所扩大，更多的贫寒子弟、州县胥吏和工商子弟应举及第，通过科举进入仕途。另一方面，进士及第者地域分布范围有所扩大，相比于唐前期科举出身者大多来自北方，唐后期来自南方苏州、杭州、润州（今江苏镇江）等地的及第人数明显增加。高官子弟入仕途径的门荫相对衰落，很多贵族高官子弟抛开门荫，大量投身进士科以维系家族高位。这样在门第和官品之外，形成了以科举确定社会等级身份的新标准，实现了社会等级的重新编制。

其次，对文学风气与社会教育产生极大影响。由于内容限制与形式格律拘束，唐代诗赋考试不易产生好的作品，从这个角度讲，进士科考诗赋对文学发展产生过一定的消极作用。然而由于科举涉及广泛，又以文化为主要考试内容，客观上刺激了文化在社会上的普及，为唐代文学艺术发展提供了社会基础。同时，科举对于文学的影响远远不止于考试本身，与科举相关的读书习业、乡举里选、投文干谒、及第落第、慈恩题名、曲江游宴、送行赠别，等等，都与文学创作有关。吐鲁番出土一组学生练习回答经义策问的文书，间有教师批答，反映出学生与士子们揣摩、练习对策，准备进士、明经科举考试的情形。

最后，科举制成为后世一直沿用的经典考试制度。隋唐时期确立科举制度后，历代王朝虽然在具体考试内容和取士标准方面各有侧重，但以科举取士作为官吏选拔主要手段的形式一直延续下来。科举制度一度影响了周边地区，日本、安南等政权在一定时期内都曾仿效实行科举制度，甚至19世纪的英国文官制度改革，也参考了中国科举以考试选拔官员的形式。

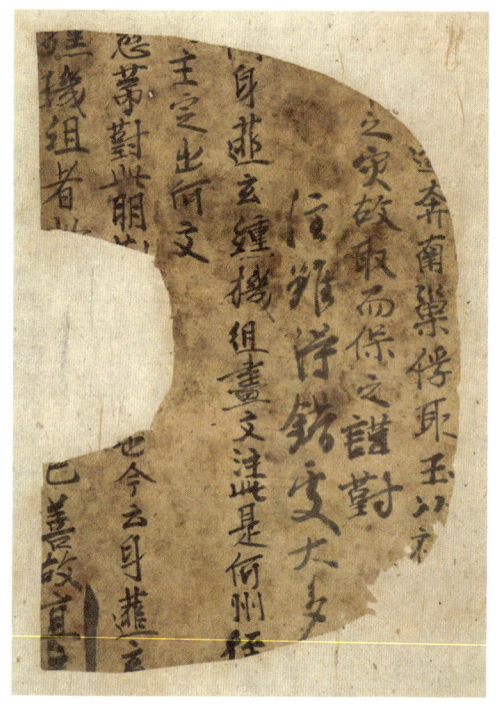

图7-3 策《尚书》经义文

三 农牧一体的民族新思想

"天可汗"称号与兼统农牧 农业文明与游牧文明因生产方式不同而有较为明显的界线，古代中原农耕王朝与北方草原政权处于长期互存并峙的态势，汉朝与匈奴，北朝与柔然、突厥，都是在冲突与融合中促进了文明演进。隋唐时代中原与草原的关系有了新变化，唐太宗以皇帝身份享有"天可汗"称号，兼统中原农耕与草原游牧区域。

第七章　四海一家（隋唐五代十国）

隋末唐初，北方草原的东突厥政权势力强盛，在中原扶植刘武周、梁师都等割据势力，唐朝立国后更是频频南下侵袭，武德九年（626）一度攻至长安附近，太宗与其约和方才撤兵。然而，突厥内部出现严重的政治动荡，颉利可汗与小可汗突利矛盾激化，附属突厥的各部落纷纷叛离。贞观四年（630），唐朝出兵擒获颉利可汗，东突厥汗国灭亡。在此前后唐朝尽力招抚流散的突厥部落，草原诸部大量归附唐朝。四月，在长安的诸蕃君长为太宗奉上"天可汗"称号，太宗开始兼统突厥等归附的草原部落。唐朝将这些部落安置在北部边疆地区，设立羁縻府州进行统辖，同时任命其酋长为将军、中郎将等官，号称入居长安者有数千家。贞观二十年，漠北草原诸部动荡，唐朝出兵击败实力最强的薛延陀，于是漠北铁勒诸部纷纷归降唐朝。九月，太宗亲赴灵州（今宁夏灵武），铁勒诸部使者数千云集于此，共同请求尊奉太宗为"天可汗"。诸部酋长随太宗返回长安后，又请开设驿道，以便每年进贡貂皮以充租赋，称为"参天可汗道"，由此漠北草原诸部也纳入唐朝管辖之下。唐太宗接受"天可汗"称号成为兼统农牧的代表性事件。

中原帝王兼有草原君主称号，可以追溯到十六国时期。晋末刘渊最先自称皇帝并兼"大单于"，此后又将"大单于"之号授予其子，汉赵时形成单于系统管理"六夷"、汉式官僚机构管理汉人的体制，后赵、前燕大致沿袭此制。隋代突厥启民可汗对隋文帝、炀帝极为恭顺，曾上表称隋文帝为"大隋圣人莫缘可汗"。正是十六国以来中原与草原文明因素的持续交融，为唐太宗接受"大可汗"称号提供了思想和政治渊源。只是相比于前代，太宗切实将突厥、铁勒等主要北方草原部落纳入统辖之下，实现了南北兼跨。直到高宗调露元年（679）之前，唐朝保持了中原与北方草原各族数十年的安定局面。直到玄宗时，唐朝虽然对这些政权并不直接统治，突厥、石国、吐火罗等北方及西域政权依然尊称唐朝皇帝为"天可汗"，体现出唐朝在周边政权中的崇高威望。

"爱之如一"的民族思想 突厥、铁勒等北方草原部族能够大量归附唐朝，并维持数十年的稳定局面，绝不仅是被唐朝武力慑服，更是因为唐前期"爱之如一"的民族思想，在国力不断强盛的情势下可以平等包容地对待周边各族。

唐太宗特别强调，皇帝绥抚天下的理念没有中外、华夷分别。贞观二十一年（647）五月，太宗问侍臣："自古帝王，虽平定中夏，不能服戎狄。朕才不逮古人，而成功过之，自不谕其故，诸公各率意以实言之。"群臣皆称："陛下功德如天地，万物不得而名言。"太宗则说："不然，朕所以能及此者……自古皆贵中华贱夷狄，朕独爱之如一，故其种落皆依朕如父母。"（《资治通鉴》卷198）太宗强调他与古代帝王在四夷问题方面最大的不同，就是能够"爱之如一"，这一点尤为难得。大致在春秋时期，中国已形成"夷夏之辨"思想，即以是否遵行华夏礼仪为划分的主要标志，认为中原的华夏与周边少数民族存在明显差别，二者应严格区分。故而有"夷夏之防""夷夏尊卑""夷不乱华"等说法。然而经历魏晋南北朝各民族的大冲突、大交融，中国古代的民族思想也发生了变化，至唐太宗时焕然一新，其摒除"贵中华贱夷狄"思想，平等对待周边民族，是诸蕃君长心向唐朝的重要因素。当时有突厥人史行昌舍肉奉母，太宗感叹仁孝之性岂有华夷分隔？这就是"爱之如一"的体现，不因突厥人是"夷狄"而否认其仁孝的天性，才能获得各民族的认同和尊重。

唐玄宗虽然重视边功，但依然持有开放包容的民族思想。自高宗年间起，吐蕃与唐朝在陇右、河西、四镇等地展开长期斗争。开元十八年（730），吐蕃使者来到长安通和，唐玄宗复书吐蕃赞普："至于止戈为武，国之大猷，怀远以德，朕之本意。中外无隔，夷夏混齐，泊声教于殊方，济含灵于仁寿。朕之深旨，来使具知。"（《册府元龟》卷979《外臣部·和亲第二》）所谓"中外无隔，夷夏混齐"体现了唐玄宗"怀远以德"的怀柔之意。开元九年，唐朝平定了康待宾叛乱，当时参与叛乱的主要是六胡州的粟特（今中亚泽拉夫善河流域地区）胡人，玄宗诏书中特别提到他们都是淳柔百姓，与华夏相同，并对其进行安抚。这些粟特人从血缘上说并非汉人，但他们长期居住在唐朝，成为编户齐民的百姓，应被视作华夏之人，而不再区分华夷。

虽然安史之乱后唐朝内忧外患，"夷夏之防"的观念显著加强，"华夷一家"的观念逐渐让位于"华夷有别"。但无论如何，唐前期"爱之如一""夷夏混齐"体现的求同观念，依然是中国古代民族平等思想的重要代表。

羁縻制度与边疆民族交融　唐代是奠定中华民族多元一体格局的重要时期，有数量众多的周边民族曾归附唐朝。为统辖内附部落，唐朝设立了一种特殊的行政建置——羁縻府州。根据《新唐书·地理志》，唐朝仿照内地州县的模式在部落列置府州，规模较大的设立羁縻都督府，较小的设立羁縻州，以其部落首领担任都督和刺史。羁縻府州具有内地正州的形式,在军事和行政上统属于唐朝的边疆都督府和都护府,但在具体统治中有所不同,羁縻府州的长官名义上由朝廷任命,实际上由部落首领世袭罔替,羁縻府州也无须上缴贡赋。在这种羁縻体制下,内附的部落或政权可以保存其原有的政治结构,具有一定自主权力。

早在唐朝立国的武德元年(618),就曾在幽州境内设置燕州,以安置靺鞨酋长突地稽率领的部落。此后,唐朝又在陇右、剑南、黔中等地的部落设立不少府州,大多具有羁縻性质,但有些并未与正州进行明显区分。真正代表羁縻府州制度形成的是贞观年间对东突厥部落的安置。贞观四年(630)击败东突厥后,大量突厥部落南下依附唐朝,关于如何安置这些部落,朝廷曾有一次大讨论。太宗最终采纳温彦博的建议,将突厥安置在以河南(今河套地区)为中心的边疆地区,温彦博提出的全其部落,顺其土俗,成为唐代羁縻制度的基本原则。当时唐朝先后在突厥诸部设立顺、佑、化、长、北开、北宁、北抚、北安等十个羁縻州,同时设置定襄、云中、丰州都督府统辖诸州。

随着归附部落或政权不断增加,唐朝设立羁縻府州的范围不断扩大。贞观二十年(646)铁勒诸部内附后,太宗即在漠北草原设立6个羁縻都督府和7个羁縻州,同时在黄

图7-4 仆固乙突墓志拓片

河北岸设立燕然都护府统领漠北诸州。高宗显庆三年（658），在西突厥五咄陆部落设立6个羁縻都督府，并设立濛池、昆陵二都护府进行统辖。又在今塔里木盆地地区设立龟兹（治今新疆库车）、毗沙（治今新疆和田）、焉耆、疏勒（治今新疆喀什）4个都督府，并置安西都护府进行管辖。龙朔元年（661），唐朝派遣吐火罗道置州县使王名远入西域，在波斯以东设立了16府、72州。唐代近三百年间，曾在关内、河北、陇右、剑南、江南、岭南等道设置了近1000个羁縻府州，涉及的周边民族包括突厥、回纥、党项、吐谷浑、奚、契丹、靺鞨、高丽、羌、蛮以及西域诸国。

2009年，蒙古国境内发现了一座未经盗扰、具有鲜明唐代风格的高规格大型唐代墓葬，出土各类器物770余件。从出土墓志看，墓主人为唐代金微州都督仆固乙突，墓志记载了仆固乙突率领部落兵参与唐廷远征战事以及参加唐高宗封禅泰山等事迹，展现出漠北羁縻府州对唐廷承担的基本义务。羁縻府州的设立加强了周边民族与中原王朝的联系，推动了各民族之间的交融。

第二节　文明的包容与汇聚

隋唐思想具有突出的包容性。这一时期，儒、释、道三教进一步融合，特别是儒家在吸收佛学因素的基础上开始革新。隋唐时期陆上丝绸之路的繁荣达到顶峰，海上丝绸之路蓬勃开拓，大量外来的宗教、服饰、习俗等文化因素在中原流布，被社会广泛接纳，并融汇入光辉灿烂的隋唐思想文化，为此后中华思想文明发展奠定新的基础。

一　儒、释、道的论争与融合

禅宗崛起与佛教中国化　佛教是对中华文明影响至为深远的外来宗教，东汉时开始进入中国内地，经过魏晋南北朝的传播成为社会各个阶层广泛接受的信仰。同时，中国佛教大力吸收印度佛教，与传统文化调和，确立大乘佛教为中国佛教主体。隋唐时期，相继形成了八大佛教宗派，即天台宗、三论宗、法相宗、律宗、华严宗、净土宗、禅宗、密宗。其中，禅宗是最为典型的中国化佛教宗派，禅宗在唐代的崛起与传播极大地推进了佛教中国化进程。

禅宗主张修习禅定，传说东土初祖为菩提达摩，下传至五祖弘忍后分为南宗慧能、北宗神秀两支，时称"南能北秀"。北宗神秀主张渐悟，武则天曾召见神秀并亲自礼拜。南宗慧能则主张顿悟，得法后南归隐居。慧能弟子神会在南阳、洛阳大力弘扬禅法，南宗遂成禅宗正统，在士大夫和普通百姓中具有广泛影响，北宗则很快衰亡。慧能也被认为是禅宗的实际创始人，慧能弟子根据他的语录和事迹整理而成的《坛经》是禅宗的代表作。慧能禅宗认为，一切众生皆有佛性，人人皆可成佛；"三世诸佛"和"十二部经"，是人们心性中本来具有，只要能够"自悟"即可成佛；众生可不必经历累生累世的修炼，只要能够开悟当下即可成佛；能做到"无念"，虽处尘世亦能无染无杂，来去自由，毫无滞碍，当即成佛。

慧能禅宗开创了一个崭新的佛教体系，与印度佛教相比，呈现出重人本、重平民、重自性、重现实、重顿悟、重简易等思想特色，

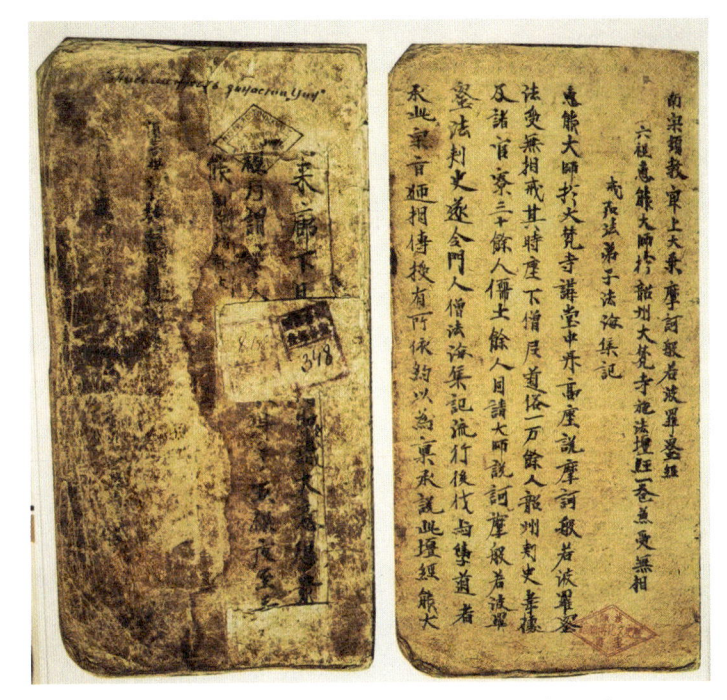

图7-5 敦煌所出后周显德六年(959)《坛经》

是彻底中国化的佛教。慧能不拘泥于静坐习禅的功夫,提倡直指人心,见性成佛,创立最方便、最简易的快速成佛法门,关注下层百姓的精神需求,奠定了禅宗的群众基础。慧能肯定人的心性本体和人生的实践主体,使禅宗接近中国传统儒、道文化的价值取向。慧能还根据中国社会实际,提倡在家修持,孝顺父母,上下相爱,适应了中国古代宗法社会强调伦理教化的特点。

禅宗是中国佛教中流传最久远、影响最大的宗派,标志着中国佛教发展到了顶峰。唐中期以后,禅宗已发展成很大的宗派,特别是在唐武宗于会昌五年(845)发动灭佛之后,佛教各宗派均遭到沉重打击,但禅宗因简单易行的传教方式和修养方法得以盛行。唐末以后形成了沩仰宗、临济宗、曹洞宗、云门宗、法眼宗五个较大的支派，世称"五家"，至宋初达到鼎盛。禅宗对外传播甚广，8世纪北宗禅即传入新罗，元和十五年（820）新罗僧人道义回国，传入南宗禅，成为新罗禅宗主流，至高丽王朝时期发展为"曹溪宗"；12世纪以来，日本僧人不断将禅宗各宗派引入，在日本形成禅宗支派曹洞宗、临济宗、黄檗宗并列的局面，至今不衰。禅宗现在还流行于欧美各国。植根于中国文化的禅宗，不仅是中华文明的一部分，也具有广泛的世界影响。

儒、释、道三教论衡 两汉至南北朝时期，佛教和道教得到全面发展，与作为传统主流思想的儒家碰撞、冲突，同时又融合、互补，逐渐形成三教并行的局面。隋唐时期，儒、释、道三教都具有国家承认的合法性，取得了空前发展。特别是隋唐统治者总体上注重保持三教均势，通过举行三教论衡调和矛盾，促进了三教的融合。

隋及唐初，三教论争呈现出激烈辩论的态势。隋开皇三年（583），隋文帝在道坛见老子化胡像，于是召集僧人和道士辩论《老子化胡经》真伪，代表佛教的彦琮专门撰写《辩教论》以指陈道经。这次论辩虽然以佛、道为主，但隋文帝命大臣苏威、杨素等参与并上报情况，也算有儒家代表人物参加。此次辩论为三教义理论争提供了重要的官方渠道，当时也有地方官员组织类似的论衡，大业三年（607）始平令杨宏在智藏寺召集道士与僧人辩论。武德七年（624），高祖赴国学参加释奠礼，命博士徐文远讲《孝经》，僧人慧乘讲《心经》（一说《金刚经》），道士刘进喜讲《老子》，是唐代一次正式的三教义理辩论。同年，太史令傅奕上书指斥佛教害政，引发僧人法琳、道士刘进喜等的大辩论，惊动朝野。高宗于显庆、龙朔年间，先后在长安、洛阳主持过七次佛道论辩，就三教排序、"沙门等致拜君亲"、"老子化胡"真伪等问题进行论争。载初元年（690），武则天至明堂，大开三教辩论，命内史邢文伟讲《孝经》，侍臣及僧人、道士等依次论议。开元十八年（730），玄宗亦曾召僧人道氤与道士尹谦辩论，定二教优劣。

唐中期以后，三教论辩趋于缓和，融合趋势更为明显。贞元十二年（796），德宗于降诞日（即生日）诏儒官与僧人、道士讲论，开始三家矛盾交锋，最终同归于善，德宗大悦。此时的三教讲论已不似前期激烈，呈现出三教调和的潮流。此后三教论衡成为皇帝诞节等庆典仪式的组成部分，演变成固定程式。大和元年（827），文宗于诞节召集三教讲论，秘书监白居易、安国寺僧义林、太清宫道士杨弘元等参与，气氛融洽，对谈典雅，其经过记载于白居易《三教论衡》。三教讲论的形式一直沿袭至唐末。隋唐时期的三教论衡，调和了三教间的义理冲突，促进了其相互吸收与融合，保证了三教教化作用的充分发挥与社会思想的和谐稳定。

三教融通的初步实现 隋唐时期政治安定，经济繁荣，在开放包容的时代风气下，儒、释、道三教发展成熟的同时，三教融通成为被普遍接受的社会思潮。隋代著名儒士王通即提出"三教可一"，倡导三教取长补短、相互吸收，以致圆融。其主张主要是希望在坚持儒家基本原则的基础上，有权有变，吸收佛、道二教之优长，进一步提高儒学的地位。唐代白居易在《三教论衡》中答僧问，提出《毛诗》六义类似佛法义例有十二部经，孔门之四科类似佛教的六度，孔

门十哲可以类比如来十大弟子，故而"夫儒门、释教，虽名数则有异同，约义立宗，彼此亦无差别。所谓同出而异名，殊途而同归者也"。从形式上将儒学与佛教对应起来，强调二者的相通之处。唐末道门领袖杜光庭在《太上老君说常清静经注》中说，学仙悟真不应有西竺（今印度）、东土的分别，悟解不应与儒宗有别，提出三教圣人所说各异，但

图7-6　唐玄宗御注道德经幢（今河北邢台市内，唐开元二十七年刻）

其理一也，强调三教在终极目标上是一致的。隋唐儒、释、道三教的思想家虽然都坚持各自教理，但大多留意相互融通之处，注重交流互鉴，三教融合成为主流。

三教兼修成为隋唐时期的社会风气。盛唐著名诗人王维笃信佛教，他字摩诘，号摩诘居士，名字即取自佛经中的"维摩诘"。王维食不荤，衣不文彩，晚年隐居辋川，以诵禅为事，世称"诗佛"。王维之弟王缙曾任宰相，平素奉佛，不茹荤食肉，晚节尤谨，甚至力劝代宗重视佛教。儒士韦渠牟少年工诗，受到李白赏识，此后一度去当道士，又出家为僧，后复冠入仕。贞元十二年（796），德宗召集三教

论衡，韦渠牟答问锋生，得到德宗赏识。文宗朝宰相韦处厚也是外为君子儒，内修菩萨行。

唐代三教融合的代表性事件是唐玄宗亲自注释三教经典。开元十年（722）六月，玄宗注《孝经》颁于天下及国子学；天宝二年（743）五月，玄宗重注《孝经》，再次颁行天下。开元二十年至二十一年，玄宗完成《道德经》注释，令士庶人家各收藏《老子》一本，每年贡举加策《老子》。开元二十三年，玄宗注《金刚般若波罗蜜经》，颁行天下。《孝经》《道德经》《金刚经》是很能体现儒、道、释三家核心教义的经典，同时是最为简约的文本。皇帝选择这三部经典亲自作注，并要求士庶普遍阅读，体现出三教融合具有了国家政策层面的意义。

二 排佛与援佛下的思想变革

儒家思想的发展与危机　　西汉初年，汉武帝采纳董仲舒的建议独尊儒术，使儒学从诸子百家中脱颖而出，一跃成为国家主流意识形态。然而随着时代发展，儒学的主流地位面临着内、外两方面的巨大挑战。

一是外来佛教思想的影响与挑战。佛教在南北朝至隋唐进入空前的繁荣期，在统治者倡导下，其思想渗透到社会各个阶层，并且在安抚百姓方面发挥了重要的作用。佛教凭借精致的哲学体系与慈悲的信仰容易获得百姓奉持，但因具有出世的特点，佛教思想理念与儒家所倡导的忠孝观念及礼仪制度有着本质冲突。随着佛教的国家制度化与广泛传播，儒学作为主流意识形态的地位受到极大挑战。二是自身发展中的学术僵化问题。汉代以来，经学注释经典的方法一直是儒学的主要学术形式，这导致学者恪守各自经典注疏而形成严格的门派之分。魏晋南北朝分裂时期，经学更是把持在门阀士族手中，成为世代相传的家学，也是其获取政治地位的途径。在这种背景下，儒学陷入烦琐注疏之中，缺乏理论思想的活力，使得儒学不仅在理论上无法与佛教抗衡，而且魏晋时期的玄学家更是以道家思想改造儒学，传统的儒学思想日趋衰微。

面对这两方面的挑战，隋唐儒家学者开始探索新的方向。隋代王通著书时不再给六经作注，而是续写六经，他摹拟六经著《续书》《续诗》等，仿《论语》著《中说》，又名《文中子》。同时，王通还提出"行道复礼"的伦理观与"穷理尽性"的修行法则，成为儒家革新先驱。唐朝建立之初亦曾复兴儒学，具体措施包括编定《五经正义》作为经学的官方权威定本，大力兴办州学、县学，发展主要以儒学取士的科举制度，等等。这些措施虽然巩固了儒学的主流地位，但是面临佛学挑战，儒学急需通过理论创新开辟新的发展方向。武周时期开始鼓励批判经学的思潮，在长安三年（703）博士王元感上表事件中，武则天不顾专守先儒章句的诸学士的反对，支持批判传统经学的新说。武则天至玄宗时，选拔经学人才的明经科开始衰微，而偏重文学和实务的进士科逐渐成为高级官员的主要来源。在这些措施的鼓励下，儒学研究开始摆脱经学的藩篱而日渐活跃。

安史之乱后，河北等地的藩镇割据自立，中央官府权威大大衰落。在此背景下，以啖助、赵匡、陆质为代表的"新春秋学"兴起，他们不仅注意发挥儒学中蕴含的仁政、民本思想，还通过否定春秋霸业，抨击以朱滔为首的河朔四镇假诸侯会盟之名、行分裂割据之实的行径。同时，啖助等人注重通经致用，重申儒家文化的入世精神，推动了从章句训诂向义理阐发转变。

古文运动与韩愈道统论　中晚唐时，进士科进一步占据国家科举的主导地位，以韩愈、柳宗元等人为代表的古文运动随之兴起。古文运动从文学上来说主要是反对魏晋以来以骈文为主的浮华文风。当时骈文作家大多沉湎于雕镂文字、堆砌辞藻，导致骈文过于重视形式美，而内容则相对空洞，华而不实。韩愈倡导的"古文"上继先秦两汉文体的散文，提倡奇句单行。相比于日趋僵化的骈文，这种精炼实用的散文体更适合表达个人理念和思想内涵。韩愈提道："愈之所志于古者，不惟其辞之好，好其道焉尔。"（《韩愈文集》卷2《答李秀才书》）也就是说，韩愈提倡古文是与其"志乎古道"相关联的，古文的形式更符合"传道"的目的。由此，"文以载道""文以明道"成为古文运动最重要的纲领。在具体的文学理论方面，韩愈提出"不平而鸣"，认为好的作品往往出于人的不平之气，从而赋予散文以抒发感情的特殊功用。同时，韩愈又提出"惟陈言之务去"，学习古人时要"师其意不师其辞"，主张突破骈文家堆砌辞藻、食古不化的现象，在复古的基础上推陈出新，创造出符合时代需求的新语言与新文体。韩愈的新理念在当时产生了较为广泛的影响，与其同时代的柳宗元、李翱、皇甫湜、吕温等人也都大力倡导"文以载道"。这些文人创作了大量古文作品，使古文成为时代的新潮流。德宗、宪宗年间古文逐渐压倒骈文，开始成为具有主流性质的新文体。

　　古文运动不仅是一次文学革命，韩愈等人更重要的目标是通过新的表达形式探索儒学新路径。韩愈提出的"道统"论是突破经学僵化局面的重要理论，他在《原道》中明确说："斯吾所谓道也，非向所谓老与佛之道也。尧以是传之舜，舜以是传之禹，禹以是传之汤，汤以是传之文、武、周公，文、武、周公传之孔子，孔子传之孟轲。轲之死，不得其传焉。"韩愈在孟子"道统"说基础上进一步叙述儒家圣人传道的过程，重新提倡儒家"道统"。这一儒学新思想的出发点是排佛，他在著名的《论佛骨表》中就极言佛本"夷狄"之人，其教理不符合中原传统的文化与思想。韩愈正是在"老与佛之道"的刺激下，有感于佛教完备精致的心性理论，试图找寻足以抗衡佛学理论的新体系，于是有了儒家之"道"。当然也应注意到，韩愈提出的儒家"道统"，从形式上应是受到佛教禅宗强调"道统"的影响，但韩愈"道统"论的核心内容还是仁、义等儒家思想的关键内容。韩愈吸引了一大批年轻士子，形成了一个具有特殊思想倾向的文化群体，由此开启了儒学的学术转型之路。

援佛入儒后的思想变革　韩愈主张排佛崇儒，主要是力争进一步确立儒学主流意识形态地位，而在思想方面韩愈也注意到佛教在心性论上的优势，从而摒弃汉代以来的"章句之学"，激发出儒家对心性理论的重视和发展。柳宗元、李翱则进行儒学容纳、消化佛教的进一步探索，为宋明理学的兴起奠定了思想基础。

柳宗元是唐代古文运动的另一位代表人物，强调"儒佛融合"。柳宗元自幼好佛，求其道三十年。他是唐顺宗时"永贞革新"的主要人物之一，改革失败后屡遭贬谪，由此寄情佛教以排解心中郁积。他经常与僧人交游唱和，对佛教的净土宗和禅宗等宗派都有较深的兴趣。然而柳宗元并非一味"佞佛",而是希望将佛教理论纳入儒家济世思想,发挥佛教的社会价值。与韩愈激烈的排佛思想不同,柳宗元主张佛教与儒家在政治伦理上有相合之处,认为佛祖立教的本意是提倡孝敬,佛教的"律"与儒家的"礼"都有教人行善的社会作用。他在《送僧浩初序》中辩驳好友韩愈的反佛理论,提出:"浮图诚有不可斥者,往往与《易》《论语》合,诚乐之,其于性情奭然,不与孔子异道。"柳宗元认为应当把佛教看作诸子学说中的一家,如汉代扬雄将道家、墨家、法家思想引入儒家一样,可以将佛教理论吸收入儒家,发挥其教化作用。他在《柳州复大云寺记》中认为佛教事神而语大,当地民众容易接受,可以协助推动柳州地方的仁义教化。

李翱是韩愈倡导复兴儒学运动的重要合作者,他更加明确地提出"援佛入儒"。李翱同样采取反佛的立场,认为佛教徒"不蚕而衣裳具,弗耨而饮食充",激化了社会矛盾。但在反佛的同时,李翱注意理解佛教义理,通过吸收佛教心性论充实儒家心性理论。他认为儒家典籍《中庸》是"性命之书",将其与佛教禅宗"见性成佛"的观点合流,强调"以佛理证心",形成一套成为圣人的理论体系,称为复性学说。李翱在其代表作《复性书》中提出,人有性和情两个方面,人性皆善,但容易受到情的干扰,只有去情才能复性。而复性的途径在于"视听言行,循礼而动",做到"忘嗜欲而归性命之道"。李翱的复性学说受到慧能禅宗的很大影响,其性、情之说借鉴了禅宗"佛性""无明""妄念"等理论,同时汲取佛教天台学说的佛性论观点,从而实现援佛入儒。李翱从哲学理论和方法上对宋明理学产生了一定影响,是宋明理学之先声。

三　丝绸之路大发展与文明互鉴

陆上和海上丝路的繁荣　西汉张骞通西域后，丝绸之路成为连接中国与欧亚大陆各国的重要通道。在唐前期，丝绸之路保证了中原与西域丝路贸易的相对稳定，其中经庭州至碎叶的新北道更易于商旅行走，成为主干道。此外，唐蕃古道与草原之路日趋繁荣，连通南亚诸国及北亚草原诸部，形成交通广阔的贸易网络。唐代陆上丝绸之路非常活跃，史料中有各国使者频繁往来朝贡的记载，吐鲁番文书《唐天宝十载（751）交河郡客使文卷》中就载有来自宁远国（今费尔干纳盆地）的使者，包括三位宁远国王子，他们至少分为八个班次前来都城长安。

中国与日本、朝鲜及南海诸国很早就有海上贸易往来，至唐代海上丝绸之路进一步开拓。特别是随着安史之乱后唐朝退出西域，影响了陆上丝路的稳定，海上丝路逐渐繁荣起来。唐代海上丝路以东海和南海航线为主。东海航线主要连通日本、朝鲜半岛，隋唐时期日本多次派出的遣隋使、遣唐使，都是从海路进入中原。根据日本僧人圆仁《入唐求法巡礼行记》记载，在山东半岛的登州、莱州、青州等地都有新罗人聚居，从事新罗与唐朝的往来贸易。此外，唐朝与渤海国的交通也可以通过海路，开元二年（714）鸿胪卿崔忻出使渤海国，便是自山东登州横跨渤海湾，在今辽宁旅顺登陆，凿井立碑，是为鸿胪井碑。南海航线主要是从广州出发，经南海、马六甲海峡、印度洋，抵达大食（今阿拉伯地区）等地。

使者、留学生与文明互鉴　唐朝使者沿着丝绸之路去往周边各国，接触到各地区的文明，增进了不同地区人群间的了解。1984年，

图 7-7 唐朝对外主要交通路线示意图

陕西省泾阳县发现的唐代《杨良瑶碑》记载，杨良瑶在德宗贞元元年（785）奉命出使，从广州出发，经三年有余，到达黑衣大食，完成使命后返回唐朝。该碑的内容刚好与史书记载的从广州到缚达（今巴格达）的海上交通路线符合，是中国与阿拉伯国家官方交往的重要见证。

当时有许多外蕃之人在唐求学。唐太宗贞观年间四方学者云集京师，高丽及百济、新罗、高昌、吐蕃等诸国酋长，也派遣子弟进入国学学习。日本则派出大量留学生全面学习唐朝制度及文化，很多留学生长期居留长安。2004年西北大学博物馆征集到一方《井真成墓志》，井真成是随遣唐使入华的日本人，以留学生身份在太学学习9年，开元二十二年（734）去世，葬于长安。该墓志因较早出现"日本"国号而备受中日学界及社会关注，是中日交流的重要见证。

商人往来与物质文明交流 以粟特人为主的各国商人在丝绸之路上往来贸易，吐鲁番文书《唐垂拱元年（685）康尾义罗施等请过所案卷》记录了来自粟特、吐火罗的商人到达西州（今吐鲁番），在此申请官府凭证，准备前往长安经商。《唐开元二十年（732）瓜州都督府给西州百姓游击将军石染典过所》则记载粟特商人石染典带领康禄山、石怒忿、移多地等人及牲口，从安西（今新疆库车）到瓜州（今甘肃瓜州）、沙州（今甘肃敦煌）、伊州（今新疆哈密）等地往来贩易。来自中国的商人曾远达西域，今高加索地区莫谢瓦亚·巴勒卡（Moshchevaya Balka）墓葬出土三件汉文文书，其中一件即为商人的计帐，是迄今所见流传最西的唐代汉文写本。

以粟特人为主的商人在长安城从事商业活动。长安城设有东、西两市，各占据两坊之地，来自粟特、波斯等国的商人聚居在西市就近开业，使西市有"金市"之美称。李白在《少年行》中写道："五陵年少金市东，银鞍白马度春风。落花踏尽游何处，笑入胡姬酒肆中。"当时长安东、西市内各有货财二百二十行，四面立邸，而"商贾所凑，多归西市"。西市内还有波斯人开设的"波斯邸"，供客商住宿和存货。唐代的传奇小说也有不少关于胡商买卖奇珍异宝的故事。

随着海上丝绸之路的勃兴，广州成为海上贸易的重要枢纽，史称广州有"海舶之利""外蕃岁以珠、瑇瑁、香、文犀浮海至"，各种珍奇异货堆积如山。唐高宗显庆六年（661）二月下诏，南方前来贸易的诸国船舶，先由官府采购以供宫廷消费，之后任凭百姓交易。唐朝还在广州设立市舶使，管理海上贸易。《唐语林》载每岁有外国大船载百货到广州，至则本道辐辏，都邑喧嚣，市舶使则要清点货物，以收纳船脚、采购异宝。唐代泉州、明州等南方贸易港口相继崛起，相继成为中外物质文明交流的重要据点。

僧侣往来与宗教文化交流　中外僧侣沿着丝绸之路往返布道传法，促进了各地区间宗教文化的交流，同时也记录了各地的文明状况。如玄奘撰写的《大唐西域记》记载了安西四镇以及吐火罗诸国、天竺诸国的风土人情和宗教状况，时至今日仍然是了解这些地区历史的重要材料。玄奘为唐朝带回了印度佛经、佛像，并创立了新的佛教宗派。僧人慧超是来自新罗的僧侣，16岁来唐朝学习佛学，此后自南海船去往印度，又经陆路翻越葱岭返回长安，撰写的《往五天竺国传》记录了中亚、南亚丝路沿线国家的情况。

唐代佛教鼎盛，各国高僧云集长安传法译经。武周时有来自于阗的实叉难陀及天竺的菩提流志先后来到洛阳，翻译了大量佛经，皆圆寂于长安。玄宗开元年间有三位来自天竺及狮子国的僧人善无畏、金刚智、不空创立密宗，史称"开元三大士"。可见唐代丝绸之路，为各国旅行者提供了便利通道，促进了文化交流。

四　对外来思想文化的吸收容纳

崇尚胡风的社会风潮　唐朝盛行从北方游牧民族及西域等地传来的风俗，虽然唐代所谓"胡人"通常专门指代粟特人，但习惯将此类非汉族原有的社会风习称为"胡风"。在魏晋南北朝以来各民族不断交融以及外来文明沿丝绸之路大量输入的背景下，胡风渗透到唐代社会的各个阶层及日常生活的各个方面。

唐人好尚胡服胡妆，随着时代的发展，流行样式又有所变化。《旧唐书·舆服志》载，唐朝初年宫人骑马大多戴幂䍠，王公之家也沿袭此制。幂䍠是少数民族用以遮面避尘之巾，戴于头上，可以包裹全身，唐以前即已传入中原。高宗时开始流行帷帽，帷帽较幂䍠短，只遮蔽到脖颈，至武则天时完全取代幂䍠。玄宗开元初年，宫人骑马开始流行胡帽，靓妆露面，不再遮蔽，士庶之家争相仿效，于是胡帽胡妆成为盛唐时期的流行装束。敦煌莫高窟唐代壁画以及永泰公主墓、李贤墓、李重润墓壁画中，均见有唐代女子着胡服、胡帽的形象，她们大多身着折领窄袖胡服，穿条纹小口裤。此外，女扮男装也是盛唐时期流行的社会风俗，唐代身着胡服的粟特男女大量进入中国，是男装特别是男式胡服被唐朝女性当作时髦装束的重要原因。中晚唐时，长安流行圆鬟椎髻，乌膏注唇，状似悲啼，称为"时世妆"，是吐蕃风气传播于长安社会的证明。

唐人饮食、绘画、音乐、舞蹈等各方面都盛行胡风。盛唐以后,富贵人家尽供胡食,士庶中流行的胡食有饆饠、胡饼、烧饼,还有高昌葡萄酒、波斯三勒浆等。唐代长安著名的西域画家康萨陀,善画异兽奇禽,千形万状。来自于阗国的尉迟乙僧善用凹凸画法,专画外国鬼神奇形异貌,著名画家吴道子、卢稜伽、杨庭光等皆受其影响。唐代胡乐广泛流行,不仅宫廷承旧制设有天竺、高丽、龟兹、安国、疏勒、高昌、康国等十部乐,而且士庶宴饮大多追捧胡音胡乐,著名的胡人有歌者米嘉荣,善弹琵琶的曹保、曹善才、曹刚等。元稹在描述开天盛世的胡风时写道:"女为胡妇学胡妆,伎进胡音务胡乐";"胡音胡骑与胡妆,五十年来竞纷泊"。唐代亦流行西域舞蹈,有胡旋舞、胡腾舞、柘枝舞等,节度使安禄山就善跳胡旋舞。刘言史《王中丞宅夜观舞胡腾》写道:"石国胡儿人见少,蹲舞尊前急如鸟。"这些胡风胡服融入唐人的日常生活,凝聚为中华文明的组成部分。

多种外来宗教的传播　中国由于自身的文化特点,并没有在本土发展出类似于西方的一神论宗教,国家和社会对宗教信仰持宽容态度,百姓可以相对自由地选择宗教信仰、参加宗教活动或仪式、宣传宗教思想。隋唐时期随着丝绸之路的日趋繁荣,大量外来使节、商贾进入中原,促成景教、祆教、摩尼教等众多外来宗教的传播,造就了唐代各种宗教并行发展的繁荣局面。

景教是唐代对传入中国的基督教聂斯脱利派(Nestorianism)的称谓。公元5世纪,君士坦丁堡主教叙利亚人聂斯脱利创立此派,在东罗马被视为异端,受到迫害。随后其追随者逃到波斯,该派得以流行于中亚，至唐初传入中原，成为最早传入中国的基督教派别。明代在陕西出土"大秦景教流行中国碑"，该碑立于唐建中二年（781），记载了景教在唐朝的传播经过。根据碑文所述，唐贞观九年（635）大秦国主教阿罗本来到长安，受到太宗礼遇。贞观十二年，太宗准许其传教，并在长安义宁坊建造波斯寺（后改名大秦寺）。高宗时，诸州亦置景寺，"寺满百城"。此后玄宗、肃宗、代宗、德宗都曾支持景教发展，至武宗灭佛，景教受到波及，一度在中原地区绝迹。20世纪初，敦煌藏经洞发现《大秦景教三威蒙度赞》《尊经》等景教经典，新疆吐鲁番高昌故城及附近遗址发现有叙利亚文、粟特文、中古波斯文、回鹘文等文字的景教文献。近年来也有不少关于景教的考古发现。

图7-8 大秦景教流行中国碑

祆教是古代中国对传入的琐罗亚斯德教（Zoroastrianism）的称呼。该教原为古波斯人查拉图斯特拉（Zarathustra，后人因袭古希腊人讹音，称之为琐罗亚斯德）创立，波斯萨珊王朝时奉为国教，在中亚地区广为传播，北朝时即已传入中原。因崇拜日月星辰，中国古人称其侍奉天神、胡天，唐初创造从示从天的"祆"字以称其教。又因日常祭祀圣火，被称为拜火教或火祆教。唐代来华的波斯贵族和粟特商人极多，长安布政坊、醴泉坊、普宁坊、靖恭坊等都有祆祠，洛阳也有多处，此外如凉州等胡人聚集之处也都有祆教寺院。唐代还将粟特商人领袖"萨宝"的称谓纳入职官体系中，设有萨宝府祆正、祆祝以管理祆教事宜。武宗灭佛，祆教亦受波及，但宋代汴梁（今河南开封）等地仍有祆祠。1999年山西太原出土隋代虞弘墓，其石棺床上见有祆教火坛的形象。陕西西安出土的唐咸通十五年（874）《苏谅妻马氏墓志》，记载苏谅及其妻子便是寓居长安的信仰祆教的波斯人。

摩尼教（Manichaeism）是公元3世纪中叶波斯人摩尼（Mani）创立的宗教，其教义在琐罗亚斯德教基础上，吸收基督教、诺斯替教、佛教等而成。摩尼本人虽在波斯被处死，但其教广泛传播，3—15世纪在亚、非、欧很多地区流行，约在6—7世纪传入新疆。武周延载元年（694），波斯人密乌没斯拂多诞持《二宗经》来朝，武则天悦其说，允许摩尼教在中原传播。开元二十年（732），玄宗曾下诏对摩尼教严加禁断，只准胡人信奉。借助回纥派兵助平安史之乱的契机，4位摩尼教僧侣随回纥人至漠北，于是回纥改尊摩尼教。随着大量回纥人入居中原，摩尼教得到再次发展，各地多有摩尼教寺院，称为"大云光明寺"。武宗灭佛后，摩尼教多在民间秘密传布，五代以后常被当作组织农民起义的工具。20世纪以来，敦煌、吐鲁番等地发现中古波斯文、帕提亚文、粟特文等多种文字的摩尼教经典，其中汉文经典有《下部赞》《摩尼光佛教法仪略》等。

《华心》《内夷檄》与文化认同 安史之乱后唐朝内忧外患不断，对周边民族更多采取防范的心态，"华夷之辨"观念再次兴起。即便在这种背景下，中晚唐社会对入华之人也采取了文化包容的态度，最具代表性的就是陈黯的《华心》与程晏的《内夷檄》。

唐宣宗大中初年，宣武节度使（治汴州）卢均推荐大食人李彦升考取宾贡进士，此举受到其他举子质疑，有人提出节度使卢均"受命于华君，仰禄于华民"，故而不应该推荐"夷人"，或暗指其以权谋私。于是陈黯专门为此事作《华心》一文，提出心形之辨的理论，即辨别华夷不能仅通过出生地和相貌，而是要辨别其心之所向。即便生在中州，不遵行礼义便是"形华心夷"；即使生在四夷，只要合乎礼义就是"形夷而心华"。最终的判断标准在于心，而不在形。

唐昭宗乾宁年间进士程晏的《内夷檄》一文表达了类似的思想。程晏同样提出应以"心"来区分华夷，而不能仅从出身和名号判断。华心有非常明确的标准，即奉行仁义忠信。相对于陈黯《华心》主要是讨论如何对待形夷心华的问题，程晏《内夷檄》有不同的指向，重点在讽刺"中国之夷"，即那些"悖命中国，专倨不王，弃彼仁义忠信，则不可与人伦齿"之人。晚唐外有藩镇割据，内有宦官干政，皇帝的权威已被大大削弱，程晏所谓悖命专倨者便指此类不尊王命之人。贬斥"内夷"成为"华夷之辨"的一种特殊表达形式。

第三节　文化的灿烂与传播

隋唐时期陆上丝绸之路的繁荣达到顶峰，海上丝绸之路蓬勃开拓，中原的丝绸、茶叶、瓷器成为行销海外的商品，各地奇珍异宝大量涌入中国。唐代的史学、文学、艺术都取得了灿烂成就，诗词、书法、典籍流行于东亚，产生了广泛影响。无论是物质文明还是思想文化，隋唐时期的中华文明都是以开放的姿态与世界各国文明交流互鉴。

一　史学与文学的繁荣鼎盛

史学的繁荣发展　唐代统治者十分重视史书编纂，希望通过保存前代史事来鉴古知今，或撰述当代史事来流芳垂范。唐太宗时专门设立史馆，置于禁中，负责国史修撰，史馆此后成为独立的修史机构一直延续下来。为保证史书的编修，唐代设有监修国史，大多由宰相担任，负责领导修史工作，唐代史学的发展由此得到了政治保障。唐代史学在官修正史、制度通史、史学理论等方面都取得了丰硕成果，体现了唐代的盛大气象。

唐初高祖、太宗有感于两晋南北朝缺乏良史，力图编纂前代史书以总结治乱兴亡之道。唐高祖曾下诏撰述北魏、北齐、北周、隋、梁、陈"六代史"，但未能成功。唐太宗即位后，于贞观三年（629）下诏撰述前代史书，以令狐德棻修北周史，李百药修北齐史，姚思廉修梁史、陈史，魏徵修隋史，以房玄龄、魏徵为监修。至贞观十年修成《梁书》《陈书》《北齐书》《北周书》《隋书》，但这"五代史"只有纪、传，而无书志。贞观十五年，唐太宗命于志宁、李淳风、韦安仁、李延寿共同修撰《五代史志》，至高宗显庆元年（656）完成，补全了"五代史"。贞观二十年，太宗下诏撰修《晋书》，由房玄龄等人主持，二十二年成书，题作太宗御撰。此外，李延寿于高宗显庆四年完成《南史》《北史》，先后奏进，高宗亲自作序。以上八部正史都完成于唐朝初年，是对前朝历史的总结性工作，也是唐代史学在纪传体史书上的重大收获，它们占据了"二十四史"的三分之一，是中国古代正史编纂的重大工程。

唐朝形成了撰修实录的传统。贞观十四年（640），唐太宗想要翻阅国史，以为诫鉴，于是房玄龄等删略国史为编年体，撰成《高祖实录》和《太宗实录》。自太宗以后，修撰实录成为唐代史学传统，几乎每个皇帝在位时都要组织修撰自己或前任实录。唐代实录既保留了编年体史书以时间为线的基本特征，展现了历代国政大事，同时又参用纪传方法，为重要历史人物设立列传，拓宽了编年体史书容量。唐代实录备受重视，蔚为大观，实录成为此后历代延续的史学传统。

唐代的《通典》是中国第一部论述历代典章制度的专史，确立了中国史籍中与纪传体、编年体并列的典制体，开辟了史学著述新途径。《通典》为杜佑撰述，共二百卷，分为选举、职官、礼、乐、兵、刑、州郡、边防等九门，记事起自远古尧舜，终于唐玄宗天宝末年，附注间及肃宗、代宗两朝，规模宏大，囊括了历代政治、经济、军事制度以及地志、民族等。《通典》被时人看作有用之实学，体现了经世致用的史学思想。《通典》对后世典制体史学产生了深远影响，与《通志》《文献通考》合称"三通"。

唐代刘知幾撰述的《史通》，是中国古代第一部系统的史学评论著作。《史通》分为内、外两篇，内篇着重探讨史书体裁体例、史料采集、表述要点和作史原则；外篇着重论述史官制度、史籍源流并杂评史家得失。同时，刘知幾在《史通》中提出了史学家应具有才、学、识"三长"的著名论点，对史学家自我修养提出了很高要求。

《史通》是对唐以前史学编纂的概括和总结,其中很多见解对后世史学产生了深远影响。

文学的鼎盛与传播　　唐代是中国古代文学高度繁荣的时代,以诗歌成就最高。有唐一代诗人及作品数量众多,目前所知留下作品的唐代诗人3000余位,存世诗歌55000余首。唐代初年王勃、杨炯、卢照邻、骆宾王,开创了有别于宫廷诗的新诗风,合称"初唐四杰"。盛唐诗歌鼎盛,最具代表性的是"诗仙"李白和"诗圣"杜甫,分别达到了浪漫与现实诗歌创作的顶峰。中晚唐诗歌继续繁荣,有"小李杜"之称的李商隐、杜牧等。唐代诗歌内容题材广泛,以王维、孟浩然为代表的山水田园诗,注入诗人的自我感情,写出了精神与意趣;以岑参、高适为代表的边塞诗,反映边疆开拓的时代风貌;以杜甫、白居易为代表的反映民生的诗歌,关心百姓疾苦。唐诗形式体裁完备,不但有乐府诗、歌行体诗等传统古诗,而且盛行律诗、律绝等近体诗,要求字句合乎平仄和对仗,使诗史加优美。

散文方面,唐代古文运动开创了中国古典散文发展的新时代。古文运动因对抗齐梁时代以来占据文坛统治地位的骈文而兴起,以陈子昂等人为先驱,至中唐时以韩愈、柳宗元、刘禹锡、白居易、元稹等人为首的古文作家涌现,古文运动进入兴盛时期。他们创立了精粹凝练、昌达明朗的新型文体,以杂文、寓言、人物传记、山水游记等多种形式,拓展散文的抒情、描写、叙述、议论功能,为散文的发展奠定了方向。

小说方面,唐代涌现了众多优秀的传奇小说。与魏晋南北朝志怪小说不同,唐传奇主人公大多是现实人物,更能展现丰富的社会内容。同时，唐传奇题材更加广泛，艺术上则有了曲折、完整的故事情节，生动、具体的细节描写，个性鲜明的人物形象。唐传奇的出现，标志着中国古典小说开始进入成熟阶段。

隋唐时代的中国既是东亚地区政治秩序的推动者，也是文化的传播者。隋唐文化，特别是在日本、新罗、渤海、安南等地产生了深远影响，形成了中国文化圈。除了政治文明外，唐代文学与多种艺术形式也是东亚地区广泛学习的典范。隋唐五代，有很多长期生活在中原的外蕃人，具有很高的文学修养，与文人雅士多有唱和。日本留学生阿倍仲麻吕，于开元初随遣唐使来唐，学成之后因仰慕中国之风而留居长安，改汉名为晁衡。[①]他与王维、李白等诗人是至交好友，王维有《送秘书监晁衡还日本国》诗，李白有《哭晁卿衡》诗，《全唐诗》收有晁衡诗1首。新罗人崔致远12岁来唐朝学习，后宾贡科及第，在唐朝期间创作了大量诗文。

随着唐朝文化传入东亚诸国，汉字与汉文学为各国所崇尚。日本天智七年（668），大友皇子创作五言汉诗《侍宴》，被誉为日本"汉诗之祖"。奈良时代（710—794），日本公卿贵族以汉诗创作为时尚，一时蔚然成风。日本天平胜宝三年（751），出现了第一部汉诗集《怀风藻》，收录120首诗。平安时代（794—1192），在天皇支持下，编集《凌云集》《文化秀丽集》《经国集》三部汉诗集。唐朝诗人白居易的诗词通俗易懂，感情真挚，在9世纪风靡日本文坛，可谓妇孺皆知，模仿白居易的白体诗在平安中后期成为流行诗体。众多赴唐留学生促成了新罗汉文学的大发展，崔致远回国后成为一代文宗，完成了

---

① 晁衡，一作朝衡。

数百首诗赋并有《桂苑笔耕集》20卷,被誉为朝鲜汉文学的开山之祖。新罗著名的散文家还有强首、金大问等。

二 艺术与科技的蓬勃发展

艺术的高峰 隋唐时期的政治统一,促进了文化艺术的南北合流。同时,唐代政治开明,思想活跃,统治者注重奖掖文艺;社会经济发达,促进了艺术的蓬勃发展。五代延续唐代艺术发展轨迹,取得了很多成就。

唐代是中国书法的鼎盛时期。魏晋以来书法艺术出现南北分途,

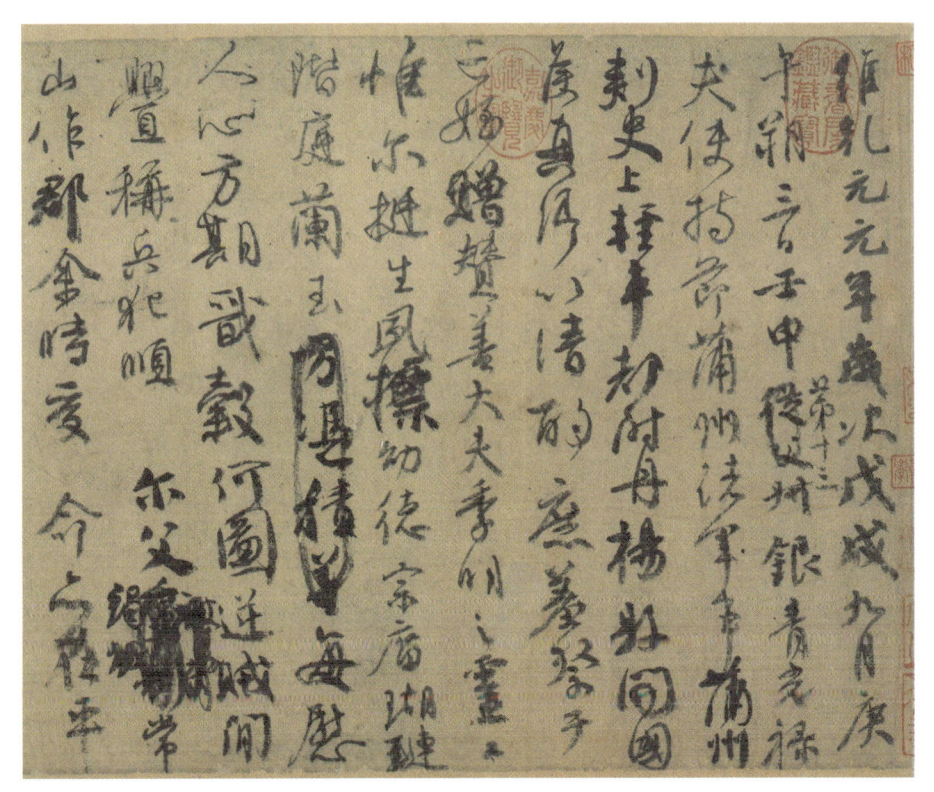

图7-9 颜真卿《祭侄文稿》(局部)

南方潇洒超逸,"韵"胜而流于柔靡;北方严谨雄峻,"气"胜而易失之于刚。唐初虽以模仿"书圣"王羲之书法风格为主流,但逐渐形成了刚柔相济的书法境界。太宗酷爱王羲之书法,故而唐初书法家大多学习"二王"(王羲之、王献之),又参以北朝书风,涌现了虞世南、欧阳询、褚遂良、薛稷等书法家,称为"初唐四大家"。其中欧阳询的书法笔画刚劲有力,结构谨严,被称为"欧体"。盛唐书法推陈出新,具有雄豪劲拔的风格。颜真卿正楷端庄雄伟,行书遒劲郁勃,具有质朴凝重的世俗气度,古法为之一变,世称"颜体"。张旭擅长狂草,线条刚健圆劲,结构奇险怪异,形成又一新的草书风格,被誉为"草圣"。中晚唐时,柳公权又出新意,创造出清劲峻拔的书体,世称"柳体"。颜真卿、柳公权的书法合称为"颜筋柳骨"。唐代孙过庭曾撰写《书谱》,提出书法体现时代精神,第一次较为系统而集中地从美学上分析、论述书法艺术的特征,具有划时代意义。

隋唐时期的绘画高度繁荣。唐代人物画在传统基础上得到较大发展,题材主要有道释、肖像、侍女、历史故事等,其中具有代表性的

图7-10　周昉《簪花仕女图》(局部)

有表现国家气象的阎立本《步辇图》，反映贵族生活的张萱《虢国夫人游春图》、周昉《簪花仕女图》等。人称"画圣"的吴道子善画人物，画作被称为"吴家样"，其笔下人物衣带飘举，时称"吴带当风"。以李思训父子为代表的唐代山水画，创造了富丽精工的山水特点，展现了摹画复杂山水场景的能力。许多山水画家各有创造，有青绿勾斫，也有水墨渲染。诗人王维工于山水，能将诗画融合。唐代花鸟画在前代基础上开始成为专门的画科，鞍马及杂画都有很大发展，代表性作品有韩幹《照夜白图》和韩滉《五牛图》等。

五代十国时期绘画取得显著成就。特别是南唐和蜀等国成立画院，是中国历史上正式设立画院的开始。五代的山水画主要倾向于水墨，北方以画家荆浩、关仝为代表，荆浩多作大山巨壑，气势磅礴，关仝擅写关河之势，笔简气壮；南方以董源、巨然为代表，主要表现江南山水，董源之画平淡天真，巨然之画笔墨秀润。五代花鸟画以徐熙、黄筌最为突出，形成两大流派，把花鸟画推向新高度。

敦煌莫高窟作为中国最具代表性的石窟寺之一，集中体现了隋唐五代时期宗教美术的繁荣。隋

图7-11　敦煌莫高窟第130窟大佛像

唐是莫高窟彩塑艺术的极盛期，特别是第96窟初唐北大像、第130窟盛唐南大像以及第15窟中唐大型涅槃像，是中国古代巨型彩塑的代表作。这一时期彩塑趋于写实，佛像庄严仁慈，天王威武睿智，金刚力士勇猛有力，菩萨温柔娴雅，各有不同的神情风采。敦煌莫高窟也成为世界上罕见的艺术宝库。

科技的开拓　雕版印刷术是中国古代贡献于世界的"四大发明"之一。雕版印刷术的制作程式，是先把字写在薄而透明的绵纸上，字面朝下贴到板上，用刻刀按字形把字刻出，然后在刻成的版上加墨；把纸张覆盖在版上，用刷子轻匀揩拭，揭下来，文字就转印到纸上并成为正字。中国古代的印章、碑石拓印、纺织印花技术，都为雕版印刷的发明积累了技术手段，社会经济的发展和文化教育的初步普及也为技术创新提供了基础。

一般认为，雕版印刷术从唐代开始普遍应用。目前所见有明确时间标识的年代最早的雕版印刷书籍，是在敦煌藏经洞发现的印本《金刚经》，20世纪初被英国斯坦因探险队携至英国，现藏大英博物馆。根据题记，该件佛经是唐咸通九年（868）王玠为其父母刊造，由七张纸粘成一卷，全长488厘米，卷首刻印佛像，下面刻有全部经文。印品雕刻精美，刀法纯熟，图文浑朴凝重，印刷的墨色浓厚匀称，清晰鲜明，证明当时的雕版印刷技术已达到较高水平。此外，1966年在韩国庆州佛国寺释迦塔内发现一卷用汉文雕版印制的《无垢净光大陀罗尼经》，其中见有武周新字，然而刊刻地点与刊刻时间尚存在争议，国内学者一般认为是从唐朝请去的佛经。雕版印刷术的普及极大地促进了书籍的生产和传播。相比于写本时代的书籍抄写，雕版印刷术发明后，书籍可以更快捷地进行大规模印刷。一方面，印刷书籍可以更广泛地流通，满足读者需求，从而促进知识普及，使整个社会的知识水平逐渐提高；另一方面，印刷书籍可以生产大量复本，有利于文化知识的保存与传承，自雕版印刷术发明之后即较少出现书籍亡佚的现象。雕版印刷术成为此后活字印刷术发明的基础，随着对外传播，对世界文明发展产生了深远影响。

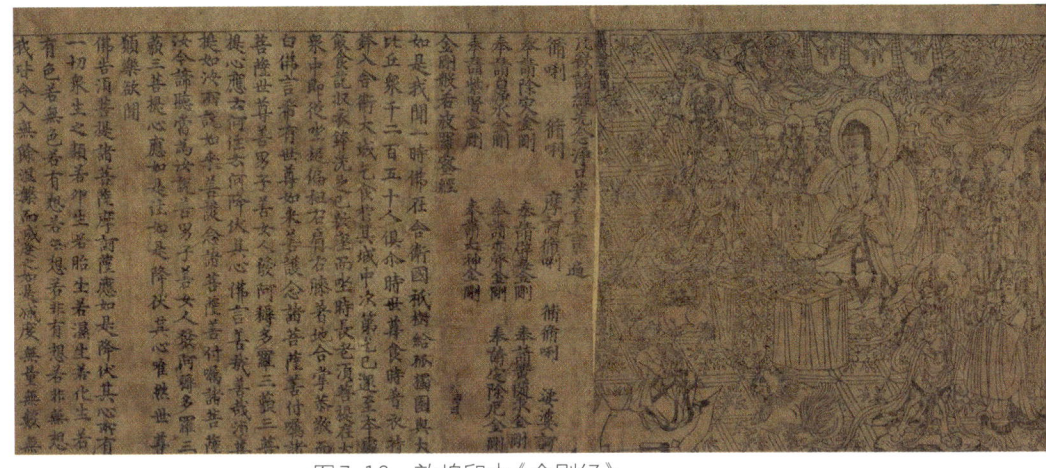

图7-12　敦煌印本《金刚经》

唐代天文历法得到长足发展。唐初颁行《戊寅历》，废除平朔，行用定朔，是中国历法史上的重大改革。唐高宗麟德二年（665）颁行《麟德历》，玄宗开元十五年（727）草成《大衍历》，对后世历法产生了一定影响。天文学家僧人一行倡议在全国二十四个地点测量北极高度和冬至、夏至、春分、秋分的日影长度，并根据测量数据推算出相当于子午线一度的长度，是人类第一次对地球子午线的科学测量。

唐代农业生产技术取得关键发展，最具代表性的是曲辕犁的出现。陆龟蒙在《耒耜经》中介绍了江东犁，即曲辕犁。这种犁改变了此前直辕犁笨拙的缺点，可以调节耕地深浅，控制田垄宽窄，掌控耕地方向，操作便利，极大地提高了耕地效率。此外，唐代"茶圣"陆羽撰述的《茶经》，是中国第一部茶学专著。该书介绍了茶的起源、茶具、茶的掌故、产茶地区，以及如何加工、烹煮、饮用茶叶等，展现唐代茶叶种植技术的普及以及饮茶文化的蔚然成风。

唐代医学有所发展。著名的综合性医书《千金要方》为人称"药王"的名医孙思邈撰述，他认为生命的价值贵于千金，而一个处方能救人于危殆，价值当更胜于此，因而用《千金要方》作为书名。全书共计233门，方论5300首，集录东汉至唐初各家医论、治疗方剂，并融会个人治疗经验。书中对中医伦理学以及妇科、儿科、病理、针灸等的专门论述，都对后世产生了深远影响。

唐代瓷器生产在隋代基础上出现蓬勃发展的局面。唐代经济发达、贸易通畅、社会文化繁荣，瓷器品种与造型新颖多样，制作精细远超前代。唐代瓷器产区日广，各地区出现不同风格的瓷窑体系，如越窑、邢窑、岳州窑、洪州窑、长沙窑等，逐步形成青瓷和白瓷并驾齐驱的局面，以北方邢窑和南方越窑最为著名，史称"南青北白"。五代十国时期瓷器生产质量进一步提高，越窑瓷成为当时最著名的瓷器，这一时期窑场进一步扩大，产量和质量迅速提高，达到了越窑出现以来的最高峰。

唐代艺术与科技的世界影响　随着汉字在东亚地区的传播，唐代书法艺术广泛流行。日本留学生和留学僧留心收集中国名家的碑帖和真迹，"二王"及欧阳询作品的拓本传入日本，掀起了修习书法的热潮。日本平安初期的空海、橘逸势、嵯峨天皇号称"能书三笔",其中嵯峨天皇的书法受到欧体的很大影响。高丽、新罗极力推崇唐朝书法,唐高祖时,高丽因看重欧阳询的书法,曾遣使求之。新罗书法家金生学习并改造王羲之书风,自成一派,被誉为"海东书圣"。中晚唐时柳公权知名海外,《旧唐书》记载"外夷"入贡时要专门准备钱财,曰"购柳书"。

唐代的建筑、绘画等艺术远播海外。唐天宝十三载(754),律宗大师鉴真东渡日本,除了传播佛教,鉴真及其弟子将唐代营造、塑像、壁画等方面的先进工艺传入日本,为天平时代艺术高潮增添异彩。现存唐招提寺建筑群,即为鉴真及其弟子留下的杰作,寺院结构和装饰都体现了唐代建筑特色,被日本奉为国宝。

雕版印刷术在唐代即开始对外传播。765年,日本称德女皇因平叛胜利,造百万佛塔,每塔放置佛经一卷。佛经选用《无垢净光大陀罗尼经》经咒,使用唐朝传来的雕版印刷技术大规模印制。13—14世纪,随着中国与欧洲经济、技术交流与人员往来的活跃,雕版印刷术传至欧洲,极大地促进了欧洲文化的发展。

天文历法方面,日本自持统天皇四年(690)开始使用中国《元嘉历》与《仪凤历》,698年废除南朝《元嘉历》,仅行用《仪凤历》。所谓《仪凤历》就是唐高宗时代颁行的《麟德历》。此后,日本先后奉行唐朝《大衍历》《五纪历》《宣明历》等。新罗曾多次派人来唐朝学习历法,647年,新罗人德福带回《麟德历》,于是新罗改用《麟德历》。692年,留学僧道证自唐朝带回天文图,在新罗首都庆州建立瞻星台,后又制造了观测仪器和漏刻器。

三 物质文化与知识的交流

丝绸、茶叶、瓷器的对外传播 唐代丝绸之路繁荣，产自中国的丝绸、茶叶、瓷器等商品大量外销，深受各地民众喜爱，成为世界物质文明的重要组成部分。

丝绸是欧亚贸易的大宗商品，也是丝绸之路上具有货币属性的等价物。自汉代以来，中国丝绸就经过安息（今伊朗）大量贩卖到罗马。唐代丝绸生产进一步发展，不仅花色品种繁盛新颖，工艺高超，产量也大大增加。开元年间，仅每年庸调收入就有绢740万匹，绵180余万屯，布1035万端。民间丝织业出现大规模作坊，定州何名远家有绫机五百张，资财巨万。丝绸生产的发达，为丝绸输出提供条件。唐代皇帝对于朝贡使节大多赏赐丝绸，形成特殊的朝贡贸易。同时唐朝为获取大量战马，使用绢帛与北方草原各族互市。唐玄宗即称："国家买突厥羊马，突厥受国家缯帛，彼此丰给。"（《资治通鉴》卷212）当时唐朝每年支出数十万匹绢帛购买突厥马。安史之乱后，唐朝仰仗与回纥互市，每年的马价达到数十万匹绢。民间商人贩运也是丝绸输出的重要途径。根据吐鲁番出土文书，唐代西州是当时丝织品的重要集散地，有来自益州、

图7-13 黑石号出土长沙窑青釉褐绿彩莲花纹大碗

梓州、河南府、陕州、蒲州、常州等地的织物，种类有大练、小练、绢、绝、缦、绵、纱等，而从安西至弓月城的一队商人，一次就贩运绢275匹。大量生丝及织物通过粟特人等的中间贸易，逐步转运，可以远达欧洲。

唐代饮茶蔚然成风，南方开始大规模种植茶叶，陆羽《茶经》载唐代江北的蕲、黄、舒、寿，江南的润、常、宣、歙等州都产茶。国家靠榷茶生利，商人大量贩卖茶叶，白居易《琵琶行》中便有"商人重利轻别离，前月浮梁买茶去"的描写。周边民族也形成了饮茶风俗，茶叶开始自中原向周边输出。当时北方草原的回鹘人入朝，"大驱名马市茶而归"。五代时，契丹国主耶律德光及其兄东丹王遣使至南唐，以羊30000口、马200匹用来贸易罗纨茶药。

唐代瓷器制造业得到较大发展，瓷器随着海上丝绸之路的开拓而大量输出。1998年，德国打捞公司在印度尼西亚勿里洞岛海域一块黑色礁石附近发现唐代沉船，称为黑石号沉船（Batu Hitam）。沉船年代约为9世纪上半叶，是一艘大食地区建造的三桅船，打捞出的文物则是产自唐朝的6万余件瓷器，出产自长沙窑、越窑、邢窑、巩县窑以及广东地方窑口等地。其中很多瓷器应是西亚客商定制的中国外销瓷，折射出当时海上丝路瓷器贸易的繁忙景象。

撒马尔罕的金桃：盛世舶来品 唐代社会经济高度繁荣，大量舶来品进入中原。贞观十一年（637），康国（今乌兹别克斯坦撒马尔罕）进贡黄桃，大如鹅卵，色泽如金，称为"金桃"。来自康国的粟特人是丝绸之路商品的主要转运者，来自撒马尔罕的金桃也成为唐代舶来品的缩影。

外来香料和宝石成为上流社会大量消费的奢侈品。尽管中国能产出高质量的香料，但来自异国他乡的奇香无论是品种还是数量都相当可观，有林邑（今越南）的沉香，婆罗洲（今苏门答腊岛）的龙脑香（樟脑），非洲和阿拉伯地区的乳香、没药、阿末香（龙涎香）等。唐中宗时宗室贵族雅会，各携名香，比试优劣，名曰"斗香"。同昌公主于夏日将澄水帛加龙涎香挂于轩中，以此消暑。玄宗时杨贵妃即用瑞龙脑香，满身香气非常。宁王与宾客议论，先含嚼沉麝，启口发谈之时，香气喷于席上。宝石因价值高便于携带，也成为丝绸之路上输入中国的重要商品，包括水晶、玛瑙、石绿（孔雀石）、瑟瑟（天青石）、金精、火珠、象牙、犀角、珍珠、玳瑁、砗磲、珊瑚、琥珀等。杨贵妃的姐姐虢国夫人曾一次赏赐工匠金盏瑟瑟三斗。外来使者和商人还带来了大量飞禽野兽、奇花异草，成为宫廷及贵族的赏玩之物。

唐代大量输入家畜、药物、矿物等日常生产生活用品。通过与

图7-14　何家村窖藏出土唐镶金兽首玛瑙杯

北方草原民族的贸易，唐朝获得了数量众多的马匹，成为重要战略资源，一同输入的还有骆驼、牛、羊等牲畜。各国珍奇药物进入中原，如来自天竺的质汗药，拂林的底也迦等，还有豆蔻、郁金、阿魏、人参等药材。颜料有来自波斯的青黛，产自南亚的雌黄等。来自草原及西域的毛毯、毡等也成为唐朝人常见的用品。1970年，陕西西安南郊何家村发现一处唐代窖藏，见有金银器、玉器、宝石、药材等千余件文物，其中有经丝路贸易输入的宝石、琥珀、珊瑚、密陀僧、水晶杯、玻璃碗、镶金兽首玛瑙杯等，还有日本"和同开珍"银币、波斯银币、东罗马金币。这一发现反映了唐人使用舶来品之风貌。

经史典籍流布与中外知识交流　唐代政治开明，文化昌盛，与周边地区文化交流广泛，中国传统典籍得以在周边流布。日本、新罗通过留学生大量引入中国典籍，7世纪初，日本圣德太子曾广泛引用汉籍，根据718年制定的《养老令》，日本设立大学，课程以《礼记》《左传》为大经，《毛诗》《周礼》《仪礼》为中经，《周易》《尚书》为小经。留学生吉备真备归国后，曾为皇太子讲授《礼记》《汉书》。682年，新罗仿唐制设立国学，招收贵族子弟，讲授儒家五经及三史。747年改为太学监，教授《论语》《孝经》等。文成公主、金城公主入蕃时，携带大批书籍和工匠，促进了吐蕃文化的发展。玄宗时，吐蕃曾遣使请求颁赐《毛诗》《礼记》《左传》《文选》等典籍。敦煌文书中就见有古藏文写本《尚书》《春秋后语》等。

唐代在发展农业、造纸、雕版印刷等科技的同时，也从天竺、大食、拂菻（今东罗马帝国）等国学习科技知识，促进了天文、历法、医学等方面的进步。侨居长安的天竺天文学家有迦叶（Kāsyapa）、瞿昙（Gautama）、俱摩罗（Kumāra）三家。其中，瞿昙氏百余年间有四代人在司天台任职，瞿昙罗、瞿昙悉达、瞿昙譔更是历任司天监。瞿昙罗先后编制《经纬历》《光宅历》；瞿昙悉达是与僧人一行齐名的天文学家，曾翻译天竺《九执历》并主持编制《开元占经》。唐代天竺、拂菻等国都曾进贡医药，中国的药方书中多载有外来药方，《千金要方》中便有"悖散汤"，言"波斯及大秦甚重此法"。玄宗时广文博士郑虔撰有《胡本草》，唐末波斯人李珣著有《海药本草》，专门收录外国药物。当时天竺的制糖法以及大食等地的造船法传入中国，推动了生产技术的发展。在持续的交流互鉴中，唐代文明焕发出蓬勃发展的活力。

本章参考文献

《中国大百科全书·中国历史》，中国大百科全书出版社1992年版。

傅璇琮：《唐代科举与文学》，陕西人民出版社2003年版。

高明士：《天下秩序与文化圈的探索——以东亚古代的政治与教育为中心》，上海古籍出版社2008年版。

乔象钟、陈铁民主编：《唐代文学史》上、下，人民文学出版社1995年版。

瞿林东：《唐代史学论稿》（增订本），高等教育出版社2015年版。

荣新江、李肖、孟宪实主编：《新获吐鲁番出土文献》，中华书局2006年版。

荣新江：《中古中国与外来文明》，生活·读书·新知三联书店2014年版。

山西省考古研究所：《太原隋虞弘墓》，文物出版社2005年版。

唐长孺主编：《吐鲁番出土文书》叁、肆，文物出版社1996年版。

第七章　四海一家（隋唐五代十国）

天一阁博物馆、中国社会科学院历史研究所天圣令整理课题组：《天一阁藏明钞本天圣令校证：附唐令复原研究》，中华书局2006年版。

吴宗国：《隋唐五代简史》，福建人民出版社2006年版。

吴宗国：《唐代科举制度研究》，北京大学出版社2010年版。

向达：《唐代长安与西域文明》，商务印书馆2015年版。

辛德勇：《中国印刷史研究》，生活·读书·新知三联书店2016年版。

《西安南郊何家村发现唐代窖藏文物》，《文物》1972年第1期。

方立天：《慧能创立禅宗与佛教中国化》，《哲学研究》2007年第4期。

贾麦明：《新发现的唐日本人井真成墓志及初步研究》，《西北大学学报》2004年第6期。

刘文锁、王泽祥、王龙：《2021年新疆吐鲁番西旁景教寺院遗址考古发掘的主要收获与初步认识》，《西域研究》2022年第1期。

罗新：《蒙古国出土的唐代仆固乙突墓志》，载吕绍理、周惠民主编《中原与域外：庆祝张广达教授八十嵩寿研究会论文集》，台北：政治大学历史系，2011年。

陕西省文物管理委员会：《西安发现晚唐祆教徒的汉、婆罗钵文合璧墓志——唐苏谅妻马氏墓志》，《考古》1964年第9期。

谢明良：《记黑石号（Batu Hitam）沉船中的中国陶瓷器》，《台湾大学美术史研究集刊》2002年第13期。

杨世文：《经学的转折：啖助赵匡陆淳的新春秋学》，《孔子研究》1996年第3期。

张弓：《隋唐儒释道论议与学风流变》，《历史研究》1993年第1期。

张乃翥：《跋河南洛阳新出土的一件唐代景教石刻》，《西域研究》2007年第1期。

张世民：《杨良瑶：中国最早航海下西洋的外交使节》，《咸阳师范学院学报》2005年第3期。

［美］薛爱华：《撒马尔罕的金桃：唐代舶来品研究》，吴玉贵译，社会科学文献出版社2016年版。

内藤みどり：《アクベシム発見の杜怀宝碑をめぐつて》，シルクロード学研究センター编《中央アジア北部の仏教遺跡の研究》(《シルクロード学研究》Vol.4)，1997年版。

本章图片来源

图7-1　（唐）吴兢：《贞观政要》成化元年内府刊本。

图7-2　现藏法国国家图书馆。

图7-3　现藏美国普林斯顿大学葛思德图书馆 Peald 7q (G.044)。

图7-4　杨富学：《蒙古国新出土仆固墓志研究》，《文物》2014年第5期。

图7-5　王振芬主编：《旅顺博物馆概览》，上海古籍出版社2015年版，第176页。

图7-6　笔者摄影。

图7-7　中国地图出版社授权使用。

图7-8　现藏西安碑林博物馆。

图7-9　现藏台北"故宫博物院"。

图7-10　现藏辽宁省博物馆。

图7-11　毛君炎：《中国三大石窟艺术巡游》，江西美术出版社2021年版，第73页。

图7-12　现藏大英博物馆。

图7-13　长沙铜官窑遗址管理处：《海丝唐韵千年回望："黑石号"出水遗珍》，文物出版社2018年版，第1页。

图7-14　现藏陕西历史博物馆。

第八章 「文」冠一时
（两宋）

第八章 "文"冠一时(两宋)

章首语

宋代文明是继唐代之后中华文明史上的又一座高峰,其文明的高度成就体现在各个方面。宋代统治者以"祖宗家法"为理念,贯穿"防弊"的核心思想,制定了严密完备的国家制度体系。宋朝全面推行"崇儒右文"的基本国策,遵循皇帝"与士大夫治天下"的政治信条,全社会上下形成"重文轻武"的价值导向,对后世中国文明形态影响深远。宋代科举高度发达,不重门第,社会阶层流动加快,发展出空前发达的"士大夫政治",形成具备高度政治主体性的地主阶级士大夫群体。宋代制度运作与政治文化在世界政治发展进程中较早显露出理性政治精神。宋代商品经济获得较大发展,城市随之更加繁荣。"宋学"作为儒学复兴的新发展阶段登场,其中"理学"一派逐渐成为主流;宋代禅宗的兴盛代表着佛教中国化的最终完成。宋代社会经济发展模式渐趋进步,"市民文化"日益勃兴,艺术创作革新兴盛,科技发明创新活跃。宋代文明具有"内省""深刻""思辨"的特征,为中华文明体系贡献了很多核心要素,为人类文明做出重要贡献。中华文明经过宋代的创造性发展，具备了在制度智慧与思想哲学等层面更加精细、严密、理性的特征，内涵趋于完善成熟，充分体现了中华文明突出的创新性特征。故宋代文明可称是"文"冠一时。

第八章 "文"冠一时(两宋)

第一节　文以立国

为防止唐末藩镇跋扈割据、五代政权更迭频繁的混乱局面重演，宋朝统治者殚精竭虑，逐渐设计出一套严密完善的国家制度和管理手段。这套制度的设计思想以"防弊"为核心理念，以"祖宗家法"为表现形式，以收权、分权和重文轻武为实践手段，以"与士大夫治天下"为时代特色，成功加强了宋朝中央集权，并逐渐培育出高度发达的士大夫政治。但同时，制度的"矫枉过正"也带来党争纷乱、军事疲弱等新弊。为摆脱困境，宋朝进行了一系列新法变革运动，体现了宋代政治文明的自我调适性和士大夫的政治主体性。宋代制度设计的思想和理念为中华政治文明贡献了"理性政治"因素，在当时世界上绽放出璀璨光芒。

一　"祖宗家法"防弊思想

北宋王朝的建立，彻底结束了唐末藩镇跋扈割据、五代政权更迭纷扰的衰微混乱政局。能达到这一政治成就，在于北宋王朝创立者设计了一套完整严密的政治制度，加强了中央集权，实现了王朝巩固稳定。贯穿这一制度的核心思想，便是宋朝统治者对"防弊"的着意与强调。

北宋建立之初，统治者考虑的紧迫任务，便是"惩创五季而矫唐末之失策"(《叶适集》卷12《法度总论二》)。即有两个着重解决的问题：一是如何使北宋政权避免成为五代以后的第六个短命王朝，二是如何使唐末以来长期存在的藩镇割据局面不再重演，实现国家长治久安。唐五代以来国家运行中长期出现的各种政治弊病，为宋初的制度设计者们提供了较为充足的历史教训与创制借鉴。他们日思夜虑的是如何消除唐后期以来延续百年的皇纲不振、地方权重、武将跋扈等政治顽疾，如何防范文臣、武将、女后、外戚、宗室、宦官等势力的专权擅政。较之于前代王朝统治者，他们把"防弊"放在了更为突出的位置上。

宋初创设制度所蕴含的"防弊"核心思想，被宋代士大夫群体概括和敬称为"祖宗家法"。关于"祖宗家法"的具体内容和内涵分类，在宋人著述中多有提及。如吕大防曾列举甚详，分为"事亲之法""事长之法""治内之法""待外戚之法""尚俭之法""勤身之法""尚礼之法""宽仁之法"，等等（《续资治通鉴长编》卷480《哲宗·元祐八年》）。但在宋代客观历史情境中，"祖宗家法"的内涵更为广泛。宋人心目中的"祖宗家法"，被视为太祖、太宗立国施政之典宪，涵摄伦理与政治的双重含义，是后继统治者必须遵循的治国之道。"祖宗家法"实际是一个概念元素经过长期动态累积，并且涉及政治文化层面的相当宽泛的思想综合体，它既包括治理国家的基本方略，也包括统治者应该遵循的治事态度；既包括贯彻"防弊"精神的规矩要旨，也包括不同层次的具体章程。"祖宗家法"是两宋时期社会文化传统与政治制度交互作用的思想结晶，具体内涵丰富，且精神内核明确稳定，即统治阶级着意追求"防弊"，以力图保证政治格局与统治秩序的稳定。宋太祖即位时在制书中所宣称的"变家为国"，似乎也预示了这一套"祖宗家法"未来对两宋政治的绝对笼罩。

宋太祖、宋太宗以及主要谋士赵普等人在思想上秉持"以防弊之政，为立国之法"，形成了清晰的制度设计思路，逐渐制定出一套高度集中政权、兵权、财权、立法与司法权的系统制度。宋太宗曾将这套思路概括为"事为之防，曲为之制"，即将"防范"与"制衡"作为制度的主要构建原则。

为了实现"防弊"的核心意图，宋初统治者殚精竭虑，在制度设计上充分贯彻"防范"与"制衡"等核心手段，提出"收权""分权""重文轻武"等一系列实践理念，并娴熟运用这些手段和理念进行丰富而多层面的制度构建，从而对宋王朝现实存在甚至是潜在的威胁，实现多角度、立体化、堪称空前严密完备的防范。

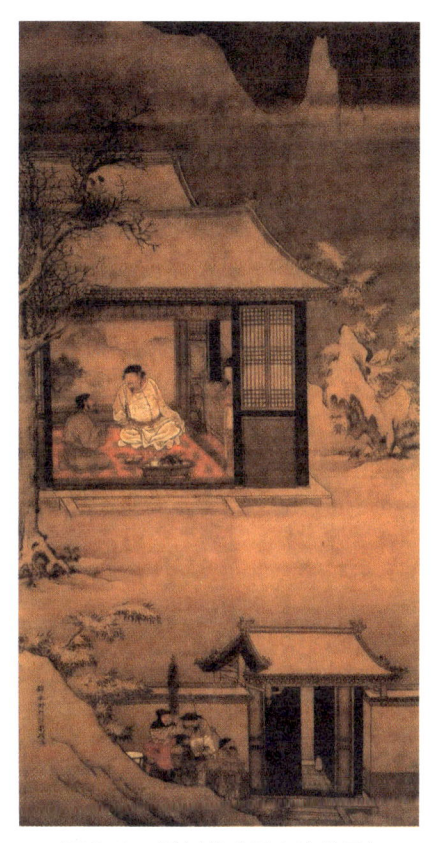

图8-1　明刘俊《雪夜访普图》

防弊思想的第一个理念是"收权"，主要针对地方藩镇。宋初君臣认为，唐末五代之所以"战斗不息，国家不安"，原因就在于"方镇太重，君弱臣强"。节度使能够割据一方，就是因为"既有其土地，又有其人民，又有其甲兵，又有其财赋"（《新唐书》卷50《兵志》）。宋廷收权，就是尽量将地方权力收归中央，从制度层面保证藩镇割据的局面不复出现。具体措施则包括对地方藩镇"稍夺其权，制其钱谷，收其精兵"（《续资治通鉴长编》卷2《太祖·建隆二年》）等几方面的制度处理。如此一来，晚唐以来地方强藩对国家的威胁基本消除，中央集权得以重新建立。

第二个理念是"分权"，主要针对中央到地方的各级官府内部。目的在于使各官府权力趋于分散，令其互相制衡，防止出现擅政专权现象。如中央官署层面的分权，主要是用参知政事、枢密使和三司使等官职分割宰相（同中书门下平章事）的各类权力，避免出现"权臣"。又令中书门下与枢密院分掌文武大政，号为"二府"，彼此牵制掣肘，维持平衡。其他官衙，如军事和地方官府也普遍推行"分权"设置。宋朝统治者本意是推行分权以重皇权，但客观上却形成了皇帝、宰相、台谏三者之间分权制衡的政治格局。

为了实现"分权"，宋朝还在职官制度上进行有意安排，如推行官、职、差遣分离制度，即所谓"官以寓禄秩、叙位著，职以待文学之选，而差遣以治内外之事"（《文献通考》卷47《职官考一·官制总序》）。这种官职差遣分离、名实混淆的政治现象实际上自唐中叶以来已经大量出现，宋初统治者不仅没有纠正规范，反而使其更加普遍化，意在强调官员实际担任的工作带有临时性质，使其不得长期专擅某项权力。

第三个理念是"重文轻武"，这一政治精神对两宋政治生态和社会思想产生了巨大的决定作用，也对后世社会发展影响深远。因此，某种程度上可以说宋朝是以文立国。宋太祖作为从五代纷乱中过来的职业军人，为避免晚唐五代武将骄横跋扈的历史教训，开始刻意推行

第八章 "文"冠一时（两宋）

重文轻武的政治风向，处处讲究"崇文抑武""尊儒隆文"，并为宋朝历代统治者继承和发展。宋朝统治者一方面抑制武人势力，压制军将地位；另一方面有意识地重用士大夫，让文臣负责处理更多类型政务，多方面提高士人的政治社会地位，以大力提倡文治为国策，处心积虑在朝野上下营造"崇文"气氛，以致军政最高官府——枢密院的长官也皆用文臣。最终，五代时期武人为贵的观念一去不复返，宋朝官场一时"满朝朱紫贵，尽是读书人"。

宋朝"重文轻武"政策理念在制度创制上较为显著的表现是科举制度的巨大发展，对后世中国社会发展产生了深远影响。有唐一代的科举制规模相对有限，录取人数亦少，而两宋科举规模明显扩张，录取人数近乎十倍于唐，文官士大夫群体规模得到较大扩充。

此外，宋代科举制度规矩的制订也无处不贯穿"防弊"意图。唐代科举存在荐举制的残余"行卷"，以致形成请托奔竞之风，权势家族在科举取士上占据优势。为杜绝徇私舞弊，宋代对科举考试规模和具体细则做出制度性安排，在各个环节上强化对举子与考官双方的防范。如宋代科举形成了严格的三级考试、三年一考制度。尤其第三级考试，即由皇帝亲自策试的殿试正式成为一项制度，意味着皇帝

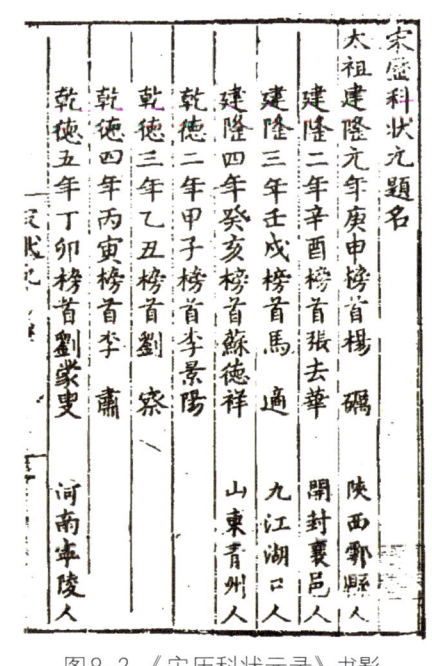

图8-2 《宋历科状元录》书影

收回了登科人事决定权，亲自掌握了科举取士大权。从此"恩归有司"变为"恩由主上"，贡举及第者摇身一变成为"天子门生"，知贡举官与及第举人结党营私的可能性受到较大限制。

宋代科举考试程序更加严格。为防止作弊，宋代科举实行了前所未有的多种防范措施，如搜身、糊名、誊录、锁院、别试、按榜就座、继烛之禁，等等，力求全面防范。且宋朝科举"取士不问家世"，"一切以程文为去留"，一旦录取，即刻授官，较大程度确保了选拔人才的对外开放和公平竞争。

"重文轻武"政策下，宋朝统治者鼓励台谏言事，空前强化监察系统的权力，逐渐形成了"不杀士大夫及言事者"的政治观念，成为"祖宗家法"的重要内容。

可以看出，宋朝统治者充分贯彻防弊思想，经过初期制度设计、长期运行调试和后世修补完善，形成了一套严密完备的制度理念。对于宋朝制度"防弊"的精神内核，宋代士人们有着高度清晰的认知和诠释。如范祖禹称："唯本朝之法，上下相维，轻重相制，如身之使臂，臂之使指。"苏洵也比喻说："以大系小，丝牵绳联，总合于上。"对于这套被士人尊称为"祖宗家法"的国家制度，宋朝统治者充满信心。如宋太祖曾自信地宣称："所创法度，子孙若能谨守，虽百世可也。"宋代士大夫们也赞许其为近乎"算无遗策""纤悉备具"。对于祖宗家法，历代皇帝奉为圭臬，只能附益，不敢更改。而"祖宗家法"也成为两宋政治文明的核心主线，宋代历史上许多政治事件和言论意见都围绕"祖宗家法"展开。

实际上，宋朝的"祖宗家法"及其防弊之政，施行成效堪称卓著，基本实现了两宋三百余年间"无内乱"。"祖宗家法"空前强化了宋朝中央集权，维护了国家长治久安，基本实现了宋初统治者的核心意图。但宋朝制度在设计建构上过于细密严备，具体执行中产生了诸多新弊，直接导致宋朝国势不振与政治危机。从这个角度看，宋代制度文明又具备了古代儒家哲学概念中"文质"之"文"的特征。

二 变法与政治改革精神

宋初创立以防弊为核心的政治制度后，王朝统治维持了较长时期的稳定。但立国及于百年之时，防弊之政的负面影响逐渐暴露，最集中的体现就是宋人概括的"积贫""积弱"等新弊，"积贫"主要源于"冗官""冗兵""冗费"的"三冗"问题，"积弱"则导致国势不振、军事衰弱，对外屡战不胜。在内忧外患日益严重的形势下，北宋统治集团中部分忧患意识强烈的士大夫，开始意识到宋朝统治危机的不可调和性，认为有必要革新政治以摆脱困局，改革运动先后出现。

仁宗执政期间首先出现变革之举，以范仲淹为代表的有识之士发起政治改革，因其时年号为庆历，故史称"庆历新政"。"庆历新政"的具体新政思想是欲强国，先富民；欲富民，先澄清吏治；欲澄清吏治，则要先裁减冗滥，选拔贤能。在反对派官僚"更张纲纪"和"朋党之论"等激烈攻击下，"庆历新政"昙花一现即告终结，多数措施被废除，却成为之后更大规模的熙丰变法的先声。

"庆历新政"失败后，积贫积弱局面一仍其旧且有恶化趋势。至宋代中期，神宗起用王安石，推行新法。因神宗曾行用熙宁、元丰两个年号,故称"熙丰变法",后人概称为"王安石变法"。

王安石变法规模宏大,措施细密,还形成相应的理论思想,具体内容涉及诸多方面。就目的而言,大体可分富国、强兵、培养人才三类政策。富国强兵以理财为先务,理财则首重开源,其次节流。人才培养方面,改革科举制度,注重选拔重义理思辨、重社会实际的变法革新人才。变法在推行过程中逐步暴露出很多问题,内在方面,新法执行未得其人,操之过急,没有完全达到预期效果,并且施行过程中又生新弊;外在方面,新法在朝中受到大地主集团及重臣元老以"变更祖宗旧法"为罪名的激烈攻击,在地方上受到因循守旧的州县官员暗中抵制。最终,新法实施十余年,神宗死后多被废罢。

图8-3 王安石像

就施行新法的初衷而言,虽然"庆历新政"与王安石变法基本都是失败的改革,未能扭转北宋的衰亡趋势,但宋代变法运动尤其王安石变法仍是一场伟大的改革运动,贯穿其中的改革精神在中华政治文明发展史中具有重要意义。王安石博古通今、意志坚强,面对宋朝祖宗制度的阻碍与守旧政治势力的反对,勇敢提出"天变不足畏,祖宗不足法,人言不足恤"的"三不足"口号,可谓惊世骇俗。

王安石"三不足"思想并不是简单的政治宣传,而是有深厚的哲学思想基础。"天变不足畏"思想,与战国荀子《天论》思想一脉相承。他专门撰写《〈洪范〉传》，通过对《尚书》有关篇章的解释，强调"天人不相干，虽有灾异不足畏"，直接驳斥了汉儒"天人感应"的错误思想。在宋代的政治生态中提出"祖宗不足法"需要极大的勇气。于熙宁元年（1068）与宋神宗初次见面后所写的《本朝百年无事札子》中，王安石即对宋朝建国以来施行的规章制度多持否定态度。与此对应，为实现政治理想，他提出"法先王之政"，并加以解释：所谓"法先王之政"，是指"当法其意"，即根据实际形势调整具体制度。"法先王之政"之说明显有着王安石托古改制的良苦用心，以"先王之政"为依托，才能获得对"祖宗家法"的思想优势。所谓"人言不足恤"中的"人言"，并非指朝野上下的一般言谈议论，而是专指流俗之见，即那些因新法损害切身利益而愤恨的官僚士大夫的攻击言论。在变法推行之前，王安石制定"人言不足恤"的原则，用以排除来自保守派的干扰，努力冲破"祖宗家法"的钳制。

虽然王安石在后世曾备受非议，但历史的发展证明，他勇敢变法、破除禁锢、解放思想的革新精神，已经沉淀为中华文明宝库中的一份思想财富，不断给后人以启迪和借鉴。

三 正统、道统观念的强化

宋朝"重文抑武"基本国策的长期执行，尤其以科举制度为工具，对宋朝政治与社会产生了极大影响，其"硕果"之一便是宋代新型士人群体的形成。

宋代科举的开放性确保了参与阶层的广泛。据统计，两宋时期至少有数以百万计的士子进入科举考试，约有10万人通过科举考试

图8-4 《文苑图》

成功进入仕途。围绕着科举制，庞大的儒家知识分子群体已然形成，此即宋代士人群体。该群体大多出自平民阶层，极大地区别于魏晋以来的门阀士族，又被称为"新型士人"，是中国历史上前所未有的新知识阶层。他们没有与生俱来的特权身份和世代相袭的官职，入仕者失去官职后则复归平民身份，后代若科举不第，家族仕途也随之衰落。然而，因科举制形成的士人关系网络，如同族、同乡、同学、同僚、同道、同好，等等，共同酝酿出宋代士人群体流动频繁、复杂多变的权力关系，新型士人也因而萌发出强烈的自我意识，并从此开始具备整体"政治自觉"。

宋代士人高度"政治自觉"的形成离不开内外因素的交汇合力。内在方面，宋代士人阶层基本来自庶族精英，他们通过寒窗苦读和考试竞争聚合而成，不仅讲求道德操守、充盈知识结构，且重振儒家"济世"精神。如范仲淹、欧阳修、王安石、司马光、苏轼等人，不仅有经学、史学等方面的不凡著述，更是文学大家，又在政坛上产生重要影响。外在方面，宋朝统治者出于防范弊患、巩固集权的需要，敞开言路，鼓励知无不言。较为平和的政治气氛与宽松的言论环境，为士人群体力量的形成提供了适宜的外部环境。

宋代士大夫群体产生浓厚而普遍的政治热情，背负着强烈的使命感与忧患意识，开始以主体身份登上政治舞台。无论居庙堂之高还是处江湖之远，他们多慨然"以天下为己任"，时刻关心国家命运和时势发展。基于此，宋代士大夫有着大量国家命运与人生心路相关联的意见表达，范仲淹提出士大夫须"先天下之忧而忧，后天下之乐而乐"；张载高呼"为天地立心，为生民立命，为往圣继绝学，为万世开太平"；王安石倡导"士之所宜学者，天下国家之用也"，北宋时期轰轰烈烈的变法革新则是士大夫成为政治主体的实际影响。需要指出，宋代士大夫参与政治热情高涨的本质仍是维护皇权与地主阶级的统治，文彦博提出宋朝皇帝"与士大夫治天下，非与百姓治天下也"的主张已然点明了这种阶级性。

宋代士人的"政治自觉"深刻影响了宋代的政治思想形态，突出表现为宋代正统、道统观念的强化。

宋代之前的正统观念总体较为稳定。汉唐时期，"大一统"长期被作为衡量王朝正统性的首要标准，正统思想的重心落在"合天下于一""以夏变夷"和"夷狄进于中国则中国之"的"大一统"理想和天下国家模式，突出强调广袤疆域的高度统一，如汉宣帝时王吉上疏所云,《春秋》所以大一统者,在于六合同风,九州共贯。但在宋代特殊的内外形势、士人群体政治自觉及儒学复兴的思想背景下,正统观念发生了明显变化。

一是对"五德终始"说的批判。欧阳修在宋仁宗康定元年(1040)创作《正统论》,完全否定天命正闰、五德终始之说,以崇高仁义的政治道德水准和统一天下的实际历史功业作为正统标准,即"居天下之正,合天下于一,斯正统矣",不再把正统性归于神圣玄秘的天命和运数。在北宋中期儒学复兴的时代思潮影响下,由欧阳修发起的正统之辨在理论上宣告五德终始说的终结。《正统论》第一次将王朝更替由"奉承天命"的政治神话变成"居天下之正"的政治伦理,在肯定大一统的政治前提下,特别强调道德认同标准。

二是宋儒逐渐将正统观念与华夷之辨紧密结合起来,这一点在南宋思想界显得尤为突出。实际上,在重建中央集权统一国家的北宋王朝中,以"大一统"为主要标准的正统论仍占据主流,欧阳修"合天下于一"的立场即为其体现。北宋时期,虽北有辽朝、西有西夏,但士人论述正统问题时却并不突出华夷之辨。而理学家程颐开始在正统论中强调华夷思想,使"正统"统一于"正",判别正统的标准脱离统一功业等一切具体因素,完全归于"义理"。

建炎南渡,南宋王朝建立。空前严峻的军事压力和政权危机,迫使南宋士人把华夷之辨提升到前所未有的高度。南宋初年,胡安国甚至将华夷思想与三纲并列,上升到天道和纲常的高度,奠定了南宋时期正统观念走向的基调。

此后,具备南宋时代特点的正统观念逐渐成形。南宋理学家声

第八章 "文"冠一时（两宋）

称只要拥有"道统"和"德性"，即使身处偏安的政治劣势，亦可获正统之位。甚至前代那些曾经占据广阔疆域的王朝，若显现出"德性"不足的弊端，照样会被指为奉行"霸道"而打入"闰统"的伪政权之列。因此，南宋士人谈论"正统"时多突出道德教化的力量，在外部高压和不利的政治形势下伸张道德优势，彰扬"德性"价值，对以往"正统"首要包含的"大一统"标准多采取回避态度。考虑到当时南宋偏安江南的不利政治处境，这类观点的形成明显是迫不得已的权宜选择。

虽然南宋士人在正统论中较多强调华夷之辨，但从未放弃"大一统"，其思想的终极目标绝非塑造所谓的单一民族国家，而是再造四夷归附中原的天下秩序，恢复天朝大国的政治面貌。这就是宋人的华夷之辨与西方近代国族观念的大不同之处。另外，华夷之辨基础上的正统观念并非南宋正统论的全部内容。作为理学集大成者的朱熹仍然坚持把能否实现大一统看作王朝是否正统的首要依据："只天下为一，诸侯朝觐，狱讼皆归，便是得正统。"（《朱子语类》卷105《朱子二·论自注书·通鉴纲目》）"正统"之为"正"的标准并不在于"德"，而在于"功"。其思想直接接续汉唐正统观中对"大一统"的崇重，与其他南宋理学家有很大不同。这充分体现了"中华文明具有突出的统一性"这一基本特征。

除"正统"外，另一个重要的政治和学术思想概念便是"道统"，是宋代儒学复兴的产物。道统，即指儒家传道的正统脉络和系统，与政治上的正统相对应。道统是维系"道"之存在和延续的载体，指儒家意识形态的传承统绪。唐代韩愈首次提出儒家传道系统，南宋朱熹进一步概括为"道统",将道统源流经周敦颐、二程上溯至孔、孟,再上接尧、舜、禹、汤、文、武、周公诸圣贤。道统广义上又可延伸为"学术正统",为士人裁量评判君王统治提供理论依据。道统观与正统观共同体现大一统国家意志,一定程度上促进、发展和巩固了中华民族的统一和中华文明的延续。

四 理性精神的世界性意义

中国古代官僚政治发展到宋代,进入相当完备成熟的阶段,出现了不同于前代的显著特色。宋朝政治具有更加明显的重文轻武色彩,宋代士人的政治主体意识开始觉醒,士大夫群体登上政治舞台。皇帝"与士大夫治天下"的说法得到宋朝君臣的普遍认同,成为宋朝政治的基本信条。因此,可以把宋朝的官僚政治更确切地概括为士大夫政治,或是文官政治。

宋代具有鲜明特色的"士大夫政治"已经具备部分"理性政治"特征,主要体现在以下三个方面。

第一,统治者贯彻防弊之政,巩固和强化中央集权制度的效果显著。宋朝制度之所以能确保王朝统治的长期稳定,关键之处是对宗室、外戚、宦官等各种非理性政治力量实现了成功抑制。两宋300余年间基本做到了"无内乱",鲜有前代频繁出现的宗室谋篡、外戚干政、宦官专权、武将秉国以及因其引起的内讧、残杀、混乱等恶性政治事件。这主要是因为宋朝在制度上的种种预防措施执行得较好,宋朝皇帝的家人、亲属、奴仆对政治和社会的干预被限制到最低程度,少有专擅朝堂的权臣;在地方层面,宋朝尽力杜绝军阀割据、藩镇跋扈的可能。国家中央集权和皇帝权威被提升到新高度,到北宋中期,百年太平的政治成就令士人引以为傲,争相赞颂。如范祖禹说"百三十余年无兵变也",又言:"藩方守臣统制列城,付以数千里之地、十万之师,单车之使,尺纸之诏,朝召而夕至,则为匹夫。是以百三十余年,海内晏然,谋闭而不兴,寇窃乱贼而不作,舟车所至,海隅出日,无异近地。"(《转对条上四事状》)苏洵言:"虽其地在万里外,方数千里,拥兵百万,而天子一呼于殿陛间,三尺竖子驰传捧诏,召而归之京师,则解印趋走,惟恐不及。"(《审势》)。

第二,官员制度的公平公正和社会形态的流动开放,达到空前高度。宋朝高度发达的科举制度保证人才选拔向全社会各阶级开放,权力和知识不再被掌控于少数人手中;严密的考试程序确保选官程序高度的公平公正。人事管理制度突出"任法而不任人",其法规之细、条文之繁,在历代王朝中都是较为突出的。官员通常带有多重头衔,职务和官阶各具重要意义,因此其迁转均有相当复杂的程序,客观上使官僚制度作为"理性行政秩序"的特点得到充分体现。由于科举制度的长期作用,宋代社会开放程度较高,价值观较之魏晋隋唐发生巨大变化,"家不尚谱牒,身不重乡贯"成为普遍现象,各阶层间流动的机会明显增多,具备了某些近代社会形态的特征。

第三,宋代士大夫集团与皇权之间形成了相对合理的制衡关系。中国古代的官僚政治从总体上来说是臣属和服务于至高皇权的,宋代亦不例外。但宋代官僚政治经长期发展后形成了一定的自主性,对皇权产生制约,并且具有将皇帝包容于官僚机器架构之中的趋势,皇权难以随心所欲,体现出明显的理性思想倾向。

宋代士大夫在政治生活中致力于追求"自得""独见"，批判精神和参与意识都空前高涨。他们以"天下"为胸怀，普遍认同"天下者"乃"天下之天下，非一人之私有"（朱熹：《孟子集注》卷9《万章章句上》）。以"天道""公议"为口号和旗帜，坦坦荡荡地宣布自身之政治权利，参与治理国家政事，在客观上成为制约皇帝的力量。

士大夫制约皇权还体现在监察官作用的强化。宋初统治者为保证王朝长治久安，有意激励言官的积极性，从未因建言过重而责罚监察官，养就了言官的锐气。宋朝御史台与谏官合一，共任言责，称为台谏。台谏常言人之所不能堪，不仅牵制宰相，也在客观上约束皇帝。宋朝皇帝多数时候能从大局出发，克制情绪、节制私欲，容忍言官的过激言辞，尊重官员的人格和尊严，即如宋仁宗所谓"措置天下事，不欲从中出"。虽然宋朝皇权在制度保障下得到加强，但在官僚体制约束下又未能过于膨胀，与士大夫集团在政治领域互相制衡，是与以后元明清等王朝皇权不尽相同之处。

需要指明的是，随着儒学复兴思想运动的深入，新兴科举士大夫群体倡导严格的忠节观，极大地强化了宋朝士人对皇权国家的忠诚观念。因此，士大夫虽然在具体问题上对皇权存在某种制衡，但在思想上又竭力鼓吹忠君观念。

此外，宋代政治的理性特征还有着更为丰富的思想史内容，中国古代政治文化进入宋代以后具备更多的理性成分。如在宋代之前，五运终始、谶纬、祥瑞、封禅和传国玉玺等都是历代王朝中长盛不衰的政治神学概念，但它们在宋代遭到士大夫的彻底批判，知识精英们从学理上消解其价值，从思想上清除其影响，直接导致这些政治概念在元明清时代的彻底衰落。

宋代统治者充分运用政治智慧所建立的一整套空前严密完备的政治制度体系，为中国古代文明贡献了大量制度设计和创设，是中国古代政治文明的新高峰，更体现了"中华文明具有突出的创新性"。以"士大夫政治"为主要特征的宋代政治文明，已经出现了"理性政治"的特质，在世界文明史上具有重要意义。

第二节　人文鼎盛

宋代思想文化较之唐代有巨大的革新发展，其中最令人瞩目的成就是儒学复兴，即以理学为代表的"宋学"登场。宋学是在内外持续的巨大压力和新的时代条件合力推动下产生的。宋学在宋代完全建立并蓬勃发展，并形成主流的理学学说，经过了漫长的发展过程，为后世元明清时代理学成为官方主流思想奠定了基础。与儒学复兴运动相适应，两宋文学出现"重心下移"的发展趋势，"古文运动"勃兴，文学从"雅"向"俗"转变，市民文化兴起。宋词成为宋代文学新高峰。宋代右文政策推动了史学的空前发展，涌现出《资治通鉴》等一系列不朽巨著。宋代思想文化可谓人文鼎盛。

一　宋学出现与理学形成

宋代是儒学发展的重要阶段，儒学复兴，"宋学"登上思想舞台，"理学"逐渐成为主流学说。

宋学的出现有着深刻的历史和思想背景。从西汉到隋唐的一千余年间，儒学侧重于名物制度、章句训诂考辨，研究内容限于以传说经、以注说传、以疏说注，对经义本身没有多少思辨，墨守成规，缺乏思想的生命力，逐渐呈现出僵化衰颓之势。与此同时，注重对心性义理，即对现代哲学范畴中的人生观、宇宙观、认识论进行探求的佛教经过传播而大盛，与刻板枯燥的儒学相比，更具哲学思辨色彩，更能满足士大夫的精神需求。在佛教强有力的挑战和思想的滋养下，儒学否极思变，复兴的萌芽开始产生。

唐代韩愈、李翱在思想倾向上排斥佛、老，实际却从释、道两家学说中汲取大量思想资源以救传统儒学之弊，为宋代儒学复兴奠定了早期思想基础，韩李二人也成为后世理学形成的先驱。

经过唐末五代长期的纷乱动荡后，一系列新出现的内外因素对传统儒学产生了强烈冲击。第一是政治层面，宋代社会矛盾与民族斗争激化。宋代快速发展的商品经济激化了社会矛盾，北宋前期频繁出现"民变"；辽、西夏、金、蒙古等北方民族政权陆续崛起，给两宋上下施加持久而严峻的外部压力。第二是思想层面，自魏晋以来，佛、道两教学说对儒学持续渗透，对儒学思想产生了深刻影响。第三是教育层面，北宋中期起，经义考试逐渐在科举中取得重要地位，成为广大举子的应举着力方向，有力推动了以理解阐发儒家经义内涵为主的宋学的产生。第四是社会科技层面，印刷术等技术进步，推动了书籍的传播和识字率的提高，成为宋学产生发展的社会基础。在多方面因素共同作用下，为应对内外挑战，儒学出现了试图跳出汉唐儒学窠臼的新发展。

在这种背景下，儒学复兴在宋代蓬勃发展起来，被称为"宋学"。宋学早期的代表人物一般认为是"宋初三先生"，即胡瑗、孙复、石介。他们开始出现摒弃汉唐注疏、不重章句训诂之学的思想倾向，而是注重通过讲论的形式阐释经书义理，力求把握儒家学说的核心思想。"宋初三先生"开辟了解经、创立义理之学的传统，实际上成为宋代儒学复兴的奠基人。

仁宗后期到神宗时期，宋学进入昌盛阶段，各学派纷纷登场。前有周敦颐、邵雍等著名学者。周敦颐被后人称为"濂溪先生"，著作有《太极图说》《通书》等，在极为简略的文字中提出了天道、人性、修养目标和修养方法等基本问题，奠定了理学探索的基本格局。邵雍著有《皇极经世书》《伊川击壤集》等，称自己的学问为"先天学"，意即所构造的宇宙图式超越一切具体事物，有很强的易学和术数特征。

后有以王安石为代表的土学（又称荆公新学），是北宋中期最重要的儒学学派。王安石主撰《三经新义》《字说》等，提出研究经术要为现实服务，其经学思想为变法革新构筑意识形态基础，形成了自主阐释经学义理的风气。又有以张载为代表的关学。张载认为"气"是宇宙万物的本源，发出"为天地立心，为生民立命，为往圣继绝学，为万世开太平"的宏愿，阐明理学修养的路径问题，对理学发展产生很大影响。主要著作有《正蒙》《横渠易说》《经学理窟》《张子语录》等。另有程颢、程颐兄弟所代表的学派，被称为洛学。二程兄弟少年时代受业于周敦颐，其儒学思想体系的核心是"理"或"天理"，对理学体系的形成起到突出作用。二人的学术面貌和学说趋向有所不同，程颢注重发扬人心中的仁义本性，程颐则看重作为天地万物运行的根据和法则的"理"，强调"万物皆是一理，至如一物一事，虽小，皆有是理"，"天下只有一个理"，又提出"理一分殊"和"格物穷理"的命题。程颐著有《周易程氏传》《易说·系辞》《书解》《诗解》《春秋传》等经学著作。此外，还有以司马光为代表的温公学派、以苏轼为代表的蜀学学派等。

周敦颐、邵雍、张载及程颢、程颐兄弟被称为"北宋五子"，是北宋理学的实际建构者。其中以二程兄弟的思想贡献最大，他们直接影响了南宋的朱熹。

以上北宋儒学各家各派具体论学观点虽有差异，但普遍都注重抽象思维，探讨宇宙社会生成之源，力图建立一套包括宇宙观、认识论、人生观在内的理论体系。其讨论多围绕"理、气、心、性"等哲学范畴展开，通常以"理"概括精神，以"气"指代物质，对"性"则各有不同理解。他们认为三纲五常是"天理"流行的结果，是自然规律在人世间的必然延伸，"无所逃于天地之间"。因而主张天、地、人本为一体，提出"化小我为大我，与天地万物浑然合一"的人生观，追求溥怀众生、泛爱万物、明理尽分、乐观通达的人生态度，秉持"退则独善其身，进则兼济天下"的积极处世原则。

北宋时期，伴随儒学复兴，经学研究也有很大发展。如太宗时组织学者在"五经"的基础上对《春秋》二传（《穀梁传》《公羊传》）、《礼》中的二礼（《周礼》《仪礼》）及《孝经》《论语》《尔雅》等进行义疏整理，加上《孟子》入经，形成后人熟知的"十三经"。

南宋时期，伴随政治形势的突变，宋学各学派力量互有消长，

第八章 "文"冠一时（两宋）

而这一时期，理学正式成形，逐渐成为儒学主流。理学逐渐成为宋元明时期儒家思想学说的通称。朱熹总结了宋代理学思想，建立庞大理学体系，是集宋代理学诸家诸派之大成者，其思想成就代表了宋代儒学发展的高峰。

朱熹的学说主要承自程颐，对周敦颐、邵雍、张载、程颢等人的思想亦多所吸收借鉴，又广泛摄取佛道二教的相关义理，形成一套完整而庞大的思想体系，可谓"致广大而尽精微"。因其以"理"为思想核心，故有"理学"之名，亦称"程朱理学"。本体论方面，朱熹论"理"，一则认为其绝对、永恒，存在于气之先，如"未有天地之先，毕竟也只是理"；一则认为其无处不在。为了反对佛教"空虚"之说，特别强调"理是实理""万理皆实"。人性论方面，朱熹用伪《古文尚书》中"人心惟危，道心惟微，惟精惟一，允执厥中"的概括，称其为尧舜相传十六字"心法"。"道心"禀受自天地，是"理"的体现，本身至纯至善，即使下愚小人亦皆有之。"人心"则生于形体之私，善恶相混，驳杂不纯，即使上智君子亦不能无。道心、人心既然集于一人之身，就需要以"精""一"功夫加以扩充或制约。践行精、一之道，其一在保持"内省""居敬"，其二是实践"格物致知"。朱熹主张以天理克制人欲，以道心主宰人心，要"存天理，去人欲"，希望以此调和南宋

图8-5 朱熹像

社会严峻的阶级矛盾和外部压力。社会秩序方面，朱熹倾向强调事物的对立和差别，认为这种对立和差别不能改易，以此论证古代社会等级制度的合理和永恒，宣扬伦理纲常是人所固有的先验真理。

朱熹将此前已颇受重视的《论语》《孟子》《大学》《中庸》四部著作编定为《四书》，表彰其为"初学入道之门""六经之阶梯"，并为之作《四书章句集注》。朱熹一生的学术精力，大部分都投入对《四书》的研究，最终使《四书》成为宋代以后高于五经的经典体系。《四书章句集注》在元代以后成为科举教材，影响至为深远。

朱熹还针对儿童启蒙教育编有《小学》一书，以立教、明伦、敬身、稽古为纲，汇辑古书中有关纲常伦理的格言、故事及若干基本知识技能。《四书》与《小学》对后世影响极大。朱熹读书勤奋，知识渊博，著述极为丰富，有《资治通鉴纲目》《八朝名臣言行录》

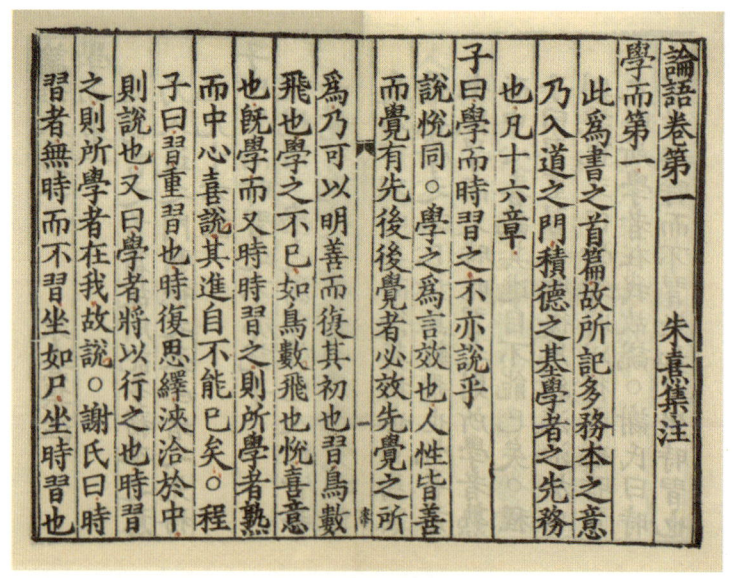

图8-6 朱熹《论语集注》书影

《伊洛渊源录》《周易本义》等书，编定《程氏遗书》《近思录》等，著述被后人收集编辑为《朱子语类》《晦庵文集》和《朱子遗书》等书。

与朱熹理学同时流行的，还有其他宋学学派，观点互有歧异。其中以陆九渊为代表的心学和以陈亮、叶适为代表的事功学派影响较大。陆九渊对理的理解与朱熹不同，核心主张为"心即理"，因而其学派有"心学"之称，著作有《象山先生全集》，其学说对明代的心学运动产生过广泛影响。朱陆二人尝于信州鹅湖寺进行学术论辩，史称"鹅湖之会"，又有多次书信争论，然而观点终未统一。关于理的性质，朱熹认为理为客观存在并体现于万物之中，提出"理兼体用"，心本身不等于理，心之性才是理；陆九渊则以为心性无别，理心合一，由内而外贯彻于万物，故曰"万物森然于方寸之间，满心而发，充塞宇宙，无非此理"，"宇宙便是吾心，吾心即是宇宙"。关于修养的具体途径，朱熹强调要格物致知，即物穷理，累积递进，以求贯通；陆九渊则主张由内入手，直接发明本心以求彻悟，不必去费心费力认识外部事物，而是通过自我反省、自我体验达到修养目的，要"先立乎其大者"，认为"一是即皆是，一明即皆明"。陈亮、叶适论学重视事功，即实绩功利，认为"孝悌忠信常不足以趋天下之变"，"既无功利，则道义者乃无用之虚语尔"。陈亮曾与朱熹就王霸、义利等核心政治哲学问题展开过激烈论争。

到南宋后期，程朱理学已被宋廷尊为官方学术，正式肯定从二程到朱熹是孔孟以来道统的真正继承人，程朱理学初步获得了思想界的主流地位。

宋代儒学复兴和理学形成，对中国古代社会后期的思想世界产生了巨大而广泛的影响。如元明清时代皇权剧烈膨胀，君主专制中央集权空前强化，士大夫群体开始将忠君观念提到"天理所在""无所逃于天地之间"的空前高度，这些都离不开儒学复兴和理学成为主流的思想大背景。

二 文学的兴盛发展

诗词创作新高峰 两宋时期，词的创作取得极大成就，创造了中国文学发展的新高峰，成为中华文明宝库中一份瑰丽的文学财富。

词是诗歌的一种，为"曲子词"的简称。最初的词是配合音乐来歌唱的，句子长短不一，也被称为长短句。在发展过程中，逐渐形成众多固定的制式曲调，被称为"词牌"。

一般认为，词作为一种文学体裁，始于唐代，五代十国时期善于填词的名家已为数不少。进入北宋时代，社会恢复稳定，经济持续发展，城市娱乐生活愈益繁华，这都为词的快速发展提供了有利的客观环境。宋词以其高度的繁荣与唐诗并称，这体现在宋词及创作者的规模上。存世宋词数量巨大，据唐圭璋所编《全宋词》及孔凡礼《全宋词补辑》录存的作品（不包括残篇、附篇）达2万余首，可考的词人达1430余人。宋代参与词之创作者范围十分广泛，许多著名诗人、政治家都有水平较高的词作，例如欧阳修、苏轼、黄庭坚、范仲淹、王安石、陆游等。当然还有更多主要以词名世的词人，如柳永、周邦彦、李清照、姜夔等。

按照文学风格，宋词主要有婉约派和豪放派之分。在北宋前期词坛上婉约派占主导地位，代表性词人有晏殊，他擅长小令，多表现上层士大夫的诗酒生活和悠闲情致，语言婉转清丽。值得一提的是柳永，他以创作慢词长调见长，善于用民间俚俗语言和铺叙手法，书写市民阶层的儿女风情，反映社会生活。柳词风行一时，甚至有"凡有井水饮处，即能歌柳词"的说法。苏轼是豪放派开创者。他冲破传统局限，"一洗绮罗香泽之态，摆脱绸缪宛转之度"，以诗为词，不仅用诗的某些表现手法来创作词，而且认为词和诗一样具有言志和咏怀的文学作用，使词不再被视为仅供消遣娱乐、佐欢侑酒的工具。苏词富有幻想的浪漫精神和雄浑博大的思想意境，表现出奔放豪迈的个人性格以及乐观处世的生活态度，其《念奴娇·赤壁怀古》《水调歌头》等作品乃千古之绝唱。

南宋时期，词发展到新高峰。金朝入主中原和南宋偏安江南的历史剧变，激起南渡词人群体的普遍思想觉醒，整个南宋词坛的精神面貌为之一新。反映尖锐复杂民族矛盾的爱国词篇成为南宋词坛的主流，其中最有成就的是陆游、辛弃疾和李清照。陆游非常关心宋朝国家的安危存亡，他在《诉衷情》一词里慨叹"胡未灭，鬓先秋，泪空流。此生谁料，心在天山，身老沧洲"，充满国耻未雪、壮志未酬的悲愤情绪。辛弃疾是南宋著名的爱国志士，又是开创一代词风的杰出文学家，与苏轼并称"苏辛"，作品以豪放著称。他以长期的政治生活和社会实践为基础，广泛熔炼历史题材为其作品的现实内容服务，笔力雄健、豪迈慷慨、气势磅礴，充满爱国主义热情，大大开拓了词的境界。李清照是婉约派的正宗，其作品以委婉含蓄、风格清新著称。她的词以宋室南渡为界分为前后两期，前期词以欢乐明快的基调为主,体现女性趣味;后期词风格一变,充满着对身世飘零、家国变故的感伤。

除宋词达到的高峰之外,宋朝诗文创作在唐朝基础上也有新发展。宋诗与唐诗相比具有崇尚"理趣"的时代特点,代表人物有苏轼、黄庭坚、陆游、杨万里等。

从"古文运动"到市民文化勃兴 从隋唐到明代中叶,中国文学发展的主要趋势是"重心下移",两宋文学处于这一过程中承前启后的重要位置。宋代文学的发展史本身就是中国文学从"雅"到"俗"的转变过程,而"重心下移"的一个重要表现即为唐宋时期的古文运动。

古文运动是唐中期韩愈、柳宗元所倡导的以复古为革新的文学运动,旨在通过实现文体和文学语言的革新推广儒学复兴,使之在社会上产生广泛影响。北宋中叶欧阳修、王安石、苏轼等人再次掀起古文运动,进一步确立古文传统。欧阳修《与高司谏书》《醉翁亭记》、王安石《答司马谏议书》《读孟尝君传》、苏轼《石钟山记》《贾谊论》等成为古文的典范之作。宋代古文并非对唐代古文的简单模仿,而是呈现出新的面貌。一方面,受理学影响,宋代古文家对文与道的关系更加重视,主张更加明确。周敦颐提出"文以载道",朱熹对此做出更为深入的阐发:"道者,文之根本;文者,道之枝叶。"(《朱子语类》卷139《论文上》)在载道说的指导下,宋代文章的议论成分增强,文章与政治教化的关系得到强化。另一方面,由于宋代古文家注意纠正韩愈古文艰涩古奥的弊病,吸取骈文运用语言的长处,所以其笔下古文更富有艺术效果,并未由于议论成分的增强而削弱抒情和叙事。宋代优秀的古文家能够把这两方面完美统一起来,并发挥各自的个性,形成多姿多彩的文学风格。

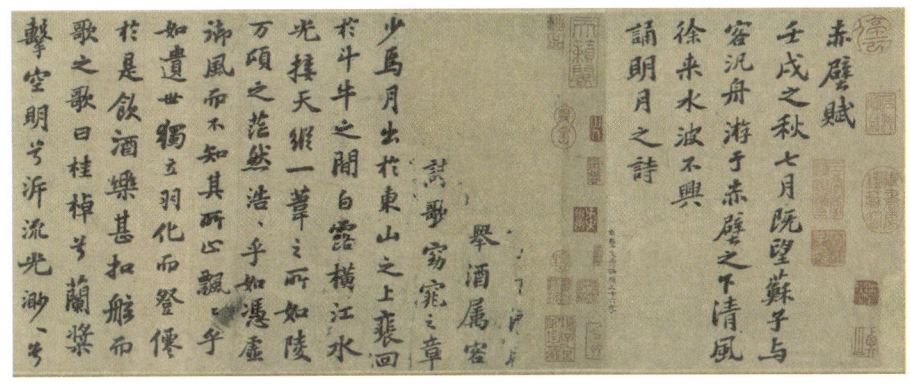

图8-7 苏轼《赤壁赋》(局部)

古文运动从中唐贞元、元和年间开始,直到北宋政和、大观年间为止,历时二百多年。欧阳修、苏洵、苏轼、苏辙、王安石、曾巩等文人在唐代韩愈、柳宗元所开创的古文基础上发扬光大,使古文逐渐取代骈文的正统地位,宣告古文运动取得成功。这八位文学家被世人并称为古文创作的"唐宋八大家"。

语言是文化的重要载体。唐宋古文家确立的文学语言和散文的新形式,以及"文以载道"的思想理念,从文学层面为中国文化开启了新的历程。载道的古文一直延续到元明清三朝,长期占据正统地位。古文运动不仅确立了新的散文形式,而且延续发展了儒家道统,是中国文化史上一次具有划时代意义的文化运动。

宋代文学"重心下移"的另一个重要表现是市民文化的勃兴。市民文化的兴起从唐后期发端,经过宋代的发展,终于到元代达到鼎盛，构成宋元文学史和文化史的重要内容。

在城市文化层面，文学重心下移有三方面含义：一是文学体裁从诗文扩大到词、曲、小说，而词、曲、小说又与市井关系密切；二是创作主体从士族文人扩大到庶族文人，进而扩大到市井文人，从地主阶级向平民阶级渗透；三是文学的接受和欣赏者相应扩大到市民及更广泛的社会大众。其中，最鲜明的表现是宋代城市经济的繁荣推动了曲艺、戏曲和白话小说等通俗文学形式的发展。

宋代的曲艺文化主要指"说话"。"话"是故事之意，"说话"就是讲故事，以说话为生的艺人称为说话人，说话的底本即"话本"。实际早在唐代就出现了"说话"和"市人小说"等事物，到了宋代，随着城市商品经济更加繁荣，适应市民阶层文化娱乐需求的"说话"成为广受欢迎的主要市民文学形式之一。

话本主要以当时的白话写成，语言生动，富有表现力，其中既有篇幅较长的"讲史"，也有短篇"小说"。话本内容，有说经、讲史、小说、合生或说浑话四种类别，以小说和讲史两类最受欢迎。宋代话本经过金元两代的继续完善，流传至今的有《三国志平话》《大唐三藏取经诗话》《五代史平话》《大宋宣和遗事》及《京本通俗小说》等。话本在中国文学史上影响深远，元明以来的部分著名章回小说就是在宋代话本基础上再创作和继续发展而成的。

说话人有的专说历史故事，有的专讲小说，各有独立科目。如北宋末年的开封，就有以说三分（三国故事）而知名的艺人霍四究，还有说五代故事的艺人尹常。周密《武林旧事》记载，南宋临安以讲小说出名的艺人有蔡和、李公佐、史惠英等五十二人之多。说话形式

第八章 "文"冠一时（两宋）

的兴盛带来表演场所的发达，部分大城市出现比较集中的游艺场所，称瓦舍或瓦子。孟元老《东京梦华录》记载北宋开封较大的瓦子中有大小勾栏五十余座，最大者可容数千人，周密《武林旧事》亦载南宋杭州有瓦子二十三处。

说话人不仅在城市较热闹的瓦舍、勾栏等固定演艺场所中表演，也经常到乡村里表演。陆游有诗言"斜阳古柳赵家庄，负鼓盲翁正作场。死后是非谁管得，满村听说蔡中郎"，可见两宋时期说话流行的盛况。

两宋时期戏曲初步发展。北宋流行傀儡戏、影戏和杂剧。傀儡戏即木偶戏，种类很多，主要有牵丝傀儡、杖头傀儡和布袋戏等；影戏的剪影最初用纸剪成，后来用皮（驴皮或羊皮）制作，所以也称皮影戏。说话人经常讲说的胭粉灵怪、铁骑公案和历代君臣将相等故事，都是傀儡戏和影戏经常表演的节目。杂剧从唐代的参军戏发展演变而来。唐代参军戏是以讽刺、滑稽为主要特点的戏曲，一般只有两个角色，情节简单。宋代杂剧继承了参军戏讽刺现实的斗争精神，但情节发展更为复杂，角色增加到四五人乃至七人之多，为后世金元杂剧的成熟奠定了基础。

宋代还有一种以歌舞讲唱为主的戏曲，由词连缀而成。北宋中期以来，有些词人开始尝试用一种词调填写数首词，接连铺叙成一个故事。例如有人用《商调蝶恋花》填写十二首词，述咏《会真记》中张生与莺莺的恋爱故事。这种用许多首曲词前后连贯、集合叙述一事的歌舞剧曲，已经具有后代戏剧雏形，是金元时期套数杂剧的鼻祖。

两宋之际，南方各地流行着各种唱法的地方戏曲，总称"南戏"，其中尤以浙江温州、海盐南戏最为著名。南戏由顺口可唱的村坊小曲发展起来，没有严密的宫调格律，流传到南宋都城临安（今杭州）后，逐渐发展为成熟的戏曲艺术。最早的作品有《赵贞女蔡二郎》，实际上是元代高则诚编撰《琵琶记》的祖本，戏曲全文已佚。另有《王魁负桂英》作于南宋光宗时，今仅存残文。

两宋时期亦是白话小说奠基时期。白话小说发源于唐代，伴随着文言小说的衰落逐渐兴盛，并在宋代基本成熟定型。宋代文言小说包括志怪与传奇，宋元笔记小说以志怪为主，未能脱离六朝志怪的樊篱。宋代传奇多讲古事，并寓教训意义，由于理学盛极一时，传奇亦充斥着封建纲常说教。与用文言写作的志怪与传奇相比，源自民间的白话小说更为鲜活动人。宋代白话小说，多为说话人的底本。伴随着社会经济和都市繁荣发展，宋代说话与杂剧等伎艺快速发展，成为市民文学的重要部分。南宋风气更加繁盛，以小说、讲史最受民众喜爱。罗烨《醉翁谈录》将小说按内容分为灵怪、烟粉、传奇、公案、朴刀、杆棒、神仙、妖术八类。话本在题材、语言、结构等方面都与文言小说不同，确立属于市民文学白话小说的新文体，进而为元明清时期中国古代小说的繁荣奠定了基础。

三 史学的继承革新

《资治通鉴》与史学的传承 两宋时期史学研究成就远超前代。史学著作大量涌现，特别是大型通史和当代史的编修取得了尤为显著的成绩，影响最大的当数编年体通史《资治通鉴》的撰修。

《资治通鉴》为北宋著名史学家司马光编撰，是中国第一部编年

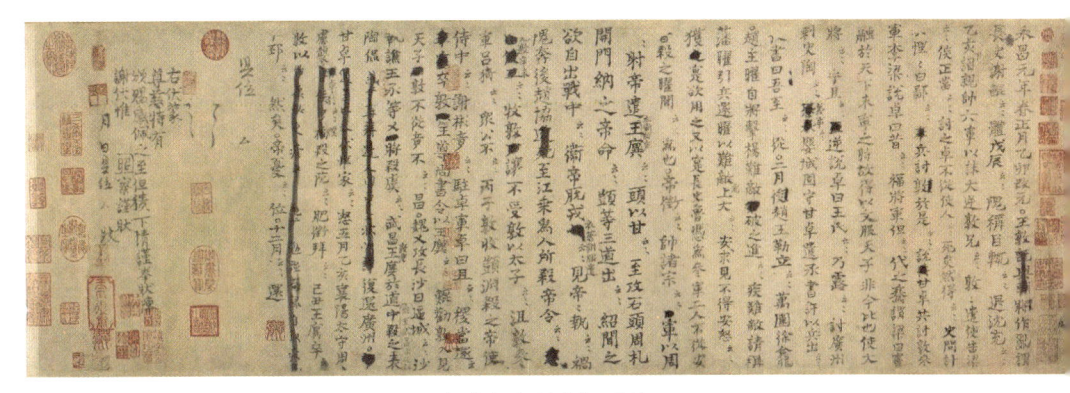

图8-8 司马光《资治通鉴》手稿

体通史。自治平三年（1066）四月司马光受诏开始编纂，至元丰七年（1084）十二月书成奏上，历时19年。正文共294卷，规模宏大，上起周威烈王二十三年（前403）韩、赵、魏三家分晋，下至后周世宗显德六年（959）北宋建国前夕，记载了从战国至五代间1362年的历史。另还附有目录30卷、考异30卷，合354卷。

司马光在编纂过程中，邀集当时著名史学家刘恕、刘攽、范祖禹作为主要助手。他们注意吸取纪传体的优点，尽量避免编年体形式的弊病。《资治通鉴》取材丰富，体例严谨，考证精细。修书时依据的材料，除正史外，还征引杂史多至322种，往往一事由三四种史料纂成，力求还原历史真实。尽管《资治通鉴》出于众家之手，且内容来源于不同朝代、不同文笔的各种史料，但司马光对全书进行了一丝不苟的统稿，从体例、书法到史料考订、文字锤炼，亲力亲为，使全书浑然一体。

《资治通鉴》对后世史学影响极大。这种经过改进的编年史体例被称为"通鉴体"，成为后世编年史遵照的通用体裁，赋予了编年体史书以新的生命力。《资治通鉴》刊行后，迅速掀起一股"编年热"，续仿、注释和再加工之书络绎不绝。

两宋时期续仿《资治通鉴》的重要史学作品有很多。如《续资治通鉴长编》《建炎以来系年要录》及《三朝北盟会编》。《续资治通鉴长编》为南宋李焘著，模仿司马光修《通鉴》的做法，专记北宋九朝史事。原书980卷，历时近四十载乃成，是中国古代私家著述中卷帙最大的断代编年史。原书已佚，今本存520卷，为清代学者从《永乐大典》中辑出，并重新编次分卷而成。《长编》采据广博，对众多官私史料考订辨伪；考论详悉，把异同诸说附注于正文之下。叶适对此书十分推崇，赞扬是《春秋》以后第一部由当代人写当代事的历史巨著。《建炎以来系年要录》为南宋李心传续李焘《长编》而作，200卷，专记宋高宗一朝史事。原书已佚，今本《要录》为清人从《永乐大典》中辑出。李心传另一著作《建炎以来朝野杂记》40卷，主要记载南宋前期的典章制度，与《要录》互为经纬，彼此补充。徐梦莘撰《三朝北盟会编》250卷，专记徽、钦、高三朝与金的和战交涉关系，该书广泛搜罗官府、私人有关宋金交涉的言论记述，按时间顺序加以编次。该书引用一律照录原文，史料价值颇高。

此外，《资治通鉴》催生诸多再加工之作。如南宋史学家袁枢编著《通鉴纪事本末》，是中国第一部纪事本末体的历史著作。中国史籍体裁在宋以前不外编年和纪传两体，两种形式各有缺点，往往给读者阅读史书、理解历史带来一定困难。有鉴于此，袁枢改编《资治通鉴》体例，区别门目，以类排纂，综括一千多年的史迹于239个题目，始于三家分晋，终于周世宗征淮南，每事一篇，自为起讫，故名"纪事本末"。《通鉴纪事本末》共42卷，篇幅简化至《资治通鉴》的四分之一，为读者学习历史提供极大便利。朱熹还编成《资治通鉴纲目》，创立"纲以大字提要，目以小字叙率"的纲目体。

史书体裁的拓展　宋代史学的巨大成就还表现在史书体裁的显著拓展上，发展较大的是纪传体、地方志和金石学等领域。

纪传体方面，《通志》是南宋杰出史学家郑樵毕生心血的结晶，全书分为纪、谱、略、世家、列传、载记六种，共200卷。二十略是全书精华，其中氏族、六书、七音、都邑、昆虫草木五略为历代正史所无，六书讲文字，七音讲语音，更是郑樵首创。二十略概括了古代文化知识各个方面的发展历程，反映出郑樵在文化史方面的独创精神和宏大气魄。

宋代特别是南宋，地方志书大量出现，编纂体例渐趋完备。举凡舆图、疆域、山川、名胜、建置、职官、赋税、物产、乡里、风俗、人物、方伎、金石、艺文、灾异等地方历史内容，无不汇于一编。其中，专记州县的地方志书，有范成大《吴郡（苏州）志》50卷，梁克家、陈博良《淳熙三山志》（又名《长乐志》）10卷，罗愿《新安（歙县）志》10卷，施宿《嘉泰会稽（绍兴）志》20卷，周淙《乾道临安（杭州）志》15卷（今存3卷），潜说友《咸淳临安志》100卷（今存95卷）等，是时人编写的地方志书中较为有名的几种。另外，宋代出现很多记述都市繁华景象的方志著作，如孟元老《东京梦华录》10卷，专记北宋末年国都开封的繁华景象，周密《武林旧事》10卷、吴自牧《梦粱录》20卷则专记南宋都城临安的繁华景象，是富有史料价值的城市史著作，为研究宋代城市生活提供了丰富的资料。全国性志书，则有乐史《太平寰宇记》200卷，王存

《元丰九域志》10卷，欧阳忞《舆地广记》38卷，王象之《舆地纪胜》200卷等。

金石学是宋代学者在史学领域中开辟的新园地，是中国考古学前身。唐代士人即喜好收集古器物，然而五代以前无专治金石以为学问者。宋代金石学家主要做了三方面工作：一是对古器物及古器物拓本的收集，二是对古器物的鉴定及对金石文字的考释，三是以古器物及金石文字来考订历史记载。北宋曾巩著有《金石录》一书，最早使用"金石"一词，但是书今已不传。刘原父是宋代金石学开山之人，首次将家藏的11件古器使工摹其文、图其像、刻之于石，名为《先秦古器图碑》。两宋主要的金石学著作，北宋时有欧阳修《集古录》10卷、吕大临《考古图》10卷、王黼《宣和博古图》30卷及黄伯思《金石题跋》；南宋时则有赵明诚《金石录》30卷、薛尚功《历代钟鼎彝器款识法帖》、郑樵《通志·金石略》、洪遵《泉志》15卷、洪适《隶释》27卷和《隶续》21卷等。宋代金石学家们根据商周铜器铭文和秦汉以至隋唐各代石刻碑志拓本，审定考释，写成题跋；或利用搜集到的大量金石拓片来抉剔幽隐，考核旧闻，为史籍的考订提供了新资料。

四　四大类书的编撰

类书是中国古代分类式的百科全书，将各种文献分门别类重新辑录汇编而成，便于查检。古代书籍流传保存不易，类书因而又有保存文献的重要作用。中国古代很早就形成了编辑类书的传统，隋唐时代已有多部官修类书。

第八章 "文"冠一时（两宋）

宋朝崇儒右文，厉行文治。宋初太宗时，连续官修几部大型类书，即属于百科全书性质的《太平御览》1000卷、小说类编性质的《太平广记》500卷、文体类集性质的《文苑英华》1000卷，以及真宗时编成的政治史专门类书《册府元龟》1000卷，代表了宋代类书撰修的成就。前三部的编者题为李昉，后一部的编者题为王钦若，后来合称为"宋代四大类书"，迄今均完整存世，尤以《太平御览》和《册府元龟》的史料价值为高。北宋时还有士人所辑类书，太宗时吴淑《事类赋》30卷、真宗时晏殊《类要》100卷最为著名。

南宋著名的类书有王应麟《玉海》200卷，以及祝穆《事文类聚》、章如愚《山堂考索》、谢维新《古今合璧事类备要》、高承《事物纪原》等。

就今天而言，类书的价值主要不在于分类，而在于保存了大量已经失传的珍惜古籍资料，为后人辑佚和校勘古书提供了可以依靠的根据。如《太平御览》由李昉等于宋太宗太平兴国二年至八年（977—983）奉敕编成，初名《太平总类》，因太宗曾按日阅览过全书，改题今名，简称《御览》。此书分55部，4558类，共1000卷，引书达2579种，这些被引用的古书今存者不过十之二三。清代阮元序鲍刻《御览》云："然则存《御览》一书即存秦、汉以来佚书千余种矣。"清代以来的校勘家、辑佚家都非常重视《御览》。

五 宗教演进的承前启后

经过唐代的鼎盛，从北宋开始，佛教进入在中国古代社会发展演变的第二个千年。这一阶段，基本完成中国化的佛教开始较为独立的发展，在思想教义、信仰形态、修行方式和传教方式等方面形成了特有的传统。宋代以后，佛教义学的发展速度放缓，但与中国社会的关系到了近乎水乳交融的地步，无论是在知识精英还是在庶民大众中间，佛教的思想文化已渗透到中国人的日常生活与思维习惯里。

两宋时期，除徽宗朝有过短暂的崇道排佛倾向外，统治者普遍对佛教采取扶持政策，重视佛教文化事业发展。北宋建立之初，宋太祖一改后周世宗的抑佛政策，停止废毁寺院、佛像，使佛教再度兴盛。真宗既崇道又佞佛，认为"释道二门，有助世教"，佛教得以快速发展，至天禧五年（1021），全国已有僧尼四十余万人，寺院近四万所。

两宋时期最为盛行的是禅宗南宗，由慧能创始于唐代武则天时期。到了五代，禅宗南宗出现沩仰、临济、曹洞、云门、法眼五宗并存的局面，后临济宗又分出杨岐、黄龙二派，故有"五家七宗"之说。入宋不久，沩仰、法眼二宗湮灭，云门宗于北宋中期以后销声匿迹，只有临济、曹洞二宗流传地区最广，影响时间最长，而曹洞宗虽法系绵延，代有传人，但临济宗始终占优势地位，故当时有"临天下，曹一角"之说。

宋代禅宗在禅风上的重大变化，是由早期"不立文字""直指人心"的内证禅转变成为以阐扬禅机为核心、"不离文字"的文字禅，编集了大量的灯录、语录，成为宋代禅宗一大特色。

宋代佛教最为引人注意的现象，是禅宗作为完全本土化的中国佛教宗派，逐渐成为佛教各宗派中影响最大的一派。经历了巨变的禅宗思潮开始笼罩整个佛学界，基本奠定了以后佛学的发展趋向。

宋代佛教对后世中国佛教文明影响深远。宋代禅宗修习中，以"文字禅"为显学。传习主要围绕前代著名禅师具有典型启发意义的"语录""机锋""公案"展开，禅僧以"代别""颂古"和"评唱"为主要方式进行大量文字阐释，问答时不正面应对，而是含蓄有玄言，追求言外之意，在若即若离、似与不似之间。"文字禅"的兴起与宋代社会背景关系密切，禅宗上层人物在新的历史时期具备了放下锄杆拿起笔杆的条件。此外，亦有不重视公案，以静坐守寂、空幻体验求顿悟者，称"默照禅"。

除禅宗外，佛教其他各宗派如天台宗、华严宗、净土宗、律宗等，在宋代同样受到统治者的重视和扶持，并有不同程度的发展演化，其中尤以净土宗的流传最为广泛。

由于最高统治者的大力扶持和提倡，北宋道教如同唐代一样受到朝廷青睐，政治地位胜过佛教。北宋朝廷虚构出一位赵姓祖先赵玄朗，将其奉入道教诸神之列，尊为太上混元皇帝。徽宗崇道更是达到狂热地步，他宠信符箓派道士林灵素，自认为是昊天上帝元子"长生大帝君"下降于世，为"教主道君皇帝"，并自称"神霄帝君"。徽宗亲注《道德经》，为老、庄诸书立博士于太学，并于政和年间修成《万寿道藏》，又称《政和道藏》，计540函，5481卷，全部付刊，是中国道藏最早的雕版印本。

南宋诸帝中，理宗特别推崇道教，他推崇道书《太上感应篇》，使该书宣扬的宗法性伦理道德以宗教方式在南宋民间普及，加速了儒道融合进程。

宋代道教，形态上主要可以分为内丹和符箓两大派系。内丹派也称金丹派，对其贡献最大的道教学者有宋初的陈抟和稍后的张伯端。符箓派以符水治病、祈福禳灾为职事，虽荒诞靡费，但却在两宋时期灾荒频繁、瘟疫及横征暴敛间行、民族仇隙扩大的社会现实下，得以盛行于民间，活跃于朝野。宋朝符箓派道教，以正一派为主，至南宋理宗时，三十五代天师张可大被朝廷任命为提举三山（龙虎山、茅山、阁皂山）符箓，兼御前诸宫观教门公事，从此正一道取得统领符箓诸派的地位，成为南方道教领袖。宋代道教出现名为"雷法"的修行方式，即将内丹与符箓咒术融为一体的方术。

宋代道教的兴盛主要依赖于最高统治者的崇奉，影响范围局限于社会上层，基层的传播程度远比佛教逊色。宋代道教在教义上基本沿袭隋唐传统的符箓道教，至南宋时已声势衰微。道教教义到金元时代才出现新的变化。

第三节　一代繁华

宋代经济较之唐代有了更为显著的发展，随之带来人口的飞跃式增加和手工业的进一步繁荣。生产力的显著发展，促使宋代城市越发繁荣，文化生活丰富多彩。宋代艺术在精致典雅层面，呈现出新的面貌。宋朝也是中国古代科技发展的高峰时期，最突出的成就表现在印刷术、指南针和火药三大发明的完成和发展上，为人类文明做出了巨大贡献。

第八章 "文"冠一时（两宋）

一 经济发展与都市繁荣

北宋以前的城市格局一般为坊、市分区，即住宅区与商业区严格分开。北宋时，随着商品经济的发展、城市人口的增加和市民阶层的兴起，"坊""市"界限被彻底打破，商店可以随处开设，不再应用集中的布局方式，坊间的墙壁均被拆除，与之相适应的"厢坊制"逐渐取代"坊市制"。宋太祖开宝三年（970），设厢于州城、县城内，以统治城内市区（有时城外市区亦受管辖），直属于州府。至宋真宗天禧五年（1021），北宋首都开封城以10厢121坊，共约97750户的规模，成为当时世界上最大的城市。由于坊墙被推倒，开封的商业街区分布不再限定在"坊市"之内，而是分布全城，与住宅区混杂，沿街、沿河开设各种店铺，形成熙熙攘攘的商业街。最繁荣的商业街是宣德门东的潘楼街、土市子一带，州桥东的相国寺一带，东南角门到扬州门内外一带。潘楼街一带是开封的金融中心，《东京梦华录》卷2《东角楼街巷》载其地"并是金银彩帛交易之所，屋宇雄壮，门面广阔，望之森然。每一交易，动即千万，骇人闻见"。

都城是宋朝城市发达的代表，北宋都城开封和南宋都城临安是最繁华的城市。到神宗朝时，开封人口约有百万之众，拥有便利的水陆交通和充盈的物资，各地货物经过汴河、黄河、广济河、惠民河源源不断地运送到开封，成为全国商品经济最为发达的城市。张择端所画的《清明上河图》长卷，便是当时开封城都市繁荣景象的艺术反映。

两宋大城市数量激增，加上广大州县城居人口以及镇集人口，城市人口占全国总人口比例或达20%以上。临安城最盛时人口超出百万。城内手工业作坊众多,街道两旁商铺、旅舍、货摊林立,人来货往,车水马龙,十分热闹。市场上的商品有来自各地的农产品和手工业制品,还有来自日本、高丽、东南亚和大食(阿拉伯)等国和地区的货物。大城市的消费水平不断高涨。文化娱乐活动的丰富多彩和夜生活的发展达到空前高度。店铺营业时间不受限制,除白天营业外,还有夜市和晓市,夜市止于三更,晓市又于五更开张,"要闹去处"的交易甚至通宵达旦。交易额最大的是金、银、绢帛等。城内除固定市场外,还开设定期集市。其中大相国寺每月开放五次,"万姓交易",规模很大,热闹非凡。市内还出现了娱乐中心"瓦子"(或称"瓦舍""瓦肆"),里面有"勾栏"(歌舞和戏剧场所)、酒肆及茶楼,经常举行说书、演戏等表演活动。

城市以外的常设市集称为草市,到北宋时期更加普遍;乡村还有定期开放的小型市集,北方称为集,岭南称为墟,草市和集市统称为坊场。在坊场中,农产品和布帛、竹木器等日用品交易占大宗,也有部分生产工具的交易。到北宋中期,规定每个坊场每年税收在千贯以上的,由官府直接设立税务进行管理和收税;年税在千贯以下的,"通计坊务该得税钱总数,俾商先出钱与官买之"。坊场遍布全国各地,形成了初级商业网。有些草市或集、墟在贸易繁荣的基础上,往往发展成为市镇乃至城市的一部分。如开封府界管辖的41个税务官署,其中17个设于由草市、集市发展形成的市镇中。

二 艺术的精致典雅

文化机构的设立及其深远影响 在宋朝"崇儒右文"基本国策

的推动下，宋朝统治者设立了一系列宫廷文化艺术机构，对宋代乃至后世的文化艺术活动产生了深远影响。

宫廷绘画创作机构的设置与完善是五代两宋美术史发展中的重要事件。唐及以前，皇家美术工艺机构中并无画院之制，画院之设始于五代十国的后蜀、南唐。平定江南过程中，北宋即接受后蜀和南唐的画院画家，同时设立"翰林图画院"。翰林图画院隶属于翰林院，与书艺局、天文局、医官局并列，其规模大于五代画院，画家职衔亦增多至待诏、艺学、祗候、学生等数科。许多来自后蜀、南唐、后周及中原王朝的优秀画家纷纷归附京师，在征召各地大批著名画家到画院供职的同时，还大力培养绘画新秀。由此，北宋画院创始之初就具备了强大阵容与雄厚实力，客观上起到了提高绘画的社会政治地位和促进美术繁荣发展的作用。两宋绘画的发展，大体以画院活动为中心，几乎左右了绘画的主体潮流与风格，在中国绘画史上蔚为壮观。

随着画院的发展和帝王的重视，画院的规模和制度逐渐健全，在录用、任职及赏罚等方面有严格的管理制度。宋徽宗酷爱绘画，因此画院发展到鼎盛。进入画院的画家需经过绘画考试，作画内容往往是前代诗句，如"乱山藏古寺""踏花归去马蹄香"等，推动了画家向山水花鸟画方向发展，画院画家的文化素质也随之得到提高，并且政治地位也几乎被提升到文职官员的高度。

宋徽宗时期，除"翰林图画院"之外，还专门成立"画学"，并纳入科举制度，对科目、考试、录取、教学、待遇、升迁等做出明确规定，且徽宗本人亲主其事，故"画学"实为名副其实的皇家绘画学院。这些举措对于绘画人才的培养和画院绘画的兴盛，起到直接的推动作用。徽宗朝，画院活动丰富多彩，如组织人员参与绘制大型宗教寺庙和宫殿壁画，有系统地绘制历代帝王美恶事迹图、文武功臣肖像，搜刮海内名画以充宫廷收藏，鉴别品评古今图迹，编著绘画谱录（如《宣和画谱》）等。而画院更多的日常工作，是根据帝王和宫廷贵族的要求，随时绘制各类题材的画作。宋朝画院形成了"院体画"风格。

宋朝还设有宫廷工艺美术机构。唐代以来的皇家美术工艺机构便从属于官府手工业部门，五代以后基本沿袭唐制，亦有新的发展。宋代在皇家事务管理系统中设将作监，掌管宫廷土木工程，其下设修内司、东西八作司，分工负责工艺手工业生产。同时设少府监，掌管百工技巧，下设文思院、绫锦院、染院、裁造院、文绣院等工艺部门，按不同工艺品种各司其职。

绘画工艺美学成就　五代时期的艺术直接影响了宋代艺术的发展方向。宋代画院与文人画的互为消长、山水画的杰出创造以及多姿多彩的书法艺术，代表这一时期最高的艺术成就。贯注于其间的艺术精神，是高涨的人文意识和富有个性的美学追求。

两宋山水绘画为中国山水绘画史中最为辉煌的时期。五代至宋代著名的山水画家，有后梁的荆浩、关同，南唐的董源、巨然，北宋的李成、范宽、郭熙、米芾和米友仁父子，以及南宋的李唐、马远、夏珪等人。其中尤以荆浩、董源、李唐的影响为大。李唐喜好作长图大障，风格雄浑有气势。他作山水画，先施墨色，再著青绿，这种画风对南宋一代山水画影响很大。传为北宋王希孟创作的绢本设色画《千里江山图》长卷便代表了青绿山水发展的新里程。

第八章 "文"冠一时（两宋）

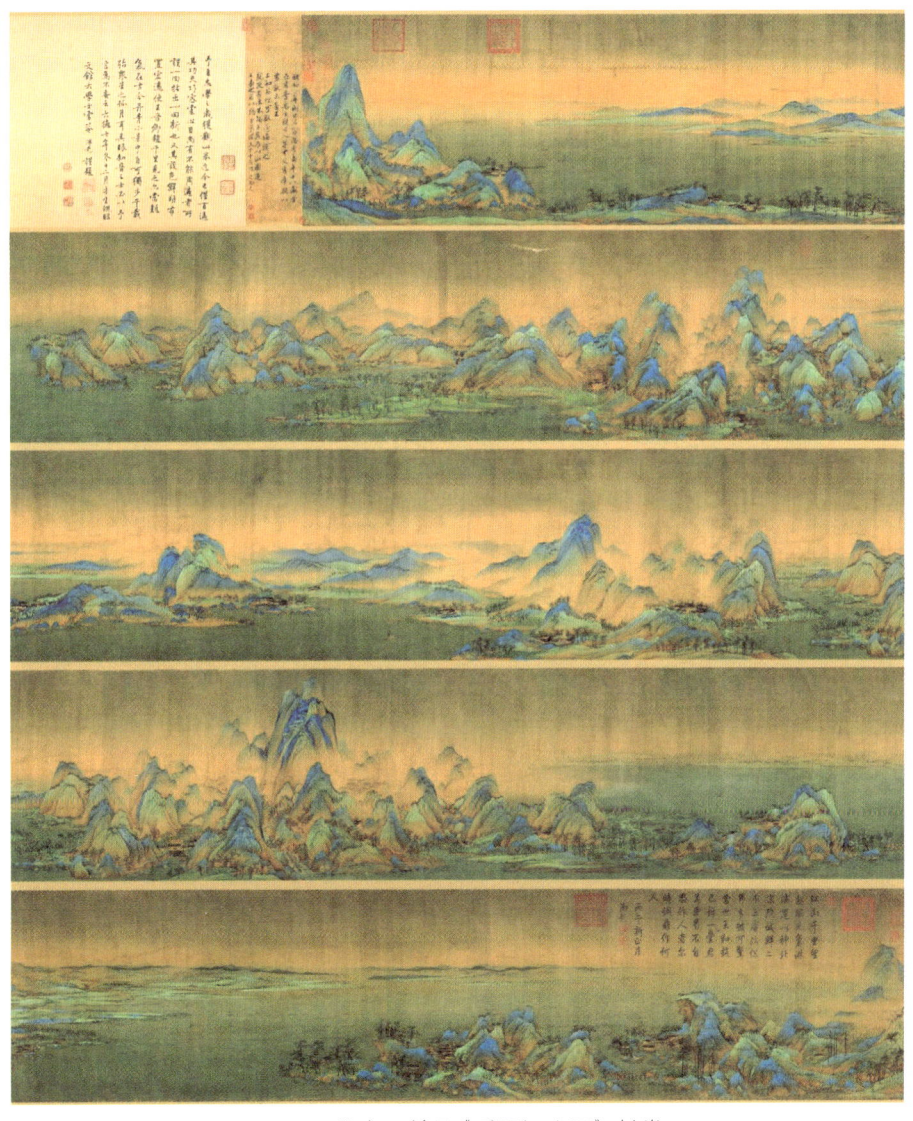

图8-9 北宋王希孟《千里江山图》长卷

花鸟画在宋代备受青睐。由于统治者的特殊爱好，皇家花鸟画派在宋初成为正宗，统治画坛达百年之久。花鸟画家以后蜀黄筌和南唐徐熙最为著名。黄筌擅长颇多，山水、竹石和人物画无所不能，其花鸟草虫画最负盛名。此类画根源于写生，笔法工整，神采生动，时有"黄家富贵，徐熙野逸"之说。北宋花鸟画从黄、徐二家发展而来，富贵与野逸的不同绘画风格，到北宋中期已逐渐趋于融合。宋徽宗酷爱书画，在绘画方面几乎无所不能，而以花鸟画最为上乘，是第一流的书画家，他用精炼的笔墨准确地画出花鸟外形，又在工整之中达到形神俱妙的化境，如《柳鸦芦雁图》《芙蓉锦鸡图》。此外，《瑞鹤图》绘画技法精妙，也是传世名画。

人物画在两宋取得突出成就。北宋中期的李公麟，初以画马得名，后来把主要精力投放在佛道宗教画和人物故事画方面，而尤以后

图8-10　宋徽宗赵佶《瑞鹤图》

第八章 "文"冠一时（两宋）

者最为杰出。在南北宋之际的风俗画中，张择端《清明上河图》长卷以清明时节京城开封汴河两岸的繁华景象为表现内容，画面由城郊、河桥、街市三个部分组成，把熙攘纷繁的人物、舟车、街市等安排得错落有致，浑然一体，真实而生动地反映了社会经济生活面貌，具有很高的史料价值。南宋的人物画家有李嵩、刘松年等人。李嵩根据民间流行的梁山泊英雄好汉的传说，画出宋江等三十六人的形象。刘松年的重要人物故事画，除南宋《中兴四将像》外，还有《便桥见虏图》，描绘唐太宗在渭水便桥上斥退突厥颉利可汗的故事，借以讽刺南宋统治者对金朝屈服称臣的丑态，表现了画家的家国情怀。

两宋画家不求形似、崇尚意趣神韵的画作被称为"文人画"。不同的审美趣味、各异的艺术风格，尤其是"文人画"与"院体画"之间，既互为抗衡，亦互有消长，从而使两宋绘画愈加隆盛繁荣。如果"院体画"代表着两宋绘画主体潮流，那么"文人画"则更多地体现出艺术创新与个性发挥，更多地带有文人意趣的时代色彩。这在宋代的花鸟、山水、人物以及社会风俗等题材的绘画中，都有鲜明的展示。

在画院内部变革的同时，画院外开始兴起以水墨为主的写意花鸟画，并多以梅兰竹菊"四君子"为题。中国绘画发展到这一时期，工匠画风与士人画风、"院体画派"与"文人画派"已泾渭分明，代表着不同的审美要求和志趣。

从北宋末到南宋，绘画题材由传统的宗教内容和贵族生活而转向社会民间，以城乡生活和民间习俗为主题的画院绘画大量涌现，是中国绘画发展史上的重大突破，显示出强烈的民族精神和时代意识。先后供职于画院的张择端、王居正、李嵩、苏汉臣等，都是表现社会生活和民间习俗的著名画家。

除绘画外，两宋建筑、雕塑与壁画都呈现出新风貌。北宋初期建筑与雕塑中大量留存着五代的过渡风格，伴随着政治和经济的发展，两宋建筑、雕塑与壁画越发体现出世俗化与多样化的发展趋向。

书法"四大家" 综观宋代书法，尚意之风为其鲜明的时代特征，即如董其昌言："晋人书取韵，唐人书取法，宋人书取意。"实际上，宋代高明的书法家多能熔铸晋、唐书法之长处，从而形成独特的风格。

北宋庆历至熙宁、元丰间，随着人文意识的高涨，在书法艺术中追求个性、表现士人意趣成为书法变革的潮流。尤其是行书艺术，呈现出集前代之大成的趋势，并出现苏轼、黄庭坚、米芾、蔡襄四大家。其书学基本途径，是以二王为根基，参酌唐代颜真卿、杨凝式诸大家的笔意，再融入自身的个性气质与才学见识，以成就独立之自我。近人点评"蔡胜在度，苏胜在趣，黄胜在韵，米胜在姿"，点明了四家书法的各自特点。

四家书法各有神韵。苏轼的书法既不合于"古法"，也有异于当时一般士大夫的"俗书"，他十分强调书法的独创性，尤其是文人的个性气质与学识胸襟，追求充满书卷气的文人书法。但实际上，苏轼并非完全抛弃古法，而是善于学习古人又不为所困，目的在于表现自己的精神面貌。苏轼书体丰腴敦厚，结字紧密，用笔圆润而劲健内敛；书帖整体布局疏密相间，颇有纵横挥洒、天真自然之态。黄庭坚对书法艺术的追求与苏轼基本相同，但所重首先在于去俗，其书体功力深厚，点画如意，疏朗有致，达风韵之胜境。米芾的书法经历由学古到"集古"再到自成一家的过程,追求古雅之风和自然之趣。米芾性格豪爽,潇洒风流,其书法亦具有个性特征。苏、黄、米三家均以行草见长,而蔡襄则独以行楷称胜。蔡襄为人忠诚刚正,端庄识度,其书法颇具温润平和、端庄遒丽的风格。宋四家之外,宋徽宗赵佶的"瘦金体"独树一帜,运笔飘忽快捷,瘦挺爽利,侧锋如兰竹,对后世书法产生了极大影响。

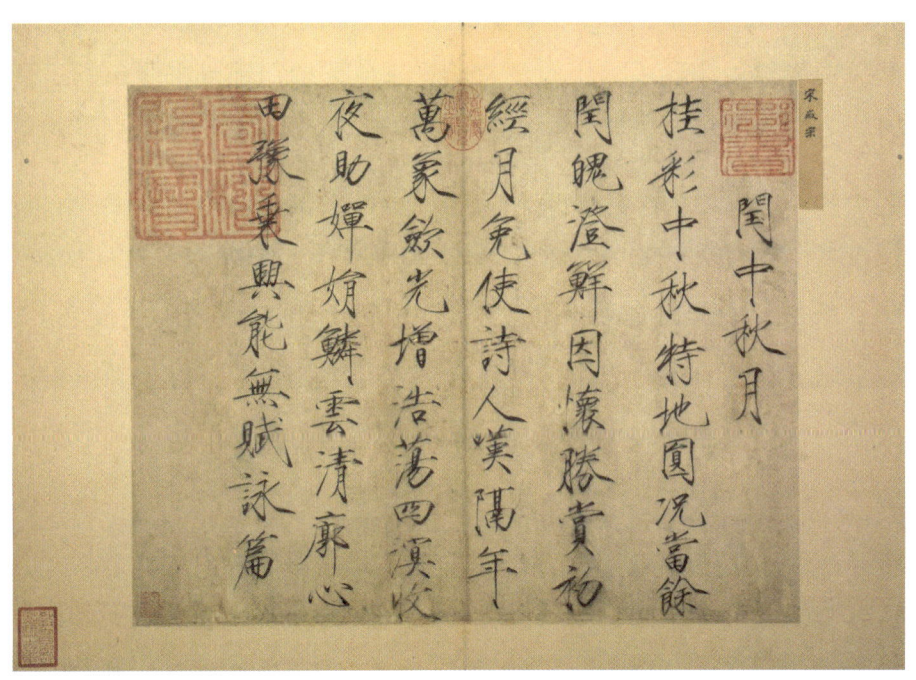

图8-11　宋徽宗赵佶《闰中秋月诗帖》

三　科技的发明革新

宋朝是中国古代科技发展的高峰时期,在众多方面都居于世界领先水平,突出成就表现在印刷术、指南针和火药三大发明对人类文明发展进程做出的巨大贡献。

印刷术　印刷术最早出现于中国，经历了雕版印刷和活字印刷两个阶段。印刷术的出现，使得人类文化成果的广泛传播和完好保存成为可能。一般认为，雕版印刷在唐代已经出现。

宋代是雕版印刷的黄金时代，使用更加普遍，"转相摹刻诸子百家之书，日传万纸"，有力地推动了文化的发展。宋朝的雕版印刷有官刻、家刻、坊刻之分，北宋刻书中心主要有都城开封及浙江、四川、福建等处，南宋时的都城临安取代开封成为新的刻书中心之一。

由于雕版印刷术的局限，每印一书就要专门雕刻书版，费工费时，且保存书版要占用大量空间，颇多不便，毕昇于宋仁宗时期发明了更为先进的活字印刷术。据沈括《梦溪笔谈》记载，毕昇用胶泥制坯，一坯刻一字，用火烧硬，成为字印；在铁板上敷设松脂、蜡、纸灰合成的黏合剂，上置铁框，将字印排列镶嵌于铁板之上、铁框之内；用火烘烤铁板，使黏合剂稍微熔化，然后以一平板覆压字面，使其平整，即可印刷；印毕再经烤火，取下活字，备下次使用。"常作二铁板，一板印刷，一板已自布字，此印者才毕，则第二板已具，更互用之，瞬息可就。"平时将活字按韵分类，置于木格以备查找。常用字多制字印，以备一版内重复使用，遇生僻字则临时烧制字印。活字印刷术包括制字、排版、印刷三道工序，与现代铅字排印技术的原理基本相同。不过，由于汉字字数多，印刷所需活字数量庞大，制字、拣字、排字都比较费力，且总体上古代印书种类仍然有限，经史之类都要反复印刷，所以活字印刷并未取代雕版印刷，只是偶尔见于记载。

雕版印刷技术在唐宋时代发展完善的同时，逐渐走向世界。雕版印刷技术的外传有东传和西传两个路径，东传主要指以佛经印刷活动为媒介在朝鲜半岛和日本列岛等亚洲地区的传播，西传主要指通过丝绸之路向中、西亚和欧洲地区的传播。印刷术是知识传播事业上划时代的技术创新，极大地促进了人类知识的传播和普及。

指南针 指南针是利用磁铁在地球磁场中的南北指极性而制成的指向仪器。早在战国时期，古人已开始利用天然磁石的指极性制作形状似勺、以勺柄指南的"司南"，但加工磨制不易，并且容易因受震动而失去磁性，故未能广泛使用。以后在长期实践中，逐渐发现了人工磁化方法，真正的指南针随之诞生。沈括《梦溪笔谈》卷24《杂志一》记载："方家以磁石磨针锋，则能指南。"这种利用磁石摩擦导致磁化的办法操作简便，产生的磁性较为稳定持久，大大促进了指南针的推广应用。关于装置方法，沈括提到四种：一是水浮，二是放于指甲，三是放于碗唇，四是用丝黏悬，以第四法效果最佳。

古代的指南仪器，起初较多地用于风水堪舆之术和行军作战。在宋代，海外贸易兴盛，指南针的发明恰好适应这一需要，很快应用于航海，早于西方数百年。朱彧《萍洲可谈》卷2云："舟师识地理，夜则观星，昼则观日，阴晦观指南针。"稍后曾出使高丽的徐兢也说：航海时"视星斗前迈，若晦冥则用指南浮针，以揆南北"。这时所用的指南针是放于水中的"浮针"，比较简陋。南宋赵汝适记载："舟舶来往，惟以指南针为则，昼夜守视唯谨，毫厘之差，生死系焉。"所用指南针应当已经发展为具有明确方位刻度的罗盘。南宋末吴自牧即明确提到当时所用的航海指向仪器为"针盘"，即古代罗盘，亦称罗经，它将东西南北方向细分为24个方位，分别用子丑寅卯等十二地支、甲乙丙丁等八天干和乾坤巽艮四卦之名指代，每个字相当于15度。后来又发展出在两字之间加夹缝针，即可分出48向，每向精确到7.5度。海上航行使用罗盘导航之后，不同航向用不同的"针位"表示，将航行中变换过的不同针位连接起来，就可对整条航线做出描述，称为"针路"。将针位、针路记录下来，作为以后航行依据，称为"罗经针海"，或简称"针经"。

宋代成熟的指南针技术通过航海活动和海外贸易不断外传，逐渐向东亚、阿拉伯和欧洲传播。指南针技术在欧洲不断发展，进而成为促成航海技术革命和"地理大发现"的重要因素。

火药 火药起源于炼丹术，是炼丹家无意中获取的化合物。炼丹术是以人工方法炼制食用"仙丹"以求长生或炼制金银以求暴富的方术，最早产生于中国。唐朝中后期的炼丹著作记载，炼丹家在长期炼丹实践中，逐渐掌握了硝酸钾、硫、碳三种物质的性能和提取方法，并发现了将它们混合点燃后的燃烧现象。当人们开始有意识地利用这种燃烧时，火药就诞生了。唐末五代军阀混战中有"发机飞火"的记载，有学者认为这表明火药已用于作战。北宋即开始组织火药及有关兵器的大规模生产。在开封所设国家军工工场的众多作坊内，有专门制造火药的作坊及相关兵器的大规模生产。南宋与金对峙期间，双方竞相改进火药性能，研制爆炸火器，取得较大成就。作为先进的军事技术，火药技术逐渐向全世界传播，在欧洲、阿拉伯和亚洲很多地区都留下了实物资料和文献记载。

此外，宋代的科技发展还有很多成就。数学方面，秦九韶著《数书九章》并提出"大衍求一术""正负开方术"等新算式；农艺学方面,陈旉著《农书》,总结两浙地区的先进农业技术;建筑学方面,李诫著《营造法式》是中国最早的建筑工程规范,也是北宋官方颁布的有关建筑设计和施工的技术专著;天文学方面,苏颂领导制造了世界上最古老的天文钟"水运仪象台"。这些成果在当时世界上均居于领先地位。中医药方面,宋太祖时编修的《开宝本草》较唐朝药典《唐本草》增加新药133种,仁宗时所修《嘉祐补注本草》又增加新药方82种,北宋末年编刻的《重修政和经史证类备用本草》更新增药品达628种。

北宋后期的沈括是宋朝科技发展水平的典型代表,他在数学、物理学、天文学、地质学、生物医学等自然科学领域有重要贡献,成就见于其著作《梦溪笔谈》。《梦溪笔谈》为笔记体著作,共30卷,涉及17门类,凡609条,涉及改进浑仪、浮漏、圭表等天文仪器,首创隙积术和绘圆术等数学公式,发明湿法炼铜"胆铜法"、灌钢法和冷锻铁甲法等化学工艺。英国著名科技史学者李约瑟盛赞沈括是"中国科学技术史上最奇特的人物",而《梦溪笔谈》是"中国科学史上的坐标"。

宋代的印刷术、指南针、火药与东汉时的造纸术并称为中国古代四大发明。宋代兴盛的科技创新,尤其是印刷术、指南针、火药的发明与传播,推动了人类近代文明的形成,是中国对世界文明发展进程的伟大贡献。

本章参考文献

陈振:《宋史》,上海人民出版社2003年版。

邓广铭：《北宋政治改革家王安石》，生活·读书·新知三联书店2017年版。

邓小南：《祖宗之法：北宋前期政治述略》，生活·读书·新知三联书店2006年版。

漆侠：《宋代经济史》，上海人民出版社1987年版。

王水照主编：《宋代文学通论》，河南大学出版社1997年版。

姚瀛艇：《宋代文化史》，河南大学出版社1992年版。

袁行霈主编：《中华文明史》第3卷，北京大学出版社2006年版。

张帆：《中国古代简史》（第2版），北京大学出版社2015年版。

朱瑞熙：《中国政治制度通史》第6卷《宋代卷》，人民出版社1996年版。

本章图片来源

图8-1　现藏故宫博物院。

图8-2　现藏中国国家图书馆。

图8-3　南薰殿旧藏《历代圣贤名人像》。

图8-4　现藏故宫博物院。

图8-5　现藏台北"故宫博物院"。

图8-6　现藏中国国家图书馆。

图8-7　现藏台北"故宫博物院"。

图8-8　现藏中国国家图书馆。

图8-9　现藏故宫博物院。

图8-10　现藏辽宁省博物馆。

图8-11　现藏故宫博物院。

第九章 多元一统（辽夏金元）

第九章　多元一统（辽夏金元）

章首语

　　辽宋夏金元时期是中华文明史上第三次民族大融合时期，也是又一次北方民族文化大放异彩的时代，更是中国国家形态重新迈向大一统的重要时期。经过辽夏金元政权的洗礼，中华文明在各方面都出现了深刻变化，并且伴随着历史发展越发显现出其积极影响。辽夏金等北方民族政权进行多民族国家治理的政治实践，初步推动中国北方的民族融合以及农耕与游牧地区的紧密结合，契丹、党项、女真等民族逐渐融入汉族。元朝最终完成国家统一的伟大事业，重新缔造大一统多民族国家。天下混一的盛况推动了空前的民族大融合，中华民族共同体的构建愈加清晰。辽夏金推动中原与边疆经济初步整合，元朝更进一步重建南北一体的统一国家经济体系，内地与四方边疆之间建立起广泛经济联系。辽夏金元时期新的时代环境促使思想与宗教界发生普遍变化。理学持续向北方传播，并最终被元朝奉为官方主流意识形态，对后世影响深远。在时代激荡之下，佛教、道教纷纷形成新派别。文化与科技方面，多元民族文化交融促使元代史学、文学和艺术呈现丰富多元的新气象。辽夏金尤其元代，中外文化频繁交流推动了科技大幅进步。元朝统治实现了将中原地区与广袤边疆高度统合的空前成就。总之，辽夏金元为中华文明体系再次注入北方民族精神文化的蓬勃活力，一定程度上重新唤醒了中华文明的"豪迈""雄健""尚武"的外在特征。元代缔造了更大规模、更高层级的大一统多民族国家形态，并初步奠定了现代中国的版图格局。这一时期的文明发展充分展现了中华文明突出的统一性和包容性特征。故辽夏金元文明可谓之"多元一统"。

第九章　多元一统（辽夏金元）

第一节　混一之盛

辽夏金等北方民族政权的建立和统治，为多民族国家治理提供了初步实践经验。之后，蒙古于北方草原崛起，最终建立元朝。政治上，元朝结束了自唐末五代以来300余年的中国多政权分立状态，重新缔造了大一统多民族国家。并且元朝中央实现了对四方边疆的直接治理，取得了更高层级的大一统成就。元朝全面推行"行省制"，实现对四方边疆充分而有效的直接治理，取得了超越汉、唐王朝的诸多政治功业，可谓臻于空前的"混一之盛"。金元两朝皇权急剧膨胀与君臣关系普遍"主奴化"，导致君主制中央集权空前强化，实际成为后世明清王朝君主专制体制的滥觞。元朝统一后建立起全国一体的经济体系，实施全面推行纸币等经济创举，消融了南北长期分立后的经济隔绝局面。元朝逐渐建立起"诸色户计"的全民赋役制度，对明清两朝的社会阶级状况产生了很大影响。经过元朝统治，中国大一统多民族国家的疆域格局得到初步确立。

一　辽夏金的民族融合

辽宋夏金元时期是中国重新走向大一统的重要时期。在这一历史时期，北方民族文化发挥了很大影响，并与汉文化水乳交融，推动中华文明史上第三次民族大融合。经过这一时期的政治实践，辽宋夏金元等多个曾经并立的民族政权就像一条条"涓涓细流"，逐渐汇聚成一

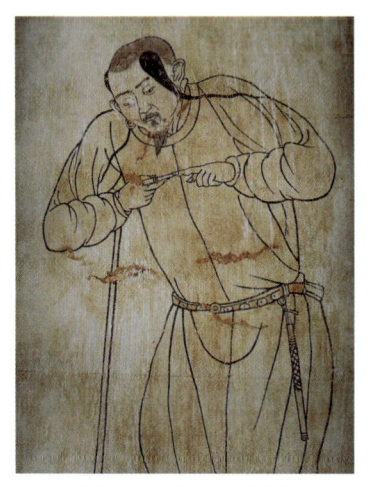

图9-1 契丹人物图

条波澜壮阔、奔腾向前的巨大河流，那就是元朝缔造的大一统多民族国家，初步奠定了现代中国的版图格局。而元朝统一国家形态铸成的先声，就是辽夏金等北方民族政权的多民族治理实践与民族交融。

辽 辽是契丹族建立的王朝，在五代时期即已建国。据有北方草原和华北农耕地区的北缘"燕云十六州"。辽朝击退了北宋初年的北伐，又转守为攻，迫使北宋签订澶渊之盟，两国世代约为兄弟，各守疆界。自此，辽朝一直治理燕云十六州，两国边境长期保持和平稳定。

作为北方民族政权，辽朝有着自身的独特之处。它并非前代匈奴、突厥一类的纯粹游牧经济基础上的政权。燕云等汉族地区的加入，使辽成为半游牧半农耕国家，兼有两种不同的社会经济形态，并且两种生产形态在国家经济结构中所占比重大致相当。这使辽形成了既不同于传统游牧民族政权，又不同于中原王朝的社会经济特点，从经济基础上具备了产生统一多民族国家形态的可能性。具体反映到政治制度上，就是辽朝创造性地实行"蕃汉分治"的治理模式，建立南北面官制度。其基本内容即"以国制治契丹，以汉制待汉人"，"北面治宫帐、部族、属国之政，南面治汉人州县、租赋、军马之事"（《辽史》卷45《百官志一》），在国家制度上探索多民族统一治理的可能性。需要注意的是，辽朝推行的所谓"汉制"并非同时代的宋朝制度，而是前代唐朝制度。"既得燕、代十有六州，乃用唐制，复设南面三省、六部、台、院、寺、监、诸卫、东宫之官。"（《辽史》卷47《百官志三》）辽在汉族地区实行的法律就是《唐律》《唐令》，并且《唐律》也逐渐渗透影响了辽朝治理契丹人的法律事务，这说明辽朝处于逐渐汉化的进程之中。唐代制度传统通过辽金王朝的传承，也影响到元朝。

图9-2 契丹小字《辽道宗皇帝哀册》拓片

辽代民族交融的一个重要体现就是契丹文字的创制。契丹字先后有"契丹大字"和"契丹小字"两种形式，字形模仿汉字，"以隶书之半增损之"（《契丹国志》卷23《国土风俗》），体现了契丹对汉文化的学习吸收。近数十年来，两种契丹文字的碑刻墓志皆有一定发现。

西夏 西夏是党项族在西北地区建立的政权。它在唐末五代及北宋前期只是一个半独立的边疆藩镇，后称帝建国，经过数年交战，迫使北宋承认其独立政权的地位。西夏的政治制度主要模仿宋制，设中书省、枢密院、三司、御史台等官署，"设官之制，多与宋同"，甚至国都兴庆府衙门都称为"开封府"。西夏还有一套"番号"官称，但这套"番号"与汉式官称只是对同一套官制的不同语言称谓，并非两套官制。西夏的官员分别任命西夏人与汉人担任，体现西夏汉族与边疆少数民族统一治理的政治思路。

图9-3 西夏文刻本《音同》

与辽朝类似，西夏仿照汉字创制西夏文，以记录本族的党项语。西夏文字在形式上属汉字体系，是模仿和借用汉字笔画来重新创制的一种新方块字，笔画冗繁，结构复杂，字形类同，文字结构有一定规律。现今发现的文字有六千多个单字。西夏文是一种广泛推行的实用文字，在西夏政权的官私文书和民间交往中得到广泛推广，留下大量文献典籍。20世纪以来，已发现的西夏文物、文献数量丰富，种类繁多，为我们研究西夏历史提供了丰富的资料。

辽朝"蕃汉分治"与西夏多民族治理的政治实践，为金朝更大规模多民族统一国家的构建奠定了基础。

金 12世纪初，东北地区的女真族迅速崛起，建立金朝。金很快灭掉辽朝，几年之后又灭北宋，占领了华北和中原地区。宋政权在江南地区重建，定都于临安（今浙江杭州），史称南宋。金宋订立和议，南宋称臣于金，保证"世世子孙谨守臣节"，金、宋南北对峙的局面至此基本奠定。

同金朝国家规模发展迅猛的趋势一致，半定居半渔猎且兼营农业的女真人，比较迅速地接受了汉文化，是金代政治文化的突出特征。这也决定了金朝民族交融进程较之辽夏规模更为庞大，程度更为深刻。仅一百余年时间，金朝就从一个东北边疆的女真政权转化成为一个汉化较为彻底的中原大国。而金朝国家建设的同时也促进了中国多民族统一国家的发展进程。

金朝汉化趋势迅速推进的突出表现就是皇权快速扩张。相较于中国历代王朝的建立之初，金朝贵族权势强盛的现象十分突出，这一现象的根源是女真社会父系大家族的家庭结构。金初完颜氏宗室贵族一般出任各级"勃极烈"官职，这些皇室宗亲把持了最高议政机构，故称"勃极烈会议"。时人称金"宗室谓之郎君，事无大小皆总之，虽卿相亦拜马前而不为礼，役使如奴隶"（《文献通考》卷327《四裔考四·女真》）。在平定辽东、西和燕云地区之后所设诸路都统、军帅中，完颜氏人数占到六成以上。灭辽平宋，奄有中原，几乎所有重要战役都由完颜家族成员指挥完成。在宗室共治基础上，金初皇帝权威十分有限，很多方面要与宗室贵族分权，权力处处受到限制。

在金朝迅速汉化过程中，皇权也迅速膨胀。金熙宗"出则清道警跸，入则端居九重"（《大金国志校证》卷10《纪年·熙宗孝成皇帝二》），已与贵族功臣渐渐疏远。他干脆废除勃极烈会议，并学习汉制，尤其是借鉴唐代制度，建立起听命于皇帝的政务机构"三省六部"。海陵王通过政变夺取政权后，更是大肆诛杀宗室子弟，严厉打击贵族势力。此后，金朝皇帝动辄杖责大臣，缺乏对官僚的礼遇，成为政治传统，这与北宋皇帝尊重官僚士大夫的政治风气大相径庭。至此金朝的皇权得到了充分确立。

金朝皇权扩张实际有着深刻的内在政治机理。金朝皇权由女真部落家长制度中的首领权力发展而来。金朝国家学习汉制后，建立的汉式官僚制度吸收宋代制度加强中央集权的意涵，皇权遂开始增强。

但另一方面，又缺乏宋士大夫群体等强大的理性制约力量。金朝"惩宋之弊"，也没有保留宋代"协调""制约"皇权的机构和职能设置，其官制基本只剩下"皇权专制工具"的政治属性。金朝皇权没有限制地大幅度膨胀，并辅以宋代以来儒学复兴所推动的绝对忠君思想观念。因此，金朝皇权的扩张与对宋朝制度和思想的"扬弃"是同一个发展过程的两面。元人总结如下：金朝"鄙辽俭朴，袭宋繁缛之文；惩宋宽柔，加辽操切之政"（《金史》卷46《食货志一》）。故金朝皇权之独尊，更胜于前代，更深远影响了古代中国后半期的政治发展。

金朝全方位的汉化深刻影响了政治和社会层面。金朝中期以后，已经以"中国"自居，用中原王朝的面貌与南宋、西夏和蒙古诸部进行交涉。而金朝统治下，中国传统文化继续向前发展，中华民族共同体的缔造进程持续加快。至元代，女真、契丹人已经普遍被视作广义的"汉人"，便是明证。

但金朝的衰落和覆亡却在百年之后接踵而至。北部边疆鞑靼诸部的袭扰始终是困扰金朝的重大问题，也是其由盛转衰的关键原因。金朝统治后期，统治者逐渐变得开拓进取精神不足，陷于内敛保守，对漠北游牧民族的威胁等一些潜在的统治危机解决不够有力。在外部环境恶化的同时，金朝统治者还养成了奢靡之风，政治趋于腐败。财政逐渐出现入不敷出的局面，加上天灾频仍，经济秩序愈加紊乱。而金朝统治所依赖的基本力量"女真猛安谋克户"却出现"积弱"现象。在蒙古的持续打击下，内外交困的金朝不断退缩，失地迁都，最终灭亡。

晚唐五代百余年藩镇纷乱，辽宋夏金数百年政治分立，预示着中国历史发展需要一个"出口",呼唤一个崭新的时代。而这个"出口"在蒙古入主与元朝建立的巨流中才变得清晰起来。

二 元朝大一统多民族国家形态的缔造

元朝统一多民族国家形态的缔造,重建大一统中国,对后世明清王朝乃至近现代中国版图格局的形成影响深远,并且这种影响一直持续到今天。从唐末五代以来,中国就陷入多政权并立的长期分裂状态。晚唐藩镇林立,五代政治纷乱,辽宋南北并立,宋金划淮分治。数百年来,北宋与辽、南宋与金,南北两个并立政权长期交往阻隔,声教不通。各自社会和文化开始出现差异和隔膜逐渐增大的消极趋势。最终元朝终结了这种僵局,统一中国,并开创版图规模更大、统合程度更高的大一统多民族国家形态。这是元朝为中国历史发展进程做出的突出贡献。

元朝行省治理格局的构建与影响 元朝作为中国历史上第一个由少数民族建立的大一统王朝,结束了五代以来长达数百年的多政权分立局面,重建中国大一统,并使许多前代王朝不曾直接管理的边疆地区直接归属中央政权管

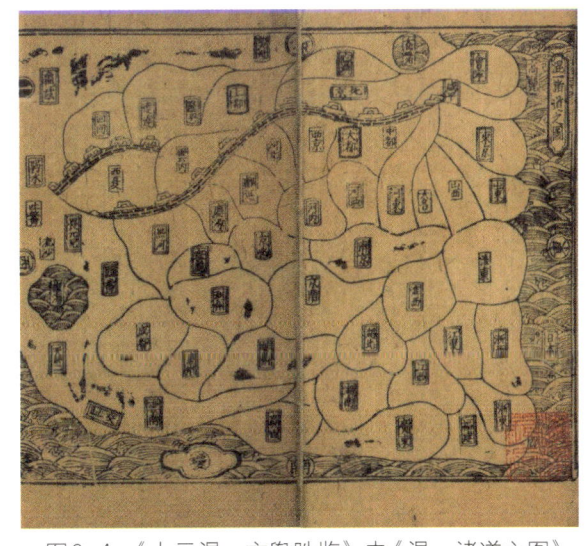

图9-4 《大元混一方舆胜览》中《混一诸道之图》

辖之下。这是元朝版图格局不同于前代的显著特点。而实现这一宏大治理格局的工具便是元朝的行省制度及其治理思想。

1206年蒙古政权崛起，蒙古语国号为"大蒙古国"，并在中原地区行用汉文国号"大朝"。蒙古兴起后先后灭亡西夏和金朝，统一中国北方。1260年元世祖忽必烈登上蒙古大汗之位，逐渐建立起中原地区制度形式的中央集权官僚制统治。1271年忽必烈正式定国号为"大元"，是为元朝。1279年元朝最终统一中国，遂开始大一统多民族国家的各方面建设。

元朝建立起一套成体系的政治制度，不仅有效维系空前广袤疆土的统合，更丰富了中国传统制度文化的内涵。其中对后世影响颇为深远的是行省制度。元朝灭亡南宋之后，版图辽阔，远迈汉、唐。为管理广袤疆土，元朝在中原行政制度传统基础上逐渐形成行省制度。因中央行政机构为"中书省"，派高级官员外出治理地方，称"行中书省事"，简称行省。起初行省带有比较明显的中央派出机构色彩，至忽必烈后期已基本上转变为地方常设的高级行政机构。元廷陆续设立十个行省，设计思路即行省皆"掌国庶务，统郡县，镇边鄙，与都省为表里，……凡钱粮、兵甲、屯种、漕运、军国重事，无不领之"（《元史》卷91《百官志七·行中书省》）。元朝行省辖区广阔，权力较为集中，地方民政、军政、财权往往无所不统，与宋朝分割地方权力、相互制衡的制度意图明显不同。但元朝行省权力又能做到"大而不专"，主要起到巩固中央集权体制、维护大一统局面的作用。

元朝行省制度形成的大一统国家形态，不仅表现为版图疆土辽阔，更表现为对四方广阔的民族边疆地区控制的空前强化。很多边疆地方在前代统一王朝都属于"羁縻之州","贡赋版籍,多不上户部"(《新唐书》卷43《地理志七下·羁縻州》),即中原王朝基本不掌握这些地区的户籍和赋税,一定程度上只是名义上的统治。但到了元代,这些边疆地区与中原内地一样接受中央王朝的直接治理。元朝对于内地与边疆的治理,在很大程度上是着力追求"均质"或"一体化"的发展方向。相较于前代王朝"内中国而外四夷"的治理格局,是巨大的历史进步。这是元朝国家结构不同于前代王朝的地方。

元廷在漠北设立岭北行省,在东北设立辽阳行省,更早还在西南边疆设立云南行省。东南海疆,元朝在澎湖岛设置澎湖巡检司,负责管理澎湖和琉球,这是历史上中央政府首次在台湾地区正式建立行政管理机构。

元廷在四方边疆地区因地制宜实施有效而直接的行政管理。以元朝对吐蕃地区的治理为例。元朝将吐蕃地区直辖于中央的宣政院,巧妙地利用藏传佛教加强对吐蕃地区的治理,藏文史料《汉藏史集》认为吐蕃地区相当于元朝的"第十一个行省"。这不仅是时人的认知,也真实体现了元朝国土治理体系。为加强统治,元廷在吐蕃地区执行较全面的清查户口、收取赋税、驻守军队、建立官府、设置驿传等治理工作,实现充分而有效的统治。这是汉唐王朝可望而不可即的政治成就。

对于元朝取得的这一空前政治成就,元人已有高度的自觉和自豪。如"我元四极之远,载籍之所未闻,振古之所未属者,莫不涣其群而混于一。则是古之一统皆名浮于实,而我则实协于名矣"(《全元文》卷1187),"岭北、辽阳与甘肃、四川、云南、湖广之边,唐所谓羁縻之州,往往在是,今皆赋役之,比于内地"(《元史》卷58《地理志一》),都是对这一空前统一盛况的赞颂。

元王朝设置的行省制度治理体系,开创了中央集权在地方治理层面新的政治模式,改变了前代王朝在地方推行较小政区和地方分权的治理方式,对持续开拓和长期维系大一统多民族国家发挥了重要作用,是对中国政治文明的重要贡献。元朝的行省制度,对沿用至今七百余年的大省区制度,影响十分深远。

除去前期少数宗王叛乱之外,元朝可以说是中国历史上极少见的没有外患的朝代。正如元人所言:"圣朝之疆宇,固如金瓯,平如衡权,三代以来,罕能同议。"(《全元文》卷913)

图9-5　元世祖平云南碑

元朝政治制度的深远影响　除前述元朝行省制度体系的影响外，元朝的政治制度对中国古代政治文明也产生了诸多影响。

首先是皇权的剧烈膨胀。元朝是中国历史上第一个，也是唯一一个由北方游牧民族建立的大一统王朝。与女真崛起不同，成吉思汗创业历程的明显特点，即对本家族力量依赖较小。与家族成员相比，异姓、异族成员对他的帮助更大，这些成员就是成吉思汗家族的"怯薛"群体。"怯薛"，又称"宿卫"，即蒙元君主的近侍随从护卫人员，实际上具有君主"家奴"的身份性质。这一现象可能应当归因于游牧与渔猎族群在社会结构上的差异。这种情况导致在大蒙古国建国时，并不存在像金初一样强大的宗室贵族集团，而是一开始即出现汗权独尊的局面。因此成吉思汗就任蒙古本部汗位时，蒙古贵族的拥戴誓辞便说："如厮杀时违了你号令，并无事时坏了你事呵，将我离了妻子家财，废撇在无人烟地面里者！"［《元朝秘史》（校勘本）第123节］对于蒙古大汗几乎无限的权力，域外的史料也有着敏锐的观察。如波斯史家拉施特称成吉思汗即位以后"所有血亲与非血亲的蒙古氏族和部落，都成了他的奴隶和仆役"[①]。由于皇权的强化，元朝具有明显的"家产制国家"特征，即整个国家和人口都被视作元朝统治者的财产。

在"家产制国家"政治特征基础之上，蒙元政治的特点则可以概括为"宗亲分封、怯薛治国"。宗室虽然接受分封，但实际上对中枢政务没有太大影响。"怯薛治国"也可以概括为"家臣治国"。

[①] ［波斯］拉施特主编：《史集》第一卷第二分册，余大钧、周建奇译，商务印书馆1983年版，第15页。

怯薛在蒙元国家政治中的突出地位，实际上也是蒙元皇权独尊的重要表现。

大蒙古国建国之初，国家机构非常简单。国家中枢机构，实际上由大断事官和高级文书官吏为主构成，其中基本没有宗室外戚，几乎全是属于怯薛阶层的多民族勋贵家族，甚至还不乏一些归附官员。到忽必烈建立元朝后，由多民族上层精英组成的怯薛，作为侍奉皇帝的宫禁组织得到保留，并且备受优遇。他们原则上世袭其职，怯薛成员都是贵族、高官子弟，被称为"大根脚"，成为元朝高级官僚的主要来源，即所谓"凡入官者，首以宿卫近侍"（《全元文》卷1273）。怯薛群体凭借"天子左右服劳侍从执事之人"和"世家大臣及其子孙生而贵者"的双重"高贵"身份，参与御前奏议决策，以内驭外，挟制朝臣，甚至介入皇位更迭，形成一个紧靠权力源头、超越于元朝政府机构之上的高层决策团体。

因此，元朝皇帝与掌权的怯薛群体之间基本上是互为羽翼的关系，怯薛依附皇权才能"权倾朝野"，而皇权也在怯薛辅翼下更为强大，却很少遇到怯薛权臣权力的挑战。对于汉族社会而言，这些怯薛高官是"大根脚"出身的特权贵族，"承籍阀阅功，官爵纡青紫"[1]，社会地位远非一般中下层汉族官员所能企及，当然其中也有少量汉族怯薛勋贵。而值得注意的是，按照元朝制度，他们在出任朝官后，原有怯薛执事身份依旧保留。"诸省部官名隶宿卫者，昼出治事，夜入番直"（《元史》卷102《刑法志一》），即使已任省台六部高级官员

---

[1] （元）陈高著，郑立于点校：《陈高集》卷3《感兴》，浙江古籍出版社2014年版，第19页。

第九章　多元一统（辽夏金元）

的怯薛人员，回到内廷后仍要"执事如故"[1]。元朝高级官员普遍由怯薛人员出任，导致元代君臣关系实质上成为一种主奴关系，如蒙汉等各族高级官员经常有向元朝皇帝自称"奴婢"的现象。而这种君臣关系的"主奴化"在元代又不断呈现"泛化"倾向，直至弥漫元朝政治的每一个角落。这一现象又跟元朝皇帝和各级官府施政用人遵循"根脚"逻辑有很大关系。

其次，是元朝以"一省制"为核心的中央官制的全面实现。这反映了行政制度效率强化的趋向。中央官制实行的一省制由唐代三省制逐渐简化而来，中间经历北宋前期"二府"体制和元丰改制短暂的三省制复建，但南宋初三省制实质上已被废除。从唐朝后期到两宋的历史脉络可以清楚地看出，三省的简化合并已成为制度发展的必然趋势，其一大目的便是便利决策，提高行政效率，另一大目的是加强中央集权。无论是北宋，还是南宋，三省"合一"进程都并不完全彻底，长期留有大量三省制的残余痕迹。

相比之下，三省制的简化归并在元朝是比较彻底的，真正完成了向一省制的转变。作为北方民族建立的王朝，元朝立国之初，国家制度多以本族传统制度为主，中原地区历史和制度传统的负担较少，面对军政要事迅速决策并行动的要求更为迫切。因此，在其政权逐步汉化的过程中，追求决策效率的实践可以较少受到牵制和阻力，以一省制为核心的汉式官僚机构遂构建起来。

元朝的一省制，有对金朝官制的承袭。金朝确立以"尚书省"

---

[1] （元）苏天爵：《元故承德郎寿福院判官林公墓碑铭》，陈高华、孟繁清点校《滋溪文稿》卷21，中华书局1997年版，第346页。

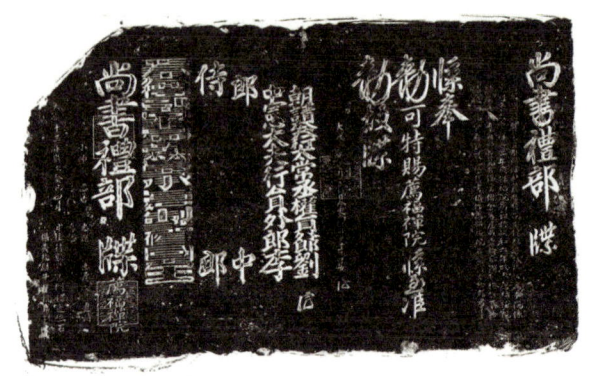

图9-6 《金尚书礼部荐福禅院牒》拓片

为一省制下的中央政务机关，尚书省下设六部与诸寺监。从此"职有定位，员有常数，纪纲明，庶务举，是以终金之世守而不敢变焉"（《金史》卷55《百官志》）。由于有金朝官制作为参照，元朝一省制的确立过程相对简单。1260年，忽必烈即汗位于中原汉地，推行"汉法"。他登位仅仅七天，即下诏建立一省制行政系统。不过不同的是他设立中书省为中央政务机关，"内立都省，以总权纲；外设总司，以平庶政"（《元文类》卷9）。

元朝一省制之下，具体行政制度较之唐宋也有所调整，如六部衙门内部结构便有所变革，废止唐宋两朝整齐划一的二十四司之划分，而代之以更加灵活实用的"科"和"曹案"分工体系。

一省制的推行，总体处于唐宋以来三省简并制度发展大趋势中，并且由于特殊的政治背景，把这一趋势向前推进了一大步。

需要指出的是，元朝政治生态虽然缺少宋代"理性行政"和"士大夫政治制衡皇权"等进步政治因素，可看作政治文明的逆转。但同时，元朝以提高行政效率为指归的制度设计思路，某种程度上又是对宋朝制度效率低滞"新弊"的修正，是对宋朝制度的扬弃式吸收，这体现了"螺旋式前进"的发展规律。从这个意义上可以说，辽夏金元为中华文明体系再次注入了北方民族精神文化的蓬勃活力，一定程度上消弭了两宋时代因循苟且、"异论相搅"和掣肘内敛的消极政治风气，对于中国政治文明健康发展与国家形态发展壮大贡献良多。

元代的民族大交融　元朝大一统政治局面下，各民族之间交往、交流、交融进一步加深，加强了周边民族与中原内地的经济、文化联系，认同感、凝聚力明显增强，出现了中国历史上第三次民族大交融的盛况。这是元朝对中华民族共同体发展所做出的重要贡献之一。具体表现在以下几个方面。

第一，今天中华民族共同体大家庭的重要成员——蒙古族，是在元朝正式形成的。成吉思汗建国之前，漠北草原各部相互攻伐，尚未形成统一的蒙古认同。大蒙古国时期，蒙古部融会漠北游牧各部族的进程已经开始。成吉思汗将各部人户按照千户制重新整合，任命各千户长官，划定各千户牧地，在一定程度上打破了部族界限。进入元朝后，统治者在广泛接触、吸收各民族文化的基础上，大力推动本族文化的建设，如新创蒙古文字、设学校、编蒙古语史书，等等，在待遇上也将原漠北各部族共同列入"蒙古人"的范畴，定为第一等。元廷始终牢牢控制"祖宗龙兴之地"的漠北，在行政上设宣慰司、行省等机构进行治理，在军事上屯驻大量军队，在

图9-7　元代五体文夜巡牌

财政上不断拨赐巨额经费，这都极大地促进、巩固了蒙古对漠北诸部族的消化。到元朝中后期，漠北诸部族已经习惯于使用"蒙古"作为族群的总名称，原有的克烈、塔塔儿、蔑儿乞等部族名使用渐少，且通常居于蒙古总称之下，加上一些从其他地区掳掠来的外族成员，形成更大范围的、全新的蒙古族群认同。

第二，回族也在元朝开始形成。随着蒙古对中亚、西亚的攻略，大批信奉伊斯兰教的突厥、波斯、阿拉伯人移居到中国，当时的文献称之为"回回人"，是色目人的一种。他们的种族、语言、原籍并不相同，但在伊斯兰教强大的整合作用下形成新的文化共同体。"回回人"散居全国各地，受到汉文化较深的影响，多习汉语，读儒书，仿汉人立姓氏字号，同时仍保持着自己的宗教信仰、风俗习惯，进行兴教建寺的活动。以元朝"回回人"为主体，再加上进一步交融其他民族居民中的伊斯兰教信徒，最终形成了中国的回族。

第三，在大一统政治局面下，元朝还出现了值得注意的民族杂居现象。一些周边兄弟民族，主要是漠北的蒙古人和西北的色目各族人，因从政、驻防、屯田、谪戍、流亡、经商等原因大量涌入内地，与汉族混杂而居。同时内地汉人因驻军、屯田、罪徙等原因迁往边地者也不在少数。各民族的杂居共处促进了民族交融。原居内地的契丹、女真人，在元朝已渐与汉族融为一体；新入居的蒙古人和"回回人"以外的色目人，也与汉族居民交往渐深，在元亡后自然地融入汉族。迁居边疆地区的汉人则与当地民族相交融。民族杂居加强了彼此的文化交流。内地的蒙古人、色目人研习儒学或以诗文书画知名者不乏其例，如出现了马祖常、贯云石、萨都剌等著名色目士人。而蒙古语文在汉族社会亦颇为流行。不同民族相互交融，文化彼此影响，交相辉映，成为元朝显著的时代特色。

经过元朝的民族大交融，中华民族共同体以更加坚实的状态出现在中华文明史上。

三　元朝统一经济体系的形成与发展

辽宋分治造成了游牧地区与农耕地区的经济隔绝，宋金对立更造成了南北地区的交流受阻。但隔绝之中又孕育着统一的因素，辽朝的经济发展把广袤的游牧草原与燕云十六州等农耕地区初步整合在一个经济体内。金朝的持续统治更深地把华北中原地区、北疆草原与东北森林地区结合在一起。这都为元朝的全国统一经济体系奠定了基础。

蒙古作为北方游牧民族入主中原，曾一度使华北社会经济遭受严重打击。蒙古统治稳定后，中原经济逐渐恢复。而元朝平定南宋过程中，江南经济基本保持完整，遭受破坏较少。元朝建立空前辽阔的大一统王朝，逐渐消融了辽宋、宋金数百年分立造成的南北经济隔绝，推动了国家统一经济体系的最终形成。而元朝统一经济格局呈现出诸多新气象，突出表现在重农政策、发展手工业、自由贸易和全面纸币政策，以及"诸色户计"制度等多个方面。其中某些经济制度思想甚至透露出一些近代性的先进因素，但也有一些社会经济制度设置造成中国社会的逆转与回潮。

统治者对农业发展的高度重视　首先，元朝统治者对农业发展高度重视。虽然蒙古统治者出身于游牧经济方式，但接受了"国以民为本，民以衣食为本，衣食以农桑为本"的农耕地区传统观念（《元史》卷93《食货志一·农桑》），奉行"重农"国策。元朝重农力度空前强大，其突出标志就是至元七年（1270）"大司农司"的设立。虽然汉代九卿中已有"大司农"一职，但专门设立高级别的管理和推动农业的官署"大司农司"，却是元朝的创举。

其次，元朝广泛设置屯田。为了治理广袤的疆土和供应庞大的军费，元廷同前代统一王朝一样大力开展军民屯田。元代屯田分军屯、民屯、军民合屯等多种形式，全国普遍设置，即"内而各卫，外而行省，皆立屯田，以资军饷"（《元史》卷100《兵志三·屯田》）。元朝屯田规模和分布范围远超前代，除分布于内地的各片屯田外，更是在四方广袤的边疆地区实行屯田。史载："和林、陕西、四川等地，则因地之宜而肇为之，亦未尝遗其利焉。至于云南八番，海南、海北，虽非屯田之所，而以为蛮夷腹心之地，则又因制兵屯旅以控扼之。"（《元史》卷100《兵志三·屯田》）北疆方面除漠北的和林、称海之外，甚至还有深处于西伯利亚腹地、叶尼塞河上游地区的谦州屯田；西南面则深入云南、广西边远地区；东北方面的肇州屯田万户府位于黑龙江江口，高丽半岛境内也有十多处屯田；南方屯田远及海南、海北。内地区域屯田，河南行省居首，次为华北腹里地区。元朝屯田规模之大，分布范围之广，可谓达到了中国古代的新高峰，即所谓"天下无不可屯之兵，无不可耕之地矣！"（《元史》卷100《兵志三·屯田》）论屯田面积之庞大，到大德年间，全国屯田有一百二十余处，面积达二十万顷左右，约占全国垦田面积的三分之一。天南海北的边疆地区都出现大规模屯田，是元朝重农政策的硕果，也体现了元朝统一国家经济体的特性。

最后，元廷还陆续推行了保护农田，兴修水利，农村普遍设立"社制"互助，限制抑良为奴，招集逃亡，鼓励开荒，设置备荒的义仓、常平仓等农业政策。这都是元朝统治者重农思想的具体实践。

元朝手工业获得了新发展　手工业生产是蒙古贵族特别重视的一个行业。随着元朝统一政权建立，一套从朝廷到地方官府的手工业系统逐步形成。蒙元时代的官营手工业十分发达，其种类、规模、产量和分布之广均超过前代。一方面因官办手工业局院几乎涉及元朝统治阶级生活用品的所有领域，民间手工业受到一定压制。另一方面，由于蒙古贵族将掳掠和收编的各地工匠集中在手工业局院中从事生产，这就给工匠们交流品种、切磋技艺、分工协作提供了难得的机遇。因而，总体而言，元代手工业不仅品种有所增加，生产水平也有相应提高。

《经世大典》列出元朝官营手工业共22个门类，种类繁多，机构庞大，在中国历史上可谓首屈一指。如织造局系统，较大的上都织造局有工匠近三千户，小的制造局也有数十户，类似大小不等的织染局遍布全国。值得注意的是，其中还有很多外来手工业技术的制造部门。如别失八里局、纳失失局等有大量西域"回回"工匠，专门生产一种西域工艺的"纳失失锦"（又译"纳石失锦"），是驰誉中外的丝织品。

元朝的自由贸易精神与商业繁荣　元朝的商业发展成就十分突出，无论国内商业还是海外贸易都呈现普遍的繁荣景象，交易规模超过前代。这一经济现象的出现，具备客观和主观上的有利条件。客观上，规模空前的大一统政治局面、对外关系的开拓以及畅达四方的水陆交通，北至北冰洋，南至南海诸岛，西至西藏，东至朝鲜半岛，都使用统一的货币，遵奉同一政令，驿站邮传遍布各地区，商队往返络绎不绝，陆运、河运和海运畅通无阻，无远不至，为中外商旅提供了"适千里者如在户庭，之万里者如出邻家"的优越环境（《全元文》卷1855《义冢记》），商业贸易得以快速恢复和继续发展。

推动元代商业发展更重要的是主观因素，处于统治地位的蒙古皇室贵族和多民族上层集团向来注重商品交换，喜好从中谋利。因此秉持鼓励商业，倡导自由贸易的精神。这种"重商"观念对中原地区"重农抑商"传统思想形成一次强大冲击。在这种理念驱动下，元朝推行一系列经济举措，明显有着推动商业贸易，创造商业友好环境的意图。譬如以输税为条件，贵族官僚经商不存在任何限制。蒙古贵族还直接利用斡脱放债营利。"斡脱"，即蒙古和元朝经营高利贷商业的官商。元朝还设立专门机构，制订一系列条例，保护斡脱的运营。

商税政策方面，元朝除以传统的三十分之一的低税率为基本商税标准外，又采取"重利诱商贾"措施，将大都和上都的商税税率压低到四十分之一、六十分之一甚至"置而不税"，以非常优惠的税率政策推动城市商业的发展。在元朝推动下，各级官府也注意为商旅提供方便，保护其安全，甚至出现责令官、民赔偿"失盗"物品的极端做法。

交通措施方面，元朝非常重视水运建设，深谙交通运输为商业贸易首要基础的道理。元朝重建中国大一统，南北经济联系重新加强，客观上势必要求加强南北交通。沟通南北的大运河在宋金对峙时期已多处淤塞，无法发挥作用。元朝先后在山东开凿会通河，在大都近郊开凿通惠河，并进行重新疏凿，改变了运河过去迂回曲折的航线，河道基本取直，航程大为缩短，在明、清两代一直发挥着重要作用。另外元朝还开辟海运航线。以上工程举措大大有利于货物物资的流动贸易。

上述多种有利条件促进了元代商品经济的发展，使元代商业呈现出空前繁荣的景象。元代市场面貌也呈现出一些前代所不具备的新特点。在内河和海运航线开拓和畅通的基础上，粮食成为区域贸易的大宗商品。元朝南粮北运的贸易规模远超唐宋，也成为维系元朝统治的重要生命线。"元都于燕，去江南极远，而百司庶府之繁，卫士编民之众，无不仰给于江南。"（《元史》卷93《食货志一·海运》）元朝统治者也深刻认识到："海道里官粮交运将大都里来的，（是）最打紧的勾当。"（《元典章》卷59《工部二·海道运粮船户免杂泛差役》）这种粮食漕运贸易成为后世明清王朝经济格局的一项重要内容。

元朝商业发展的成就还表现在对外贸易的繁荣上。元代对外贸易，可以分为陆路贸易和海外贸易。陆路贸易首要是通过金帐汗国、伊利汗国与欧洲发生联系，其次是与高丽、交趾、缅甸等国的交往。元代海外贸易有着更加宏大的规模，无论联系的地区和进出口的货物，都超越前代，在社会经济中占据重要地位。

元朝推动海外贸易首先体现在继承和完善市舶司制度。市舶司是宋代管理海外贸易机构的名称。元朝在平定南宋的过程中即陆续设置四处市舶司，倡导"往来互市，各从所欲"，表明蒙古统治者对海外贸易的强烈兴趣。正是由于元朝政府采取了不再对部分舶货实行"禁榷"等种种积极推动外贸的措施,在剧烈变化的改朝换代过程中,原南宋的海外贸易活动并没有受到明显影响,而被完整保护和继承了下来。元代长期稳定设置泉州、庆元、广州三处市舶司进行海外贸易。

元朝又实行"官本船"政策,即由政府提供航船,有时还给以较一般贷款轻四分之三的优惠作资本,选人出海,直接参与海外贸易。元代贸易政策较之前代更显宽松,对进口货物定市舶税十分取一,其中"粗货"十五分取一,不做其他任何限制,不存在官方实行统制的"禁榷"政策条文。

实行单一纸币政策的超前经济思想 元朝经济思想较为超前的是实行单一纸币政策。元代以政府发行的纸币作为基本货币,称为钞,很少造用铜钱,这在中国古代经济史上是空前创举。中统元年(1260)七月,元世祖忽必烈诏令革除诸路行用钞法之弊,统一印造交钞,以丝为本;十月,又以银为本,印造发行元宝交钞,简称"中统钞"。中统钞遂成为唯一法定通用货币,通行全国,各路旧钞可到指定地点换用新钞。至元十二年(1275),又废止南宋铜钱,以1∶50的比价收回南宋会子纸钞,换发中统钞。1282年禁止金银私相交易,只可在各路官库兑换。随着国家统一,元

图9-8 至元通行宝钞

朝也完成钞币统一。至元二十四年印造发行"至元通行宝钞",简称"至元钞",与中统钞并行。武宗至大和顺帝至正年间都曾一度变更钞法,并铸造过一些铜钱,但都推行不久。终元之世,只有中统钞、至元钞作为纸币,长期并行流通。元朝的单一钞币政策较大便利了商业发展。

户籍赋役制度的显著时代特色 蒙元时期的户籍赋役制度具有显著的时代特色。其中最具代表性的就是"诸色户计"制度。色,意为种类;计,意为统计。即元朝统治者将从事不同职业的人户分为若干种类,区别户籍,固定他们所承担的不同劳役义务以满足朝廷各类需要,全民当差服役,世代"配户应差",子孙相袭不得脱籍,他们的正规赋役则可得到部分优免,这种户籍制度统称为"诸色户计"。"诸色户计"的名目在发展过程中划分逐渐细密,最终达到民、军、站、匠、屯田、打捕、淘金、灶、矿、炉冶、运粮船、儒、医、僧、道、阴阳、礼乐、也里可温等二三十种。其中,最主要的是承担国家普通赋役的民户,他们是元代最基本的户计,占全部户口的大多数;还有承担军役的军户,承担驿站服务工作的站户,从事官营手工业生产的匠户,等等,甚至儒士也被单列为儒户,以遣人入学读书为义务。"诸色户计"属于强化人身控制和强制劳役的社会经济制度,其全面推行是对两宋时代身丁劳役消逝趋势的逆转,一定程度上造成了吏民依附奴化的回潮。

值得注意的是,元朝固定类别的户籍制度对后世明清王朝,尤其是明代社会产生了深远影响,产生了明朝全民"配户当差"体制。洪武二年(1369),朱元璋下诏:"凡军、民、医、匠、阴阳诸色人户,许以原报抄籍为定，不得妄行变乱"①，这就是对元朝诸色户计制度的直接继承。

综上，元代经济思想及其统一经济体系的建设，呈现多层面的复杂时代性质。如鼓励商业、自由海外贸易和单一纸币理念都体现出某种超前的近代经济特性，体现了源自北方游牧民族的元朝统治者具备宽广的世界视野和清晰简洁的经济思想。这都决定了元朝统一经济体系所取得的巨大成就和对中华经济文明的贡献。另外，"诸色户计"等落后制度又暂时造成中国社会发展进程的某些逆转。

第二节　儒学与宗教的新发展

辽宋夏金元时期儒学与宗教受到新的时代条件影响，在唐宋基础上继续向前发展。辽夏金等北方少数民族政权表现出对中原儒学不同程度的接受，尤以金朝为最。蒙元时代，程朱理学逐渐北传，扩大影响，并最终成为元朝官方统治思想，这对后世明清王朝的思想世界影响深远。多元民族文化深入交融促使辽夏金元的宗教出现很多新变化，形成新的教派及教义，其中以佛教、道教的发展较为突出，基督教、伊斯兰教也得到更大规模的传播。

一　辽夏金对儒学的认同与崇尚

辽夏金等北方和西北少数民族王朝或政权已经不同程度地表现

---

① （明）申时行等：《大明会典》卷19《户口》，《续修四库全书》第789册，上海古籍出版社2002年版，第331页。

出对中原儒学的接受，其中金朝受儒学影响程度最深，发展出发达的科举文化。

辽朝统治者尊崇孔子，以儒家学说作为治国的主导思想。建国初，阿保机择历史上有大功德者奉祀，太子倍认为："孔子大圣，万世所尊，宜先。"（《辽史》卷72《宗室列传·义宗倍传》）于是神册三年（918），建孔子庙于上京（今内蒙古巴林左旗南），次年阿保机亲谒祭祀。契丹上层在用人行政和品德修养上，也多自觉地以儒家的道德标准为准则。金元之际杰出的契丹政治家耶律楚材在《怀古一百韵》中，更恰如其分地指出"辽家尊汉制，孔教祖宣尼"这一历史事实。

仕辽的汉官利用一切机会向契丹统治者介绍儒家思想和中原地区古代帝王的统治经验，对契丹上层接受儒家思想起到推动作用。辽圣宗继位之初，枢密使、监修国史室昉进《尚书·无逸》篇，太后"闻而嘉奖"。侍读学士马得臣录唐高祖、太宗、玄宗行事可法者进与圣宗，又上书谏止频繁击鞠，皆得到圣宗赞许。兴宗时枢密使马保忠见皇帝"溺于浮屠""朝政不纲"，从容进谏，他说："强天下者，儒道；弱天下者，吏道。今之授官，大率吏而不儒。崇儒道，则乡党之行修；修德行，则冠冕之绪崇。自今其有非圣帝明王孔孟圣贤之教者，望下明诏，痛禁绝之。"（《契丹国志》卷19《马保忠传》）辽道宗对儒家经典更是"神领心解"，他不但学习和熟悉儒家经典，而且有自己的独到认识和深刻理解，认为自身的文化素养和辽朝的典章文物，并不亚于中原皇帝和中原王朝。自圣宗至道宗，在法律和礼仪制度制定中，不断加进儒家思想中维护帝王统治和社会秩序的内容，使之成为人们的行为准则。

一般认为佛教在辽代受到统治者尊崇。但需要指明的是，契丹上层虽崇佛礼儒，但佛、儒在辽朝的地位却并不一致。佛教是一种宗教信仰，主导精神世界。而儒术却是治国的主导思想和统治者极力提倡的行为标准。

而有材料表明西夏政权对儒学也相当尊崇。如西夏政权尊崇孔子为"文宣帝"，并立庙祭祀，这甚至超过北宋和金朝的尊奉程度。此外，中原儒家典籍也在西夏有一定传播。如在黑水城文献中就发现相当数量的中原文献以及西夏文翻译的儒家文献。

明清时代的儒学家们往往将有金一代视为儒学发展的空白，以为金朝儒士对南宋兴盛的程朱理学或道学一无所知。道学并不是儒学的唯一合法形式，我们应当承认金朝儒学也是儒学的一种形态。金朝士人并没有放弃对"道"的追寻与承负，只不过他们对道的理解较之宋儒有所不同而已。元初名儒大多是前代金朝的儒士，故金儒对道学的反思在一定程度上成为元代儒学的底色。因而了解金朝中后期儒学对于认识元代儒学具有重要意义。由于政治环境不同与南北交往阻隔，"南北道绝，载籍不相通"，因此金朝儒学更多呈现了与唐宋传统儒学相继承的一面，而与南宋理学有较大不同。

大约在金熙宗时期，金朝开始尊孔活动。金熙宗在上京建立孔庙，亲自拜祭，封孔子后裔孔璠为衍圣公。海陵王时，国子监于天德三年（1151）大规模刊刻《易》《书》《诗》《礼记》《周礼》《孝经》《左传》等儒家经典，并指定这些经籍的著名注疏本作为科举考试教材。金世宗更加尊孔崇儒，他修立孔墓，立"宣圣庙碑"。世宗朝还设立译经所，用女真语翻译儒家经书。大定五年（1165）译成《贞观政要》《白氏策林》等书，大定六年又译《史记》《汉书》。大定十五年，世宗再次下诏翻译经史。大定二十二年，译经所进呈《易经》《尚书》《论语》《孟子》《老子》《扬子》《文中子》《刘子》以及《新唐书》的女真字译本。世宗还对朝臣说，他之所以命令翻译五经，是要女真人知道仁义道德之所在。大定二十六年，他下诏规定：女真贵族如不能读女真字经书，不得承袭猛安、谋克等贵族身份。章宗即位前，即已熟读《尚书》《孟子》，认为是"圣贤纯正之道"。即位后，下特旨修孔庙，廊庑用碧瓦，石柱雕龙纹，修建厅堂、庙宇等四百多间，并下诏各州建孔庙，避孔子名讳。章宗还下诏命令三十五岁以下的女真亲军必须读《孝经》和《论语》。世宗、章宗朝还广置官学，以《论语》《孝经》为必读课本。文人学子可通过科举考试进入仕途。《金史·文艺传》记载，世宗、章宗之世，儒风大变，学校日盛，士人由科举而位列宰相者甚多。世宗在位期间，每次录取的进士人数都在五百人以上，最多时达九百余人。因为推崇儒学，社会安定，经济发展，金世宗甚至被誉为"小尧舜"。

金朝还发展出发达的科举文化。虽与南宋同时，但金朝儒学独具特色，道学或理学在金朝并未得到充分发展，科举中这一点尤其明显。金代科举采取折中王安石、司马光两派的考试办法，不考《仪礼》与《春秋》之《公羊》《穀梁》二传，而将十七史、《孝经》及《老子》《荀子》《扬子》纳入考试范围。科举设词赋与经义两科，解经"通用先儒传注及己说"。金朝科举对词赋非常重视，这使儒学思想的发展受到严重束缚。海陵王天德三年（1151）甚至罢经义、策试二科，专以词赋取士。直到世宗大定二十八年（1188），经义科才得以恢复，而重词赋、轻经义之风并没有减弱，士大夫依然非赋不谈。大定、明昌间，名士蔡珪、王寂、党怀英、于庭筠等，皆以诗文、书画为擅场，儒学造诣则乏善可陈。泰和、大安间，局面亦无改观，时人曾感叹："士大夫以种学积文为进取之计，干办者称良吏，趋时者为通贤，而不知治心养性之术。间有明仁义之实，以通经学古为高，救时行道为贤者，必怪怒骂笑，以为狂愚。"[1]

贞祐南渡以后，金朝国势日衰，而儒学稍有起色，南宋使节往往携书来北，士大夫闻之兴起："金源氏之衰，其书（指理学书籍）浸淫而北。赵承旨秉文、麻征君九畴始闻而知之，于是自称为道学门弟子。"（《陵川集》卷26《太极书院记》）不过，现知最早在金朝公开刊行并造成广泛影响的并非程朱的理学著作，而是被朱熹认为理学异端的张九成的《道学发源》。该书辑录《大学》《中庸》以及刘子翚《圣传论》、张载《东铭》《西铭》等著作而加以注释。金尚书省诸生傅起等得之以为宝，请当时名士赵秉文、王若虚分别撰写前、后序加以刊布。王若虚《〈道学发源〉后序》说："国家承平既久，……而鸣道之说亦未甚行。三数年来，其传乃始浸广，好事者往往闻风而悦之。今省庭诸君尤为致力，慨然以兴起斯文为己任，且将与未知者共之。"[2] 终金一代，朱熹所构建的道统谱系都未能得到金代士人的普遍响应，被朱熹排除于道统谱系之外的人物，如王安石、苏氏父子在金

---

[1] （元）赵秉文：《盘安军节度副使姬公平叔墓表》，（清）张金吾编纂，李豫执行主编《金文最》卷88，中华书局1990年版，第1283页。

[2] （金）王若虚撰，胡传志、李定干校注：《滹南遗老集校注》卷44《〈道学发源〉后序》，辽海出版社2006年版，第533—534页。

朝的孔庙却享受配祀殊荣。在金代儒坛活跃的也是赵秉文、李纯甫这些被批评者认为思想佞佛的人物。

二 理学的推广与官方思想地位的确立

蒙古崛起之前，理学主要盛行于南宋。而在金朝统治下的北方，士人们仍然热衷于传统儒学和诗词歌赋，对理学有兴趣并深入了解者则为数寥寥，理学经历了北传并逐渐占据主流地位的发展过程，而其真正在全国范围内确立官方意识形态的地位，则是元朝的一大历史贡献。

大蒙古国管理华北地区后，面临着如何统治高度发达的农业社会的问题。在耶律楚材、杨惟中、姚枢等儒士的帮助下，蒙古统治者逐渐懂得利用儒学思想的重要性。在金和南宋对峙时期，"南北道绝，载籍不相通"。金朝统治下，士人们热衷于诗词歌赋，关心理学者极少，理学著作在北方也流传不多。太宗七年（1235），蒙古军占领德安（今湖北安陆），杨惟中、姚枢等从俘虏中挑出"江汉先生"赵复，将其请到燕京，建太极书院，请他讲授。赵复以其所记程朱所著诸经传注，选取遗书八千余卷，又著《传道图》《伊洛发挥》等书，对程朱理学的书目、宗旨、师承关系作了全面介绍。姚枢、杨惟中等从其学，窦默、郝经、许衡、刘因等也因而尊信理学。故全祖望说："河北之学，传自江汉先生，曰姚枢，曰窦默，曰郝经，而鲁斋（许衡）其大宗也，元时实赖之"（《宋元学案》卷90《鲁斋学案·鲁斋学案序录》），理学得以北传。而这些理学的北方早期信徒后来相继入忽必烈金莲川幕府，也为理学的广泛传播奠定基础。忽必烈曾在"潜邸"分别召见过赵复、窦默。忽必烈"问以治道,默首以三纲五常为对。世祖曰:'人道之端,孰大于此。失此,则无以立于世矣。'"(《元史》卷158《窦默传》)许衡等人则以程、朱之书"倡其乡人,学者浸盛"(《元史》卷158《许衡传》)。

大蒙古国时期中原地区理学发展衰而不绝,南宋理学著作也开始向北传播,元人许有壬回忆说:"理学至宋始明,宋季得朱子而大明。前辈言天限南北,时宋行人箧《四书》至金,一朝士得之,时出论说,闻者叹竦,谓其学问超诣,而是书实未睹也。"(《全元文》卷1187)许有壬所说《四书》,当指朱熹《四书章句集注》。由于中都得到此书的馆伴使秘不示人,造成此书流传不广。金朝贞祐南迁后,学术思潮发生重大转折,不少南宋理学家著述"浸淫而北。赵承旨秉文、麻征君九畴始闻而知之,于是自称为道学门弟子"。当时北传理学著作有广泛影响者,主要有《诸儒鸣道集》与《道学发源》二书。金朝灭亡后,随着蒙宋战争大规模爆发,南北隔绝状态被打破,南宋理学北传活动在规模和影响上远超以往。1235年蒙古大军南下伐宋时,杨惟中担任军前行中书省事,姚枢则奉命于军中搜求儒、道、释、医、卜等各类人才。结果,凡"得名士数十人,收伊、洛诸书送燕都"(《元史》卷146《杨惟中传》)。这次所得名士,包括赵复、窦默、砚坚等一大批日后有影响的理学人物,为理学进一步北传奠定了基础。时人郝经称:"金源氏之亡,淮、汉、巴、蜀相继破没,学士大夫与其书遍于中土,于是北方学者始得见而知之"(《陵川集》卷26《太极书院记》);"近岁以来,吴楚、巴蜀之儒与其书浸淫而北,至于秦雍,复入于伊洛,泛入三晋、齐鲁,遂至燕云、辽海之间"(《陵川集》卷24《与汉上赵先生论性书》)。即有感于这一形势而言。自此，理学在北方的传播开始进入一个崭新阶段。这一阶段的理学北传，以赵复的贡献最为突出。《元史》对他评价很高，甚至称："北方知有程、朱之学，自复始。"(《元史》卷189《赵复传》)在德安被俘后，赵复得到姚枢的悉心照顾。"先是，南北道绝，载籍不相通；至是，复以所记程、朱所著诸经传注，尽录以付枢。"(《元史》卷189《赵复传》)在他的影响下，姚枢、杨惟中等人成为较早的一批理学信徒。北上燕京后，赵复致力于理学思想的传播，名气越来越大，门生逐渐增多，"燕之士大夫闻其议论证据，翕然尊师之"(《全元文》卷9)。

元初理学家许衡长期主持国子学教育。他重视理学的推广实践，编写了多种浅近易懂的理学著作用于教学，大大扩展了理学的影响，被后人尊奉为程、朱道统的继承者。许衡在蒙汉贵族子弟中培养出一大批理学信徒，后来国子学教育体制推广到全国地方学校，理学的社会影响因而大增。理学最终被确定为元朝官方正统学说，与许衡的作用密不可分。

13世纪前中期，理学已获得南宋统治者的尊奉，在北方也缓慢地流传开来。直到忽必烈建立元朝后大约十年，理学传播的成效仍不甚明显，远未被北方士人普遍接受。元朝平定南宋，南北重归一统，大大加快了理学在北方的传播速度。此前像朱熹《四书章句集注》这样的重要理学著作虽已北传，但"版本至者尚寡，犹不能无事手录"，直到"混一东南，书颇易致"，才有刊本广泛流行。(《全元文》卷833)这段时期，蒙古统治者采纳、利用儒学的注重点有所变化，更多地将其作为思想钳制工具来使用。理学在这方面较传统儒学更有优势，因此日益受到统治者的重视。至元二十四年（1287）设立国子监，重开国学，教法一沿许衡之旧。地方儒学、书院教育，又皆以国学为模仿对象。《小学》《四书章句集注》等理学著作，因而成为从中央到地方学校教育的基本教材。这对理学普及有着决定性的影响。

到元朝中期开设科举，元仁宗时正式制定科举条格，"专立德行明经科。明经内四书、五经，以程子、朱晦庵注解为主"（《通制条格校注》卷5《学令·科举》），即考试内容基本以理学著作为主。由于把朱熹的《四书章句集注》定为官本，理学成为官学，势必影响到整个社会的读书、讲学之风，上自帝王贵族，下至儒生庶民，崇儒风气大盛。"非程朱学不试于有司，于是天下学术凛然一趋于正。"（《欧阳玄集》卷5《赵忠简公祠堂记》）

元朝教育和科举考试开始以程朱理学为中心，其他学说概在排斥之列，程朱理学在思想文化领域的统治地位从此得以确立，这对当时思想文化的各个领域都有重大影响，对后代思想文化亦发挥了深远作用。但需要认识到，元朝理学虽取得统治地位，著作也比较多，但就学术本身而言创新并不明显。

需要指出的是，受到时代环境的制约，元代理学家并不非常重视追求"性命之奥"的深刻学问，他们思想的深度较之宋代是有限的。元代理学在思想创新上贡献不多，更多是继承、传播和推广理学。而且他们的政治态度与理学本身的特点也不完全相同。许衡、郝经、窦默等积极用世，官位很高，在理学上只是"承流宣化"，不重玄奥。刘因、吴澄、许谦等人闭门冥索，高蹈不仕，理学学说趋于幽

第九章　多元一统（辽夏金元）

玄。陆学人物多屏迹山野，不改陆学"自识本心"的宗旨。这些理学家中，以许衡、刘因、吴澄最有影响，被称为元代三大学者。

　　许衡还提出"治生最为先务"的思想，重视民生日用，颇有进步意义。他认为，理学的理、道含有"日用常行"之则，道不是"高远难行"，应当接近"众人"，他把"民生日用"的"盐米细事"亦视为道和义。他说："大而君臣、父子，小而盐米细事，总谓之文。以其合宜，又谓之义。以其可以日用常行，又谓之道。文也，义也，道也，只是一般。"这就使过去空谈性命的理学与实际日常生活有所接触，对吃饭穿衣有所重视。许衡进一步提出"治生"论，他曾说："为学者治生最为先务。苟生理不足，则于为学之道有所妨。彼旁求妄进，及作官嗜利者，殆亦窘于生理之所致也。"（《许衡集》卷1《语录上》）许衡以满足人的"生理"即物质生活为前提来谈"治生"，这同程朱"行天道，遏人欲"的思想不尽一致。朱熹认为为学之道首先在于正人心、明天理，而许衡认为"治生最为先务"，把"旁求妄进""作官嗜利"的原因，归之于"生理不足"，而不是朱熹所谓利欲昏弊的结果。许衡的治生论，为明清时代进步思想家所继承和发展。许衡大谈学者以治生为先

图9-9　《赵城金藏》卷首扉画

务，这在其他朝代的儒学圈里是难以想象的。"治生为先"观点的提出，有着特定的时代背景。那就是蒙古崛起，儒士的命运发生了很大变化，没有唐宋金时代稳定而繁盛的科举制度所提供的广泛而平等的入仕机会，很多只会读书求学的传统儒士陷入生计无着的窘境，谋生成为一个非常严峻的现实问题。许衡提出治生之说，在一定程度上是适应时代变迁的积极对策。

比较值得注意的是，这一时期出现了朱、陆调和的倾向。如理学家吴澄在师承上与朱熹有转相传授的关系，毕生钻研诸经，"读书穷理"，但对陆九渊也十分敬仰，推崇他发明本心的修养理论，希望吸取陆学的合理因素，在传授朱学过程中用作方法论的补充。陆学传人中兼采朱学者同样不乏其例，意在吸取朱学缜密、笃实之功以补陆学空疏弊病。

程朱理学在元代确立了其在全国范围内统治思想的地位，至14世纪初，理学在社会上已经广泛为人接受，在明清500余年间继续成为官方所认定的主要思想学说。

三　辽夏金元宗教的新变化

辽夏金元禅宗的发展　辽金时期佛教既跟宋代有所联系，又呈现不同的精神风貌。辽朝佛教以密教和华严为主，禅宗并不兴盛。金朝佛教接受了辽和北宋佛教的双重影响，也受到金朝迅速汉化的整体影响。整体趋势上看，金代佛教逐渐消除了辽代的残余影响，逐步向宋代佛教靠拢，禅宗日益成为主流。此外值得注意的是，与云门宗在南宋衰落不同，金朝的云门宗在中国北方一直保持较为兴盛的局面。

金代佛教典籍刻印也取得很大成绩，如刻印出庞大的《赵城金藏》，并多数存留至今。

继起的蒙古统治者最初对佛教并不了解，在伐金和拓展中原地区并在治理过程中，逐渐接触到禅宗等汉传佛教，并给予一定支持和扶植。忽必烈即汗位后，特别崇信和扶持藏传佛教。建立元朝后，藏传佛教成为"国教"。汉传佛教，特别是作为主流的禅宗，受到一定冲击，但禅宗仍然是传布兴盛的汉传佛教主体宗派。禅宗中的宗派状况仍然沿袭金代的布局，曹洞宗、临济宗与云门宗三足鼎立，同为当时盛行的禅宗三大流派。

尽管宋元禅学经历诸多变化，并且努力把佛教各派思想纳入禅学体系，但是从初唐以来，特别是从六祖慧能以来所强调的自证自悟、自成佛道的禅学基本思想，并没有被放弃。而宋代以后，诸宗融合，包括禅、教、密、律、净土的融合，不仅是禅宗的演变方向，也成为佛学发展的趋势。到元中叶以后，主张密、教、禅、律四宗统一以及禅净融合的思潮在禅宗中逐渐高涨，其影响远远超过以突出本派理论优势为宗旨的各宗派中兴运动。

佛教净土信仰的兴起　　净土法门在宋元时代获得多途径的较大发展，出现不同种类的多元复合性质的净土信仰，这是宋元时代佛教发展的又一个突出特征。其中包含净土宗和广义的净土信仰。净土宗是佛教的一个重要派别。隋唐时期，弥陀信仰取代弥勒信仰，成为净土信仰的主流。净土宗指的就是信仰阿弥陀佛、称念其名号以求死后往生西方净土的修行派别。而广义的净土信仰则仍是指信仰弥勒菩萨，通过修行愿求死后往生其兜率净土者。

从纯宗教的目的考察，人们对于净土的执着追求，实际上是对救世主的呼唤，是对消除现实苦难的企盼，是对百年之后获得圆满归宿的憧憬。这恰恰是倡导自证自悟，号召凭借自力解脱的禅学所不能满足的。可以说，禅宗理论中蕴含的顽强理性精神，恰恰不能阻止净土信仰在特定人群中的流行。

在宋元社会中影响最大的正是广义的净土信仰，具体表现就是宋元时代的佛教"异端"——白莲教。白莲教在传播过程中，其教义与民间信仰日趋融合，成为半世俗化的宗教，因而历来为正统佛教所不容。不过，即便如此，在元朝统治的相当一段时期内，这支教派还是受到官方承认与保护，而非一般意义上的民间秘密宗教。

白莲教的得名，源于东晋慧远在庐山东林寺所建之白莲社。作为教派，则开创于南宋初年的茅子元。其主要借鉴佛教净土宗崇奉阿弥陀佛，往生净土的修持形式，并大量融入天台宗的教义理论，加以改造，使之通俗易懂，更能为普通百姓所接受。在组织方面，茅子元也一改以往莲社成员间的松散关系，以淀山湖白莲堂为中心，自称"白莲导师"，坐受众人跪拜，将分散全国各地的信徒纳入其控制之下，力图使白莲教成为一支等级有序、组织严密的宗教团体。

进入元朝后，白莲教一度受到元朝政府保护。被白莲教奉为"祖宗"的庐山东林寺，一再受到元朝政府的褒奖。而白莲教在传播过程中，其下层与民间信仰日益融合，逐渐成为人民反抗元朝官府所借助的一种手段。早在至元十七年（1280），江西即爆发过以杜万一为首的白莲教徒反抗官府的事件。在朝中大臣强烈要求下，元廷于至大元年（1308）五月下令"禁白莲社，毁其祠宇，以其人还隶民籍"

(《元史》卷22《武宗纪》)。后在僧人普度积极活动下，至大四年闰七月，刚即位的仁宗下诏，正式恢复白莲教的合法地位。

白莲教复兴的局面只持续了十多年时间。到英宗至治二年（1322）闰五月，元朝再次下令禁罢白莲教。这主要是因为白莲教的群众基础日益广泛，已经造成社会不稳。此时的白莲教义，已发生显著变化，以前曾被普度极力排斥的弥勒信仰，在民间广为盛行，逐渐取代原来的弥陀信仰，成为白莲教徒的主流信仰。元朝后期爆发的农民起义，都与白莲教不无关系。至正十一年（1351）全面爆发的白莲教大起义，最终彻底摧毁了元朝统治，也潜在影响了明朝建立。

而净土信仰的正统主流"净土宗"，也在宋元时代普及于佛门，深入于民间，开始成为影响仅次于禅学的佛教信仰和实践，以至明清时期几乎形成"家家阿弥陀，户户观世音"的局面，成为中国基层民众的宗教砥柱，在民间影响极大。

元代藏传佛教传入中原　　元朝作为北方游牧民族建立的多民族大一统国家，多民族文化交融的影响渗透到元代社会的方方面面。在这一文化背景下，藏传佛教传入中原地区成为佛教发展的新特征。

藏传佛教是佛教传入吐蕃地区后在当地发展起来的教派。蒙古汗室成员中，第一个与藏传佛教上层正式建立联系的可信人物应为窝阔台合罕之子阔端。

忽必烈即位，年仅28岁的萨斯迦派高僧八思巴被尊为国师，后又升为帝师，藏传佛教获得国教地位。同时，藏传佛教在元朝统治者支持下，也开始向中原地区传播。以帝师为代表的西藏僧侣在中原地区传法、度僧、建寺、译经，北到上都，中在大都华北，南至江南闽浙,都留下了足迹,藏传佛教在中原地区蓬勃发展起来。

藏传佛教首先在大都等地得到一定传播。如每年正月十五日在大都城举行的迎白伞盖游皇城的法定活动,便是来自藏传佛教对忽必烈统治的神化。与之类似,藏传佛教不少佛事活动,在元代已深入中原地区民间,发展成为全民性的节日。

自八思巴被奉为帝师后,藏传佛教作为国教,一直受到元朝历代皇帝尊崇。延祐五年(1318)十月,仁宗正式下令在大都修建帝师八思巴殿,又"命天下各省各路起立帝师寺,以示褒崇"(《全元文》卷510)。英宗即位后,不仅将仁宗的诏令加以全面贯彻,而且所定帝师殿的建置规格甚至还超过孔庙。到泰定帝即位,又于泰定元年(1324)八月,命"绘帝师八思巴像十一颁各行省,俾塑祀之"(《元史》卷29《泰定帝纪一》),以示对八思巴的尊崇。除大都外,五台山成为元代汉地藏传佛教的又一中心。

藏传佛教经典由《甘珠尔》《丹珠尔》组成,是世界上著名的佛教丛书,俗称藏文大藏经。两部都以藏文译本为主,均编成于14世纪后半叶。

藏传佛教在中原地区的传播范围和深度虽远不能和汉传佛教相提并论,但生命力较为顽强,至明朝时期,藏传佛教在社会上下仍然有一定程度的流行。

金元道教的新教派 较之于宋元时期的佛教,道教在这一阶段可谓"大放异彩",尤其是金元时期的全真道,达到古代历史上道教的最后一个高峰。

金朝统治下的中国北方开始出现一些新兴道教支派,教义教制都出现新面貌，有别于传统的"正一道"，又被称为"新道教"。新道教教派主要有太一道、大道教和全真道三派，尤以王喆（号重阳真人）创立的全真道传布最盛，对后世影响最大。王喆对传统道教进行改革，吸收儒、释学说，宣扬道、儒、释"三教合一"，力图集三教之优，创立影响力更大的道教学说。王喆把这一学说的要旨归纳为"全真"二字。他认为"禅僧达性而不明命，儒人谈命而不言性"，他宣称"兼而修之，故号全真"，又鼓吹"屏去妄幻，独全其真"，因此创立的道派称为"全真道"。全真学说强调"性命双修"，摒弃"飞丹炼化之术"，提倡修炼"内丹"，以别于传统道教修炼的"外丹"。内丹并非实在的丹药，而是指一种除尽俗念、脱出凡躯束缚的精神。修炼的方式是"清修"，即禁欲苦行，隔绝世事，除却情欲，达到返本还真、得道成仙的目的。

图9-10 全真道永乐宫

王喆等全真道创立者宣扬修行的关键在于"除情去欲，怒耻含垢"，"道以无心为体，忘言为用，柔弱为本，清静为基"（《全元文》卷649）。这种以忍辱和柔弱为重要特征的全真教义，非常适合巩固金朝统治，麻醉人民。因此全真道在传播过程中，逐渐得到部分中下层官员的敬信和保护，并最终得到金廷的注意。金世宗和金宣宗先后召见全真宗师王处一、丘处机和刘处玄等，更加促进了全真道在民间的传播。元好问《紫微观记》叙述全真道在金代传播的盛况时曾说："南际淮，北至朔漠，西向秦，东向海，山林城市，庐舍相望，什百为偶，甲乙授受，牢不可破。"（《全元文》卷25）金朝后期虽曾对全真道有过短暂禁罢，但总体影响不大。

王喆的弟子丘处机（号长春真人）接任掌教后，以更加积极有为的态度传播全真道，即所谓"有为十之九，无为虽有其一，犹存而勿用焉"。而蒙古崛起，给了全真道进一步发展的机会。促使全真道趋于极盛的关键契机，正是丘处机西游中亚，觐见成吉思汗的宣教活动。

金都南迁开封后，在中原民间拥有强大势力的全真道，成为蒙古、金、南宋三方所争取的一个重要目标。金与南宋先后遣使召见丘处机，他皆未应诏。不久，西征中亚的蒙古成吉思汗，亦遣使来召。极善审时度势的丘处机，没放过与蒙古结交的机会，欣然应聘，以七十余岁之高龄，率十八高徒跋涉数万里，远赴中亚雪山（今阿富汗境内兴都库什山）行营觐见成吉思汗。

丘处机觐见成吉思汗无疑是十分成功的，全真道获得成吉思汗的好感。成吉思汗接连颁布圣旨，给予全真道自由建造宫观、广收徒众、免除差发税赋的巨大特权，并任命丘处机为国师，命令他掌管天下道门。在成吉思汗的扶持下，全真教团得以在华北迅速扩展，达到了唐代之后道教传播的又一高峰。据学者统计，丘处机弟子共兴建大小宫观二百余座，当时被称为"宫观聿兴，遍布海内"。丘处机因此得意地说："千年以来，道门开辟，未有如今日之盛！"（《清和真人北游语录》卷1）

成吉思汗时期，全真道成为华北势力最大的宗教派别。由于全真道势力发展太过迅速，并且丘处机执行排他性的传教路线，不惜侵害佛教等宗教的利益，不可避免地引发了全真徒众与佛教各教派及儒士集团的剧烈冲突，同时也引起蒙古统治者的疑忌。蒙古统治者在释道之争中普遍偏袒佛教，1255年和1258年两次佛道辩论，道士失败，蒙哥汗下诏焚毁道藏伪经，压抑道教势力。至元十八年（1281），忽必烈又再次下诏焚烧道经，削弱了全真道的势力和影响，使它居于佛教之下。元朝平定南宋以后，全真道在江南地区得到一定的传播发展。但由于以张留孙、吴全节为首的南方传统正一道受到元朝统治者的宠信，在道教内部，全真道的地位又降至正一道之下。虽然如此，全真道上层道士一直是元朝皇家忠实的臣仆。有元一代，一方面，全真道在元代中国南北都基本保持着兴盛的传承局面，盛大至极。但另一方面，全真道贵盛至极后，其教风距离创教初始清净离欲、俭朴刻苦之宗旨渐远。他们建起不少规模宏大的豪华宫观，上层道士们居于大都，结纳权贵，逐渐腐化，不能遵循禁欲苦行的原则，宗教生命力渐衰。到了明朝前期，全真道也曾显赫一时，但再未出现超越金元时代的盛况。金元时期出现的全真道与正一道一起作为主要的道教宗派，流传后世，绵延不绝。

全真道以外的新道教派别，还有萧抱真创立的太一道、刘德仁创立的大道教，其理论与全真道有颇多相通之处。太一道与大道教虽然也受元廷扶植，但其势力显贵皆远不及全真道。至元末，太一道、大道教皆衰，其活动之迹基本不见于明初史传，可能渐被全真道吸收。

蒙元时代修撰的道教经典，首推窝阔台合罕及其后乃马真时，在平阳（今山西临汾）玄都观刻道藏7800余卷，称《玄都宝藏》。比金末《大金玄都宝藏》增加1400卷。但后来在蒙哥汗、元世祖时三次佛道辩论中全真道均告失败，道教经典除《道德经》外全部被判为伪经，一概焚毁，此藏亦被毁，现尚有残本留存。此外，元代南方一些大的道观，还幸存两宋《政和万寿道藏》刊本。

基督教、伊斯兰教的传播与发展　早在唐朝初年，基督教就已开始向中国内地传播。当时传入中国的基督教为一支东方教派——聂思脱里教。辽金时期，聂思脱里教在中国北方与西北民族中颇为流行，当时漠北几支强大的游牧部落，像克烈、汪古、乃蛮等，都世代信仰该教，西北地区操突厥语的畏兀儿、哈剌鲁人中，也有不少聂思脱里教的信徒。伴随着蒙古崛起，聂思脱里教又进一步向其他地区传播。蒙古西征后，大批战俘、军队、工匠被裹挟到蒙古草原。这些人有不少聂思脱里教、天主教乃至东正教教徒。在此期间，罗马教廷与欧洲各国也派出大批传教士出使蒙古汗廷。以上因素，无疑使基督教在蒙古的传播更为广泛。

元朝建立后，鉴于基督教在全国的传播，于至元二十六年（1289）成立专门管理基督教的全国性机构——"崇福司"。除在中央设立管理基督教的机构外，元朝在全国各地还设有"也里可温掌教司"多处。至大四年（1311），崇福司官员曾报告："如今四海之大，也里可温犯的勾当多有，便有一百个官人也管不得。"（《通制条格校注》卷29《僧道·词讼》）说明元代基督教徒人数之多、分布之广。

大都是元代的政治中心，也是基督教各教派竞争最为激烈的地区。聂思脱里教在这里势力很大，建有不少教堂，其中房山三盆山十

第九章 多元一统（辽夏金元）

字寺遗址一直保存至今。罗马教皇除任命孟特·戈维诺为大都大主教与全东方的总主教之外，还派遣七名传教士到中国传教，传播天主教。至正二年（1342），由教皇派遣的使团曾抵达上都，向当时的元朝皇帝顺帝进呈一匹骏马，此事在当时颇为轰动。此外，元朝全国各地也有一些基督教传播的遗迹。

但需要说明的是，元代的基督教对汉族人而言，基本上是一种外来的封闭式宗教，真正信仰的只是一些西来部族以及少数的蒙古人而已。我们基本没有看到基督教与汉文化交融、实现本土化的痕迹。或许由于这种原因，元朝灭亡后，基督教在中国又一次濒于绝迹。

元代伊斯兰教的传播与发展取得的成绩更大。伊斯兰教在中国的传播，至少可以追溯到唐代。但直到两宋，传播规模还一直较为有限。蒙元时代，中亚各族居民开始大批徙居中原地区，其中相当部分是穆斯林。穆斯林的大量涌入，使伊斯兰教在全国各地迅速传播开来。

"伊斯兰"一词最早见于汉籍，似为金代，当时译成"移习览"（《金史》卷121《忠义列传一·粘割韩奴传》）。伊斯兰教徒，元代一般从波斯语音译为木速鲁蛮或木速蛮，其教士则称为答失蛮或答亦失蛮。此外，元代汉文史籍还把从中亚等地来的人概称为"回回"。这些徙居中国的穆斯林，与中国居民长期交融，以后逐渐发展成新的民族，即今天的回族。

为了加强对伊斯兰教的统一管理，元朝政府曾在中央设立"回回哈的司"，依据伊斯兰教规管理本教门的宗教活动，地方上亦设有相应的分支机构。

清真寺为穆斯林的宗教活动场所，也是最能体现伊斯兰教文化的地方。元以前，伊斯兰教主要从海路传入中国，清真寺也主要集中在沿海地区。蒙古兴起后，由于"回回人"从陆路大量涌入，清真寺在中国的数量开始大幅度增加，当时的大都、杭州、泉州、扬州、定州、开封，乃至大漠南北，都有"回回人"建立清真寺的记载，或有遗迹保留下来。

元代信奉伊斯兰教的"回回人"中对中国文化理解深刻者不乏其人，涌现出不少汉学素养颇深的学者、诗人。现存元代汉文伊斯兰教石刻，也有不少是从儒学的角度解释伊斯兰教的，这推动了伊斯兰教本土化、内化于中国传统文化的进程。

此外，元代沿海地区还有一些摩尼教和印度教传播的痕迹。

第三节　文化的中外交流与多元气象

辽宋夏金元时期，尤其是元代，是北方民族入主中原和中外文化交流大兴盛的黄金时代。频繁的中外交流不但将外来优秀文化的养分带来中国，更把中华文明推向世界。在这一大背景下，辽夏金元文化各门类都发生了积极的新变化，文化科技艺术发展具有很多新的特点。元代文学史学在继承前代基础上继续发展，也凸显出新的时代特征。辽夏金诸政权的科技发展，虽然材料较少，但仍可见有持续的进步。在中西方科学技术大交流的基础上，元代科技在各门类的探索和实践上都取得巨大发展，呈现出博大浑厚的气象。元代文学艺术呈现出多民族多元文化的特性，取得了诸多新的成就。

一　元朝中外交流的兴盛繁荣与世界影响

蒙古的崛起，虽然对亚欧大陆很多地区造成严重破坏，但客观上打通了中西往来的道路，疏通了辽宋金时代的陆上丝绸之路，极大地促进了中西文化交流。元朝稳定的统治和巩固的边疆更有利于陆上和海上丝绸之路的畅通。

元代中外交流的一大成果，是中国与欧洲进入直接交往的新时代。大蒙古国时期，罗马教皇派出加宾尼和鲁布鲁克等使节来到蒙古汗廷。元代来华的欧洲人中，最著名的是威尼斯商人马可·波罗。马可·波罗一行沿着丝绸之路东行，于至元十二年（1275）到达上都，面见忽必烈之后，马可·波罗留居中国十七年。他曾奉使到云南和江南各地，出使占城、印度等国。马可·波罗回到威尼斯之后，因战争被俘，在狱中讲述其东方见闻，被整理成《寰宇记》。《寰宇记》记载了元代许多事件和各地情况，信息丰富，虽有夸张之处，但基本符合实情。忽必烈派马可·波罗等使臣护送阔阔真公主远嫁伊利汗阿鲁浑，并命马可·波罗等人回欧洲转送外交信件。《寰宇记》中的使臣姓名与元代政书《经世大典》相符，证实了马可·波罗所言非虚。《寰宇记》在欧洲轰动一时，流传广泛，向中世纪的欧洲人展示了一个神奇而瑰丽的东方世界，深远影响了以后几个世纪的欧洲航海家、探险家。元朝旅行家列班·扫马是历史上最早访问欧洲的中国人，列班为其本名，扫马是叙利亚语教师之意。他是生活在大都的畏兀儿人，自幼信奉景教，东胜州（今内蒙古托克托县）人马忽思跟随他学习。二人从大都出发赴耶路撒冷朝圣，因故只走到报达（今伊拉克巴格达）。后来，马忽思被拥戴为景教新教长，派出扫马出使欧洲。扫马在欧洲觐见了法王腓利普四世和英王爱德华一世，又到罗马朝觐教皇尼古拉四世，后回到报达。列班·扫马访欧后不久，天主教教士孟特·戈维诺受教皇委派来华，向元成宗呈递教皇信件。他被任命为大都大主教，在他的影响下，元朝驸马高唐王阔里吉思改奉天主教。孟特·戈维诺去世后，后至元二年（1336），元顺帝派出一个十六人使团出使罗马教廷。使团携带了顺帝致教皇的书信，并带有元廷阿速贵族福定、香山等人代表中国教徒请教皇速派第二任大主教的上书。1338年，使团抵达教皇伯涅的克十二世的驻地阿维尼翁（在今法国南部），受到热情款待，之后游历了欧洲很多地方。随后教皇派出马黎诺里等教士来到中国，马黎诺里经陆路于至正二年（1342）到达上都，向顺帝进呈教皇书信，以骏马一匹作为礼物。此马高大，身纯黑，而后二蹄皆白。史书记为"拂郎国贡异马"，在当时引起轰动。意大利教士鄂多立克也曾来中国作私人旅行。他先由海路抵达广州，又经泉州、杭州等地北上，在大都居住三年，后由陆路经西藏、中亚回到欧洲，并著游记传世。元朝灭亡后，中欧之间的陆、海路联系都被阻断，往来基本中断。

位于东欧的钦察汗国和位于西亚的伊利汗国，名义上都是元朝的"宗藩"，彼此有驿路相通。因此元朝与东欧和西亚地区的交流远较前代密切。钦察汗国首都萨莱（今俄罗斯阿斯特拉罕附近）是当时沟通东西的国际性都市，输入的中国商品十分丰富，还有不少中国工匠在那里从事手工业生产。当地的原居民钦察、阿速、斡罗思（今俄罗斯）人入居中国者也相当多，皆属色目人之列，其中大部分又被编入元廷的侍卫亲军。

元朝与伊利汗国的陆、海路往来非常频繁，人员移居的规模更大。这就促成中华文明与伊斯兰文明双方在医学、天文学、地理学、航海技术、历史学、艺术学等方面都有密切的交流，产生了很多文化交流成果。如伊利汗国宰相拉施特主持翻译编订的一部介绍中国科学技术的著作《伊利汗中国科技珍宝书》，全书原有四部，目前仅有介绍中国医学的第一部存世，此书系统介绍了中医药知识。拉施特主编的世界通史巨著《史集》，其中专门有一部分《中国史》，系统介绍了当时伊朗对中国历史的认知。此外，伊朗等地出土或收藏的一些建筑部件、细密画和书籍插图上都可以发现龙、凤、中式山水建筑和衣冠人物等中国文化元素。这都体现出元代繁盛的中外交流使中华文明走向世界。元朝《回回药方》《饮膳正要》等医疗养生著作的诞生，青花瓷的盛行，无不体现出伊斯兰文明的影响。

图9-11 元青花云龙纹象耳瓶

通过海上丝绸之路，元朝与非洲等地也有交往。汪大渊随商船游历南亚、东非数十国，写成《岛夷志略》一书。据汪大渊《岛夷志略》记载，自菲律宾诸岛以南往西航行所至沿海国家和地区达九十七个，比南宋赵汝适《诸番志》所载多出三十八个，最远达层拔罗（今坦桑尼亚桑给巴尔岛）。可见海外交流极大丰富了中国人的地理知识。摩洛哥旅行家伊本·拔图塔在元顺帝时期来到中国，其游记描述了中国南方的经济和社会生活。

统一局面、辽阔版图和对外交往兴盛极大地开阔了当时中国人的眼界，增加了他们对外部世界的了解，丰富了他们的世界地理知识。15世纪初朝鲜所绘世界地图《混一疆理历代国都之图》，就是以元朝后期的两种世界地图为底图重绘的。除了朝鲜半岛以外，图中对大部分区域的描述是基于14世纪元朝人的地理观念。其中画出非洲、大西洋等，说明当时元朝人对世界的认识达到新的高度。明朝初年郑和下西洋依靠的造船技术、航海技术、海外地理知识等，也是在元朝技术基础上发展起来的。

二 元朝文学与史学的多元成就

元代俗文学的高峰与多民族文字文学成就 元代传统汉文诗词散文创作总体上继承前代，但并非处于停滞贫乏的状态，而是仍旧向前发展。唐宋以来中国古代文学的多数形式和领域在元代都有较好的继承和发展。近年来学者们陆续编辑出版了《全元文》和《全元诗》，初步可见元代的诗文总规模。通过编辑总集的统计，可以清楚得知有元一代的诗文总数远远超出以前的估计，而且其中不乏上乘之作，反映出元朝广阔疆土与多元文化的时代新风。以《全元诗》为例，清朝康熙年间编修的《全唐诗》收录存世的两千多位唐代诗人共近四万八千多首诗。而《全元诗》收录近五千位元代诗人流传至今的约十四万首诗，数量远超《全唐诗》。

相较而言，元代通俗文学的发展则取得了空前耀眼的成就，实际上成为元代文学的主流。元代俗文学的主要形式是元曲，广义的元曲包括杂剧、南戏和散曲三大部分。

元代杂剧是在综合继承金代戏曲形式诸宫调和院本的基础上加以改进发展而来。金代戏曲创作在中国戏剧发展史上具有划时代的意义。在金统治区域内流行的是以讲唱为主的一种戏曲，叫诸宫调。诸宫调可以说是唐宋说唱文学的总汇，它不只用同一宫调中许多不同的曲调组成套数，而且把许多不同宫调、套数编缀在一起用以铺陈叙述一个长篇故事。乐谱的音节既多变化，文字内容也以韵文和散文相间使用。金人编写的诸宫调流传到今天的主要有《刘知远诸宫调》和董解元的《西厢记诸宫调》（或作《弦索西厢》）二种。《西厢记诸宫调》是将唐人元稹的《会真记》加以改编而成。《会真记》只几千字，到《西厢记诸宫调》不仅在结构上发展成好几万字的一部大型剧作，并且成功地塑造了张生、莺莺这一对青年男女反抗礼教、追求婚姻自主的艺术形象。可见金代戏曲的发展程度已经很高。大约至金末始有"院本"的出现。所谓"院本"亦即"行院之本"。"行院"即金元时期杂剧艺人的居所，这些艺人表演的戏曲脚本，即为"院本"。

金代民间戏曲的充分发展，证明金代华北地区的戏曲达到了完善成熟的程度，为广大百姓喜闻乐见。如1959年在山西侯马出土的

图9-12 金大安二年董海墓戏台模型及杂剧俑

金大安二年（1210）董海墓里发现了一座戏台模型，可见当时舞台设置已相当完备，舞台上五个角色正在"作场"，各种角色齐全，神态十分逼真，可以说是相当成熟的舞台艺术。诸如此类，出现戏曲角色和伴奏乐队形象的金代墓葬在山西等华北各地发现甚多，足以证明金代戏曲之盛。

元杂剧的产生则标志着我国叙事性舞台戏剧已臻成熟，开辟了戏剧史上的新时代。由于元杂剧产生于北方，所以又称为北曲；而流行于江南，沿自南宋的戏曲被称为南戏，习惯上把北曲和南戏总称为元曲。

元杂剧是较为成熟的大型戏曲，是一种综合性的表演艺术，具有非常广泛的表现内容。元杂剧的兴起是多方面原因合力的结果。如元初城市经济的逐渐复苏和繁荣；民族矛盾和阶级矛盾的激荡；儒学伦理思想的束缚在少数民族文化观念冲击下的相对松弛；汉族文人儒士仕途无望，大批转向文学艺术创作，从而专业剧作家大量涌现；以及蒙古统治者对歌舞戏曲的爱好，以上种种因素综合成为酝酿元杂剧兴起和繁盛的土壤。

元杂剧初盛于河北、山西，大都最终成为全国杂剧创作和演出的中心，玉京书会是其创作剧本和唱本的最大剧作家团体。元代杂剧的大作家和优秀作品很多，著名者如有"元曲四大家"之誉的关汉卿、白朴、马致远、郑光祖等人，他们的代表作品分别是关汉卿的《窦娥冤》《单刀会》、白朴的《梧桐雨》、马致远的《汉宫秋》、郑光祖的《倩女离魂》等。此外，王实甫的《西厢记》、石君宝的《秋胡戏妻》等，在艺术性和思想性上都有空前成就。

在南方，以南曲腔调演唱的温州杂剧等地方戏发展成为南戏，亦称传奇、戏文。元中期后，北方杂剧转衰，南戏得到发展，特别是声腔，出现了昆山、海盐、余姚、杭州、弋阳等数种，南戏剧本结构比杂剧更自由，演唱形式也更为灵活，因此在江南兴盛。宋元南戏存目现有170余种。南戏作家也有书会，如杭州古杭书会、温州九山书会等。著名的"四大传奇"，是《荆钗记》《拜月亭》《杀狗记》和《白兔记》。而元末温州高明的《琵琶记》成就最高，被推崇为"南戏之祖"。

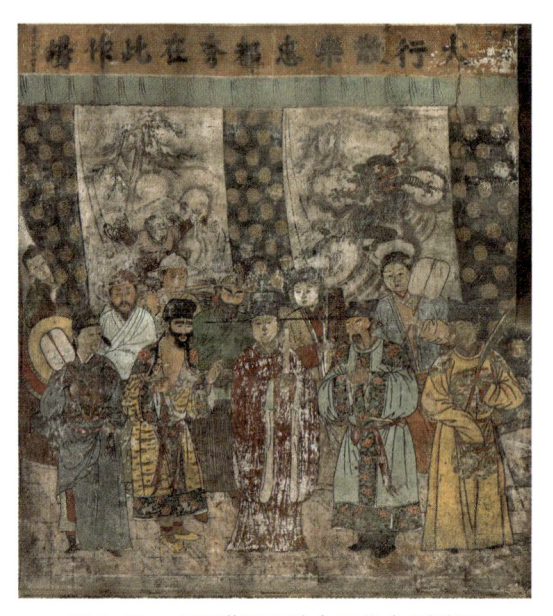

图9-13　山西洪洞广胜寺元代杂剧壁画

元代杂剧等戏曲形式之盛行，还在存世数量上有所体现。《录鬼簿》《录鬼簿续编》和《太和正音谱》等文献记载，元代剧作家有200多人，剧目600多种，保存到现在的还有160多种，其中完整的有130余种。王季思主编的《全元戏曲》统计，如果加上存目，元代戏曲剧本总计则要达到约八百种，另外还有许多不见著录的剧本。

此外，元杂剧中有大量蒙古族等少数民族语言词汇的加入，体现了元朝鲜明的时代风格，这一影响甚至延续到明清时代的戏曲。

元散曲是一种新兴韵文，也是宋金以来在民间逐渐形成的歌曲形式。它既可以像诗词那样用来抒情写景，又是元杂剧的主要构成部分（"曲词"），其长短句变化比词更为灵活，可使用衬字，并较多地采用俗语、口语，因此往往可以脍炙人口。元代杂剧作家往往兼擅散曲创作。散曲作家据不完全统计有200余人，下自民间书会才人，上至元朝达官显宦都有散曲的创作。著名散曲作家有关汉卿、白朴、马致远、卢挚、张可久、乔吉、张养浩、睢景臣等。马致远的《天净沙·秋思》是流传千古的作品："枯藤老树昏鸦，小桥流水人家，古道西风瘦马。夕阳西下，断肠人在天涯。"

第九章　多元一统（辽夏金元）

此外，接续宋代白话小说发展的趋势，话本在元朝继续演进，并与戏剧互相影响，在情节、内容上也彼此渗透。元代"讲史"的创作很繁荣。宋元讲史话本的

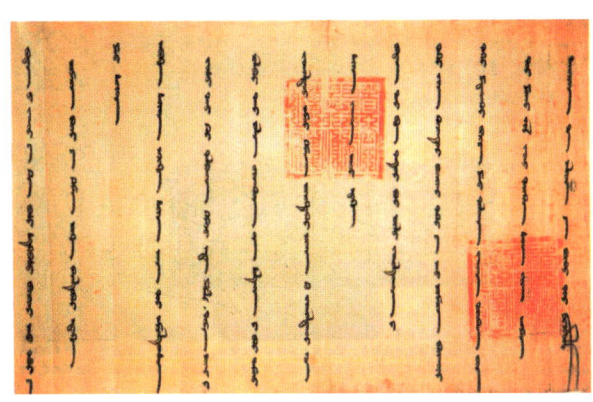

图9-14　1305年伊利汗国完者都汗给法王腓力普的畏兀儿蒙古文信件（局部）

代表作有元代至治年间的《全相平话五种》。书的版式一律上图下文，叙事形式十分生动。每种书分三卷，包括《武王伐纣平话》《乐毅图齐七国春秋后集》《秦并六国平话》《前汉书平话》《三国志平话》。其中《三国志平话》讲述三国故事，已经具备后来《三国演义》的主要情节。讲史话本还有一部重要作品，是《大宋宣和遗事》，主要讲北宋末年的各种历史故事，其中关于宋江三十六人聚义梁山泊的故事，就是后来《水浒传》的雏形。

元代民族大交融的时代特性，元朝统一多民族的国家面貌，促使元代文学也具备多民族多元文化的特点。不仅汉族士人利用传统的文学样式进行创作，更有些具有高度汉文化修养的少数民族士人也善于汉文诗词创作，如耶律楚材、马祖常、萨都剌等。而迺贤、余阙、丁鹤年、贯云石等也都是少数民族的著名诗人，皆有优秀诗词作品传世。

更为突出的新现象是元代少数民族文字文学取得了很大发展。如蒙古文字的创制。蒙古族原无文字，蒙元时期先后行用两种蒙古文

字，一是蒙古畏兀儿字，二是八思巴蒙古字。蒙古畏兀儿字创制于成吉思汗时期，以畏兀儿字母拼写蒙语。曾用以书写诏令文书，译写汉文典籍如《孝经》《贞观政要》《资治通鉴》等。1269年颁布八思巴创制的蒙古新字后，蒙古畏兀儿字不再作为官方文字，但仍在民间行用。据传，1307年僧人搠思吉斡节尔对蒙古畏兀儿字进行改革之后沿用至今，他写的《蒙文启蒙》奠定了蒙古文字正字法，后来清代满文的创制实际上即脱胎于此。

八思巴蒙古字，是忽必烈时命国师八思巴依藏文字母改制而成，至元六年（1269）正式颁行，意欲"译写一切文字"，即拼写各种语言，又称蒙古新字、蒙古国字，俗称八思巴字。八思巴字元朝一代始终作为官方文字行用。元亡后，因其拼写不便，不再使用。

由于元代各民族间互相交流的需要，以及多元民族文化的相互激荡，元代语言学取得了多方面成就。如出现元代用汉字翻译蒙语的工具辞书《至元译语》，还有卢以纬著汉文语法研究著作《语助》，是已知最早的研究汉文虚字的专著；周德清著《中原音韵》，是汉语音韵学方面奠定等韵学基础的著作。

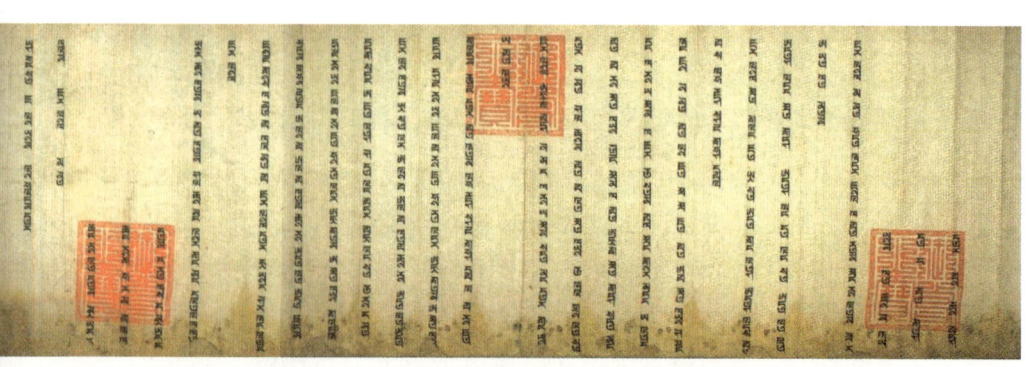

图9-15 元世祖赐予西藏僧人拉洁·僧格贝的八思巴字圣旨

元代更涌现了少数民族文学作品。其中最具代表性的是《元朝秘史》。这部作品不仅记录蒙古的起源和成吉思汗、窝阔台合罕时期的历史，而且也是蒙古族诗歌、传说和民间文学的汇编。《元朝秘史》既是一部民族史诗，也是蒙古族可考的第一部历史文献。此外还有藏族史诗《格萨尔王传》，是一部藏族民间说唱体的英雄史诗，大致在元代成熟写定，当时在全国广泛流传，为汉、藏、蒙古等族所喜闻乐道。

元代史学的新动向　元代的史学成就是多方面的，既继承前代的发展，也有时代的特色。官修和私修都有代表性的史学著作，除汉文著作外，还有各少数民族用自己的文字编纂的史籍。这是元代史学的突出特点，体现了统一多民族国家的文化面貌。

元顺帝时期完成宋、辽、金三史的修撰。早在元世祖时已有修三史之议，但因对宋、辽、金谁是正统王朝的问题意见不一，故迟迟未能开始。直至顺帝时脱脱为相，才决定宋、辽、金三国均为正统，各系年号，三史分修。三史编写班子除汉族欧阳玄、揭傒斯之外，还有蒙古、畏兀儿、哈喇鲁、康里、唐兀等多民族知识分子，开创了中国史学史上各民族史学家合作修史之先例。当时能摆脱无谓的"正统"之争，体现出史学思想上的一个巨大进步，反映出当时学者对大一统的珍视与拥护。这种思想不仅表现在三史的修纂上，也表现在《大元大一统志》《大元混一方舆胜览》《经世大典》等元朝官修典籍的编撰上。而全国性的志书，以"大一统"命名者，始于元代。

私修史籍方面，元代学者士人继续对《资治通鉴》进行研究注释。这一阶段，出现《资治通鉴》最好的注本，即胡三省的《资治通鉴音注》。《通鉴》内容繁富，需要训释之处甚多，《音注》是后人读《通鉴》必不可少的参考书。更可贵的是，《音注》中倾注了胡三省的民族气节和爱国热情。此外，王应麟的《通鉴地理通释》也是元代成书的对《资治通鉴》的另一部著名注释之作。

马端临的《文献通考》是成书于元代的史学巨著。《文献通考》共348卷，是一部着重叙述历代典章制度沿革的分类通史，此书仿《通典》体例。《通典》自天宝以后阙而未备，《文献通考》对天宝以前史实，拾遗补阙；天宝以后至南宋嘉定五年（1212）做了续修，研讨宋制尤详。《通考》分类更为细密合理，共分24门，其中19门是在《通典》基础上离析其门类加以充实而成。如经济史方面，《通典》仅有《食货典》一类，而《通考》却将它分为田赋、钱币、户口、职役、征榷、市籴、土贡、国用八考。另补作《通典》所无的经籍、帝系、封建、象纬、物异五考。内容不仅采用经史，而且摘引奏疏议论、传记、评论、会要等，尤详于宋代史实，反映出他重视近世史研究的精神，虽不如《通典》之精简谨严，但比《通典》详赡完备。杜佑《通典》、郑樵《通志》与马端临《文献通考》为古代"政书"类名著，并称"三通"。

元代少数民族史学也有突出成就。最具代表性的就是《脱卜赤颜》（蒙古语"历史"），即由翰林国史院用蒙古文编写的元朝皇室秘史，类似汉文《实录》，由蒙古近臣执笔，收藏在奎章阁等文阁。《脱卜赤颜》不断续修，原本已佚，但在后来编写的《黄金史》等书中，尚保存一些篇章的片段。明初大致使用《脱卜赤颜》中关于蒙古早期源流和成吉思汗、窝阔台合罕二朝历史的卷数来做蒙古语翻译教材，用汉字音写蒙古语，遂成存世的《元朝秘史》。《元朝秘史》内容丰富，涉及当时蒙古的经济生产、社会组织、政治军事制度、思想文化等各个方面，组织结构、叙事方式都有着鲜明的民族特色。

元代著名的少数民族史籍还有藏文史籍《善逝教法史》《红史》《朗氏家族史》等，白族史书《白古通记》等。

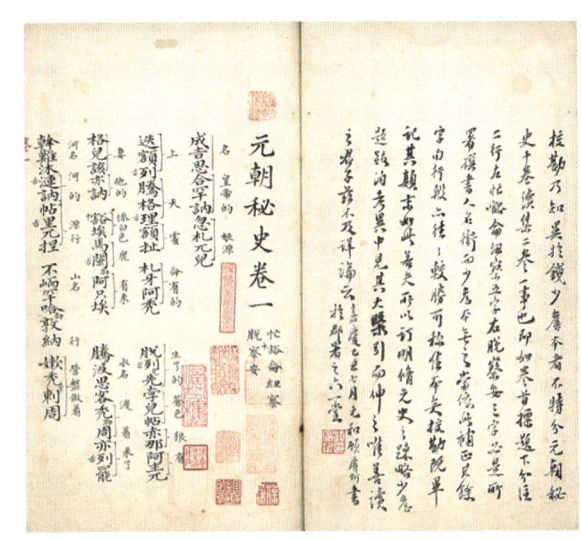

图9-16 《元朝秘史》书影

二 辽夏金元科技的探索与进步

辽、夏、金科技成就 记载辽夏金诸政权科技发展的材料较少。天文历法方面，河北宣化下八里1号辽墓即张世卿墓内有一幅彩绘星图。星图自内而外分为三层，第一层即穹隆顶部正中心悬挂铜镜一面，镜周画莲花，莲花外以白灰为地，上涂蓝色表示晴空。星图内层，即莲花周围，东北主北斗七星；下东偏南为太阳，内画金乌。第二层绘二十八宿，东方七宿为苍龙，西方七宿为白虎，南方七宿为朱雀，北方七宿为玄武。第三层即最外层为黄道十二宫图。这幅星图可能是辽朝据天文观测所绘星图的复制品。墓主张世卿卒于辽天庆六年（1116）。闻名于世的苏州天文图，是南宋淳祐年间根据北宋元丰年间观测所绘星图复制的。这表明，宣化辽墓星图要比苏州天文图早得多。

契丹有自己的历法，与宋朝素来相差一日。熙宁十年（1077），苏颂奉使贺辽道宗生辰，恰逢冬至，依辽朝历法，冬至日迟于宋朝一日。宋副使欲依宋历庆祝，但契丹馆伴官不接受。宋使苏颂说："历家算术小异，则迟速不同，各从本朝历可也。"

辽代建筑在中国古代建筑史上占据重要地位，它较之宋代建筑更多地保留了唐代建筑的风格，现存的山西应县木塔是其中的优秀代表。

金朝在中原地区巩固了自己的统治之后，科学技术在辽和北宋已有的基础上得到恢复和发展。其成就集中反映在天文、数学、农学、印刷等传统领域。早在天会十五年（1137），金朝就颁行根据宋《纪元历》修定的《大明历》。金正隆、大定间，逐渐发现《大明历》的一些问题，特别是司天据此历预测日食不准确。古代统治者相信"天人感应"，非常重视对天象的观测。因此，大定间司天监赵知微重修《大明历》，此历一直沿用到元初。

数学方面，最重大的成果当数金末进士李治著《测圆海镜》十二卷，其书以勾股容圆为题，自圆心、圆外纵横取之，得大小十五形，皆无奇零。此外，其书言秦九韶"立天元一"法最详。后来，其书传至西方，西人称此法为"借根"法。

医药卫生方面，辽朝已具备一定的药物知识及其应用方法。20世纪90年代，在修复辽代庆州白塔过程中发现了一些药材。除用于杀虫防潮之外，辽朝还以草药及动物性药材内服。应县木塔"采药

第九章 多元一统(辽夏金元)

图9-17 山西应县辽代木塔

图"绘采药人手执灵芝,是辽人服用灵芝的明证。此外,契丹人懂得鹿茸的药用价值,并且用之服食。《嘉祐杂志》载,据辽使云:"驼鹿重三百斤,效其声致之。茸如茄者,切食之。"

契丹医学在治疗手段方面,除服药之外,还有"砭焫之术",东丹王耶律倍即"精医药"及此术,"砭焫"当即后来的针灸。契丹医学是在中国传统医学基础上发展起来的,是中国传统医学的组成部分,他们也讲究辨证施治,诊断也采用望、闻、问、切。由于契丹人长年居住于北方地区,天气严寒,契丹人还积累和发展了关于治疗冻伤的知识。

金代医学取得的成就是相当突出的。随着医学分科的逐渐细致和临床经验的不断总结,金代中医理论获得较大进步。中医学史上比较有名的七大学派中,三派就诞生在金朝,可见理论建设成就之大。金初,名医成无己注释《伤寒论》。其友人严器之在皇统四年(1144)为该书所写的序中说:注者"术业精通而又有家学,注成《伤寒论》十卷,出以示仆。其三百九十七法之内,分析异同,彰明隐奥,调陈脉理,区别阴阳。使表里以昭然,俾汗下而灼见;百一二十方后,通明名号之由,彰显药性之主"(《金文最》卷36《序》)。

金、元两朝,出现以刘完素、张从正、李杲、朱震亨为代表的四大医学流派。他们都具有丰富的临床实践经验和广博的理论知识,各自从不同角度继承并发展传统中医学说,被后人尊为"金元医学四大家"。

刘完素,金代前期人,代表中医的河间学派,著有《素问玄机原病式》《素问病机气宜保命集》《宣明论方》《伤寒直格》等书。张从正，金代后期人，著有《儒门事亲》15卷，代表攻邪学派。李杲，金蒙之际名医，曾师事金代另一位名医张元素，尽得其传，他们代表易水学派，著有《内外伤辨惑论》《脾胃论》《兰室秘藏》等书。朱震亨，元代人，为刘完素三传弟子，亦旁通张从正、李杲之学，著有《格致余论》《局方发挥》《丹溪心法》《伤寒辨惑》等书。

元代科技发展　元朝缔造大一统多民族国家，中外文化交流兴盛。在中西方科学技术大交流的基础上，元代科技在各门类的探索和实践上都取得了巨大发展，呈现出博大浑厚的气象。

元朝在天文学方面成就非常突出。忽必烈建立元朝后，陆续在上都建立"回回司天台"，在大都成立汉司天监和"回回司天监"。元朝同时拥有三座宫廷天文测算机构，中原地区天文科学和伊斯兰天文科学各自运行，并相互交流、交融，元朝的天文观测较之前

图9-18　河南登封元代观星台

代，有了更深厚的科学基础。

元朝天文学的成就要与大科学家郭守敬联系在一起。郭守敬在天文历法、数学、机械制造、水利工程方面均有显著成就。元初袭用的辽金《大明历》乃辽圣宗时期贾俊所制，金初杨级与赵知微先后重加修订而成。《大明历》年深月久，浸以后天，刘秉忠欲议修正而未果。南宋所使用的《成天历》，虽是度宗咸淳七年（1271）所颁发，然它所采用的是十九年七闰的古法，误差甚大。全国统一以后，忽必烈便在至元十三年（1276）六月设太史局（后改升院），把编制新历作为统一王朝的重大措施。

忽必烈委任王恂、郭守敬、许衡共同负责修历之事。三人根据自己的特长，各有侧重和分工，王恂负责数学推算，许衡阐明历法原理，郭守敬偏重仪器制造和天文观测。

郭守敬致力于改制、创造天文仪器，共造出简仪、仰仪、圭表、正方案等近二十种。随后于至元十六年（1279）主持了一次人类历史上规模空前的天文测量，当时实测范围"东至高丽，西极滇池，南逾朱崖，北尽铁勒"（《元史》卷164《郭守敬传》），在地理上从北纬10度至北纬65度的广阔范围内，选取二十七个地点建立观测所进行测量，被称为"四海测验"。其最北的北海测验所，已至北极圈附近；最南则达南海岛屿。所得数据与今天的纬度值相比较，平均误差不超出半度。观测恒星近2500颗，其中1000余颗是第一次测出。根据大量实测资料，修成新历，忽必烈赐名《授时历》，其精密程度大大超出前代，《元史·历志》所称："自古及今，其推验之精，盖未有出于此者也。"《授时历》行用364年，是我国推算最精确和使用最久的历法。如测定一回归年平均长度为365.2425日，与地球绕太阳公转周期仅差26秒，早于西方《格利高里历》的相同数据300余年，在较长时期内都是世界上最先进的历法。

农学方面，至元九年（1272），元廷司农司刊刻《农桑辑要》一书。《农桑辑要》是中国古代政府编行指导全国农业生产的最早的一部全面性大农书。它也是贾思勰《齐民要术》之后历代农学成果的总结。很多现在已失传的农书因为《农桑辑要》引述而有部分保存。

元朝统一后，农学家王祯编著《农书》。前述《农桑辑要》编成于全国未统一之时，故内容难免偏重于北方旱农作物生产。王祯所处时代，元朝已完成全国的统一。王祯是北方人，他来到南方，长期就任亲民的县尹，这为他撰成这部不朽的著作提供了有利条件。《农书》是中国历史上第一部从全国范围内对农业进行系统研究，整合南北各地不同的农业技术和农业生产知识的著作。该书除了广泛地收集了历史上有关的农学著作外，还记载王祯所收集的民间行之有效的经验与创造，阐述他本人的独特发明与重农主义思想，图文并茂，切用利行。王祯在书中还特别着意于通贯

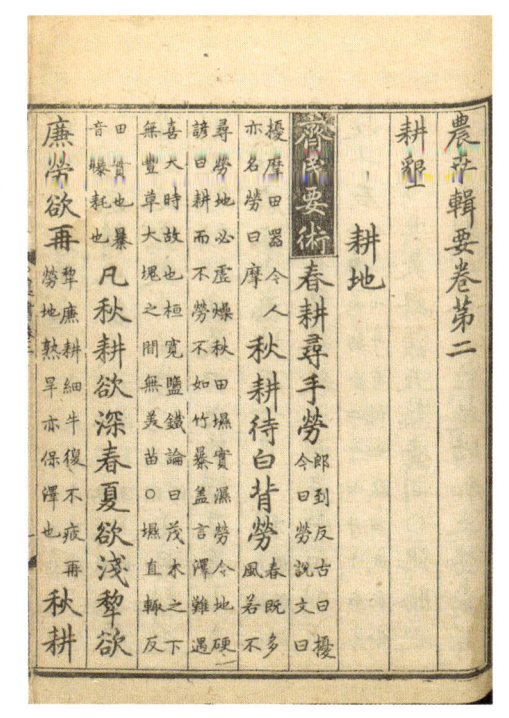

图9-19　元延祐年间刊《农桑辑要》书影

南北异宜、古今异制的思想,"使南北通知,随宜而用,无使偏废"(《农书》卷2《耙劳篇第五》)。

元朝统一中国后,版图的广阔和交通的畅达都是空前的。正如《元史·地理志》所说:"元有天下,薄海内外,人迹所及,皆置驿传,使驿往来,如行国中。"(《元史》卷63《地理志六·河源附录》)这为地理学研究的发展提供了有利条件。元朝组织推动大规模的地理考察活动,这是超过前代王朝的科学成就。如元世祖忽必烈曾组织黄河源头的专门考察,前代王朝涉及河源,多是行军出使,适涉其境,本非有意勘察,故记录乏详。元世祖忽必烈于至元十七年(1280)专门派遣女真人都实为招讨使,佩金虎符,去探察黄河源头。忽必烈拟于其地建城,"俾番贾互市,规置航传",其意在使西蕃物资循河水运达于京师,"以永后来无穷利益"(《南村辍耕录》卷22《黄河源》)。派遣都实于是年四月由宁河驿西南行,逾捉(杀)马关,"西迈愈高",历时四个月,终于发现黄河源头"火敦恼儿"(译为星宿海),位于今青海省扎陵湖西南。潘昂霄据此绘成地图,撰成《河源志》,这是我国有关河源学的第一部专著。《河源志》对黄河河源地区的地形、水系、植被、动物、人口、聚落、城镇分布等都有简单扼要的介绍和生动的地理描述,并明确纠正了《汉书·西域记》等前代古史关于黄河源头的错误说法。朱思本《舆地图》也是元代地理学上的一项重大成就。他根据自己的实际调查和当时已有的地理知识,花十年之功,编绘而成《舆地图》,其精度超过前人。总之,元人对世界的地理认识是远超前人的。

元代水利工程的科学水平有较大提升,集中体现在大运河开凿和黄河治理两大工程上。通惠河上引一亩、白浮诸泉以扩大水量；会通河分汶水以贯通南北。为克服地形的落差，保证航运的畅通，乃设为坝闸，这是地理、水文、机械等科学技术的综合成就。至正十一年（1351），贾鲁主持规模巨大的治河工程。当年四月初四，元顺帝正式批准开工治河，下诏中外，命贾鲁以工部尚书兼任总治河防使。发民夫十五万，军士两万进行施工。四月二十二日开工，到十一月十一日，木上工程完成，龙口堵合，黄河顺利流回故道。整个工程共计190天，贾鲁在治河工程上取得了巨大成功。据史料统计，整个工程耗费中统钞一百八十多万锭，工程量之大，在我国古代治河史上是不多见的。这要求在水文测量、力学估算、材料的预备以及人力的组织等方面，都必须有精确掌握与严密安排，体现了元朝政府强大的组织动员能力。之后二十余年间黄河未再发生大的决堤，证明治理效果是比较好的。

四　元朝艺术的博大气象

元代的艺术成就绚烂多彩，充分显示了统一多民族国家的文化特点。在元代，中原地区艺术与中西亚、欧洲、南亚多种艺术流派相互交流碰撞，产生了很多新的艺术形式，也体现了元代艺术博大多元的新气象。

元代绘画产生了突出成就。元代宫廷画家们创作的《元世祖出猎图》是充满北方草原游牧气象的皇室绘画佳作。

元朝宫廷没有设立画院，画家们得以从宋代院画的束缚中解脱出来，有了用画笔表达个性、抒发思想的自由。他们主张"写胸中之逸气"，"不求形似，聊以自娱"。风格上挥洒淋漓，重视笔墨情趣，追求意境深远；画面上加题跋、篆刻，把书法、文学、治印的艺术与绘画融为一体，在形式上或内容上都开创出一个全新的境界。元代文人画的确立，在中国绘画史上有着划时代的意义。所谓文人画，即反映中国古代文士的思想情操、审美情趣的传统绘画，它是宋人诗余墨戏的文人画的发展。元朝的绘画进一步向写意风格发展，文人画已成为画坛主流。

元初绘画，仍以山水为主，画家以赵孟頫、钱选、畏兀儿人高克恭为名家。其中赵孟頫是绘画史上承前启后的集大成者，人物、山水、花鸟、竹石无不精工。到黄公望、王蒙、倪瓒、吴镇时，各家皆以水墨山水见长，又都另辟蹊径，别开生面，后人习称他们为"元四家"。他们用水墨或浅绛描绘山水，有所创新，形成以后山水画的主

图9-20 《元世祖出猎图》（局部）

流，对明清山水画的发展有很大影响。现在分藏台北"故宫博物院"与浙江省博物馆的《富春山居图》是黄公望晚年的杰作。此外，元朝一些少数民族士人的书画作品也达到了很高水准，如巙巙的书法、高克恭的绘画，皆与赵孟頫齐名。

元代书法达到了一个新高峰。赵孟頫是元代书画巨匠，书法"称雄一世"，被尊为中国古代书法典范"颜、柳、欧、赵"四体之一。

元朝壁画雕塑艺术有很高成就。如现存敦煌石窟、安西榆林窟（万佛峡）、西藏日喀则德钦颇章宫里都有元代佛教壁画，还有山西芮城永乐宫道教壁画、山西洪洞广胜寺明应王殿元代杂剧壁画等，不仅是精妙绝伦的艺术瑰宝，而且是具有重要史料价值的图像文物，见于记载的元代壁画画家有朱玉、李时等名手。雕塑方面，元代的雕塑大师们，既吸收外来的技巧，也继承中原的传统，并加以发扬光大，力求展现艺术个性。元朝引进尼波罗（今尼泊尔）的梵式造像术，著名雕塑师阿尼哥所塑"西天梵相"风格之佛像与唐宋佛像形态迥异。阿尼哥有汉人弟子刘元，他学习尼泊尔人的"画、塑、铸金之艺"，学塑"西天梵相"，神思妙合，被誉为绝艺，这也体现了元代艺术技法的中外交流。

图9-21 身着"纳石失"锦袍的元文宗

此外，元代工艺美术在中外文化交流的基础上也大放异彩。为满足元朝宫廷和官府的需要，元代官营纺织业非常发达。在中原地区纺织技术与外来纺织技术的交融下，出现了很多前代稀少甚至没有的新纺织品种。如"纳石失"就是当时最重要的丝绸品种代表之一，纳石失是波斯语或阿拉伯语"织金锦"的音译，用金线混织、上贴大小明珠，丝绸上以金线显示图案，华贵而富丽，在元代风靡天下，驰誉中外。

本章参考文献

白寿彝总主编，陈得芝主编：《中国通史》第8卷《元时期》，上海人民出版社1997年版。

陈高华、史卫民：《中国经济通史》第7卷《元代经济卷》，经济日报出版社2000年版。

陈高华、张帆、刘晓：《元代文化史》，广东教育出版社2009年版。

韩儒林主编：《元朝史》（修订本），人民出版社2008年版。

李锡厚、白滨：《辽金西夏史》，上海人民出版社2003年版。

袁行霈主编：《中华文明史》第3卷，北京大学出版社2006年版。

张帆：《中国古代简史》，北京大学出版社2015年第2版。

周良霄、顾菊英：《元史》，上海人民出版社2003年版。

本章图片来源

图9-1　孙建华编著：《内蒙古辽代壁画》，文物出版社2009年版，第264页。

图9-2　现藏日本京都大学人文科学研究所。

图9-3　宁夏大学西夏学研究院。

图9-4　现藏深圳博物馆。

图9-5　现立于云南省大理古城西三月街。

图9-6　日本京都大学人文科学研究所所藏石刻拓本网站（http://kanji.zinbun.kyoto-u.ac.jp/db-machine/imgsrv/takuhon/t_menu.html，2023年11月21日）。

图9-7　现藏兴安盟科右中旗博物馆。

图9-8　现藏中国钱币博物馆。

图9-9　现藏中国国家图书馆。

图9-10　山西省文物管理工作委员会编：《永乐宫》，人民美术出版社1964年版，图版11。

图9-11　现藏英国大英博物馆。

图9-12　现藏山西博物院。

图9-13　张政烺主编：《中国古代历史图谱·元代卷》，湖南人民出版社2016年版，第317页。

图9-14　现藏法国国家档案馆。

图9-15　现藏西藏自治区档案馆。

图9-16　现藏中国国家图书馆。

图9-17　张政烺主编：《中国古代历史图谱·辽夏金卷》，湖南人民出版社2016年版，第99页。

图9-18　张政烺主编：《中国古代历史图谱·元代卷》，湖南人民出版社2016年版，第252页。

图9-19　现藏上海图书馆。

图9-20　现藏台北"故宫博物院"。

图9-21　现藏美国纽约大都会艺术博物馆（尚刚：《纳石失在中国》，《东南文化》2003年第8期）。

国家重大学术文化工程、"十四五"规划项目
《(新编)中国通史》纂修工程重要阶段性成果

《(新编)中国通史纲要》
《中华文明史简明读本》

中华文明史简明读本 下

中国历史研究院 主编

中国社会科学出版社

目 录（下册）

第十章　近代初曙（明清）

第一节　大一统的新高度 …………………………………… 521
 一　多民族大一统格局的新成就 …………………………… 521
 二　文化上的多元一体 ……………………………………… 523
 三　"国家"意识与"中国认同"的新内涵 ………………… 527

第二节　中华思想文化集大成 ………………………………… 534
 一　学术的转向与发达 ……………………………………… 534
 二　大型文化典籍的修纂 …………………………………… 541
 三　艺术史上的新成就 ……………………………………… 544
 四　科技文明与进步 ………………………………………… 550

第三节　"近代"意识的兴起 ………………………………… 565
 一　经济发展中早期近代化的趋向 ………………………… 565
 二　启蒙观念酝酿 …………………………………………… 573
 三　市民社会兴起 …………………………………………… 575

第四节　新"天下"观 ………………………………………… 579

1

一　朝贡体系与条约体系的对冲 ·············· 579
　　二　中西文化碰撞与交流 ·················· 586

第十一章　沉沦探索（旧民主主义革命时期）

第一节　文明蒙尘 ························· 603
　　一　西方文化侵略与渗透 ·················· 603
　　二　文明自信的削弱 ···················· 608
　　三　民族觉醒与浴血抗争 ·················· 611

第二节　救亡图存 ························· 614
　　一　"师夷长技以制夷" ··················· 614
　　二　"中体西用" ······················ 618
　　三　改良与革命思潮兴替 ·················· 620

第三节　新知识新体系 ······················ 625
　　一　传统学术文化新成就 ·················· 625
　　二　新式教育的探索 ···················· 627
　　三　近代知识体系建立 ··················· 632

第四节　社会新风貌 ························ 635
　　一　新兴阶层 ······················· 635
　　二　日常生活 ······················· 638
　　三　文明交流互鉴 ····················· 642

第十二章　文明新路（新民主主义革命时期）

第一节　旧文化局限下的道路探寻 ················· 651

一　孔教运动与文明转型的困顿 ················· 651
　　二　尊孔读经与恢复"固有道德" ················· 653
　　三　现代新儒家与文化复古思潮 ················· 654
　　四　国民党文化专制的桎梏 ····················· 656
第二节　新民主主义文化 ····························· 658
　　一　马克思主义的传播及其中国化的开启 ········· 658
　　二　新民主主义文化纲领的引领 ················· 662
　　三　苏区文化教育与左翼文化 ··················· 664
　　四　救亡文学与解放区文学 ····················· 668
　　五　为工农兵服务的新民主主义艺术 ············· 671
　　六　解放区的新民主主义教育 ··················· 676
第三节　文明新气象 ································· 679
　　一　白话文运动与新文学的发展 ················· 679
　　二　现代艺术的拓展 ··························· 684
　　三　新闻报刊与现代文化设施建设 ··············· 691
　　四　新教育与现代学科的建立 ··················· 693
　　五　科学体制化与新学术的发展 ················· 694

第十三章　换了人间（新中国成立与社会主义革命和建设的展开）

第一节　"第二次结合"的理论创新 ··················· 703
　　一　向社会主义过渡的思想 ····················· 703
　　二　"第二次结合"的理论探索 ··················· 707
　　三　独创性的理论成果 ························· 710
第二节　先进的社会主义制度 ························· 712

一　根本的政治原则 ·············· 713
　　二　社会主义经济制度建立 ·············· 715
　　三　社会主义基本制度建立 ·············· 719
第三节　焕然一新的社会主义文化 ·············· 723
　　一　马克思主义思想的指导地位初步确立 ·············· 724
　　二　"百花齐放，百家争鸣"的方针 ·············· 726
　　三　绚丽多彩的文化成就 ·············· 728
　　四　社会风尚的变化和精神谱系的丰富发展 ·············· 735
第四节　对外交流与合作 ·············· 739
　　一　和平共处五项原则 ·············· 739
　　二　"三个世界"划分的战略思想 ·············· 741
　　三　对外经济技术援助 ·············· 743
　　四　与人民民主国家的文化交流 ·············· 746

第十四章　春回大地（改革开放和社会主义现代化建设新时期）

第一节　中国特色社会主义理论体系的形成 ·············· 755
　　一　解放思想与真理标准问题大讨论 ·············· 755
　　二　邓小平理论的创立 ·············· 758
　　三　"三个代表"重要思想的形成 ·············· 761
　　四　科学发展观的提出 ·············· 762
第二节　社会主义精神文明建设 ·············· 765
　　一　精神文明建设的提出与发展 ·············· 765
　　二　党对思想文化领域的领导与理想信念教育 ·············· 768
　　三　道德建设与以德治国 ·············· 772

四　建设社会主义核心价值体系 …………………… 774
　　五　塑造新时期中国精神 …………………………… 775
第三节　中国特色社会主义文化建设 …………………………… 777
　　一　中国特色社会主义文化建设理论的新发展 …… 778
　　二　文化体制改革与文化产业、文化事业的繁荣 … 781
　　三　新闻出版与广播影视事业成果丰硕 …………… 785
　　四　科教兴国战略与科教事业发展 ………………… 789
　　五　哲学社会科学与文化遗产保护事业的新气象 … 793
　　六　体育事业开启新篇章 …………………………… 797
第四节　中华文明在创新发展和交流互鉴中提升软实力 ……… 799
　　一　形成具有中国特色的社会主义政治文明 ……… 800
　　二　建设社会主义社会文明 ………………………… 802
　　三　对外文化交流新气象 …………………………… 805
　　四　明确时代主题与提出新安全观、和谐世界理论 … 808

第十五章　走向复兴（中国特色社会主义新时代）

第一节　中华文化和中国精神的时代精华 ……………………… 817
　　一　中国特色社会主义进入新时代 ………………… 817
　　二　开辟马克思主义新境界 ………………………… 820
　　三　习近平新时代中国特色社会主义思想 ………… 825
　　四　铸牢中华民族共同体意识的思想基础 ………… 829
第二节　开创中国式现代化新局面 ……………………………… 834
　　一　人口规模巨大的现代化的显著特征 …………… 835
　　二　全体人民共同富裕的目标追求 ………………… 839

三	物质文明精神文明相协调的根本要求	843
四	人与自然和谐共生的价值理念	845
五	走和平发展道路的思想内涵	849

第三节　"五大文明"协调发展新成就 …… 851

一	物质文明成果斐然	852
二	政治文明新形态	856
三	精神文明气象万千	860
四	社会文明展现新姿	864
五	生态文明硕果累累	867

第四节　铸就中华文化科技新辉煌 …… 870

一	坚定文化自信推进社会主义文化强国建设	871
二	传承和弘扬中华优秀传统文化	873
三	文化事业和文化产业繁荣发展	875
四	创新驱动建设世界科技强国	877
五	网络强国和网络文明建设	881

第五节　拓展人类文明发展进步空间 …… 885

一	倡导构建人类命运共同体	885
二	促进世界合作共赢共同发展	888
三	推进全球治理体系变革	891
四	推动世界文明交流互鉴	894

结语　人类文明新形态

一	从千年文明古国中走来	904
二	人类文明新形态的显著特色和丰富内涵	908

三　开创中华民族伟大复兴的崭新局面 …………………… 911
　四　引领时代潮流和促进人类文明进步 …………………… 913

后　记 …………………………………………………………………… 917

第十章 近代初曙
（明清）

第十章　近代初曙（明清）

章首语

　　明清两个王朝是中国封建王朝的最后阶段，时间跨度上从14世纪到20世纪。在这贯穿近六个世纪的长时段历史中，中华传统文明各个方面都发展到最为成熟的阶段，并开始酝酿、呈现出一定早期近代特点的新因素。中华传统文明的延续性得以继续充分演绎的同时，也为中华民族现代文明的形成奠定了坚实基础。

　　明清时期，中原以外的东北、蒙古、新疆、西藏等地区被重新置于中央王朝的有效管辖之下，中华文明以一种空前的有容乃大的气象，将自古以来的大一统格局推进到一个更高水平。多民族统一国家在文化上呈现出更加明显的多元一体特征，中华民族共同体意识与中国认同观念进一步强化，中华文明的统一性得到充分体现，内涵更加丰富。这一时期，中国思想文化呈现出"集大成"的特点，在学术思想方面，程朱理学、阳明心学、乾嘉考据学的激荡表现出时人在思想上的探索，《永乐大典》《四库全书》等总结性大型文化典籍得以修纂。在绘画、书法、小说、戏剧、建筑、医学等传统文学艺术与科技发展到新高度的同时，西方科学知识的传入促使中国在艺术、天文、数学、地理测绘等方面也取得新成就,展现了中华文明内在延续性和包容性。这一时期,中国经济发展不但收获大一统政治稳定带来的人口增长、市场统一与扩大等红利,经济增长方式也以强劲的创新性,开始出现早期近代转型、资本主义萌芽,市民社会发展趋势亦崭露新机。

随着新航路开辟和大航海时代的到来,西欧英、法等国以武力为基础,展开全球资本主义扩张,人类的世界性联系增强,历史开始向世界历史转变。与西方国家不同的是,中华文明则以和平性为主旨,在与全球文明体系空前频繁的交流互鉴中,在政治、经济、文化等方面都呈现出诸多创新气象,这表现在边界条约的出现推动国家观念日渐清晰,西方科技、艺术文明因素嵌入,白银货币经济规模庞大等方面。同时,中华文明也进一步在欧洲传播,中国传统的丝、茶、瓷器在欧洲各国一度引领时尚,大量儒家经典被翻译介绍到欧洲各国,中国的制度也受到诸多西方思想家追捧,特别是科举制度西传更是启发了欧洲文官制度的改进。整体而言,中华文明在这一时期呈现出由传统向近代逐渐转型的初曙,也为整个人类的文明发展带来一抹亮丽。

第一节　大一统的新高度

统一性是沉淀在中华文明历史数千年长河中的突出特性。"大一统"是自春秋战国时期形成的一种政治思想，是中国历代王朝最高的政治追求，在政治实践上突出表现为中央集权体制的稳定与顺畅，版图疆域的拓展和意识形态上对儒家思想的尊崇。秦、汉、隋、唐、元朝各个朝代都在这三个方面推进了"大一统"的发展，但对"大一统"的内涵表达和实践程度各有差异。相对而言，"大一统"在明清时期达到一种较为完善的程度，成为这一时期政治文明的核心内容。

一　多民族大一统格局的新成就

在推进大一统格局方面，明清两朝继汉、唐、元之后，陆续把蒙古、西藏、西域等地区重新纳入统一管辖之下，并通过一套行之有效的政治管理机制，建立一个疆域辽阔、民族众多的国家，将中国自古以来的大一统推进到一个新高度。这一新高度表现在三个方面。

首先，清朝把中原地区与蒙藏新疆等地先后纳入版图，这在中国历史上是首次。汉、唐王朝曾控制西域，但始终不能对北部草原上的匈奴、突厥之地进行直接管理。元明曾实现对西藏的管辖，但西域地区一直处在有效统治范围之外。直到清朝，经过近百年努力，终于将以蒙古高原为中心，向东至东北平原，向西延伸到天山南北地区

（即西域），与帕米尔高原衔接，西南则包括青藏高原的广大地区同时纳入版图，与内地连为一体，这在中国历史上是空前的。

其次，清朝完成的大一统新格局，是多民族的大一统。民族多元是中国历史的一大特色。自古以来，中国北方民族分为东胡和大胡两个部分。东胡指生活在东北地区到黑龙江流域的渔猎民族，包括鲜卑、契丹、女真等。大胡则指生活在蒙古草原向西一直到哈萨克草原地区的游牧民族，有匈奴、突厥、蒙古等先后称雄，每个民族都曾建立强大政权。

传统儒家思想意义的大一统主张"华夷之辨"，认为汉人具有文化优势，文化落后的少数民族不具有建立中原王朝的合法性。清朝统治者自一开始就明白，要实现"大一统"，仅靠20余万人的满族群体无法完成。清朝必须得到汉人的鼎力支持，才能稳固在中原的统治；必须获得蒙古、藏、回等各族的臣服与认同，才能在长城以外地区实现有效统治。而将长城内外的农、牧民族关系，由以征伐对峙为主改变为相安共处于一国之中，把几个信仰不同、经济生活方式不同、政治利益诉求不同的主要民族凝聚在清朝统辖之下，考验的不仅是清朝的军事能力，更是统治阶层的政治智慧。大一统的长久维系，仅靠刚性的军事优势远远不够，更需要统治者在意识形态方面推出柔性措施。所以，有清一代，清朝最高层一直强调满蒙一体、满汉一体，努力打破"华夷之辨"思想桎梏，寻求获得汉、蒙古、藏、回等各民族的政治认同。唯有如此，众多民族才能真正团结，才能改变一时的"权宜之计"，实现长治久安。这是两千年来中国民族关系在国家政治层面所面临的前所未有的挑战。

最后，清朝的大一统格局建立在一个稳定、有效的国家治理机制基础之上。建立大一统，不仅是能否"打下来"的军事问题，更是能否"守得住"的政治问题。清朝自顺康时期到乾隆时期，一直在摸索建立一套高效的中央集权体制，在长城内外地区设官驻军，保证中央政令、军事力量能够顺利抵达辽阔疆域的各个角落，对这些地区发生的问题迅速做出反应。同时，这套国家管理机制还要照顾到不同民族的习俗，保证他们各自的政治、经济利益。如此才能增加向心力，减少离心力，把这些地区和民族纳入统一的国家体制之中。

如何建立一个稳定的、疆域辽阔的多民族国家，这不仅是中国历史上的难题，也是一个世界性难题。从罗马帝国到奥斯曼帝国，很多世界性大帝国的崩溃，往往都由被统治民族离心引发政治危机所致。15—18世纪，当欧洲国家正向建立民族国家的道路转向时，明清时代的中国则把传统大一统思想和多民族统一国家格局推向一个新高度，走上与欧洲国家完全不同的国家构建路径，这是由中国历史实际决定的。

二 文化上的多元一体

2019年9月27日，习近平总书记在全国民族团结进步表彰大会上的重要讲话中强调，"一部中国史，就是一部各民族交融汇聚成多元一体中华民族的历史"。对多元文化的包容性是多民族统一国家的内在要求。

明清时期，中国多民族大一统格局进一步发展，边疆民族地区的行政管理机制得到深度革新，促进了各民族之间经济、文化交流、交融，增加了各民族的向心力，中华民族共同体意识也不断加强。这种交融表现在三个方面，一是边疆民族地区行政管理机制日益健全，人口迁徙加速了各民族在空间上的交融，二是由政府主导的儒家教育在边疆民族地区的推进与普及推动了文化融合，三是族际婚姻逐渐普遍化成为民族交融的纽带。

明清时期中国内部人口的大规模迁移是推动大一统文化融合的主要动力。就地域而言，主要涉及由内地向西南云贵川地区、西北陕甘新疆地区、东北地区和北部蒙古地区等的迁移活动。除了商、民自发迁移外，政府有计划的移民屯垦，军政驻扎和行政建制的增多，也构成了推动这些地区政治生态和民族格局日新月异的主导力量。

明朝建立后，洪武时期在云南设布政使司，永乐时期设贵州布政使司，下设府州县与卫所。故《万历云南通志》"风俗"中有言："土著者少，宦成多大江东南人，熏陶渐染，彬彬文献，与中州埒矣。"清朝自雍正时期开始，政府加大力度全面推进改土归流，大批土司区域改由中央政府派遣官员任职。在云南，仅常驻绿营兵及家属人数就在15万以上，绝大部分为外地迁入。至道光时期，自湖广、四川、两广、江西等地迁入贵州地区的客民达30多万，约占当地人口的四分之一。乾隆时期统一新疆后，清朝将将军、大臣驻防制度推广到蒙古、西藏、青海、新疆等边疆少数民族地区。在东北地区，虽然清朝一直申禁民人进入，但到乾隆四十一年（1776），整个东北地区的流民已达130余万。在内蒙古各地，由于民人蜂拥迁入，开垦耕地，清朝不得不多次延展垦界。为解决民族杂居、农牧交错所衍生出的税收、法律等问题，雍正年间设置张家口、多伦诺尔和独石三厅。

人口迁移与民族混杂，带来民族文化习俗之间的相通相融。如明代汉人涌入苗疆，一方面他们需要以"苗化"方式适应苗疆的生活方式，另一方面又保持着供奉"天地君亲师"神龛进行祭祀、老人过世后披麻戴孝等习俗，反过来又影响很多苗民"敦礼教、崇信义"，使一些苗疆地区逐渐变为"声名文物之区"。《嘉靖贵州通志》曰："各军卫徙自中原，因沿故习，用夏变夷，胥此焉。"

明清时期以儒学为主导的汉文化在边疆民族地区得到有计划、大规模推广，成为推动少数民族与汉族交融的主要途径，使很多生活在边远地区"箐深土瘠，刀耕火种"的少数民族"渐渍文明之化"（《万历贵州通志》卷3）。明朝在云南共开办书院65所，录取进士241名。这些进士中，不乏少数民族出身者。很多少数民族"亦喜读书，出身仕宦，代不乏人"，普洱的少数民族"户力诗书"，推动了少数民族儒学学习，丽江木氏、武定凤氏则是崇慕儒学的典型代表。贵州在"国朝洪武以来，儒教渐兴，而冠婚丧祭之礼多慕中国，间有向意书院，登科出仕者矣"（《寰宇通志》卷114）。在王阳明龙场悟道后，创办龙岗书院和阳明书院，更使当地人对儒学趋之若鹜。整个明朝在贵州总计录取进士76名。

清代随着大一统的推进，儒学教育与科举制度迅速向东北、台湾、西南等地区延伸。清朝统治者对学习汉文化十分重视，东北地区书院数量逐渐增多，分布范围逐渐扩大，该地区最早的银冈书院在康熙十四年（1675）建立，奉祀孔子，又有龙城书院、白山书院等，开风气之先。入主中原后，为旗人开设咸安宫官学、景山官学等学校，要求文武兼修，必须研读四书五经。满人由科举跻身大僚者不乏其人，鄂尔泰、尹继善等都在其列。康熙二十二年统一台湾后，全面推行儒学教育和科举考选制度，并实行一系列优惠政策，不断推进台湾社会进步、文化繁荣。大批福建内地士子赴台从教，为传播中华文化、发展儒学教育贡献卓著。清代西南地区儒家思想传播获得进一步发展，在科举考试中，云贵二省进士数量分别增加至618名和560名。

族际婚姻是明清时期少数民族与汉族交融的另一重要途径。明朝政府对云贵一带族际婚姻一直听之任之。清初曾试图以民族隔离来阻止族际婚姻，但这种不符合实际的做法在实际生活中成为一纸具文。以苗汉之间的婚姻为例，清朝原来禁止汉苗通婚，至乾隆二十九年（1764）六月，乾隆帝认为："儒日深，渐习耕读，与内地民人无异，若令其姻娅往来，与苗人声息相通，则各峒寨风土人情或可得其领要，于地方亦属有益。"[1] 不久便下令取消苗汉通婚禁令，从此苗汉通婚大幅增多，苗汉之间"姻亲往来与内地人民无异"。婚姻的开放推动了汉苗之间的交融。这其中既有苗民的汉化，亦不乏汉人娶苗女而逐渐"苗化"，《龙氏族谱》称："效其声，服其服，循其俗"，民间常有"汉父夷母"或者"夷父汉母"说法。由此汉族的礼教在一些苗族中得以留存和延续。在东北地区，到清代中叶以后，满蒙与汉人通婚的禁令也几成空文。不仅满汉通婚成为普遍现象，其他民族如达斡尔与索伦人、鄂伦春人也出现通婚现象。当时"满洲、汉军皆与蒙古通婚姻，然娶蒙古者多。达呼尔、巴尔呼自相婚姻或与蒙古通。营、

---

[1] 《署湖广总督常钧等奏应准湖南民苗互相姻娅折》，载中国第一历史档案馆编《清代档案史料丛编》第14辑，中华书局1990年版，第182页。

站、台、屯，则满洲、汉军娶其女者有之"①。至于各省驻防满人与汉人之间的通婚更为普遍，"满、蒙、汉民，久已互通婚媾，情同一家"。民族通婚和血缘融合推动不同民族在伦理、道德、风俗各方面深度交融，民族传统的血缘观念相对淡化。

从世界范围内来看，中华帝国与罗马帝国的扩张不同，罗马帝国以军事为后盾向外扩张，中华帝国却以文化为中心将四边向内凝聚。这种内聚就是各民族交融交流的过程，推动中华民族多元一体文化格局定型，到18世纪，中华文明走出一条与西方文明不同的发展道路。②

三 "国家"意识与"中国认同"的新内涵

对华夷之辨思想的突破 明清时期大一统格局进一步发展的政治实践，与传统的"华夷之辨"政治思想产生尖锐矛盾。尤其是清朝统治者本身就是"夷狄"，这种矛盾在雍乾之际愈发激化，夷夏大防思想受到激烈批判。

宋代以来，"华夷之辨"成为一种对历代王朝政治有着重要影响的政治思想。华夷之辨核心内容之一就是更强调以民族意识为基础的政治认同，以此质疑北方民族入主中原、建立大一统王朝的正统性。清朝统治者为改变这种华夷之辨的历史语境，有意识地抨击华尊夷卑思想与历史实际的背离及其逻辑缺陷，强调在新的历史条件下华夷平等及对大一统国家认同的重要性。康熙三十年（1691），古

---

① 西清：《黑龙江外记》卷6，黑龙江人民出版社1984年版，第65页。
② 钱穆：《中国文化史导论》，九州出版社2011年版，第126页。

北口总兵蔡元奏请修缮古北口一带破损的长城，康熙帝曾表示，"守国之道，惟在修德安民，民心悦则邦本得而边境自固，所谓众志成城者是也"（《清圣祖实录》卷151）。不修长城而修庙，通过礼遇西北蒙古、藏、回等民族，以柔性手段调和长城以南农耕区和长城以外游牧区的民族关系，推进各民族之间的交融。雍正六年（1728），深受华夷之辨思想影响的文人曾静和其门徒张熙，极力宣扬雍正帝的得位不法与十大罪状，并试图游说当时川陕总督岳钟琪反清复明。案发后，雍正皇帝编纂《大义觉迷录》一书，一面将曾静等人的口供公布，一面专门撰文从中国自古大一统的历史实际出发，为满族人入主中原的合理性进行辩解："自古中外一家，幅员极广，未有如我朝者也。""自我朝入主中土，君临天下，并蒙古极边诸部落俱归版图，是中国之疆土，开拓广远，乃中国臣民之大幸，何得尚有华夷中外之分论哉？""华夷之辨，此盖因昔之历代人君，不能使中外一统，而自作此疆彼界之见耳！"①

乾隆帝延续了雍正帝的思想，继续从历史现实主义出发，对"华夷之辨"的逻辑矛盾大张挞伐，他指出："大一统而斥偏安，内中华而外夷狄，此天地之常经，古今之通义。是故夷狄而中华，则中华之；中华而夷狄，则夷狄之。此亦《春秋》之法，司马光、朱子所为亟亟也。"②

在反击华夷之辨思想过程中，清帝以大一统国家意识来统合民族

---

① （清）雍正皇帝编纂，张万钧、薛予生编译：《大义觉迷录》，中国城市出版社1999年版。

② （清）庆桂等编纂，左步青校点：《国朝宫史续编》卷89，北京古籍出版社1994年版，第869页。

意识，以汉、满、蒙古、回、藏五族并立的事实，将更为广阔地区的"非汉"民族彻底有效地陶铸成"中国人"，促进了各族对国家的认同，使得传统民族意识与国家意识分离，而"非汉"民族则以主人翁姿态公开认同并满足于"中国"身份。这正是充分体现清朝最为鲜明的"中国特性"之所在，体现了中国民族国家意识的萌发。

版图底定与"中国认同" 中国历代王朝一直强调"溥天之下，莫非王土"的"天朝大国"地位，但当清朝平定准部、回部，把新疆重新纳入版图，实现"故土新归"后，面临如何处理与中亚地区诸多部族政权关系的问题，中国西北边界问题必然要提上日程。

图10-1 《乾隆帝薰风琴韵图》轴

当盛极一时的准噶尔蒙古政权被清朝击溃后，眼见清朝数万大军抵临天山南北，中亚地区诸政权为之震撼。当时与中国西北边境相邻的除了俄罗斯，还有哈萨克、布鲁特等一些中亚部族政权。

哈萨克汗国在18世纪分为左右两部，右部哈萨克在南，左部哈萨克在北，它们向东都与中国新疆接壤。乾隆二十二年（1757）六月，面对清军压境，左部哈萨克阿布赉汗归降清朝，并派使臣于同年九月入京觐见乾隆帝，呈送国书"今情愿将哈萨克全部归顺，永为大皇帝臣仆"。次年九月，右部哈萨克亦遣使入京，表示"臣愿竭衰驽，奋勉自效，永无二心"[①]。

布鲁特是今天吉尔吉斯斯坦的前身。18世纪的布鲁特分东、西两部。东布鲁特在伊犁西南，回部的阿克苏、乌什西北一带。西布鲁特在喀什噶尔、叶尔羌之西三百余里之地，两部都紧邻中国。乾隆二十三年（1758），东布鲁特各部拟归附清朝，表示"我部久思投诚大皇帝，为准噶尔间阻，不能自通，今得为天朝臣仆，实望外之幸"。乾隆二十四年"右翼布鲁特玛木特呼里比归诚，遣其弟舍尔伯克等入觐"，亦表示归附清朝，"自布哈尔迤东二十万人众，皆作臣仆"（光绪《钦定清会典事例》卷414）。另外，当时中亚的浩汗国、巴达克山、布哈尔、爱乌罕等各部族政权也纷纷表示要归附清朝。为什么这些部族政权主动要求归附呢？一则哈萨克、布鲁特畏惧清军强大。当时数万清军进入天山南北，曾横扫中亚地区，强盛一时的准噶尔汗国被击溃，回部亦归降。战后清军留驻当地，形成一个强大的军事存在，继续西进并无任何天然障碍，极大震撼了中亚各国，给哈萨克、布鲁特造成压力。二则当时中亚地区诸多部族政权处于混战状态，类似于中国的战国时代。哈萨克等国若能归附清朝，

---

① （清）傅恒等撰：《平定准噶尔方略》卷41、卷61。

则获得一个强大后盾,可以极大增强它们在中亚地区的影响力。众多中亚政权寻求归附,乾隆帝本可顺势揽入国中,以彰显天朝大国的威风。但乾隆皇帝此时非常冷静地拒绝了,仅仅把这些国家列为藩属。

乾隆帝对于西北划界的原则是:"准噶尔荡平,凡有旧游牧,皆我版图。"(《清高宗实录》卷617)即准噶尔汗国控制区域必须划入清朝版图,但准噶尔控制区域以外地区,则不应进入中国版图。大清要收复的仅限于准噶尔汗国实际控制疆域。哈萨克、布鲁特等与内属蒙古各部背景不同,无须也不应纳入中国版图,以外藩属国相待即可。这样,清朝非常具有自我约束力地将军事力量维持在中国范围之内。乾隆皇帝清晰表达出内外有别的版图观念和明确的中国观,自觉遵循了汉唐以来西域已入版图的政治理念。而且,在乾隆帝的观念中,中国与哈萨克、布鲁特之间应该有明确国界。所以他委派南北疆地区的将军、大臣,与邻国哈萨克、布鲁特之间划立界线,设立边境卡伦,派兵巡守,禁止他们越界进入清朝管辖疆域。乾隆关于中国边界的立场坚定而有原则,合情合理。

实际上,乾隆皇帝拒绝宗藩小国纳入版图的要求,已经不是第一次。乾隆十九年(1754),苏禄国王在朝贡表文中表达了将苏禄疆土、人丁、户口编入中国的愿望(苏禄国位于今菲律宾群岛,自明代以来一直是中国的朝贡国)。对苏禄国自愿归附的行为,乾隆帝予以明确拒绝,"览王奏,进贡方物,具见悃忱,知道了。尔国远隔重洋,输诚向化,良可嘉尚。所请将疆土、人丁、户口编入中国之处,已允部议,毋庸赍送图籍。已有旨了"(《清高宗实录》卷476)。至此,乾隆帝分别从海上和内陆亚洲两个方向坚定拒绝了朝贡国纳入版图的请求。

土尔扈特部的回归，进一步表明清朝上下一致的"中国认同"。乾隆三十六年（1771），蒙古土尔扈特部17万人在首领渥巴锡率领下，由伏尔加河流域返回中国。对于土尔扈特的回归，乾隆皇帝明令当地清军官兵认真接待，给衣衫褴褛的土尔扈特人提供大量食物、牛羊等物资，并制定详细方案，将他们安置到各地游牧。同年九月，乾隆帝在承德围场接见渥巴锡及其所属一行，分别赐予封号、官爵。

清朝接纳、保护土尔扈特人，引起俄罗斯不满。俄罗斯先后照会清朝理藩院，要求将土尔扈特部交还俄方，并以武力威胁。对此，乾隆帝谕示："渥巴锡等人断无给还之理。"理藩院遵旨回复俄罗斯："土尔扈特渥巴锡人等，与尔别一部落，原非属人，自准部入居尔境，尔国征调苛烦，不堪其苦，率众来投。我皇上为天下共主，抚驭众生，岂有将愿为臣仆之人拒而不纳之理？"（《清高宗实录》卷914）对于俄罗斯的武力威胁，清朝表示"或以兵戈，或守和好，我天朝惟视尔之自取而已"。

土尔扈特的回归，进一步说明清朝的大一统得到蒙古各部，包括远在伏尔加河流域土尔扈特人的高度认同，无论对清朝还是对其统辖下各民族，"中国认同"已经成为一种明确的政治意识。

从全球史角度来看，17—18世纪是一个现代国家形成的历史时期。当时，英法等欧洲列强正在全世界扩张，俄罗斯大力东扩的同时，清朝平定准部、回部，为中国近代国家疆域的形成赢得先机，奠定了现代中国的版图基础。在经历数千年的战争与和解、分裂与统一、冲突与融合，从猜忌防范、彼此隔阂，到泯灭恩仇、合为一家，在水到渠成的大势之下，终由清朝统治者一锤定音。从这个意义上讲，清朝留给今天中国人民的国家版图与统一多民族国家的物质财富，成为界定中国与中华民族内涵与外延弥足珍贵的精神财富，[①]为以后中国走向现代化的发展提供了更为广阔的地理空间和新的历史起点。

西方列强民族国家的建立与强盛是在殖民主义扩张和掠夺的基础上，以牺牲全世界其他落后民族利益为前提。17世纪以后，在民族主义口号下，欧洲国家走向近代的同时，也陷入越来越残酷、无休止的种族战争中，直到爆发两次世界大战。而这一时期的中国，一直维持着多民族统一国家的政治状态。各民族从民族认同到统一国家认同，经历近三百年曲折发展，可谓历尽沧桑，备尝艰辛，而这也构成今天中国各族人民一致认同自己是"中国人"坚实的历史基石。1912年，清朝即将覆亡之时，清帝退位诏书中仍提出"合满、蒙、汉、回、藏五族完全领土为一大中华民国"，实现了向现代国家的转变。更重要的是，过分强调"民族主义"与所谓"民族国家"，被认为是欧洲在20世纪先后经历两次世界大战的重要原因之一。而多民族大一统国家的巩固和发展，使中国避免了类似于欧洲的那种长期大规模种族冲突和人道主义灾难，也决定了中国式发展道路的和平性主旨，这应该被看作中国及全世界更高级形态的政治文明。

[①] 郭成康：《清朝皇帝的中国观》，《清史研究》2005年第4期。

第二节　中华思想文化集大成

中国文化不但博大精深，而且具有"晴空一鹤排云上，便引诗情到碧霄"的早熟性。长期积累使中国既有深邃的哲学思想，也有灿烂多元的文学、书画艺术。到明清时期，以《永乐大典》《四库全书》和明清小说等为代表，中国文化各方面发展都呈现出"集大成"的特点，即文化发展在很多方面达到历史上的空前水平，并出现代表性、规模巨大的总结性成果，展现了中华传统文化的守正不守旧、尊古不复古的进取精神，表现出了强盛、统一的包容气象。

一　学术的转向与发达

程朱理学与阳明心学　明初，朱元璋"首立太学，命许存仁为祭酒，一宗朱氏之学，令学者非五经、孔孟之书不读，非濂、洛、关、闽之学不讲"。永乐十三年（1415），明朝颁布胡广等人奉诏纂订程颐、朱熹等所注《五经大全》154卷和《四书大全》36卷，以及由宋代理学著作与理学家言论汇编而成的《性理大全》70卷，明成祖朱棣御制序文，颁行天下，成为明清两代近600年间取士的标准读本，标志着程朱理学在明朝官学化，成为占统治地位的思想。

程朱理学，又称"朱子学"，是北宋程颢、程颐，南宋朱熹等人发展出来的儒家流派。他们对儒家思想做出本体论解释，认为"理"（也称"天"或"道"）是万物之源，是万物"之所以然"。天理构成人的本质，反映在人类社会，则表现为伦理道德的"三纲五常"。"人欲"是超出维持人之生命的欲求和违背礼仪规范的行为，与天理相对立，故必须存天理、灭人欲，以维护纲常伦理。在"理"的追求方面，主张格物、致知，即通过推究事物的道理，达到认识真理的目的。如此，理学在促进人们理论思维、教育人们知书识礼、陶冶情操、维护社会稳定、推动历史进步等方面，发挥着积极作用。但随着时代发展，程朱理学的传承者在思想上渐趋僵化，尤其它以纲常伦理压抑个性化生活选择的社会实践，遭到越来越多质疑。明代中期，阳明心学兴起，严重冲击程朱理学的正统地位。

心学的渊源可追溯到孟子之学，宋代陆九渊（1139—1193）直承孟子，提出"宇宙便是吾心，吾心即是宇宙"的观点，明确了"心即理"的本体论进路，提倡易简工夫，以"尊德性"教人，奠定了心学的规模。至明代，王阳明（1472—1529）集心学之大成。阳明年少立志，把读书做官看作等闲之途，将成圣成贤作为人生追求。他11岁时

图10-2　王阳明像

问老师"何为第一等事"？老师说"惟读书登第"。阳明说："登第恐未为第一等事，或读书学圣贤耳"。阳明始信朱子之学，判物理与吾心为二，终不能悟入，后于龙场悟道，认识到"圣人之道，吾性自足"，"心外无理""心即理"，不假外求，从而将格物穷理转变成格心、求心，在心上做工夫，彰显了在认识事物、把握事物本质规律中，

主体精神及生命体验的重要性，并倡导"知行合一"之说。平定宁王之乱后，阳明专提"致良知"，"所谓致知格物者，致吾心之良知于事事物物也。吾心之良知，即所谓天理也。致吾心良知之天理于事事物物，则事事物物皆得其理矣。"（《传习录》中）且人人都有良知，"愚夫愚妇与圣人同"，只要识得此理，"满街都是圣人""人人胸中有圣人"，唤醒了人的主体意识。晚年阳明以"四句教"，即"无善无恶心之体，有善有恶意之动，知善知恶是良知，为善去恶是格物"总结其思想。

图10-3　李贽像

阳明心学沟通了个体之心与普遍之理，在一定意义上弱化了天理对于人欲的强制性。阳明心学便于掌握，易于实践，被其后学继承并进一步发扬光大，广播海内，形成众多地域学派，如江右学派、浙中学派、泰州学派等，其中邹守益、聂豹、钱德洪、王畿、王艮、李贽等，皆为当时学界影响巨大的风云人物。泰州学派创始人王艮提出"百姓日用即道"，学生多为下层群众，有农夫、樵夫、盐丁、商贩等，在当时起到了一定的启蒙作用；代表人物李贽则自居异端，提出"童心说"，宣导真性情，进一步突破天理的外在束缚。泰州学派从者日众，一时成为显学。另外，阳明后学中，跻身科甲、位列朝堂者也不在少数，如方献夫、徐阶、张居正都曾官拜大学士，心学一系对朝廷政治的影响日渐显著。心学也得到了空前的政治支持，万历时期，神宗皇帝诏敕王阳明从祀孔庙。明末清初，黄宗羲等学者，亦师宗阳明一派。阳明心学后来还传播至朝鲜半岛、日本及东南亚，对当地的文化发展影响很大。

心学的盛行影响了明朝晚期思想对于情欲的正面主张和看法。对"心即理"的提倡，破解了朱熹有关"存天理、灭人欲"的理论，使得人欲可以接受。由此衣食住行的人性欲望得到肯定和释放，而程朱理学的纲常伦理教条受到严重挑战和质疑，名教被视为桎梏，纲纪被视为疣赘。心学倡导致良知，发现本心的认知论，导致五经四书受到空前质疑，理学式微。但追求"心即理"的学子们以经书为糟粕，宗佛道，尚空谈，学风空虚，以启人心性为宗旨的心学由此陷入一种末流弊端。反映在社会层面，则是物欲横流，以纲纪法度为桎梏，纲常名教霍然坠地，明初以来以程朱理学为基础构建起来的社会秩序、伦理道德约束，在晚明几乎荡然无存，被明末学者形容为"天崩地解"。在这种困境中，晚明清初很多学者开始"由王返朱"，希望通过重塑程朱理学的主导地位，来拯救社会危机。

明亡清兴，政权更替，社会动荡，清朝统治者面临重建政治与社会秩序的紧迫压力。顺治三年（1646），清朝恢复科举考试，仍以四书五经为考试内容。康熙时期，受熊赐履等理学官僚"正君心"思想影响，康熙帝系统重塑程朱理学的官学地位。一是重申"崇儒重道"的国策，以博学鸿儒特科，招揽晚明大儒入仕。二是科举考试仍然以程朱理学为准，学校教育仍以程朱理学为内容。三是不断表达对宋儒程朱等人的礼遇。康熙五十一年（1712），朱熹在孔庙升配东，序为十哲。圣祖谕曰："读书五十载，只认得朱子一生居心行事。"[①]

[①]（清）鄂尔泰、张廷玉等编纂：《国朝宫史》卷32，北京古籍出版社1994年版。

图10-4　北京孔庙先师门

同时，对王学、佛道予以排斥。在理学官僚、最高统治者的倡导、努力下，程朱理学重新获得社会知识精英的认可，重获国家正统意识形态独尊的地位。正如孟森所说，"道学从不负人家国"。程朱理学地位的恢复，使清朝在民族矛盾仍然非常尖锐的背景下，迅速整合了满汉社会资源，最大限度地得到汉族士人、理学官僚的政治认同和鼎力支持。清初休养生息、整顿吏治、敦行教化、移风易俗等各种恢复政治、社会秩序政策的出台和施行，在很大程度上是士大夫以程朱理学为政治思想资源，践行经世信念的结果，不但有助于清朝度过三藩之乱的瓶颈期，也为其走向全盛奠定了思想基础。

乾嘉考据学及其转向　明清时期思想激荡的另一表现是考据学的兴起。从内在理路来看，由于自清初以来对明朝亡国的反思，顾炎武、黄宗羲等竭力批判心学空谈心性的流弊，极力倡导经世致用，从儒家经典中寻找救世之道。而欲经世必先通经，欲通经必先考订经书的文字音义，把考证功夫与经世学术相结合。清代前期的考据学代表人物还有阎若璩、胡渭和毛奇龄等人。从外在的政治、社会环境来看，清朝政府实施文化高压与笼络两种手段，通过修纂大型类书、丛书引导学术领域训诂、考证方法的繁荣。乾隆时期，考据学发展到一个兴盛发达的阶段。考据学分为吴派、皖派，前者以惠栋、钱大昕等人为代表，后者则以戴震、段玉裁和王念孙等人为代表。早期考据学崇尚汉代经学，主张竭力搜集汉代儒者注经解经的著述，研究古音、古训，强调读经必先识字，探索经书本来面目及经的本义。如钱大昕所说，"经史当得善本"，指出"若日读误书，妄生驳难，其不见笑于大方则鲜矣"，希望通过细密的考证，恢复经书的本来面目。[①]但晚起的戴震则反对汉学家群趋于训诂考据而轻视义理之学的泥古趋向，主张把训诂考据学成果与义理阐释相结合，最终目的是"灼然知古今治乱之源"。他主张"生生而条理"，对"生生"与"条理"进行创造性综合，同时也把"欲"与"情"融合起来，得出"情欲不爽失之谓理"的观点。所以，盛行于18世纪的考据学一方面通过训诂、考证之功力，积极参与《四库全书》修纂，成为整理传统文化典籍的学术基石；另一方面，经过戴震等人发挥，在考据学基础上建立起新的义理学观念，实现了儒家思想又一次内在转向，回到经世致用的现实层面。

在考据学大行其道的同时，另一个思想上的闪光点在东南常州一带日渐引人注目，那就是以庄存与（1719—1788）和刘逢禄（1776—1829）为代表的今文经学派。他们主张把对经学的研究从"泥古"中脱离出来，回归义理之学的层面，为社会现实的发展提供思想指导。

[①]（清）钱大昕：《十驾斋养新录》卷3，上海书店出版社1993年版，第60页。

"大一统"思想历来被视为春秋公羊学的核心,在《春秋正辞》中,庄存与集中表达了其"大一统"的治世理念,宣扬"张三世",认为"大一统"要"以诸夏辅京师,以蛮夷辅诸夏",才是"天无二日,世无二王,国无二君,家无二尊,以一治之",重新把"尊君"、拱奉王室列为大一统的核心。清朝乾隆年间,经过多年征伐,疆域归于一统,乾隆帝亦开始从"正统观"构造的角度全面论证清朝统治的合法性。庄存与重新阐发的"大一统"之义,恰与乾隆帝所构造的"正统观"理念相互呼应,直接开启晚清百余年公羊学思潮。

刘逢禄治《春秋公羊传》接何休、董仲舒之统绪,通过彰显何、董二人对公羊学的阐说,建立起独特的今文言说学统。他强调《公羊》学说必须以"张三世,通三统之义经贯之",认为"天下无久而不弊之道,穷则必变,变则必反其本,然后圣王之道与天地相终始",明确从历史变革角度理解"公羊说"的内涵。刘逢禄所生活的年代是乾隆末年到道光初年,他所阐释今文学说中的微言大义似乎已隐隐预见清朝的衰落和即将面临巨大变革的历史命运。故其"三世""三统"的变革学说成为晚清思想激进人物发动变法运动的有力武器。稍晚的龚自珍、魏源都师宗庄、刘之说,将《公羊》学说的变易观点,糅合到对中国历史进程的考察之中,以"气运之说"来概括历史形势的大变局,对社会政治改良提出新的价值取向,带有鲜明的"通经致用"思想,为晚清康有为、梁启超等人的维新变法提供了思想资源。

总之,明清时期儒家思想从程朱理学到阳明心学,再到乾嘉考据学和今文经学复兴,不断激荡、整合与重塑,但经世思想始终是贯穿其中的一条主线,这也构成了儒家思想作为意识形态的生命力所在。因此，无论是明朝建立还是明清更替，甚至到太平天国运动后清朝中兴局面出现，儒学一直为大乱之后社会秩序的重建提供坚实而丰厚的思想基础。

二 大型文化典籍的修纂

明清时代，与大一统国家发展相伴的是思想文化方面的大总结，以《永乐大典》《古今图书集成》《四库全书》三部中国"百科全书"为代表。这一时期，官方和学者对中国传统文化展开了集大成式的整理和归纳。

《永乐大典》是明成祖朱棣先后命解缙、姚广孝等主持编纂的一部集中国古代典籍于大成的类书。全书22877卷（另有目录60卷），11095册，约3.7亿字，汇集了七八千种古今图书。《永乐大典》编纂始于永乐元年（1403），宗旨是"凡书契以来经史子集百家之书，至于天文、地志、阴阳、医卜、僧道、技艺之言，备辑为一书"（《明太宗实录》卷21）。最初令解缙主持编纂，参与学者147人，一年后修成《文献大成》。但朱棣亲阅后甚为不满，再派姚广孝担任监修，将编纂队伍扩大至2196人。永乐五年全书定稿，次年抄写完毕，朱棣亲自作序并赐名"永乐大典"。《永乐大典》内容包括经、史、子、集，涉及天文地理、阴阳医术、占卜、释藏道经、戏剧、工艺、农艺，涵盖中华民族数千年来的知识财富，代表了一个时代的文化之盛，声名远播，成为中华文明的一个重要符号。英国《不列颠百科全书》"百科全书"条目中称《永乐大典》为"世界有史以来最大的百科全书"。由于《永乐大典》仅有正本副本两套，正本不知所踪，副本保存不当，在火灾和战乱中佚损严重，现今仅有800余卷散落于世界各地。但《永乐大典》以其收纳之宏富，成就之高，树立了文治天下的标杆。故入清以后，编修大型类书很快被提上日程。

《古今图书集成》是康熙时期由清朝政府编纂的大型类书，主持者是福建侯官人陈梦雷（1650—1741）。该书编纂始于康熙四十年（1701），印制完成于雍正六年（1728），历时28年。全书包括6汇编、32典、6117部，正文1万卷，目录40卷，共分为5020册，520函，共约1.6亿字。全书按照分类编排、随类相从的原则，图文并茂，按天、地、人、物、事次序展开，涵盖天文地理、人伦规范、文史哲学、自然艺术、经济政治、教育科举、农桑渔牧、医药良方、百家考工等各个领域。《古今图书集成》采集广博，规模宏大，分类细密，虽不及《永乐大典》规模，但由于保存完好，也起到集清朝以前图书之大成的作用，是现存规模最大、资料最丰富的类书。有些被征引的古籍现已佚失，但其零篇章句在《古今图书集成》中得以保存。近代以后，《古今图书集成》在世界上影响逐渐扩大，被英国著名科技史专家李约瑟称为"百科全书"。英国人迈耶斯于1878年在《中国评论》上发表《中国皇家藏书书目》，对《古今图书集成》加以推荐，俄国、日本在20世纪初也先后出版《古今图书集成》的索引。

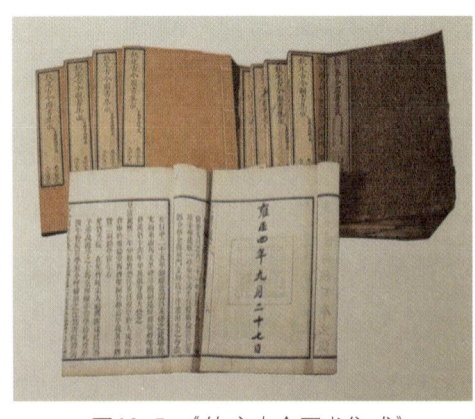

图10-5 《钦定古今图书集成》

即使有《古今图书集成》，《永乐大典》对清朝的影响依旧存在。乾隆三十七年（1772），清朝为辑佚《永乐大典》，下令搜罗天下藏书，但很快转而决定用所搜罗之书编纂四库。次年，组织纪昀等360多位官员、学者对所收之书进行考订、审校、编纂、编写提要等整理工作。到乾隆五十二年（1787），《四库全书》的编纂、抄录全部完成。全书共收录3460多种图书，共计79000多卷，36000余册，约8亿字。因全书分为经、史、子、集四类部，故名"四库全书"，是中国历史上规模最大的类书。从政治上消除满人所忌讳的华夷之辨思想，并非修纂四库的唯一主导因素。后世对《四库全书》的评价分为两方面，一方面卷帙浩繁，内容广博，它的编纂凝聚了当时以考据学为主的大批优秀学者，他们考订精审，抢救、保护、保存了大量珍贵典籍，并通过撰写总目提要，厘清了很多古籍的版本渊源，是对以儒家思想为主导的中华文明知识体系进行的一次空前归纳和总结。另一方面，清朝借修书之机，对有违清朝统治的典籍，进行削改、销毁，很多人因为私藏禁书受到严厉打击，在很大程度上造成思想界的灾难。《四库全书》是18世纪中国大一统政治格局充分完成以后，在以考据学学者为代表的中国知识精英主导下，对传统文化的全面整理。他们权衡笔削，采择改删，体现了当时中国知识精英对中国历史脉络的再思考，在一定程度上实现了对传统思想文化的重塑。

"百科全书"的编纂是人类知识与思想文明的表现。在18世纪的法国，狄德罗等学者也自主编纂了一套宏大的《百科全书》，全面总结了西方的科学文化成就，往往被视为启蒙时代的政治经济文化纲领。与之相比，无论是15世纪的《永乐大典》，还是17世纪的《古今图书集成》和18世纪的《四库全书》，中西两种百科全书的编纂思想、方法、视野等都有着明显差异。这种差异反映了中西学者对各自知识体系的认知和对各自国家历史发展趋势的思考，是中西文明不同的表现形式。

三　艺术史上的新成就

明清时期是中国艺术史发展的一个高峰，特别是书法、绘画、文学、戏曲等方面都达到了较高的水平，产生了一些新的文明因素。

明清时期，绘画、书法艺术发展达到新的高峰，并出现新的转向。

明代绘画艺术的发展可分为早、中、晚三个时期。早期以宫廷绘画为主流，中期吴派绘画影响最盛，晚期则以徐渭、丁云鹏、董其昌为代表。明初宫廷绘画伴随着明代画院的建立，产生了主要为皇家服务的院体画，主要成就在山水画、人物画和花鸟画三个方面。由于皇室政治趣味的引导，院体山水画保持了南宋院画的基本形态和北宋北方山水画的雄强之路，人物画分为先贤帝后肖像图、历史故事画和雅集图三类，其艺术成就在明代宫廷绘画中最为突出。中期以沈周、文徵明、唐寅、仇英为代表的吴门画派最具盛名，在人物画、山水画、花鸟画各方面风格迥异，精彩纷呈，注重诗、书、画的有机结合。晚期徐渭改进了花鸟画的大写意画法，陈洪绶、崔子忠、丁云鹏等开创变形人物画法，张宏在继承吴门画派风格和特色的基础上，主张回归自然，师法自然造化，使山水画活了起来。

董其昌是明朝后期著名书画大家，在中国古代书画史上占据重要地位，他的书法风格与书学理论对晚明以降影响极著。书法方面，董其昌一直学宗宋代米芾，集宋元诸家之长，以行草书和楷书，尤其是小楷见长。其结构字体源于二王，古劲藏锋，似拙实巧，领一时风骚。在当时虽有临邑邢侗、顺天米万钟、晋江张瑞图与之齐名，甚至有"南董北米"之说，但《明史》纂修者认为"然三人者，不逮其昌远甚"，每有"尺素短札，流布人间，争购宝之"。（《明史》卷288《文苑列传四》）董其昌的书法以清秀淡雅自成一家，这在古代书法史上，打破了元代以降赵孟頫"雪松体"长期的主导地位，对后世影响尤巨。在绘画方面，"其画集宋、元诸家之长，行以己意，潇洒生动，非人力所及也"，在中国美术史上地位重要。董其昌的画风崇尚"古雅秀润"，在当时的画坛别具一格，重塑并引领了当时南方文人山水画的发展方向，成为此后300余年间中国画的主流和正宗。他提出"南北宗论"，对山水画进行分类，为后世提供了剖析绘画的哲学观念，成为近300余年文人画创作的主要指导思想。董其昌"性和易，通禅理"，在禅宗思想影响下，他以禅喻画，积毕生之力撰写《画禅室随笔》，提出著名的"南北宗论"。"禅家有南北二宗，唐时始分。画之南北二宗，亦唐时分也。""北宗则李思训父子着色山水，流传而为宋之赵幹、赵伯驹、伯骕，以至马、夏辈。南宗则王摩诘始

图10-6　董其昌《赠稼轩山水图》

用渲淡，一变钩斫之法，其传为张璪、荆、关、郭忠恕、董、巨、米家父子，以至元之四大家，亦如六祖之后有马驹、云门、临济，儿孙之盛，而北宗微矣。"（《画禅室随笔》卷2）由此，董其昌重构了中国画自唐代以后的传承谱系，清晰呈现其发展脉络，把中国传统绘画理论提升到一个新高度，贡献巨大。但由于包含着鲜明的崇南抑北的思想，到民国时期，这一南北宗论开始颇受微词。

董其昌的书画艺术对清代影响十分显著。"四王"之首的王时敏即"少时亲炙，得其真传"。王鉴与王时敏同宗同龄，一起"砥砺画学"。王原祁为王时敏之孙，得时敏亲授。王翚则亦曾随王时敏学习二十余年。与"四王"同时代、位列八大山人的明朝宗室朱耷山水画亦师法董其昌，描摹宋元笔法。而且，"四王"的绘画思想与笔法尤为康雍乾诸帝推崇，由此造就清代宫廷学院画派之盛。百余年间，清代宫廷聚集着一大批精通诗词歌赋和书法绘画的名家，包括张照、钱陈群、汪由敦、梁诗正、沈德潜"五词臣"，更有于敏中、董邦达等书画大师。他们不但艺术造诣高，而且还极大地推动了艺术批评的发展。乾隆八年（1743），在诸多词臣协助

图10-7 张照《豳风·七月》轴

下，乾隆帝将内府收藏的书画珍品进行了一次大规模整理，次年完成著录、汇编，取名为"秘殿珠林"。乾隆十年，又著录、编成《石渠宝笈》，乾隆五十八年完成了《石渠宝笈》续编，《石渠宝笈》三编到嘉庆时期才完成。这些著录共有225册，收录历代书画作品上万件。其中有约460件经乾隆亲笔题签，近400件留有题字，题诗作品达1300余件，题跋作品有200余件。收藏之丰富，品质之珍贵，即使曾专门开设画院的宋徽宗也难以与之相比。

明清时期书画艺术的另一大进步，是西洋画技在中国的实践带来的审美价值重塑。明末清初，西方传教士进入中国，引入欧洲自文艺复兴以来的透视法，深刻影响了17—18世纪中国画技的发展。透视法通过测算画中物体的比例、位置等关系，使画面更逼真。以画人物为例，不但要研究骨骼、肌肉，还要画出脸上由光线造成的阴影，以凸显绘画的立体感，这与传统中国画重写意的方法大不相同。这种画法自晚明以来在中国绘画界蔚然成风，沈周、曾鲸是主要代表。给

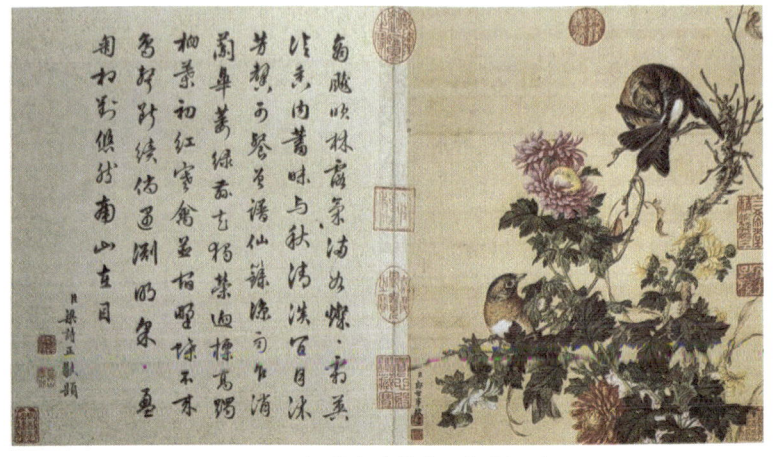

图10-8　郎世宁《花鸟图》册页之一

中国画界带来更大实质性引领作用的是清代中期意大利传教士画家郎世宁。他工于西方绘画写实技巧来表达中国画的意境，在把中国绘画的笔墨材料、对象与西洋绘画的透视法相结合方面，获得巨大成功。郎世宁在乾隆时期宫廷之中，"凡名马、珍禽、琪花、异草，辄命图之，无不奕奕如生"。(《清史稿》卷504《艺术列传三·郎世宁》) 他为皇帝本人、皇室成员、朝廷大臣绘制大量人物画像，并主持或参与《十骏犬图》《百骏图》《乾隆大阅图》《瑞谷图》等著名画作的绘制，创造"中西合璧"的院画新体。乾隆时期战争频繁，每次战事结束，为记录丰功伟绩，皇帝都会让郎世宁等人绘制战争图，并送到法国巴黎制成铜版画，其中最具代表性的就是《乾隆平定准部回部战图》。这些战图本身就是借助西方艺术手法而形成的一种"新"艺术品。西洋画法在中国宫廷上层流行，吸收了西方文艺复兴的绘画艺术成就，改变了中国绘画艺术的发展路径，并起到重塑审美价值的作用。

宫廷绘画书法艺术盛行的同时，通俗文化发展也进入一个高峰阶段。在商品经济极为发达的扬州一带，以扬州八怪为代表，市民绘画呈现出职业化、商业化特点。所谓"扬州八怪"，是指以罗聘、李方膺、李鱓、金农、黄慎、郑燮（又叫郑板桥）、高翔和汪士慎为代表的市民风格画派。他们受到石涛、徐渭、朱耷等人创作方法的影响，绘画讲究"师其意不在迹象间"，不死守临摹古法，"师造化""用我法"，反对"泥古不化"，更倾向于大自然中吸收创作素材，追求强烈个性。他们既喜欢画梅的高傲、石的坚冷、竹的清高、兰的幽香，表达自己的志趣，以画寄情，同时也把民间生活日常的金鱼、蔬菜以及神仙鬼怪、传奇故事等当作绘画对象，表现出更加贴近市民生活的一面。这些画家在生活上大都历经坎坷，不得不以卖画为生，代表了当时商品经济社会下，民间绘画走向职业化、商业化的趋势，由此形成与宫廷画派完全不同的风格。时人或以"怪"视之，但其中包含了他们在书画艺术上对立意新、构图新、技法新等更高境界的追求，在很大程度上也开启了近代绘画艺术的新路径。

通俗文化的另一个表现形式是戏曲艺术。根据《中国大百科全书》的统计，中国古代形成的剧种有239种，其中在清代形成的剧种多达202种，可见戏曲繁荣程度之高，其中尤以"传奇"为盛。

明清"传奇"是一种能够充分展现文人创作才华和艺术情思的长篇戏曲形式。明代戏曲以汤显祖《牡丹亭》为代表，作者站在个性解放的角

图10-9 《郑板桥像》轴

度，渲染杜丽娘、柳梦梅的"至情"，认为只要像杜丽娘那样执着追求、敢于斗争，就能够突破礼教束缚，取得胜利。《牡丹亭》演出后大获成功，尤其得到妇女群体的交口称赞，在明末掀起一股人文主义思潮。清代的传奇创作，以孔尚任《桃花扇》和洪昇《长生殿》为代表，以史笔作剧，借助颂扬男女至情，揭露历史上的官场黑暗和政治昏聩，反思明、唐两个王朝何以兴亡，在继承明代浪漫主义创作风格的基础上，把古典戏曲的现实主义创作精神推向新的高度，使"传奇"这一以文人创作为核心的戏曲艺术形式完美收官。同时，以李渔为代表的古典戏曲理论研究，在借鉴前人成果的基础上也达到新高度。

明清民间声腔剧种的发展，也呈现出欣欣向荣的景象，其中最具代表性的就是京剧。从来源上看，京剧是在吸收各种地方戏曲精华基础上发展而来。乾隆五十五年（1790），为给乾隆帝贺寿，以徽调为主的三庆班、四喜班、春台班、和春班先后奉调入京。他们长期在北京演出，不断吸收昆曲、京腔京白、汉调声腔等唱法，形成以西皮、二黄为主，兼有昆腔等多声腔的完整、和谐、统一的声腔体系，汲取昆曲等脸谱化妆、打斗等方面的优长，形成行当齐全、武打精悍的完整、综合性表演体系，把中国传统戏剧水平推进到一个前所未有的高度，戏曲大众化、通俗化特点得到充分表现。

四　科技文明与进步

明清时期中国科学技术的发展既表现出鲜明的本土特色，又受到西方科技的强烈影响。一方面，理学思想对"格物致知"的追求，成为人们探究自然规律的思想动力。另一方面，中华文明又不惧新挑战，勇于接受新事物，以兼收并蓄的开放胸怀，吸收西方科技的先进因素。再加上这一时期社会经济繁荣，交通便利，印刷术发达，有利于推动信息和科学知识传播，科技文明获得充分发展。

医学的进步　中医学传统理论和实践经过长期历史检验和积淀，在明清时期已臻完善和成熟，官方的倡导和支持极大地推动了医学事业的发展。明清时期，全国性的医学教育和医疗体系比较完善。明清两朝在京师设置太医院，总领全国医药系统。各地府、州、县均设专职医官，府设医学正科1人，州设典科1人，县设训科1人，负责辖区的医药卫生。社会医疗救助体制也受到重视，很多地方设有惠民药局、养济院和安乐堂，以救死扶伤。

明清时期中国医学科学的发展，既不乏整体性理论阐述，也有临床分科诊治方法的革新，以解剖学为标志，以人痘接种预防天花为代表，成为世界医学史上光辉灿烂的一页。

在药方学方面，明代产生了集中国15世纪以前方书之大成、现存最大的一部方书巨著《普济方》。《普济方》刊于永乐四年（1406），由朱元璋第五子周定王朱橚组织编辑、考订而成，全书426卷（由《四库全书》改定）。《普济方》把古代药方共分为2175类，718法，收入61739方，239幅图，几乎收录了15世纪以前所有保存下来的方书内容，兼及传闻、小说、道藏、佛书的相关内容，保存了大量古代医学文献，还收录大量时方。全书总论包括方脉、运气、脏腑、身形、诸疾、诸疮肿、妇人、婴孩、针灸共九大部分，采用了"论""类""法""方""图"等形式，对中医古方文献进行了高水平的编次整理和再加工。在内容上，从中医学原理层面阐述了人体生理机能，收录各类疾病的治疗医方，该书已经形成明确的外科、骨科、五官、妇科、儿科等分类意识。该书的编者尽可能网罗治疗每种疾病的多种医方，而且对诸多医方提出"论"，包括对各大门类的总论和对每种疾病的附论，共计1960论，大大提升了该书的医学价值。《四库全书总目提要》评价称："采摭丰富，编次详析，自古经方，无更赅备于是者。"

在药物学方面，晚明时期李时珍所著《本草纲目》被公认是对中国药物学进行全面总结的集大成之作。该书历27年，"稿凡三易"得以完成。全书共52卷，分为16部60类，类以下分纲目，附图1100余幅，附方11096个，记载药物1892种，其中有374种为新增药物，是对16世纪以前药物、方剂又一次集大成式的总结。李时珍对每种药物按照正名、释名、正误（辨别药物）、集解（药物的形态、品种、采收、产地）、修治（炮制方法）、气味、主治、发明（介绍药物性能和功效）、附方等分别做出说明。其中集解、发明两项为李时珍首创，提出诸多新见解，价值突出。

《本草纲目》对药物实行多级分类法，以水、火、土、金石、草、谷、菜、果、木、器服、虫、鳞、介、禽、兽、人16部为纲，下设62类为目。如木部分为灌木、乔木、香木、寓木、苞木、杂木6类。类以下分纲目，如标"龙"为纲，则其药用部分如"角""骨""脑""胎""涎"皆为目。每味药又"标明为纲，列事为目"，便于应用时检对。在排列方式上，植物类排列是"由微至巨"，即形态由小到大，动物类排列为"由贱至贵"，即由低级到高级，体现了进化发展思想。17世纪以后，《本草纲目》的影响已经超出东亚，逐渐被介绍到欧洲，并翻译成英文版在欧洲广为流传。李约瑟在《中国科技史》中称："毫无疑问，明代最伟大的科学成就，就是李时珍那部登峰造极的《本草纲目》。"现在看来，《本草纲目》的意义已经超越药物学和医学范畴，在植物学、动物学、天文学、物候学、气象学、物理学等方面都有独特见解，成为一种护佑人类的独特知识体系。迄今为止，平均每2.2年就有一次翻刻印刷，是目前所知中国科学著作在国内外翻刻最多的著作。[①]

至清代乾嘉时期，赵学敏撰《本草纲目拾遗》10卷，收录《本草纲目》一书未载921种药物（包括附品药205种），另有对《本草纲目》已收161种药物所作的补订。书前"正误"项下，另纠正《本草纲目》错误34条。此书对当时传入的西医药资料，亦间见纳入，如日精油、金鸡纳、刀创水（碘酒）、鼻冲水（氨水）等。书中附有大量医方，多得自采访所记用药经验，简便有效。此书不仅是《本草纲目》的重要补充和发展，也是本草学又一次系统总结。

明清时期医学的另外一个重大成就是，以吴有性《温疫论》为代表，对传染病防治的理论和实践有突破性和创造性发展。《温疫论》著成于明崇祯十五年（1642），是中国第一部温疫病学专著，在世界上也是较早系统总结传染病理论的医学著作。吴氏在书中提出了新的病原观点——即"杂气"导致瘟疫。他认为杂气是有别于风、暑、湿、火、燥、寒六气的一种物质，"夫温疫之为病，非风、非寒、非暑、非湿，乃天地间别有一种异气所感"。杂气的种类不同，侵犯的脏器部位也不

[①] 何明星：《〈本草纲目〉——护佑人类的独特知识体系》，《人民日报》（海外版）2022年3月31日第7版。

一,所引起的疾病就不同。传染性是杂气的突出特点,"此气之来,无论老少强弱,触之者即病",而且可以引起大流行。"延门合户,众人相同,皆时行之气,即杂气为病也。"[1]吴有性发展了戾气说,已触及每种传染病有其特殊致病因子这一实质问题,这在17世纪中叶细菌学尚未出现之前,非常难能可贵。他还对传染病的流行规律作了精辟论述,指出某些传染病的流行有区域性、季节性、周期性、起伏性,即所谓"方隅有厚薄""四时有盛衰""岁运有多寡"。吴有性还把传染病病因和外科感染疾患的病因联系起来,指出痘疹与疔疮等外科化脓感染也是杂气所致,"实非火也,亦杂气之所为耳",这就突破了以往"属心""属火"之旧说,对防治外科感染性疾患具有重要意义。

从传染病治疗层面,对天花的认识和人痘接种术的发展与普遍应用,是明清医学的突出创新。清初为了防治天花,康熙帝曾专门征召江西痘医入宫,为皇子皇女种痘,以保证皇室健康。当时,痘医傅政初曾撰《天花仁术》,为最早之种痘著作。稍晚又有朱纯嘏撰《痘疹定论》,进一步系统归纳了种痘的各种临床方法,使种痘之术遍行天下。种痘技术在中国的成熟,是世界医学史的大事,启迪了后来的牛痘接种术,开辟了免疫学的新纪元。

明清时期医学进步还表现在解剖学方面的突破,这以王清任《医林改错》为典型代表。该书撰刊于道光十年(1830),是作者历时42年访验人体脏腑的呕心沥血之作,在中医解剖学史上具有重大革新意义。王清任以其亲眼所见,与古代解剖作比较,绘制出13幅解

---

[1] (明)吴有性著,何永校注:《瘟疫论》,中国医药科技出版社2011年版。

剖图以改正古代解剖错误。他发现了"卫总管"（腹主动脉）、"荣管"（上腔静脉）、"遮食"（幽门括约肌）、"津管"（胆总管）、"总提"（胰脏）、"膈膜"（横膈膜）等器官、血管的形态、位置关系，对人体中的颈动脉、主动脉、腹腔静脉及全身血管之动静脉做出区分，由此形成对人体整体结构比较前沿的认识，比过去的医籍要准确，填补传统医学空白，很有革新和进步意义。王清任还批判了自古以来"灵机发于心"的错误，提出"脑髓说"专论，为"灵机在脑"提供了实际证据，进一步发展了"脑主记忆"的理论，使中医学对人类大脑功能的认识大大提高，也由此对抽风等病症有了新的解决方案。王清任还以人体脏腑组织为基础，对人体血脉运行规律形成更为先进的认识，并由此在中医活血化瘀理论及临床方面做出开创性贡献。他创发制作出通窍活血汤、血府逐瘀汤、膈下逐瘀汤、补阳还五汤、少腹逐瘀汤等，分治几十种瘀症及半身不遂、瘫痪、痹症及难产等疾病。虽然受时代条件之局限，王清任所论还有一些错误，但《医林改错》一书仍体现出中国中医学家不遵经、不崇古的革新精神。[①]

建筑方面的成就 明清时期是中国古代建筑史上的一个高峰。这一时期城市建筑、宫苑建筑、民居建筑和寺庙建筑等方面仍然按照传统路径发展，同时开始吸收西方建筑因素。园林建筑是其中最为引人注目、最具灵性，也是最具中国特色的成就。

明清时期的文人墨客曾在苏州、杭州和扬州等富庶之地，广建宅园合一、可居可游的私家园林，常被概称为"江南园林"。江南园

---

① 李经纬、林昭庚主编：《中国医学通史（古代卷）》，人民卫生出版社1999年版。

林讲究自然审美，注重人与自然的情感交流，追求在一个有限空间内贯彻恢宏的意境，"山不过十仞，意拟横霍；溪不袤数尺，趣侔江海。知足造适，境不在大"（《全唐文》卷389《独孤及六·琅琊溪述并序》）。园林布局以庭院空间为主，虽有居住需求，却把各个精雕细砌的亭台楼阁分布在花草树木、假山水面之中，相谐相趣，融为一体，充分体现"虽由人作，宛自天开"的境界。多数园林一般以中部山池水面作为园林的主题景区，其周围布置若干次要景区，次要景区围绕园林主题各有主旨，按一定顺序渐次展开。以此形成主次分明、错落有致的巧妙布局。这种特点在苏州的狮子园、拙政园、留园等各园之中表现突出。中国园林中各个景区、景物都是为反映该园主题思想而设置，并且有逻辑地组织在主线上。如拙政园以水为中心，亭台楼阁都是临水而建，形成远香堂、倚玉轩、香洲、微观楼、玉兰堂、见山楼等建筑，以及园中之园——枇杷园等景观，并将建筑景观精巧地布局于园林中。江南园林的造景常采用借景、对景、框景、漏景、障景等手法，利用景观共享，突出景观之间的互相渗透，让人产生较强的层次感。人置身其中时，能深刻体悟曲径通幽、峰回路转、移步换景之妙趣。

为实现这种可居、可游的目的，古人在造园手法上千方百计下功夫。明代造园家计成曾撰《园冶》一书，就是对中国传统园林设计的经验总结和理论概括。《园冶》一书介绍造园各种要素，对隔而不塞、欲扬先抑、曲折

图10-10 《园冶》书影

第十章　近代初曙（明清）

萦回等各种方法细致分析。如计成特别强调"借"景的重要性，认为园林"巧于因借，精在体宜"，并把借景总结为五种方法，即远借、邻借、仰借、俯借、应时而借。以苏州现存古典园林中建园历史最早的沧浪亭为例，由于园门外有一条小溪环绕而过，该园就在这个方向不建园墙，仅以有漏窗的复廊对外，巧妙地把园外的水景"借"入园内。

及至清代，江南园林的造园手法被广泛移植到皇家园林设计中，使江南造园艺术与皇家园林的广阔空间相结合，形成了畅春园、清漪园、圆明园和避暑山庄等多处成就突出的园林景观，将中国古代的造园艺术推向高潮，也在世界建筑史上占有一席之地。如清乾隆时期曾建清漪园，又在玉泉山上建玉峰塔，后者虽不在清漪园内，

图10-11　清漪园（今颐和园）借景之法

但充分发挥园林建设中的"借景"手法。站在昆明湖畔西眺园景，远处的玉峰塔与园中烟波浩渺的水面林木浑然一体，印证了计成在《园冶》中对"借景"效果的描述："借者，园虽别内外，得景则无拘远近。青峦耸秀，乾宇凌空。极目所至，俗则屏之，嘉则收之，不分町疃，尽为烟景。"

圆明园是一座规模空前的大型园林，它的建造前后历经150多年，由圆明园、长春园和万春园三园组成，共有园中园和风景建筑群百余处，占地约16万平方米，比故宫建筑总面积多1万平方米。这座皇家宫苑气魄宏大、景色秀丽、设计精巧，是无数劳动人民血汗与智慧的结晶，充分展示了中华传统文化的魅力和创造力。

圆明园三大园总计48个景区，各园主旨各异，就造景思想渊源而言，主要来自中国古代很多神话传说中的仙宫幻境，或模仿历代著

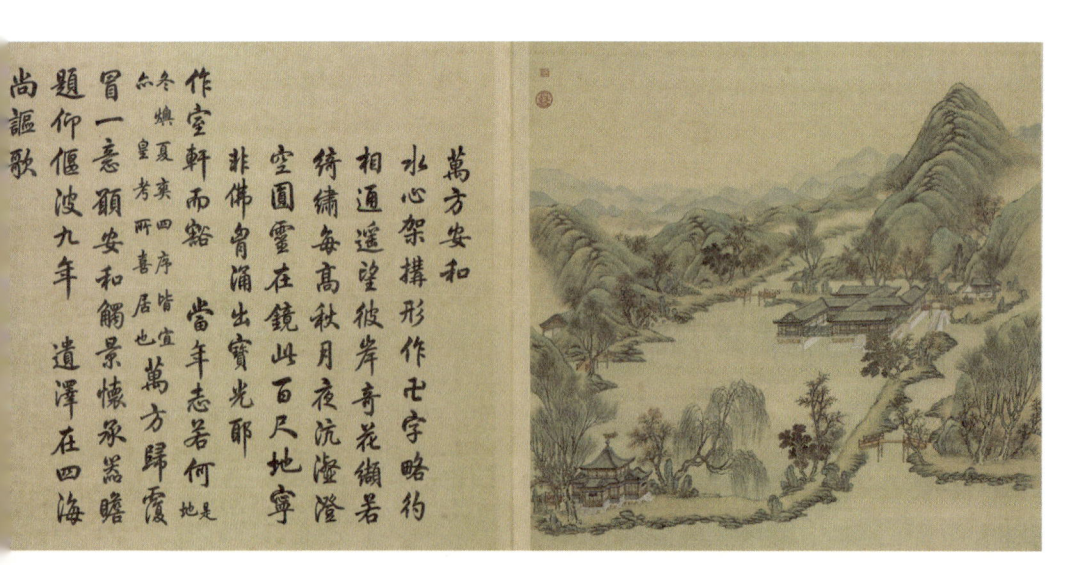

图10-12　唐岱等《圆明园四十景图咏册》之"万方安和"

名水墨画中的山水意境，有的则采择江南苏杭等地小巧精致私园中的胜景，并充分吸收当时欧洲宫廷建筑的特点，成为当世罕见的园林集大成者。它通过精心设计，用山丘、水面、亭台、洲岛、桥堤、曲廊分割广阔的空间，构成了相映成趣的园林风景，可谓是集天下美景于一园之内，被誉为"万园之园"。

以圆明园中一个重要宫殿"万方安和"为例，此殿的形状像一个"卍"字，地基完全打在水里面，上面盖一个"卍"字形的殿，四面八方都是水，这在中国建筑史上绝无仅有。长春园建筑最著名的代表是西洋楼。它由西方传教士郎世宁、王士诚等按照欧洲意大利文艺复兴时代的建筑特点设计而成。西洋楼东西走向，呈现"丁"字形，南北东西各一组建筑，南边一组叫谐奇趣，北面一组叫万花阵，中间靠西叫储水楼，靠东叫养雀笼，养雀笼以东依次是方外观、海晏堂、远瀛观、线法山和方河，构成整个西洋楼的建筑重点。其中，远瀛观南边是人造喷泉（大水法），观水法则是皇帝观看喷泉时的宝座，宝座坐南朝北。铜制的十二生肖喷水头像，象征着十二个时辰，每到一个时辰点，水就会从相应的生肖动物喷出。到中午12点的时候，12个生肖同时喷水，既壮观又巧妙，实现了中国建筑和西洋建筑的融合。圆明园是中国清王朝鼎盛时期兴建的最宏伟、最优美的皇家园林之一，也代表了中国园林艺术的巅峰。

西方科学技术对中国知识界的影响 从晚明到清前期，西方的科学知识通过传教士在中国广泛传播，到康熙初年，耶稣会士已经在中国出版150余种有关数学、天文、伦理学、天主教等方面的书籍。进入中国的西方科学知识，犹如催化剂，在很大程度上推动了中国科学技术的发展。

徐光启（1562—1633），进士出身。他早年受传教士利玛窦影响，不仅皈依天主教，还用毕生精力学习天文、历算、火器，遍阅兵机、屯田、盐策、水利诸书，一再上疏力主练兵反击后金，又极言垦荒田、禁私盐之事。崇祯时，官至礼部尚书兼文渊阁大学士、太子太保。徐光启通经世诸学，尤其致力于向中国介绍西方科学，是明代著名科学家、数学家和农学家。

在数学方面，徐光启深刻认识到数学在天文历法、水利工程、音律、兵器兵法及军事工程、会计理财、建筑工程、机械制造、舆地测量、医药、制造计时器等方面的重要性，并主张开展分科研究。他和利玛窦共同翻译、出版欧几里得《几何原本》（前6卷），在中国首先把"几何"一词作为数学专业名词来使用。清末，《几何原本》成为中国废科举后建立新式数学学科的基础性教材。徐光启还把西方数学与中国传统的周髀算经相结合，撰写出《勾股义》和《测量异同》两书。在天文历法方面，他在李之藻、王应遴和西洋人罗雅谷协助下，受诏主持编纂《崇祯历书》，将西方《测天约说》《大测》《日缠历指》《测量全义》《日缠表》等书编译其中，并在历书中引进圆形地球概念，介绍经纬度的含义。为解决钦天监预测日食不准的问题，徐光启与西洋人龙华民、邓玉函等人合作，在计算方法上引进球面和平面三角学的准确公式，并首先作了视差、蒙气差和时差订正。他们还根据第谷星表和中国传统星表，制作出第一个全天性星图，成为清代星表的基础。徐光启晚年又致力于农学研究，并在"富国必以本业"的思想指导下，编纂《农政全书》。他去世后，《农政全书》经陈子龙修订出版。《农政全书》以治国治民的"农政"思想贯穿其中，全书分为12目，共60卷，50余万字。该书内容包括农本3卷、田制2卷、农事6卷、水利9卷、农器4卷、树艺6卷、蚕桑4卷、蚕桑广类2卷、种植4卷、牧养1卷、制造1卷以及荒政18卷，是对中国古代农业生产经验进行总结和升华的集大成之作，在当时对指导农业耕作实际意义很大。

17—18世纪，自礼仪之争以来，中国文人对自然科学和西学表现出浓厚兴趣，并在19世纪后期达到顶峰。明清文人和传教士合作，选择以南宋大儒朱熹的话语方式来翻译现代科学，称之为"格物致知学"。

康熙二十二年（1683），传教士南怀仁编辑《穷理学》60卷，涉及西方形而上学、逻辑学、数学、天文学、力学、机械学、生物学和医学等诸多方面内容，是当时西学传入中国的一部集大成之作。

在数学方面，欧几里得几何学、三角学、测量、笔算等数学知识在中国的传播，与康熙帝本人的兴趣与支持密不可分。康熙帝亲政后，重审历案，恢复汤若望等传教士的声誉，并让南怀仁等重新执掌钦天监。由此，一大批西方传教士进入宫廷，带来西方科学知识。朝中王公大臣以皇三子诚亲王允祉和大学士李光地为代表，延揽梅文鼎等诸多历

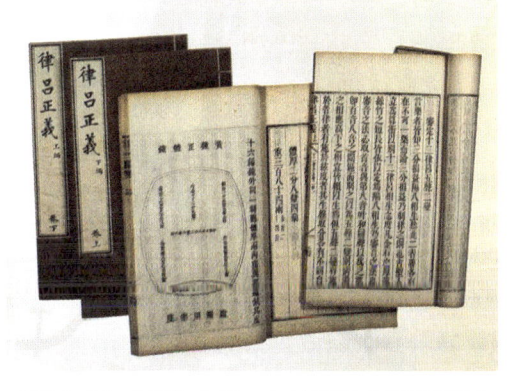

图10-13 （清）允禄、允祉等撰《律吕正义》

法、数学人才，教授天文、数学知识。康熙五十二年（1713），清朝在畅春园设蒙养斋算学馆，集中法国耶稣会士穆尼阁等一批传教士和中国学者，专门负责翻译西方天文数学著作，编纂相关书籍，并从全国选拔天文算学人才，入馆供职。蒙养斋算学馆于康熙六十一年编纂包括《钦若历书》（即《历象考成》）、《律吕正义》和《数理精蕴》在内的《御制律例渊源》100卷，成为当时天文、数学的集大成之作。

《数理精蕴》代表了数学方面的成就。该书完成于康熙六十一年（1722），汇集中西方的数学成就，尝试融通中西算学，并以中国传统图解、图示方式解析数学问题。上编包括中国传统的河图、洛书、周髀算经等，也包括《几何原本》《算法原本》；下编涵盖度量衡、加减乘除、平方、勾股三角、比例、方程、算术、代数、对数、三角等内容，并介绍了立体几何知识。此书被收入《四库全书》，对乾嘉时期算学发展有着直接影响。直到清末，它是中国数学学科发展的基础。

梅文鼎（1633—1721），字定九，安徽宣城人，是清初著名数学家及天文学家。梅文鼎身处中西历法尖锐斗争时期，主张"去中西之见，以平心观理"。一方面，他潜心研究中国古代历法，对古代历算进行考证和补订，融会西方新法与中国历法，并制作天文仪器，协助观测。另一方面，为解决天文历法的计算问题，他会通中西数学理念，在坚持中国传统数学体系的前提下，以西方数学知识为主，在分数、比例、对数、方程等数学算法，以及平面几何、勾股定理等方面都做出了新的探索，对球面三角学等有助于天文测量的数学知识也有深入研究。梅文鼎著述丰富，先后撰有《中西算学通初集》《方程论》《勾股举隅》《几何通解》《方圆幂积》等多部著作，在中国数学发展史上占据重要地位。乾嘉考据学者钱大昕称梅文鼎"为国朝算学第一",清末梁启超也称"我国科学最昌明者,惟天文算法。至清而尤盛,凡治经学者多兼通之,其开山之祖,则宣城梅文鼎也"[①]。乾隆时期,梅文鼎的著述被其孙梅毂成汇集为《宣城梅氏历算丛书辑要》(60卷)出版。

康熙以后,清朝官方培养的数学家有陈厚耀、陈世明、梅毂成、明安图等人。乾隆时期,清朝官方又编成《历象考成续编》《仪象考成》等书。梅毂成延续祖父梅文鼎遗业,亦在数学方面有所建树,晚年撰成《增删算法统宗》,该书成为乾嘉时期算学再度发展的奠基之作。

地理学方面,明代地理学家和探险家徐霞客(1587—1641)一生致力于地理发现。他探究青藏高原延伸出去的山脉、河流走向,获得三个方面的成就:一是发现广东西江发源于贵州,二是确定澜沧江和怒江是两条独立的河流,三是指出金沙江是长江的上游。明末清初中国地理学代表作还有顾炎武《天下郡国利病书》、顾祖禹《读史方舆纪要》,他们仍然坚持传统士人经世致用、史地结合叙事方式,通过阐述各地形势险易,总结治国资政规律。

西方地理学知识的传入推动了地理学科发展。晚明时期,传教士利玛窦先后多次编绘、印制世界地图,以《坤舆万国全图》最负盛名。该图由利玛窦与李之藻合作绘制,改变了当时通行的将欧洲居于地图中央的格局,而是将亚洲东部居于世界地图的中央,把世界其他地方展现出来,打破了天圆地方的观念,给当时中国思想界带来巨大冲击。全清初,传教士南怀仁等编纂《坤舆全图》,后蒋友仁也向乾隆帝

[①] 梁启超:《清代学术概论》,广西师范大学出版社2010年版,第28页。

图10-14 《坤舆全图》

[比利时]南怀仁绘制。木刻，着色。纵172厘米，横400厘米，河北大学图书馆藏

进献大幅世界地图。这些地图都清晰表现了地球的形状、南北极、山岳、潮汐，以及各大洲、各国情况。康熙四十七年（1708）开始全国地理大测绘，进行大规模三角测量，重点测量经纬度。此次参加测绘的大多为法国传教士，包括白晋、费隐、麦大成等人，测绘工作持续十年有余，到康熙五十七年才告完成，由各省地方巡抚将测绘地图送至宫廷，由雷孝思、杜德美拼接，最后制成康熙《皇舆全览图》。乾隆时期，清朝平定准噶尔蒙古和回部，新疆纳入版图，乾隆帝先后三次派人到西北进行地理测绘，编成《皇舆西域图志》和《西域同文志》，增进了对天山南北地区和青藏地区的地理认知。最后由耶稣会士蒋友仁刻成104块铜版，制成十三排图。地理范围北至俄罗斯北海，南至琼海，西至波罗的海、地中海，比康熙《皇舆全览图》面积扩大一倍。

清朝还在康熙四十三年和乾隆四十七年（1782）先后两次派遣专人考察黄河源头，确定以卡日曲为正源。同时，确定金沙江为长江源流，纠正了过去以岷江为源流的观念。

第三节　"近代"意识的兴起

从整个人类发展历史来看，封建社会晚期"近代"意识开始酝酿和产生。相对于封建社会的思想束缚、制度压迫，近代意识就是思想的近代化，更加追求个性解放、自我发展，具有求新、求变、求用的精神。明清时期的中国，虽然还处于封建王朝统治下，但随着人口增加，大一统带来市场规模扩大，商品经济迅速发展，货币大量供给，推动财政制度变革和封建人身束缚松弛，为资本主义萌芽创造了条件。新的经济形态发展出为资本辩护的经济思想，同时也催生出市民观念，追求人性自由和个性发展、承认个人欲望、追求物质享受与生活乐趣的思想得到进一步发展，儒家纲常礼教遭到质疑和批判，带有人文主义色彩的新观念逐渐形成。社会经济发展表现出强劲的创新性，呈现出鲜明的早期近代特点，为中国走上具有自身特色的现代化道路增添了诸多活跃因素。

一　经济发展中早期近代化的趋向

明清时期是中国古代历史上经济发展的高峰期，到18世纪，人口规模、经济体量与活跃程度、政府财政收入都达到空前高度。

人口数量和经济体量空前增加。人口数量从明代高峰时期的1.2亿左右，历经明清易代之际严重缩减，到清代康熙末期再度恢复到1.2亿的水平，乾隆末期达到3亿，至道光二十年超过4亿。由于土地开垦扩大，耕地面积由明代高峰期的7.84亿亩发展到清代道光时期的11亿—12亿亩。明清经济发展规模也远超以往。由于劳动力投入增加，土地利用率的提高、耕作制度的改进和高产作物的推广，以及农业技术的进步和生产结构的改进，清代农业经济远迈宋明时期。同时，手工业生产进步和商业兴盛也都推动了经济增长。[①] 经济增长的一个主要表现是国库财政收入殷实。自雍正改革后，清朝户部收入常年保持高位。如乾隆十八年（1753），国库收入接近5000万两白银，另外还有1275万石粮食，520多万束草。这些数据还不包括皇室内务府的榷关商业税、盐税等收入。耶鲁大学历史学教授保罗·肯尼迪认为，18世纪清朝的GDP占当时世界GDP的比重超过30%。

明清时期经济发展并非传统小农经济简单规模复制或是量的增长，而是在生产方式、商业模式等方面出现了"近代"特点，这些近代特性与欧洲资本主义发展相类似，甚至与20世纪中国经济起步有着千丝万缕的内在联系。"新经济"在规模上还显得零星微弱，地域分布上也只是集中在"长三角"江南和"珠三角"地区，但发展迅速且充满活力，犹如在庞大的传统经济母体中暗结珠胎，渐趋萌芽。

经济发展方式的早期近代特点　明清经济发展的突出特点之一，不仅表现在传统农业耕地面积大规模扩大，土地全域性开发，更表现

[①] 方行、经君健、魏金玉主编：《中国经济通史·清代经济卷》，中国社会科学出版社2007年版，第100—110页。高王凌：《活着的传统：十八世纪中国的经济发展和政府政策》，北京大学出版社2005年版，第69页。

为整体经济结构出现新气象，即以商品性经济发展为基础，农业种植业及其他生产经营范围拓广，并形成地区间比较优势，早期工业化在江南地区渐趋成熟，解决了数亿人口生活必需品大规模增加的问题。

明清时期中国人口增长速度快、幅度大。面对这一空前挑战，一方面，随着人口由稠密区向稀少区迁移，从明末到民国初年全国耕地数量增加一倍，特别是西南、西北、东北等边疆地区得到极大开发。优良农作物传入，水利改建和高水平耕作技术普及，构成明清经济发展的主要动力。另一方面，省际交流开展和区域比较优势的发挥，也构成明清经济发展的最大动力和主要表征。如南方适宜种粮，北方更适宜种棉花。故明清几百年中，产棉区一直在向江苏、河北、河南、湖北和山东等北方省份集中，全国3/4人口所需的棉花和棉布都依赖市场购买，其中1/3的棉花和1/5的棉布通过省际贸易贩运获得。这一新经济格局的出现，标志着中国经济发展及商品性生产进入较高阶段。

广东珠江三角洲一带，自宋代以来一直是稻米主要产区和输出区，但到明清时期已由稻米输出区变为输入区，需要从四川、江西大量购买稻米。这种变化的主要原因在于土地被农民用来发展更具优势的产业而非稻米种植。如南海县九江乡，在明末清初"鱼塘十之八，田十之二"，到乾嘉时期，"民多改业桑、鱼，树艺之夫百不得一"，几乎不再生产稻谷。其他如顺德、龙江等地也都类似，其稻米"尽仰赖于他乡"。除鱼桑之业，还有甘蔗、柑橘种植，都被乡民视为获利倍蓰的利薮。

江苏成为最大的产棉区和棉布产区，每年棉布总产量达到约1亿匹，收入白银约2000万两，向全国其他地区和海外输送的棉布可达

4000多万匹。同时，长江中上游的四川、湖南、江西、安徽等省的米粮，华北、东北的大豆、杂粮等初级产品通过长江运河和沿海航线输往江南。据学者估算，18世纪初仅两湖地区每年输往江南的稻米多达1000万石，19世纪中期则约为1500万石，"苏湖熟天下足"变为"湖广熟天下足"。在珠江三角洲和江南高发展地区之外，其他地区则形成了各自相对集中的商品生产中心，如两湖、四川地区为重要的粮食产地，江西为木材产地，云南为铜产地，等等。由此可知，中国经济在清代中期已经超出基本食用品生产阶段，跨入更高阶段，即全面发展经济，并亟须从工业发展中谋求出路的新阶段。

图10-15 （清）董诰绘《万户桑麻图卷·采桑图》

明清时期经济全域开发和全面发展，形成区位优势的背后，是以江南地区为代表，农业和农村经济走上一条具有近代意义的"集约型发展"道路。明清时期江南地区的农民为了获得更高产量，一是更重视农业技术，更加合理利用现有的耕地、水面以及人力畜力等农业资源。二是重视劳动力与资本的投入，使农业生产的集约化水平大大提升，不但对每种农作物都增加投入，而且改变种植结构，将农业经营转向集约程度较高的农作物。具体而言就是减少水稻种植，扩大桑树和棉花种植面积。三是将农业生产与经营方式相结合。江南地处中国及东亚、中亚国际市场中心，而且这个市场处于不断扩大之中，使得江南农业有可能从地区分工中极大受益。到清代中期，江南农业外向化程度已经十分引人注目，突破了地方资源限制。江南农业所需肥料大部分依赖外部输入，而江南生产的生丝、丝织品和棉布，主要输往距离较远的外部市场。故此时生产资本集约化和资源利用合理化，已经是促使江南农业发展的主要途径，与自给自足的传统农业相去甚远。

同时，明代后期以降几百年中，生态农业在江南杭嘉湖地区逐渐普及，使江南农业状况发生了重大改变。所谓生态农业，就是利用生物的食物链原理，在农业种植与淡水鱼、家禽、家畜的饲养之间构建一个相互依存、相互制约的良性循环，既能实现对不良土地的充分利用，也能变废为宝，减少对环境的破坏。清代江南生态农业普遍发展背后最大的动力是农民对利润最大化的追求。在江南生态农业中，生产关系也有大的变化，它不再是自给自足，而是需要使用大量雇佣劳动者，农业经营由此带有明显的企业性质。

江南地区作为明清时期中国经济核心区，"早期工业化"特点是经济文明进步的一个重要表征。所谓"早期工业化"，指的是近代工业化之前的工业发展，使得工业在经济中所占地位日益重要，甚至超过农业。[1] 这种工业发生在以工业革命为开端的近代工业化之前，但已经不再是对"传统"手工业的重复，而是具有了一些近代特征，并

---

[1] 李伯重：《江南的早期工业化（1550—1850年）》，社会科学文献出版社2000年版，第30—31页。

与19世纪中期以后的"近代化"之间有着不可分割的密切联系。

中国国土面积广大，社会经济发展的地域性差异巨大，一般认为明清江南的苏、松、常、镇、杭、嘉、湖七府及江宁等地，不仅为东南财赋重地，贡输甲天下，而且实现了早期工业化。明代中叶江南地区赋税占全国的1/5到1/4，明代后期进一步提高。这促使当地农民必须在耕地之外寻找更多路径来提高收入。明清时期江南地区农民的家庭收入已经发生结构性改变。江南棉区农民收入的实现形式，主要表现为卖布所得工业品价值，其现金收入已经远远超过非现金收入。江南农民一大半收入来自棉纺织等手工劳动，其工业收入是农业收入的2倍以上。"男子耕获所入输官尝息外，未卒岁室已罄，其衣食全赖女红"[1]，"东南地窄，则弃农业工商"[2]，"民习耕种，且能手艺营生"[3]。这种"工业区"的出现是清代经济发展的一大成就。所以，在1850年以前的三个世纪中，江南工业发展在经济中所占比重日益提高，到19世纪初，江南大部分地区工业的地

图10-16 《姑苏繁华图卷·水运商贸》之九

---

[1] 薛振东主编：《南汇县志》卷20《风俗志》，上海人民出版社1992年版。
[2] （清）包世臣：《安吴四种》卷26《庚辰杂著二》，文海出版社1968年版。
[3] 《皇朝经世文编》卷37户政12，《魏源全集》第15册，岳麓书社2004年版。

位已与农业不相上下，在经济最发达的江南东部，工业甚至可能超过农业。就全球经济发展趋势来看，欧洲核心区和世界其他地方核心区，尤其是东亚之间经济命运的大分流，是在18世纪末期至19世纪才出现。而世界经济发展大分流的分界点是工业革命，在工业革命以前这一阶段，中国尤其是长江三角洲的经济，呈现出明显的早期近代特点，并不比欧洲尤其是英格兰的经济落后。

资本主义萌芽　资本主义萌芽是指人类社会进入资本主义社会前，在封建社会产生的具有资本主义生产关系特征的一些经济现象，是资本主义产生的前兆。通常来看，中国资本主义的萌芽发生在明代中期到清代中期这段时间，主要表现在生产力水平、产品的商品性、自由雇佣劳动规模等方面。

中国资本主义萌芽开始于16世纪后期。商品经济充分发展是资本主义萌芽出现的必要条件。明清时期商业市镇星罗棋布，多层级市场体系发育良好，区域市场发达，全国性市场不断扩大，小农自然经济向商品经济发展转化，商品经济大大超越以往并达到非常成熟的阶段。商人通过支配生产，既促进商品生产发展，又开拓了市场，积累了丰富的货币资本，为资本主义萌芽创造了前提条件。同时，从明代到清代，由于赋役不均和土地兼并，大批自耕农破产。明清两朝通过一条鞭法、取消丁税、废除匠籍制度等财政和赋役改革，推动了自由雇佣劳动力大规模出现，雇佣劳动工场手工业首先在江南地区发展。苏州和杭州等地，丝织业工场规模扩大，雇工数量增加。雇工自由流动，而手工工场主也竞相以较高工价雇佣熟练工人。《明神宗实录》把这种现象归纳为"机户出资，机工出力"，被认为是机户拥有资本、雇佣工人并剥削工人剩余劳动价值,具备了资本主义生产关系的基本特征。

明清时期中国的资本主义萌芽广泛存在于诸多行业,这些行业生产力发达,生产方式先进。自明中叶开始,在苏州、杭州的丝织业,广东佛山的冶铁、锻铁业等行业中,已出现带有资本主义性质的手工作坊。到清代中期,资本主义生产关系的萌芽扩大到更广泛的领域和地域,涵盖农业、制茶、制烟、制酒、制糖、榨油、冶铁铸铁、造纸和印刷等行业,和江浙一些地区的丝绸织造,苏松一带的棉布纺织,陕西的木材采伐,云南的铜矿开采,山东博山和北京西部的煤矿挖采,四川的井盐加工,山西河东的池盐加工,江西景德镇和广东石湾的瓷器制作,上海的沙船运输等,共约20个行业。[1]其中,四川的井盐行业中被认为出现了拥有巨大资本、雇佣大量工人、生产分工协作得到高度发展的井灶企业,其商业资本与工业资本相互渗透,由运销而生产,又由生产而扩大运销范围,标志着以工场手工业为特点的资本主义萌芽出现,并发展到较为高级的阶段。

明清时期中国社会商品经济发展是持续向前的,并呈现出鲜明的早期近代特点。资本主义萌芽推动了手工业领域雇工制度成熟,培养了大批技术熟练工人,为中国近代资本主义的发展奠定了雇佣劳动关系基础。同时,明清时期中国内河航运达到5万千米,东西干线和南北水陆联运干线,以及海运干线发达成熟,水路商业城镇和转运中心完备,为近代工业建立准备了市场和运输条件。尤其是在丝织、制瓷、制茶、酿酒、榨油、井盐、煤矿,以及制糖、造纸、染坊、冶铁、铁器制造等资本主义萌芽积淀较多的行业,它们在1840年以后

---

[1] 许涤新、吴承明主编:《中国资本主义发展史》第1卷,人民出版社2003年版。

很快走向机械化，为资本主义发展奠定了物质和资本基础。因此，中国封建社会内商品经济的发展，已经孕育资本主义萌芽。正常情况下，明清以来的资本主义萌芽会不断发展，引导中国社会与文化转型，即使这种变化很缓慢，但最终将走向资本主义。

二 启蒙观念酝酿

中国的文艺复兴伴随着16世纪资本主义萌芽的生长而出现，并且发展成为17世纪强大的反思理学思潮，一直延续到19世纪。这一思潮先后以李贽、黄宗羲、顾炎武、王夫之、戴震为代表，体现为个性解放思想、初步民主思想和近代科学精神三大时代主题。这一思潮既是中国传统文化转型的开端，又是现代价值理念的内在历史根源，表现出中国式的人文主义觉醒。

约束君权 黄宗羲《明夷待访录》中的《置相》指出："原夫作君之意，所以治天下也。天下不能一人而治，则设官以治之。是官者，分身之君也。"他认为设置君主的目的是"使天下受其利""使天下释其害"。因此他反对君主的无限权力，"古者以天下为主，君为客"，"今也以君为主，天下为客"。他以三代以上之法与后世之法相比较，三代以上"以天下为天下之天下"，三代以下"以天下为帝王私产"，主

图10-17 王夫之像

张限制、约束君权。从现实主义出发，黄宗羲认为明朝灭亡，根源在于君主过于集权，"有明之无善治，自高皇帝罢丞相始也"，主张通过设置丞相限制君权。

顾炎武对君权亦有质疑。"人君之于天下，不能以独治也。独治之而刑繁矣，众治之而刑措矣"，主张"以天下之权寄之天下之人"。同时，他也提出著名的国家与天下之辨，"易姓改号，谓之亡国；仁义充塞，而至于率兽食人，人将相食，谓之亡天下"。

王夫之以更激烈的态度批判君主专制。他以"公天下"比照"一姓之私"，主张"不以一人疑天下，不以天下私一人"。由此他对公、私进行了深刻辨析。"君臣者，义之正者也，然而君非天下之君，一时之人心不属焉，则义徙矣；此一人之义，不可废天下之公也。""一姓之兴亡，私也；而生民之生死，公也。"

民本思想 黄宗羲在民主君客的政治思想基础上，提出王者养民，必先轻徭薄赋。他认为当时民赋太重，原因有三，一是积累莫返之害，二是所税非所出之害，三是田土无等之害。因此他提出减轻税负、清丈土地、划分等第等主张。顾炎武论天下利病，对民生极为关注，认为"今天下之患，莫大于贫"。他从国赋、私租等角度详细分析造成民困民贫的各种原因，提出一系列重民、富民设想，主张重视私人利益，承认"私"的合理性。"自天下为家，各亲其亲，各子其子，而人之有私，固情之所以不能免矣。故先王弗为之禁，非惟弗禁，且从而恤之"，"合天下之私以成天下之公，此所以为王政也"。王夫之也提出人君养民之道，依重要程度分别为"制恒产""裕民力""修荒政"，通过轻徭薄赋保障民众利益。而且在土地问题上，他反对"溥天之下，莫非王土"观念，认为土地乃天地所固有，"王者能臣天下之人，不能擅天下之土"，"民之田，非上所得而有也"。所以要劝农桑，听民自谋，明确表达对民众私人利益的尊重。

同时，在明末清初，一反传统重本轻末思想，为富民辩护、为工商辩言成为潮流。王阳明就称"四民异业而同道"，何心隐则称"商贾大于农工，士大于商贾，圣贤大于士"。顾炎武极力主张发展工矿业，"大抵北方开山之利，过于垦荒"，还力主发展纺织业，废除官盐，允许私盐自由买卖。

明清之际的启蒙思想是在晚明以来经济发展出现早期近代特点，特别是伴随着资本主义萌芽发展，在阳明心学影响下逐渐发展起来的。当时启蒙学者在思想上致力于打破理学观念桎梏，重视个人利益，在政治上反对君主专权体制，主张限制君权，在经济上主张发展工商业，保护个人利益。直到晚清，这些启蒙思想成为近代变法维新派、革命民主派和文化启蒙派的实际思想先驱。

三　市民社会兴起

商业资本促进了商品生产发展，促使小商品生产者分化和货币财富集中，推动了自由劳动者出现和国内市场形成，促进了市民社会孕育。

"市民社会"是指市民阶层为追求个人自由和利益，遵循一定法治规则而形成的一种社会形态。这一概念最早由黑格尔提出，后来成为马克思建立资本主义政治经济学批判体系的基础概念。马克思一针见血地指出，市民社会的本质在于私人的经济利益关系。市民社会的基本特点是个体的特殊性表达,即个人自由和个人权利的获得,是一种私人利益体系。但同时,每个市民都是社会联系锁链中的一个环节,自己的知识、意志及行动符合这个社会的基本经济规律和法律关系。个人是市民社会的基础,但市民社会通过司法制度依附于国家。马克思强调,市民社会是商品经济下缔结的社会关系的总体呈现,是市场经济中人与人的物质交往关系和由这种交往关系所构成的社会生活领域。所以,市民社会是一个国家或政治共同体内一种介于"国家"和"个人"之间的广阔领域,个人利益通过分工与交换得到满足,由此形成一个相互补充和相互依赖的社会体系。市民社会由相对独立存在的各种组织和团体构成,是国家权力体制外自发形成的一种自治社会。这是资本主义兴起时,在政治上要求脱离国家政治控制的一种社会表现形式,在很大程度上,市民社会就是资本主义生产关系的代称。

就中国而言,明清商品经济发展,使得江南等一些地方社会出现大量农业型、产业型、商业型富户,这些富户依靠经营农业、手工业或商业积累大量财富。[1]同时,在工商业中出现大批中小工商业者,他们广泛散布于江南乡村城镇中,依附于出生地的狭隘乡土观念日渐淡薄,城市意识日益鲜明。这些富民和中小工商业者形成具有市民特点的阶层,动摇了自然经济,也改变了社会阶级的比重。

在此基础上,从晚明到清朝,出于自身利益或道德追求,很多

---

[1] 参见傅衣凌《明清社会经济变迁论》,载《傅衣凌著作集》,中华书局2007年版,第5、6页。冯贤亮《"国家元气":明清时期的富户阶层论述与地方社会》(《社会科学》2020年第8期)也有论述。

不受政府控制的公共机构，如行会、社仓、普济堂、育婴堂、敬节堂等地方自育组织，都普遍建设起来。这些机构在地方财政支持方面变得越来越强有力。到19世纪，中国城市中更是形成一种实质层面的市政管理和运行机构。从清代中晚期至民国时期，在部分城市中更是出现了由社会组织管理的、几乎不受国家直接控制的"公共领域"，包括"公共事业机构""公共服务机构"。由于政府财政能力弱化，支出扩大，旧有财政赋税已无力负担，故对贸易的依赖程度日益增加，很多财政支出最终落在城市商人组织上。相对而言，伴随着对社会组织财政依赖的日益加强，政府对商业的控制却松弛下来，对食盐贸易方面的限制几乎完全废除。甚至在有的城市如汉口，商人自治组织全面取代官府直接控制诸多制度化的公共资金、公用事业和公共管理。

伴随着明确的城市意识、阶级差别意识的出现，经济领域中商人集体自治活动不断涌现，在非经济事务方面，商人越来越多地承担起官方或半官方性质的责任。凡此，都有利于在城市领导集团中形成资产阶级。所以，进入19世纪后，中国城市不但形成了城市阶级，也出现了城市社团。以汉口为例，它可以被看作是在一个相对独立的多元化政治制度治理下，而不是受到专制主义或封建地主阶级的统治。白莲教起义以来，行会越来越主动关注整个城市。当时汉口盐商不顾南京盐务监督部门反对，从其集体基金中挪用一部分，创办一支地方团勇，用于整个城市防卫。当意识到社会危机即将到来时，人们依靠民间组织渡过难关，这在中国历史上没有先例。

总之，16—18世纪，在中国经济发展的"资本主义萌芽"时期，出现了很多商业革命性因素，如远距离市场商品生产专业化，向大规模商业企业发展的趋势，追逐利润并建立利润评估所需要的会计制度，复杂而灵活的合伙制、股票发行以及透支银行信贷制等资本运作新形式，契约保证人制度、雇佣工人大量使用等，这些都表明中国经济文明进入新阶段，已经出现规模宏大且具有强烈自我意识的商业资产阶级和高度商业化的社会，有了向市民社会发展的趋势。①

市民阶层对个人利益与自由的追求，不仅表现为他们可以在社会经济领域乃至政治领域的"公共空间"发挥重要作用，在精神面貌上也表现出与传统礼教的格格不入，个人主义思想开始受到尊重。如前所述，明代中晚期以来，阳明心学盛行，从上层知识精英到平民大众，"人欲""私""利"等观念得到充分肯定和普遍认可，形成对"天理"的挑战。清中期袁枚作为性灵派诗人代表，他无视礼教束缚，寄情山水，快意食色，种种行为虽与正统士大夫大相径庭，无缘仕途，却深受民众欢迎。

市民阶层追求"私利""私欲"的精神，也集中反映在白话小说的流行方面。白话小说在明代已经蓬勃发展，确立起长篇章回小说和短篇话本小说两种叙事体制，形成"讲史小说""神魔小说""世情小说"三大流派，产生了《三国志演义》《水浒传》《西游记》《金瓶梅》四大奇书和"三言""二拍"等诸多经典作品。到清代，白话小说进一步发展，产生了《儒林外史》《聊斋志异》《红楼梦》等代表古代小说艺术最高成就的作品。人们对各种"情"有强烈诉求，无论是浪漫

---

① ［美］罗威廉：《汉口：一个中国城市的商业和社会（1796—1889）》，鲁西奇、罗杜芳译，中国人民大学出版社2005年版。

爱情、江湖情义，或是情欲本能等，都很自然地成为市民阶层追求个性解放的思想表现，用以表达对礼教思想的不满和反抗。白话小说等文学形式的创新与发展，代表着商品经济伦理的艺术载体对封建专制文化和儒家伦理价值观的反思和批判，是明清以来人本主义思想的价值建构和自我反省。

第四节　新"天下"观

明清两个王朝虽以天下中央大国自居，并把朝贡体系视为处理与他国关系的主要准则，但随着西方国家到来，明清两朝在实践中逐渐务实地接受新型国家条约关系。在新航路开辟后，全球性经济贸易联系日渐加强，中国已经成为国家贸易中的一环，必然接受与西方国家在人员、贸易等方面的交往，并产生很强的依赖性。同时，中国的思想文化也随着丝绸、瓷器等贸易商品，传播到欧洲，在18世纪受到追捧，为人类文明发展注入中国因素。这些因素的变化意味着明清时期中国的天下观正在更新。古代天下观在空间范围内多指"中国"。而到明清时期，随着与世界各国交往的增多，中国人的天下观念开始延伸到世界范围，一种新的"天下"观正在形成。

一　朝贡体系与条约体系的对冲

明清朝贡体系的变化　1840年以前，朝贡体制一直是中国历代中央政权处理对外关系的基本方式。这一体制下，朝贡国要奉中国正朝，接受册封，定期或在中国皇帝更换之际遣使朝见纳贡。中国皇帝则对朝贡国的国王进行册封、赏赐，爱护朝贡国。这种朝贡、觐见、赏赐、册封各环节都被置于严格的礼仪制度之下，来朝贡使一律得行跪礼，但中国皇帝不必向贡使行礼，以体现朝贡国对中国的臣服，体现以中国为中心的国际秩序。中国皇帝借助朝贡国的臣服，来体现其地位至高无上，而朝贡国的国君借助中国皇帝的册封、赏赐，向国内或周边政权表明其地位的合法性。

明初立国，一方面力行海禁政策，严禁民间出海贸易；另一方面不断派人前往日本、占城、爪哇等地晓谕各国元明易代之事，并赏赐各国丝织品、《大统历》，令其改奉明朝正朔，遣使入贡，并允其入贡期间在华贸易。明成祖朱棣时期，为稳固帝位，继续加大交通海外各国力度，遍赏朝贡国及其使臣，免征各国在华贸易之税。在巨大贸易利益面前，东亚、东南亚各国"执圭捧帛而来朝，梯山航海而进贡"。据考证，被《明会典》《外夷朝贡考》《明史》记录为朝贡国的有148个之多，朝贡规模之大、手续之复杂，为历代所不及。这些朝贡国可以分为两大类：一是实质性的朝贡国，如朝鲜、安南、琉球等，这些国家属于明朝属国，接受明朝正朔、册封，并严格按期入贡。二是名义上的朝贡国，如日本、暹罗、苏门答腊等，以及西域中亚地区的部族政权。在严行海禁的背景下，它们朝贡明朝的主要目的是获得经济贸易机会，而有明一代仅入贡一两次便杳无音信的国家亦不在少数。

明代具备朝贡贸易的典型特征。朝贡制度的设计和运行源自对文化、政治、身份地位的关注，也刺激了中外经济贸易发展，推动

第十章 近代初曙（明清）

以中国为中心、呈辐射状分布的国际贸易市场形成。"四夷朝贡到京，有物则偿，有贡则赏。"在朝贡体制之下，借助与贡使互换礼物，明朝皇帝巩固统治者身份，表明彼此之间尊卑主从关系，朝贡者则获得丰厚经济利益。由此，明朝将朝贡制度推向极致，朝贡贸易亦空前繁荣。

进贡与赏赐对双方来说都很重要。朝贡国进献的贡品，应当是极具地域代表性而中国奇缺的奇珍异宝或珍禽异兽，拥有这些罕见贡品可以彰显皇帝主宰天下的身份。皇帝给这些朝贡使者的赏赐除了金银、纸钞，还有四书五经、丝织品、瓷器等。严厉海禁政策促使朝贡成为中外贸易的主要途径，以中国为中心辐射东亚、东南亚、南亚地区的朝贡贸易圈迅速发展。由于中国王朝最高统治者直接介入，该贸易圈同时具备共通货币和引导消费时尚的主流品位。

清朝入主中原后，在朝贡国问题上，也有与明朝类似的政治动机，即通过朝贡国认可来实现天朝上国的地位转变。故清朝继承了明初以来的朝贡体制和朝贡贸易，并以之作为处理国际关系的重要理论基础，以经济上"薄来厚往"换取外国政权在政治上的朝贡，实现"四夷宾服"的最高政治理想。但与明代相比，清代统治已然发生根本性变化。随着版图扩大和全国大一统实现，曾经以朝贡者身份存在的周边民族，因内附被正式纳入清朝直接统治而退出朝贡行列，这类朝贡关系被清代中央与地方关系所取代。而对海外朝贡国的笼络，清朝远不像明朝那样积极主动，而是采取听之任之、更加务实的态度，将很多名义上的国家从朝贡范围内逐渐剔除。从清初到乾嘉时期，清朝海上朝贡国逐渐增加，有朝鲜、琉球、安南、暹罗、苏禄、南掌、缅甸、西洋及荷兰；内陆地区则有哈萨克左右二部，布鲁特之东西部，安集延、玛尔嘎朗、霍罕、那木干、塔什罕、巴达克山、博罗尔、爱乌罕、奇齐玉斯、乌尔根齐、廓尔喀。这些国家中，除了"西洋"所指比较模糊外，其他国家都是由清初至乾嘉时期通过实质性交往被认定为朝贡国的，其中不乏经过战争洗礼后才确定的朝贡关系，如安南、缅甸、廓尔喀等国。这与明朝在初期确定大批朝贡国，却随着时间发展实质性朝贡者日益减少的趋势恰恰相反。最典型者莫过于俄罗斯，康熙时期当中西礼仪之争变得愈发严重时，在雅克萨战场失败的俄罗斯却在中国获得各种政治、经贸和宗教权利，获准在北京开设俄罗斯馆、建立东正教堂，每三年向中国派遣一支200人的贸易使团，但俄罗斯并没有被清朝列为"朝贡国"。可见清朝虽保留明朝已有朝贡体制，但随着欧洲国家到来，清朝统治者对天朝地位、国际关系的认知正在发生务实而理性的变化。这种变化也体现在清朝开始以比较完善的海关体系来处理对外贸易关系，条约观念隐约出现。

条约观念初现　17—18世纪是西方殖民主义全球扩张时期，随着更多西方国家到来，中国传统天朝大国观念被逐渐解构。清朝囿于朝贡体制同时，已经开始以新的国家观念处理与西方国家的关系。

建立对外贸易管理的海关体系，是清朝在处理对外关系方面逐渐走出朝贡体制思维的一个重要表现。明朝在朝贡体制之下，为表示天朝大国恩典，坚持"薄来厚往"的原则，并多免除朝贡贸易者的税负，基本上放弃了宋元以来的市舶司体制，也就放弃了海关制度。入清之后，康熙二十二年（1683）清朝收复台湾，康熙帝以国计民生为念，下旨解除海禁，开放对外贸易，设立闽、粤、江、浙四海关，征收关税，由此逐渐形成一套较为完善的海关管理体系。18世纪中叶，中国每年出海贸易的商船达到90—110艘。到1830年增加到220多艘，每年输入白银达到400万—500万两。[1] 马戛尔尼访华时的中国粤海关每年上缴国库税银在百万两以上，成为一项重要财政收入。清代边境互市和海关之设，为正常的国际贸易开辟了途径，"实现了以中国出口商品为主导的贸易全球化"。朝贡贸易虽然存在，但与海关贸易相比，并不占主导地位。随贡而来的商业行为与边境互市、海关贸易之区别仅仅在于能够获得免税特权而非贸易特权。而且，清代不仅存在官方形式上的海关贸易，民间出海贸易也空前发展。福建的民间海外贸易超过广东而居首位，且已经出现近代意义上的商业组织"公司"。[2] 18世纪欧洲如英法等国家虽被列入朝贡国，但并未与中国建立实质性政治朝贡关系，只是为突破朝贡贸易往来时的身份限制，不得不以朝贡名义与中国建立国际贸易关系。但这种贸易关系开始具有更明确的国与国之间贸易往来色彩，海关税收不断增加说明了这一点。

到乾隆二十二年（1757），乾隆帝与沿海各省督抚就如何进行海外贸易问题进行反复讨论。出于对海防安全的考虑，乾隆帝决定关闭闽、江、浙三处海关，仅留广州一处通商口岸进行海外贸易，到鸦片战争之前一直如此。

---

[1] 祁美琴：《对清代朝贡体制地位的再认识》，《中国边疆史地研究》2006年第1期。
[2] ［日］松浦章：《清代海外贸易史研究》，李小林译，天津人民出版社2016年版，第40页。

虽然乾隆时期没有完全闭关，更没有锁国，清朝也一直维持着巨量国际贸易，维持着与西方国家、中亚国家、北部俄罗斯、亚洲的日本、东南亚国家的大规模经济交往，但"一口通商"政策的实施表现出乾隆君臣对国际贸易重要性，特别是对正在崛起中的欧洲列强的懵懂无知，这也为后来在国际交往中陷于被动埋下伏笔。

在与很多国家保持密切经济关系的同时，清代中国在实践上也逐步突破朝贡体制的旧有观念，通过签订条约与一些国家建立新型外交关系。

一般认为，世界主权国家起源于1648年的《威斯特伐利亚和约》。1648年10月，在经历了三十年宗教战争后，欧洲神圣罗马帝国名义下的66个国家，与欧洲的其他16个国家，分别签订《神圣罗马皇帝与瑞典女王以及他们各自盟国之间和平条约》和《神圣罗马皇帝与法兰西国王以及他们各自盟国之间和平条约》，统称为《威斯特伐利亚和约》。该和约的订立促成法国、德意志、荷兰等主权国家出现，划分了欧洲国家界限，明确了各国边界，摆脱了神权控制，形成了近代国家体系的雏形。该条约明确规定主权原则，被学界视为近代国际法的历史起点和"主权国家"理论形成的源头。

康熙二十八年（1689），清朝与俄国签订了《尼布楚条约》，这对一直坚持朝贡体制的天朝大国来说，具有转折性意义。在传统的朝贡体系下，中国历代王朝的疆域"有疆无界"，没有明确的"国界线"。《尼布楚条约》的签订，把主权国家界观念传递至中国，清朝的统治范围开始有国际法所承认的、主权国家意义上的"国界"。雍正五年（1727），清政府又和俄罗斯接连签订《布连斯奇界约》《恰克图界约》《阿巴哈依图界约》和《色楞额界约》。乾隆三十三年（1768），两国签订《修改恰克图界约第十条》。乾隆五十七年（1792）又签订《恰克图市约》。与此同时，清政府也开展与其属国朝鲜、廓尔喀之间的"边界"划定工作。[①]清朝疆域内地缘政治格局的变化，也促使清朝统治者转变政治思维。乾隆中期以后，随着中央对蒙藏新疆等地区有效管辖制度的建立，华夷观念发生重大转变，"夷"的内涵由原来指周边少数民族，改为代指荷兰、西班牙、葡萄牙、英国等西方国家。清朝更倾向于把与欧洲国家的关系纳入朝贡体系下去理解，因此要求英国使臣按照朝贡国叩见大皇帝的礼仪行礼。然而，乾隆皇帝在与马戛尔尼等人实际接触过程中，并没有拘泥于这种体制，而是采取灵活务实的态度和措施。

至道光时期，清朝又与位于中亚的往日朝贡国浩罕（霍罕）签订贸易条约，对双方关税进行约定，并涉及最惠国待遇、治外法权等问题。这个条约被视为清朝占据优势情况下主动出让权益的"不平等"条约，成为1842年鸦片战争战败与英国签订不平等条约的范本。这种主动通过签订条约来确定边界、规范贸易问题的行为，从疆域属性视角来看，都表明清朝从"传统国家"向"主权国家"转变的发展趋势。

可见，明清时期的中华文明，有着自己独特的发展道路，同时也表现出不惧新挑战、勇于接受新事物的无畏品格。在当时的全球格局中，中国一直是世界和平的建设者，在积极追求文明交流互鉴的同

[①] 李大龙：《中国疆域诠释视角：从王朝国家到主权国家》，《中国社会科学》2020年第7期。

时，不搞军事霸权、文化霸权，也从不会把自己的价值观念与政治体制强加于人，一直走在中华文明自身的发展路径上。

二 中西文化碰撞与交流

明清时期，随着西方传教士到来，中西之间文化交流进入新阶段。其间，既有相互交流、学习与借鉴，也有彼此之间的防范与碰撞。传教士为中国带来新的天文学知识、数学知识、地理测绘技术等科学技术，也带来西方基督宗教、绘画艺术。同时，他们也一直在从中国人手中寻求丝绸生产纺织、瓷器制作和大规模茶叶生产的技术秘密，并把中国的哲学思想、宗教文化介绍到欧洲。

中西礼仪之争 中国历史上，西方基督教一直谋求进入中国发展，他们的传教士曾在唐、元时期到中国传教，但只经历短暂的成功。主要原因在于中国人信仰广泛，特别是祖先崇拜、祭奠孔子有深厚的历史传统，但基督宗教是严格的一神教，不能容忍中国人的这些信仰。明清之际的礼仪之争，亦由此而起。

1582年，意大利耶稣会传教士利玛窦等人抵达中国广东肇庆传教，1601年利玛窦进入北京。为更好地获得中国人对天主教的认同，他研习儒家文明，穿起士大夫服饰，向中国人介绍记忆术、地图、天文等西方技术。在祖先崇拜等问题上，利玛窦认为祖先崇拜并非异教徒的偶像崇拜，只是中国人尊敬祖先、贯彻孝道伦理原则的世俗仪式，没有背离天主教教义。而中国士人的祭孔，也主要从现实功利出发，表达对孔子的感谢，而非祈祷什么。他还认为"上帝"概念早已存在于中国上古文献之中，主张以"天主"称呼天主教的"神"。利玛窦的传教方式具有"中国化"特色，获得很大成功，为耶稣会传教士奉行，被称为"利玛窦规矩"。但1610年利玛窦去世后，他的传教方式开始在耶稣会内部引起争论。

明清交替之际，罗马教皇对耶稣会士传教方式的态度开始发生转变。1643年，多明我会士黎玉范返回欧洲，向罗马教廷严厉指控耶稣会"利玛窦规矩"。但由于存在争论，教廷没有发出明确指令。此时，耶稣会士汤若望先后受到多尔衮、顺治帝信任，他以西洋新法所定《崇祯历书》被清廷接受改名《时宪历》，汤若望也被任命为钦天监监正。顺治十七年（1660），"历狱"爆发。杨光先控告汤若望历法计算错误，指斥天主教为邪教，甚至妄图以西洋历法代替传统正朔，"内外勾连，谋为不轨"，请朝廷予以剪除。汤若望及诸多钦天监人员被捕下狱，杨光先被任命为钦天监监正，《时宪历》被废除。康熙四年（1665），历狱审结，已经死于狱中的汤若望被宣布无罪，但仍有五人被处死刑。康熙亲政后，于康熙八年重审此案，为汤若望等人昭雪，杨光先等被革职，复行《时宪历》，传教士南怀仁出任钦天监监正。此后康熙帝一直推崇耶稣会士带来的天文、数学、绘画、地理测绘等知识技艺，对传教士较为礼遇。二三十年间，天主教在华迅速传播。在进入18世纪以前，有100余名耶稣会士来华，在各地建立200多所教堂，全国15省区的天主教徒超过30万人，天主教的传播在中国达到一个小高峰。

1704年11月20日，教皇克雷芒十一世最终还是向中国天主教徒发出禁约，严禁祭拜孔子、祭拜祖先牌位，严禁进入祠堂，等等。次年，教廷使者多罗进入中国，将教皇禁令公开发布。清廷亦采取反制措施，拘捕多罗，遣送澳门监押。康熙六十年（1721）发布上谕："以后不必西洋人在中国行教，禁止可也，免得多事。"①雍正二年（1724）发布严厉禁教令：着国人信教者应弃教，否则处极刑；各省西教士限半年内离境，前往澳门。全国约300座教堂均被没收，改为谷仓、关帝庙、天后宫或书院。至此，礼仪之争终告结束。

中国文化在欧洲的传播 15—16世纪以来东西方贸易往来增强，传教士犹如一批文化使者，在带来西方文化的同时，也将中国思想文化大量介绍到欧洲。欧洲人对中国的认知逐渐从物质商品延伸到思想文化。而源源不断的中国商品，精致的技术工艺，蕴涵丰富的文化典籍，逐渐成为欧洲人上自宫廷下至平民百姓生活、思想中的重要元素。这些东方产品改变了欧洲人的生活方式，引领了时尚风情，甚至触动了他们思想深层。1700年初，法国王室在凡尔赛宫大厅举行名为"中国之王"的盛大舞会，"太阳王"路易十四身穿一套精美的中国式服装，乘坐一顶中国式八抬大轿出

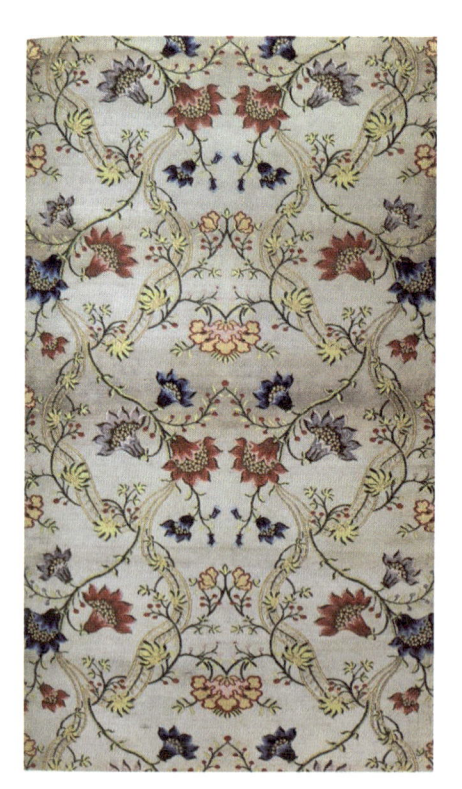

图10-18　清乾隆银地五彩洋花金宝地锦

---

① 《清代档案史料选编》，上海书店出版社2010年版。

场。一些贵族甚至主教也都效仿路易十四，热衷乘轿出行。①

深受欧洲人青睐的中国商品包括茶、瓷器、漆器等。17世纪通过英国东印度公司输往英国的中国茶，深受欢迎，为英国人在咖啡之外增添一种日常饮品，极大地改变了英国人的生活方式。

图10-19　清乾隆雕黄漆寿春图盒

瓷器被欧洲人当作爱不释手的艺术品。陶瓷工艺在清前中期达到历史最高水平。其中以景德镇官窑瓷器最具代表性。郎窑红、珐琅彩以及吸收西方工艺而成的逗彩都是清代的创新，扩展了陶瓷品种。康熙开海后，瓷器大规模输出海外，除日本、朝鲜、东南亚，中国瓷器的输出地涵盖英、法、荷兰、瑞典、美国、非洲、大洋洲等诸多国家和地区，中国由此从国际贸易中获得大量白银。在17—18世纪的欧洲，精美的中国瓷器成为王公贵族竞相追逐的奢侈品。在法国，中国的青花瓷被法国人亲昵地称为"塞拉东"（Celadon）。大文豪雨果也是中国瓷器的一个近乎狂热的追捧者，当女仆打碎他的一个中国花瓶时，他专门写下《粉碎的花瓶》一诗，其中提到"洁白的细花瓶像滴闪光的水"，"把美轮美奂跌得粉碎，多漂亮的花瓶！"② 法王路

---

① 许明龙：《欧洲十八世纪"中国热"》，外语教学与研究出版社2007年版，第100页。
② 《雨果文集》第5卷《全琴集》，河北教育出版社1998年版。

图10-20　清人绘《制瓷图册·画坯》

易十四下令首相马扎兰创办中国公司，到广东订制烧绘有法国甲胄纹章的瓷器。①俄国彼得大帝也订造瓷器，绘双鹰国徽。英国女王玛丽十世酷爱中国瓷器，在宫内用玻璃橱陈列。以华瓷作饰或作日用器具成为整个欧洲宫廷的新时尚。而宫廷对中国瓷器的追求，引来举国影从。由此产生欧洲各国向中国订购的被称为"洋瓷""广瓷"的"外销瓷"。庞大的市场也引起欧洲人对制瓷技术的向往，瓷器外销的同时也将陶瓷烧制技术向欧洲输出。一些传教士如法国殷弘绪，开始通过书信、著述形式，向本国介绍制瓷技术和工艺流程，18世纪下半叶欧洲一些地方，如法国巴黎的赛佛尔、荷兰的戴尔伏特对中国瓷器的仿制技术已经比较成熟。

中国丝绸在17—18世纪源源不断输入欧洲，它对欧洲的影响表现在两个方面：一是作为重要的贵族时尚，这一时期丝绸被欧洲贵妇们大量用作主要原料来制作服装，甚至用到宫廷幔帐、窗帘以及鞋面上。美丽的中国刺绣图案在很长时间内成为欧洲贵妇身份地位的标记，在上流社会广泛流行。二是中国丝绸技术传入欧洲，丝绸纺织

---

① 沈福伟：《中西文化交流史》，上海人民出版社2017年版，第457页。

与刺绣技术开始与欧洲的洛可可艺术风格相结合，催生出更强劲的中国风尚。丝织技术在明清时期达到顶峰。徐光启的《农政全书》以六卷篇幅对中国的植桑、养蚕、纺织方法做了详细介绍，并配以诸多插图。西方传教士对此书非常感兴趣，其中丝织技术知识及图谱都被翻译介绍到欧洲国家。在中国的传教士还收集大量丝织技术资料，绘制织机图寄回法国。由此欧洲，特别是法国的里昂、都尔等开始成为丝绸生产基地。这些丝绸产品与洛可可华丽艺术相结合风尚一时，充满大量中国元素。穿长袍的中国人、亭台楼榭、田园风光以及中国文人画中的山水、花鸟鱼虫等都成为这些丝绸、服饰中的重要元素。如维托雷·卡尔帕乔（Vittore Carpaccio）的画作《圣厄休拉和她的少女》，就描绘了一名身穿缀满凤凰图案长袍的女性圣徒。

白铜是中国特有的合金，多产于云南。18世纪到云南进行地理测绘的传教士把这种极具抗腐蚀性的金属介绍到欧洲，导致白铜出口数量大增，欧洲人开始研制白铜制造方法。19世纪二三十年代，英国人、德国人先后仿造白铜成功。

18世纪欧洲中国热中，除了对中国产品与技术的追求，很多欧洲学者亦醉心于中国思想文化。自16世纪开始，西方学者研究中国儒家经典，17世纪时，欧洲中国学研究渐有起色，越来越多儒家经籍被译介到欧洲，至18世纪，中国经籍在欧洲影响日著。

儒学西传在欧洲引起哲学家们思考，受到启蒙思想家们推崇。儒家经典著作四书五经等自利玛窦时期就开始被翻译成拉丁文，比利时传教士柏应理等以此前传教士翻译为基础，最终完成《中国哲学家孔子》的编写，于1687年在巴黎出版。《中国哲学家孔子》由导言，

《大学》《中庸》《论语》三部书的拉丁文全译本和附录组成，还包括《孔子传》一篇。此书导言中，柏应理为利玛窦"合儒易佛"传教路线进行辩护。这是儒家思想西传欧洲的奠基性著作，中国人的精神世界由此开始展现在欧洲人面前，它拉开了在世界范围内展开中国思想翻译与研究的序幕。从顺治二年到乾隆七年（1645—1742），在欧洲出版的中国学著述达262部之多。

法国学者魁奈将中国儒家文化与政治制度写成《中国专制制度》，还因此被称为"欧洲孔夫子"。在伏尔泰眼中，儒家所讲的"仁、义、礼、智、信"就是真正平等、自由、博爱的文化，而中国就是开明专制君主制的典范，是法国学习的对象。他担任编剧的《中国孤儿》（L'Orphelin de La Chine），风靡整个欧洲，直到现在仍是欧洲文化中的典型中国元素。德国著名哲学家莱布尼茨（1646—1716）认为中华民族是世界上最优秀的民族之一，并对中国传统文明的政治、哲学、历史、道德与自然科学等方面都做出高度评价，并说："昔日有谁会相信，地球上还有这样一个民族存在着，它比我们这个自以为在各方面都有教养的民族过着更具道德的公民生活呢？但从我们对中国人的了解加深后，我们却在他们身上发现了这一点。"[①] 当时中国的康熙皇帝也被他视为世界各国君主的典范。莱布尼茨还积极推动欧洲国家与中国的联系，呼吁欧洲各国设立专门机构展开汉学研究。他推崇中国的儒家思想，在礼仪之争的背景下撰写了《论尊孔民俗》一文，还出版了专门介绍中国的专著《中国近事》，对欧洲与中国关系的发展做出深度思考。

---

① ［德］G.G.莱布尼茨：《中国近事》，"序言"，杨保筠译，大象出版社2005年版。

第十章　近代初曙（明清）

近代以前，中国以雄厚的经济实力和丰富多彩的思想文化，在欧洲掀起一股"中国热"，给欧洲走向近代文明带来诸多启发，成为沉淀在人类文明历程中的宝贵财富。20世纪70年代曾任法国兰斯大学校长的学者米歇尔·德韦兹说："在1800年以前，中国给予欧洲的比它从欧洲所获得的要多得多。"①

科举制度西传　曾游历诸国的康有为明确指出，人才选拔方面，欧美各国原来所行之法都不如中国的科举制度，"选秀于郊，吾为美矣，任官先试，我莫先焉。美国行之，实师于我"②。

科举制从隋炀帝大业元年（605）设立以后，经过一千多年发展，到19世纪中叶在中国本土已逐渐走向穷途末路，但被西方国家所借鉴而建立现代文官制度。18世纪以前，欧美各国文职官员的选用，或实行个人赡徇制，或实行政党分肥制。这些文官任用方式不可避免地导致任用私人，带来结构性的贪污腐败，使各种无能之辈充斥于政府之中。因政党更迭而大批撤换行政官员，还会引起周期性政治震荡和工作连续性的中断。

科举制实行竞争考试、择优录取，晋身之路向平民开放，标榜公开取士、唯才是举。比起贵族等级制或君主赐官制等选官制度来，科举取士无疑具有优越性。科举考试制度虽然产生于等级森严的中国传统社会，但其标榜和体现的"公开竞争、平等择优"精神却具有超越时代的特性。在西方社会倡导"自由、平等、博爱"的启蒙时期，

---

①　[法]米歇尔·德韦兹：《十八世纪中国文明对法国、英国和俄国的影响》，《法国研究》1985年第2期。
②　康有为：《请废八股折试帖楷法试士改用策论折》，《戊戌变法》第2册，神州国光社1953年版，第208页。

科举制体现出的"机会均等"原则曾使许多人大为惊叹,使伏尔泰、孟德斯鸠、狄德罗、卢梭等一代哲人心悦诚服,法国重农主义经济学家奎奈还曾主张欧洲引进中国科举考试制度。鸦片战争前夕,卫三畏向美国民众介绍中国,把科举制度作为首选课题。他认为科举考试制度以经典及其注解所教导的政治权利义务作为绝对力量,使中国免于再次分裂成许多王国,有力地维护中国古代中央集权。中国教育的透彻性,考试的纯正、有效,文学的精确、优美,完全超过了同一时期的犹太、波斯、叙利亚。"这一制度将一切人置于平等的基础上,据我们所知,人类本质还没有这样的平等。"①

因此,科举考试"公开竞争、平等择优"原则的合理性、近代欧美国家政治经济文化发展的现实需要、文官选用方法发展的内在要求和必然趋势,使得西方国家借鉴科举建立了现代文官考试制度。以科举考试为核心的文官行政制度被视为中国对世界最重要的贡献之一,并在很大程度上成为西方学界的一种共识。美国著名汉学家、外交家丁韪良(W.A.P.Martin)在1896年出版的英文著作《中国环行记》中说:"科举是中国文明的最好方面,它的突出特征令人钦佩。这一制度在成千年中缓慢演进;但它需要(就如它将要的那样)移植一些西方的理念以使之适应变化了的现代生存环境。当今在英国、法国和美国正在取得进展的文官考试制度是从中国的经验中借鉴而来的。"

1964年,美国东方学会会长、著名汉学家顾立雅也曾明确表示,中国对世界文化的贡献远不止造纸和火药的发明,现代由中央统一管

---

① [美]卫三畏:《中国总论》,陈俱译,上海古籍出版社2005年版,第360页。

理的文官制度，在更大范围内构成当代社会的时代特征，中国科举制在建立现代文官制度过程中扮演过重要角色，是中国对世界的最大贡献。1983年，美国卡特总统任内的人事总署署长艾仑·坎贝尔应邀来北京讲学时曾说："当我被邀来中国讲授文官制度的时候我感到非常惊讶。因为在我们西方所有的政治学教科书中，当谈到文官制度的时候，都把文官制度的创始者归于中国。"[①]

延续了数千年的中华文明在明清时期的近六百年间，以其深厚的积累，表现出集大成的特点。多民族统一国家的版图底定，中国的大一统政治发展到一个新高度。这一时期的中国人民创新了经济增长方式，洗练了人文思想，提升了文学、艺术、科技水平。各民族之间在生活上的密切交往，文化上的相互交流，习俗上的彼此交融，进一步彰显了中华文明有容乃大的包容性。同时，这一时期中华文明的成就在全球政治、经济、文化交流中也占有突出地位，不仅对外来文化勇于接受，继续保持着兼收并蓄的开放态度，也向世界其他国家输出了经济、文化、思想因素，并因为中西交流、彼此影响而更加璀璨。与西方殖民国家侵略性不同的是，中华文明表现出的和平性令其在全球文明发展进程中独树一帜。在这一时期，中华文明也在经济、文学艺术、思想等方面酝酿出明显的早期近代因素，为之后中国式现代化道路的探索开拓了政治空间，积累了经济经验，储备了历史资源，丰富了文化底蕴。

[①] 转引自刘海峰《科举制对西方考试制度影响新探》，《中国社会科学》2001年第5期。

本章参考文献

《明实录》，中华书局2012年版。

《明史》，中华书局2015年版。

《清代档案史料选编》，上海书店出版社2010年版。

《清实录》，中华书局1985年版。

（光绪）《钦定清会典事例》，见《续修四库全书》，上海古籍出版社1995—2002年版。

傅恒等撰：《平定准噶尔方略》，见《清方略全书》，北京图书馆出版社2006年版。

纪昀总纂：《四库全书总目提要》，河北人民出版社2000年版。

庆桂等编纂，左步青校点：《国朝宫史续编》，北京古籍出版社1994年版。

雍正编纂，张万钧、薛予生编译：《大义觉迷录》，中国城市出版社1999年版。

陈来：《仁学本体论》，生活·读书·新知三联书店2014年版。

李经纬、林昭庚主编：《中国医学通史（古代卷）》，人民卫生出版社1999年版。

梁启超：《清代学术概论》，广西师范大学出版社2010年版。

钱穆：《中国文化史导论》，商务印书馆1998年版。

沈福伟：《中西文化交流史》，上海人民出版社2017年版。

许明龙：《欧洲十八世纪"中国热"》，外语教学与研究出版社2007年版。

张学智：《明代哲学史》，中国人民大学出版社2012年版。

杨国荣：《中国哲学中的王阳明心学》，《孔学堂》2022年第2期。

［德］G.G.莱布尼茨：《中国近事》，杨保筠译，大象出版社2005年版。

［美］罗威廉：《汉口：一个中国城市的商业和社会（1796—1889）》，鲁西奇、罗杜芳译，中国人民大学出版社2005年版。

［美］卫三畏：《中国总论》，陈俱译，上海古籍出版社2005年版。

本章图片来源

图10-1、图10-7、图10-8、图10-9、图10-16、图10-18、图10-19、图10-20　故宫博物院编，朱诚如主编，李湜本卷主编：《清史图典 清朝通史图录》第7册《乾隆朝　下》，紫禁城出版社2002年版，第519、464、429、459、258—259、321、308、293页。

图10-2　杨德俊编：《王阳明遗像图册》，贵州大学出版社2016年版，第35页。

图10-3　华人德主编：《中国历代人物图像集（中）》，上海古籍出版社2004年版，第1441页。

图10-4　孔庙和国子监博物馆东门。

图10-5　现藏中国国家图书馆。

图10-6　现藏故宫博物院。

图10-10　（明）计成：《园冶》，广陵书社2015年版，线装书。

图10-11　清漪园（今颐和园）。

图10-12　现藏法国国家图书馆。

图10-13　现藏故宫博物院。

图10-14、图10-15　故宫博物院编，朱诚如主编，李湜本卷主编：《清史图典 清朝通史图录》第4册《康熙朝　下》，紫禁城出版社2002年1月版，第485、488—489页。

图10-17　中国历史博物馆保管部编：《中国历代名人画像谱》，海峡文艺出版社2003年版，第48页。

第十一章 沉沦探索

（旧民主主义革命时期）

第十一章　沉沦探索（旧民主主义革命时期）

章首语

在数千年的历史长河中，中华民族曾长期走在世界各国前列，创造了灿烂的文明，对世界经济、文化和科技做出了卓越贡献。然盛极而衰，清朝自乾隆后期起，人口膨胀，政治腐败，统治危机加深，社会开始出现缓慢转型。鸦片战争打破了"天朝上国"的迷梦，中国被迫向西方"开放"。晚清以来，中国面临列强侵略，进入半殖民地半封建社会，西方势力步步紧逼，加紧渗透控制，中国原有政治、经济秩序受到极大冲击，被迫开始近代转型。晚清历史，既是一部中国走向半殖民地社会的屈辱历史，也是一部中华民族逐渐探索现代化道路的抗争历史。为救亡图存，中华文明开始在沉沦之中进行艰难探索。从魏源"师夷长技以制夷"到张之洞"中体西用"，从康、梁等人变法维新，到孙中山等人高举革命大旗，救亡图存是整个时代的主题，仁人志士前赴后继，最终击碎西方列强瓜分中国的图谋，充分体现了中华文明"即使遭遇重大挫折也牢固凝聚，决定了国土不可分、国家不可乱、民族不可散、文明不可断的共同信念"。

晚清尽管只有几十年时间，在历史长河中不过沧海一粟，但它处在"三千年未有之大变局"中，极大地改变了中华民族的发展轨迹。"沉沦"与"探索"是这一时期中华文明转型的典型特征。时代巨变让有识之士重新审视儒学经世传统的内在价值。西风欧雨导致传统教育体系向近代教育体系快速转型。传统社会格局发生变化，新兴阶层出现，日常生活也受到西方影响。与此同时，中华文明也给予世界以积极的文明回馈。需要指出的是，近代以来中国屡屡遭到西方列强欺辱，政治文明与科技文明落后于时代发展，然中华文明根脉未绝，精神不倒，在黑暗中历经漫长而艰难的探索与实践，但终因缺乏正确的思想引领，这一时期的国人还未能找到中华民族伟大复兴的正确道路。

第十一章 沉沦探索（旧民主主义革命时期）

第一节　文明蒙尘

第一次鸦片战争敲开中国的大门，中国开始步入半殖民地半封建社会。随着不平等条约与割地、赔款蜂拥而至，西方文化侵略与渗透日益加深，中华文明饱受苦难，一些国人对中华文明的自信心也受到沉重打击。苦难重压之下，民族觉醒与浴血抗争随之而起。

一　西方文化侵略与渗透

明朝末年，崛起于白山黑水之间的满洲人入主中原，建立清朝。清前期康熙、雍正、乾隆三帝励精图治，使清代社会、经济和文化的发展都达到空前高度，史称"康（雍）乾盛世"。然而，盛极而衰，自乾隆晚期起，清朝就开始走下坡路。嘉庆时期爆发的川陕五省白莲教起义，沉重打击了清朝统治。至道光帝即位时，清王朝统治危机进一步加深，社会面临转型。龚自珍在《己亥杂诗》中对官僚机构的腐败进行严厉抨击："不论盐铁不筹河，独倚东南涕泪多。国赋三升民一斗，屠牛那不胜栽禾？"认为当时是"日之将夕""大乱"将起的"衰世"。然而，包括龚自珍在内的知识精英未能提出超越传统社会旧有主张和办法的"良药"。

与此同时，西方各国却发生了翻天覆地的变化，资本主义制度和经济迅猛发展起来。工业革命的完成，使英国成为当时世界上头号资本主义强国，在全世界范围内推行侵略扩张。为获取高额利润，英国推行可耻的鸦片贸易，残害中国人民。民族英雄林则徐奉命收缴鸦片，虎门销烟，英国借机发动侵略战争。第一次鸦片战争、第二次鸦片战争、中法战争、中日甲午战争等系列战争，以及随之而来的割地赔款，极大地改变了中国历史发展的走向。

伴随武力侵略进入中国的，是文化侵略与渗透。1844年，法国特命全权公使拉萼尼强迫钦差大臣耆英签订《中法五口贸易章程：海关税则》，亦称《黄埔条约》，规定法国天主教获得在通商口岸传教、修建坟地的权利，清朝地方政府负责保护教堂和坟地。随后，越来越多的传教士涌入中国，大规模宣扬教义，并从政治、思想等方面对中国进行渗透。1848年，"青浦教案"爆发，三位英国传教士违规离开上海至青浦传教，与漕运水手发生冲突，英国领事阿礼国乘机派兵舰沿长江闯入南京，为日后中国内河航运权的丧失埋下伏笔。1853年，法国天主教神甫马赖违反中法《黄埔条约》不得到内地传教的约定，私自在广西西林县大肆收徒传教。他还勾结官府，包庇教徒马子农、林八等人抢掳奸淫，激起巨大民愤。1856年，西林知县张鸣凤依法将马赖处死，一些不法教徒也受到惩处。法国政府以此为借口，与英国联合发动第二次鸦片战争。

战争期间，英法联军攻占北京，洗劫并火烧圆明园。圆明园坐落在北京西北郊，与颐和园相邻，是清朝著名皇家园林，面积5200余亩，建筑面积达16万平方米，有"万园之园"之称。法国作家维克多·雨果在《就英法联军远征中国给巴特勒上尉的信》中对英法联军火烧圆明园的暴行进行了强烈谴责："有一天，两个来自欧洲的强盗闯进了圆明园。一个强盗洗劫财物，另一个强盗在放火，

第十一章　沉沦探索（旧民主主义革命时期）

似乎得胜之后，便可以动手行窃了。对圆明园进行了大规模的劫掠，赃物由两个胜利者均分。……将受到历史制裁的这两个强盗，一个叫法兰西，另一个叫英吉利。"这是中华文明在近代遭受屈辱的重要事件。

《天津条约》明确了西方传教士在内地自由传教的权利。随后，法国在《北京条约》中文约本中私自增加"任法国传教士在各省租买田地，建造自便"①，成为天主教会广置产业、霸占田地的护身符。传教士以不平等条约为护身符，深入全国各地传教。一些地痞流氓混入教会，并以此为靠山，迅速激化当地社会矛盾。还有传教士宣称："基督教来自上帝，整个中华帝国都在上帝统治的范围之内，我们奉命要对全中国传教，就应当容许我们在整个中国传教。所以，如果不被容许，我们有权可以'照会'中国容许。……如果条约过于限制我们，我们可以越过条约，而且必须要越过，如果上帝保佑给予开路并赐给我们力量去做的话。"②

图11-1　德国摄影师恩斯特·奥尔末（Ernst Ohlmer）于1873年拍摄圆明园谐奇趣被毁后残迹系列照片之一

---

①　王铁崖：《中外旧约章汇编》第1册，生活·读书·新知三联书店1957年版，第147页。
②　顾长声：《传教士与近代中国》，上海人民出版社2004年版，第66页。

1869年，法国天主教传教士在天津强行拆除原有建筑，修建望海楼教堂，激起巨大民愤。1870年，天津发生儿童迷拐事件，据查与教堂有关，民众激愤之下火烧望海楼。随后，法、英等国联手向清廷"抗议"，并派军舰到天津示威。清廷为缓和局势，被迫妥协，处死16人，缓刑4人，流放25人，派崇厚去法国"谢罪"，赔银50余万两。天津教案之后，清廷于1871年向各国驻华使馆提出旨在取消外国传教士在华保护权的《传教章程》，包括取消育婴堂，不准妇女入教和传教，传教须领取执照等。但各国公使在收到《传教章程》后，"皆置之不理"。[①] 传教成为奴役中国人民思想的沉重枷锁。

1901年，中国被迫和八国联军签订丧权辱国的《辛丑条约》。其中除了向各国赔款4.5亿两，分39年还清，年息4厘，还特别做如下规定：东交民巷为使馆境界，由使馆管理，中国人不准居住，各国有权常留军队保护使馆。将大沽炮台及有碍京师至海通道之各炮台一律拆除，允许各国在北京至山海关铁路沿线12个战略要地驻兵。惩办"祸首"，将端郡王载漪、辅国公载澜拟定斩监候，发配新疆，永不减免；庄亲王载勋、刑部尚书赵舒翘等赐自尽；山西巡抚毓贤、礼部尚书启秀等即行正法；监禁、流放、处死各级官员一百余人。永远禁止中国人民成立或者加入任何反帝组织，违者处死。《辛丑条约》不仅严重损害中国的领土主权，大大削弱国防能力，更极大地羞辱了清政府和中国人民，是对整个中华民族自尊心的严重践踏。

西方还大肆对中国人民进行思想渗透，开办大量教会学校。

[①]（清）李刚己：《教务纪略》卷3下，上海书店1986年版，第13页。

第十一章　沉沦探索（旧民主主义革命时期）

1844年，清政府取消对天主教的禁令，教会学校迅速发展起来。教会学校在中国的发展经历了几个阶段。首先兴起的是类似小学的初等教育学校，数量少，规模小。此后，逐渐出现类似中学的中级教育学校。两次鸦片战争期间，仅上海一地就开办圣若瑟学校、新闸学校、圣路易学校、徐汇公学等许多教会学校，甚至还在宁波开办女子学校。教会学校随着洋枪洋炮进入中国，创立目的也不外乎吸引中国人民相信上帝耶稣，所以教学内容自然是围绕《圣经》基本教义展开，而不是传播西方文化。随着各国列强对晚清政府的瓜分掠夺愈演愈烈，在清政府中培养自己的代言人，成为各国列强支持建立教会学校的重要目的。

1875年前后，在华教会学校已有800余所，学生3万余人。除少数未被侵略的省份外，各省都遍布各式各样的教会学校。随着晚清政府政策调整以及各种因素影响，又陆续出现医学、法律、军事、师范等专门类别的院校。1909—1924年，美国退还部分虚收的庚子赔款额约1250余万美元，清政府以此款成立"游美学务处"，选派学生赴美学习。1911年，游美学务处迁入北京西郊清华园，游美肄业馆更名为"清华学堂"，并于当年4月29日开学。这是清华大学的前身。应该指出的是，虽然西方侵略者在中国创立各类学校，其目的是更好地控制中国，但由于学校本身在知识传播和文明开化方面的功能，导致许多教会学校随之调整教学内容，课程扩展到数学、化学、英语、体操等诸多领域，以提高教会学校的知名度与教学质量，这在客观上促进了中国近代文明的发展。

19世纪70年代前后，外国传教士和商人在上海、天津、北京等地创办几十种报纸和杂志。其中包括1862年英商创办的《上海新报》，1872年英商创办的《申报》，1872年北京京都施医院创办的《中西闻见录》，1878年上海出版的《益闻录》，1882年英商创办的《沪报》，1868年由美国传教士林乐知等在上海创办的《万国公报》等，主要目的是用于传播西方政治学说和自然科学知识。1874年，美国长老会传教士嘉约翰在广州创办《小孩月报》，这是中国境内最早的儿童报刊。这份报刊的作者多为西方传教士，他们念念不忘以传教为宗旨，以致对中国儿童的宣传内容有诸多局限。

二　文明自信的削弱

晚清时期国家内忧外患、局势日益败坏。如何看待西方殖民侵略和如何看待西方文明，对这两个问题的不同回答，会直接影响到国人如何对待自身的中华文明。晚清时期，西化思想在中国逐步有了市场，并在一定程度上削弱了国人对于中华文明的自信。

西化思潮中，西方殖民者强行在世界范围内推行西方殖民主义的物质文化、制度文化和精神文化，企图使这些国家和地区永远成为他们的隶属或附庸。面对西方殖民者在政治和军事方面的强势，一些受侵略的国家和地区在反思失败原因时，往往容易将其归结为自身制度和文化上的落后；在寻找出路和方向时，又容易以西方的制度和文化为参照标准。

第一次鸦片战争期间，面对西方的坚船利炮，一些官员在心理上出现投降主义。英国在占领定海后不久继续北上，直奔天津，要挟清廷，直隶总督琦善直接宣称："夷船不来则已，夷船若来，则天津海口

第十一章 沉沦探索（旧民主主义革命时期）

断不能守。"[1]英军到达天津后，琦善派沙船送去二十头牛、二百只羊、许多鸡鸭以及一两千个鸡蛋，犒劳英军，他以皇帝的名义请求英国全权大臣，到广州商讨最后解决办法，甚至在谈判桌上许诺："听候钦差大臣驰往广东，秉公查办，定能代伸冤抑。"后英国人认为时已初秋，渤海湾中不适宜采取充分的攻势，加之军中士兵水土不服，病疫流行，又有外交大臣巴麦尊的明确指示，才同意离开天津，悉数南下。

浙东战败后，清廷决意求和。道光帝采取"羁縻"政策，派耆英为钦差大臣，伊里布、牛鉴、黄恩彤为议和代表，到南京同璞鼎查议和。7月3日，伊里布抵达南京，6日耆英抵达南京。为震慑清廷代表，璞鼎查邀请耆英、伊里布参观军舰。耆英上奏道光皇帝称："该夷船坚炮猛，初尚得之传闻，今既亲上其船，目睹其炮，益知非兵力所能制伏。"道光帝指示耆英、伊里布等人："仍遵前旨，设法羁縻，迅速将此事了结，一切不为遥控。"[2]耆英马上派人通知英方，对英人提出的各项条约一概允准。议和诸臣将英方条件及请示画押订约的报告最后送交道光帝批准。

1851—1864年，以洪秀全为首的太平天国起义，很快席卷大半个中国，尤其是占据最为富庶的江南地区，给予清王朝以沉重打击。建都天京后，外国公使多次前来。从1853年4月到1854年6月，在一年多的时间里，英国、法国、美国公使先后到访天京。英国公使文翰表示，去天京可以直观了解"现方与官军对抗之革命军所驻之确实地

---

[1] 张喜：《抚夷日记》，载《中国近代史资料丛刊·鸦片战争》第5册，神州国光社1954年版，第353页。

[2]《筹办夷务始末·道光朝》卷58，上海古籍出版社2002年版，第456页。

域,及其首领等对于外国人之真实态度"①。他还曾将《南京条约》抄送太平天国,希望太平天国政权全盘接受清王朝签订的不平等条款,否则会以武力相向。太平天国以东王杨秀清名义,发布《答复英人三十一条并责问五十条诰谕》,主张中外平等往来,在严禁鸦片贸易的同时,允许正常的自由贸易,为表示对西方"洋兄弟"的欢迎,他们还愿意"货税不征"②。后来在中外反动势力的联合绞杀下,太平天国运动最终失败。

图11-2 严复像

甲午战争前,中国在"自强、求富"的大战略下,实行师夷长技以制夷策略。经过甲午战争检验,证明洋务运动彻底失败。在这种情况下,西化观点受到了更多人的关注。严复(1854—1921),福建侯官县人,近代著名的翻译家、教育家。严复毕生从事西学翻译和介绍工作,他翻译英国生物学家赫胥黎(T. H. Huxley)的《进化与伦理》,宣传"物竞天择,适者生存"观点,并于1897年12月在天津出版的《国闻汇编》刊出,该书问世产生了严复始料未及的巨大社会反响。在翻译过程中,严复深感"中之人好古而忽今,西之人力今以胜古",中西文化之间存在着巨大差异,因为"中国最重三纲,而西人首倡平等",对西学逐步产生了过分拔高的评价。面对洋务派提出的"中学为体,西学为用"概念,严

---

① 《文翰致费士班书》,《太平天国》第6册,神州国光社1952年版,第889页。
② 《英国政府蓝皮书中之太平天国史料》,《太平天国》第6册,第909、911页。

复不以为然，认为中西学各自"体""用"之间存在着不可分割的关系与不可随意嫁接的道理，若要以西学为用，则必须同时接受西学之体，否则就是一种"以牛为体，以马为用"的谬想，不伦不类，因而他主张中国文化只能是"以（西方文化的）自由为体，民主为用"，全盘西化才是唯一的出路。

戊戌变法时期，也有一些人呼应"全盘西化"观点。樊锥，湖南新邵县人，25岁被选为拔贡，思想激进，喜欢参与各种时政讨论。1898年《湘报》创刊，樊锥成为主要撰稿人。他利用报纸平台，提出立宪、平等、民权等设想。在《开诚篇》中，樊锥写道："革从前，搜索无剩，唯泰西是效。"泰西泛指西方国家，他的意思很明确，即全盘西化。同为湖南不缠足会董事的易鼐也提出类似观点。他在一篇题为"中国宜以弱为强"的文章中说："若欲毅然自立于五洲之间……则必改正朔，易服色，一切制度悉从泰西。"他认为，中国要想成为世界强国，必须彻底更张易弦，全面学习西方。到20世纪初，"欧化""欧化主义"等全盘西化的概念，在更大范围内得到传播。

三 民族觉醒与浴血抗争

自第一次鸦片战争起，中国人民就开始反抗侵略和谋求民族独立的探索。其中，太平天国运动与爪哇人民反荷兰殖民者起义、阿富汗人民反英国殖民者起义、伊朗巴布教徒起义和印度民族起义，共同成为19世纪中期"亚洲革命风暴"的组成部分。清末的戊戌变法、义和团运动、辛亥革命和伊朗革命、土耳其革命等，同属19世纪末

20世纪初"亚洲觉醒"的组成部分。

太平天国运动时期,洪秀全将西方的基督教思想与传统的平均主义及大同思想相杂糅,创造出拜上帝思想,成为广大农民反抗清王朝腐朽统治的指南。咸丰三年(1853),太平天国定都天京,随即颁布《天朝田亩制度》。《天朝田亩制度》是太平天国政权的纲领性文献,内容包括政治、军事、文化、社会组织各个方面。《天朝田亩制度》在整个制度设计中贯穿"有田同耕,有饭同食,有衣同穿,有钱同使,无处不均匀,无人不饱暖"的平均主义思想。这种思想反映了当时农民阶级朴素的愿望,有利于鼓舞广大农民参与斗争,但因为有着强烈的绝对平均主义色彩,并不符合当时社会的实际。太平天国运动后期,洪仁玕提出向西方学习的主张,提倡与各国通商,借鉴西方先进的科学技术,发展资本主义经济。他的改革内政和建设国家新方案——《资政新篇》,经洪秀全批准作为官方文书正式颁行,成为太平天国后期的重要文献。

1900年前后,面对空前严重的民族危机,北方农民又发动"扶清灭洋"的义和团运动,矛头直指帝国主义。义和团一份揭帖写道:"兹因天主教并耶稣堂,毁谤神圣,上欺中华君臣,下压中华黎民,神人共怒,人皆缄默。以致吾等俱练习义和神拳,保护中原,驱逐洋寇,截杀教民,以免生灵涂炭。"[1] 义和团在京津地区对外国人和侵略军进行多次抵抗。6月12日,天津义和团勇猛对抗西摩尔联军,尽管死伤惨重,却令联军无法继续前进,在给养断绝的情况下不得不狼狈逃回天津租界。虽然最终义和团运动以失败告终,自身也存在诸多问

---

[1] 《告白》,《义和团》第4册,神州国光社1951年版,第149页。

第十一章 沉沦探索（旧民主主义革命时期）

题和局限，但其作为民族觉醒的反帝爱国运动，无疑值得肯定。

新兴民族资产阶级改良派康有为、梁启超等人发动戊戌变法，尽管最终遭到镇压，但毕竟是中国第一次触及政治体制的改革，也是一次重要的具有爱国救亡意义的思想启蒙运动，促进了思想解放，对社会进步和思想文化发展起了重要推动作用。

此后，革命派开始登上历史舞台。1894年11月24日，在当地华侨支持下，孙中山等人在檀香山成立兴中会，以"驱除鞑虏，恢复中国，创立合众政府"为宗旨，是近代第一个资产阶级革命团体。1903年前后，国内革命刊物如雨后春笋般出现，革命思想通过这些刊物，得到迅速传播。影响最大的要数邹容的《革命军》与陈天华的《猛回头》《警世钟》。1905年8月20日，同盟会成立，设总部于东京，设支部于各地，以"驱除鞑虏，恢复中华，创立民国，平均地权"为宗旨。同盟会的成立，使分散的革命力量汇聚在一处，全国革命有了领导中枢。革命派前仆后继，先后发动多次反清起义。1911年10月10日，武昌辛亥革命爆发。1912年2月12日，隆裕太后替宣统帝颁布退位诏书，并接受优待条件，清朝统治宣告结束。但革命成果被袁世凯窃取，以孙中山为代表的革命者还需要进行持续探索。

图11-3 孙中山像

第二节 救亡图存

救亡图存是时代主题，是社会各阶层的共识。这一时期对救亡之道的探索，既包括知识分子魏源、康有为、梁启超等人，也包括官僚集团曾国藩、李鸿章、张之洞等人；既包括太平天国运动、义和团运动这样的农民反抗，也包括孙中山、黄兴领导的资产阶级革命，当然也包括清末新政的自救。这其中隐含着"沉沦"与"上升"两条线索，半殖民地半封建统治秩序不断加深，接近亡国的险境，与此同时，民族的救亡图存又曲折微弱地上升。正是由于救亡图存的合力，使得西方列强妄图瓜分中国的野心没有得逞。

一 "师夷长技以制夷"

鸦片战争以来，剧烈变化的近代中国社会促使有识之士重新审视儒学经世传统的内在价值。当时占统治地位的是汉宋之学，汉学又称考据学，宋学又称理学；宋学以性理解经，而汉学以训诂名物训经。汉学曾在乾嘉时期兴盛一时并取得许多成果，其缺点在于只谈书本，不谈有关国计民生的实际问题。第一次鸦片战争后，清政府丧权辱国、完败于英军的行迹，对知识分子造成巨大心理冲击。以魏源、包世臣为代表的嘉道经世思想家，他们著书、研究学问是为了更好地解决现实问题，尤其强调学经要联系实际，思考和解决国计民生的重大问题。

第十一章 沉沦探索（旧民主主义革命时期）

林则徐是这一时期开眼看世界的重要人物。在广州禁烟抗英期间，他"日日使人刺探西事，翻译西书，又购其新闻纸"，以期"探访夷情，知其虚实，始可以定控制之方"。① 他组织译者将当时在华刊行的《广州纪事报》（The Canton Register）、《广州新闻报》（The Canton Press）等英文报刊译为中文，辑为《澳门新闻纸》，不仅自己利用，还抄送其他官员，并将部分内容附折奏呈道光皇帝预览。林则徐对西方知识的探究极为认真，外国人这样描述："当他在穿鼻港时，他指挥他的幕僚、随员和许多聪明的人，搜集英国的情报，将英方商业政策，各部门的详情，特别是他所执行的政策可能的后果，如何赔偿鸦片所有者的损失，都一一记录。"② 通过这些翻译工作，林则徐还了解到沙俄窥视中国西部边疆的野心。后来林则徐遣戍新疆，对俄罗斯的野心有了进一步了解，直到临终前几个月，还在提醒国人，"终为中国患者，其俄罗斯乎！吾老矣，君等当见之"③。

此后，魏源、姚莹、徐继畲、包世臣等人都对西方知识予以关注，其中魏源的成就最为突出。魏源（1794—1857），字默深，湖南邵

图11-4　魏源像

---

① （清）魏源：《魏源集》上册《道光洋艘征抚记》，中华书局1976年版，第174页。
② 《鸦片战争》第5册，神州国光社1954年版，第36页。
③ （清）李元度：《国朝先正事略》卷25，岳麓书社1991年版，第891页。

阳人。魏源认为宋学"上不足制国用,外不足靖疆圉,下不足苏民困"[1],没有实际用处。对于汉学,魏源则认为其考证方法烦琐,"锢天下聪明智慧,使尽出于无用之一途"[2]。他反对专依书本寻求知识的治学方法,强调身教重于言教,"披五岳之图以为知山,不如樵夫之一足;谈沧溟之广以为知海,不如估客之一瞥;疏八珍之谱以为知味,不如庖丁之一啜"[3]。中英《南京条约》签订之后,魏源以复仇雪耻为宗旨,根据所能搜集到的资料,编写《海国图志》。《海国图志》初刊于1842年,共50卷,1847年增补为60卷,1852年又增补为100卷,是中国人最早编著的关于世界知识的"百科全书"。书中还谈到美国总统"四年一任,期满更代","总无世袭终身之事",议会制决定"军国重事","设所见不同,则三点从二",初步介绍了西方民主制度。魏源在书中明确揭示写作目的:"为以夷攻夷而作,为以夷款夷而作,为师夷之长技以制夷而作。"所谓"长技"者,主要是指技术和器物。国人并不认为中国精神文化典章制度有何欠缺,所欠缺的只在技术领域。"该夷人除炮火以外,一无长技"[4],师夷、制器以自强,这便是中国官绅对西方文明的早期认识。《海国图志》传到日本后,对日本政治和学术产生重要影响。

第二次鸦片战争的失败,极大地震撼了清朝统治者,其中一些开明之士希图自强。在中央,以恭亲王奕䜣为首,在地方,以曾国藩、李鸿章、左宗棠等实权派为首,掀起中国近代史上著名的自救活

---

[1] 《魏源集》上册《默觚下·治篇一》,第36页。
[2] 《魏源集》上册《武进李申耆先生传》,第359页。
[3] 《魏源集》上册《默觚上·学篇二》,第7页。
[4] 《清实录》卷256第36册,中华书局1986年版,第897页。

第十一章　沉沦探索（旧民主主义革命时期）

动——洋务运动。洋务运动以学习西方先进器物为核心，早期以"自强"为口号，兴办江南制造总局等一批近代军事工业；后期以"求富"为口号，兴办轮船招商局等近代民用企业，并派遣留学生赴欧美留学，建立中国历史上第一支近代化海军。洋务运动极大地推动了中国近代化发展，但甲午战争失败，证明只学习西方器物而不学习制度的道路走不通。

洋务运动时期，改良主义思潮兴起，希望通过变革的方式，对中国社会加以改造。早期改良主义代表人物主要有冯桂芬、容闳等人。冯桂芬的《校邠庐抗议》"于经国大计，指陈剀切"，其内容包罗万象，涵盖行政、选举、赋税、财政等各个方面。冯桂芬认为中国与西洋相比有六不如，即"人无弃材不如夷，地无遗利不如夷，君民不隔不如夷，名实必符不如夷，船坚炮利不如夷，有进无退不如夷"。[①]他主张从科举改革入手，设立特科；力戒忽战忽和，无一定准的外交方针，学会利用欧洲诸强国在中国的均势，采取坚定一贯的外交政策；培养专业的外交人才，以更好地应对国际事务；设立专门机构，博采西学，借鉴西方诸国经验，自效富强。容闳是第一个毕业于耶鲁大学的中国留学生。1855年回国后，容闳一度与太平军领袖洪仁玕合作，之后进入曾国藩幕府，并全力帮助清政府经办幼童赴美事务。容闳深知美国制度文化之先进，故而提出"以西方之学术灌输于中国"的思想。他主张选聘外国人充任政府顾问，同时向国外派遣留学生学习先进的文化技术，然而他的提议始终不被统治者所重视，这也最终使得容闳与清朝统治者分道扬镳。

[①] 冯桂芬：《校邠庐抗议》，中州古籍出版社1998年版，第198—199页。

二 "中体西用"

近代是中国社会开始发生剧烈变化的时期,也是中国文化开始发生剧变的时期。"中学为体,西学为用"是19世纪末20世纪初流行的口号,类似表述还有"中本西辅""中道西器""中道西艺""中本西末"等。大致来讲,中学即为中国传统儒家思想,西学是指西方先进的科技文化。如何对待"中学"和"西学",成为晚清文化的议论中心,以"体"和"用"范畴来界定"中学"和"西学"的性能,并以此确定对待两者的基本态度和准则,则成为这一时期社会文化思想的主要模式。"中学为体,西学为用"即是指在不改变当前政治体制的基础上,学习和运用西方科学技术。

冯桂芬在《校邠庐抗议》中说:"以中国之伦常名教为原本,辅以诸国富强之术",最早初步勾勒"中学为体,西学为用"思想的基本框架。以后,谈洋务者以各种方式来表达类似思想。中体西用直接影响到晚清教育。1887年,水陆师学堂主要课程,被称为"洋务五学",包括矿学、化学、电学、植物学和公法学。学生"每日清晨先读四书五经数刻,以端其本。每逢洋教习歇课之日,即令讲习书史,试以策论,俾其通知中国史事兵事,以适于用"[①]。1895年3月,南溪赘叟(沈毓桂)在《万国公报》上发表《救时策》一文,首次明确表述"中学为体,西学为用"概念。次年,礼部尚书孙家鼐《议复开办京师大学堂折》中再次提出,"自应以中学为主,西学为辅;中学为体,西学为用"。这一时期,对于如何学习西方,也从仿效西方建立

[①] (清)张之洞:《张文襄公全集》第1册《奏议》,台湾文海出版社1963年版,第26页。

议会制度，到后来希望中国采取君主立宪制。

1898年，晚清著名封疆大吏张之洞出版《劝学篇》，全面阐述他关于中国传统文化发展道路的思考，从而成为这一思想的集大成者。《劝学篇》分为内、外两篇，"内篇务本，以正人心；外篇务通，以开风气"。这里的"本"，是指封建纲常名教，也是张之洞所认为最根本性的内容；所谓"五伦之要，百行之原，相传数千年更无异义，圣人所以为圣人，中国所以为中国，实在于此"，这属于"体"的范畴，无须向西方求教。"通"是指"学校、地理、度支、赋税、武备、律例、劝工、通商……算、绘、矿、医、声、光、电、化"等工商、学校、报馆诸事，可以向西方学习。《劝学篇》得到最高统治者的高度赞赏，以上谕的形式颁行天下，要求各省督抚、学政人手一册，各地也相继翻印。张之洞主张"中（旧）学为体，西（新）学为用"，意为中国传统三纲五常的政治制度这一根本不能动，但须以西洋科技来辅佐，才能够强国御辱。

图11-5 张之洞像

张之洞提出的"中体西用"，认为中国想要富强就必须学西学，但又坚持以中学启蒙，通晓儒家经典深意后，才可以学习西方的"奇技淫巧"。在他看来，清朝的政制、官方意识形态和中国传统文化都是良美至善的，西方文明对中国的优势无外乎坚船利炮与声光化电。

简言之，张之洞主张"中学为内学，西学为外学；中学治身心，西学应世事"，虽然主张古今中外、新知旧识的融会贯通，但实质上仍然是固守传统，反对西方政治伦理，如此一来，便能"既免迂陋无用之讥，亦杜离经叛道之弊"。张之洞反对政治制度改革，一些外国人如赫德（Robert Hart）、李提摩太（Timothy Richard）等，从殖民主义者的立场出发，也鼓吹过这种论调。这种主张被文化保守主义者交口称赞。当然，反对的声音也存在，如前文所说的以严复等人为代表的"全盘西化"论者。

《辛丑条约》签订后，清朝统治者陷入极大恐慌，被迫开始大幅度政治改革。20世纪初年，清政府推行新政，第一个阶段为1901—1905年，以张之洞、刘坤一的《江楚会奏变法三折》为蓝图，进行增设裁撤政治机构、编练新军、兴办警政、废除科举等改革。第二个阶段为1905—1911年，以预备立宪为核心，进行大刀阔斧的政体改革，中央设立资政院，地方设立谘议局，颁布中国近代史上第一个变法纲领性文件《钦定宪法大纲》。这一时期的统治者，仍然奉行"中体西用"这一主张。然而，"皇族内阁"出台遭到全国人民的反对，预备立宪最终失败，也意味着自上而下的改良运动，在当时的历史条件下不可能取得成功。

三　改良与革命思潮兴替

戊戌改良思想的领袖是康有为（1858—1927）。1879年，康有为首次前往香港，英国统治下的香港，其文明富庶令康有为大感震撼。"览西人宫室之瑰丽，道路之整洁，巡捕之严密，乃始知西人治国有法度，不得以古旧之夷狄视之"①，这激发了康有为研究西人治国法度的兴趣，他开始翻阅《海国图志》《瀛寰志略》等介绍西方的书籍。1891年，康有为在广州长兴开设万木草堂。陈千秋、梁启超等二十余人成为首批弟子。此后两年，受业学生为五十人左右。在康有为和梁启超通力合作下，改良思想得到更为广泛的传播。

1895年《马关条约》签订，全国震动。在北京参加会试的康有为遂同梁启超联络同乡及湖南数百名举子，到都察院上折请拒和议。在上书中，康有为对议和割台的严重后果做出分析，认为只有拒和再战，鼓舞民心，才能力保大局，图存自强。他的应对之策包括皇帝下诏罪己以振奋民心，放弃旧都北京，迁都西安，练兵选将，广购外国武器装备，变法维新。变法的内容主要包括富国之法，由国家兴办银行、铁路、机械、冶金等部门；养民之法，从务农、劝工、惠商和恤穷方面保障改善民生；教民之法，讲求西法，改革科举，变革官制，设立议院。康有为上书造成巨大影响，康有为遂成为维新运动的旗手。都察院以和约已盖印、无可挽回为由，拒不接受请愿。这就是历史上著名的"公车上书"。

1895年8月，康有为在北京安徽会馆创办《中外纪闻》，以"渐知新法"为宗

图11-6 康有为、梁启超像

---

① 《戊戌变法》第4册，上海人民出版社1957年版，第115页。

旨，专门刊登海外新闻、时评政论和有关公文，并"遍送士夫党人"。8月，翰林院侍读学士文廷式出面组织强学会，以户部主事陈炽为会长，梁启超为书记员。强学会每十天集会一次，众多官员和士子纷纷参加，就连署两江总督张之洞和直隶总督王文韶，也各自捐出5000两充作会费。翁同龢、袁世凯等人予以支持，英国传教士李提摩太、美国传教士李佳白（Gilbert Reid）等人均加入强学会。李鸿章曾希望捐银两千两入会，但因签订《马关条约》名声不好，遭到拒绝。11月，上海强学会成立，列名会籍的有康有为、张謇、陈三立、黄遵宪，以及张之洞幕僚黄体芳、黄绍箕、梁鼎芬、汪康年等。1896年1月12日，《强学报》开办，提出开议院的政治主张，倡导维新变法。继强学会之后，各地会社也如雨后春笋般出现。同年，由汪康年任总理，梁启超主笔的《时务报》在上海创刊。1896年8月9日，《时务报》正式发行，为旬刊，书册式，每期20余页，从创刊到停刊，共出69期，发行万余份。康有为曾说："至此天下志士，乃知渐渐讲求，自强学会首倡之，遂有官书局、时务报之继起，于是海内缤纷，争言新学，自此举始也。"[①]梁启超在上面发表大量极具影响的政论文章，这一系列文章的刊载使得《时务报》成为当时影响力最大报刊，梁启超也得到"舆论之骄子，天纵之文豪"的称赞。

1897年，严复主编《国闻报》；次年，谭嗣同等人在湖南创办《湘报》，维新派的影响越来越大，据统计这时全国的学会、学堂和报馆已经超过300个。湖南巡抚陈宝箴在长沙开办湖南时务学堂，聘请梁启超为总教习兼中文总教习，李维格为西文总教习，专门讲授西学

---

① 《知新报》光绪二十四年（1898）五月廿一日。

文化。在陈宝箴的推动下，湖南成为变法的重要实践基地。

戊戌变法失败之后，维新派势力出现分化。以康有为、梁启超为代表的人士，在海外华人支持下，于1899年在加拿大成立保皇会，又名中国维新会。保皇会成员遍布日本和南洋、美洲、大洋洲，中国上海、宁波及香港、澳门也有众多成员和团体。

与此同时，改良思想受到以孙中山为代表的革命派反击，革命成为思想界的主流。甲午战前，孙中山上书李鸿章，劝说清廷走改革之路，学习西方科学技术，推行立宪政体以代替专制政体。李鸿章没有理会，孙中山十分失望，认识到自上而下的改良方法在中国行不通，从此坚决走上革命道路。维新运动失败后，康、梁流亡日本，孙中山曾希望与改良派合作，终因彼此主张不同而分道扬镳。20世纪初，东京和上海是新型知识分子聚集地，这里革命热情最为高涨。清末赴日留学生最多，他们在日本创办刊物，其中《开智录》《译书汇编》《国民报》《湖北学生界》《江苏》《游学译编》等较有影响，拥有大批留学生读者。通过发行刊物，赴日留学生介绍、翻译西方社科书籍，宣传自由、民主思想，批判专制制度。1903年前后，国内的革命刊物大量出现，革命思想通过这些刊物得到迅速传播。影响最大的要数邹容的《革命军》与陈天华的《猛回头》《警世钟》。《革命军》一经出版就行销海内外，前后翻印20余次，总印数100万册。鲁迅先生曾言："倘说影响，则别的千言万语，大概都抵不过浅近直截的革命军马前卒邹容所做的《革命军》。"[1]

1905年11月26日，《民报》创刊，成为同盟会机关报。同盟会

---

[1] 《鲁迅全集》第1册《杂忆》，人民文学出版社1981年版，第211页。

成立后，革命党人以《民报》为舆论阵地，与改良派展开论战。双方围绕要不要推翻清王朝统治、要不要建立民主共和国、要不要实行社会革命等问题展开争论。关于要不要推翻清王朝，改良派认为满族是中华民族的一部分，清政府是四万万人之政府，没有推翻的必要，只须监督改良即可。他们要求革命派"多从政治上立论，而少从种族上立论"。革命派针对改良派观点，以大量事实揭露清政府入关以来对汉族人民的残酷屠戮，以及为了维持统治而投洋媚外的行径，认为只有推翻专制腐败的清政府，才能使中国强盛。关于要不要建立民主共和政体，改良派认为中国国民素质太低，不能骤然实行共和，只能先依靠清政府，实行开明君主专制。共和政体的思想核心是三权分立，改良派担心三权分立会使国家失去最高主权。改良派对选举制度也心存质疑，认为选举过程中会产生舞弊行为，多数人意见未必能代表国民利益。革命派认为自由、平等、博爱是人类共性，中国人民必能有"民权立宪之能力"。关于是否实行社会革命，改良派认为中国已无贵族阶层，不存在欧美"贫富悬隔"的情况，因此，不必实行社会革命。革命派则认为贫富差距仍然存在，实行社会革命是防患于未然。

经过一段时间论战，改良派在《新民丛报》发表文章，要求停止论战。革命派通过论战将革命思想广泛传播，赢得人心。1911年辛亥革命爆发，宣告清王朝统治走向终点，并且宣告在中国延续两千多年的封建君主专制制度根本倾覆。此后，共和成为全中国人民所接受的政治体制，中国的政治制度在向近代文明制度转变上有了决定性进步。

第三节　新知识新体系

鸦片战争以来，剧烈变化的近代中国社会促使学术思想领域的有识之士重新审视儒学经世传统的内在价值。科举制度停废，标志着传统人才选拔制度被彻底抛弃，也说明维系传统社会阶层流动的纽带被打破。欧风美雨，西学东渐，晚清时期对西学大规模引进吸收，导致新式教育体系与近代知识体系在这一时期逐步建立起来，成为我们今天学科体系与知识体系的前身。

一　传统学术文化新成就

道光年间，汉学已经进入总结阶段，这一时期文人学者多总结前人研究得失，著书立说，成果颇丰。其中，影响比较大的有刘文淇、刘宝楠、陈澧、孙诒让等。孙诒让，又名德涵，字仲容，浙江人，在经学、史学、诸子学、文字学、考据学、校勘学、地方文献整理等方面都有卓越的成就。同时，他又是近代新式教育的开创者之一，清末著名教育家，在理论和实践上成就卓著。

这一时期，对思想界影响最大的当属康有为。授课于万木草堂期间，康有为撰写《新学伪经考》和《孔子改制考》等著作。《新学伪经考》于1891年刊行，通过大量考辨，力图证实古文经典及传注（《周礼》《春秋》《左传》《毛诗》《古文尚书》等）皆为刘歆和王莽所编造。《新学伪经考》并非纯粹的学术著作，而是康有为以学术之名推崇今文经、打压古文经，进而贯彻自己变法改制主张的思想武器。由于该书观点过于激烈，论证又失于疏略，从刊行第一年起就不断受到参劾，尤其是受到俞樾、章太炎等古文经学大家的强烈批判，最后更是引起今古文经学派间的门户之争。

《孔子改制考》是康有为"复原孔教"最重要的著作。该书从1892年开始写作，直至1898年才刊行，倾注了康有为大量心血。《孔子改制考》认为，所谓上古三代"文教之盛"和三皇五帝、尧舜汤武等事迹，都是孔子及其门人为了"托古改制"，创建孔教而假借、编造而成的。儒教为孔子所创立，中国的义理制度也皆由孔子所创立，孔子是创教和改制立法的"教主""圣王"。六经都是孔子为改制而作，孔子之所以假借上古先王名义进行改制，正是为"行君主之仁政""行民主之太平"，把孔子描绘成在中国推行虚君民主的先驱。《孔子改制考》是体现康有为"复原孔教"主张最具代表性的著作。他将孔子开创的儒学圣化为儒教，将孔子描述为变法改制先驱，其目的正是在于为其变法主张提供理论依据。将儒学升格为"孔教"，正好迎合了甲午战争以来中国日益萌发的民族意识。反对派则认为此书"假素王之名号，行张角之秘谋"。

传统史学在近代获得较大的发展。著名学者张穆（1805—1849）著有《蒙古游记》，用史志体记载蒙古山川走势、城镇沿革，是蒙古史地权威著作。在当代史著作中，魏源的纪事本末体著作《圣武记》最为有名。该书共14卷，记载清初建国、平三藩、收台湾、平定新疆西藏等活动，以展示清朝的业绩，与鸦片战争中清军节节失败形成鲜明对照。该书意在观照练兵、筹饷和攻守之策等现实问题，以史为鉴。李元度《国朝先正事略》60卷，包括名臣、名儒、经学、文苑、遗逸、循良、孝义七门，为清朝开国至咸丰时期的500名人立传。为撰该书，作者曾遍阅诸家文集及郡邑志乘，还参考史馆列传。

19世纪末殷商甲骨文和敦煌莫高窟古经卷的发现，使得中国古代史研究取得突破性进展。1899年发现殷墟的书契后，王懿荣等人成为最早的甲骨文发现者与研究者。敦煌经卷在1900年发现，资料极为丰富，可惜被英法等国大量盗走。

二 新式教育的探索

科举制度沿袭1300多年，尤其是明清时期，一直是传统士人的主要进身之途。参加科举考试的士人，大都埋首四书五经，不问世事。科举考试内容陈旧，以死板的八股文体为主，不适应近代中国社会发展需要，也不利于国家发现和使用人才。科举制度废除是晚清社会历史变迁的必然选择。

戊戌维新运动期间，京师大学堂（北京大学前身）成立，开启中国现代大学教育的先河。京师大学堂的创办，显示统治者已经在采取实际措施做替代科举考试的准备。科举制废除大体经过科考改章、分科减额和立停科举三个阶段。1901年，晚清政府下诏实行"新政"，令各省、府、直隶州及各州、县将书院改设大、中、小学堂，仍以四书五经、纲

图11-7　京师大学堂匾额

常大义为主，以历代史鉴及中外政治、艺学为辅，学堂自此得到官方肯定和提倡。1904年，举行中国历史上最后一次会试。因为八国联军侵华对北京的破坏，此次会试移至河南开封，结果参加者逾万，热度不减。1905年，袁世凯会同张之洞、端方、赵尔巽等联衔上奏请立停科举，推广学校，指出"科举一日不停，士人皆有侥幸得第之心……学堂决无大兴之望"。9月，清廷宣布，从1906年开始，所有乡试、会试、各省岁科考试一律停止："方今时局多艰，储才为急。朝廷以近日科举每习空文，屡降明诏，饬令各省督抚，广设学堂，将俾全国之人，咸趋实学，以备任使，用意至为深厚。前因管学大臣等奏议，已准将乡、会试中额三科递减。兹据该督（袁世凯）等奏称：科举不停，民间相率观望，欲推广学堂，必先停科举等语，所陈不为无见。著即自丙午科（1906）为始，所有乡、会试一律停止。"[1]

考虑到实际情况，清政府规定仍在旧有三科内，每三年一次，保送举贡若干名，按举人四名、贡生一名计算。已经有正式官职，或是学堂教官、学生定有奖励者，或实缺教官、与未经朝考的优贡、拔贡人员，则不准保送。会考分为两场，头场以经义、史论各一篇，第二场试各报考专门题目。录取者赴京城再度应考。1907年4月，清政府在保和殿举行举贡会考，考试内容、方法与朝考相同。考试期间，由皇帝指派阅卷大臣6人、襄校官6人、内监试2人、外监试4人，这次会考录取367人，根据考试成绩分为三等。举人取一等及二等前十名者，分别在京城充任主事、中书、七品小京官等职，在外省则充任

---

[1]《光绪宣统两朝上谕档》第31册，光绪三十一年八月初四，广西师范大学出版社1996年版，第115页。

知县；二等十名以后，分别任用为州判、监库大使、府经历、县丞等职；三等者不予委派任用。以上举措在废除科举制后虽然起到一定过渡效果，但从根本上说，延续千年之久的科举制度已经正式退出历史舞台。

兴办新式学堂从洋务运动时期便已开始，但那时并未有近代学堂制度化、体系化建设。新政时期，清廷着重进行学制改革。1902年，管学大臣张百熙制定《钦定学堂章程》，又称"壬寅学制"。该学制分为三段七级：第一阶段为初等教育，其中蒙学堂4年，寻常小学堂3年，高等小学堂3年；第二阶段为中等教育，不分段，4年；第三阶段为高等教育，分高等学堂或大学预科3年，大学堂4年，大学院不固定。正常情况下，自入学至大学毕业，共计需要20年的时间。壬寅学制保留科举痕迹，规定对高小、中学、师范、高等学堂和大学堂的毕业生，分别授予附生、贡生、举人、进士等出身。此外，还有与高等小学堂并行的简易实业学堂、师范馆和仕学堂（后改为法政学堂）。壬寅学制是中国近代史上正式公布的第一个学制，但并未实行。

1903年，清廷命令张之洞会同张百熙、荣庆以《钦定学堂章程》为基础，制定更加完备的全国性新学制。1904年，张之洞等将修订好的章程上奏，即《奏定学堂章程》，又称"癸卯学制"。《奏定学堂章程》对各类学校的办学宗旨、课程设置、入学条件、学习年限、教师选用、学生考试等一系列问题进行明确规定，要求全国学堂分为基础教育和专门职业教育两大类，基础教育又分初等教育（蒙学院4年，初等小学5年，高等小学4年）、中等教育（5年）和高等教育（高等学堂或大学预科5年，大学堂3—4年，通儒院5年），专门职业教育又分师范教育、实业教育和特别教育。《奏定学堂章程》颁行全国，成为各省兴办学堂的依据，开启中国教育体制现代化进程。

癸卯学制颁布后，舆论认为学制太长。1909年，江苏省教育总会奏请变通小学堂章程，提出缩短初等小学年限并简化学习科目。1911年，清政府规定小学实行义务教育，年限为4年。1910年，清政府按德国教育模式，实行文、实分科，文科重经学，实科重工艺。1907年，学部颁布《女子小学堂章程》和《女子师范学堂章程》。至此，女子教育也获得了政策保障。1911年4月，各省教育总会联合会通过《请变通初等教育方法案》规定："初等小学儿童年龄在十岁以内，准男女同学。"这是中国教育史上男女可以同校的首次规定。[1]

1903年，湖北省立幼稚园在武昌成立，这是中国历史上第一所学前教育机构。同年，上海务本女塾附设幼稚舍。1905年，湖南公署设立蒙养院，并制定《蒙养院教课说略》，严修在天津创办严氏家塾蒙养院。同时，许多外国人也在中国办有多所幼稚园。至此，中国学堂教育已经初步形成"幼稚园—小学—中学—大学"的现代教育雏形。清末新政以后，清廷鼓励民间办学，士绅自办学堂者不在少数。新政以前没有系统的学校教育，教育救国潮流掀起后，小学堂、中学堂数量迅速增加。清末最后十年，士绅对基础教育做出了重要贡献。

科举时代，能送孩子入学堂的家庭并不多，随着科举制度停止，学堂教育进入飞速发展的新时期。据统计，1904年学堂数只有4476所，1905年即达到8277所，1906年达到23862所，学生人数从1904年的9万多人上升到1905年的25万人，1906年更是翻了一番达到50

---

[1] 张连起：《清末新政史》，黑龙江人民出版社1994年版，第208页。

万人，到1910年，学生数已达128万人。随着辛亥革命的到来，又迎来入学新高潮，1912年，入学学生达到293万人。

晚清时期，中国留学事业也得到发展。1870年，曾国藩在容闳建议下，奏请派遣留学生，获得清廷同意。1872年8月，第一批公派留学生从上海赴美留学。这些留学生分别进入哈佛大学、耶鲁大学、哥伦比亚大学、麻省理工学院等，曾受到美国总统格兰特接见。此后，清廷又相继派遣3批留学生。洋务运动时期，清廷共派出留学生200余人，这些留学生主要赴英、法等国学习。虽然当半数孩子开始大学学业时，清朝突然提前终止留学计划，全部留美幼童被召回国，但后来他们仍然成为中国矿业、铁路业、电报业的先驱。清廷一方面公费选派学生出国，另一方面鼓励自费留学。1903年10月，颁布《奖励游学毕业生章程》，规定学成回国的留学生通过考核后可给予一定出身，并授予一定官职，从而促发晚清出国留学高潮。其中尤以赴日学习深造者为多，仅1905年即有8000人留学日本。

晚清以降出现的大规模留学热潮，为中国培养了大量专业人才。伍廷芳早年自费留学英国，后成为中国近代第一个法学博士。1904年5月，清廷成立修订法律馆，正式开始修律活动。伍廷芳与沈家本参照西方法律对中国旧律进行修订，删去《大清律例》中残酷、落后的刑罚，如凌迟、枭首、刺字等酷刑，禁止刑讯逼供，同时针对中国传统法律体系刑法、民法、诉讼法不分的情况，引入西方法律原则，制定独立的刑法、民法和诉讼法，如《刑事民事诉讼法》《大清新刑律》《大清民事诉讼律草案》等，为中国法律的近代转型做出重要贡献。在此过程中，二人还翻译、引进大量西方法典和著作，这为法律现代化起到重要推动作用。清廷推动留学事业，但留学生接受新式教育后，深切感受到民族危亡的刺激，最终走向清朝的对立面，成为清政府无法控制的社会力量。

三　近代知识体系建立

近代以来，受到西学传入的影响，中国传统学科体系开始发生变化，并在此基础上形成一套新的知识体系。

早在明清之际，西学即大规模进入中国，对中国的传统知识体系产生重要影响。晚清时期，国门洞开，西学东渐的广度和深度都远超前者。马礼逊（Robert Morrison）是新教传教士，他首次将《圣经》译为中文在大陆出版，供中国教徒使用。他还编纂第一部《华英字典》，开办首座教会学校"英华书院"。与此同时，以林则徐、魏源为代表的先驱，以"师夷长技以制夷"为目标，努力向国人介绍西方知识。从1840年到1861年，中国文人学者至少撰写了22部介绍夷情的著作。随着洋务运动、维新变法和革命思想的兴起，西方知识在中国的传播也经历了从学器物到学制度的转变。

京师同文馆在1867年开设的课程除英、法、俄等外语以外，还有算学、化学、万国公法、医学生理、天文、外国史地等，是这一转变的引领者。1902年，张百熙主持制定《钦定京师大学堂章程》，专列"大学分科门目表"，即政治、文学、格致、农业、工艺、商务、医术。而传统学术体系居首的经学则未被单列，只是作为文学科的子科之一。

1858年，中国近代著名科学家李善兰（1811—1882）与英国来华传教士韦廉臣、艾约瑟共同合作节译的英国植物学家林德利

第十一章　沉沦探索（旧民主主义革命时期）

的《植物学》由墨海书馆出版发行，首次向国人展示植物细胞学说，极大补充了国人在研究草木方面的不足。该书还首创了"植物学"（botany）等术语。至1902年，介绍到中国的生物学书籍至少已有19种。几乎同时，中国近代植物学的开山人钟观光等，已经在进行该学科的机构创建、授课教学和植物采集调查；而中国第一代具备近代知识的生物学家秉志、钱崇澍、陈焕镛、陈桢、戴芳澜、胡经甫等也陆续出国留学。

1867年，京师同文馆开设化学课程。1871年，由傅兰雅（John Fryer）口译、徐寿笔录的《化学鉴原》一书出版。徐寿还首次译定碘、钡、锰等24个化学元素名称。戊戌之后，化学作为正规学科在国内各级学堂得以普遍讲授。1907年，中国旅欧留学生在巴黎成立"中国化学会欧洲支会"，是中国化学会前身。1910年，京师大学堂专设化学门，由俞同奎等主讲无机化学和物理化学，成为中国最早的高等化学教育机构。

严复对近代中国知识体系的形成具有重要贡献。1895年，严复撰《原强》一文，介绍达尔文（Darwin）和斯宾塞（Herbert Spencer）的思想，并将斯宾塞的社会学思想翻译为"群学"。戊戌前后，"群学"因契合时局而迅速传播。1896—1897年，严复以"群学肄言"为书名译刊斯宾塞的《社会学研究》的第一、二章。1901—1902年，又将其全部译出，西方社会学理论完整地传入中国。1898年，严复节译赫胥黎1893年出版的《进化与伦理》，并掺杂进自己的大量发挥，出版《天演论》，将进化论的适用范围推向极限，痛陈弱肉强食是万古不易的天演定律，"物竞天择，适者生存"，中国已处在"弱肉"之命运，如再不自强，必将亡国灭种。《天演论》正式出版虽在1898年，但其物竞天择理论早已在思想界传开。建立在达尔文进化论基础上的近代生物学在中国得到广泛传播。

1899年，由傅兰雅口译，王季烈笔录的《通物电光》四卷本由江南制造局出版，向国人系统介绍X射线原理。此前介绍到中国来的涉及物理学各分科如力学、光学、重学的书籍已有50余种。1900年，江南制造局刊行《物理学》一书，这是中国最早以物理学命名、具有现代物理学意义的书籍，由王季烈在日本物理学家饭盛挺造编纂、藤田丰八翻译的基础上润词重编而成，"物理学"取代"格致学"正式成为中文名词，同时标志着中国近代物理学产生。1907年1月，李复几《关于勒纳的碱金属光谱理论的分光镜实验研究》论文通过答辩，获德国玻恩皇家大学博士学位，是中国第一位物理学博士学位获得者。此后，在国外获物理学位者日渐增多。

1902年，梁启超发表《新史学》一文，痛斥中国传统史学，"二十四史非史也，二十四姓之家谱而已"。梁启超疾呼史学革命，"史界革命不起，则吾国遂不可救。悠悠万事，惟此为大"[1]。章太炎具体指陈旧史学是"中夏之典，贵其记事，而文明史不详"，"非通于物化，知万物之皆出于此，小大无章，则弗能为文明史"[2]，将文明史研究撰述看作治史的首要宗旨。在新材料、新方法和新理论影响下，史学开始近代转型。

---

[1] 梁启超：《新史学·中国之旧学》，《新民丛报》第1号，1902年2月8日，第48页。

[2] 章炳麟，徐复注：《訄书详注》，上海古籍出版社2000年版，第785页。

晚清时期，大量近代西方学术文化著作被翻译成中文，近代博物馆学与博物馆也建立起来。此外，哲学、数学、医学、地学等近代学科体系也在这一时期纷纷建立起来，影响深远，极大地改变了传统中国学术体系。

第四节　社会新风貌

晚清时期中国社会剧烈变动，传统社会格局发生变化，出现资产阶级、无产阶级、知识分子和买办等新兴阶层。随着中外交流加深，这一时期百姓的日常生活也受到西方影响，在沿海通商口岸等地区表现尤其明显。现代交通工具进入寻常百姓家，推动交通工具的近代化进程。与此同时，中华文明也进行着新一轮文明交流互鉴。

一　新兴阶层

晚清时期，战争频仍。从鸦片战争到太平天国起义，从甲午战争到义和团运动，战火所及，封建统治遭到沉重打击。许多封建宗族因此被摧垮，比如皖南一带，名门望族都受到强烈冲击，大量地主死于兵祸之中。此外，在战争中大量人口流亡，造成大片土地抛荒，在相当长一段时间内都无法恢复到战前水平。同治、光绪时期，之前十分富庶的江浙一带，在战火摧残下房屋焚毁、田地荒芜，甚至绵亘百里荒无人烟。地主阶级对农民的束缚剥削相对减轻，农民人身依附关系一度改善。太平天国运动结束以后，农民阶级的生活在短时期内得以改善，但是在封建社会，在地主剥削制度下的广大农村地区，生产关系即使得到局部调整，却又很快出现恶化趋势，许多新变化随之而来。以湘军、淮军为代表的新权贵迅速投身到对土地的大肆兼并之中，土地再次集中。

图11-8　总理各国事务衙门大臣群像

随着经济基础和基层社会结构的变化，上层社会结构也随之发生改变，出现许多新社会阶层。最有权势的当属洋务派。中央以奕訢为代表，地方以曾国藩为代表，他们以求富求强为目标，积极配合西方列强的要求，创办负责外交事务的机构——总理各国事务衙门。

第十一章 沉沦探索（旧民主主义革命时期）

1901年，清廷下令改总理各国事务衙门为外务部，班列六部之首，推进了洋务运动发展。

伴随着洋务运动兴起，中国资本主义近代工业出现，形成中国的资产阶级和无产阶级。由于近代工业分为官办和民办，所以中国资产阶级也分为官僚资产阶级和民族资产阶级两个部分。官僚资产阶级主要包括控制官办企业和官督商办企业的大官僚，以及实际负责经营这些企业的大买办。民族资产阶级主要包括投资于官督商办、官商合办企业及经营商办企业的一部分商人、地主和官僚。其中，上层主要从地主、官僚和一部分商人转化而来，中下层则从普通工商业者上升而来。

中国无产阶级的产生要早于资产阶级。在最初的通商口岸，出现一批码头工人和在外国轮船上做工的海员。此后，随着外国资本主义在中国开设工厂，以及洋务运动的发展，产业工人队伍随之壮大。19世纪70年代，全国产业工人大约有1万人，80年代增加到4.5万人，到1894年共有9万人。其中，外资在华经营的近代企业中有3.4万人，中国近代军工企业中有9100—10810人，炼铁与纺织业中有5500—6000人，矿业中有16000—20000人，民族企业中有27250人。[①] 此外，还有数千名海员、数万名码头运输工人，以及市政建设工人。工人工资非常低，一个男工的日工资为一角五分至二角，国外水平高于其四五倍，但国内劳动时间却很长，每日须工作12小时左右，有的竟长达14小时。女工、童工也很多。到清末时期，中国产业工人已经达到66.1万人，作为新生阶级力量，他们大都由农民转化而来，并与大机器生产方式和先进的经济形式相联系。他们相对集中在少数通商口岸

[①] 孙毓棠编：《中国近代工业史资料》第1辑，科学出版社1957年版，第60页。

城市和沿江沿海大城市中，而且集中于少数大型工厂企业之中。

另外，随着清末政府实行办学校、废科举、兴游学政策，逐步形成一支以学生为主体的新型知识分子联合体。他们受过现代教育，摆脱了传统官、绅、士传统，从事各项新型职业，如教师、律师、工程师、记者、作家、职员，等等。晚清军人群体也迅速崛起，成为左右政局的重要力量。

买办是这一时期不可忽视的群体，他们区别于传统士农工商"四民"，是一个新生社会群体。五口通商之后，买办成为中西贸易的重要媒介。随着外国人在华事业深入，买办也进一步由通商口岸向沿海和内地拓展。"在许多洋行中买办就是合伙人，也有许多事例说明他实际也就是这次营业的主人。他供给资本，管理营业，利用外国人的名义得到保护以避免商界中许多弊端及损害。真正的买办是一个出纳员，办理一切收款及付款事宜。在许多洋行中，帐单由营业处的代表用该行买办开出的本票支付，这种本票就如同银行支票或汇票一样的存入银行。所有的仆人都由洋行的买办雇用，对于这些仆人的行为，买办对洋行负责保证……他在远东贸易中是一个不可忽视的因素。"[①]徐润、唐廷枢等人是晚清时期的著名买办。到19世纪末，买办总数多达1万人。

二　日常生活

清前期，以严格的法律手段来维护森严的等级制度。皇帝冠服

[①] 姚贤镐编：《中国近代对外贸易史资料（1840—1895）》第3册，科学出版社1962年版，第1510—1511页。

分为礼服、吉服和常服，王公大臣和文武百官的服装也有严格的等级规定。两次鸦片战争后，西方服饰及生活方式在各个通商口岸产生了影响。

晚清时期，沿海地区和开放口岸的一些买办和商人由于生意需要，开始接受西式服装，不过尚属小众，他们的这种行为也被主流社会认为是大逆不道。到19世纪90年代中期，情况开始改变。越来越多的人认可西方的生活方式，认为穿西服就是支持进步、支持文明，反之则是阻碍进步。虽然这一观点体现了许多人主张全盘西化的盲目性，却也说明人们对西式服装已经有一定程度的认可。慈禧太后曾在颐和园召见西式装束的清朝官员裕庚的夫人及其两个女儿，说明风气所及，已经不再局限于民间。随着时间的推移，被国人接受的服饰已不仅仅局限于作为外套的西服，而是包括了所有的西式服装和饰品。"不惟衣土布者渐稀，即织土布者亦买洋纱充用"[①]，纷纷穿洋布、洋袜子。

1872年，中国留美幼童深感穿长袍马褂和瓜皮帽与西方社会格格不入，对长辫尤觉尴尬，于是通过和学监斗争，终于改服西装，有的还毅然剪掉辫子，揭开"剪辫易服"运动序幕。清廷屡次阻止留学生剪辫易服，但每每遭到坚决抵制，最后被迫同意在留学期间可以暂时入乡随俗。国内青年人也响应这一潮流，纷纷弃长衫，着西装。1910年，资政院鉴于社会舆论及实际国情，建议朝廷允许剪发易服。载沣是清朝王公中最早剪发、穿西服的人，他的醇亲王府也是清朝第

[①] 《洋务运动》第7册，上海人民出版社1961年版，第501页。

一个备汽车、装电话的王府。①

这一时期，饮食习惯也出现西洋化趋势。五口通商之后，大量外国侨民涌入通商口岸，他们也带来了西餐。起初西餐被称为"番菜馆"，兴起于广东地区，随后逐渐蔓延到上海、北京、天津等大城市，面包和各种西式糕点也日益流行。最初，番菜馆的主顾多是侨居中国的外国人。上海、北京等地番菜馆都集中在外国人聚居地，如上海的徐家汇，北京的东交民巷。许多番菜馆为保证饭菜口味，不惜重金聘请各个大使馆的厨师掌勺。由于中西方饮食习惯差异，西餐最初在中国并未受到追捧。在当时中国人心目中，吃西餐无异于茹毛饮血，只有少数民众怀着好奇和敬畏之心尝试西餐。19世纪七八十年代以后，有人认为西餐有益身体健康，许多西餐馆也出现中国人频繁光顾的现象。此后，吃西餐逐渐发展成为一种社会风尚，不少文人也成为西餐馆中的常客。

北京、上海等地有许多生产西式食品的工厂，生产汽水、冰激凌等西式饮品。中国人越来越喜爱味道可口、食用方便的西式食品，面包、糖果等异域食物极大地丰富了中国人的饮食生活。

晚清时期，西式啤酒传入中国，饮啤之风逐渐盛行。1894年，烟台试酿葡萄酒，次年成功，张裕酿酒公司成立。此后，张裕葡萄酒在中外博览会屡获金奖，畅销国内外。当时西方报纸盛赞："中国二十余行省，其水土之便于种植葡萄者，随在皆有，风气日开，则酿酒一端，必有成效可观矣。"②

---

① 溥仪：《我的前半生》，群众出版社2013年版，第28页。
② 《中国商务报》光绪二十三年三月廿九日。

第十一章　沉沦探索（旧民主主义革命时期）

维新变法时期，维新派大力呼吁出台男女平等的婚姻制度。许多青年将中国基本国情与西方婚礼相结合，推陈出新，形成一套文明婚礼程序。文明婚礼改变了传统婚礼的许多陈规陋习，删繁就简，废除跪拜礼，摒弃许多封建因素，并且崇尚节俭，不奢侈攀比，流行于许多开明绅士之家。文明婚礼主要流程如下：首先由男方向父母提出娶妻意向，待父母首肯后请介绍人邀请女方父母商谈婚事，待双方谈妥后，便算定下婚约。举办婚礼时，新郎新娘在鼓乐声中交换戒指，行结婚礼仪，相向鞠躬，再由主婚人、证婚人和来宾代表献花致辞，新人鞠躬致谢。之后，举行双方全体亲属见面礼，最后进行宴请。这种新旧掺杂、中西结合的方式，正是学习西方的结果。

西方娱乐活动方式大量传入中国，如话剧、电影等艺术形式传入，以及夜总会、赛马场、舞厅、剧院等娱乐场所出现，丰富了百姓生活。不过另一方面，在跑马场设立赌博、东洋妓寮，也严重败坏了社会风气。

交通工具也出现西化趋势。中国人传统的代步工具是既无速度、花费又高的轿子。晚清时期，黄包车在中国流行开来，受到人们普遍欢迎。北京、上海、天津等大城市，黄包车随处可见。各大城市也都充斥着大量黄包车行。铁路和轮船技术也在这一时期传入中国。铁路修筑促进了商业和工业发展，"通货物，销矿产，利行旅，便工役，速邮递，利之所兴，难以枚举"[①]。轮船制造也取得很好的社会效益和经济效益。江南一带农民和手工业者纷纷前往通商口岸学习新的技艺，以养家糊口。清末时期，有轨电车经香港传入内地。1906年，

[①]《洋务运动》第6册，第230页。

黄蓝白等6路电车开始在天津城区和租界之间行驶。1908年，上海电车公司成立，有轨电车开通运行。

此后，小汽车开始进入中国市场。中国最早的汽车出现在上海。在上海等马路宽阔的城市，小汽车已经成为有身份、有地位人物出门的必备代步工具。北京等地由于道路的制约，汽车不能广泛应用，但人们已经充分认识到汽车充当代步工具的优越性。

三　文明交流互鉴

世界文明形态多样，但并无高下之分。多样文明交相辉映，才让世界变得多姿多彩。晚清时期，中国虽然面临着巨大的内外压力，但中华文明与世界文明的互动并未停止，而是持续深入地进行着交流融合。

图11-9 《海国图志》书影

晚清时期，中国给予日本以巨大震动。面临西方挑战，中国知识分子林则徐、魏源等人提出"师夷长技以制夷"，呼吁加强对西方的了解和研究，成为近代中国最早放眼看世界的有识之士。魏源受林则徐之托，于1842年整理编成50卷《海国图志》，此后经两次扩充，1852年成百卷，成为东方人了解西方的重要著作。《海国图志》刊行后不久，便由中国商船带入日本。《海

第十一章　沉沦探索（旧民主主义革命时期）

国图志》传入日本后，很快就受到日本人的重视和欢迎。《海国图志》的思想，给予同样遭受西方侵略势力觊觎的日本维新人士以重要启迪，从而为推动日本开国与维新发挥了作用。与此同时，鸦片战争的消息通过各种途径也很快传到日本，日本作家、学者借此书写出很多作品，传播甚广，最终导致日本爆发倒幕运动，文明开国，国家走上富强之路。甲午战争中国失败，给国人以沉重打击，中国随即掀起向日本学习的浪潮，大量留学生东渡日本。近代化之后的日本开始对中国的政治、经济、社会、军事产生全方位影响，日本成为中国向西方学习的重要跳板。

从19世纪50年代起，马克思、恩格斯就开始关注中国问题，东方文明成为马克思的重要研究对象，并从文化人类学角度提出著名的"亚细亚生产方式"理论，对东方与西方社会的发展异同进行深入分析，成为马克思历史科学体系的有机组成部分。自第一次鸦片战争后，马克思、恩格斯发表一系列文章，批判西方用武力发动侵略战争，迫使中国签订一系列不平等条约、瓜分中国土地和财富的罪恶，为中国辩护呐喊。马克思在《资本论》第一卷第三章"货币与商品流通"中，分析了晚清著名理财官员、户部侍郎王茂荫的货币思想主张。王茂荫也是马克思在《资本论》中唯一提到的中国人。

晚清时期是西方汉学大发展的时期。法国汉学家儒莲（Stanislas Julien，1797—1873）将毕昇发明活字印刷的史料翻译成法文，介绍给欧洲人。他还出版《汉文指南》《汉语新句法》等。1867年，清末著名学者王韬在巴黎拜访儒莲。在《重订法国志略》中，王韬写道："儒莲，法之文学巨擘也，余旅英土，与通信札，所著书经，余点定者多属余名。余归时，取道法京，与之相见，极为契合。"[①]1893年，沙畹（Edouard Chavannes，1865—1918）主持法兰西学院汉学讲座。他最大的贡献是将《史记》的部分内容翻译成法文，加以注释，成书《司马迁的传体史》（5卷），引起全世界瞩目。同时，他还在佛教研究、中国边疆和少数民族研究、敦煌学研究方面有精深造诣。从沙畹起，法国的汉学成为综合语言、文学、史学、哲学和艺术宗教的现代专门学科。

威妥玛（Thomas Francis Wade，1818—1895），曾任英国驻华公使，在华工作生活40余年。威妥玛在华任职期间，创造"威妥玛式拼音"（Wade System），以拉丁字母为汉字注音，方便外国人学习中国的人名、地名等专有名词。我们所熟知的北京大学和清华大学的音译（Peking，Tsinghua University），采取的就是威妥玛式拼音。1883年，威妥玛回国，五年后出任剑桥大学首任汉语教授，并将他自己在中国精心收藏的汉文、满文图书4304册赠予剑桥大学。这批图书成为剑桥大学远东图书馆收藏的基础。

1867年，美国国会通过《国际出版物交换法》，美国赠送给中国一批美国谷物、蔬菜、豆类种子，以及有关农业、机械和矿业的书籍。经过几番交涉，总理衙门将书籍等回赠美方。1878年，容闳将所藏图书全部捐赠给耶鲁大学。美国国会图书馆大量采购中国图书。此外，俄国、德国的汉学研究也有所发展，汉学已经成为西方学术体系中不可分割的有机部分。

---

① （清）王韬：《重订法国志略》卷17，上海淞隐庐1890年铅印本。

本章参考文献

《光绪宣统两朝上谕档》，广西师范大学出版社1996年版。

《国朝先正事略》，岳麓书社1991年版。

《太平天国》，神州国光社1952年版。

《戊戌变法》，上海人民出版社1957年版。

《鸦片战争》，神州国光社1954年版。

《洋务运动》，上海人民出版社1961年版。

《义和团》，神州国光社1951年版。

顾长声：《传教士与近代中国》，上海人民出版社2004年版。

溥仪：《我的前半生》，群众出版社2013年版。

孙毓棠编：《中国近代工业史资料》，科学出版社1957年版。

王铁崖：《中外旧约章汇编》，生活·读书·新知三联书店1957年版。

姚贤镐编：《中国近代对外贸易史资料（1840—1895）》，科学出版社1962年版。

张连起：《清末新政史》，黑龙江人民出版社1994年版。

本章图片来源

图11-1　滕固编著：《圆明园欧式宫殿残迹》，商务印书馆1933年版，第2页插图。

图11-2　林怡：《严复》，福建美术出版社2017年版，第43页。

图11-3　孙中山纪念馆。

图11-4　黄丽镛：《魏源年谱》，湖南人民出版社1985年版，图版。

图11-5　苑书义等主编：《张之洞全集》，河北人民出版社1998年版，第1页插图。

图11-6　汤志钧：《康有为传》，南开大学出版社2021年版，图版第2页。

图11-7　北京大学校史馆。

图11-8　［英］约翰·汤姆逊（John Thomson）摄，中国近代影像资料库。

图11-9　（清）魏源：《海国图志》，光绪二年刊本。

第十二章 文明新路

（新民主主义革命时期）

第十二章　文明新路（新民主主义革命时期）

章首语

有着五千年独立发展历史的中国古代文明，在鸦片战争后受到西方近代文明的强力冲击，中国固有秩序的崩溃和亡国灭种的民族危机，使国人急于寻求中华文明的近代新出路。尽管国人相继提出"西学中源"说、"中体西用"论、"全盘西化"论、"中西调和"论等沟通中西文明的思想主张，但均不能引导中华文明走上现代复兴之路。直到五四新文化运动，中国先进分子才探寻到以民主、科学为准则的现代文明新道路。

五四运动后的中华文明发展大体上沿着三条路径演进：一是以民国政府为代表的保守势力，积极提倡尊孔读经和恢复"固有道德"，倡导文化复古并实行文化专制；二是以自由主义知识分子为代表的西化派，效法西方模式进行新文明探索并取得一定成就，带来新文明的某些新气象；三是以中国共产党为代表的革命力量，致力于马克思主义中国化的实践，并在实践中积极探索中华文明发展的新道路，新民主主义文化逐渐萌发并显示出勃勃生机。无论是自由主义文化，还是保守主义文化，抑或是国民党所谓三民主义文化，都未能处理好民主科学内容与民族文化传统的关系：或偏于欧化甚至极端主张全盘西化，或趋于文化保守甚至主张文化复古，故都未能找到中华文明发展的新道路。而以毛泽东为代表的中国共产党人，将马克思主义同中国具体实际和中华优秀文化传统相结合，提出民族的、科学的、大众的新民主主义文化纲领，将中国所要创建的现代文明，定位为以民主与科学为核心而具有深厚民族根基和民族特色的中华现代新文明，找到了中华文明现代转型的新路径和新目标，开辟了构建中国特色社会主义新文明的广阔道路。

第十二章　文明新路（新民主主义革命时期）

第一节　旧文化局限下的道路探寻

中华民国成立后，南京临时政府颁布《中华民国临时约法》，保障民众言论、集会、通讯和信教等自由权利，废除清政府"崇儒重道"的文教政策，取消中小学读经等，给民初文化带来新气象。但以袁世凯为首的北京政府确立以"尊孔复古"为主要内容的文化政策，严重摧残了刚刚萌发的民主文化。随后民国历届政府均顽固提倡尊孔读经，倡导文化复古并实行文化专制，充分暴露旧文明的腐朽和反动，自然受到中国进步势力的坚决抵制和严厉批判，并引发五四运动后一系列文化论争。以中国共产党为代表的中国先进分子，经过反复比较和激烈论争，最终选择中华文明发展的社会主义方向，开辟了新民主主义文化道路。

一　孔教运动与文明转型的困顿

辛亥革命废除了君主专制制度，建立了亚洲第一个民主共和国，西方近代政治文明，如议会制度、选举制度、政党政治、三权分立等均引入中国并开始尝试。但专制君主从人们的心目中消失后，新的政府首脑暂时难以获得民众思想意识上的认可，加上辛亥之后中国政治并没有走上正轨，军阀擅权、武人专制，政府的权威并没有树立起来，国人对现存的社会秩序与政治秩序产生了怀疑感和危机感，从而出现了前所未有的信仰危机。

在新的信仰体系难以确立之际，社会民众要么归于复旧的信仰，要么处于无所适从的茫然状态。如何尽快收拾世道人心，统一国人思想观念，重建中国人的价值规范，整合社会伦理秩序，重树国人信仰，便成为民初意识形态领域中的迫切问题。那些受孔子及儒家文明熏习的人们很自然地认为，欲存中国必先救人心、善风俗、拒邪行、放淫辞；而要做到这些，则除尊崇孔子及倡导孔教之外无从下手。面对民初社会价值和信仰体系的危机，尊孔崇儒便成为很自然的选择，国教运动应运而起。

1912年10月，陈焕章、麦孟华、沈曾植等人在上海发起成立孔教会，推康有为为会长，创办《孔教会杂志》，其宗旨是拜圣读经，昌明孔教。孔教会把儒学当成真正的宗教，尊孔子为教主。孔教会成立后，立即组建事务所作为全国孔教总会机关，在全国产生很大影响。北京政府为重建社会秩序，树起"尊孔"旗帜，提倡祀天、尊孔、读经，借以维持民初道德秩序和社会风化。

康有为及孔教会欲立孔教为国教的活动，袁世凯借尊孔之名行复辟帝制之实的举动，标志着民国初期创建现代新文明遭遇严重困顿，也使以陈独秀为代表的先进分子认识到：尊孔与复古、尊孔与帝制之间存在着密切关联；为了防止帝制复辟并维护共和体制，必须反对尊孔复古，对孔子及儒学进行彻底批判。1915年9月，陈独秀创办《青年杂志》，发起新文化运动，公开揭橥"反孔批儒"。由于辛亥革命的政治冲击和新文化运动的猛烈抨击，儒学失去以往的独尊地位，以"三纲"为核心的封建礼教受到空前批判，历代附加在孔子和儒学身上的迷信色彩得以清除，为儒学的现代复兴创造了必要条件。

二 尊孔读经与恢复"固有道德"

新文化运动虽然打倒了孔子权威，根本动摇了儒学的崇高地位，但其仍然对民众社会生活具有持久影响。北京政府为稳定统治秩序及社会风化，仍然利用儒学作为官方意识形态，极力提倡尊孔读经。1925年11月，北京政府教育总长章士钊鼓吹尊孔读经、读经救国。一些地方守旧势力乘机强令中小学生读经，甚至废止白话文。章士钊的教育政策引起思想文化界的强烈反对，鲁迅发表《十四年的"读经"》《灯下漫笔》等文章加以严厉批评。

戴季陶、蒋介石等人打着继承孙中山"三民主义"旗号而掀起的恢复中国固有道德运动，是五四运动以后真正产生巨大影响的尊孔读经活动。1929年4月，南京国民政府制定《中华民国教育宗旨及其实施方针》，明确提出以中国儒家道德中所谓"四维"（礼义廉耻）、"八德"（忠孝仁爱信义和平）、"五达道"（即五伦：君臣、父子、夫妇、兄弟、朋友）、"三达德"（智、仁、勇）等，作为中华民国道德教育的基本内容。1934年5月，国民党中央委员会决议以每年8月27日孔子诞辰日为"国定纪念日"。同年8月27日，国民政府在山东曲阜孔庙举行民国成立后空前规模祭孔大典，给予孔子后裔及四配后裔优渥待遇，改"衍圣公"称号为"大成至圣先师奉祀官"，并享受特任官待遇，优遇孔、颜、曾、孟后裔。南京国民政府的尊孔活动，直接掀起全国各地尊孔读经高潮，并得到湖南何键、广东陈济棠等地方实力派的支持。

五四运动以后接连不断的尊孔复古活动中，规模最大、持续时间最长、最受海内外关注的，当数蒋介石发起的新生活运动。1934年2月19日，蒋介石在南昌行营扩大纪念周上发表《新生活运动之要义》演讲,强调恢复中国固有道德——"礼义廉耻",并随后向全国发表《新生活运动纲要》作为开展"新生活运动"的纲领性文件。按照蒋介石的解释:礼是所谓"规规矩矩的态度";义是所谓"正正当当的行为";廉是所谓"清清白白的辨别";耻是所谓"切切实实的觉悟"。新生活运动的目的,是以"礼义廉耻之四维,习于国民日常生活"中,培养有礼义、知廉耻、守纪律的所谓"新国民";其本质上是用"礼义廉耻"来规范人们的言行,禁锢人民的思想和干涉民众正常生活,实际上是传统"德治"思想在新形势下的复活。但新生活运动带有明显的官僚化和表面化,不仅没有能够挽回道德堕落的世风,也无力改变国民党腐败的现实。

三 现代新儒家与文化复古思潮

五四新文化运动对孔子及儒学的批评,启发人们对儒家思想真面目的重新认识及对其真精神的重新阐扬。新文化派的反孔批儒,为儒家思想更新开辟了新道路,为儒家思想近代转化提供了必要前提,在客观上激发了现代新儒家的崛起。现代新儒家兴起,儒家思想在新时代环境中的"新开展",标志着中国传统儒学开始进行曲折而复杂的近代转化。

最先对五四新文化运动的批孔反儒进行回应的是梁漱溟。他倡言要走"中国孔子的路",赞美儒家崇尚直觉的精神和礼乐意识,并率先进行中国传统儒学与西方现代哲学结合的尝试,建构所谓"不中不西,亦中亦西"的"新孔学"体系,成为中国现代新儒家的开山之祖。熊十力是现代新儒家学派的重要开拓者,其思想继承发展

第十二章　文明新路（新民主主义革命时期）

中国哲学思想，以儒为宗，糅合佛学，建立"本体—宇宙论"哲学体系。他的著作《新唯识论》《原儒》《体用论》《明心篇》《佛家名相通释》《乾坤衍》自成一体，影响深远。熊十力的哲学建构，对于总结阐释中国哲学思想，吸收西方唯物、唯心等哲学思考，致力回应西方哲学对东方哲学的挑战，成功建立其富有特色的哲学体系，重新塑造东西方哲学传统，具有重要意义。

继梁漱溟后正面阐释儒家思想者，是以提倡"新宋学"相标榜的张君劢。所谓"新宋学"，主要是与科学主义相对立的儒家道德理想主义，是以提倡儒家道德主义来纠正西方近代科学主义的弊病。张君劢继承并发挥宋明理学、陆王心学思想，同时用柏格森的哲学加以补充，发挥阳明心学修身养性、内求于心的思想传统，提出"自由意志"的人生观和以"我"为界的物质观，以消解科学主义人生观的影响。

对儒家思想做出近代阐释并产生巨大影响者，当数冯友兰。冯友兰深受美国新实在主义哲学影响，并用新实在论梳理中国儒家哲学演变史，撰写了两卷本《中国哲学史》。1937年后，冯氏融会中西哲学思想，撰写《新理学》《新事论》《新世训》《新原人》《新原道》和《新知言》，统称"贞元六书"，承接程朱理学传统，将自己理解和接受的西方新实在论与宋明理学融合起来，建构了所谓"新理学"体系。该体系主要包括两方面内容：一是理气论的自然观，通过对理、气、道体和大全四个基本范畴的分析而展开：理是事物所依照的本体；气是事物所依据的条件；道体是事物运动发展的全过程；大全是哲学所说的宇宙。二是四种"境界"说，将人的精神境界分为四种：自然境界、功利境界、道德境界和天地境界。这四种人生境界，是从低级向高级发展的过程。

较早提出重建儒家精神、复兴儒家文化者，是以研究黑格尔哲学而闻名的贺麟。1941年8月，他发表《儒家思想的新开展》一文，公开提出儒学的现代转化问题。他将新黑格尔主义与阳明心学相结合，提出"新心学"思想，并结合现代生活重新阐释儒家的"三纲""五伦"说，提出"以儒家文化为体，以西洋文化为用"的主张。

抗战时期，无论学术界、思想界还是政治界，都极力强调民族化或中国化，文化保守主义借机得到很大发展。文化保守主义强调中国文化的特殊性，将这种特殊性作为立论根据，进而提出带有强烈守旧色彩的中国文化复兴主张。钱穆先后出版《国史大纲》《中国文化史导论》等著作，强调中国文化产生的独特环境及由此形成的中国文化的特殊性，认为中国文化系统将因吸收外来新因子而变化，但绝不可能为西方文化所取代。但钱穆对中国文化的思考，表现出浓厚的文化保守主义情绪，夸大民族文化的特殊性和优越性，被马克思主义者胡绳斥为"复古主义"。

四　国民党文化专制的桎梏

南京国民政府建立后，国民党以"训政"名义实行一党专制统治，提倡"党化教育"，实行严密的训育制度。1929年7月，国民政府通令各省市，遵照国民党中央执委会规定的《中小学训育主任办法》，开始在中小学推行训育制度，后又推广到大学。1936年，教育部对原有公民教育条目大加修改，对训练的目标、内容、方法等作了详尽规定。

全面抗战爆发后，国民党以抗战需要统一党政军权力、统一军令

第十二章　文明新路（新民主主义革命时期）

政令为名，标榜"国家至上、民族至上""军事第一，胜利第一"，鼓吹"一个政党"，建立了权力高度集中的战时体制。蒋介石既是国民党总裁，后来又是国民政府主席兼行政院长，还是国民政府军事委员会委员长，党政军大权高度集中于一身。国民党战时政治体制偏重于高度集权的独裁制，导致国民党领袖独裁化，从而使国民党及其政府具有显著的独裁性、专断性和集中性。国民党反复宣传"一个党、一个主义和一个领袖"，体现国民党顽固坚持一党专政和领袖独裁的政治理念。

国民党强化一党专政，推行"全国党化"。国民党反对把中国共产党以及其他民主党派政治力量纳入政治决策系统，始终把异己力量排斥在权力圈之外，反而利诱甚至威逼民众加入国民党和三青团。"集体入党入团"和"举手入党入团"，成为国民党民众动员的特殊形式。

国民党控制基层方面最具有代表性的政策，就是将保甲作为加强对乡村控制的基层组织，并构建一套较完整的地方社会控制系统。保甲制度以清查户口、编组保甲、制定保甲规约、实行联保连坐和组织壮丁队等为主要内容，以控制民众、实行国民党专制为目的。清查户口不是为改善民众生计，而是把民众严格限制在各保各甲，纳入其组织体系，成为严密监视民众的重要手段。因此，保甲制度成为服务于国民党独裁专制的工具，其实质是以专制手段将民众牢牢控制在国民政府组织中，重建乡村基层管理体系。

建立特务组织，是国民党强化独裁政治的具体表现。抗战期间，国民党推行"党化"政策和强化特务统治，以维系一党专制和个人独裁统治。国民党在以"组织对组织"的形式之外，还以"秘密对秘密"，即以健全的特务组织（主要是中统和军统两大特务组织）来破坏中国共产党对民众的动员。国民党控制的中统和军统特务组织，成为维护国民党专政和打击中国共产党的反动工具。国民党的文化复古和文化专制，充分暴露其腐朽和反动，自然受到中国进步势力的坚决抵制和严厉批判。

第二节　新民主主义文化

近代以后，面对国家民族危难，大批仁人志士孜孜追求救亡图存之"大道"，求索实现民族复兴的"大本大源"，但一次次求索都没有成功。就在中国人民问道无果、寻路无门的彷徨无奈之际，十月革命一声炮响，给中国送来了马克思列宁主义，给正在苦苦探求的中国人指明了方向。以中国共产党为代表的中国进步势力选择了马克思列宁主义，将它与中国革命具体实践和中华优秀传统文化相结合，在异常险恶的环境中尝试进行新民主主义文化建设，并在卓有成效的文化建设中创造性地提出新民主主义文化纲领，成功探索出一条中华现代文明发展的新道路。正是在新民主主义文化纲领指导下，新民主主义文化建设取得卓越成绩，彰显新民主主义文化的勃勃生机，为中华现代新文明的社会主义光明前景奠定了坚实基础。

一　马克思主义的传播及其中国化的开启

早在1899年广学会出版的《万国公报》中已经提及"马克思"名字及其学说，《新民丛报》《民报》也刊登过一些介绍马克思主义的

第十二章　文明新路（新民主主义革命时期）

文章，但它在较长时期内并未真正引起中国先进分子的重视。俄国十月革命的胜利，使中国先进分子看到了中国的希望，认定马克思列宁主义是指导中国革命、改变中国命运的锐利思想武器，开始广泛传播马克思主义。

李大钊、杨匏安、李达、李汉俊等，是系统介绍马克思主义的先驱。李大钊发表《庶民的胜利》《Bolshevism的胜利》等文，称赞十月革命"是二十世纪中世界革命的先声"，确信"将来的环球，必是赤旗的世界"。他的《我的马克思主义观》第一次全面系统介绍马克思主义的三个组成部分：唯物史观、政治经济学、科学社会主义。杨匏安随后发表的《马克斯主义Marxism——一称科学的社会主义》，对唯物史观、阶级斗争学说和政治经济学原理作了详细阐述，成为国内较早系统传播马克思主义的力作。

中国共产党成立前后，开始有组织地出版马克思主义经典著作，通过社会主义研究社、新青年社、人民出版社、商务印书馆、中华书局等出版机构，出版了大批马列主义经典著作中译本及海外诠释马列主义的中译本著作。新青年社最早出版"新青年丛书"8种，其中有考茨基的《阶级争斗》、柯卡普的《社会主义史》等。人民出版社是出版发行马克思主义经典著作和编译著述的主要阵地，至1922年底，出版马克思主义著作各

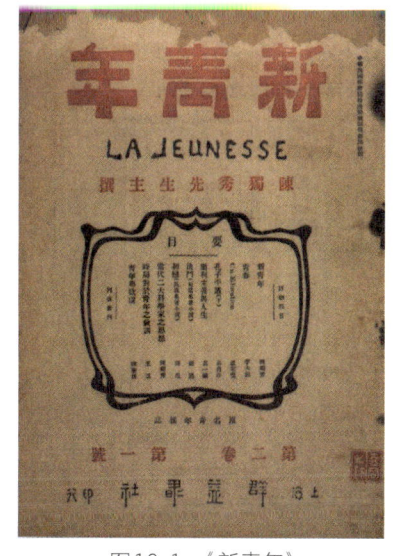

图12-1 《新青年》

图12-2　陈望道翻译《共产党宣言》的封面

种中文译本20多种，有陈望道翻译的马克思恩格斯合著《共产党宣言》，沈泽民翻译的列宁著《讨论进行计划书》《第三国际议案及宣言》等。

1922—1927年，宣传马克思主义的刊物主要有《向导》《新青年》《前锋》三大中共中央机关刊物，中国劳动组合书记部《工人周刊》，中国共产主义青年团《中国青年》，全国总工会《中国工人》，妇女联合会《中国妇女》等。出版的经典著作有马克思著《价值价格及利润》《哥达纲领批判》《马克思主义的民族革命论》，列宁著《帝国主义浅说》等。诠释的经典著作中文本有李达译《劳农俄国研究》，施存统等译《马克思主义与唯物史观》，布哈林著《共产主义ABC》《农民问题》，瞿秋白著《赤都心史》《社会科学概论》，蔡和森著《社会进化史》等。

大革命失败后，马克思主义在中国思想界得到广泛传播，马克思主义经典作家的著作大量翻译到中国。有人概述1930年马克思主义研究书籍情况为：关于马克思主义哲学有10种，关于马克思主义政治经济学有7种，其中译为中文的著作有《政治经济学批判》《价值、价格及利润》《德法农民问题》《德国农民战争》《反杜林论》《家庭、私有财产及国家之起源》《国家与革命》及《唯物史观》等。马克思主义经典著作的翻译出版，为人们认识中国社会及中国历史提供了新的理论方法。

第十二章　文明新路（新民主主义革命时期）

中国先进知识分子接受马克思主义之初，就注重其具体运用。李大钊发表的《物质变动与道德变动》《由经济上解释中国近代思想变动的原因》等文，用唯物史观基本观点阐述孔子、儒学与道德变迁的关系，认为孔子之道适应了专制时代的社会生活需求，当社会物质生活发生激烈变动后孔子之道必然动摇。这种从经济社会组织方面立论阐释儒家学说为何能够长期占据政治意识形态主流的观点，堪称运用唯物史观批判孔子及儒学的典范之作。1930年5月，毛泽东提出："马克思主义的'本本'是要学习的，但是必须同我国的实际情况相结合。我们需要'本本'，但是一定要纠正脱离实际情况的本本主义。"[1]这就是马克思主义基本原理与中国具体实际相结合的根本原则，就是马克思主义中国化的核心内涵。但当时这些重要观点尚未成为全党共识。

正是在挫折和失败中，中国共产党人逐步觉醒，创造性地把马克思主义基本原理与中国具体实际结合起来，独立自主地推进马克思主义中国化，创立并不断丰富中国化马克思主义。1938年10月，毛泽东在党的六届六中全会上第一次提出"马克思主义中国化"命题。他说："成为伟大中华民族的一部分而和这个民族血肉相联的共产党员，离开中国特点来谈马克思主义，只是抽象的空洞的马克思主义。因此，使马克思主义在中国具体化，使之在其每一表现中带着必须有的中国的特性，即是说，按照中国的特点去应用它，成为全党亟待了解并亟须解决的问题。"[2]

---

[1] 毛泽东：《反对本本主义》，《毛泽东选集》第1卷，人民出版社1991年版，第111—112页。

[2] 毛泽东：《中国共产党在民族战争中的地位》，《毛泽东选集》第2卷，人民出版社1991年版，第534页。

毛泽东提出"马克思主义中国化"命题，顺应了近代以来中国文化的民族化趋势，故很快得到广泛响应和赞同。正是在马克思主义中国化运动中，毛泽东发表《中国革命和中国共产党》《新民主主义论》等著作，创立了新民主主义理论，提出以"民族的、科学的、大众的"为核心内容的新民主主义文化纲领，为中华民族新文化的发展指明了正确方向。

二 新民主主义文化纲领的引领

晚清以降，关于中西文明的取舍及中国文明的走向问题，始终没有得到真正解决。从陈独秀创办《新青年》发起新文化运动，到1923年科学与人生观论战，围绕东西文化问题展开的讨论，呈现异常复杂的情景，形成多样化的观点。五四时期东西文化论争，是国人试图从文化问题入手，寻找解决中国近代社会问题及根本出路问题的有益尝试。

新文化运动倡导者高举"民主"与"科学"旗帜，对以儒家思想为核心的中国传统文明进行了空前的猛烈抨击，主张用西方近代文明来批判、改造乃至取代中国传统文明，建立以西方近代文明理念"民主与科学"为核心的中华现代新文明。这个大方向是正确的，但它忽视乃至否定中国传统文明的价值，仍然没有找到中国文明的现代发展之路。

中国所要建构的新文明，显然不是儒家思想的复活，也不可能是全盘西化，而只能是建立在中西文化沟通与融合基础之上的具有民族特色的现代文化。毛泽东强调："所谓'全盘西化'的主张，乃是

第十二章　文明新路(新民主主义革命时期)

一种错误的观点。形式主义地吸收外国的东西，在中国过去是吃过大亏的。中国共产主义者对于马克思主义在中国的应用也是这样，必须将马克思主义的普遍真理和中国革命的具体实践完全地恰当地统一起来，就是说，和民族的特点相结合，经过一定的民族形式，才有用处，决不能主观地公式地应用它。"[①] 这才是近代以来中国人关于中国文化出路问题的正确选择。

1940年1月9日，毛泽东在陕甘宁边区文化协会第一次代表大会上发表《新民主主义的政治与新民主主义的文化》，即著名的《新民主主义论》，将新民主主义文化属性规定为"民族的、科学的、大众的文化"，明确提出要根本解决"中国向何处去"问题。毛泽东强调，中国共产党要建立的新民主主义文化，具有三方面特点：

一是民族的。它是反对帝国主义压迫，主张中华民族的尊严和独立的。

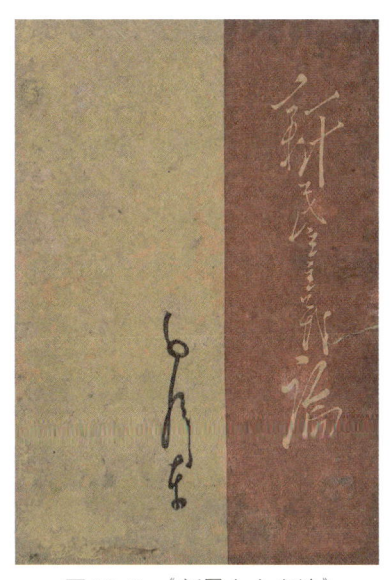

图12-3 《新民主主义论》

它是我们这个民族的，带有我们民族的特性。民族的形式，新民主主义的内容——这就是我们今天的新文化。毛泽东主张批判继承民族文化遗产："今天的中国是历史的中国的一个发展；我们是马克思主义的历史主义者，我们不应当割断历史。从孔夫子到孙中山，我们应当

---

① 毛泽东：《新民主主义论》，《毛泽东选集》第2卷，人民出版社1991年版，第707页。

给以总结，承继这一份珍贵的遗产。这对于指导当前的伟大的运动，是有重要的帮助的。"①这样的观点，既不激进也不保守，是五四运动后的革新。

二是科学的。新民主主义文化反对一切封建思想和迷信思想，主张实事求是，主张客观真理，主张理论和实践相一致。毛泽东认为，清理古代文化的发展过程，剔除其封建性的糟粕，吸收其民主性的精华，是发展民族新文化、提高民族自信心的必要条件；必须将古代统治阶级腐朽的东西和古代人民优秀的文化区别开来。

三是大众的，因而是民主的。新民主主义文化是为工农劳苦民众服务的文化，不是为少数精英阶层服务的文化。它既源于大众，又为大众所喜闻乐见。为达此目的，文字必须加以改革，言语必须接近民众。

总之，毛泽东在《新民主主义论》中批评了国民党的文化"剿共"和文化专制主义，也批评了文化复古主义和"全盘西化"偏向，提出建设"民族的、科学的、大众的"新民主主义文化。②它继承了五四启蒙运动强调民主与科学，同时带有鲜明的民族特色，成为中华民族新文明发展的新方向。

三 苏区文化教育与左翼文化

五四运动后，邓中夏、刘少奇等先后创办了长辛店、上海沪西小沙渡工人补习学校，出现了新民主主义教育萌芽。中国共产党成立

---

① 毛泽东：《中国共产党在民族战争中的地位》，《毛泽东选集》第2卷，人民出版社1991年版，第534页。
② 毛泽东：《新民主主义论》，《毛泽东选集》第2卷，人民出版社1991年版，第706—709页。

第十二章　文明新路（新民主主义革命时期）

后，不仅提出教育为民主革命的政治任务服务、为工农劳苦大众服务的教育主张，而且更大规模地建立工人补习学校和农民夜校；不仅单独创办湖南自修大学、湘江学校，而且与国民党合作创办上海大学和黄埔军校，开始中国共产党领导下的革命教育尝试。

大革命失败后，中国共产党在苏区开始大规模的新民主主义文化教育实践，初步建立一套独具特色的新民主主义文化教育体系。苏区的文化教育，主要分为干部教育和群众教育两部分。干部教育主要进行专业或政治训练；群众教育包括成年教育、青年教育和儿童教育，主要进行政治教育和初级文化知识教育。苏区教育的主要对象，首先是各级干部，其次是广大工农群众，儿童自然列为第三位。以干部教育为重点的成人教育是苏区教育最中心的任务。

红军的军事学校，最初始于随军的教导队和训练班，1931年后，逐步发展成为各种军事学校：建立了培养高级军事干部的红军大学；有培养连排级干部的红军彭杨步兵学校和红军公略步兵学校；有训练炮兵和工兵等部队干部的特科学校；有训练游击队独立团和赤卫队干部的游击队干部学校；有训练前方通信技术人才的无线电学校；有培养军医、护理、医药人才的红色医务学校和红色护士学校。

工农业余教育，主要是扫盲识字教育，通过办"夜校""星期学校""半日学校""识字班"等形式，提高工农群众的文化水平。夜校是供工农群众利用晚间识字的学校。识字班是更为方便、灵活的形式，利用乘凉、喝茶、劳动间歇进行教学，深受群众喜爱。苏区小学统称为列宁小学，其施教方针：一是把小学教育与政治斗争相结合；二是把小学教育与生产劳动结合起来；三是在教育过程中要发挥儿童

665

的主动性和创造性。通过课堂教育、劳作实习、社会实践三种形式，不仅对学生进行教学活动，而且进行社会活动和劳作实习。苏区的文化教育是中国有史以来第一次大规模的无产阶级文化教育活动，使广大工农群众从封建愚昧思想的禁锢中解放出来，成为坚定的新民主主义战士。

1927年以后，中国共产党领导的左翼文学运动蓬勃兴起。1930年3月，中国左翼作家联盟在上海成立，标志着革命文学跨入新的发展阶段。左翼作家积极探索文艺与革命相结合的道路，开始文艺大众化的初步实践。杂文的繁荣是左翼文坛的突出现象。鲁迅的后期杂文，包括《三闲集》《二心集》《南腔北调集》《伪自由书》《准风月谈》《花边文学》等，政治倾向鲜明，激情饱满，论辩艺术炉火纯青，冷峻犀利而又汪洋恣肆，代表着成熟左翼文学的最高成就，也标志着中国杂文的最高境界。瞿秋白的杂文辞锋犀利，明白晓畅，其名篇《财神的神通》《苦闷的答复》等都极具特色。

左翼小说以茅盾和丁玲最具代表性。从《蚀》出发经过《路》《三人行》到《子夜》《春蚕》《林家铺子》，茅盾完成了小说创作的"三级跳"，将左翼小说创作推向高峰。丁玲写于1931年秋的《水》，以遍及全国的大水灾为背景，描写中国农民的深重灾难及其走上觉醒反抗之路，显示出左翼作家强大的探索精神。张天翼和蒋牧良等继承鲁迅所开创的社会讽刺传统，形成左翼青年讽刺文学。张天翼的作品风格峭拔，蒋牧良则朴实厚重，泼辣敏锐，展示城乡农工的血泪人生和人心骚动。蒋光慈创作的《咆哮了的土地》，比较完整地反映了大革命前后广大农村剧烈的阶级矛盾，真实展现了共产党领导下的早期

第十二章　文明新路（新民主主义革命时期）

农民运动风貌。胡也频的代表作《光明在我们的前面》，以五卅运动时期北京市民反帝怒潮为背景，塑造青年共产党人刘希坚大公无私的光辉形象。

中国共产党领导下的左翼诗歌，同样取得了突出成就。蒋光慈、郭沫若、冯宪章、钱杏邨（阿英）等人的诗作，控诉国民党当局的残忍，抒发坚定的革命信念，悲怆而高亢，不屈不挠。郭沫若的诗集《恢复》中活跃着一位历经劫难而不屈不挠的革命诗人身影。蒋光慈的《寄友》《哭诉》等作品也是如此。冯宪章诗集《梦后》等作品热情地讴歌理想，礼赞工农；阿英的诗集《荒土》和长诗《暴风雨的前夜》等充满理想色彩；冯乃超的诗集《红纱灯》铿锵激昂，明快畅达，充满神秘朦胧的美。1932年9月成立的中国诗歌会，代表人物有蒲风、穆木天、杨骚、任钧等，强调诗歌应反映社会现实，将农村革命和反帝抗日作为诗歌的两大主题。蒲风的代表作品有诗集《茫茫夜》《生活》《摇篮歌》及长诗《六月流火》等，描绘被压迫农民的痛苦生活和烈火般的反抗情绪，诗风朴素。

"左联"成立后，中国共产党主动参与电影事业，领导电影潮流。1932年夏，夏衍等人受聘参加明星影片公司，将其改造成左翼电影运动的基本阵地。1933年，明星公司拍摄了22部影片。由夏衍编剧的电影《狂流》放映后，受到观众热烈欢迎。沈西苓编导的《女性的呐喊》第一次在银幕上展示了当时中国工人的悲惨生活和她们的觉醒。由沈西苓导演、夏衍编剧的《上海二十四小时》深刻揭示了当时都市生活尖锐的阶级矛盾和对立，不仅思想内容深刻，而且艺术水平高超。

中国共产党影响下的联华公司拍出了《如此英雄》《天明》《城市之夜》等优秀作品。其中纪录片《十九路军抗日战史》和故事片《共赴国难》较有影响。由田汉编剧的《三个摩登女性》、费穆导演的《城市之夜》、蔡楚生的成名作《都会的早晨》、孙瑜的《野玫瑰》《火山情血》等，都表现了进步倾向。1933年，左翼电影运动在艺华影业公司开辟了另外一个阵地。田汉的主要电影活动便是在艺华公司，1933年，他完成《民族生存》《肉搏》和《烈焰》，阳翰笙则编写《中国海的怒潮》，这些影片都表现了强烈的抗日倾向。

1934年10月，蔡楚生完成《渔光曲》和《新女性》两部力作，孙瑜拍摄《体育皇后》和《大路》，吴永刚拍摄《神女》，费穆导演《人生》《香雪海》和《天伦》等。1935年左翼电影创作最重大的收获，是阳翰笙编剧的《逃亡》和田汉编剧的《凯歌》。中国共产党电影小组直接领导下成立的电通影片公司，先后拍摄《桃李劫》《风云儿女》等反帝反封建影片和音乐喜剧片《都市风光》。1936年初，在民族危机深重的形势下，左翼作家联盟宣布解散，中国共产党影响下的进步电影进入"国防电影"的新阶段。

四 救亡文学与解放区文学

全面抗战爆发后，中国进步作家走向内地和抗日前线，救亡文学在全国范围内迅速普及。郭沫若的《战声集》，王统照的《横吹集》，以及艾青、臧克家、田间等人的诗歌，高举爱国主义的旗帜。现代派的戴望舒、徐迟等都卷入抗战洪流，写下《元日祝福》《我用残损的手掌》《最强者》等爱国诗篇。

第十二章　文明新路（新民主主义革命时期）

　　以武汉失陷和皖南事变为转折点，抗战文学的主题风格发生历史性转变，揭露国民党统治下政治、社会的黑暗成为重要的文学主题。茅盾的《腐蚀》深刻地揭露了国民党特务统治的血腥罪行和顽固坚持分裂政治路线的反动行径。宋之的《雾重庆》则以沉痛愤慨的心情，描写知识分子因禁不住环境压迫和诱惑而没落。骆宾基《北望园的春天》以感伤的抒情笔法，描写在卑微平凡的生活重压下知识分子孤寂灰暗的心理。巴金的《寒夜》也表现小人物被生活毁灭的悲剧。艾芜的《丰饶的原野》《故乡》《山野》等则暴露了国民党统治下乡村政权的腐败和堕落。沙汀的《在其香居茶馆里》《联保主任的消遣》等作品讽刺了国民党后方统治的黑暗。

　　描写反映抗战救亡并取得突出成绩的小说家，有萧红、萧军、端木蕻良、骆宾基、舒群、茅盾、巴金、夏衍、老舍等。萧红的《生死场》，描写九一八事变前后东北乡间生活的变化和他们民族与阶级意识的觉醒。萧军的《八月的乡村》，描写了一支东北抗日游击队在和日伪军的激烈斗争中成长壮大的过程，作品粗犷有力。端木蕻良的《鴜鹭湖的忧郁》，背景粗犷浓重，抒情细腻柔婉；骆宾基的《在边境线上》、舒群的《没有祖国的孩子》等，或写义勇军的斗争，或洋溢着对祖国的眷恋。老舍的《四世同堂》则借北平沦陷区小胡同里的悲欢离合，反映大时代的风云变幻，是反映抗战救亡文学中仅见的史诗性巨著。

　　全面抗战爆发后，大批文艺工作者从上海等地来到延安和各抗日根据地，使边区与抗日根据地文艺运动得到快速发展。抗日的朗颂诗、墙头诗、传单诗及抗战歌曲十分流行，取得了突出成绩。

1939年3月，艾青创作了富于抒情性的叙事诗《吹号者》，深情赞美那些为保卫国土而牺牲的战士。他的诗作《我爱这土地》等诗篇，不仅有丰富的意象群，而且句式自由，内在韵律节奏强烈。田间是街头诗的发起人和坚持者，他写的作品如著名的《义勇军》，色彩丰富，意境深远；《给战斗者》洋溢着战斗热情，富于现实性和战斗性，充溢着对祖国深沉的爱。何其芳与李广田、卞之琳合出过《汉园集》，有"汉园三诗人"之称，早期诗歌形式整齐，音节和谐，韵律悠扬，意境完整，细腻缠绵，反复低徊。但抗战爆发后，诗风有了明显改变。他写于1939年的《一个泥水匠的故事》，用炽热的感情、明白的口语歌颂为民族牺牲的英雄；《中国在燃烧》《革命——向旧世界进军》《我为少男少女们歌唱》《生活是多么广阔》等，都是影响广泛的优秀诗作。

光未然以写作朗颂诗和歌词见长。早在1935年8月，他发表了歌颂抗日志士、反对卖国投降的诗篇《五月的鲜花》。1939年3月，他在延安创作出堪称民族史诗的《黄河大合唱》组诗，经作曲家冼星海谱曲后，自始至终充满激动人心的情感力量和雄伟浑厚的气魄，成为一部高度概括中国人民抗日斗争的里程碑式代表作。臧克家在抗战时期所写的《从军行》《泥淖集》《淮上吟》等长短诗篇，讴歌抗敌将士，呼唤民族新生。周立波的《饮马长城窟》和《无题》描绘了红军北上抗日的壮丽景象。

1942年5月毛泽东发表《在延安文艺座谈会上的讲话》后，解放区文学从内容到形式都发生新的重大变化。阶级斗争、民族斗争的新题材、新主题在作品中占主要地位，劳动人民在作品中成为掌握自己历史命运的主人公，作品的语言形式也越来越民族化、大众化，出现表现新的群众时代的人民文学。其中赵树理是最杰出的代表。1942年5月，赵树理完成著名短篇小说《小二黑结婚》；10月又创作了被誉为"解放区文艺的代表之作"的《李有才板话》；1945年冬完成长篇小说《李家庄的变迁》。他在小说艺术的民族化、群众化方面做出了重大贡献，形成新的文学创作流派，被称为"山药蛋派"。丁玲的《太阳照在桑干河上》和周立波的《暴风骤雨》都以农村土地改革为题材，在思想上和艺术上都取得了较高成就。解放区涌现的优秀中长篇小说还有马加的《江山村十日》，欧阳山的《高干大》，柳青的《种谷记》，柯蓝的《洋铁桶的故事》，马烽、西戎的《吕梁英雄传》和孔厥、袁静的《新儿女英雄传》等。

延安文艺座谈会后，解放区群众的诗歌创作同样空前活跃，产生了优秀长篇叙事诗《王贵与李香香》和《漳河水》。《王贵与李香香》是诗人李季的作品，采用陕北"信天游"写成，在描写人物形象和表达主题上发挥了很好的作用。阮章竞的《漳河水》成功塑造了鲜明生动的人物形象，堪称一部妇女解放的颂歌。

五　为工农兵服务的新民主主义艺术

中国共产党成立以后，积极创办新民主主义文化教育，发展无产阶级新文艺，在新闻出版、音乐舞蹈等方面进行了不懈探索。中国共产党成立之初就创办大量新式报刊。1922年9月，中共中央第一个机关刊物《向导》在上海创办，蔡和森、陈独秀等先后任主编。新青年社、人民出版社和上海书店等，先后出版《马克思全书》《列宁全书》

图12-4 《向导》

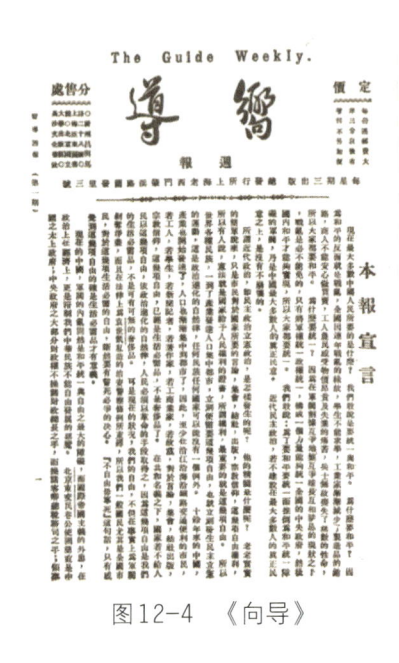

《列宁主义概论》及瞿秋白翻译的《社会科学概论》《新社会观》和《社会科学讲义》等。国民革命失败后，中国共产党更加重视创办报刊。其中比较重要的有：1927年10月在上海创办机关理论刊物《布尔塞维克》；1928年11月在上海创刊中共中央机关报《红旗》；1931年12月在江西瑞金创刊《红色中华》，1937年1月改名为《新中华报》。

全面抗战爆发后，中国共产党领导的各抗日根据地积极兴办各种报刊。在延安出版的《新中华报》，1939年1月起改作陕甘宁边区政府机关报，同年2月7日起成为中共中央机关报，1941年5月16日与《今日新闻》合并，改出《解放日报》，至1947年3月17日终刊，共出2130期。延安出版的报刊还有1939年1月创刊的八路军总政治部机关刊物《八路军军政杂志》；1939年4月创刊、中共中央青年运动委员会主办的《中国青年》；1939年10月创刊的中共中央机关刊物《共产党人》；1940年2月创刊的陕甘宁边区文化协会机关刊物《中国文化》等。其他抗日根据地的重要报刊，有晋冀豫的《中国人报》、晋察冀军区的《抗敌三日刊》、冀中根据地的《冀中导报》、晋西北根据地的《新西北报》、冀东根据地的《冀东日报》、山东根据地的《大众日报》等。中国共产党在国统区公开出版的报刊，主要有《群众》周刊和《新华日报》。《群

第十二章　文明新路（新民主主义革命时期）

众》周刊于1937年12月在汉口创刊，1938年12月迁至重庆。1938年1月，《新华日报》在汉口创刊，是中国共产党在国统区公开出版的第一张机关报，1938年10月迁重庆出版。1946年5月15日，中共中央晋冀鲁豫分局机关报《人民日报》在河北邯郸创刊，1948年6月15日与晋察冀分局机关报《晋察冀日报》合并，报名采用《人民日报》，成为中共中央华北局机关报；1949年3月15日迁至北平出版，同年8月改为中共中央机关报。

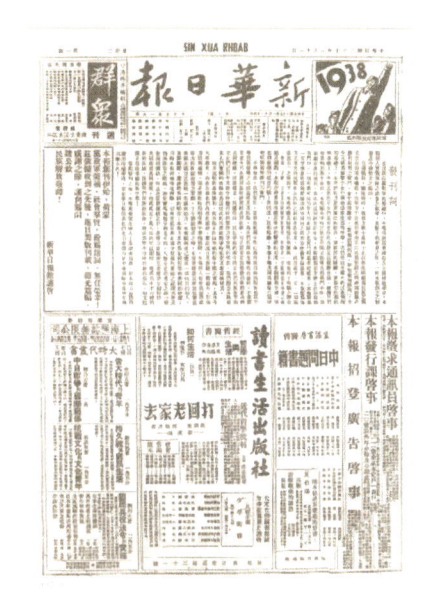

图12-5　《新华日报》

中国共产党成立后，高度重视艺术的政治动员功能，强调艺术为革命事业服务，创作并传唱了大批具有无产阶级革命思想内容的工农革命歌曲。这些歌曲多数是为配合政治斗争需要而编写，对革命斗争及唤醒工农群众起了很大的促进作用。代表作有《五一纪念歌》《工农联盟歌》《京汉罢工歌》《国民革命歌》《工农兵联合歌》《赤潮曲》《奋斗歌》等。中央根据地建立后，大批优秀歌曲创作出来，如《工农革命歌》《秋收暴动歌》《上前线去》《红军纪律歌》《打破旧世界》《霹雳啪》等。这些作品生动反映了根据地的战斗生活和革命群众的精神面貌。

在左翼文化运动中，中国共产党积极推广救亡歌曲创作和群众救亡歌咏运动。由左翼音乐家推动组织的群众歌咏运动几乎无处不在。左翼音乐家聂耳、贺绿汀、张曙、任光、吕骥、麦新等的作品为音乐界注入新的生机。聂耳是无产阶级音乐建设的开拓者和奠基者之一，创作了《毕业歌》《大路歌》《牧羊女》《飞花歌》《义勇军进行曲》《采菱曲》《铁蹄下的歌女》《梅娘曲》等大量优秀作品。任光在电影音乐方面成绩突出，其代表作品有《渔光曲》《月光光》《王老五》《打回老家去》等。麦新创作了约60首歌曲，其代表作有《大刀进行曲》《游击队歌》《行军歌》等。

1938年初，中华全国歌咏协会在武汉成立，抗日文艺宣传活动蓬勃开展，群众歌曲数量惊人，其著名者如吕骥的《武装保卫山西》《抗日军政大学校歌》，贺绿汀的《游击队歌》，郑律成的《八路军进行曲》《八路军军歌》，何士德的《新四军军歌》等，都成功反映了人民的抗日生活。冼星海是抗战时期成就最突出的作曲家。他一生创作了200多首群众歌曲，4部大合唱，10部歌剧，2部交响乐，4部交响组曲，以及许多器乐独奏、重奏和声乐独唱曲。他的群众歌曲大致分为两类：一类是富于号召性的、雄伟的进行曲，如《救国军歌》《青年进行曲》《到敌人后方去》《路是我们开》等。另一类是抒情性与战斗性相结合的作品，如《黄河大合唱》《在太行山上》《赞美新中国》《做棉衣》等。抒情性独唱曲有《夜半歌声》《黄河之恋》《热血》《江南三月》等。

红色戏剧、红色舞蹈与革命歌曲一样，同样能够起到鼓舞斗志、振奋人心的作用。早在1932年，中央苏区就成立了"八一"剧团并在此基础上组建工农剧社，举办各种歌舞演出。1933年4月，中央苏区成立第一所艺术学校——工农剧社蓝衫团学校。1938年2月，延安

第十二章 文明新路(新民主主义革命时期)

抗战剧社总社成立,后相继成立许多剧团。解放区的舞蹈表演内容丰富而精彩,其中较著名的有《东渡黄河舞》《摇船舞》《抗日舞》《工人舞》《农民舞》《国际歌舞》《保卫黄河舞》《生产运动舞》,以及甘肃民间舞蹈《赶驴》,由斯诺夫人传授的美国《踢踏舞》等。

1942年的延安整风运动发起后,新秧歌运动得到普及,涌现出《兄妹开荒》《动员起来》《刘顺清》《减租会》《说理论》《牛永贵负伤》《周子山》《全家光荣》等大批优秀新歌剧。最成功的歌剧作品,当推《白毛女》。《白毛女》是延安鲁迅艺术学院根据1940年在晋察冀边区流传的"白毛仙姑"的民间故事集体创作改编的新歌剧,1945年4月为迎接中国共产党第七次全国代表大会的召开,在延安中央党校礼堂举行首演,受到热烈欢迎,后在解放区各地陆续上演。《白毛

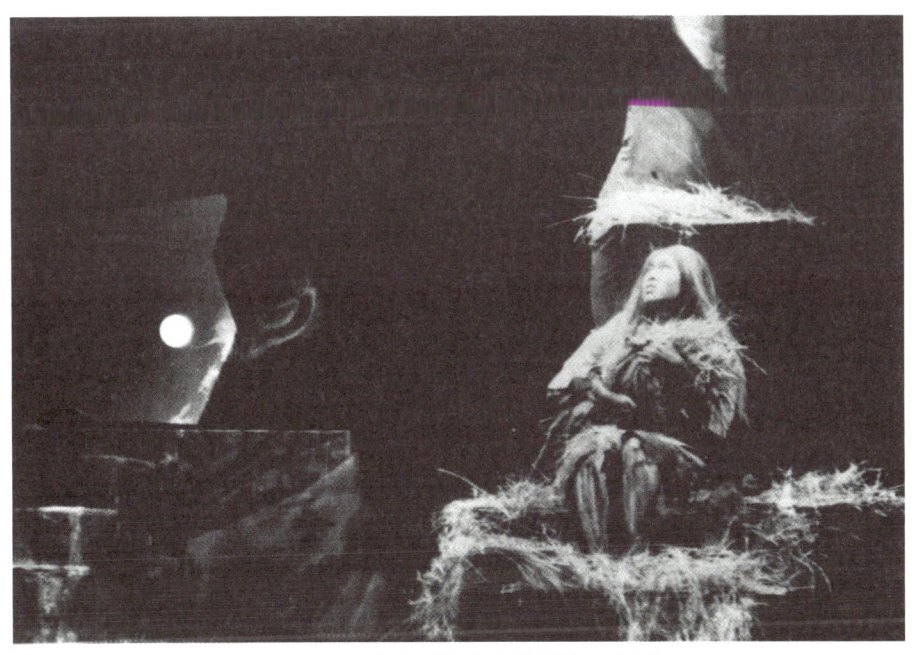

图12-6 抗敌剧社演出歌剧《白毛女》

女》将强烈的浪漫主义精神和反帝反封建革命斗争主题相结合，成为新民主主义文艺标志，成为中国歌剧历史上重要的里程碑。

六 解放区的新民主主义教育

抗战爆发后，中国共产党领导的人民武装除巩固陕甘宁边区外，还深入敌后，先后建立晋察冀、晋绥等19个抗日根据地。在民族生死存亡的紧急关头，根据地教育最迫切的，一是群众教育；二是干部教育，而且干部教育重于群众教育。在干部教育中，现任干部的提高重于未来干部的培养；在群众教育中，成人教育重于儿童教育；在各种教育中，战争与生产所直接需要的知识与技能教育，重于其他一般文化教育。这是中国共产党领导的新民主主义教育的显著特点。

中国人民抗日军政大学，最初是1936年在瓦窑堡创办的抗日红军大学，1937年初改为"抗大"，总校设在延安，1938年底开始在敌后各根据地建立分校，共有12所分校。次年7月，总校也挺进晋东南。1937年3月5日，毛泽东为抗大亲笔题写教育方针："坚定正确的政治方向，艰苦奋斗的工作作风，灵活机动的战略战术。"它办学9年，为中国人民的解放事业培养了20多万名军政干部。

陕北公学创建于1937年9月，是一所培养行政、民运和文化工作干部的学校。它的教育工作主要是三分军事、七分政治，以理论联系实际、少而精为教学原则。1939年夏，它与鲁迅艺术学院、工人学校、青训班合并，组成华北联合大学，共培养了6000多名干部。鲁迅艺术文学院，1938年4月创建于延安，主要培养抗战所需要的文艺工作干部。延安大学是由陕北公学、女子大学、泽东干部学校

第十二章　文明新路（新民主主义革命时期）

于1941年7月合并成立的高级干部学校，其办学有两个突出特点：一是把教育和实际工作、生产劳动相结合，强调学用一致；二是把教师的主导作用和发挥学生的积极性相结合，强调学生在教师指导下的自学和研究。

1939年夏，中共中央决定将陕北公学、鲁艺、安吴堡战时青年训练班和延安工人学校合并组成华北联合大学，从延安出发挺进敌后，到达晋察冀根据地的中心阜平。它初设社会科学部、文艺部、工人部、青年部、师范部，1941年正式成立政法学院、文艺学院、教育学院、高中部和群众工作部。其学生除来自全国各地的爱国知识青年外，主要是华北根据地民主政府各部门的工作干部。华北联大坚持教育、战斗、生产相结合，到1941年发展学员4000多人，培养了大批各类抗战干部。1940年9月创办的延安自然科学院，是抗战时期创办的第一所理工科高等学校，设物理、化学、生物和地矿4个系，师生最多时有300多人，1943年并入延安大学。

根据地的中等教育，主要是中学和师范教育。其主要任务是培养小学师资和地方干部。1937年3月，陕甘宁边区在延安成立鲁迅师范学校，主要是培养抗战教育所需要的小学教师。1939年7月，边区中学与鲁迅师范合并为边区师范，1940年边区先后成立关中师范、三边师范和陇东中学，并接办了米脂中学和绥德师范。中等学校教育内容以文化教育为主，同时从思想上树立学生的革命观点、劳动观点和群众观点，进行以边区政治、经济为中心的政治教育和生产教育，辅之以时事教育。抗日根据地的小学发展迅速。仅就陕甘宁边区来说，1939年小学只有130所，到1940年就达到1241所，学生达43625人，

1945年增至2297所。

各根据地继承苏区教育的优良传统，积极开展工农业余教育。其主要任务是在青年、成年中扫除文盲，提高文化水平和政治觉悟、战争知识与技能的训练；其主要形式是冬学、夜校、半日学校、识字班、民教馆。陕甘宁边区从1937年冬开始办学，当时仅有学校382所，入学人数只有10337人，到1940年冬发展到965所，入学人数达21689人。华北根据地的太岳区，1938年冬学校仅2000所，入学人数为69826人，到1940年末1941年初已发展到8831所，入学人数达502882人。

抗战胜利初期的解放区干部教育，主要包括在职干部教育和后备干部学校。各解放区开办的干部学校主要有：华北联合大学于抗战胜利后在张家口复校，成仿吾任校长，设立政治学院、文艺学院、教育学院和外语学院，共11个系。1948年，它与北方大学并为华北大学。东北军政大学的前身是中国人民抗日军政大学，总校在齐齐哈尔，并设东满、北满、西满、南满4个分校和3个教导团。它的教育方针仍是抗战时期的"坚定正确的政治方向，艰苦奋斗的工作作风，灵活机动的战略战术"。此外，在华北解放区，晋察冀边区还有白求恩医大、军区军政干部学校、铁路学院、边区工专、农专等；晋冀鲁豫解放区有军政大学、新华大学。1948年秋，各解放区基本上转入了反攻，学校教育正规化提上日程。解放区高等学校的调整工作，首先是从东北解放区开始，调整的基本原则是改变短期训练班性质，向正规化方向发展。各解放区以大、中、小学教育正规化为主要内容的教育改革，不仅从质量上和数量上提高和发展了解放区的教育事业，而且为中华人民共和国成立后教育事业的恢复和发展积累了经验。

第三节　文明新气象

民初"尊孔复古"逆流受到以陈独秀为代表的中国先进分子的强烈抵制，遂掀起新文化运动。新文化运动提倡民主，反对专制；提倡科学，反对迷信；提倡新道德，反对旧道德。它推进了中华传统文明的现代转型，促进了中国现代新文明的发展。现代性的文学、艺术、新闻、出版、教育、学术、科技及各种现代文化设施快速发展，并基本形成各自的体系，初步展现了中华新文明新气象。

一　白话文运动与新文学的发展

五四运动前后的书面语言文字改革，集中体现在白话文运动上。1917年初，胡适、陈独秀等人主张将白话文作为通用书面语的唯一工具，掀起白话文运动。1918年5月，《新青年》刊发的文章全部改用白话。1920年1月，教育部训令：本年秋季起，凡国民学校一二年级先改国文为语体文，以期收言文一致之效。4月，教育部训令国民学校其他各科教科书改为白话文语体，标志着白话文运动取得明显效果。

书面汉语的现代化不仅推倒文言，改用白话文，还要统一各地土话，确立标准语，推广普通话。1912年召开中央临时教育会议，决定先从统一汉字的读音做起，进而统一国语。1913年，教育部召开读音统一会，制定注音字母，提出很多方案，主要有偏旁派、符号派、拉丁字母派,各派争论相当激烈。1913年,教育部召开读音统一会,通过注音字母方案。这是中国第一套法定汉语拼音字母,对于识字教育和读音统一及普及拼音知识起了重要作用。

1917年,蔡元培等人发起成立"国语研究会",提出以北京语音的音系为汉民族共同语的标准音,旨在规范和推行民族共同语。1919年9月出版的《国音字典》,1921年经国语统一筹备会校订后再版,定名为《教育部公布校改国音字典》,共收13000多字,规定全国标准读音以此为准。这部字典实际上是由政府机构正式公布的第一个现代汉语用字表。国语统一筹备会成立"国音字典增修委员会",决定以北京语音为标准音,称为"新国音",并在1932年教育部公布发行的《国音常用字汇》中采用和推行。

白话文运动的目标是变革现代书面用语,弃文言而用白话,实行言文一致;国语运动的目标是确立民族共同语标准语,着重推行标准语,弥补方言歧异,便于人们交际。1922年,钱玄同、赵元任等提出汉字拼音化动议,拟订罗马字方案草案。1923年8月,国语罗马字拼音研究委员会成立;从1925年9月到1926年9月,该会开会20余次,九易其稿,制定了《国语罗马字拼音法式》,1928年由国民政府大学院正式公布,简称为"国罗"方案,这是中国第一套由国家正式公布并且在中小学普遍推行过的拼音字母方案,对普及识字教育和读音统一做出了积极贡献。

白话文运动、国语运动和大众语运动,以实现"言文一致"为宗旨,突破了传统语言学体系,不仅更新了原有文字学、音韵学、训诂学内容,而且开拓了新兴的方言学、语法学、修辞学等学科,促使汉语研究从研究文字和书面语转移到活的语言上，使中国语言学研究完成由语文学的"小学"到现代语言学的转向。

中国现代文学发端于五四新文化运动。1917年1月，胡适在《新青年》上发表《文学改良刍议》，提出"文学改良"八条主张：须言之有物，不摹仿古人，须讲求文法，不作无病之呻吟，务去烂调套语，不用典，不讲对仗，不避俗字俗语。陈独秀随后发表《文学革命论》进行声援，提出"文学革命三大主义"：推倒雕琢的阿谀的贵族文学，建设平易的抒情的国民文学；推倒陈腐的铺张的古典文学，建设新鲜的立诚的写实文学；推倒迂晦的艰涩的山林文学，建设明了的通俗的社会文学。接着钱玄同、刘半农等人发表文章支持文学革命。从1918年5月起，《新青年》完全改用白话，并陆续发表鲁迅的白话小说《狂人日记》《孔乙己》和《药》等。从此，文学革命突破初期理论主张的局限，开始革新内容。新文化运动带动了五四新文学发展。新的文学社团如雨后春笋，文艺刊物在各地纷纷出现，建设一种"活的文学"和"人的文学"观念得到较为广泛的认同，文学创作展示出明显实绩。

文学研究会和创造社分别代表两种不同的思想和艺术倾向。1921年初，周作人、郑振铎、沈雁冰等在北京成立文学研究会，提倡自然主义，主张为人生的艺术，提出文学应是写实主义，反映社会现象与人生问题。1921年夏，郭沫若、郁达夫、田汉等人在东京成立创造社，倾向于浪漫主义与唯美主义，崇拜自然与自我，提倡灵感与天才。

伴随五四文学革命的发展，新文学创作取得巨大成就，涌现出如鲁迅、刘半农、胡适、郭沫若、郁达夫、冰心、朱自清、王统照、闻一多、徐志摩、叶绍钧、周作人等著名作家。

唤醒民众、启发民智的启蒙文学成为五四时代的主流。它以唤醒国民灵魂、建构新型民族精神与民族性格为己任，以广大下层劳动群众为主要启蒙对象，以反蒙昧、反守旧、反奴化、反迷信为主要任务。它发展和成熟的基本标志是鲁迅的小说和杂文创作。从1918年起，鲁迅陆续发表小说、论文和杂文。到1923年，他先后写了20多篇短篇小说，结成《呐喊》《彷徨》两部小说集。他比较集中地描写了两类人物：农民和知识分子。《狂人日记》是中国现代文学史上第一篇白话小说，鲁迅以严格的现实主义态度，通过狂人精神错乱时的胡言乱语，揭示精神领域内更加普遍存在着的"人吃人"的本质。胡适在1920年3月出版的《尝试集》是中国现代文学史上第一部白话诗集。郭沫若《女神》的出版，更为诗歌创作打开了前所未有的局面。《女神》具有鲜明的革命浪漫主义特色，强烈反映了青年知识分子革命的愿望、要求和理想。诗篇奔腾的想象和大胆的夸张，宏伟的构思与浓烈的色彩，激昂的音调与急骤的旋律，以及神话的巧妙运用等，都具有鲜明的浪漫主义色彩。

以郑振铎、叶绍钧、冰心、朱自清、王统照、许地山、庐隐等为代表的文学研究会作家，肯定文学是"人生的镜子"，创作多以现实人生问题为题材。冰心的《梦》《寄小读者》《山中杂记》等散文，有抒情诗的情调和风景画般的美感，笔调轻倩灵活，文字清新隽丽，感情细腻澄澈。最能代表朱自清文学成就的是《背影》《荷塘月色》等抒情性散文，作者善于把自己的真情实感通过平易的叙述表达出来，笔致简约，朴素亲切，文字多用口语而加以锤炼。在文学研究会诸作家的创作中，最能代表其现实主义特色的是叶绍钧（叶圣陶）的作品。他创作的长篇小说《倪焕之》，比较真实地反映了从辛亥革命到第一次国内革命战争时期部分知识分子的生活历程和精神面貌。郁达夫是创造社中小说散文创作数量最多、成就最大的作家。他的小说往往是一曲曲灰暗、沉重、凄凉的哀歌；他的散文感情真挚，文笔优美，如《屐痕处处》《钓台的春昼》等名作，笔墨清婉，意境深远。

语丝社、沉钟社、未名社及新月社等也是五四后颇为活跃并产生较大影响的文学社团。语丝社的主要成员有周作人、鲁迅、钱玄同、孙伏园、林语堂等。其中尤以鲁迅和周作人兄弟最为突出。周作人从新诗创作入手，不久转到小品散文写作，并逐渐形成自己的风格。他的散文集有《自己的园地》《雨天的书》《谈龙集》《谈虎集》等。

诗歌创作中取得重大成就的是新月社成员，代表人物有徐志摩、闻一多和朱湘。徐志摩的《再别康桥》，出色地显示了诗人的才情与个性，形成轻柔、明丽而又俊逸的格调。闻一多的许多诗篇充溢着强烈的爱国热情，这种热情又化为神奇瑰丽的想象，如《死水》《祈祷》《一句话》等，形式整齐，音节和谐，比喻贴切。

老舍以其突出的成就而独树一帜。1933年，老舍写出长篇小说《离婚》，并发表《月牙儿》等优秀短篇小说。1936年，他创作出长篇小说《骆驼祥子》，真实描绘了一个北京人力车夫的悲惨命运。巴金是在文学创作上取得巨大成就的作家。他先是创作了总题为"爱情三部曲"的三个中篇《雾》《雨》《电》，后开始其杰出的代表作"激流三部曲"(《家》《春》《秋》)的创作。"激流三部曲"真实描述了一个封建大家庭腐烂、溃败的历史,写出一代新青年的觉醒,塑造一系列血肉丰满的艺术形象。抗战爆发后,巴金又写出"抗战三部曲"(《火》《冯文淑》《田惠世》)、长篇小说《寒夜》及大批短篇小说。沈从文出版《好管闲事的人》《石子船》《老实人》《八骏图》等20多部小说集,风格和题材多样,其中最具特色的当属反映湘黔边境少数民族地区风土人情的作品。写于1934年的《边城》,描写川湘交界的边城小镇茶峒一个撑渡船的老人和外孙女的生活,以及外孙女与当地掌水码头团总两个儿子之间曲折的爱情故事。该书围绕这个故事,对这个僻远边城的自然景致、生活风习和人物性情作了有声有色的描绘,地方色彩极为浓厚。

二 现代艺术的拓展

19世纪末期电影在欧洲发明并迅速普及之后,也很快传入中国。电影业的崛起,成为民国文化的新生事物。1916年,张石川与新剧家管海峰合作,在上海徐家汇创办幻仙影片公司,并拍摄了盛行一时的《黑籍冤魂》。1920年,中国第一批长故事片在上海拍摄,主要有中国影戏研究社的《阎瑞生》、上海影戏公司的《海誓》和新亚影片公司的《红粉骷髅》。1923年明星影片公司摄制的《孤儿救祖记》在营业上大获成功,刺激电影业飞速发展。1925年前后,全国开设了175家电影公司,仅上海就有141家。1925年5月,明星公司正式组成明星影片股份有限公司,聘请戏剧家洪深编导《冯大少爷》《早生贵子》《少奶奶的扇子》等影片。大中华百合影片公司拍出《透明的上海》《风雨之夜》《连环债》等典型黑幕影片。

1926年12月，有声电影首次在上海虹口新中央大戏院播放，中国电影迎来有声时代。1930年，明星、友联等公司从事国产有声电影摄制，分别拍出《歌女红牡丹》和《虞美人》。这个时期拍摄的反映现实生活而具有进步思想内容的影片，有《桃李劫》《风云儿女》《都市风光》等。

1936年初，中国电影围绕着反帝斗争进入"国防电影"阶段。经过改组的明星公司开始拍摄大量多样化题材影片，应云卫导演《生死同心》，欧阳予倩编导《清明时节》《小玲子》《海棠红》，夏衍编写《压岁钱》，沈西苓编导《十字街头》，袁牧之编导《马路天使》。这些影片的拍摄，标志着中国电影工作者的成熟。1936年11月，联华公司拍摄完成国防影片《狼山喋血记》，有力抨击了日本帝国主义。该年底，吴永刚在新华公司完成号召全民抗战的国防影片《壮志凌云》。次年2月，新华公司又出品著名的《夜半歌声》，由田汉作词、冼星海作曲的几首插曲和主题歌曾唱遍大江南北。

卢沟桥事变之后，爱国电影工作者纷纷加入抗日救亡洪流之中。中国电影制片厂拍摄完成《保卫我们的土地》《热血忠魂》《八百壮士》3部故事片和50部左右的纪录片、新闻片和卡通歌集片。随后，中国电影制片厂又拍摄完成孙瑜编导的《火的洗礼》。阳翰笙写的3个电影剧本《青年中国》《塞上风云》和《日本间谍》也拍摄完成。1939年秋，沈西苓拍完他最后的影片《中华儿女》。

抗战胜利后，进步电影仍然取得一定成就。1947年3月，中国电影制片厂出品汤晓丹导演的描写战后知识分子悲剧的《天堂春梦》。1947年7月和1948年1月，袁俊先后为该厂编导揭露国民党政府抗战胜利后"劫收"丑剧的喜剧片《还乡日记》和《乘龙快婿》。1946年9月，阳翰笙、蔡楚生等组织的联华影艺社开拍影片《八千里路云和月》，继之筹拍《一江春水向东流》的上集《八年离乱》，轰动中国影坛。1947年5月，联华影艺社与昆仑影业公司合并，在中国共产党领导下，昆仑影业公司先后拍摄完成《万家灯火》《关不住的春光》《丽人行》《三毛流浪记》以及《乌鸦与麻雀》等优秀影片。其中《一江春水向东流》创造了当时电影卖座的最高纪录，堪称民国电影的精品。

在中国电影业崛起的同时，中国古老的戏剧舞台发生着巨大变革，现代话剧发展成为中国戏曲新生的独立剧种，古装新戏和时装新戏应运而生，京剧在创新中再度繁荣。1918年10月，陈独秀等人在《新青年》组织"戏剧改良"专号，推动戏剧变革，涌现出胡适、郭沫若、田汉、陈大悲、丁西林、洪深等成绩突出的现代话剧作家。胡适的《终身大事》是中国人创作的第一个现代剧本。1923年前后，郭沫若先后创作历史话剧《卓文君》《王昭君》《湘累》等。1922—1930年，田汉发表《获虎之夜》《名优之死》《苏州夜话》等16个话剧剧本。丁西林以幽默喜剧著名，被称为"独幕喜剧圣手"，创作《一只马蜂》《压迫》《酒后》等名作。洪深共编译38部话剧剧本，先后导演大小剧目40个，代表作品有《赵阎王》《五奎桥》《香稻米》《青龙潭》等。

五四运动前后，各种戏剧社广泛建立。1921年上海戏剧协社成立，1922年北京人艺戏剧专门学校成立。前者排演了《终身大事》《泼妇》和洪深改译王尔德的《少奶奶的扇子》等剧，其中《少奶奶的扇子》比较成功；后者则公演了陈大悲的《英雄与美人》。1925年，国立北京艺术专门学校戏剧系成立；1927年，南国社在上海异军突起，主要演出田汉创作的揭露社会黑暗的作品。20世纪30年代是话剧发展的重要时期，产生了不少反映时代需要的剧本。如田汉的《战友》《回春之睦》，欧阳予倩的《青纱帐里》《同住的三家人》，章泯的《我们的家乡》，阳翰笙的《前夜》，洪深的《农村三部曲》，夏衍的《赛金花》《自由魂》等。1933年，曹禺完成处女作《雷雨》，两年后创作《日出》，引起文艺界热情赞赏。曹禺的作品，标志着五四新文化运动以来话剧创作的最高成就。

与新兴的话剧相对应，戏曲舞台也精彩纷呈。京剧是遍及全国的最大戏曲剧种，以梅兰芳和欧阳予倩的成就最为突出。从1915年开始，梅兰芳先后排演了《嫦娥奔月》《天女散花》《西施》《洛神》及红楼戏《黛玉葬花》《千金一笑》等剧目。欧阳予倩编演了大量京剧新戏，其中以红楼戏最具特色，有《鸳鸯剑》《馒头庵》《宝蟾送酒》《黛玉焚稿》《黛玉葬花》等。竞排古装新戏促进了流派艺术繁荣，同时推出一批戏曲作家，其中优秀者有罗瘿公、陈墨香、齐如山等。

五四新文化运动之后，京剧表演流派再度繁荣，流派林立，诸美争艳。比较具有代表性的，如：老生行有余派（余叔岩）、言派（言菊朋）、高派（高庆奎）、马派（马连良）、麒派（周信芳）、杨派（杨宝森）、奚派（奚啸伯）等；旦行有梅派（梅兰芳）、程派（程砚秋）、荀派（荀慧生）、尚派（尚小云）、筱派（于连泉）、李派（李多奎）等；净行有金派（金少山）、郝派（郝寿臣）、侯派（侯喜瑞）等。民国时期，东西方文化艺术交流逐渐增多，中国的戏曲剧团开始赴海外演出。20世纪20年代，梅兰芳数次到日本演出，成为受世界瞩目的人物。1930年初，他在美国的演出获得巨大成功。随后，程砚秋等也出国表演，向国外观众展示京剧的魅力。

全面抗战开始后，戏剧界在民族抗战的旗帜下团结起来，编演了《汉奸的子孙》《走私》《回声》《秋阳》《东北之夜》等国防戏剧作品。在抗战初期，被戏剧界称为"好一记鞭子"的三个短剧（《三江好》《最后一计》《放下你的鞭子》）在各地广泛演出，收到良好效果。郭沫若先后创作了五幕剧《棠棣之花》《屈原》《虎符》《高渐离》《南冠草》及四幕剧《孔雀胆》。夏衍创作的《秋瑾传》《上海屋檐下》等，宋之的独幕剧《微尘》《出征》等，于伶的《女子公寓》《花溅泪》等，都达到了相当高的水平。陈白尘的《大地回春》《冀王石达开》，吴祖光的《风雪夜归人》，袁俊的四幕剧《万世师表》也是抗战时期的重要剧作。

五四新文化运动之后，中国现代音乐理论、音乐创作和音乐普及等得到迅速发展。王光祈是中国现代第一个在音乐学领域进行探索的音乐理论家，先后撰写了《中国音乐史》《东西乐制之研究》《东方民族之音乐》等著作，编写《西洋音乐史纲要》《西洋音乐与戏剧》等介绍西洋音乐理论和技术理论的著作。丰子恺先后出版《音乐的常识》《音乐入门》《生活与音乐》等十多种著作。中国现代专业音乐创作上取得突出成就者，有萧友梅、赵元任、黎锦晖等人。萧友梅编著《普通乐学》《和声学纲要》《钢琴教科书》等，并创作了90多首歌曲和钢琴曲，如《新霓裳羽衣舞》《哀悼引》，大提琴曲《秋思》，合唱曲《春江花月夜》等。他的许多歌曲如《卿云歌》《华夏歌》《国民革命歌》等，产生了巨大的社会影响。赵元任的音乐创作在词与曲的结合、民族风格、音乐形象的生动鲜明以及和声的运用等方面，取得了较大成就，代表作品有《西洋镜歌》《背着枪》《我是北方人》《老天爷》等。黎锦晖先后创作12部儿童歌舞剧、24首儿童歌舞表演曲，以及许多歌曲和器乐曲。代表作品有《麻雀与小孩》《葡萄仙子》《月明之夜》《小羊救母》等。

从20世纪30年代开始，中国现代音乐文化进入新的历史时期，大批著名音乐家如黄自、周淑安、马思聪等相继登上乐坛。贺绿汀的钢琴曲《牧童短篇》，音乐形象生动鲜明，旋律优美动听，充满清新诗意。国立音乐学院对一些民歌作了创造性的改造加工，出版了《中国民歌选》等民歌集，一些著名作品如《康定情歌》（江定仙编曲）、《在那遥远的地方》（陈田鹤编曲）、《绣荷包》（谢功成编曲）等为人们所传唱。

美术是现代艺苑中内容最为丰富、最为繁荣发达的领域，可谓精品纷呈，大师辈出，蔚为壮观。其中以绘画最见成就，集中体现了中西艺术交汇给中国文化发展所带来的神奇力量和盎然生机。民国初期国画画坛上，京派、海派和岭南画派三足鼎立。岭南画派开创者是"岭南三杰"之首的高剑父。他大胆融合中国画传统技法和西洋画法，由繁趋简，返璞归真，创立了自己的独特风格。海派画家以吴昌硕为领袖，继承清代扬州画派的创新精神，并吸收朴素文化艺术的精髓，从而使其作品面貌一新。而京派画家以师法古人为宗，代表人物陈师曾、齐白石等力去陈腐，时出新意。

1928年，徐悲鸿回国后创作的大型油画《田横五百壮士》，七易其稿而成的中国画巨构《九方皋》等，代表了当时中国油画主体创作和中国人物画的最高水平。与徐悲鸿同时驰骋于南北画坛的刘海粟，不仅有独特而完整的美学思想体系和深厚的美术史论造诣，同时也是杰出的艺术教育家。他的绘画注重于个性的发挥，天生的豪放性格与气度造就了他以抒写造化的油画称雄画坛。他出版了《国画苑》《西画苑》等美术论著，表现主义美学观一以贯之，为中国美术表现体系及其理论的确立做出了开拓性贡献。林风眠的最大贡献是对传统中国画的革新，其画风既近于壁画和年画，又有油画、粉画乃至瓷器画等韵味，人们将他与徐悲鸿、刘海粟并称"画坛三重臣"。

传统国画在西洋画风刺激下获得创新性发展，齐白石、黄宾虹、张大千、溥心畬等独领风骚，成为新国画的代表性人物。齐白石代表了当时花鸟画的最高成就，与吴昌硕有"南吴北齐"之称。张大千与溥心畬从民国中期开始称雄山水画坛，被誉为"南张北溥"。20世纪30年代是中西艺术的混流时代。刘海粟、林风眠等人着眼于西方现代艺术风格与中国民族特色的融汇，徐悲鸿、汪亚尘等人站在改良本民族传统文化立场上向西方借鉴写实技法；而李毅士、方君璧等则寻找中西两大传统绘画形式的糅合。李毅士作品《长恨歌画意》堪称民国美术中西合璧的代表作。汪亚尘致力于革新中国画，因作画勤奋，被人雅称"画砧子"。

全面抗战爆发后，"美术救国"运动与现实主义艺术结伴而生。徐悲鸿在油画民族化和现实主义方法相结合的探索上，取得了令人瞩目的成果，代表作有《擦灯罩》《负水女》《藏童》等。其油画风景《青海之滨》《戈壁神水》《雪原》等，构图新颖，境界开阔，既能够为老百姓所欣赏，又具有着令人神往的艺术魅力。中国画的现代化得到较大发展，潘天寿、傅抱石、张书旂成为杰出代表。潘天寿的花鸟画，常以古拙之笔、深厚黑色来作画，意境清新悦目，超尘脱俗，一扫金石派花鸟奇古骄悍之气；傅抱石则创作了《离骚》《九歌》《国殇》《湘君》等人物画，以生花妙笔写横溢才气，所作人物画纵横潇洒豪迈，高古而不柔媚。

三 新闻报刊与现代文化设施建设

新文化运动推进了新式报刊的创办，1921年全国报刊达550种；1926年全国通讯社增到155家。1923年1月，《大陆报》与中国无线电公司合办的广播电台正式广播；1926年10月，哈尔滨无线电台正式广播；1927年5月，天津广播无线电台开始播音；1927年9月，北京广播无线电台也开始播音。

南京国民政府建立后，积极建立和发展以中央通讯社为中心的庞大新闻事业网，以《中央日报》为中心的党政军报网和以中央广播电台为中心的广播网。中央通讯社于1924年4月在广州成立，1927年迁到武汉，1928年迁往南京与中央社合并成立中央通讯社总社，并在上海等城市设分社或派通讯员，形成全国通讯网。国民党中央机关报《中央日报》于1928年2月在上海创刊，次年2月迁往南京。1928年8月1日，国民党中央广播电台正式播音，1932年新建75千瓦电力的发射台，成为亚洲发射电力最大的广播电台。到1937年6月，国民党官办和民营广播电台已达70余座。

全面抗战爆发后，新闻中心从南京、上海向重庆、桂林转移。

重庆有《中央日报》《大公报》等22家报纸。据1944年国民党中央宣传部新闻处统计，国统区报刊共1000多家，其中国民党党部、军队和三青团就有670多家。而民主党派的报刊主要有中华民族解放行动委员会机关刊物《抗战行动》、中国青年党机关报《新中国日报》及中国民主政团同盟机关报《光明报》等。

抗战胜利后，国民党接收了全部日伪报刊、通讯社、广播电台及其他新闻事业。到1946年，国统区登记的报刊有984家（实际有1832家），发行量共200万份。到1947年12月，国统区有广播电台129座，其中国民党中央广播事业管理处所辖42座，其余为各省市公营、私营电台。

民初成立的出版机构，有中华书局、正中书局、广益书局、群益书局、北新书局、开明书局、亚东图书馆等。五四运动以后，出版业获得较快发展，其中以商务印书馆、中华书局、世界书局三大出版机构规模最大。20世纪30年代的商务印书馆在上海设有制度完备的总务处、总编译所、总发行所，以及技术十分完善的印刷总厂；同时在北京、香港设有印刷分厂，在各省市和重要商埠先后设有85处分馆，出版了《丛书集成》《万有文库》《百科全书》等。1936年，商务印书馆、中华书局、世界书局三家机构的出版物占全国出版物的71%，出版的图书种类占40%。

全面抗战爆发后，宁沪等地出版机构相继内迁。商务印书馆总经理处、正中书局、生活书店、读书出版社等迁到重庆。桂林成为国统区仅次于重庆的出版中心，共有书店、出版社179家，出版书籍上千种。抗战胜利后，国统区各进步书店坚持出版进步书刊。国民党发动内战后，查禁书刊，封闭书店，上海、北京、武汉、广州、西安等地的进步书店被迫停业。

四 新教育与现代学科的建立

1912年，蔡元培起草的《大学令》，对中国近代大学的功能、性质、使命、制度组织等做出新构建，初步形成中国现代大学体制框架：大学分为文科、理科、法科、商科、医科、农科、工科七科，并以文、理二科为主。1922年颁定新学制，推动中国现代大学及其学科飞速发展。当时大学多集中在东南沿海各省：上海22所；北京15所；广东和河北各8所；湖北和山东各6所；江苏5所；浙江、福建和江西各4所；湖南、广西、云南、河南和辽宁各2所；安徽、四川、新疆、甘肃、吉林和察哈尔各1所。

中国现代意义上的学术门类，是经过两条渠道创立起来的：一是"移植之学"，即直接将西方近代学术门类移植到中国来，主要是那些中国传统学术中缺乏的学术门类，如自然科学中的近代数学、物理学、化学、地理学、地质学、动物学、植物学等门类，以及社会科学中的政治学、经济学、社会学、逻辑学、法学等；二是"转化之学"，即从中国传统学术中演化而来的，主要是中国学术传统中固有学术门类，如文学、历史学、考古学、哲学、文字学等。在中国传统学术门类向现代学术门类转型过程中，中国学术必须从两方面进行学科整合：一是文史哲分家；二是引进西方近代学科。现代意义上的历史学、考古学、政治学、经济学、文化学、社会学、民族学、民俗学、教育学、心理学、美学、法学、伦理学、逻辑学、新闻学等学科虽萌芽于清末，但多数到20世纪30年代才最后确立。

中国现代学科创建与中国新教育的发展是同步的。1912年9月，教育部重新制定并颁布教育宗旨，公布《学校系统令》，初步确立了一套新教育体制。1921年9月，教育部召开全国学制改革会议，颁布的"新学制"特点为：一是缩短小学年限，改7年为6年，取消"国民""高等"名目，称"初级"和"高级"，有利于初等教育普及；二是延长中学年限，有利于提高中等教育的水平，中学三三分段，初中可以单独设立，有利于初级中等教育普及；三是取消大学预科，大学不再负担普通教育的任务，有利于大学集中进行专业教育和科学研究；四是施行选科制和分科教育，兼顾学生升学和就业。新学制的颁布和实施，标志着中国现代教育体制的确立。

五 科学体制化与新学术的发展

现代专业性研究院所的建立，使学术研究机构逐渐成为与大学体制同等重要的现代学术研究中心。1916年10月成立的地质调查所，为民国科学界树立了示范榜样。1922年8月，中国科学社生物研究所在南京建立，是中国近代科学史上的标志性事件。到20世纪30年代初，全国各地普遍设立各种独立的专业研究院所。据国民政府教育部1935年初统计，全国主要学术机关团体有142个，其中普通类21个，自然科学类34个，社会科学类39个，文艺类9个，体育类7个。

1928年中央研究院创建后，陆续按照现代学科体系设置各专门研究所。到1937年抗战前，该院已设立物理、化学、工程、地质、天文、气象、历史语言、心理、社会科学及动植物10个研究所。

第十二章 文明新路（新民主主义革命时期）

图12-7 中央研究院

1935年9月，中央研究院首届评议会在南京成立，全国各学科顶尖学者聚集一堂，使中央研究院真正具有全国最高学术评议机构的学术权威。1948年3月，中央研究院评选出首届院士81名，标志着中国现代科学体制化趋于成熟。

伴随着中国现代学术体制及现代学科体系的创建，社会科学诸多门类，如政治学、经济学、社会学、法学、历史学等得到快速发展。中国现代学科意义的政治学是清末开始从西方传入中国，至20世纪30年代基本形成独立学科。其主要表现为：一是在教材上，不仅注重参照各国政治的新近趋势，并且针对中国需要另立研究系统。刘静文、陈之迈等所编著的《政治学》是突出代表。二是在研究上，趋重对中国政治史和现实政治问题的探讨，力争为中国政治建设服务。陶希圣和萧公权分别著《中国政治思想史》、曾资生著《中国政治制度史》、王赣愚著《中国的政治改进》都是其集中体现。杨幼炯的《近代中国立法史》，钱端升的《民国政治史》，王亚南的《中国官僚政治研究》，王世杰的《比较宪法》，董霖的《中国政府》等，均对政治学研究做出了独到贡献。邓初民1929年在昆仑书店出版《政治科学大纲》，堪称中国马克思主义政治学的奠基之作。

19世纪末20世纪初甲骨文的发现，20世纪初汉晋简牍、敦煌写本的发现，成为中国科学考古学诞生的前兆。1921年，安特生等人在河南渑池县仰韶村进行考古发掘，获得大批新石器时代石器和彩陶，被命名为"仰韶文化"，标志着中国现代考古学的诞生。1929年底，裴文中在北京西南周口店发现第一个猿人头盖骨化石，被命名为"北京猿人"。1928—1937年，中央研究院史语所对河南安阳殷墟进行考古发掘，在殷墟甲骨文的发掘和研究方面取得重大成绩。1936年，中国考古学家在浙江杭县发掘良渚遗址。"良渚文化"是在中国南方首次发现的新石器时代文化遗存。中国考古学逐渐摸索出适合中国特点的田野工作方法，为新中国考古学奠定了基石。

随着甲骨文、金文、汉晋简牍、敦煌石室典籍、内阁大库、军机处档案等新史料的发现与整理，历史研究的资料扩展到原始档案和地下出土文字、典籍和实物资料，拓展了中国史学发展的空间和路径。以德国史学家兰克为代表的西方实证主义史学开始被介绍到中国。它与中国传统乾嘉考据学相结合，为中国的朴实学风注入新的活力。民国时期，实证史学是中国史学主流，涌现出王国维、陈寅恪、陈垣、胡适、傅斯年等著名史学家。该派特点，不是以批判"中国之

第十二章 文明新路（新民主主义革命时期）

旧史"为目标，而是既借用西方实证主义史学方法，又继承中国乾嘉时期考据史学传统，以史料为基础，以实证主义或实验主义方法对历史进行分析、论证、解释，依靠理性推导、逻辑论证、归纳演绎得出结论，对中国历史诸多领域做了开创性研究，出现许多中国历史专题研究的新成果。这些实证史家，大都兼通中西之学，不但在史料收集、辨伪和考释方面取得卓越成就，而且在探索某些历史现象的因果关系方面做出了突出贡献。

中国的马克思主义史学流派，是伴随着马克思主义传入、中国共产党成立和新民主主义革命而产生并发展的。李大钊、郭沫若是该学派的前驱人物，继起者有吕振羽、范文澜、翦伯赞、侯外庐等人，他们都写出了具有科学价值的史学名著。郭沫若的《中国古代社会研究》一书，运用唯物史观的理论和方法，对甲骨文、金文和先秦文献进行综合研究，揭示了中国古代社会的面貌和发展规律，开辟了中国史研究的科学道路，标志着中国马克思主义史学的兴起。随后，中国历史学领域陆续出版吕振羽的《史前期中国社会研究》《中国社会史诸问题》，侯外庐的《中国古代思想学说史》《中国古代社会史》，范文澜的《中国通史简编》和《中国近代史》（上册），翦伯赞的《中国史纲》，胡绳的《帝国主义与中国政治》，向达的《唐代长安与西域文明》，周谷城的《世界通史》等一大批马克思主义史学著作。

马克思主义唯物史观，促进了中国历史学研究方向的转变，使历史研究从以描述孤立的政治事件为主，转向面对社会和经济发展这一复杂而长期过程的研究，使历史学家认识到需要研究人们的物质生活条件，并重视人民群众对历史的作用。马克思的社会阶级结构观念以及他对阶级斗争的研究，引导了中国历史学家对社会制度的研究。

本章参考文献

丁守和主编：《中国近代启蒙思潮》，社会科学文献出版社1999年版。

丁伟志、陈崧：《中西体用之间》，中国社会科学出版社1995年版。

方汉奇：《中国近代报刊史》，山西人民出版社1981年版。

耿云志：《近代中国文化转型研究导论》，四川人民出版社2008年版。

龚书铎：《近代中国与文化抉择》，北京师范大学出版社1993年版。

刘增杰：《中国现代文学思潮研究》，河南大学出版社1996年版。

彭明、程歗主编：《近代中国的思想历程》，中国人民大学出版社1999年版。

史全生主编：《中华民国文化史》，吉林文史出版社1990年版。

左玉河：《中国近代文明通论》，福建教育出版社2011年版。

本章图片来源

图12-1　《新青年》第2卷第1号，中国近代影像资料库。

图12-2　《共产党宣言》1920年8月版，中国近代影像资料库。

图12-3　《新民主主义论》，东北书店1949年版。

图12-4　《向导》周报1922年9月13日创刊号。

图12-5　《新华日报》1938年1月11日创刊号。

图12-6　抗敌剧社演出歌剧《白毛女》，中国近代影像资料库。

图12-7　中央研究院，中国近代影像资料库。

第十三章

换了人间

（新中国成立与社会主义革命和建设的展开）

第十三章　换了人间（新中国成立与社会主义革命和建设的展开）

章首语

从中华人民共和国成立到改革开放前，中华文明被赋予新的时代内容和社会意义，中华文明的发展史揭开崭新一页。这个时期，中国共产党领导人民完成社会主义革命和推进社会主义建设，中华文明在新的社会历史条件下继续向前发展。在理论创新方面，以毛泽东同志为主要代表的中国共产党人坚持把马克思列宁主义基本原理同中国具体实际进行"第二次结合"，积极探索社会主义建设道路，进一步丰富和发展了毛泽东思想；在制度建设方面，党领导人民消灭一切剥削和压迫的制度，在古老的东方大国建立起新型的社会主义制度，完成中华民族有史以来最为广泛而深刻的社会变革，为当代中国一切发展进步提供宝贵经验和制度基础；在精神文明建设方面，党领导人民弘扬集体主义和爱国主义，创造具有社会主义革命和建设特点的精神形态；在文化建设方面，坚持民族的、科学的、大众的方向，培育良好的社会新风尚，创造绚丽多彩的精神文化成果；在对外交流合作方面，坚持独立自主、和平发展，积极开展对外援助和对外文化交流，为世界文明发展贡献中国力量。总之，社会主义革命和建设时期，中国共产党领导人民开启建设社会主义文明国家的伟大历史进程，为开创中华文明新形态奠定初步的思想基础、制度基础和文化基础。

第十三章　换了人间（新中国成立与社会主义革命和建设的展开）

第一节　"第二次结合"的理论创新

建设社会主义文明国家，必须要有马克思主义及其中国化理论成果的思想指导。中国革命的胜利，是马克思列宁主义在中国的胜利，也是马克思列宁主义同中国实际相结合的理论成果——毛泽东思想的胜利。中国革命胜利后，以毛泽东同志为主要代表的中国共产党人重视思想理论工作，明确提出把马克思列宁主义基本原理同中国具体实际进行"第二次结合"，针对社会主义革命和建设提出一系列独创性理论成果，为建设社会主义文明国家提供有力的理论支撑。

一　向社会主义过渡的思想

在中国建成社会主义国家，是中国共产党自创立之时就已经确定的奋斗目标。但在半殖民地半封建社会的历史条件下，实现社会主义必须分两步走：首先是取得反帝反封建的新民主主义革命胜利，其次再进行社会主义革命。至于何时向社会主义转变，需要在革命实践进程中依据具体情况来确定。

中国革命即将胜利之际，以毛泽东同志为主要代表的中国共产党人就开始注意探索从新民主主义向社会主义过渡的问题。从时间上来说，毛泽东指出要有"一个相当长的时期"[1]，刘少奇表示"少则10年，

---

[1] 《毛泽东选集》第4卷，人民出版社1991年版，第1431页。

多则15年"[1]。这就说明，中华人民共和国成立后，中国并不能马上进行社会主义革命，而是要继续实行一段时间的新民主主义政策，可能是10年或者是15年，然后才能完成由新民主主义向社会主义的过渡。1949年9月，中国人民政治协商会议第一届全体会议召开。会上，当有人提出要在共同纲领的总纲中写上新民主主义向社会主义过渡的前途时，周恩来解释说："现在暂时不写出来，不是否定它，而是更加郑重地看待它。"[2]中国共产党希望在中华人民共和国成立后，通过实施新民主主义的实践来证明社会主义的发展前途问题。经过国民经济恢复时期以后，以毛泽东同志为主要代表的中国共产党人，开始领导中国人民实现新民主主义社会向社会主义社会过渡的伟大实践。

中华人民共和国成立后，经过3年实践，中国共产党领导人民开展土地改革、抗美援朝、镇压反革命运动以及其他各方面民主建政工作，荡涤旧

图13-1　翻身农民拥护《中华人民共和国土地改革法》

社会留下的污泥浊水，社会面貌焕然一新。人民民主专政政权得到巩固，国民经济得到基本好转，朝鲜停战谈判双方在主要问题上达成协议，战争可望不久结束。这表明，中国已具备有计划地进行大

---

[1] 《刘少奇论新中国经济建设》，中央文献出版社1993年版，第209页。
[2] 《建国以来重要文献选编》第1册，中央文献出版社2011年版，第14页。

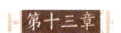

第十三章 换了人间（新中国成立与社会主义革命和建设的展开）

规模经济建设的条件。

随着国民经济恢复任务即将完成，国家经济社会发展出现很多变化。在农村，土改后出现互助合作新局面，但也存在一定程度的贫富差距；在城市，私营工商业得到改造，但是工人阶级同资产阶级之间的矛盾和斗争，给经济生活带来很大影响。与此同时，社会主义经济成分在国民经济中的比重越来越大，为中国向社会主义过渡提供了重要的物质基础。这样，党和国家就把对国民经济实行系统社会主义改造的任务提上日程。从国际环境看，资本主义国家经济社会发展很不景气，社会主义国家充满向上发展的活力。这也促使党认为应当提出开始向社会主义逐步过渡。这些都说明，明确向全党和全国人民提出向社会主义逐步过渡的任务，制定党在过渡时期的总路线，时机与条件已经成熟。1952年9月24日，中共中央政治局召开书记处会议，听取周恩来关于"一五"计划轮廓问题同苏联商谈情况的汇报，并讨论国家"一五"计划的方针。毛泽东在会上说："我们现在就要开始用十年到十五年的时间基本上完成到社会主义的过渡，而不是十年或者以后才开始过渡。"[1] 1953年6月15日，中共中央政治局召开扩大会议，毛泽东在会上首次对过渡时期总路线做出完整表述："从中华人民共和国成立，到社会主义改造基本完成，这是一个过渡时期。党在过渡时期的总路线和总任务，是要在十年到十五年或者更多一些时间内，基本上完成国家工业化和对农业、手工业、资本主义工商业的社会主义改造。"[2] 他表示，过渡时期的时间有多长？考虑来考虑去，讲

---

[1]《毛泽东年谱（1949—1976）》第1卷，中央文献出版社2013年版，第603页。
[2]《毛泽东年谱（1949—1976）》第2卷，中央文献出版社2013年版，第116页。

十年到十五年或者更多一些时间比较合适。总路线和总任务包括两部分性质：一是工业化，工业在国民经济中的比重超过农业；二是社会主义改造，即对农业、手工业、资本主义工商业的社会主义改造。随后，中共中央在制定过渡时期总路线学习和宣传提纲时把过渡时期总路线正式表述为："从中华人民共和国成立，到社会主义改造基本完成，这是一个过渡时期。党在这个过渡时期的总路线和总任务，是要在一个相当长的时期内，逐步实现国家的社会主义工业化，并逐步实现国家对农业、对手工业和对资本主义工商业的社会主义改造。这条总路线是照耀我们各项工作的灯塔，各项工作离开它，就要犯右倾或'左'倾的错误。"[1]1954年2月，党的七届四中全会通过决议，正式批准过渡时期总路线。过渡时期总路线的内容，常被简化为"一化三改"或"一体两翼"。过渡时期总路线的提出，是中国共产党提前向社会主义过渡思想结出的重大政治成果，是中国共产党根据新中国经济、政治等各领域新变化做出的重大战略决策，为中国早日实现社会主义奠定理论基础和明确实践路径。

过渡时期总路线提出以后，中国共产党领导人民开展了大规模的经济建设，按照"一五"计划的要求执行优先发展重工业的工业化建设，建立起强大的社会主义经济基础。其间，中国工业建设所取得的成就，远远超过此前一百年所取得的成就。与此同时，党领导人民进行对农业、手工业、资本主义工商业的改造。到1956年底，对农业、手工业和资本主义工商业的社会主义改造基本完成。"三大改造"的顺利完成，使得国家经济社会的结构发生根本性变化，实现了中华

---

[1] 《建国以来重要文献选编》第4册，人民出版社1993年版，第700—701页。

第十三章　换了人间（新中国成立与社会主义革命和建设的展开）

民族有史以来最为广泛和深刻的社会变革。邓小平评价说："社会主义改造是搞得成功的，很了不起。这是毛泽东同志对马克思列宁主义的一个重大贡献。"①

二 "第二次结合"的理论探索

随着社会主义改造的基本完成，建设社会主义的问题又提上日程。以毛泽东同志为主要代表的中国共产党人把马克思列宁主义基本原理同中国革命和建设的具体实际进行"第二次结合"，开始探索社会主义建设的发展道路。

1955年底至1956年春，毛泽东、刘少奇等党和国家领导人进行大量周密而系统的调查研究。从1955年12月至1956年3月，刘少奇分别与中央和国务院37个部门负责人座谈。1956年2月14日至4月24日，毛泽东在中南海颐年堂分别听取国务院35个部委关于工业生产和经济工作的汇报。这些调查研究，为中国共产党形成并提出社会主义建设的一些重要理论观点做了准备。

1956年2月，正当毛泽东听取国务院部委汇报的时候，苏共二十大召开，揭露出苏联社会主义建设中的一些问题和错误。中共中央多次召开政治局会议讨论应对苏共二十大的问题，并决定发表一篇理论文章来阐明中国共产党对共产主义运动和斯大林个人功过的态度和观点。根据毛泽东的意见，文章定名为《关于无产阶级专政的历史经验》。1956年4月4日，毛泽东主持召开最后一次讨论修改《关于无产阶级专政的历史经验》稿的会议并发表讲话，指出："最重要的是

---

① 《邓小平文选》第2卷，人民出版社1994年版，第302页。

要独立思考，把马列主义的基本原理同中国革命和建设的具体实际相结合。民主革命时期，我们吃了大亏之后才成功地实现了这种结合，取得了新民主主义革命的胜利。现在是社会主义革命和建设时期，我们要进行第二次结合，找出在中国怎样建设社会主义的道路。"[1] "第二次结合"的重要思想，是毛泽东在总结中华人民共和国成立后党领导人民进行社会主义革命，并吸收借鉴苏联社会主义建设经验教训之后得出的重要理论认识。随后，毛泽东在党的八大上更加明确地指出："把马克思列宁主义的理论和中国革命的实践密切地联系起来，这是我们党的一贯的思想原则。"[2]

在"第二次结合"思想指引下，毛泽东和中共中央在社会主义建设的伟大实践中开始总结关于社会主义建设的规律和经验。1956年4月25日，毛泽东在中共中央政治局扩大会议上作题为"论十大关系"的讲话。5月2日，毛泽东在最高国务会议第七次会议上又继续阐述十大关系。《论十大关系》提出"把国内外一切积极因素调动起来，为社会主义事业服务"的基本方针，论述了社会主义建设要处理好的十大关系，即重工业和轻工业、农业的关系，沿海工业和内地工业的关系，经济建设和国防建设的关系，国家、生产单位和生产者个人的关系、中央和地方的关系，汉族和少数民族的关系，党和非党的关系，革命和反革命的关系，是非关系，中国和外国的关系。十大关系前五条侧重于讲经济问题，后五条侧重于讲政治问题。最后强调，这十种关系都是矛盾，要"正确处理这些矛盾"，"努

---

[1]《毛泽东年谱（1949—1976）》第2卷，中央文献出版社2013年版，第557页。
[2]《毛泽东文集》第7卷，人民出版社1999年版，第116页。

第十三章 换了人间（新中国成立与社会主义革命和建设的展开）

力把党内党外、国内国外的一切积极的因素，直接的、间接的积极因素，全部调动起来，把我国建设成为一个强大的社会主义国家"。[①]《论十大关系》的发表，标志着中国共产党开始从理论上探索社会主义建设的发展道路。

1956年9月15—27日，中国共产党第八次全国代表大会在北京召开。党的八大根据社会主义改造基本完成以后的国内阶级关系和主要矛盾的变化，明确提出国内主要矛盾已经是人民对于经济文化迅速发展的需要同当前经济文化不能满足人民需要的状况之间的矛盾，其实质是在社会主义制度已经建立的情况下，先进的社会主义制度同落后的社会生产之间的矛盾；党和人民的主要任务是集中力量发展社会生产力，实现国家工业化，逐步满足人民日益增长的物质和文化需要。

党的八大胜利召开后，毛泽东进一步丰富和发展矛盾的思想，提出正确处理人民内部矛盾的问题。1957年2月27日，毛泽东在最高国务会议上发表题为"如何处理人民内部的矛盾"的重要讲话，分析社会主义社会的基本矛盾及其特点，阐明如何正确区分和处理社会主义社会中的敌我矛盾和人民内部矛盾这两类不同性质矛盾，要求今后把正确处理人民内部矛盾作为国家政治生活的主题。1958年，毛泽东又提出把党和国家工作重点转到技术革命和社会主义建设上来的思想。

在探索中国社会主义建设道路的同时，毛泽东等党和国家领导人高度重视学习马克思列宁主义的基本理论，强调要从理论学习中

[①]《毛泽东文集》第7卷，人民出版社1999年版，第44页。

达到澄清混乱思想、指导现实工作的目的。1958年，毛泽东提出研读《苏联社会主义经济问题》和《马恩列斯论共产主义社会》两本书的建议。他强调："要联系中国社会主义经济革命和经济建设去读这两本书，使自己获得一个清醒的头脑，以利指导我们伟大的经济工作。"[①]1959年12月至1960年2月，毛泽东身体力行组织读书小组研读《政治经济学教科书》下册，联系中国社会主义革命和建设实践发表多次谈话。这些谈话，实际上都是对中国社会主义革命和建设经验的系统总结，有很多理论观点至今都有重要的现实意义。例如，毛泽东指出："社会主义这个阶段，又可能分为两个阶段，第一个阶段是不发达的社会主义，第二个阶段是比较发达的社会主义。后一阶段可能比前一阶段需要更长的时间。"[②]不发达的社会主义和发达的社会主义，实际上是对社会主义的发展程度和阶段做出一定区分。1963年，毛泽东又提出学习马列著作30本书的意见，要求各级党委认真学习马克思主义的认识论。

三　独创性的理论成果

社会主义革命和建设时期，以毛泽东同志为主要代表的中国共产党人结合社会主义革命和建设实际，进一步丰富和发展毛泽东思想，提出关于社会主义建设的一系列独创性理论成果，包括社会主义社会是一个很长的历史阶段、走出一条适合中国国情的工业化道路、尊重价值规律等。

[①]《毛泽东文集》第7卷，人民出版社1999年版，第432页。
[②]《毛泽东文集》第8卷，人民出版社1999年版，第116页。

第十三章　换了人间（新中国成立与社会主义革命和建设的展开）

社会主义发展目标方面，提出独立自主、自力更生，建立比较独立、完整的工业体系和国民经济体系；提出"四个现代化"总任务和"两步走"的发展战略步骤；把社会主义分为不发达的社会主义和比较发达的社会主义两个阶段，强调建设社会主义需要一百年或更长时间。

社会主义政治建设方面，提出要调动一切积极因素，团结一切可以团结的力量来建设社会主义；要严格区分和正确处理敌我矛盾和人民内部矛盾，把正确处理人民内部矛盾作为国家政治生活的主题；要扩大人民代表大会的权力；在党与民主党派关系上实行"长期共存、互相监督"的方针；发展和巩固民族区域自治制度，大力培养少数民族干部；国家政治生活要造成一个又有集中又有民主、又有纪律又有自由、又有统一意志又有个人心情舒畅、生动活泼的政治局面。

社会主义经济建设方面，提出走出一条适合中国国情的工业化道路；提出把党和国家工作重点转移到技术革命和社会主义建设上来；既要反对保守又要反对冒进，在综合平衡中稳步前进；以农业为基础，以工业为主导，要处理好农、轻、重之间的比例关系；计划指标切合实际，建设规模必须同国力相适应，改善人民生活与经济建设应当兼顾；要从全国六亿人口出发，统筹兼顾，适当安排；要勤俭办一些事业。

社会主义经济体制方面，提出生产关系的变革不能超越历史发展阶段，社会主义社会要大力发展商品生产和商品交换，尊重价值规律，坚持按劳分配；提出"三个主体，三个补充"思想（即以国家经营和集体经营、计划生产、国家市场为主体，以个体经营、自由生产、自由市场作为补充），正确处理中央和地方关系，给地方和企业以一定权力，充分发挥中央和地方两个积极性；提出改善和加强企业管理，在企业内部实行职工代表大会制度和"两参一改三结合"的管理体制。

教育、科技、文化工作方面，提出"百花齐放，百家争鸣"的方针；提出"应该使受教育者在德育、智育、体育几方面都得到发展，成为有社会主义觉悟的有文化的劳动者"的教育方针，实行两种教育（即全日制和半工半读或半农半读的教育）制度；肯定知识分子是劳动人民的一部分；提出科学技术现代化在现代化中具有关键性作用。

党的建设方面，提出执政党建设，坚持民主集中制和集体领导制度，反对个人崇拜，加强党内监督，发展党内民主，加强党同人民群众的联系。

这些独创性理论成果，是马克思列宁主义基本原理同中国社会主义革命和建设实践"第二次结合"的产物，是社会主义革命和建设时期毛泽东思想的进一步丰富和发展。这些独创性的理论成果，为改革开放和社会主义现代化建设新时期理论创新奠定了初步思想基础。

第二节　先进的社会主义制度

建设社会主义文明国家，必须有先进的社会制度作为保障。中华人民共和国成立后，中国共产党领导人民巩固和发展新生的人民政权，进行国家制度建设和各方面民主制度建设，在中华人民共和

第十三章　换了人间（新中国成立与社会主义革命和建设的展开）

国建立起崭新的社会主义基本制度，为当代中国一切发展进步奠定根本政治前提和制度基础。

一　根本的政治原则

在中国历史上，历来存在着一种现象，那就是一个家庭、团体乃至国家，"其兴也勃焉"，"其亡也忽焉"，似乎都跳不出历史周期率。这个问题当然也引起中国共产党人的重视和思考。早在1945年7月，黄炎培在同毛泽东交谈中提到了历史周期率问题，毛泽东明确回答说："我们已经找到新路，我们能跳出这周期率。这条新路，就是民主。只有让人民来监督政府，政府才不敢松懈。只有人人起来负责，才不会人亡政息。"[1]毛泽东提出实行人民民主，让人民来监督政府，这样就能够从根本上跳出历史周期率。

中国革命即将胜利之际，毛泽东发表《论人民民主专政》，全面阐述人民民主的政治思想和原则。毛泽东指出："西方资产阶级的文明，资产阶级的民主主义，资产阶级共和国的方案，在中国人民的心目中，一齐破了产。""唯一的路是经过工人阶级领导的人民共和国。"[2]人民共和国是工人阶级领导的以工农联盟为基础的人民民主专政的国家，是对"人民内部的民主"和对"反动派的专政"的有机结合。人民民主专政的思想，是中国共产党将马克思列宁主义基本原理与中国革命的具体实际相结合之后提出来的，也是在吸收近代以来中国人学习资产阶级民主共和国方案失败以后的经验教训基础上提出来

---

[1]《毛泽东年谱（1893—1949）》，中央文献出版社2013年版，第611页。
[2]《毛泽东选集》第4卷，人民出版社1991年版，第1471页。

的，为成立中华人民共和国提出了根本政治原则。

1949年9月，中国人民政治协商会议第一届全体会议通过的《中国人民政治协商会议共同纲领》（以下简称《共同纲领》）等政治文件，规定了中华人民共和国国家性质以及各方面制度。《共同纲领》指出："中华人民共和国为新民主主义即人民民主主义的国家，实行工人阶级领导的，以工农联盟为基础的、团结各民主阶级和国内各民族的人民民主专政，反对帝国主义、封建主义和官僚资本主义，为中国的独立、民主、和平、统一和富强而奋斗。"[1] 工人阶级领导的以工农联盟为基础的人民民主专政是中华人民共和国国家的性质，也是中国共产党领导的国家政体的本质。《共同纲领》指出，中华人民共和国国家政权属于人民，国家最高政权机关为全国人民代表大会；全国人民代表大会闭会期间，中央人民政府为行使国家政权的最高机关。此外，《共同纲领》还从军事制度、经济政策、文化教育政策、民族政策、外交政策等对中华人民共和国政权机关和内政外交政策做出规定。《共同纲领》起到临时宪法的作用，其中贯穿了人民民主原则，为党领导人民进行国家建设、发展经济和文化提供政治制度保证。

中华人民共和国成立以后，广大人民群众在党的领导下积极参加新中国国家建设，行使民主政治权利。1954年9月，第一届全国人民代表大会第一次全体会议通过的《中华人民共和国宪法》中规定："中华人民共和国是工人阶级领导的、以工农联盟为基础的人民民主国家。""中华人民共和国的一切权力属于人民。人民行使权力的机关是全国人民代表大会和地方各级人民代表大会。""全国人民代表

---

[1] 《建国以来重要文献选编》第1册，中央文献出版社1992年版，第2页。

大会、地方各级人民代表大会和其他国家机关，一律实行民主集中制。"宪法还规定国家机构设置：全国人民代表大会是国家最高权力机关；国务院，即中央人民政府是最高国家权力机关的执行机关，是最高国家行政机关。这是中华人民共和国第一部社会主义类型的宪法，充分体现了人民民主原则和社会主义原则，以根本法形式保证人民行使当家做主的权利。

二 社会主义经济制度建立

经济是一切发展的基础。中国共产党领导人民完成了对农业、手工业和资本主义工商业社会主义改造，并在此基础上建立起社会主义经济制度，为广大人民群众当家做主提供基本的物质保障。

农业的社会主义改造，早在过渡时期总路线公布前就已经开始。1951年9月，中共中央制定《关于农业生产互助合作的决议（草案）》。1953年12月，中共中央又发布《关于发展农业生产合作社的决议》。农业合作化运动，是在这两个决议精神的基础上稳步前进的。农业合作化运动初期主要是发展农业生产互助组，到1953年9月后进入发展以农业生产合作社为主的阶段。由于国家开始大规模经济建设，农产品出现供不应求的矛盾，引发粮食价格剧烈波动。在这种情况下，中共中央决定对粮食、棉花、棉布等主要农产品实行统购统销政策。统购统销的实行，加快了农业社会主义改造的步伐。1955年夏季以后，农业合作化运动掀起高潮。1955年10月，党的七届六中全会讨论通过《关于农业合作化问题的决议》，加快农业生产合作化运动的速度。1956年1月，毛泽东主持选编《中国农村的社会主义高潮》一书，总结各地办好农业生产合作社的成功经验，有力推动农村掀起社会主义改造进入高潮。至1956年底，中国加入农业生产合作社社员总户数已达全国农户总数的96.3%。这标志着中国基本完成了对农业的社会主义改造，从而使得农村土地制度实现由个体经济为基础的私有制向劳动群众集体所有的公有制转变，亿万农民实现由个体经营者向社会主义集体劳动者的身份转变，进入建设社会主义农村新的发展时期。

逐步引导个体手工业者走社会主义集体化道路，实现对手工业的社会主义改造，是向社会主义过渡必须完成的一项任务。据国家统计局1952年初步统计，全国城乡手工业工人和手工业独立劳动者有1930余万人，手工业产值73.12亿元，占工业总产值的20.6%。把这些手工业者组织起来走生产合作社的集体化道路，需要党和国家的正确引导、规范发展。1953年11—12月，中华全国合作社联合总社召开第三次全国手工业生产合作会议，确定对手工业的社会主义改造要遵循"在方针上，应当是积极领导，稳步前进；在组织形式上，应当是由从手工业生产小组、手工业供销生产合作社到手工业生产合作社；在方法上，应当是从供销入手，实行生产改造；在步骤上，应当是由小到大，由低级到高级"的方针和政策。这次会议的召开有力推动了全国手工业合作化进程。1954年12月，第四次全国手工业生产合作会议讨论手工业同地方工业的发展、同农业和资本主义工商业的社会主义改造统筹兼顾、合理安排的问题。1955年12月21—28日，第五次全国手工业生产合作会议在北京召开。这次会议批判不敢加快手工业合作化步伐的"右倾保守思想"，制定"一五"时期基本完成手工业社会主义改造的全面规划。进入1956年，手工业的社会主义改造高潮出现。到1956年底，全国手工业生产合作化基本完成，手工业实现由个体经济向集体经济的转变。

对资本主义工商业的社会主义改造，是通过实行国家资本主义的途径来实现的。1953年底之前，采取以加工订货为主的初级和中级国家资本主义形式对资本主义工商业进行改造。从1954年起，对资本主义工商业的改造转入重点发展公私合营这种高级形式的国家资本主义。无论是加工订货，还是公私合营，公私双方利润大体遵循"四马分肥"的原则加以分配，即国家所得税占30%、企业公积金占30%、工人福利费占15%、资方股息红利占25%。由于公私合营后资本家分得的红利比私营时期利润多，这就进一步提高了更多资本家要求公私合营的积极性。然而，公私合营企业一般都是规模较大的企业，这就造成中小企业经营困难，公私合营工作遇到新的问题和矛盾。1954年底，国务院决定采取"统筹兼顾、归口安排、按行业改造"的方针，由国营企业让出一部分原料和生产任务给私营企业，解决公私矛盾；按行业采取以大带小、以先进带落后的办法实行合营，加快对私营工业改造的步伐。在商业的社会主义改造方面，1954年7月13日，中共中央发出《关于加强市场管理和改造私营商业的指示》，强调国营商业和合作社商业必须对私营零售商进行组织货源和组织供应的工作，缓和私营商业零售商业额下降的趋势。自1954年下半年起，各地对私营批发商采取"留、转、包"等不同改造步骤。1955年4月12日，中共中央发布《关于进一步加强市场领导、改造私营商业、改进农村购销工作的指示》，保证私营商业得到一部分营业额继续维持经营。到1955年6月，全国实行公私合营的工厂有1900多家，产值相当于资本主义工业的58%；全国32个大中城市中国营商业和合作社商业在商品零售额中占比52%，国家资本主义形式经销、代销占比22%左右，纯粹私营商业只占到25%左右。鉴于工业和商业方面社会主义经济成分逐步增加，中共中央决定对资本主义工商业实行全行业公私合营方针。1955年11月，中央政治局召开各省市自治区党委代表参加的关于资本主义工商业社会主义改造问题的会议，对进一步改造资本主义工商业做出全面规划和部署。会议讨论通过《关于资本主义工商业改造问题的决议（草案）》（后作为正式文件于1956年2月24日下发）。在这之后，全行业公私合营高潮首先从北京开始。1956年1月15日，北京市在天安门广场举行有20多万人参加的庆祝社会主义改造胜利联欢大会，党和国家领导人接见工商界代表。到1956年1月底，全国各大省市及50多个中等城市相继实行全行业公私合营。1956年底，全国99%的私营工业企业、85%的私营商业实现全行业公私合营，基本完成对资本主义工商业的社会主义改造。在完成对资本主义工商业改造的过程中，中国共产党领导人民成功实现马克思、列宁所设想的对资产阶级和平赎买，创造一系列从初级向高级国家资本主义过渡的形式与途径，进一步丰富和发展马克思主义的科学社会主义理论。

社会主义改造作为中华民族有史以来最为广泛而深刻的社会变革，其成就与影响是伟大而深远的，实现了从一个一穷二白、人口众多的东方大国向社会主义社会迈进的伟大飞跃。据统计，1956年同1952年相比，国营经济占比由19.1%上升到32.2%，合作社经济占比由1.5%上升到53.4%，公私合营经济占比由0.7%上升到7.3%，个体经济占比由71.8%下降到7.1%，资本主义经济占比由6.9%下降到接近于0。社会主义性质的国营经济、合作社经济和公私合营经济合计占比达92.9%。在农村已基本实现土地公有，当时全国1.1亿农村户口中，有96.3%加入农业生产合作社。全国绝大多数手工业者进入手工业集体经济组织。这些都充分说明，全民所有制和集体所有制这两种形式的社会主义公有制经济在整个国民经济中居于绝对统治地位，社会主义经济制度在中国建立起来，从而实现了两大根本性转变：一是农业、手工业个体所有制转变为社会主义集体所有制，二是资本主义私人所有制转变为社会主义全民所有制。这是中国生产关系领域一次根本性发展和变化，创造了中国历史上一种全新的经济制度。

三　社会主义基本制度建立

随着大规模经济建设顺利进行以及社会主义改造全面展开，新中国加快推进政治建设，适时召开了全国和地方各级人民代表大会，创建人民代表大会制度，进一步完善和发展中国共产党领导的多党合作和政治协商制度、民族区域自治制度，建立起社会主义基本制度。

中华人民共和国成立之初，由于在全国范围内实行普选的条件不成熟，遂采取在中央通过中国人民政治协商会议全体会议、在地方通过各级人民代表会议的方式，逐步实现向人民代表大会制度的过渡。经过三年时间努力，国家各项工作走上正轨，人民群众组织程度和觉悟水平有很大提高。在这种形势下，召开全国人民代表大会和地方各级人民代表大会的条件和时机逐渐成熟。1953年1月13日，中央人民政府委员会会议做出《关于召开全国人民代表大会及地方各级人民代表大会的决议》，决定在1953年召开由人民普选方法产生的乡、县、省（市）各级人民代表大会，并在此基础上召开全国人民代表大会。同时，会议还决定成立以毛泽东为主席的中华人民共和国宪法起草委员会，负责起草宪法；成立以周恩来为主席的中华人民共和国选举法起草委员会，负责起草选举法。1953年2月11日，中央人民政府委员会审议通过《中华人民共和国全国人民代表大会及地方各级人民代表大会选举法》（以下简称《选举法》）。3月11日，《选举法》颁布实施。按照《选举法》的规定，全国建立乡、县、市、省各级选举委员会，选举产生各级人民代表大会。在完成基层选举的基础上，由省、市人民代表大会，中央直辖少数民族单位以及军队单位和华侨单位选举产生1226名出席全国人民代表大会的代表。其中，中共党员668人，占54.48%，党外人士558人，占45.52%。

1954年9月，第一届全国人民代表大会第一次全体会议在北京中南海怀仁堂召开。大会讨论通过《中华人民共和国宪法》以及全国人民代表大会、国务院、人民法院、人民检察院、地方各级人民代表大会和地方各级人民委员会的组织法，批准了政府工作报告。大会选举毛泽东为中华人民共和国主席，朱德为副主席；刘少奇为第一届全国人民代表大会常务委员会委员长，宋庆龄、林伯渠、李济深等13人为副委员长。根据毛泽东主席提名，大会决定周恩来为国务院总理。

第一届全国人民代表大会第一次全体会议的召开，标志着人民代表大会制度这一根本政治制度正式确立。人民代表大会制度是中国共产党把马克思主义基本原理同中国具体实际相结合的一项伟大制度创新，是符合中国国情、体现人民民主的新型政治制度，在中华文明发展史上具有开创性意义。

第十三章 换了人间（新中国成立与社会主义革命和建设的展开）

中国共产党领导的多党合作和政治协商制度，是中国共产党领导人民运用马克思主义统一战线理论、政党理论、民主政治理论同中国实际相结合的伟大创造。1949年9月，中国人民政治协商会议第一届全体会议胜利召开，标志着中国共产党领导的多党合作和政治协商制度正式建立。中华人民共和国成立后一段时间里，中国人民政治协商会议代行全国人民代表大会职权，逐步开始向实行人民代表大会制度过渡。在人民政协中，各民主党派和党外人士积极参政议政，对党和国家工作提出意见建议。在向社会主义过渡时期，如何处理同民族资产阶级的关系，成为在新情况下必须慎重对待的一个问题。这个时候，党内一些干部对同资产阶级合作的统一战线产生一些模糊的甚至错误的认识。1953年6—7月，第四次全国统战工作会议召开，强调人民代表大会制度实行后，中国人民政治协商会议作为统一战线组织会继续存在。为此，中共中央批准全国统战工作会议形成《关于人民代表大会制实行后统一战线组织问题的意见》《关于实行人民代表大会制时安排民主人士的意见》等政策文件。1954年9月，第一届全国人民代表大会第一次全体会议通过的《中华人民共和国宪法》指出："我国人民在建立中华人民共和国的伟大斗争中已经结成以中国共产党为领导的各民主阶级、各民主党派、各人民团体的广泛的人民民主统一战线。今后在动员和团结全国人民完成国家过渡时期总任务和反对内外敌人的斗争中，我国的人民民主统一战线将继续发挥它的作用。"[1] 1954年12月19日，毛泽东在谈到政协性质时表示："政协的性质有别于国家权力机关——全国人民代表大会，它

---

[1] 《建国以来重要文献选编》第5册，中央文献出版社1993年版，第521页。

也不是国家的行政机关。""政协是全国各民族、各民主阶级、各民主党派、各人民团体、国外华侨和其他爱国民主人士的统一战线组织，是党派性的，它的成员主要是党派、团体推出的代表。"[1]1954年12月21—25日，全国政协第二届全国委员会第一次全体会议在北京举行，会议通过《中国人民政治协商会议章程》（以下简称《章程》）。《章程》明确规定人民政协的性质是"团结全国各民族、各民主阶级、各民主党派、各人民团体、国外华侨和其他爱国民主人士的人民民主统一战线的组织"[2]，人民政协今后的任务是：在中国共产党领导下，继续通过各民主党派、各人民团体，更广泛地团结全国各族人民，共同努力，克服困难，为建设一个伟大的社会主义国家而奋斗。《章程》还对政协各单位和个人共同遵守的准则、组织总则、全国委员会、地方委员会组成做出详细规定。中国人民政治协商会议第二届全国委员会第一次全体会议的召开，解决了全国人民代表大会召开后人民政协的性质、地位、作用和任务问题，解决了新情况下如何加强人民政协工作的问题，为新中国长期坚持中国共产党领导的多党合作和政治协商制度奠定思想基础、政治基础和组织基础。

实行民族区域自治制度，是中国共产党运用马克思主义民族理论创造性地解决中国民族问题的伟大创造。1947年，中国共产党领导成立内蒙古自治政府（新中国成立后改为内蒙古自治区）。这为新中国实施民族区域自治制度提供了重要经验借鉴。1949年9月，《共

---

[1] 《毛泽东文集》第6卷，人民出版社1999年版，第384—385页。
[2] 《建国以来重要文献选编》第5册，中央文献出版社1993年版，第705页。

同纲领》确定实行民族区域自治制度。从1950年开始，中央人民政府和各相关地区建立一批相当于专区、县以及区、乡一级的民族区域自治地方，到1952年6月达到130个。1952年8月，中央人民政府颁布《中华人民共和国民族区域自治实施纲要》，明确规定实施民族区域自治的原则、办法。1954年9月，《中华人民共和国宪法》明确民族自治地方分为自治区、自治州、自治县三级，县以下少数民族聚居区设民族乡。依据宪法和有关法律规定，中国又相继成立四大自治区。1955年10月，新疆维吾尔自治区成立。1958年3月5日，广西僮族自治区成立（1965年改为广西壮族自治区）。1958年10月25日，宁夏回族自治区成立。1965年9月9日，西藏自治区成立。民族区域自治制度的实施，不仅为少数民族行使民族自治权利，发展本民族经济文化事业，提供了根本政治保障；还对维护和巩固国家统一，实现民族平等，加强民族团结起到了极为重要的作用。

人民代表大会制度、中国共产党领导的多党合作和政治协商制度、民族区域自治制度，是中国共产党把马克思主义基本原理同中国具体实际相结合的伟大制度创新，为人民当家作主提供了制度保证。社会主义制度的建立，为中国一切进步和发展奠定了重要基础。

第三节　焕然一新的社会主义文化

建设社会主义文明国家，必须有先进的思想文化作为旗帜和标志。中国人民政治协商会议通过的《共同纲领》确定了新中国文化教育必须坚持民族的、科学的、大众的发展方向，明确提出以"提高人民文化水平，培养国家建设人才""肃清封建的、买办的、法西斯主义的思想，发展为人民服务的思想"为主要任务，积极发展国民公德、自然科学、社会科学、文学艺术、教育、

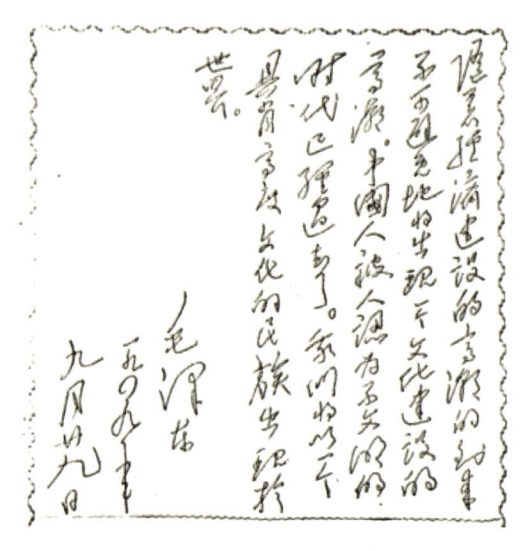

图13-2 毛泽东为《新建设》的题词

体育卫生、新闻广播出版等各项事业。中华人民共和国成立后，党领导人民按照《共同纲领》的要求，对文化教育事业进行必要改造，领导人民实现了新民主主义文化向社会主义文化的转变，最终开辟出社会主义文化发展的新道路，有步骤地发展社会主义文化教育事业，为社会主义革命和建设事业顺利开展提供了思想引领和精神动力。

一 马克思主义思想的指导地位初步确立

马克思主义是指导党和国家事业发展的理论基础。确立马克思主义在思想文化领域的指导地位，是新中国文化发展的本质要求。中华人民共和国成立后，党领导人民通过开展政治学习、知识分子思想改造运动以及思想批判运动，确立了马克思主义在思想文化领域的指导地位。

1949—1950年，中国共产党领导广大人民群众开展了一场大规模

第十三章 换了人间（新中国成立与社会主义革命和建设的展开）

的学习运动。在这场学习运动中，各地举办干部学校、军政大学和教师假期学习班，学习内容包括《共同纲领》等三大政治文献、辩证唯物主义与历史唯物主义、社会发展史以及马列主义、毛泽东思想，尤其是学习《实践论》《矛盾论》《新民主主义论》等。1950年3月，全国各大学必须开设《新民主主义论》政治课程。1950年4月起，中央人民广播电台开办"社会科学讲座"，先后播出《社会发展史》《政治经济学》、马克思恩格斯《共产党宣言》、列宁《帝国主义论》《国家与革命》、毛泽东《新民主主义论》等。1950年5月，中共中央决定成立《毛泽东选集》出版委员会，以中共中央名义编辑出版权威性强的《毛泽东选集》。1951年10月，《毛泽东选集》第1卷正式出版发行，第一批发行量就超过60万册，成为政治学习运动的重要材料。1952年4月、1953年4月《毛泽东选集》第2、3卷出版，也迅速在全社会掀起学习毛泽东著作的高潮。这场政治学习运动，是解放了的人民用民主方法教育自己、改造自己的思想运动。通过政治学习运动，广大人民群众和知识分子建立了对新生人民政权高度的政治认同、思想认同和情感认同。

1951年9月，知识分子思想改造运动首先从京津高校开始。当时，北京大学汤用彤、张景钺等12位教授响应思想改造号召，发起北大教员政治学习运动。北京大学12位教授的号召，引起中共中央高度重视。1951年9月29日，周恩来应邀到京津高校作《关于知识分子的改造问题》报告，从立场、态度、为谁服务等7个方面谈知识分子怎样进行思想改造的问题。1951年10月23日，毛泽东在全国政协一届三次会议开幕词中指出："思想改造，首先是各种知识分子的思想改造，是我国在各方面彻底实现民主改革和逐步实行工业化的重要条件之一。"[①]1952年1月5日，政协全国委员会常委会做出《关于开展各界人士思想改造的学习运动的决定》，知识分子的思想改造运动推及全国知识界，1952年秋基本结束。总的来说，知识分子的思想改造运动，帮助绝大多数从旧社会过来的知识分子清除了帝国主义、封建主义思想的影响，进一步掌握了马克思主义立场、观点和方法，有利于更好地为国家和人民服务。

二 "百花齐放，百家争鸣"的方针

"百花齐放，百家争鸣"方针的提出，是新中国科学文化事业发展到一定阶段的产物。1951年4月3日，中国戏曲研究院成立大会上公布毛泽东为该院的题词——"百花齐放，推陈出新"。1951年5月5日，中央人民政府政务院发出《关于戏曲改革工作的指示》，明确指出戏曲改革方针是"百花齐放，推陈出新"。1953年，中共中央成立中国历史问题研究委员会，毛泽东指示历史研究工作要坚持"百家争鸣"的方针。这时候，"双百"方针已有各自表述，但没有完整提出来。1955年底，随着农业社会主义改造高潮的到来，中共中央把注意力转移到科学文化建设上来，提出要召开知识分子问题会议来解决科学文化事业发展等方面的问题。1956年1月14—20日，中共中央在北京召开关于知识分子问题会议。在这次会议上，周恩来代表中央向科学界发出"向现代科学进军"的号召，要求尽快制定完成十二年科学技术发展远景规划。

---

① 《毛泽东文集》第6卷，人民出版社1999年版，第184页。

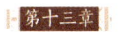

第十三章　换了人间（新中国成立与社会主义革命和建设的展开）

知识分子问题会议结束后，中共中央和国务院直接领导制定十二年科学技术发展远景规划工作，加之中国文化界、思想界、学术界发生的一系列重要事件，促使中共中央提出发展科学文化事业的方针问题。1956年4月28日，毛泽东在中共中央政治局扩大会议上做总结讲话时说："艺术问题上的百花齐放，学术问题上的百家争鸣，我看应该成为我们的方针。"[①] 5月2日，毛泽东在最高国务会议第七次会议上又发表讲话说："在艺术方面的百花齐放的方针，学术方面的百家争鸣的方针，是有必要的。"[②] 5月26日，中共中央宣传部部长陆定一应邀做《百花齐放，百家争鸣》的报告。至此，中国共产党系统完整地阐述了发展科学文化事业的"双百"方针。

"双百"方针的提出及贯彻执行，对于发展科学文化事业产生了积极影响。十二年科学技术发展远景规划很快编制完成并贯彻执行，文学艺术创作活动与学术研究活跃起来，科学文化事业迎来发展的"春天"。1956年9月15—27日，中国共产党第八次全国代表大会召开，强调"为了保证科学和艺术的繁荣，必须坚持'百花齐放，百家争鸣'的方针"。[③]"双百"方针进入党代会报告之中，被党和国家确立为繁荣发展科学文化事业的方针。

20世纪60年代，党和国家按照"调整、巩固、充实、提高"的要求，分别对科学、教育、文化等领域做出一定调整，强调最多的是要贯彻执行"双百"方针。1962年9月，党的八届十中全会举行，重

[①]《毛泽东文集》第7卷，人民出版社1999年版，第54页。
[②]《毛泽东文艺论集》，中央文献出版社2002年版，第144页。
[③]《建国以来重要文献选编》第9册，中央文献出版社1994年版，第348页。

提社会主义条件下阶级斗争的问题。随着思想文化领域"左"的错误发展,"双百"方针的坚持和贯彻也存在不足。"文化大革命"时期,中国思想文化领域遭受"左"的错误思想的严重影响,不少知识分子受到批判、下放,一些优秀思想文化成果受到批判,文化遗产遭受破坏,"双百"方针也就不可能得到执行。"文化大革命"结束后,特别是党的十一届三中全会召开,党重新确立正确的思想路线、政治路线和组织路线,"双百"方针得到很好的贯彻执行,中国社会主义文化建设迎来繁荣发展的新时期。

三 绚丽多彩的文化成就

社会主义革命和建设时期,中国社会主义文化发展取得重要成就。主要表现在文学艺术、教育事业、科学技术、哲学社会科学、新闻出版等方面。

建设新文艺 1949年底,《中国人民文艺丛书》共计有53种出版物。其中包括歌剧、话剧、小说、报告、叙事诗等,计有170多篇,其中《白毛女》《太阳照在桑干河上》和《暴风骤雨》在1951年曾获得斯大林文学奖。1951年5月5日,中央人民政府政务院发出戏曲改革工作指示,并对旧戏曲进行了卓有成效的改革。这一时期,文艺领域创作了一批优秀文艺作品,如话剧《龙须沟》、歌剧《长征》、小说《铜墙铁壁》、通讯《谁是最可爱的人》、歌曲《歌唱祖国》、电影《钢铁战士》等。随着过渡时期总路线和总任务的提出,文艺战线也迎来新的发展契机。1953年9月10日,文化部党组向中央提交《关于目前文化艺术工作状况和今后改进意见的报告》,对过

第十三章　换了人间（新中国成立与社会主义革命和建设的展开）

渡时期文化艺术工作做出安排。1953年9月23日至10月6日，中国文学艺术工作者第二次代表大会召开，确定社会主义现实主义作为中国文艺创作和批评的基本准则。在"百花齐放，推陈出新"方针指导下，文艺工作者又创作了不少优秀文艺作品，如小说《铁道游击队》、通讯《保卫和平的人们》、话剧《万水千山》、京剧《将相和》、电影《智取华山》等。1956年，北京举办盛大的第一届全国话剧观摩演出会，全国41个话剧团体共2000余人参加演出了50多个剧目。其中，毛泽东、周恩来等中央领导纷纷观看浙江省昆苏剧团演出的《十五贯》，周恩来还称赞《十五贯》是"一出戏救活了一个剧种"。"双百"方针提出后，优秀文艺作品不断涌现。如小说《青春之歌》《红岩》《保卫延安》《创业史》《敌后武工队》等；话剧有《茶馆》《第二个春天》《霓虹灯下的哨兵》；电影有《洪湖赤卫队》《江姐》《英雄儿女》《苦菜花》《万水千山》《红色娘子军》《小兵张嘎》等。1964年10月演出的大型音乐舞蹈史诗《东方红》因其独特的艺术成就至今长盛不衰。"文化大革命"结束后，文艺领域开始全面拨乱反正，迎来繁荣发展的新时期。

发展新教育和扫除文盲　中华人民共和国成立之初，教育事业亟待发展，当时小学学龄净入学率和初中阶段毛入学率仅为20%和3%，高校在校生仅有11.7万人。1949年12月23—31日，教育部召开第一次全国教育工作会议，确定了逐步改革旧教育和发展新教育的方针、原则与任务。1951年，全国各地对教会学校予以接办，共有20所高校、514所中等学校、1133所初等学校。1952年下半年，全国高等学校院系调整分期分批进行。1953年，经过院系调整后全国共有高校181所，其中综合大学14所，工科院校38所，师范院校33所，农林院校29所，医药院校29所，其余为财经、政法、少数民族院校。1955年，经国务院批准，将沿海地区一些高等学校迁往内陆。1956年，党的八大提出教育工作的首要任务是"为国家培养各项建设人才，首先是工业技术人才和科学研究人才"。1958年9月，中共中央、国务院发出《关于教育工作的指示》，强调党的教育工作方针是"教育为无产阶级政治服务，教育与生产劳动相结合"。20世纪60年代以后，教育领域对各级教育进行调整。1961年1月26日至2月4日，教育部召开全国重点高等学校工作会议，确定各个重点高等学校的规模、任务、方向和专业设置，并要求对非重点高等学校的发展规模和专业设置进行调整。在调整工作中，制订公布《教育部直属高等学校暂行工作条例（草案）》（以下简称"高教六十条"）、《全日制中学暂行工作条例（草案）》《全日制小学暂行工作条例（草案）》。经过调整和改革，中国教育事业发展有了显著提高。到1965年底，全日制高等学校达到434所，在校学生67.4万人。中等学校8万多所，在校学生1430.9万人。小学发展到168万所，在校学生突破1.1亿人。"文化大革命"时期，教育领域受到"左"的错误思想的严重影响。"文化大革命"结束，教育事业得到复苏并迎来繁荣发展的新时期。据统计，到1978年，全国普通高等学校有598所，在校学生85.6万人；普通高中49215所，在校学生1553.1万人；初中113130所，在校学生4995.2万人；普通小学949324所，在校学生1.46亿人。

中华人民共和国刚成立时，80%以上的人口是文盲。中华人民

第十三章　换了人间（新中国成立与社会主义革命和建设的展开）

共和国成立后，党和国家高度重视扫除文盲工作，要求尽快提高广大人民群众的文化水平。1950年9月，第一次全国工农教育会议明确提出：开展识字教育，逐步减少文盲。1951年西南军区文化教员祁建华创造了一种新型扫除文盲的教学方法——速成识字法。1951年底到1952年初，教育部、文字改革委员会、全国总工会等都发出通知，要求全国推广祁建华"速成识字法"。1952年9月13日，中共中央发出《关于推行速成识字法开展扫除文盲运动的指示》，要求从1952年冬天到1953年春天开始着手进行较大规模的识字运动。1952年11月，中央扫除文盲工作委员会成立，推行速成识字法。由此，全国掀起新中国成立后第一次扫除文盲运动高潮。1956年3月15日，全国扫除文盲协会成立。紧接着，中共中央和国务院做出《关于扫除文盲的决定》，要求2—3年扫除机关干部中的文盲，3年或5年扫除工厂、矿山、企业职工中95%左右的文盲，5年或7年基本扫除农村和城市居民中的文盲。此后，全国又掀起一次规模更大的扫除文盲运动。据不完全统计，到1958年7月中旬止，全国已有9000余万人参加文化学习，3200万人达到扫盲毕业标准。在全国范围内，已经有近1/4的县、市基本扫除青壮年文盲。"文化大革命"时期，扫盲工作基本停顿。"文化大革命"结束后，国家重新开展扫盲工作。到1981年，全国共扫除文盲1.4亿多人。

科学技术实现新发展　中华人民共和国成立之初，科技水平落后，科研人员和机构短缺，全国科技人员不超过5万人，专门科技机构仅有30多个，专门从事科学技术研究的人员不足500人。1956年，新中国制定首个科学技术发展长远规划——《1956—1967年科学技术发展远景规划纲要》(以下简称《规划》),提出57项重大科学技术任务,确定616个中心问题,并备有详细说明书。到1962年,《规划》所确定的任务提前完成。到"文化大革命"开始前,全国科研机构已经增加至1700个,专门从事科学研究的人员增加至12万人,初步形成由中国科学院、高等学校、产业部门、地方科研单位和国防科研部门五个方面组成的科学技术体系。在科学界的努力下,新中国科学技术取得一系列重大成果。1958年,第一台电子管计算机试制成功。1959年,李四光等人提出"陆相生油"理论,打破了西方学者的"中国贫油"说。1960年,王淦昌等人发现反西格玛负超子。1964年,第一颗原子弹爆炸成功,第一枚自行设计制造的运载火箭发射成功。1965年,中国在世界上首次人工合成牛胰岛素。1967年,第一颗氢弹爆炸成功。1970年,"东方红一号"人造地球卫星发射成功。1972年,中国中医研究院成功提取新型抗疟药——青蒿素。1973年,中国在世界上首次培育成功籼型杂交水稻,并于1976年在全国大面积推广应用,大幅提高粮食产量,被联合国誉为"第二次绿色革命"。这些重大科技成果的取得,在中华人民共和国科技史上写下浓墨重彩的一笔。

哲学社会科学发展新气象 社会主义革命和建设时期,中国哲学社会科学领域坚持为人民服务的方向,推动哲学社会科学事业取得一系列新的重要成就,奠定了此后哲学社会科学发展的基础。这些成就主要有:牢固确立了马克思主义思想的指导地位,哲学社会科学领域的知识分子积极学习马克思列宁主义和毛泽东的《矛盾论》《实践论》等重要著作,坚持用马克思主义的立场、观点和方法来认识中国革命、中国共产党和中国的社会主义建设,对唯心主义思想和封建

第十三章 换了人间（新中国成立与社会主义革命和建设的展开）

买办的思想进行大规模的批判斗争。基本建立起哲学社会科学教学科研体系，设立第一所党领导下的新型大学——中国人民大学，并对各大学人文社会科学院系进行调整，组织全国力量编写大学文科教材等。中国科学院不断加强哲学社会科学研究，成立专门的社会科学研究所。1955年，中国科学院成立哲学社会科学部，推选产生第一批哲学社会科学学部委员，共计61人。1956年，中共中央和国务院在组织制定1956—1967年科学技术发展远景规划的同时，制定了第一份全国哲学社会科学发展远景规划——《1956—1967哲学社会科学规划草案（初稿）》，一定程度上推动了哲学社会科学研究和哲学社会科学事业发展。在学术期刊方面，中国科学院哲学社会科学部及其所属各研究所创办的重要学术刊物有《新建设》《哲学研究》《经济研究》《文学评论》《世界文学》《中国语文》《民族研究》《历史研究》《考古学报》《考古》十多种；高等学校创办学术刊物有《文史哲》《北京大学学报》《教学与研究》等。据统计，到1965年，全国高等学校文科学报达40多种。[1]更为重要的是，这一时期中国哲学社会科学领域推出不少研究成果，包括编写出版《中国通史》《中国近代史》，绘制《中国历史地图集》，标点《资治通鉴》，规范现代汉语语言和编纂《现代汉语词典》，编修地方志等重要学术成果以及各个学科研究成果。

新闻出版成就显著 中华人民共和国成立后，党加强对新闻出版领域的领导，及时召开相关会议，将新闻出版事业统一起来。1950年3月29日至4月16日，新闻总署召开全国新闻工作会议。会

---

[1] 孙义清：《中国大学学报百年发展回顾》，《江西社会科学》2001年第1期。

议对改进报纸工作、统一新华通讯社的组织与工作及建立全国广播收音网等问题进行集中讨论，并就这些问题讨论的结果做出决定。1950年9月15—25日，全国出版会议召开。最后，会议通过《关于发展人民出版事业的基本方针的决议》《关于改进和发展出版工作的决议》《关于改进和发展书刊发行工作的决议》《关于改进期刊工作的决议》《关于改进书刊印刷业的决议》。1950年12月，人民出版社重新成立。1955年以后，国家开始着重对于私营书刊出版业、印刷业、发行业和租赁业进行社会主义改造。1955年3月4日，文化部向中央提出《关于加强对于私营文化事业和企业的领导、管理和改造的请示报告》，提出对私营出版业、印刷业等要实行"统筹兼顾，全面安排，加强管理"的利用和改造方针。1956年7月10日，中共中央批转文化部《关于加强对于民间和私营文化事业、企业领导管理和社会主义改造的请示报告》。报告中对于出版业、新书发行业、古书收售业、图书租赁业等都提出了具体改造的意见。1958年2月，国务院科学规划委员会成立古籍整理出版规划小组，负责全国古籍整理和出版工作。1960年9月，《毛泽东选集》第4卷出版。到1960年，新编《列宁选集》4卷本出版，《马克思恩格斯全集》

图13-3 《毛泽东选集》第1卷出版发行

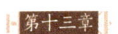

出版19卷。1964年7月,《毛泽东著作选读》甲乙两种版本出版。据统计,1950年,全国图书出版共12153种,总印数2.7亿册;期刊295种,总印数0.4亿册;报纸382种,总印数8亿份。到1978年,全国图书共出版14987种,总印数37.7亿册;期刊930种,总印数7.6亿册;报纸186种,总印数127.8亿份。

少数民族文化事业获得较快发展　作为统一多民族国家,新中国把繁荣发展少数民族文化作为一项重要任务来抓。国家设立中央民族事务委员会,设立主管少数民族文化工作的专门机构;发展少数民族教育,成立中央民族学院等高等院校,培养少数民族人才;设立民族语言文字出版机构,出版《民族画报》等报纸刊物;成立民族语言文字研究指导委员会,帮助少数民族创制和改革民族语言文字;保护少数民族优秀文学艺术,发掘、整理少数民族民间文学。

四　社会风尚的变化和精神谱系的丰富发展

中华人民共和国成立后,党和人民政府通过一系列民主改革,迅速涤荡旧社会的污泥浊水,重塑新的良好社会风尚。

通过开展封闭妓院、查禁赌毒、打击反动会道门的斗争,对旧社会痼疾进行有效改造。"旧社会把人变成鬼,新社会把鬼变成人。"1949年11月,北京率先开始封闭妓院的行动。随后,上海、天津、沈阳等全国各大城市都采取措施封闭妓院。据初步统计,全国共查封妓院8400多所,全国有32万余名妓女在生产教养院里获得新生。她们通过学习党的政策、文化知识和生产生活技能,逐步提高思想觉悟,其中有些人成为劳动模范,有的加入共青团、共产党，组建了幸福家庭。近代以来，毒品危害中国甚久。1950年11月，中央人民政府政务院发布《关于严禁鸦片烟毒的通令》。同时，全国各级人民政府成立禁毒委员会，在全国范围内开始禁绝种植、制造、贩运、吸食毒品的禁烟禁毒运动。到1953年底，全国吸食鸦片者已陆续戒绝，鸦片烟毒在新中国被彻底消灭。1950年底，全国广泛开展打击反动会道门的斗争。到1956年，反动会道门组织基本被摧毁。

通过土地改革和镇压反革命运动，新中国彻底摧毁了恶霸地主、帮会把头、流氓恶棍等骑在人民头上的祸害，全国各地社会治安大为好转，社会生产和生活秩序出现前所未有的安定局面。

图13-4 《中华人民共和国婚姻法》实施后婚姻由自己做主

通过颁布实施新婚姻法，新中国彻底改革旧社会的封建婚姻制度。"嫁汉嫁汉，穿衣吃饭。"这是旧社会婚姻观念的真实写照。1950年5月1日，《中华人民共和国婚姻法》颁布实施。这是中华人民共和国制定实施的第一部法律。它明确规定："实行男女婚姻自由、一夫一妻、男女权利平等、保护妇女和子女合法利益的新民主主义婚姻制度。"[①]

为了尽快贯彻落实新婚姻法，全国城乡通过报刊、广播、文艺等多

---

① 《建国以来重要文献选编》第1册，中央文献出版社1992年版，第172页。

第十三章　换了人间（新中国成立与社会主义革命和建设的展开）

种形式进行广泛宣传，使有关新婚姻制度的法律规定，通过群众喜闻乐见的形式做到家喻户晓、深入人心，男女平等、婚姻自由等新的道德观念逐步树立起来。通过贯彻实施新婚姻法，占全国人口半数的广大妇女从封建婚姻制度束缚下解放出来，参加社会主义革命和建设的热情高涨，自身的社会地位也有很大提高。

中国共产党和人民政府通过对旧社会进行彻底的社会改造和民主改革，整个社会风气和社会面貌焕然一新。在广大工厂和农村里，工人和农民在工业化建设和农田水利建设中从事生产的积极性空前高涨，爱国主义和集体主义得到极大发扬，社会主义优越性集中体现出来，上演了感天动地的奋斗史诗。也正是在社会主义革命和建设的过程中，党领导人民通过独立自主、自力更生、艰苦奋斗，涌现出无数先进典型和英雄模范人物，创造了一系列具有社会主义革命和建设时代特色的精神形态，进一步丰富和发展了中国共产党人的精神谱系。

抗美援朝精神，是中国人民志愿军在抗美援朝战争中培育形成的革命精神，其内涵为：祖国和人民利益高于一切、为了祖国和民族的尊严而奋不顾身的爱国主义精神，英勇顽强、舍生忘死的革命英雄主义精神，不畏艰难困苦、始终保持高昂士气的革命乐观主义精神，为完成祖国和人民赋予的使命、慷慨奉献自己一切的革命忠诚精神，以及为了人类和平与正义事业而奋斗的国际主义精神。"两弹一星"精神，是新中国科研工作者在研制"两弹一星"过程中形成的奋斗精神，其内涵为"热爱祖国、无私奉献，自力更生、艰苦奋斗，大力协同、勇于登攀"。雷锋精神，是以雷锋名字命名的革命精神，其内涵为"憎爱分明的阶级立场，言行一致的革命精神，公而忘私的共产主

图13-5　铁人王进喜

义风格，奋不顾身的无产阶级斗志"。焦裕禄精神，是以县委书记焦裕禄名字命名的奋斗精神，其内涵为"亲民爱民、艰苦奋斗、科学求实、迎难而上、无私奉献"。大庆精神（铁人精神），是形成于20世纪60年代石油大会战中的革命精神，其内涵包括："为国争光、为民族争气的爱国主义精神；独立自主、自力更生的艰苦创业精神；讲求科学、'三老四严'①的求实精神；胸怀全局、为国分忧的奉献精神。"红旗渠精神，是在修建红旗渠过程中形成的奋斗精神，其内涵是"自力更生、艰苦创业、团结协作、无私奉献"。北大荒精神，是黑龙江垦区的广大人民群众在北大荒的开发建设中创造的奋斗精神，其内涵为"艰苦奋斗、勇于开拓、顾全大局、无私奉献"。塞罕坝精神，是绿化塞罕坝过程中创造的奋斗精神，其内涵是"艰苦创业、科学求实、无私奉献、开拓创新、爱岗敬业"。"两路"精神，是在修建川藏、青藏公路过程中创造的奋斗精神，其内涵是"一不怕苦、二不怕死，顽强拼搏、甘当路石，军民一家、民族团结"。老西藏精神，是在西藏和平解放以及进行社会主义建设的过程中创造的革命和奋斗精神，其内涵为"特别能吃苦、特别能战斗、特

---

① 三老，指的是当老实人、说老实话、办老实事；四严，指的是严格的要求、严密的组织、严肃的态度、严明的纪律。

第十三章　换了人间（新中国成立与社会主义革命和建设的展开）

别能忍耐、特别能团结、特别能奉献"。西迁精神，是1956年交通大学由上海迁往西安过程中创造的奋斗精神，其内涵为"胸怀大局，无私奉献，弘扬传统，艰苦创业"。王杰精神，是以革命战士王杰名字命名的革命精神，其内涵为"一不怕苦、二不怕死"。

中国共产党领导人民所创造的新的精神形态，是中华传统人文精神与社会主义现代化建设伟大实践的有机结合，是中国共产党伟大建党精神和革命精神在新的历史条件下的延续和发展，为完成社会主义革命和建设任务提供了强大精神动力。

第四节　对外交流与合作

建设社会主义文明国家，必须有良好宽松的国际环境作为保障。中华人民共和国成立后，中国共产党领导人民打破以美国为首的西方帝国主义国家的制裁、封锁、禁运，坚决反对霸权主义，奉行独立自主立场，高举和平发展大旗，加强同人民民主国家的经济文化交流与合作，为当代世界文明发展做出中国贡献。

一　和平共处五项原则

中华人民共和国成立后，中国在处理与其他国家关系问题时提出了和平共处五项原则。这五项原则，指的是互相尊重主权和领土完整、互不侵犯、互不干涉内政、平等互利、和平共处。和平共处五项原则是内在统一的整体，构成新中国处理新型国际关系的基本原则。

1953年12月31日，周恩来在接见印度政府代表团时，首次提出两国应该根据互相尊重领土主权、互不侵犯、互不干涉内政、平等互惠、和平共处的原则来处理两国之间悬而未决的问题，得到印方赞同。1954年4月29日，中印双方签订《关于中国西藏地方和印度之间的通商和交通协定》，在序言中把和平共处五项原则确定为指导两国关系的准则。1954年6月25—29日，在日内瓦会议期间，周恩来应邀访问印度和缅甸，并分别与两国总理发表联合声明，一致同意以和平共处五项原则作为指导两国关系的基本原则。和平共处五项原则几经斟酌，最后确定为：互相尊重主权和领土完整、互不侵犯、互不干涉内政、平等互利、和平共处。1955年，亚非会议通过《亚非会议最后公报》中提出处理国际关系的十项原则，是对和平共处五项原则的引申和发展。1956年，波匈事件发生后，中国政府于11月1日声明中明确表示社会主义国家的关系更应该建立在和平共处五项原则基础之上。这就把和平共处五项原则的应用范围进一步扩大，不仅用于处理不同社会制度国家的关系，而且还可以用于处理同社会主义国家的关系。1963年底至1964年初，周恩来出访亚洲、非洲和欧洲14国，提出中国经济援助八项原则，体现中国援助亚非拉国家的真诚愿望。1974年，邓小平在联合国大会特别会议上再次强调，国家之间政治和经济关系应建立在和平共处五项原则基础上。

和平共处五项原则，体现中华民族历来崇尚和平的思想，是中华优秀传统文化与现代国际关系发展相结合的产物。和平共处五项原则的提出，有力地维护了广大发展中国家权益，为推动建立公正合理

第十三章　换了人间（新中国成立与社会主义革命和建设的展开）

的国际政治经济秩序发挥积极作用。和平共处五项原则，超越社会制度和意识形态的制约，不仅成为中国外交政策的基石，也逐渐为世界上绝大多数国家所接受。1970年联合国大会通过的《关于各国依联合国宪章建立友好关系及合作的国际法原则宣言》，以及1974年联合国大会第六届特别联大通过的《关于建立新的国际经济秩序宣言》，明确将和平共处五项原则包括在内。直到今天，和平共处五项原则都有着重要的现实意义和时代价值。

二 "三个世界"划分的战略思想

20世纪六七十年代，中国面临的国际形势发生重大变化。美苏争霸呈现出苏攻美守的态势。美国为改变与苏联争霸的不利局面，对中国政策显现出缓和姿态。然而，这一时期苏联对中国的威胁却在不断加大。1969年，珍宝岛事件爆发，使得这一威胁变得更为直接。从维护国家安全的角度，毛泽东提出"三个世界"划分的战略思想。

1964年，毛泽东首次使用"第三世界"的术语。1970年6月，毛泽东在会见索马里政府代表团时指出："我们把自己算作第三世界的。现在报纸上经常吹美国、苏联、中国叫做大三角，我就不承认。他们去搞他们的大三角、大四角、大两角好了。我们另外一个三角，叫做亚、非、拉。"[1]这就明确把中国划分到同亚非拉国家在一起的第三世界。1974年2月22日，毛泽东在会见赞比亚总统卡翁达时谈到世界形势时指出："希望第三世界团结起来。第三世界人口多啊！我

---

[1]《毛泽东年谱（1949—1976）》第6卷，中央文献出版社2013年版，第303页。

看美国、苏联是第一世界。中间派,日本、欧洲、澳大利亚、加拿大是第二世界。咱们是第三世界。美国、苏联原子弹多,也比较富。第二世界,欧洲、日本、澳大利亚、加拿大,原子弹没有那么多,也没有那么富,但是比第三世界要富。第三世界人口很多。亚洲除了日本,都是第三世界。整个非洲都是第三世界,拉丁美洲也是第三世界。"[1] 2月25日,毛泽东在会见阿尔及利亚革命委员会主席布迈丁时再一次强调:"中国属于第三世界,因为政治、经济等各方面,中国不能跟富国、大国比,只能跟一些比较穷的国家在一起。"[2] 这是毛泽东首次完整地、明确地提出"三个世界"划分的战略思想。

1974年4月10日,国务院副总理邓小平在联合国大会第六次特别会议上的发言中全面阐述"三个世界"划分的战略思想。他指出,从国际关系变化看,现在的世界实际上存在着互相联系又互相矛盾着的三个方面、三个世界。美国、苏联是第一世界。亚非拉发展中国家和其他地区的发展中国家,是第三世界。处于这两者之间的发达国家是第二世界。中国是一个社会主义国家,也是一个发展中国家,属于第三世界。中国政府和人民,一贯支持一切被压迫人民和被压迫民族争取和维护民族独立,发展民族经济,反对殖民主义、帝国主义、霸权主义的斗争,这是我们应尽的国际主义义务。中国现在不是,将来也不做超级大国。[3] 1975年1月,周恩来在四届全国人大一次会议上所作的政府工作报告再次阐述了"三个世界"划分

---

[1]《毛泽东文集》第8卷,人民出版社1999年版,第441—442页。
[2]《毛泽东思想年编:1921—1975》,中央文献出版社2011年版,第950页。
[3]《邓小平年谱(一九〇四—一九七四)(下)》,中央文献出版社2009年版,第2012页。

第十三章 换了人间（新中国成立与社会主义革命和建设的展开）

的战略思想。

"三个世界"划分的战略思想提出前后，中国不仅迎来同第三世界国家建交的高潮，也继续推进中美两国关系正常化进程。20世纪70年代，有25个国家同中国建交，并相互发展友好合作关系。1971年，中国成功恢复在联合国合法席位，也得益于第三世界国家和人民的大力支持。"三个世界"划分的战略思想的提出，对中国摆脱国际上比较孤立的处境，提升中国国际威望，起到不可估量的作用。改革开放以后，"三个世界"划分的战略思想得到坚持和发展，为新时期中国外交奠定重要的思想理论基础。

三　对外经济技术援助

中国克服自身困难，高度弘扬国际主义和人道主义的原则，为争取民族独立和发展本国经济的人民民主国家以及其他发展中国家提供尽可能多的对外经济援助。

中国的对外援助是从周边友好国家起步的。1950年，中国开始向朝鲜和越南两国提供物资援助，开启新中国援外序幕。1955年，万隆亚非会议后，随着对外关系发展，中国对外援助范围从社会主义国家扩展到其他发展中国家。1956年，中国开始向非洲国家提供援助。至1963年底，中国先后向越南、朝鲜、阿尔巴尼亚、柬埔寨、巴基斯坦、蒙古国、匈牙利、尼泊尔、埃及、斯里兰卡、也门、阿尔及利亚、几内亚、古巴等21个国家提供近50亿元人民币的援助，帮助7个国家共建成101个成套项目。

1964年，中国政府确定对外经济技术援助的八项原则，其内容为：一是中国政府一贯根据平等互利的原则对外提供援助，从来不把这种援助看作是单方面的赐予，而认为援助是相互的。二是严格尊重受援国的主权，绝不附带任何条件，绝不要求任何特权。三是以无息或低息贷款的方式提供经济援助，在需要的时候延长还款期限，以尽量减少受援国的负担。四是对外提供援助的目的，不是造成受援国对中国的依赖，而是帮助受援国逐步走上自力更生、经济上独立发展的道路。五是帮助受援国建设的项目，力求投资少，收效快，使受援国能够增加收入，积累资金。六是提供中国所能生产的、质量最好的设备和物资，并根据国际市场的价格议价。如果所提供的设备和物资不合乎商定的规格和质量，保证退换。七是对外提供任何一种技术援助时，保证使受援国人员充分掌握这种技术。八是派到受援国帮助进行建设的专家，同受援国自己的专家享受同样的物质待遇，不容许有任何特殊要求和享受。八项原则阐明中国对外援助的性质、宗旨和具体政策，体现出中国一贯坚持的尊重主权、互利平等的精神，是和平共处五项原则在对外援助中的具体运用。对外经济技术援助八项原则宣布实施之后，中国对外援助在深度和广度上都有很大发展，进一步促进中国同第三世界国家之间的友好合作关系。在八项原则指导下，中国加大对社会主义国家和发展中国家的援助力度。

从1964年到1970年，中国在继续向原来21个受援国提供援助的同时，又先后向肯尼亚、坦桑尼亚、刚果（布）、中非、阿富汗等11国提供援助，接受中国援助的国家达到32个。中国对外援助总额达到137.49亿元人民币，共帮助20个国家建成313个项目。

1971年10月，中国恢复在联合国的合法席位后，同更多发展中国家建立经济和技术合作关系,为受援国修建完成一大批基础设施项目。1971—1978年,中国对外援助的受援国数量增加到68个,援助资金达到296.6亿元人民币,帮助37个国家建成470个项目。其中最具典型意义的是修建坦赞铁路。

坦赞铁路全长1860千米,其中坦桑尼亚境内977千米,赞比亚境内883千米。1967年9月5日,中国、坦桑尼亚、赞比亚三国在北京签署《中华人民共和国政府和坦桑尼亚联合共和国政府、赞比亚共和国政府关于修建坦桑尼亚—赞比亚铁路的协定》,由中国政府提供贷款并派出工程技术人员负责施工修建。1970年10月,坦赞铁路正式开工。1976年7月,坦赞铁路修成通车。为了修建坦赞铁路,中国共提供9.88亿元人民币贷款,发送各种设备近100万吨,先后派出工程技术人员5万人次。坦赞铁路修建成功,赢得广大第三世界国家的赞扬,成为中非友好合作的典范。

图13-6　1976年7月14日,坦赞铁路建成移交

四 与人民民主国家的文化交流

中华文明历经五千多年长盛不衰,一个重要原因就是不断从其他文明中汲取丰富营养,并将自己的优秀文化和文明成果传播到世界各地,开展与世界各国文明的交流互鉴。

中华人民共和国成立后,党和国家高度重视对外文化交流与合作。1954年5月,中国人民对外文化协会成立,专门负责同世界各国进行各种民间文化交流工作。1956年4月,毛泽东指出:"一切民族、一切国家的长处都要学,政治、经济、科学、技术、文学、艺术的一切真正好的东西都要学。但是,必须有分析有批判地学,不能盲目地学,不能一切照抄,机械搬用。"[1] 1956年6月,周恩来在一届全国人大三次会议上指出:"各国人民在文化上的交流,正如在经济上的合作一样,也是促使各国之间的和平、友谊和合作得到巩固的一个重要条件。"[2] 这一时期,以毛泽东同志为主要代表的中国共产党人为中国对外文化交流工作制定了明确方针政策,包括对外文化交流必须同国家外交政策相一致并为其服务;要同国内文化政策相吻合,为发展国内文化事业服务;要在相互尊重、平等互利的原则基础上进行,彼此不把自己的意识形态强加给对方;等等,确保对外文化交流工作顺利进行。

中华人民共和国成立后,中国对外文化交流的对象主要是社会主义和人民民主国家,交流目的是介绍中国革命的伟大意义,使世界上更多的人民和国家听到新中国的声音,从而获得更多国家的承认;

---

[1] 《毛泽东文集》第7卷,人民出版社1999年版,第41页。
[2] 《建国以来重要文献选编》第8册,中央文献出版社1994年版,第393页。

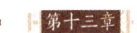

第十三章 换了人间（新中国成立与社会主义革命和建设的展开）

同时，要学习这些国家的经验，发展新中国文化及各项事业。1949年10月，新中国接待的第一个外国文化团体就是苏联文化艺术工作者代表团。1949年10月下旬，新中国派出第一个文化团体中国文化与职工代表团，赴苏联参加十月革命32周年纪念活动。此后，中国陆续同波兰、匈牙利、捷克斯洛伐克、民主德国、保加利亚、阿尔巴尼亚以及朝鲜、越南等社会主义国家开展文化交流活动。1955年，有29个国家代表参加的亚非会议在印度尼西亚万隆召开。会议高举民族独立旗帜，讨论和平与战争问题，通过了关于促进世界和平和合作的宣言以及关于经济合作和文化合作的宣言。周恩来在会上发言说："我们亚非国家需要在经济上和文化上合作，以便有助于消除我们在殖民主义的长期掠夺和压迫下所造成的经济上和文化上的落后状态。"[①]亚非会议结束后到1965年，中国先后同27个亚、非、拉国家建交。在此期间，中国一方面继续发展同各社会主义国家的文化合作，同时积极开展同亚非拉各国的文化交流。这一时期，同中国文化往来的国家增加到40个。中国的文化、教育、科学、卫生、体育等各界人士也前往这些国家交流访问。

从1950年5月，中国同瑞典、丹麦、瑞士、芬兰、挪威先后建立外交关系，同英国也建立代办级关系。随即，中国同这些欧洲国家开展民间文化交流。亚非会议以后，中国进一步开展同西欧国家的交往。1964年1月，中国同法国建交。10月，中法双方签订两国1965—1966年文化交流计划。到1966年，中国还同比利时、荷兰、意大利、卢森堡、希腊、奥地利等国开展民间文化交流活动。文化交

[①]《周恩来选集》下卷，人民出版社1984年版，第151页。

流的形式，主要包括演出、展览、电影周、国际电影节、文化名人纪念活动、代表团互访等。

从中华人民共和国成立到1966年，中国与外国签订的政府间文化合作协定达30多个。据统计，平均每年有100余起、近2000人次的文化交流项目。中国派出的表演艺术团组和艺术家个人达168起，10133人次；同期内，接待外国艺术团组225起，21524人次。另据不完全统计，在中华人民共和国成立后的15年中，中国同世界各国相互交换的书刊达2亿多册，影片1万多部，相互举办文化展览1000多场。

"文化大革命"爆发后，中国对外文化交流活动受到严重影响，经历了一段低谷期。1971年，中国恢复联合国合法席位后，许多国家纷纷同中国建交，中国同这些国家逐步开展文化交流。1971—1976年，中国先后接待了近30起外国艺术团和艺术节活动，其中包括美国费城交响乐团、奥地利维也纳交响乐团等。同时，中国也派出约30个艺术团出国访问。"文化大革命"结束后，特别是党的十一届三中全会召开以后，对外文化交流进入崭新的发展阶段。对外文化交流对于促进新中国同世界各国友好合作关系的发展，增进中国人民同世界各国人民之间的友谊和理解，以及向世界传播中华民族优秀的传统文化和文明成果，起到不可或缺的作用。

作为中华文明新形态开创阶段的社会主义革命和建设时期，中国共产党领导人民推动马克思主义基本原理与社会主义革命和建设实践的"第二次结合"，提出一系列具有独创性的理论成果。这些理论成果对于指导社会主义革命和建设起到过积极作用，可是由于受到"左"的错误思想的影响，其效果大打折扣，但为改革开放和社会主义现代化建设新时期经济社会发展奠定了初步的思想基础和理论准备。

从中华人民共和国成立后到改革开放前夕，中国共产党领导人民完成社会主义革命，推进社会主义建设，在一个"一穷二白"、人口众多的东方大国建立起全新的社会主义制度，实现了中国历史上最根本的社会制度变革。这是一种全新的社会制度，是中华文明进入中华人民共和国时期以后创造的最大文明财富，对当代中国社会经济发展产生了重大而深远的影响。为丰富广大人民群众的精神文化生活，新中国积极发展文化艺术事业，提出发展科学文化事业的"百花齐放，百家争鸣"的方针，创造了一系列社会主义文化成果。与此同时，在中国共产党领导下，整个新中国的社会面貌发生根本性变化，广大人民群众积极参加社会主义革命和建设，高度发扬集体主义和爱国主义精神，创造了一系列新的精神形态，进一步丰富和发展了中国共产党人的精神谱系。新中国提出和平共处五项原则和"三个世界"划分的战略思想，尽可能为亚非拉国家提供力所能及的经济技术援助，积极开展同人民民主国家的文化交流，为中华文明走向世界以及世界文明的发展贡献力量。

本章参考文献

《中国共产党简史》，人民出版社、中共党史出版社2021年版。

《中华人民共和国简史》，人民出版社、当代中国出版社2021年版。

《中国共产党的一百年（社会主义革命和建设时期）》，中共党史出版社2022年版。

欧阳雪梅主编：《中华人民共和国文化史（1949—2019）》，当代中国出版社2019年版。

《建国以来重要文献选编》，中央文献出版社1993年版。

《毛泽东年谱（1949—1976）》，中央文献出版社2013年版。

《毛泽东文集》第6—8卷，人民出版社1999年版。

本章图片来源

图13-1　中共中央党史和文献研究院：《中国共产党的一百年社会主义革命和建设时期》，中共党史出版社2022年版，第374页。

图13-2　《新建设》1949年第1卷第3期。

图13-3　《人民画报》1951年11月号。

图13-4、图13-5、图13-6　资料照片，新华社发。

第十四章 春回大地

（改革开放和社会主义现代化建设新时期）

第十四章 春回大地（改革开放和社会主义现代化建设新时期）

章首语

党的十一届三中全会实现了新中国成立以来党的历史上具有深远意义的伟大转折，开启了改革开放和社会主义现代化建设新时期。改革开放是党的一次伟大觉醒，是中国人民和中华民族发展史上一次伟大革命。中国共产党团结带领中国人民，以理论创新引领文明发展，坚定不移推进改革开放，不断推动马克思主义中国化、时代化，形成包括邓小平理论、"三个代表"重要思想、科学发展观等重大理论创新成果在内的中国特色社会主义理论体系，开创、坚持、捍卫、发展中国特色社会主义，创造了举世瞩目的伟大成就。中国特色社会主义是科学社会主义理论逻辑和中国社会发展历史逻辑的辩证统一。

这一时期，党创造性地提出社会主义精神文明建设的战略任务，确定"两手抓、两手都要硬"的战略方针，推动社会主义物质文明、政治文明、精神文明协调发展，加强社会建设，开创中华文明发展新局面。在精神文明建设方面，党加强对思想文化领域的引导、理想信念教育与道德建设，建设社会主义核心价值体系，塑造新时期中国精神，形成有利于社会主义现代化建设和全面改革的舆论力量、价值观念和精神动力。在繁荣发展社会主义文化方面，党逐步创新形成中国特色社会主义文化理论，提出文艺为人民服务、为社会主义服务的方向，坚持百花齐放、百家争鸣的方针，发展社会主义先进文化，推动社会主义文化大发展大繁荣。在提升软实力方面，党和国家在理论上不断探索，勇于创新，形成社会主义政治文明、新安全观以及和谐世界等理论，在交流互鉴中为推动世界文明进步事业贡献了中国方案、中国智慧。

在改革开放和社会主义现代化建设的伟大实践中，中国大踏步赶上时代，为实现中华民族伟大复兴提供充满新活力的体制保证和快速发展的物质条件。中国实现了从生产力相对落后的状况到经济总量跃居世界第二的历史性突破，实现了人民生活从温饱不足到总体小康、奔向全面小康的历史性跨越，推进中华民族从站起来到富起来的伟大飞跃，为推动人类文明发展进步做出重要贡献。

第十四章 春回大地（改革开放和社会主义现代化建设新时期）

第一节　中国特色社会主义理论体系的形成

中国共产党团结带领人民，重新确立实事求是的马克思主义思想路线，实行改革开放，实现新中国成立以来党的历史上具有深远意义的伟大转折。在推动改革开放和社会主义现代化建设的伟大实践中，党坚持马克思主义基本原理，坚持实事求是，从中国实际出发，同中华优秀传统文化相结合，深刻回答"什么是社会主义、怎样建设社会主义""建设什么样的党、怎样建设党""新形势下实现什么样的发展、怎样发展"等重大问题，不断推动马克思主义中国化时代化，形成中国特色社会主义理论体系，开辟马克思主义发展的新境界，成功开创、坚持、捍卫和发展中国特色社会主义，取得举世瞩目的伟大成就。

一　解放思想与真理标准问题大讨论

"文化大革命"使党的指导思想产生严重混乱，民主和法制被践踏，国民经济遭受严重损失，科学文化事业遭到摧残，党风和社会风气遭到严重破坏，"党、国家、人民遭到新中国成立以来最严重的挫折和损失"[1]。"文化大革命"结束后，十年内乱留下的后果十分严重，要在短期内消除它在政治上、思想上造成的混乱并非易事。"两个凡是"的错误方针，即"凡是毛主席作出的决策，我们都坚决维护；凡

---

[1]《中共中央关于党的百年奋斗重大成就和历史经验的决议》，人民出版社2021年版，第14页。

是毛主席的指示，我们都始终不渝地遵循"，在理论上违背马克思主义认识论和唯物史观，使"左"的指导思想不能得到根本纠正，在实践上为新形势下坚持真理、深入揭批"四人帮"和纠正"文化大革命"的错误设置了障碍。

邓小平等老一辈革命家旗帜鲜明地批评"两个凡是"，倡导实事求是。1977年7月，邓小平在党的十届三中全会上的讲话中郑重强调，"要对毛泽东思想有一个完整的准确的认识，要善于学习、掌握和运用毛泽东思想的体系来指导我们各项工作。只有这样，才不至于割裂、歪曲毛泽东思想，损害毛泽东思想"，"毛泽东同志倡导的作风，群众路线和实事求是这两条是最根本的东西"[1]。邓小平的倡议得到其他老一辈革命家的支持和响应。9月，陈云、叶剑英、聂荣臻、徐向前等人在纪念毛泽东逝世一周年之际，都在《人民日报》发表文章，总结党的历史经验，强调完整地、准确地宣传毛泽东思想，阐述恢复和发扬实事求是这一优良传统的重大意义。

在揭批"四人帮"的斗争中，各领域的拨乱反正也在阻力中努力进行。作为"文化大革命"中首先遭到冲击的领域，文化和教育领域的拨乱反正必将产生重要的影响和带动作用。邓小平复出后，明确肯定新中国成立后17年的教育战线主导方面是红线，推翻了林彪、江青等人鼓吹的"两个估计"以及"教育黑线专政论""文艺黑线专政论"，强调无论是从事科研工作的，还是从事教育工作的，都是劳动者，要尊重劳动，尊重人才，要为知识分子恢复名誉。在邓小平的大力推动

---

[1]《中共中央关于党的百年奋斗重大成就和历史经验的决议》，人民出版社2021年版，第14页。

第十四章 春回大地（改革开放和社会主义现代化建设新时期）

和直接决策下，1977年底到1978年初，学校考试制度得到恢复。高考制度的恢复和否定"两个估计"，迈出了教育领域拨乱反正的关键一步，各学校的教学工作也开始陆续走上正轨。为动员全国科技界向科学技术现代化进军，1978年3月，全国科学大会在北京举行。邓小平在大会上指出，科学技术是生产力，而且正在成为越来越重要的生产力；中国的知识分子绝大多数已经是工人阶级和劳动人民自己的知识分子，已经是工人阶级的一部分，是我们党的一支依靠的力量。[1]这次全国科学大会迎来了"科学的春天"，不但有力地推动了科技领域的拨乱反正，而且对社会主义现代化建设事业产生了深远影响。

但是，由于党在指导思想上的"左"的错误并未得到根本纠正，党和国家的工作总体上仍处于徘徊中前进的局面。这激发了人们对"两个凡是"观点进行思考和质疑。1978年5月10日，《实践是检验真理的唯一标准》一文被中共中央党校内部刊物《理论动态》第60期刊发。翌日，《光明日报》以本报特约评论员名义公开发表这篇文章，新华社向全国转发。12日，《人民日报》《解放军报》以及《解放日报》等全文转载。到5月底，全国有30多家报纸刊登这篇文章。[2]这篇文章在广大干部群众中激起强烈反响，引发全社会关于真理标准问题的讨论。邓小平、叶剑英、李先念、陈云等老一辈革命家对真理标准问题讨论予以旗帜鲜明的支持。自此，理论界、学术界、文艺界、新闻界都积极投入，真理标准问题讨论逐渐进入高潮。据不完全统计，到1978年底，报刊上发表关于真理标准问题的专文650多篇；关于真理

---

[1] 参见《邓小平文选》第2卷，人民出版社1994年版，第87—93页。
[2] 参见《中国共产党宣传工作简史》下卷，人民出版社2022年版，第348页。

图14-1 《光明日报》1978年5月11日以本报特约评论员名义公开发表《实践是检验真理的唯一标准》

标准问题的讨论会，不包括中央单位，仅地方就召开70余次。[1]

真理标准问题大讨论，在新的历史条件下吹响思想解放运动的号角，为全党和全国人民冲破"两个凡是"的思想禁锢，重新确立实事求是的马克思主义思想路线，实现中国社会主义建设走上正确道路的历史转折，奠定思想基础。

二 邓小平理论的创立

1978年12月，党的十一届三中全会果断做出把党和国家工作重心转移到经济建设上来的历史性决策，重新确立马克思主义的思想路线、政治路线、组织路线，实现新中国历史上具有深远历史意义的伟大转折。

---

[1] 《中华人民共和国简史》，人民出版社、当代中国出版社2021年版，第141页。

第十四章 春回大地（改革开放和社会主义现代化建设新时期）

在全党、全国人民思想解放的时代大潮中，以邓小平同志为核心的党的第二代中央领导集体，以巨大的政治勇气和理论勇气提出进行改革开放，开始探索适合中国国情的社会主义发展道路和现代化建设道路，并明确提出必须搞清楚"什么是社会主义、怎样建设社会主义"这一重大理论和实践问题。1982年9月，邓小平在党的十二大上正式提出"建设有中国特色的社会主义"的科学命题。党的十二大报告对社会主义社会的基本特征进行了系统概括，并从中国国情出发确定以经济建设为中心，经济、政治、思想文化三大建设一起抓的总路线和总任务。1984年12月，中共中央文献研究室编辑的邓小平《建设有中国特色的社会主义》由人民出版社出版。这部重要著作围绕"建设有中国特色的社会主义"这一重要思想，将党的十二大以来邓小平的一些重要谈话和讲话进行编辑，反映了邓小平从中国的实际情况出发，运用马克思主义基本原理，解决不断遇到的实际问题，而提出和阐述的一系列重要思想和主张，如社会主义初级阶段的最根本任务就是发展生产力、走自己的路、我们建设的社会主义必须是切合中国实际的有中国特色的社会主义、要在建设物质文明的同时建设社会主义精神文明等。1987年10—11月，党的十三大第一次比较系统地阐述了社会主义初级阶段理论，明确概括党的"一个中心、两个基本点"的基本路线，确定建设有中国特色社会主义的六个方面指导方针，提出中国现代化建设"三步走"的战略目标。1990年12月，党的十三届七中全会通过《中共中央关于制定国民经济和社会发展十年规划和"八五"计划的建议》，首次将建设有中国特色社会主义的基本理论和基本实践概括为"十二条原则"，系统阐明其主要内容。1992年1—2月，邓小平发表南方谈话，科学总结党的十一届三中全会以来的基本经验，对社会主义市场经济、社会主义本质和"三个有利于"标准等重大理论和实践问题做出新概括和深入阐发，深刻回答了困扰和束缚人们思想的重大认识问题。同年10月，党的十四大确立邓小平建设有中国特色社会主义理论在全党的指导地位，并从社会主义发展道路、发展阶段、根本任务、发展动力、外部条件、政治保证、战略步骤、领导和依靠力量、祖国统一九个方面对这一理论的主要内容作了科学归纳和概括。1993年10月，中共中央文献编辑委员会编辑的《邓小平文选》第三卷由人民出版社出版，收入邓小平1982年9月至1992年2月的重要著作119篇，系统反映邓小平提出的一系列新思想、新观点、新概念。1997年9月，党的十五大明确提出和使用邓小平理论的科学概念，进一步阐明邓小平理论是马克思主义在中国发展的新阶段，把邓小平理论同马克思列宁主义、毛泽东思想一起作为党的指导思想写入党章。

邓小平理论抓住"什么是社会主义、怎样建设社会主义"这个根本问题，贯通哲学、政治经济学、科学社会主义等领域，涵盖经济、政治、科技、教育、文化、民族、军事、外交、统一战线、党的建设等方面，第一次比较系统地初步回答了中国这样的经济文化比较落后的国家如何建设社会主义、如何巩固和发展社会主义的一系列基本问题，指导党制定在社会主义初级阶段的基本路线。邓小平理论是比较完备的科学体系，又是需要从各方面进一步丰富发展的科学体系，开拓了马克思主义的新境界，是当代中国的马克思主义，是中国特色社会主义理论体系的开创之作。①

三 "三个代表"重要思想的形成

20世纪80年代末90年代初，正当中国加快改革步伐，朝着现代化的目标迈进之时，国际上发生东欧剧变、苏联解体，世界社会主义运动陷入空前低谷。中国道路受到国内国际因素的严重干扰和冲击。以江泽民同志为主要代表的中国共产党人，科学分析国内外形势、党所处的历史方位和肩负的历史使命，深入思考面临的新情况新问题，进一步深化了对什么是社会主义、怎样建设社会主义和建设什么样的党、怎样建设党的认识，形成"三个代表"重要思想，积累了治党治国新的宝贵经验，捍卫了中国特色社会主义，开创改革开放新局面。

2000年2月，江泽民在广东考察工作时明确提出"三个代表"要求，指出："我们党所以赢得人民的拥护，是因为我们党在革命、建设、改革的各个历史时期，总是代表着中国先进生产力的发展要求，代表着中国先进文化的前进方向，代表着中国最广大人民的根本利益，并通过制定正确的路线方针政策，为实现国家和人民的根本利益而不懈奋斗。"② 10月，江泽民在党的十五届五中全会上的讲话中指出，"三个代表"的要求是根据我们党的性质、宗旨和历史经验、现实需要提出来的。2001年7月，江泽民在庆祝中国共产党成立80周年大会上系统阐述"三个代表"的科学内涵和基本内容，深刻回答

---

① 《中国共产党宣传工作简史》下卷，人民出版社2022年版，第432页。
② 《江泽民文选》第3卷，人民出版社2006年版，第2页。

新的历史条件下加强和改进党的建设的重大理论和实践问题，指出党80年的奋斗历程和基本经验"归结起来，就是必须始终代表中国先进生产力的发展要求，代表中国先进文化的前进方向，代表中国最广大人民的根本利益"[①]。2002年11月，党的十六大确立"三个代表"重要思想在全党的指导地位，并将其写入党章。2006年8月，中共中央文献编辑委员会编辑的《江泽民文选》第1卷、第2卷、第3卷由人民出版社出版，共收入江泽民在1980年8月至2004年9月间具有代表性和独创性的重要著作203篇，深刻反映"三个代表"重要思想孕育、形成、发展的历史过程和重大成果。

"三个代表"重要思想是党始终保持先进性历史经验的基本总结，既坚持马克思主义基本原理，又反映当代中国和世界的发展变化对党和国家工作的新要求，并以新的思想、观点、论断，继承、丰富和发展了马克思列宁主义、毛泽东思想和邓小平理论，是中国共产党集体智慧的结晶，是加强和改进党的建设、推进中国社会主义自我完善和发展的强大思想武器。始终做到"三个代表"，是中国共产党的立党之本、执政之基、力量之源。

四　科学发展观的提出

党的十六大以后，国内国际形势发生深刻变化，世界多极化和经济全球化在曲折中发展，科技进步日新月异，综合国力竞争日趋激烈。以胡锦涛同志为总书记的党中央，团结带领全党全国各族人民，制定了全面建设小康社会的奋斗目标，推进实践创新、理论创新、制

[①] 《江泽民文选》第3卷，人民出版社2006年版，第272页。

第十四章 春回大地（改革开放和社会主义现代化建设新时期）

度创新，深刻认识和回答了新形势下实现什么样的发展、怎样发展等重大问题，形成科学发展观，强调坚持以人为本、全面协调可持续发展，提出构建社会主义和谐社会、加快生态文明建设，形成中国特色社会主义事业总体布局，转变经济发展方式，推动经济又好又快发展，着力保障和改善民生，促进社会公平正义，推动建设和谐世界，推进党的执政能力建设和先进性建设，成功在新的历史起点上坚持和发展了中国特色社会主义。

科学发展观是中共中央对20多年改革开放实践的经验总结，是战胜"非典"疫情的重要启示，也是推进全面建设小康社会的迫切要求。2003年4月，胡锦涛在广东考察时提出坚持全面的发展观，通过促进社会主义物质文明、政治文明、精神文明协调发展不断增创新优势。7月，胡锦涛在全国防治非典工作会议上指出，我们要更好坚持全面发展、协调发展、可持续发展的发展观，坚持在经济社会发展的基础上促进人的全面发展，坚持促进人与自然的和谐。8月底9月初，胡锦涛在江西考察时提出"科学发展观"概念。10月，党的十六届三中全会通过《中共中央关于完善社会主义市场经济体制若干问题的决定》，第一次在党的正式文件中完整提出科学发展的概念，强调"坚持以人为本，树立全面、协调、可持续的发展观，促进经济社会和人的全面发展"[①]。2004年3月，胡锦涛在中央人口资源环境工作座谈会上全面阐述科学发展观的科学内涵、基本要求和指导意义。2007年10月，党的十七大首次概括提出中国特色社会主义理论体系，即包括邓小平理论、"三个代表"重要思想以及科学发展观等重大战略

[①] 《十六大以来重要文献选编》（上），中央文献出版社2005年版，第465页。

思想在内的科学理论体系。这一理论体系，坚持和发展了马克思列宁主义、毛泽东思想，是马克思主义中国化的最新成果，是不断发展的开放的理论体系，是党最可宝贵的政治和精神财富，是全国各族人民团结奋斗的共同思想基础。大会全面系统阐述科学发展观的时代背景、科学内涵、精神实质和根本要求，并将其作为中国特色社会主义理论体系重大创新成果写入党章。2008年9月，中央政治局会议决定在全党分批开展深入学习实践科学发展观活动。这是用中国特色社会主义理论体系武装全党的重大举措，是提高党的执政能力、保持和发展党的先进性的必然要求。

在改革开放和社会主义现代化建设新时期，中国共产党团结带领人民，把马克思主义基本原理同中国实际和时代特征有机结合，科学回答了建设中国特色社会主义的发展道路、发展阶段、根本任务、发展动力、发展战略、政治保证、祖国统一、外交和国际战略、领导力量和依靠力量等一系列基本问题，形成中国特色社会主义理论体系，实现了马克思主义中国化新的飞跃。[①] 在这一理论体系指引下，党团结带领中国人民实现改革开放，开创、捍卫和发展中国特色社会主义，取得举世瞩目的伟大成就。中国实现从生产力相对落后的状况到经济总量跃居世界第二的历史性突破，实现人民生活从温饱不足到总体小康、奔向全面小康的历史性跨越，推进了中华民族从站起来到富起来的伟大飞跃，为实现中华民族伟大复兴提供了充满新的活力的体制保证和快速发展的物质条件。历史和现实都告诉我们，只有社会

---

① 《中共中央关于党的百年奋斗重大成就和历史经验的决议》，《人民日报》2021年11月17日。

主义才能救中国,只有中国特色社会主义才能发展中国,这是历史的结论、人民的选择。①

第二节　社会主义精神文明建设

物质文明与精神文明,是人类认识世界、改造世界全部成果的总括和结晶。党深刻认识社会主义精神文明的战略地位,把社会主义精神文明作为社会主义社会的重要特征,坚持一手抓物质文明建设,一手抓精神文明建设,加强对思想文化领域的引导、理念信念教育与道德建设,提出建设社会主义核心价值体系的重大命题,推动构建社会主义核心价值体系,振奋起全国各族人民的巨大热情和创造活力,塑造新时期中国精神,形成有利于社会主义现代化建设和全面改革的舆论力量、价值观念、文化条件和精神动力。

一　精神文明建设的提出与发展

中国共产党对于精神文明和精神文明建设的认识是随着改革开放的进程不断深化的。1979年10月,邓小平在中国文学艺术工作者第四次代表大会上正式提出,"我们要在建设高度物质文明的同时,提高全民族的科学文化水平,发展高尚的丰富多彩的文化生活,建设高度的社会主义精神文明",强调物质文明和精神文明"两手抓、两

---

① 习近平:《关于坚持和发展中国特色社会主义的几个问题》,《求是》2019年第7期。

手都要硬"①。1980年12月，邓小平在中共中央工作会议上进一步明确概括社会主义精神文明的科学内涵，即："所谓精神文明，不但是指教育、科学、文化（这是完全必要的），而且是指共产主义的思想、理想、信念、道德、纪律，革命的立场和原则，人与人的同志式关系，等等。"②1982年9月，党的十二大报告专列"努力建设高度的社会主义精神文明"一章，指出社会主义精神文明对物质文明的建设不但起巨大的推动作用，而且保证它的正确发展方向。社会主义精神文明是社会主义的重要特征，是社会主义制度优越性的重要表现。③1982年12月，五届全国人大五次会议第一次将精神文明建设这一重要任务写入宪法。此后，全国各地都制定与各地发展状况相配套的文明公约，将社会主义精神文明建设的要求纳入法规制度之中。1986年9月，党的十二届六中全会通过《中共中央关于社会主义精神文明建设指导方针的决议》（以下简称《决议》），系统阐述社会主义精神文明建设的战略地位、根本任务和基本指导方针，是党关于精神文明建设的第一个纲领性文献。《决议》强调，以马克思主义为指导的社会主义精神文明是社会主义社会的重要特征；社会主义精神文明建设的根本任务，是适应社会主义现代化建设需要，培育有理想、有道德、有文化、有纪律的社会主义公民，提高整个中华民族的思想道德素质和科学文化素质；精神文明建设包括思想道德建设和教育科学文化建设两个方面，渗透在整个物质文明建设之中，体现在经济、政

---

① 《邓小平文选》第2卷，人民出版社1994年版，第208页。
② 《邓小平文选》第2卷，人民出版社1994年版，第367页。
③ 《十二大以来重要文献选编》（上），人民出版社1986年版，第26—27页。

第十四章　春回大地（改革开放和社会主义现代化建设新时期）

治、文化、社会生活的各个方面。[①] 这些文献对于新的历史时期推动中国物质文明和精神文明建设，促进全面改革和对外开放，建设具有中国特色的社会主义，产生了深远影响。20世纪80年代初，在中共中央的重视和领导下，中国在全国范围内逐步开展以"五讲四美三热爱"为主题的社会主义精神文明创建活动。这一活动，是改革开放新时期亿万群众改变社会风气、建设社会主义精神文明的一种创造，是群众性精神文明创建的重要开端。1984年后，创建文明城市及军民共建文明村镇、文明街道等活动在全国普遍开展起来，大批文明单位、文明家庭的涌现和发展，逐步而有效地扩大了社会主义精神文明的影响力和覆盖面。

党的十三届四中全会之后，由于复杂变化的国际形势，江泽民多次指出精神文明要重在建设，要为经济建设服务，强调"两手抓"和精神文明"重在建设、重在管理"的方针。1996年10月，党的十四届六中全会通过《中共中央关于加强社会主义精神文明建设若干重要问题的决议》，深刻地指出社会主义精神文明建设的重要地位、指导思想和奋斗目标，强调要深入持久地"开展群众性精神文明创建活动"。这是社会主义精神文明建设的又一个纲领性文件。1997年4月，中央精神文明建设指导委员会成立，作为中央指导全国精神文明建设工作的议事机构。在不断推进精神文明建设过程中，"讲文明、树新风"主题活动，创建文明城市、文明村镇、文明窗口活动，向在实践中涌现出来的英模人物和先进典型学习，以及各种重大节假日开展的纪念活动等一系列社会主义精神文明创建活动，成为思想道德建

[①]《十二大以来重要文献选编》（下），人民出版社1988年版，第1173—1190页。

设的重要载体。共青团中央发起中国青年志愿者行动,组织各级团组织建立青年志愿服务队,成立青年志愿者协会,推动青年志愿者行动在全国迅速展开。从此,志愿服务成为中国精神文明建设的一张闪亮名片。

党的十六大之后,胡锦涛强调:"必须把发展社会生产力同提高全民族文明素质结合起来,推动物质文明和精神文明协调发展,更加自觉、更加主动地推动文化大发展大繁荣。"[①] 以胡锦涛同志为主要代表的中国共产党人针对发展道路上出现的现实问题,开创性提出建设社会主义核心价值体系,拓展群众性精神文明创建活动,强调要实现"物质文明、政治文明、精神文明协调发展"[②]。2003年8月,中央精神文明建设指导委员会印发《关于评选表彰全国文明城市、文明城镇、文明单位的暂行办法》,规定了全国文明城市、文明村镇、文明单位的评选标准、申报评选范围和程序。这一时期,文明城市(区)、文明村镇、文明单位三大创建活动更加深入,各种形式的志愿服务活动发展很快,在提升社会文明程度和公民道德素质方面发挥了重要作用。

二 党对思想文化领域的领导与理想信念教育

改革开放之初,社会上出现空前的思想活跃局面,在纠正"左"的错误倾向时,也出现了右的倾向。社会上极少数人片面夸大党在历史上的失误,散布种种怀疑或否定社会主义制度、否定人民民主专

[①]《胡锦涛文选》第3卷,人民出版社2016年版,第163页。
[②]《胡锦涛文选》第2卷,人民出版社2016年版,第104页。

政、否定党的领导、否定马列主义毛泽东思想等资产阶级自由化言论。邓小平认为，必须对这种思潮进行反击，否则，人们没有统一的理想信念，中国社会就可能再次陷入混乱。1979年3月，邓小平在党的理论工作务虚会上发表《坚持四项基本原则》的讲话，指出我们要在中国实现四个现代化，必须坚持社会主义道路，坚持无产阶级专政，坚持共产党的领导，坚持马列主义、毛泽东思想这四项基本原则。这是实现四个现代化的根本前提。① 此后，邓小平反复论述和强调坚持四项基本原则，坚决抵制盲目推崇西方资产阶级腐朽思想文化的错误倾向，坚决反对企图背离社会主义道路、脱离党的领导的资产阶级自由化思潮。但有人说"三中全会是放，四项基本原则是收"，攻击中国共产党政策"多变"。

中共中央关注思想发展动态，1980年1月，邓小平在中央召集的干部会议上就当时的形势和任务提出："必须坚决肃清由'四人帮'带到党内来的无政府主义思潮以及在党内新出现的形形色色的资产阶级自由主义思潮"，将这股思潮称为"资产阶级自由主义"思潮。② 7月，邓小平就思想战线上的问题同中央宣传部门负责同志谈话时指出，坚持四项基本原则的核心，是坚持共产党的领导。资产阶级自由化的核心是反对党的领导。12月，他在中央工作会议上将其进一步明确为"资产阶级自由化"，要求"批判和反对崇拜资本主义、主张资产阶级自由化的倾向，批判和反对资产阶级损人利己、唯利是图、'一切向钱看'的腐朽思想，批判和反对无政府主

---

① 《邓小平文选》第2卷，人民出版社1994年版，第272页。
② 《邓小平文选》第2卷，人民出版社1994年版，第368—369页。

义、极端个人主义"。①1982年12月,坚持四项基本原则被写入新修改的宪法序言,并作为总的指导思想贯穿整部宪法。1983年10月,邓小平在党的十二届二中全会上明确指出:"思想战线上不能搞精神污染。"对于现代西方资产阶级文化,一定要用马克思主义进行分析、鉴别和批判。此后,全国思想文化领域开展反对精神污染和反对资产阶级自由化的斗争。1987年10月,党的十三大把坚持四项基本原则列为党在社会主义初级阶段基本路线的主要内容,是立国之本,为改革开放和社会主义现代化建设提供正确政治方向和重要政治保证。

为引导解决思想文化领域存在的认识问题,思想文化界抓住一些典型事例进行正面教育。1980年5月,《中国青年》杂志以《人生的意义究竟是什么》为题开设专栏,发表《人生的路呵,怎么越走越窄?》的读者来信。专栏讨论一直延续到翌年春季,共收到读者来信6万多件。这场讨论围绕什么是正确的人生观、怎样看待我们的现实社会、怎样正确认识人的价值、怎样处理"公"与"私"的关系、怎样创造美好的人生等问题,进行热烈坦诚的交流,对广大青年进行了一次生动的思想教育。与此同时,哲学和文艺理论界热议人道主义和异化问题,对于这场讨论特别是其中关于社会主义社会是否存在异化问题的争论,引起中共中央高度关注。1983年9月初,邓小平指出,异化要否定社会主义,并要求马克思主义者出来说话,写有分量的文章批驳这个东西。1984年1月,胡乔木遵循马克思主义基本原理,在中央党校发表《关于人道主义和异化问题》的讲话,阐明马克思主义

---

① 《邓小平文选》第2卷,人民出版社1994年版,第272页。

第十四章 春回大地（改革开放和社会主义现代化建设新时期）

在人道主义和异化问题上的立场观点。这篇文章对于廓清思想文化领域的乱象，纠正错误倾向发挥了积极作用。党的十三届四中全会以后，宣传思想战线牢牢把握正确舆论导向，坚持围绕中心、服务大局，贯彻"团结稳定鼓劲、正面宣传为主"方针，唱响主旋律，打好主动仗。2000年6月召开的中央思想政治工作会议，提出党的思想政治工作是经济工作和其他一切工作的生命线，是我们党和社会主义国家的重要政治优势；加强和改进思想政治工作，最根本的是坚持和巩固马克思主义在中国意识形态领域的指导地位。这是新中国成立以来第一次由中共中央举行的思想政治工作会议，对于面向新世纪加强和改进党的思想政治工作，对于推进党的建设新的伟大工程和建设中国特色社会主义伟大事业都具有重要意义。

在理想信念教育方面，面对改革开放后新形势新环境的风险与考验，邓小平强调："我们过去几十年艰苦奋斗，就是靠用坚定的信念把人民团结起来，为人民自己的利益而奋斗。没有这样的信念，就没有凝聚力。没有这样的信念，就没有一切。"[1] 1983年5月，邓小平鼓励全社会尤其是广大青年学习张海迪的感人事迹，并专门题词："学习张海迪，做有理想、有道德、有文化、有纪律的共产主义新人！""四有新人"的论述对广大青年的成长之路提出了全方位的要求，成为改革开放初期党培育"时代新人"的根本标准和总体目标。在这一发展目标指导下，把青年理想信念教育放在突出位置，在内容上注重"共产主义思想品德"教育和"爱国主义"教育，在途径上增

---

[1]《邓小平文选》第3卷，人民出版社1993年版，第190页。

加开设思想政治教育课程。伴随着党的理论创新的不断推进,党在坚持一以贯之的共产主义最高理想基础之上确立"中国特色社会主义共同理想",将中国特色社会主义共同理想和共产主义最高理想作为理想信念教育的基本内容。针对一些领域道德失范,拜金主义、享乐主义、个人主义滋长现象,1996年10月,党的十四届六中全会做出《关于加强社会主义精神文明建设若干重要问题的决议》,提出要以科学的理论武装人,以正确的舆论引导人,以高尚的精神塑造人,以优秀的作品鼓舞人,培育有理想、有道德、有文化、有纪律的社会主义公民,提高全民族的思想道德素质和科学文化素质。党的十六大以后,以胡锦涛同志为总书记的党中央充实、丰富理想信念教育的内容与形式,将"信仰马克思主义,确立共产主义崇高理想和社会主义坚定信念"作为保持共产党员先进性要求的第一条。2007年,胡锦涛提出,希望广大青年"努力成为理想远大、信念坚定的新一代,品德高尚、意志顽强的新一代,视野开阔、知识丰富的新一代,开拓进取、艰苦创业的新一代"[①]。这一论述是对"四有新人"要求的继承和发展,也是对"四有新人"内涵的拓展与深化,体现了党对青年在新的历史阶段的新期待。

三 道德建设与以德治国

20世纪80年代以后,人们在开放中感知不同文化和思潮的冲撞,为加强青少年的思想道德教育,1994年,中共中央先后印发《爱国主义教育实施纲要》《关于进一步加强和改进学校德育工作的

[①] 《胡锦涛致中国青年群英会的信》,《人民日报》2007年5月5日。

第十四章 春回大地（改革开放和社会主义现代化建设新时期）

若干意见》，要求把爱国主义作为加强社会主义精神文明建设的基础工程来抓，以战略眼光来认识新时期学校德育工作的重要性，大力加强青年学生的思想道德建设。1996年6月，中宣部公布第一批100个爱国主义教育示范基地名单。2001年1月，江泽民提出"依法治国、以德治国"的理念，把"德治"上升到前所未有的高度。9月，中共中央发布《公民道德建设实施纲要》，提出要把法制建设与道德建设、依法治国与以德治国紧密结合起来，形成和发展社会主义道德体系。首次明确"爱国守法、明礼诚信、团结友善、勤俭自强、敬业奉献"为中国公民基本道德规范，强调社会主义道德建设要坚持以为人民服务为核心，以集体主义为原则，以爱祖国、爱人民、爱劳动、爱科学、爱社会主义为基本要求，以社会公德、职业道德、家庭美德为着力点。[①]

为了提高公民思想道德意识，党的十六大后提出开展以"八荣八耻"为主题的宣传教育活动，为促进精神文明发展提出更加具体的要求。2004年2月，中共中央、国务院发布《关于进一步加强和改进未成年人思想道德建设的若干意见》，将社会主义精神文明建设的关注点放在未成年人身上，明确未成年人思想道德建设的主要任务。党的十七大报告在强调建设社会主义核心价值体系，增强社会主义意识形态的吸引力和凝聚力的同时，更进一步指出要"加强社会公德、职业道德、家庭美德、个人品德建设"，强调个人品德也是社会主义思想道德建设的重要内容。2011年10月，党的十七届六中全会强调，加强社会主义思想道德建设是发展社会主义先进文化、建设和谐文化

[①] 《公民道德建设实施纲要》，人民出版社2001年版，第3、6页。

的重要内容和中心环节。

四 建设社会主义核心价值体系

随着改革开放和社会主义现代化建设的进一步发展,中国的经济体制、社会结构、利益格局、思想观念都进入深刻变化和调整的新阶段,建设社会主义核心价值体系、增强社会主义意识形态的吸引力和凝聚力的紧迫性、复杂性日益增大。

2006年3月,胡锦涛在参加全国政协十届四次会议讨论时提出,树立以"八荣八耻"为主要内容的社会主义荣辱观。10月,党的十六届六中全会第一次提出建设社会主义核心价值体系的重大命题,阐发建设社会主义核心价值体系的基本内容,即"马克思主义指导思想,中国特色社会主义共同理想,以爱国主义为核心的民族精神和以改革创新为核心的时代精神,社会主义荣辱观"[1]。马克思主义指导思想是灵魂,解决的是举什么旗的问题;中国特色社会主义共同理想是主题,解决的是走什么道路、实现什么样目标的问题;以爱国主义为核心的民族精神和以改革创新为核心的时代精神是精髓,解决的是应当具备什么样的精神状态和精神风貌的问题;以"八荣八耻"为主要内容的社会主义荣辱观是基础,解决的是人们行为规范的问题。这四个方面的内容各有侧重,又相辅相成,构成一个逻辑严密的完整体系。

党的十七大把建设社会主义核心价值体系写入党的报告中,做出社会主义核心价值体系是社会主义意识形态本质体现的重要论断,

---

[1]《十六大以来重要文献选编》(下),中央文献出版社2008年版,第661页。

并对建设社会主义核心价值体系进行总体部署。2011年10月，党的十七届六中全会指出，社会主义核心价值体系是兴国之魂，是社会主义先进文化的精髓，决定着中国特色社会主义发展方向，提出在全党全社会形成统一指导思想、共同理想信念、强大精神力量、基本道德规范，把建设社会主义核心价值体系作为文化改革发展的根本任务，并从建设社会主义文化强国的高度对建设社会主义核心价值体系作具体部署。

为推进社会主义核心价值体系建设，在全社会推进马克思主义中国化时代化大众化，坚持不懈用中国特色社会主义理论体系武装全党、教育人民，深入实施马克思主义理论研究和建设工程，建设哲学社会科学创新体系，推动中国特色社会主义理论体系进教材进课堂进头脑；广泛开展理想信念教育、国情教育和形势政策教育，特别是加强大学生思想政治教育和未成年人思想道德建设，引导干部群众特别是青少年增强对中国共产党的领导、社会主义制度、改革开放事业的信念和信心；大力弘扬民族精神和时代精神，深入开展爱国主义、集体主义、社会主义教育，丰富人民精神世界，增强人民精神力量；倡导富强、民主、文明、和谐、自由、平等、公正、法治、爱国、敬业、诚信、友善，积极培育和践行社会主义核心价值观；牢牢掌握意识形态工作领导权和主导权，坚持正确导向，提高引导能力，壮大主流思想舆论。

五　塑造新时期中国精神

以高尚的精神塑造人，是中共中央对宣传工作提出的重大战略

图14-2　1981年11月16日，中国女排获得第三届世界杯女子排球赛冠军

任务。在社会主义精神文明建设的实践中，相继涌现大批体现民族精神、时代精神的思想道德典范，形成社会主义思想道德建设的宝贵精神。"领导干部的楷模"孔繁森、"不治服风沙，就让风沙把我埋掉"的谷文昌、知识分子的优秀代表蒋筑英、"中国式保尔"罗健夫、"80年代新雷锋"朱伯儒、在世界大赛中获得"五连冠"的中国女排、"模范团长"李国安、"草原之子"廷·巴特尔等一大批先进典型的感人事迹，为全国人民投身改革开放和现代化建设提供强大精神动力。

自2003年开始，"感动中国"以评选当年度震撼人心、令人感动的人物为主要形式，向全国观众推出众多令人景仰的模范人物，如吴菊萍、徐本禹、王顺友等民间人士，刘翔、姚明等明星，朱光亚、钟南山、钱伟长等学者。2007年，第一届全国道德模范评选，选出助人为乐、见义勇为、诚实守信、敬业奉献、孝老爱亲等各方面的模范人物共53位。全国道德模范每两年评选一次，其中当选的绝大部分是普通工人、农民、医生、教师、学生和军人等，如"草鞋书记"杨善洲、当代雷锋郭明义等。这些时代楷模在各行各业发挥了巨大的先锋模范作用，成为新时期的道德标杆和思想旗帜。

在这一时期把握报国机会和应对风险挑战中，我们形成了抗击"非典"精神、抗震救灾精神、奥运精神、志愿者精神、载人航天精神等精神名片，从不同时期、不同侧面反映了当代中华民族的精神面貌，极大地激发了人们投身社会主义思想道德建设的积极性，促进了社会整体思想道德水平的跃升。

第三节　中国特色社会主义文化建设

随着改革开放的全面展开，中共中央顺应形势发展变化和人民群众精神文化需求，逐步创新形成中国特色社会主义文化理论，坚持社会主义先进文化前进方向，提出文艺为人民服务、为社会主义服务的方向，坚持百花齐放、百家争鸣的方针，做出建设社会主义文化强国的重大战略决策，弘扬主旋律、提倡多样化，一手抓繁荣、一手抓管理，不断推进文化体制改革，大力组织实施文艺创作精品战略，反映时代精神、贴近人民生活的优秀作品不断涌现。这一时期，文化产业、文化事业长足发展，新闻出版与广播影视事业日新月异，科教事业面貌一新，哲学社会科学与文化遗产保护事业蒸蒸日上，文学艺术与体育事业繁花似锦。

一　中国特色社会主义文化建设理论的新发展

改革开放以来，中国特色社会主义文化建设一直是中共中央关注的重要领域。党的十二大指出，社会主义精神文明是社会主义的重要特征，是社会主义制度优越性的重要体现。"社会主义精神文明的建设大体可以分为文化建设和思想建设两个方面，这两方面又是互相渗透和互相促进的。"① 1991年，江泽民在庆祝中国共产党成立70周年大会上的讲话中提出建设有中国特色社会主义文化的战略目标，并对中国特色社会主义文化内涵做出初步阐述。他指出，有中国特色社会主义文化建设的指导思想必须是马克思列宁主义、毛泽东思想；文化建设的方向是为人民服务、为社会主义服务；文化建设的方针是"百花齐放、百家争鸣"，"古为今用、洋为中用"；文化作品要反映社会主义时代精神主旋律，又要多样化，为人民大众所喜闻乐见；文化建设的直接目的是要繁荣和发展文化，创造出无愧于伟大时代的社会主义文化，根本目的是要培养出社会主义现代化建设需要的"四有新人"；文化建设的领导者是中国共产党。这就明确了中国特色社会主义文化建设的范畴。② 党的十五大报告对有中国特色社会主义的文化做出概括："建设有中国特色社会主义的文化，就是以马克思主义为指导，以培育有理想、有道德、有文化、有纪律的公民为目标，发展面向现代化、面向世界、面向未来的，民族的科学的大众的社会主义文化。"③ 党的十五大报告还提出，中国特色社会主义文化是凝聚和

---

① 《十二大以来重要文献选编》（上），人民出版社1986年版，第29页。
② 《江泽民文选》第1卷，人民出版社2006年版，第158—161页。
③ 《江泽民文选》第2卷，人民出版社2006年版，第17—18页。

第十四章 春回大地（改革开放和社会主义现代化建设新时期）

激励全国各族人民的重要力量，是综合国力的重要标志，中国特色社会主义文化建设的根本在于全社会形成共同理想和精神支柱。关于中国特色社会主义文化与精神文明建设、先进文化三者的关系，2001年，江泽民在庆祝中国共产党成立80周年大会上的讲话中强调："在当代中国，发展先进文化，就是发展有中国特色社会主义的文化，就是建设社会主义精神文明。"[①] 这表明二者的主导思想是一脉相承的，所表达的内容和要求也基本一致，中国特色社会主义文化理论是对社会主义精神文明理论的继承，而社会主义先进文化更大程度上是从党的先进性和文化发展方向来说的。

2002年，党的十六大报告对于文化建设与文化体制改革进行重点论述，提出要牢牢把握先进文化的前进方向。同时，文化要在内容和形式上积极创新，不断增强中国特色社会主义文化的吸引力和感召力。围绕中国特色社会主义文化建设，党的十六大提出四个方面的工作任务：一是坚持弘扬和培育民族精神，民族精神是一个民族赖以生存和发展的精神支撑；二是切实加强思想道德建设，依法治国和以德治国相辅相成，要建立与社会主义市场经济相适应、与社会主义法律规范相协调、与中华民族传统美德相承接的社会主义思想道德体系；三是积极发展文化事业和文化产业，发展各类文化事业和文化产业都要贯彻发展先进文化的要求，始终把社会效益放在首位；四是继续深化文化体制改革，根据社会主义精神文明建设的特点和规律，适应社会主义市场经济发展的要求，推进文化体制

---

① 《江泽民文选》第3卷，人民出版社2006年版，第276页。

改革。①党的十六大对文化建设的具体部署体现出中央在战略上把文化纳入中国特色社会主义事业发展的整体布局，从而初步形成中国特色社会主义文化发展道路的基本轮廓。

党的十六大之后，中央对于中国特色社会主义文化建设的基本内容、发展路径日益明晰。2004年9月，党的十六届四中全会提出，坚持马克思主义在意识形态领域的指导地位，不断提高党建设社会主义先进文化的能力。2005年10月，党的十六届五中全会在制定国民经济和社会发展第十一个五年规划的建议中提出，要加大政府对文化事业的投入，逐步形成覆盖全社会的比较完备的公共文化服务体系，也要积极推动中华文化走向世界。2006年10月，党的十六届六中全会提出，建设和谐文化，巩固社会和谐的思想道德基础；以社会主义核心价值体系为根本，形成全民族奋发向上的精神力量和团结和睦的精神纽带；通过树立社会主义荣辱观，培育文明道德风尚，推动形成我为人人、人人为我的社会氛围，塑造自尊自信、理性平和、积极向上的社会心态，礼让宽容的人际关系，健康文明的生活方式。2007年10月，党的十七大进一步提出社会主义文化大发展大繁荣的发展目标，并以建设社会主义核心价值体系、建设和谐文化、弘扬中华文化、推进文化创新四个方面作为文化建设的着力点。这标志着中央已经对中国特色文化发展道路的方向、目的、动力、战略、策略等关键问题有了较为清晰和完整的思路。2011年10月，党的十七届六中全会通过《中共中央关于深化文化体制改革推动社会主义文化大发展大繁荣若干重大问题的决定》，阐明中国特色社会主义文化发展道路，

---

① 《十六大以来重要文献选编》（上），中央文献出版社2005年版，第29—32页。

明确提出建设社会主义文化强国目标，对新形势下的社会主义文化建设做出全面部署。这是推进文化体制改革的纲领性文件。文化强国战略的提出，既反映提升中国文化软实力的迫切愿望，也是中华民族伟大复兴的必然选择。

二 文化体制改革与文化产业、文化事业的繁荣

20世纪80年代，文化界主要进行艺术表演团体的经营机制市场化改革，实行承包经营责任制。1985年4月，中共中央办公厅、国务院办公厅转发文化部《关于艺术表演团体的改革意见》，进一步明确专业艺术表演团体的性质和任务，提出改革艺术表演团体领导体制、扩大自主权、改革和完善管理制度、繁荣艺术创作、加强培养艺术人才等改革措施。此后，各地普遍进行艺术表演团体体制改革，冲击统包统管旧体制，为建立和发展充满活力的新体制奠定初步基础。

进入20世纪90年代，中共中央坚持"两手抓，两手都要硬"的方针，采取一系列重大措施，动员全党全社会的力量大力发展中国特色社会主义文化，文化建设取得新的重大进展。中央宣传部从1991年开始组织实施精神文明建设"五个一工程"奖等重要评奖活动，力争每年推出一本好书、一台好戏、一部优秀电视剧、一部优秀电影、一篇有创见有说服力的好文章，推出了一大批精品力作。鼓励文化艺术坚持正确的创作思想，深入生活，深入群众，满足广大群众精神文化需求，为进一步坚持"二为"方向和贯彻"双百"方针，弘扬主旋律、提倡多样化，繁荣社会主义文化，发挥了导向作用。党的十五大后，中国特色社会主义文化建设以实施"精品战略"为核心，通过

加强管理和深化改革，出现文化繁荣发展新局面。国家陆续制定和完善出版、印刷、音像制品、营业性演出以及广播电视等方面的管理条例，为文化精品进入市场提供法律保障和政策扶持，使健康的文化产品占据文化市场的主导地位。反映时代精神、贴近人民生活的优秀作品不断涌现，群众文化生活日益丰富多彩，健康文明社会氛围逐渐形成，社会主义文化阵地更加巩固。

进入21世纪，中国共产党顺应形势发展变化和人民群众精神文化需求，做出建设社会主义文化强国的重大战略决策。2002年，党的十六大明确做出积极发展文化事业和文化产业的战略决策，要求"抓紧制定文化体制改革的总体方案"，并第一次把文化事业和文化产业从概念上予以明确区分，进一步对文化产业的发展给出定性分析。自2003年6月起，北京、上海、重庆等9个文化体制改革综合性试点地区和35个宣传文化单位开展了文化体制改革的试点工作。2006年1月，中共中央、国务院发出《关于深化文化体制改革的若干意见》，突出强调发展与改革、社会效益与经济效益、文化事业与文化产业的协调关系，明确区别对待、分类指导，循序渐进、逐步推开的原则要求，以加快文化领域结构调整。文化体制改革在试点基础上稳步推进、有序发展。2007年10月，党的十七大提出，推动社会主义文化大发展大繁荣，强调要坚持社会主义先进文化前进方向，兴起社会主义文化建设新高潮，激发全民族文化创造活力，提高国家文化软实力。2009年9月，国务院发布《文化产业振兴规划》，首次将发展文化产业上升到国家战略。到党的十八大前夕，文化体制改革阶段性任务基本完成，文化行政管理部门职能转变逐步到位，国有经营性文化

第十四章 春回大地（改革开放和社会主义现代化建设新时期）

事业单位转企改制取得决定性进展，做大做强一批骨干文化企业，推动文化与科技、商贸、旅游、金融等深度融合。截至2012年10月，全国承担改革任务的580多家出版社、3000多家新华书店、850家电影制作发行放映单位、57家广电系统所属电视剧制作机构、38家党报党刊发行单位，已经全部完成转企改制；全国2103家承担改革任务的文化系统国有文艺院团（不含保留事业体制院团），已有2100家完成和基本完成转企改制、撤销或划转任务，占总数的99.86%。中央和地方的应转企改制的重点新闻网站中，80%以上已完成和基本完成改革任务，其他网站按计划在2012年底完成全部改革任务。[1]据不完全统计，全国共注销经营性文化事业法人6900多家，核销事业编制30万个。[2]

改革开放以来，文化产业逐步成为提供大量就业机会的国民经济重要行业、产业结构优化的主导行业和经济增长的重要支柱产业。中国初步健全由娱乐业、演出业、音像业、网络文化业、艺术品业等组成的文化行业体系，文化市场基本实现对非公有资本的全方位、全过程开放。伴随着文化体制改革的深入推进，中国文化产品的创作生产得到加强，主要文化产品的数量位居世界前列，文化市场繁荣活跃，中国文化的吸引力和影响力不断增强。中国已经成为世界第一出版大国、世界第一广播大国、世界第一电视剧大国、世界第一动漫大国。据统计，2011年文化产业法人单位增加值达13479亿元，占GDP比重达2.85%；文化产业法人单位增加值占GDP比重从2004年

---

[1] 《99.86%国有文艺院团转企改制》，《人民日报》2012年11月5日。
[2] 《文化体制改革 力度大波动小》，《人民日报》2012年11月12日。

的1.94%增至2011年的2.85%，年平均增长23.35%。①

这一时期，中共中央在构建公共文化服务体系过程中，以政府为主导、动员社会参与、群众共建共享，坚持城乡、区域文化协调发展，推动公益文化事业繁荣发展。全国文化基础设施建设取得突破性进展，逐步解决人民群众最关心、最直接、最现实的基本文化权益问题。2006年9月，中共中央办公厅、国务院办公厅印发《国家"十一五"时期文化发展规划纲要》，将公共文化服务置于优先地位。2007年，中共中央办公厅、国务院办公厅印发《关于加强公共文化服务体系建设的若干意见》，部署实施文化惠民工程，优先安排关系人民群众切身利益的重大公共文化服务项目。此后，许多文化团体定期或不定期到基层为群众义务演出，并与民间文化活动相结合，受到广泛称赞。截至2010年底，全国文化系统共有艺术表演团体2515个，博物馆2141个，公共图书馆2860个，文化馆3258个，广播电台227座，电视台247座，广播电视台2120座，教育电视台44个。有线电视用户18730万户，有线数字电视用户8798万户，广播节目综合人口覆盖率为96.8%，电视节目综合人口覆盖率为97.6%，极大丰富了人民群众的文化生活。②到2011年，公共博物馆、纪念馆、美术馆、公共图书馆、文化馆（站）都实行免费开放。中国公共文化服务已经建成一张覆盖全国城乡的网络，文化的触角延伸到最偏远的村落。③

---

① 《2011年文化产业增加值达13479亿元》，《人民日报》2012年11月14日。
② 《中华人民共和国2010年国民经济和社会发展统计公报》，《人民日报》2011年3月1日。
③ 《文化繁荣发展 凸显中国之美》，《人民日报》2012年1月17日。

第十四章　春回大地（改革开放和社会主义现代化建设新时期）

三　新闻出版与广播影视事业成果丰硕

新闻出版和广播电影电视是文化事业的重要组成部分。改革开放以来，新闻出版与广播影视事业改革取得丰硕成果，极大地丰富了广大人民群众的精神文化生活。

党的十一届三中全会后，新闻出版事业快速恢复和发展，陆续出版一大批国家和人民急需的图书，解决了十年内乱造成的严重书荒。但与改革开放的新形势相比，出版工作还存在不少迫切需要解决的问题，出书难、买书难的问题十分突出，有些书刊质量不高，甚至粗制滥造等。1983年6月，中共中央、国务院印发《关于加强出版工作的决定》，要求中国出版事业必须坚持为人民服务、为社会主义服务的根本方针，传播一切有益于经济和社会发展的科学技术和文化知识，有选择地整理出版中外文化遗产和各种思想资料，为社会主义的文化建设做出贡献。1988年4月，中宣部、新闻出版署出台《出版社改革试行办法》，提出逐步实行社长负责制，试行和完善出版社内部的各种承包责任制，并鼓励有条件的出版社试行向国家（上级主管机关）的承包经营责任制。在改革开放初期，中国围绕系统整理中华民族古代典籍、系统翻译出版世界各国学术著作、系统编撰出版各类工具书等，统筹规划"汉译世界学术名著丛书""中国大百科全书"等一批文化基本建设项目。

1989年11月，江泽民在会见参加中央宣传部举办的全国省市自治区党报总编辑新闻工作研讨班同志时讲话指出，社会主义的新闻事业作为我们意识形态领域的重要组成部分，必须遵循为社会主义服务、为人民服务的基本方针；新闻工作必须坚持党性原则，也就是坚持工人阶级和人民群众的根本利益的原则，两者是完全一致的；在新闻宣传中旗帜鲜明地坚持不懈地反对资产阶级自由化；新闻的真实性，就是要在新闻工作中坚持党的一切从实际出发、实事求是的思想路线。[①]2001年1月，全国宣传部长会议对进一步深化新闻出版广播影视业改革做出部署，强调改革要以发展为主题，充分考虑意识形态工作的特点，适应社会主义市场经济体制和精神文明建设需要，确保党对新闻出版广播影视业的领导。8月，中共中央办公厅、国务院办公厅转发《中央宣传部、国家广电总局、新闻出版总署关于深化新闻出版广播影视业改革的若干意见》。这一时期，在新闻出版方面，2002年4月，经中共中央、国务院批准，中国出版集团成立。新闻出版业最早完成全行业体制改革，催生了新闻出版业跨越式发展。2011年，中国新闻出版业总产出超过1.46万亿元，成为中国文化产业的主力军。在广播影视业方面，1993年1月，广播电影电视部发布《关于当前深化电影行业机制改革的若干意见》，中国电影打破几十年的统购包销格局，向真正进入市场迈出第一步。1994年1月，广电部、电影局授权中影公司每年引进10部"基本反映世界优秀文化成果和当代电影艺术、技术成就的影片"，并以分账方式由中影公司在国内发行。国产大片也在1995年开始以票房分账形式发行。1997年8月，国务院发布《广播电视管理条例》，成为中国第一部全面规范广播电视事业发展的行政法规。2001年12月，国务院常务会议通过修改后的《电影管理条例》，中国电影的制作、发

[①]《亲切会见省报总编辑新闻工作研讨班同志　江泽民阐明新闻工作基本方针》，《人民日报》1989年11月30日。

行、放映开始向民营资本全方位开放，中国电影进入井喷式发展阶段。宣传思想战线召开全国电视节目会议，号召电视台独立办节目、大办电视剧，创办中国艺术节，组织开展全国优秀电视剧评选（中国电视剧飞天奖）和政府"优秀影片奖"（后正式命名为"中国电影华表奖"）、中国电影金鸡奖、大众电影百花奖、大众电视金鹰奖等评选奖项，集中展现新时期中国文艺发展的优秀成果。新闻出版广播影视业改革迈出新步伐，发展进入新阶段。

党的十六大以后，中共中央高度重视党的宣传工作，制定一系列方针政策，做出一系列重大部署，其中最有引领性、战略性、标志性的，就是鲜明提出并贯彻落实"高举旗帜、围绕大局、服务人民、改革创新"的总要求和"贴近实际、贴近生活、贴近群众"的工作原则。这是对党的宣传工作长期实践的总结，是对宣传工作方针原则的系统概括，对于推动党的宣传事业在新的历史起点上实现繁荣发展发挥了重大作用。建立健全各级政府新闻发布制度，是适应改革开放和中国经济社会发展实际需要的一项重要举措，对于促进政务信息公开透明、建立起贴近群众的有效沟通渠道，具有重要意义。2003年1月，全国对外宣传工作会议提出，建立健全国务院新闻办公室、中央各部门、各省（区、市）人民政府三个层次的政府新闻发布机制，要求新闻发布经常化、规范化、制度化。2004年2月，国务院常务会议通过《关于改进和加强国内突发事件新闻发布工作的实施意见》。宣传领域在各种突发事件中及时准确传播信息，积极有效引导舆论，为妥善应对突发事件提供有力支持。

互联网和新兴媒体发展是这一时期文化建设的重要领域。自

1995年以来，中国互联网宣传工作起步，并在对内对外宣传中发挥越来越大的作用。2000年9月，国务院公布施行《互联网信息服务管理办法》。11月，国务院新闻办公室、信息产业部发布《互联网站从事登载新闻业务管理暂行规定》等。在国家大力推动下，中央和地方一些重要新闻网站建设迈上新台阶，人民网、新华网、中国网、中国国际广播电台网站、中国日报网站、央视国际网和中青网等中央新闻网站以及千龙新闻网、东方网、南方网、北方网等地方新闻网站的影响力日益增强，发挥了网上新闻传播主力军作用。这一时期，新闻宣传工作舆论导向正确、及时、鲜明、自觉，初步建立起宏观管理体系和一系列行之有效的工作制度，为建立社会主义市场经济体制、促进国民经济持续快速健康发展和社会全面进步提供有力的舆论支持。2004年11月，中共中央办公厅、国务院办公厅印发《关于进一步加强互联网管理工作的意见》。2006年5月，国务院公布《信息网络传播权保护条例》。2007年6月，中共中央办公厅、国务院办公厅印发《关于加强网络文化建设和管理的意见》。加强新兴媒体建设是这一时期的一项开创性事业。2009年12月，中国网络电视台开播。这是传统媒体积极占领互联网媒体新阵地的重要里程碑。据中国互联网络信息中心2008年7月发布的报告显示，中国网民数量、宽带网民数量和国家域名注册量跃居世界第一，标志着中国已步入互联网大国行列。截至2012年6月底，中国网民数量达到5.38亿，互联网普及率为39.9%；手机网民3.88亿，超过固定互联网网民的3.8亿，手机成为第一大上网终端。[1]

---

[1]《中国共产党宣传工作简史》（下），人民出版社2022年版，第528页。

四　科教兴国战略与科教事业发展

　　1977年，中断十年之久的中国高等学校招生考试恢复，开时代风气之先，为百业待兴的神州大地吹起来第一股尊重知识、尊重人才的春风。1978年全国科学大会上，邓小平提出"科学技术是生产力""知识分子是工人阶级的一部分"等论断，迎来"科学的春天"。1983年，国务院成立科技领导小组，领导科技改革试点，逐步确定科技改革要有利于促进科技与经济的紧密结合、有利于充分发挥科技人员的积极性与创造性、允许一部分科技人员先富起来等原则。1985年3月，中共中央做出《关于科学技术体制改革的决定》，强调科学技术体制改革的根本目的"是使科学技术成果迅速地广泛地应用于生产，使科学技术人员的作用得到充分发挥，大大解放科学技术生产力，促进经济和社会的发展"[1]，从运行机制、组织结构、人事制度等方面部署科技体制改革。此后，中国科技体制改革逐步展开，主要包括进一步放开技术市场、扩大科研机构的自主权、加强科研经费管理、促进科技人员合理流动等。此外，国家从20世纪80年代中期启动、实施"星火计划""863计划""火炬计划"等重大科技计划，有利于充分发挥科技对经济发展的重要推动作用。

　　邓小平"科学技术是第一生产力"的重要论断，不仅成为20世纪80年代中国科技体制改革的重要遵循，也成为90年代起实施的科教兴国战略的重要依据。1995年5月，中共中央、国务院做出《关于加速科学技术进步的决定》，第一次明确提出实施科教兴国战略，要坚持教育为本，把科技和教育摆在经济、社会发展的重要位置。实施

---

[1]《十二大以来重要文献选编》（中），人民出版社1986年版，第674页。

科教兴国战略，促进了中国科技教育投入的增加，特别是建设国家创新体系、建设世界一流大学等举措，引领科技教育事业走向快速发展轨道。1997年，党的十五大报告把发展教育和科学作为文化建设的基础工程，专门论述实施科教兴国战略，把教育纳入优先发展战略地位，提出增强自主创新能力，优化教育结构，大力加强基础教育，增强高等教育综合实力，并促进科技、教育同经济的结合等目标。根据科教兴国战略，国家致力于科技创新体系建设，推进研究机构改革，实施国家重点基础研究发展计划（通称"973计划"），推进以中国科学院为中心的知识创新工程试点，大力推进科技成果转化，促进中国科技事业实现跨越式发展。1998—2002年，中国先后启动重点基础研究项目132个，重视科技工业园区建设，推动科技成果迅速产业化，催生北京市中关村试验区等以高新技术产业为核心的知识产业群园区。1999年，中共中央和国务院隆重表彰为"两弹一星"做出突出贡献的23位科技专家，并授予功勋奖章。2000年7月，人事部印发《关于鼓励海外高层次留学人才回国工作的意见》，加大吸引高层次留学人才回国工作的力度，为优秀留学人员回国服务提供良好的条件和便捷的方式。截至2002年底，中国留学回国人员总数达15.3万人。2006年1月，中共中央、国务院再次召开全国科学技术大会，部署实施《国家中长期科学和技术发展规划纲要（2006—2020年）》。2012年，中共中央、国务院召开全国科技创新大会，号召中国科技界奋力创新、为全面建成小康社会提供有力科技支撑。

在科教兴国战略和创新战略推动下，中国重要学科前沿和战略必争领域取得一批重大自主创新成果。载人航天、探月工程、北斗导

第十四章　春回大地（改革开放和社会主义现代化建设新时期）

图14-3　1999年9月18日，出席中共中央、国务院、中央军委举行的表彰为"两弹一星"做出突出贡献的科技专家大会的部分科技专家

航、超级计算机等实现重大突破。千万亿次超级计算机系统"天河一号"研制成功，载人潜水器"蛟龙"号创下7062米的下潜纪录，百亩超级杂交稻试验田亩产突破900千克，嫦娥一号、二号探月卫星成功发射，神舟系列飞船实现了发射、空间出舱活动以及空间科学试验等重大突破。截至2012年6月，全国通信光缆线路总长度达1343.2万千米，已建成辐射全国的通信光缆网络。中国网民数量在2008年跃居世界第一，中国成为世界互联网使用最活跃的地区之一。《纽约时报》曾经撰文："中国已经成为全球计算机和消费类电子产品的主要生产国，飞速增长的经济和日益雄厚的科技基础设施，都使它走在了新一代计算机科技的前列。"①

---

①《十年，中国人的幸福"网事"》，《人民日报》2012年9月6日。

图14-4 "神舟五号"载人飞船发射成功,将中国首位航天员杨利伟送上太空。"神舟五号"在飞行21小时后安全返回

百年大计,教育为本。改革开放以来,中国教育事业进入新的发展时期。1985年中共中央发布《关于教育体制改革的决定》,指出教育体制改革的根本目的是提高民族素质,多出人才、出好人才,提出了"实行基础教育由地方负责,分级管理的原则",从而极大地调动了地方各级政府,尤其是县乡两级政府办学的积极性。1986年,全国人大通过《中华人民共和国义务教育法》,使中国基础教育走上了法制化的轨道。1993年,中共中央、国务院发布《中国教育改革和发展纲要》,明确到20世纪末中国基础教育的发展方向和基本方针。1995年,全国人大通过《中华人民共和国教育法》,初步建立起教育法律法规的基本框架。为了改革教育投资体制,全面推进素质教育,加快

第十四章　春回大地（改革开放和社会主义现代化建设新时期）

高等教育改革发展，国家实施"211工程"和"985工程"；积极改善知识分子的工作、学习和生活条件，对有突出贡献的知识分子给予重奖，并形成规范化奖励制度。1999年6月，中共中央、国务院发布《关于深化教育改革全面推进素质教育的决定》，为构建21世纪充满生机活力的具有中国特色的社会主义教育体系指明方向。2006年6月，新修订的《中华人民共和国义务教育法》明确规定，"实施义务教育法，不收学费、杂费"，将义务教育所需经费全面纳入财政保障范围，为全国义务教育长期持续发展提供制度保证。到2002年底，全国实现基本普及九年制义务教育和基本扫除青壮年文盲的人口地区覆盖率达到91%。2008年9月，中国城乡义务教育实现全部免费，惠及1.6亿学生，减轻了亿万家庭的经济负担，确保所有义务教育适龄儿童都能"不花钱、有学上"。到2012年，中国公民受教育程度大幅度提升，九年义务教育巩固率达91.8%，15岁以上人口平均受教育年限达到9年以上，超过世界平均水平；高中阶段教育毛入学率达到85%，与发达国家平均水平持平；高等教育大众化程度进一步提高，高等教育毛入学率达30%，在学总规模达到3325.21万人，位居世界第一。[①]

五　哲学社会科学与文化遗产保护事业的新气象

改革开放以来，中国共产党高度重视哲学社会科学，颁布实施一系列支持和加强哲学社会科学发展的政策，建立多类型的科研平台。邓小平多次指出："科学当然包括社会科学"，"自然科学固然重要，

[①] 《2012年中国人权事业的进展》，《人民日报》2013年5月15日。

要搞好，社会科学也很重要"①。1977年5月，经中共中央批准，在中国科学院哲学社会科学部基础上，成立中国社会科学院。此后，中国社会科学院立即着手调整健全内部机构，恢复、创办学术刊物，建立学术委员会，恢复评定学术职称工作，扩大对外学术交流，逐渐恢复社会学、政治学等社会科学学科。一大批适应改革开放和社会主义现代化建设需要的哲学社会科学新兴学科应运而生，各地先后成立社会科学院，恢复地方社科联，高等院校的哲学社会科学学科建设得到迅速发展。1982年10月召开的全国哲学社会科学规划座谈会，强调哲学社会科学事业今后必须有一个大的发展。2002年7月，江泽民在中国社会科学院建院25周年座谈会上明确指出："哲学社会科学具有不可替代的重要作用，哲学社会科学工作者是一支不可替代的重要力量。我们必须始终重视哲学社会科学，加快发展哲学社会科学。"②2004年1月，中共中央发布《关于进一步繁荣发展哲学社会科学的意见》，明确新时期繁荣发展哲学社会科学的指导方针、主要任务和总体目标。党的十七大明确提出："繁荣发展哲学社会科学，推进学科体系、学术观点、科研方法创新，鼓励哲学社会科学界为党和人民事业发挥思想库作用，推动我国哲学社会科学优秀成果和优秀人才走向世界。"③这是历次党的代表大会对哲学社会科学论述最多的一次，为哲学社会科学事业进一步指明发展方向，提出明确要求。

广大哲学社会科学工作者，一方面积极投入政治理论研究。他

---

① 《邓小平文选》第2卷，人民出版社1994年版，第48页；《邓小平思想年编（1975—1997）》，中央文献出版社2011年版，第87页。
② 《江泽民文选》第3卷，人民出版社2006年版，第491页。
③ 《十七大以来重要文献选编》（上），中央文献出版社2009年版，第27页。

第十四章 春回大地（改革开放和社会主义现代化建设新时期）

们积极参与真理标准问题大讨论，推动坚持、恢复和发展党的思想路线；进行社会主义市场经济理论探索，推进社会主义市场经济体制改革；研究中国还处于社会主义初级阶段的国情，推动社会主义初级阶段理论和路线的创立；推动确立"依法治国"方略，建设社会主义法治国家；参加马克思主义理论研究和建设工程，开展马克思主义中国化最新成果的研究和宣传，加强马克思主义理论建设，推动哲学社会科学创新进程。另一方面紧紧围绕党和国家事业发展的重大理论和现实问题，大力加强现实性对策性研究，为推动改革促进发展发挥了思想库、智囊团作用。他们积极参加一系列国家重大决策的讨论和重要文件的起草，完成一批以应用对策研究为主的交办委托课题。如中国社会科学院全面启动国情调研工作，每年推出大量调查报告和20多种年度形势分析与预测研究报告；围绕全面建设小康社会、贯彻落实科学发展观、构建社会主义和谐社会等，及时组织一批重点课题，推出一批有分量的研究成果。各地哲学社会科学研究机构也在服务地方党委和政府决策、推动经济社会发展方面做了大量工作。

此外，广大哲学社会科学工作者还不断加强基础研究，传统学科硕果累累，新兴学科、交叉学科方兴未艾，濒临消亡的绝学重新焕发活力，逐渐形成重点突出、全面推进、共同发展的学科建设新格局，为传承中华文明、提高国家文化软实力发挥了重要作用。哲学社会科学界推出许多优秀成果，从不同侧面诠释、传承博大精深的中华文明，弘扬民族精神，展示与中国悠久历史、璀璨文化、国际地位相称的学术成就和学术研究水平。

文化遗产是中华民族优秀文化的集中体现，体现中华民族自强不息的精神追求，是中华民族历久弥新的宝贵精神财富，是建设中华民族共有精神家园的重要支撑。为加强国家对文物的保护，继承中华优秀历史文化遗产，1982年11月，五届全国人大二次会议通过《中华人民共和国文物保护法》，这是保护祖国历史文化遗产的一项重大措施。1992年和1995年，国务院先后两次召开全国文物工作会议，形成了"保护为主，抢救第一，合理利用，加强管理"的文物工作方针，推动社会主义市场经济体制下的文物保护事业发展。2005年12月22日，《国务院关于加强文化遗产保护工作的通知》发布，决定从2006年起，每年6月的第二个星期六为中国"文化遗产日"，这标志着文化遗产保护成为全民广泛参与的事业。2011年6月，《中华人民共和国非物质文化遗产法》正式施行，标志着国家的非物质文化遗产保护走上法制化轨道。2011年10月，党的十七届六中全会明确提出建设优秀传统文化传承体系，强调要"加强国家重大文化和自然遗产地、重点文物保护单位、历史文化名城名镇名村保护建设，抓好非物质文化遗产保护传承"。截至2011年10月，国务院先后公布六批2351处全国重点文物保护单位，三批1219项国家级非物质文化遗产名录项目。中国拥有联合国教科文组织颁布的世界自然遗产、文化遗产和双遗产共41处，总数居世界第三；28个项目入选联合国教科文组织"人类非物质文化遗产代表作名录"，6个项目入选"急需保护的非物质文化遗产名录"，总数位列世界第一。[1]

在国际舞台上，随着中国国际地位不断提高，对外学术交流与合作日益增多，中国哲学社会科学的国际影响日益扩大。中国学者从

---

[1] 蔡武：《辉煌的成就 宝贵的经验》，《人民日报》2011年11月4日。

过去以接受境外资助"走出去"为主，转为"走出去""请进来"并举，而且"走出去"步伐加快。中国哲学社会科学界贯彻"以我为主"的原则，在学术交流与合作中越来越主动，交流领域逐渐扩大、层次稳步提升，日益成为对外友好往来的重要载体。中国社会科学院的学术外交也越加活跃，主办一批外文刊物，组织翻译一批有代表性的论著在海外出版发行，主办一系列重要国际学术会议，接待大批重要外宾、学者来访或演讲，扩大中国哲学社会科学的世界影响力，增强了在国际学术交流中的话语权。

六　体育事业开启新篇章

体育事业也在改革开放中迎来欣欣向荣的春天。1979年，中国在国际奥委会的合法席位得以恢复，中国体育从此全面登上国际舞台，体育成为中国全面参与国际竞争与合作的一个重要领域。1984年，中国重返奥运会，中国运动员实现了中国奥运会金牌零的突破，开启中国竞技体育和奥运历史的新篇章。1990年9月22日至10月7日，北京成功举办第十一届亚洲运动会。这是中国首次举办大型综合性国际体育赛事，中国体育代表团取得金牌和奖牌总数、总分第一的优异成绩。

举办奥运会是中华民族的百年期盼。2001年7月，北京获得2008年第二十九届夏季奥运会举办权，圆了中国人的百年奥运梦。经过7年的筹办，2008年8月8—24日，以"同一个世界，同一个梦想"为主题口号的第二十九届夏季奥运会在北京成功举办。204个国家和地区的11438名运动员参加。这是历史上参赛国家和地区、运动员最多的一届奥运会。9月6—17日，第十三届夏季残疾人奥运会在北京举办。中国体育代表团首次位居奥运金牌榜第一、位居残奥会金牌榜和奖牌榜第一。中国政府贯彻"绿色奥运、科技奥运、人文奥运"理念，坚持"开放办奥运、创新办奥运、节俭办奥运、廉洁办奥运、全民办奥运"的方针，把北京奥运会办成了一届有特色、高水平的奥运会，赢得奥林匹克大家庭和国际社会的广泛赞誉。国际奥委会主席罗格盛赞北京奥运会是一届"真正的无与伦比的奥运会"。北京奥运会、残奥会的成功举办，展示中国人民昂扬向上的精神风貌，增进了中国人民同世界各国人民相互了解和友谊，在人类奥运史上镌刻了不可磨灭的中国印记。

图14-5　2008年8月8日晚，第二十九届夏季奥运会在北京国家体育场（鸟巢）隆重开幕

中国体育代表团在历届奥运会中涌现出许海峰、李宁和中国女排等一大批成绩优异的世界级选手和过硬队伍。截至2011年底，中

国运动员在各类世界大赛上共获得世界冠军2671个,创超世界纪录1236次。①

除了竞技体育成绩辉煌外,中国的群众体育事业也快速发展。1995年6月,国务院颁布《全民健身计划纲要》。2005年,国家体育总局提出建设农民体育健身工程。截至2011年底,全国1/3行政村拥有公共体育场地,各类公共体育场馆已达100多万个,3.7万所学校体育设施向公众开放;全国城乡有体育指导站、体育健身活动站(点)25万多个,省级以下各级各类体育社团达5.3万个。

体育事业蓬勃发展所取得的优异成绩,极大增强了国民身体素质,振奋了民族精神。

第四节 中华文明在创新发展和交流互鉴中提升软实力

中华文明自古就以突出的创新性、包容性、和平性闻名于世,守正不守旧、尊古不复古,积极推动中华民族交往交流交融、对世界文明兼收并蓄,始终做世界和平的建设者、全球发展的贡献者、国际秩序的维护者。改革开放以来,中华文明更是在创新发展、交流互鉴中,不断焕发新的生命力,提升自身软实力。中国共产党不断深化对人类文明和进步发展的认识,走出一条中国特色的政治发展道路和社会建设道路,形成具有中国特色的社会主义政治文明、

---

① 《体育,让我们生活更阳光》,《人民日报》2012年6月11日。

社会文明，为人类文明发展贡献了中国方案。中国根据新的时代形势和发展要求，提出和平与发展的时代主题判断，坚持独立自主的和平外交政策，提出新安全观与和谐世界等理论，为推动世界和平与发展贡献中国智慧。在对外文化交流中，中国秉持以增进民众对中国的理解、沟通民众的感情为目的，在交流中互相学习，在合作中共促和平发展，向世界真诚、真实地展示一个有着悠久历史和灿烂文化，同时又充满活力、开放自信的中国，一个文明进步、倡导建设和谐世界的中国。

一　形成具有中国特色的社会主义政治文明

党的十一届三中全会后，邓小平站在时代发展的高度，指出中国的政治建设必须从实际国情出发、由政治体制改革着手，对社会主义条件下如何发展社会主义民主、建设社会主义政治文明等一系列重大问题开始新的探索。邓小平提出"没有民主就没有社会主义，就没有社会主义的现代化"[1]这一著名论断。20世纪80年代，中国在坚持四项基本原则的前提下开始积极稳妥地推进以精兵简政为原则的政治体制改革，废除干部领导职务终身制，建立老干部离退休制度，在改革开放的实践中形成关于政治文明建设的理论体系，取得政治文明建设的初步成就。

进入20世纪90年代，江泽民通过对中国社会主义政治文明建设实践的理论探索，总结世界社会主义政治文明建设的历史经验和教训，提出"发展社会主义民主政治，建设社会主义政治文明，是社会

---

[1]《邓小平文选》第2卷，人民出版社1994年版，第168页。

第十四章　春回大地（改革开放和社会主义现代化建设新时期）

主义现代化建设的重要目标"[①]。1997年9月，党的十五大报告把依法治国正式确立为党领导人民治理国家的基本方略。1999年3月，"依法治国，建设社会主义法治国家"被载入宪法，上升为国家意志。依法治国基本方略的提出和建设社会主义法治国家奋斗目标的建立，是新时期法治建设史上的重要里程碑。2002年5月，江泽民在中央党校省部级干部进修班毕业典礼上发表讲话，第一次正式提出"社会主义政治文明"的科学概念，并且把建设社会主义政治文明作为社会主义现代化建设的重要目标，党的领导、人民当家作主、依法治国这三方面构成中国特色社会主义政治文明的三大支点。

2002年11月，党的十六大进一步把社会主义政治文明同全面建设小康社会联系起来，将其作为全面建设小康社会的重要目标，强调发展社会主义民主政治，最根本的是要把坚持党的领导、人民当家作主和依法治国有机统一起来，并将政治文明写入党章。这表明社会主义政治文明，不仅是党的政治理念，而且成为党的行动纲领和全体党员的神圣使命，在社会主义建设史上具有重大的理论与实践意义。及至党的十七大，中国共产党提出，人民民主是社会主义的生命，发展社会主义民主政治是我们党始终不渝的奋斗目标。中国共产党团结带领中国人民，在积极推动经济社会发展的同时，努力推进中国社会主义民主政治建设不断向前发展。

建设社会主义政治文明是中国共产党深刻总结正反两方面历史经验，立足中国国情，不搞西方的多党制和议会制，不照搬西方政治制度模式，对自己一贯坚持和实行的人民民主制度的新总结、新概

[①] 《十五大以来重要文献选编》（下），人民出版社2003年版，第2416页。

括，走出一条中国特色的政治发展道路，为人类政治文明发展贡献了中国方案。

二 建设社会主义社会文明

社会和谐是中国特色社会主义的本质属性，是国家富强、民族振兴、人民幸福的重要保证。[①] 改革开放以来，为着力解决经济社会发展"一条腿长、一条腿短"的问题，中共中央、国务院从中国特色社会主义总体布局的高度出发，在经济发展基础上逐步提高人民物质文化生活水平，大力加强社会建设，切实保障和改善民生，推动社会主义和谐社会建设，形成当代中国的社会主义社会文明成果。

社会建设与广大人民群众的切身利益紧密相连，直接关系千家万户的幸福安康。在党的十六大上，中共中央适应经济社会发展的新趋势新特点，顺应各族人民过上更加美好生活的新期待，提出"经济更加发展、民主更加健全、科教更加进步、文化更加繁荣、社会更加和谐、人民生活更加殷实"的全面建设更高水平小康社会的目标，把社会建设摆到更加突出的位置。[②] 党的十六届四中全会第一次明确提出要构建社会主义和谐社会，并将"坚持最广泛最充分地调动一切积极因素，不断提高构建社会主义和谐社会的能力"

[①] 《中国共产党第十六届中央委员会第六次全体会议文件汇编》，人民出版社2006年版，第1页。
[②] 《中国共产党第十六次全国代表大会文件汇编》，人民出版社2002年版，第18页。

第十四章 春回大地（改革开放和社会主义现代化建设新时期）

作为提高党的执政能力的一个重要方面。① 在此基础上，党的十六届六中全会在更高层次、更广领域全面研究构建社会主义和谐社会的若干重大问题。全会通过的《中共中央关于构建社会主义和谐社会若干重大问题的决定》，明确提出当前和今后一个时期构建社会主义和谐社会的指导思想、目标任务、工作原则和重大部署，科学界定了中国所要构建的社会主义和谐社会是在中国特色社会主义道路上，党领导全体人民共同建设、共同享有的和谐社会。党的十七大报告进一步明确提出，深入贯彻落实科学发展观，按照民主法治、公平正义、诚信友爱、充满活力、安定有序、人与自然和谐相处的总要求和共同建设、共同享有的原则，着力解决人民最关心、最直接、最现实的利益问题，努力形成全体人民各尽其能、各得其所而又和谐相处的局面，为发展提供良好社会环境。② 和谐社会的提出，既是对中国优秀传统文化的继承和发扬，也是对马克思主义基本原理的创新和发展，体现了社会主义政治文明的深化与发展，为社会主义社会文明建设提供重要基础。

在保障民生方面，一是积极促进就业再就业。中国颁布施行《中华人民共和国就业促进法》，制定实施一系列促进就业和下岗失业人员再就业的政策措施，初步形成劳动者自主择业、市场调节就业和政府促进就业的市场就业格局。2011年底，中国城乡就业人数达到7.6亿人，保持就业形势总体稳定。二是推进完善收入分配制度改革。党的十六大确立劳动、资本、技术和管理等生产要素按贡献参与分配的

---

① 《十六大以来重要文献选编》（中），中央文献出版社2006年版，第286页。
② 《十七大以来重要文献选编》（上），中央文献出版社2009年版，第13—14页。

原则，提出"初次分配注重效率""再分配注重公平"。国家采取一系列重要措施，重点改善低收入群体和困难群众生活，不断提高基本养老金，适当提高优抚对象等人员的抚恤和生活补助标准，提高城市低保对象的补助水平，并逐步提高扶贫标准和最低工资标准。三是建立和完善社会保障体系。中国加快建立与经济发展水平相适应、覆盖城乡居民的社会保障体系。经过多年努力，中国已初步形成以社会保险为主体，包括社会救助、社会福利、优抚安置、住房保障和社会慈善事业在内的社会保障制度框架，基本建成世界上覆盖人口最多的社会保障网。

在加强和创新社会管理方面，随着改革发展进入关键时期，社会矛盾也进入多发期，社会管理面临新形势新任务。2002年，党的十六大提出深化行政管理体制改革，把社会管理和公共服务纳入政府职能范围。此后，党和国家进一步加强党的领导，强化政府社会管理职能，强化各类企事业单位社会管理和服务职责，引导各类社会组织加强自身建设、增强服务能力，支持人民团体参与社会管理和公共服务，加强和完善社会管理格局；完善党和政府主导的维护群众权益机制，逐步建立科学有效的利益协调机制、诉求表达机制、矛盾调处机制、权益保障机制。2003年"非典"以后，中国应急管理的法律法规体系不断完善，为处理突发公共危机事件提供了制度保障，逐步建立统一领导、综合协调、分类管理、分级负责、属地管理为主的应急管理体制。2011年7月，中共中央、国务院印发《关于加强和创新社会管理的意见》，明确加强和创新社会管理的指导思想、基本原则、目标任务和主要措施。各地积极探索完善社会管理和公共服务的新路子、新举措，创新社会管理体系、体制和运行机制。

三　对外文化交流新气象

随着改革开放的逐步展开、对外交往的不断深化和文化视野的骤然拓宽，中国思想文化领域掀起一股译介和学习西学，研究、反思和批判中国传统文化的浪潮，形成蔚为壮观的文化热。

在文化热中，中国涌现众多思想学术团体，开展各种学术活动，同时出现思想学术译、著的丛书（刊）出版热。如以自然科学研究者为核心，以译介世界最新科学成果、弘扬科学精神与方法为主旨的"走向未来丛书"编委会；以复兴国学为己任，聚集在北京大学和中国社会科学院的青年学者为主体的"文化：中国与世界"编委会；引介和阐释当代西方人文思潮的"二十世纪文库"编委会；等等。短短十数年间，西方自启蒙运动以来从崇尚理性到非理性泛滥时代的哲学、科学、文化思潮，潮水般展现在中国知识界面前。其中，理性主义的启蒙思潮主要表现为人道主义、自由主义，对新时期的哲学思想、文艺创作、文化观念产生不小影响。非理性主义思潮是欧美发达国家在现代化过程中，特别是饱受第二次世界大战创伤而产生的对理性主义的反思和抛弃，如19世纪以叔本华、尼采为代表的唯意志主义，席美尔的现象学，萨特的存在主义，弗洛伊德主义等，对新时期文化影响较为复杂，产生了"萨特热""尼采热""弗洛伊德热"等思想文化现象。被称为"老三论"的系统论、信息论、控制论和此后被称为"新三论"的耗散结构论、协同论、突变论的科学哲学理论在中国西学热中风靡一时，被广泛运用到哲学社会科学的各个领域。同时，中国思想文化界开始在反思中将目光投向中国传统文化，对传统文化进行再认识、再评价和再利用，客观上促进了思想文化界对传统文化的理性研究，在断代文化史、地域文化史、民族文化史、中外文化交流以及人类文化史等方面都卓有建树。中国文化书院、中国孔子基金会、中华孔子研究所等一些传统文化研究机构的建立，儒学国际学术讨论会、国际中国文化学术讨论会等重要学术会议的召开，《孔子研究》等学术期刊的创办，使传统文化研究进入了崭新的发展阶段。

随着对外开放的不断深入，对外文化交流日益加强。作为中国独立自主和平外交政策的重要组成部分，中国对外文化交流秉持以增进民众对中国的理解、沟通民众的感情为目的，在交流中互学互鉴，在合作中共促和平发展，向世界真诚、真实地展示一个既古老又现代的中国，一个有着悠久历史和灿烂文化，同时又充满活力、开放自信的中国，一个文明进步、倡导建设和谐世界的中国。

文化"走出去"成为中国面向世界的平台和窗口。自1999年以来，国务院新闻办先后在世界五大洲、20多个国家举办以"感知中国"为主题的系列文化交流活动。2005年7月出台的《关于进一步加强和改进文化产品和服务出口工作的意见》和2006年9月颁布的《国家"十一五"时期文化发展规划纲要》，部署实施"走出去"重大工程项目，加快文化"走出去"的步伐，扩大中国文化的覆盖面和国际影响力，标志着中国文化"走出去"政策的基本成形。2007年10月，党的十七大提出提高文化软实力的任务，要求"加强对外文化交流，吸收各国优秀文明成果，增强中华文化国际影响力"。2011年4月,文化部颁布《关于促进文化产品和服务"走出去"2011—2015年总体规划》。10月,党的十七届六中全会就推动中华文化走向世界做出具体部署,开展多渠道、多形式、多层次的对外文化交流,广泛参与世界文明对话,促进文化相互借鉴,增强中华文化在世界上的感召力和影响力,共同维护文化多样性。到"十一五"期末,中国与世界上160多个国家和地区保持良好文化交流关系,先后与145个国家签订政府间文化交流合作协定和800多个年度文化交流执行计划,全方位对外文化交流新格局逐步形成。"中华文化年""中国文化节""文化中国""相约北京""中非文化聚焦"等大型品牌文化活动成功举办,影响广泛。"世界中国学论坛"成为向世界介绍中国、从学术视角讲好中国故事的知名品牌和重要活动。海外文化阵地建设不断加强,中国在海外设立96个使领馆文化处(组)、9个中国文化中心、322个孔子学院。[1] 2004—2010年,中国对外文化集团公司共向全球近80个国家和地区派出演出团组630多个,演出33000多场,现场观众超过7000万人次,其中商业演出超过60%,实现直接贸易价值5.5亿元。[2]

作为中国出版"走出去"的先驱,"中国图书对外推广计划"通过政府推动、企业主导、市场化运作方式,支持国内外出版机构在国际市场出版中国主题图书。该计划实施5年间,2006—2011年,中国引进外国图书和出口国内图书的比例从15∶1缩小到2.9∶1。此外,被称为"中国图书对外推广计划"的"加强版"的"中国文化著作翻

---

[1] 《中国共产党宣传工作简史》(下),人民出版社2022年版,第551页。
[2] 《"走出去",提升软实力》,《人民日报》2012年10月17日。

译出版工程",以重点资助学术经典和文学经典著作对外出版发行的"经典中国"国际出版工程、中国出版物国际营销渠道拓展工程等多个工程,也蓬勃展开。中国各类出版物版权输出总量增长491%,截至2012年10月,已有39家中国新闻出版单位在境外通过新设、收购等方式设立出版业务分支机构332个。

作为融合艺术与技术的综合性艺术,电影通过影像和梦想的力量传播文化和价值观。2011年,中国向22个海外国家地区推出55部影片,收入20多亿元人民币。中国电影海外推广在曲折中前行,2010年,中国在境外举办100次中国电影展,展映国产影片578部次,47部国产影片销往61个国家和地区,海外票房和销售收入35.17亿元人民币。

中华文明以开放的姿态、共享的理念实践着"美美与共、天下大同"的质朴理想。各种文化产品和文化服务通过不同渠道、载体"走出去",向世界展示充满活力、博大精深的中华优秀传统文化。中国作家莫言获得2012年诺贝尔文学奖,反映了中国文学的国际影响力不断提升。中华文化正以更加自信的姿态走出国门、走向世界。

四 明确时代主题与提出新安全观、和谐世界理论

改革开放以来,中国共产党在对外交往实践中积极探索,在理论上勇于创新,明确了和平与发展的时代主题,提出新安全观与和谐世界理论,为推动世界文明进步事业贡献了中国方案、中国智慧。

20世纪后期,世界形势开始发生重大变化,尽管解决和平与发展两大问题的进程仍然坎坷曲折,局部战争,霸权主义,强权政治、

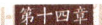

第十四章　春回大地（改革开放和社会主义现代化建设新时期）

发展的不平衡、不公正不合理的国际政治经济旧秩序等威胁世界和平与发展的因素依然存在，天下并不太平，但和平与发展已经成为世界各国人民的普遍愿望。邓小平以敏锐的洞察力深刻地指出："现在世界上真正大的问题，带全球性的战略问题，一个是和平问题，一个是经济问题或者说发展问题。"[①] 邓小平关于"和平与发展"两大问题的论断，在党的十三大被概括为"时代主题"。这一概括对于我们党正确认识国际形势，制定正确的内外政策，抓住机遇，加快发展，产生了深远影响。江泽民在联合国千年首脑会议上进一步明确指出："追求和平与发展……是我们这个时代的主题。"[②] 虽然世界经历了许多深刻变化，但是，时代主题没有变，世界要和平，人民要合作，国家要发展，社会要进步，已成为不可抗拒的时代大势。

随着中国共产党对时代主题判断和认识的转变以及对国际局势认识的不断深化，中国坚持的独立自主和平外交原则得到充分展示，逐步明确坚持独立自主的和平外交政策，坚持维护世界和平、促进共同发展的外交政策宗旨，走和平发展道路，不仅自己承诺绝不搞侵略扩张，永远不争霸、不称霸，也坚定维护世界和平、反对霸权主义和强权政治，致力于解决地区争端、缓和地区紧张局势，积极参与多边事务和全球性问题治理，承担相应国际义务，发挥建设性作用，打破了"国强必霸"的大国崛起传统模式，为维护世界和平、促进人类发展做出了重要贡献。[③]

[①]《邓小平思想年编（1975—1997）》，中央文献出版社2011年版，第532页。
[②]《江泽民文选》第3卷，人民出版社2006年版，第107页。
[③]《中国的和平发展》，《人民日报》2011年9月7日。

东欧剧变、苏联解体后，世界进入新旧格局转换、局势动荡的时期。面对严峻复杂的国际形势，中共中央根据邓小平提出的"冷静观察、稳住阵脚、沉着应付"的指导原则，坚持独立自主的和平外交政策，坚持反对霸权主义和强权政治，坚持在和平共处五项原则的基础上同一切国家发展友好关系，同时科学把握世界变化趋势和特点，在实践中不断总结经验，对中国外交方针做出新的调整。中国向国际社会表明对不同社会制度、不同文化及价值观多样性的立场，不以社会制度和意识形态的异同作为处理国家关系的依据，率先倡导国际关系民主化的思想；高举和平、发展、合作的旗帜，坚持走和平发展的道路，强调中国是一支维护世界和平与稳定的重要力量；在和平共处五项原则的基础上，大力拓宽中国外交平台，努力争取有利的和平国际环境，打破西方资本主义国家对华"制裁"；充分利用外部世界一切可以利用的条件和资源，集中精力进行社会主义现代化建设。在此方针指引下，中国积极发展与不同国家的伙伴关系，构筑对外关系新框架。这种伙伴关系是一种新型国家关系，其主要特征是不结盟、不对抗、不针对第三国。伙伴关系的建立，推动中国与国际社会良性互动，拓宽了中国外交新局面，为中国营造良好的国际环境发挥积极作用。在立足中国融入国际社会大背景下，中国倡导建立互信、互利、平等、协作的新安全观，寻求实现综合安全、共同安全、合作安全。江泽民指出："维护国际安全，必须彻底摒弃冷战思维，努力把国际社会的持久和平建立在促进各国相互信任和共同利益的新安全观的基础上。应该通过对话增进信任，通过合作谋求安全，相互尊重主权，和平解决争端。""新安全观的核心，应该是互信、互利、平等、协作。"①新安全观体现了中国建立国际政治经济新秩序的基本理念和新型国家关系准则，成为中国对外政策的一项重大理论创新，也为推动世界和平与发展提供了中国智慧。

进入21世纪，面对少数国家推行干涉主义导致的地区动荡加剧、全球问题突出局面，推动建设一个怎样的世界成为各国共同关注的重大问题。中国基于几千年历史文化传统和对经济全球化本质、对21世纪国际关系和国际安全格局变化、对人类共同利益和共同价值的认识，郑重选择和平发展、合作共赢作为实现国家现代化、参与国际事务和处理国际关系的基本途径，致力于建立和平、稳定、公正、合理的国际政治经济新秩序，主张正确引导经济全球化，尊重世界多样性，推动国际关系民主化，协商解决国际问题。2005年9月，胡锦涛在联合国成立60周年首脑会议上全面阐述建设持久和平、共同繁荣的和谐世界的理念。这一理念是以胡锦涛同志为总书记的党中央对世界发展前景这一长远性、根本性问题做出的系统阐述，深刻回答了当代中国外交举什么旗、走什么路、实现什么目标的问题，表明中国将始终高举和平、发展、合作的旗帜，始终不渝走和平发展道路，为创造人类更加美好的未来而与各国携手奋斗。其核心内涵在于，"坚持多边主义，实现共同安全""坚持互利合作，实现共同繁荣""坚持包容精神，共建和谐世界""坚持积极稳妥方针，推进联合国改革"。②这一理念，源自中国五千多年以"和合"为灵魂的历史文化精髓、马克思主义和谐理念、新中国几代领导人的外交思想和以《联合国宪

---

① 《江泽民文选》第2卷，人民出版社2006年版，第313、407页。
② 《胡锦涛文选》第2卷，人民出版社2016年版，第352—355页。

章》为代表的公认的国际法和国际关系准则精神，具有鲜明的时代性、战略性和发展性。和谐世界理念是当代中国外交理论的重大创新，开辟了中国外交理论发展的新境界，指导中国外交迈入坚持和平发展、建设和谐世界的历史新阶段。

本章参考文献

《改革开放简史》，人民出版社、中国社会科学出版社2021年版。
《新中国70年》，当代中国出版社2019年版。
《中国共产党的一百年》，中共党史出版社2022年版。
《中国共产党简史》，人民出版社、中共党史出版社2021年版。
《中国共产党历史》第二卷，中共党史出版社2011年版。
《中华人民共和国简史》，人民出版社、当代中国出版社2021年版。
《中华人民共和国经济史（1949—2019）》，当代中国出版社2019年版。
《中华人民共和国社会史（1949—2019）》，当代中国出版社2019年版。
《中华人民共和国外交史（1949—2019）》，当代中国出版社2020年版。
《中华人民共和国文化史（1949—2019）》，当代中国出版社2019年版。
《中华人民共和国政治史（1949—2019）》，当代中国出版社2019年版。
石仲泉主编：《辉煌40年——中国改革开放成就丛书》，安徽教育出版社2018年版。

本章图片来源

图14-1 《光明日报》1978年5月11日。
图14-2、图14-3、图14-4、图14-5 资料照片，新华社发。

第十五章 走向复兴

（中国特色社会主义新时代）

第十五章　走向复兴（中国特色社会主义新时代）

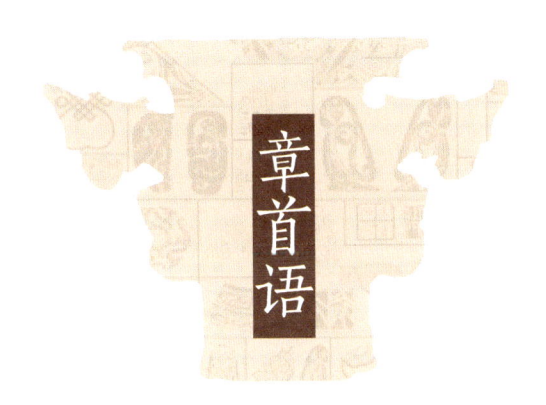

章首语

从党的十八大开始，中国特色社会主义进入新时代，这是我国发展新的历史方位，掀开了实现中华民族伟大复兴的新篇章。以习近平同志为主要代表的中国共产党人，坚持把马克思主义基本原理同中国具体实际相结合、同中华优秀传统文化相结合，深刻总结并充分运用党成立以来的历史经验，从新的实际出发，创立了习近平新时代中国特色社会主义思想。习近平新时代中国特色社会主义思想是当代中国马克思主义、二十一世纪马克思主义，是中华文化和中国精神的时代精华，实现了马克思主义中国化新的飞跃，铸就了中华文明的新高峰。

新时代的伟大变革，在中华文明发展史上具有里程碑意义。为了实现中华民族伟大复兴的中国梦，以习近平同志为核心的党中央团结带领全国各族人民，统筹推进"五位一体"总体布局，协调推进"四个全面"战略布局，战胜一系列重大风险挑战，解决了许多长期想解决而没有解决的难题，办成了许多过去想办而没有办成的大事。在中华大地上如期全面建成小康社会，实现了第一个百年奋斗目标，党和国家事业取得历史性成就、发生历史性变革，为实现中华民族伟大复兴提供了更为完善的制度保证、更为坚实的物质基础、更为主动的精神力量。中华民族迎来了从站起来、富起来到强起来的伟大飞跃，实现中华民族伟大复兴进入了不可逆转的历史进程。

经过党的十八大以来党领导人民在理论和实践上的创新突破，物质文明、政治文明、精神文明、社会文明、生态文明协调发展，成功推进和拓展了中国式现代化，不断丰富和发展人类文明新形态，书写了中华民族现代文明的盛世华章。面对百年未有之大变局，中国坚定站在历史正确的一边、站在人类文明进步的一边，推动构建人类命运共同体，推进人类文明交流互鉴，在坚定维护世界和平与发展中谋求自身发展，又以自身发展更好维护世界和平与发展。在新的历史起点上，中国迈上全面建设社会主义现代化国家、以中国式现代化全面推进中华民族伟大复兴的新征程，担负起了继续推动文化繁荣、建设文化强国、建设中华民族现代文明的新的文化使命。

第十五章　走向复兴（中国特色社会主义新时代）

第一节　中华文化和中国精神的时代精华

时代是思想之母，实践是理论之源。当代中国正处于近代以来最好的发展时期，正经历着最为广泛而深刻的社会变革和人类历史上最为宏大而独特的实践创新，这是一个需要思想而且一定能够产生思想的时代。进入新时代，国内外形势变化和中国各项事业发展提出了一个重大时代课题，必须从理论和实践结合上系统回答新时代坚持和发展什么样的中国特色社会主义、怎样坚持和发展中国特色社会主义。围绕这个重大时代课题，以习近平同志为核心的党中央，紧密结合新的时代条件和实践要求，以全新的视野深化对共产党执政规律、社会主义建设规律、人类社会发展规律的认识，不断回答中国之问、世界之问、人民之问、时代之问，做出符合中国实际和时代要求的正确回答，得出符合客观规律的科学认识，形成与时俱进的理论成果，更好指导中国实践。

一　中国特色社会主义进入新时代

党的十八大以来，中国发展站在新的历史起点上。中国共产党自诞生以来，团结带领全国各族人民，经过九十多年艰苦奋斗，把贫穷落后的旧中国变成日益走向繁荣富强的新中国，中华民族伟大复兴展现出光明前景。改革开放和社会主义现代化建设取得巨大成就，为继续前进奠定了坚实基础、创造了良好条件。同时，一系列长期积累及新出现的突出矛盾和问题亟待解决，发展不平衡、不协调、不可持续，传统发展模式难以为继，一些深层次体制机制问题和利益固化藩篱日益显现。

2012年11月8—14日，中国共产党第十八次全国代表大会胜利召开。大会擘画了在新的历史条件下全面建成小康社会、加快推进社会主义现代化、夺取中国特色社会主义新胜利的宏伟蓝图。大会贯穿始终的主线是坚持和发展中国特色社会主义。建设中国特色社会主义，总依据是社会主义初级阶段，总布局是社会主义经济建设、政治建设、文化建设、社会建设、生态文明建设"五位一体"，总任务是实现社会主义现代化和中华民族伟大复兴。① 大会提出"两个一百年"的奋斗目标，只要我们顽强奋斗、艰苦奋斗、不懈奋斗，就一定能在中国共产党成立一百年时全面建成小康社会，就一定能在新中国成立一百年时建成富强民主文明和谐的社会主义现代化国家。2012年11月15日，在与中外记者见面会上，习近平代表新一届中央领导集体庄严承诺，"人民对美好生活的向往，就是我们的奋斗目标"，"努力向历史、向人民交出一份合格的答卷"。②

面对世界经济复苏乏力、局部冲突和动荡频发、全球性问题加剧的外部环境，面对国内经济发展进入新常态等一系列深刻变化，中国坚持稳中求进工作总基调，迎难而上，开拓进取，统筹推进"五位一体"总体布局，协调推进"四个全面"战略布局，党和国家事业取得全方位的、开创性成就，实现深层次的、根本性的历

---

① 《十八大以来重要文献选编》（上），中央文献出版社2014年版，第10页。
② 《人民对美好生活的向往就是我们的奋斗目标》，《人民日报》2012年11月16日。

第十五章　走向复兴（中国特色社会主义新时代）

史性变革。经济保持中高速增长，国内生产总值从54万亿元增长到80万亿元，稳居世界第二，对世界经济增长贡献率超过30%。[①]以习近平同志为核心的党中央，准确把握中国特色社会主义的历史新方位、时代新变化、实践新要求，科学回答当今时代和当代中国发展提出的重大理论和实践问题，推进中国特色社会主义事业总体布局和战略布局，确立新时代坚持和发展中国特色社会主义的基本方略，"十二五"规划胜利完成，"十三五"规划顺利实施，党和国家事业全面开创新局面。

在全面建成小康社会决胜阶段，2017年10月18—24日，中国共产党第十九次全国代表大会在北京举行。大会指出，经过长期努力，中国特色社会主义进入了新时代，这是中国发展新的历史方位。中国特色社会主义进入新时代，意味着近代以来久经磨难的中华民族迎来了从站起来、富起来到强起来的伟大飞跃，迎来了实现中华民族伟大复兴的光明前景；意味着科学社会主义在21世纪的中国焕发出强大生机活力，在世界上高高举起中国特色社会主义伟大旗帜；意味着中国特色社会主义道路、理论、制度、文化不断发展，拓展了发展中国家走向现代化的途径，给世界上那些既希望加快发展又希望保持自身独立性的国家和民族提供了全新选择，为解决人类问题贡献了中国智慧和中国方案。[②]"三个意味着"深刻阐明中国特色社会主义进入新时代的历史意义、政治意义和世界意义，赋予党的历史使命、理论遵循、目标任务以新的时代内涵。

[①]《习近平谈治国理政》第3卷，外文出版社2020年版，第3页。
[②]《习近平谈治国理政》第3卷，外文出版社2020年版，第8、9页。

新时代是承前启后、继往开来、在新的历史条件下继续夺取中国特色社会主义伟大胜利的时代，是决胜全面建成小康社会，进而全面建设社会主义现代化强国的时代，是全国各族人民团结奋斗、不断创造美好生活、逐步实现全体人民共同富裕的时代，是全体中华儿女勠力同心、奋力实现中华民族伟大复兴中国梦的时代，是中国日益走近世界舞台中央、不断为人类做出更大贡献的时代。[①]中国特色社会主义进入新时代，中国社会主要矛盾已经转化为人民日益增长的美好生活需要和不平衡不充分的发展之间的矛盾。人民不仅对物质文化生活提出了更高要求，而且在民主、法治、公平、正义、安全、环境等方面的要求日益增长。发展不平衡不充分问题更加突出，已经成为满足人民日益增长的美好生活需要的主要制约因素，党和国家紧紧围绕这个社会主要矛盾推进各项工作，不断丰富和发展人类文明新形态。

新的历史方位，面对新的主要矛盾，完成新的历史使命，迫切需要中国共产党人从理论和实践的结合上深入回答关系党和国家事业发展、党治国理政的一系列重大时代课题，系统回答新时代坚持和发展什么样的中国特色社会主义、怎样坚持和发展中国特色社会主义。

二 开辟马克思主义新境界

马克思主义是我们立党立国、兴党兴国的根本指导思想，中国共产党为什么能，中国特色社会主义为什么好，归根到底是马克思主

[①] 《十九大以来重要文献选编》（上），中央文献出版社2019年版，第8页。

第十五章　走向复兴（中国特色社会主义新时代）

义行，是中国化时代化的马克思主义行。2023年6月，习近平在文化传承发展座谈会上指出，"在五千多年中华文明深厚基础上开辟和发展中国特色社会主义，把马克思主义基本原理同中国具体实际、同中华优秀传统文化相结合是必由之路"①。以习近平同志为核心的党中央统筹把握中华民族伟大复兴战略全局和世界百年未有之大变局，坚持用马克思主义的立场、观点、方法观察时代、把握时代、引领时代，续写马克思主义中国化时代化新篇章。

习近平在党的十八届一中全会上指出，历史的接力棒传到了我们手里，我们一定不负重托，忠于党、忠于祖国、忠于人民，以自己的最大智慧、力量、心血，做出无愧于历史、无愧于时代、无愧于人民的业绩。②从此，围绕实现社会主义现代化和中华民族伟大复兴的总任务，一系列理论创新和实践创新相继展开。

在新的历史条件下续写坚持和发展中国特色社会主义这篇大文章，需要凝心聚力，需要精神支撑，需要目标引领。2012年11月，习近平在国家博物馆参观《复兴之路》展览时指出："实现中华民族伟大复兴，就是中华民族近代以来最伟大的梦想。"③2013年3月，习近平在十二届全国人大一次会议上进一步指出，实现中华民族伟大复兴的中国梦，就是要实现国家富强、民族振兴、人民幸福。2013年11月，党的十八届三中全会对全面深化改革进行系统部署，做出关于全面深化改革若干重大问题的决定。其后又相继召开党的

---

① 《担负起新的文化使命　努力建设中华民族现代文明》，《人民日报》2023年6月3日。
② 《中国共产党简史》，人民出版社、中共党史出版社2021年版，第381页。
③ 《习近平谈治国理政》第1卷，外文出版社2018年版，第36页。

十八届四中、五中、六中全会，就全面推进依法治国、全面建成小康社会、全面从严治党进行专题研究，抓住党和国家事业发展中根本性、全局性、紧迫性的重大问题，擘画了推进改革开放和社会主义现代化建设的顶层设计。2015年2月，习近平明确将"四个全面"定位为"战略布局"，"四个全面"相辅相成、相互促进、相得益彰，具有紧密逻辑和内在联系，是战略目标与战略举措相统一的有机整体。"四个全面"战略布局，抓住主要矛盾和矛盾的主要方面，体现了唯物辩证法，成为党在新形势下治国理政的总抓手。

2015年10月，党的十八届五中全会提出以人民为中心的发展思想，强调必须牢固树立并切实贯彻创新、协调、绿色、开放、共享的发展理念。新发展理念集中体现新时代中国的发展思路、发展方向、发展着力点，是管全局、管根本、管长远的导向，对中国式现代化发展规律的认识进一步深化。全会审议通过的《中共中央关于制定国民经济和社会发展第十三个五年规划的建议》，以新发展理念为统领，明确"十三五"时期中国经济社会发展规划、部署和要求。统筹推进"五位一体"总体布局、协调推进"四个全面"战略布局的形成，标志着党对中国特色社会主义建设规律的把握达到前所未有的新高度。

2016年10月，党的十八届六中全会明确习近平同志党中央的核心、全党的核心地位，正式提出"以习近平同志为核心的党中央"。以习近平同志为核心的党中央，统筹把握中华民族伟大复兴战略全局和世界百年未有之大变局，坚持把马克思主义基本原理同中国具体实际相结合、同中华优秀传统文化相结合，坚持毛泽东思想、邓小平理论、"三个代表"重要思想、科学发展观，深刻总结并充分

第十五章　走向复兴（中国特色社会主义新时代）

运用党成立以来的历史经验，从新的实际出发，创立了习近平新时代中国特色社会主义思想。2017年10月，党的十九大把习近平新时代中国特色社会主义思想确立为我们党必须长期坚持的指导思想，并在党章中把习近平新时代中国特色社会主义思想确立为党的行动指南。2018年3月，十三届全国人大一次会议通过宪法修正案，把习近平新时代中国特色社会主义思想载入宪法，实现国家指导思想的与时俱进。

习近平是习近平新时代中国特色社会主义思想的主要创立者，为这一思想的创立发挥了决定性作用、做出了决定性贡献。以习近平同志为核心的党中央从新的实际出发，不断推进党的理论创新，回答了新时代坚持和发展中国特色社会主义的总目标、总任务、总体布局、战略布局和发展方向、发展方式、发展动力、战略步骤、外部条件、政治保证等基本问题，并根据新的实践对经济、政治、法治、科技、文化、教育、民生、民族、宗教、社会、生态文明、国家安全、国防和军队、"一国两制"和祖国统一、统一战线、外交、党的建设等各方面，做出新的理论概括和战略指引。

2021年10月，党的十九届六中全会通过《中共中央关于党的百年奋斗重大成就和历史经验的决议》，用"十个明确"对习近平新时代中国特色社会主义思想的核心内容作了科学概括，从十三个方面分领域总结成就、概括原创性理念和思想，提出"两个确立"重要论断：确立习近平同志党中央的核心、全党的核心地位，确立习近平新时代中国特色社会主义思想的指导地位。"两个确立"反映了全党全军全国各族人民共同心愿，对新时代党和国家事业发展、对推进中华民族伟大复兴历史进程具有决定性意义。

党的十九大以来的五年，是极不寻常、极不平凡的五年。以习近平同志为核心的党中央就党和国家事业发展做出重大战略部署，修改宪法，深化党和国家机构改革，坚持和完善中国特色社会主义制度、推进国家治理体系和治理能力现代化，制定"十四五"规划和二〇三五年远景目标，团结带领全党全军全国各族人民有效应对严峻复杂的国际形势和接踵而至的巨大风险挑战，完成脱贫攻坚、全面建成小康社会的历史任务，实现第一个百年奋斗目标。实践没有止境，理论创新也没有止境，习近平新时代中国特色社会主义思想在引领新时代中国实践中丰富和发展，不断谱写马克思主义中国化时代化新篇章。2022年10月，中国共产党第二十次全国代表大会在北京召开，明确提出要把握好习近平新时代中国特色社会主义思想的世界观和方法论，坚持好、运用好贯穿其中的立场、观点、方法，坚持胸怀天下，继续推进实践基础上的理论创新，不断开辟马克思主义中国化时代化新境界。

进入新时代以来，我们全面贯彻习近平新时代中国特色社会主义思想，全面贯彻党的基本路线、基本方略，采取一系列战略性举措，推进一系列变革性实践，实现一系列突破性进展，取得一系列标志性成果，经受住了来自政治、经济、意识形态、自然界等方面的风险挑战考验，党和国家事业取得历史性成就、发生历史性变革。新时代十年的伟大变革，在党史、新中国史、改革开放史、社会主义发展史、中华民族发展史上具有里程碑意义，从根本上讲，在于确立了习近平同志党中央的核心、全党的核心地位，确立了习近平新时代中国特色社会主义思想的指导地位。在全面建成社会主义现代化强国、实现第二个百年奋斗目标的新征程上，最紧要的是深刻领悟"两个确立"的决定性意义，全面贯彻习近平新时代中国特色社会主义思想，把这一思想贯彻落实到党和国家工作各方面全过程。

三 习近平新时代中国特色社会主义思想

习近平新时代中国特色社会主义思想是在伟大时代中应运而生、顺势而成的，是立足时代之基、回答时代之问、引领时代之变的科学理论，是当今最现实、最鲜活的马克思主义。在领导全党全国各族人民推进党和国家事业的伟大实践中，习近平对关系新时代党和国家事业发展的一系列重大理论和实践问题进行了深邃思考和科学判断，就新时代坚持和发展什么样的中国特色社会主义、怎样坚持和发展中国特色社会主义，建设什么样的社会主义现代化强国、怎样建设社会主义现代化强国，建设什么样的长期执政的马克思主义政党、怎样建设长期执政的马克思主义政党等重大时代课题，提出一系列原创性的治国理政新理念新思想新战略，这一思想是不断发展的开放的理论，是在理论与实践相结合的基础上不断与时俱进的科学理论，在指导新时代伟大社会革命和伟大自我革命的历史过程中，随着中国特色社会主义伟大实践的深入推进而持续发展、不断丰富、更加完善。党的十九大以来，党中央不断推进党的理论创新，提出了一系列新观点、新论述，形成了习近平经济思想、习近平法治思想、习近平生态文明思想、习近平强军思想、习近平外交思想、习近平文化思想等具有鲜明时代特征的理论成果和实践经验总结。

党的十九大、十九届六中全会提出的"十个明确""十四个坚持""十三个方面成就""六个必须坚持"概括了习近平新时代中国特色社会主义思想的主要内容。党的二十大提出"六个必须坚持",概括阐述了习近平新时代中国特色社会主义思想的世界观、方法论和贯穿其中的立场观点方法。

"十个明确",就是明确中国特色社会主义最本质的特征是中国共产党领导,中国特色社会主义制度的最大优势是中国共产党领导,中国共产党是最高政治领导力量,全党必须增强"四个意识"、坚定"四个自信"、做到"两个维护";明确坚持和发展中国特色社会主义,总任务是实现社会主义现代化和中华民族伟大复兴,在全面建成小康社会的基础上,分两步走在本世纪中叶建成富强民主文明和谐美丽的社会主义现代化强国,以中国式现代化推进中华民族伟大复兴;明确新时代中国社会主要矛盾是人民日益增长的美好生活需要和不平衡不充分的发展之间的矛盾,必须坚持以人民为中心的发展思想,发展全过程人民民主,推动人的全面发展、全体人民共同富裕取得更为明显的实质性进展;明确中国特色社会主义事业总体布局是经济建设、政治建设、文化建设、社会建设、生态文明建设五位一体,战略布局是全面建设社会主义现代化国家、全面深化改革、全面依法治国、全面从严治党四个全面;明确全面深化改革总目标是完善和发展中国特色社会主义制度、推进国家治理体系和治理能力现代化;明确全面推进依法治国总目标是建设中国特色社会主义法治体系、建设社会主义法治国家；明确必须坚持和完善社会主义基本经济制度，使市场在资源配置中起决定性作用，更好发挥政府作用，把握新发展阶段，贯彻创新、协调、绿色、开放、共享的新发展理念，加快构建以国内大循环为主体、国内国际双循环相互促进的新发展格局，推动高质量发展，统筹发展和安全；明确党在新时代的强军目标是建设一支听党指挥、能打胜仗、作风优良的人民军队，把人民军队建设成为世界一流军队；明确中国特色大国外交要服务民族复兴、促进人类进步，推动建设新型国际关系，推动构建人类命运共同体；明确全面从严治党的战略方针，提出新时代党的建设总要求，全面推进党的政治建设、思想建设、组织建设、作风建设、纪律建设，把制度建设贯穿其中，深入推进反腐败斗争，落实管党治党政治责任，以伟大自我革命引领伟大社会革命。

"十四个坚持"，就是坚持党对一切工作的领导，坚持以人民为中心，坚持全面深化改革，坚持新发展理念，坚持人民当家作主，坚持全面依法治国，坚持社会主义核心价值体系，坚持在发展中保障和改善民生，坚持人与自然和谐共生，坚持总体国家安全观，坚持党对人民军队的绝对领导，坚持"一国两制"和推进祖国统一，坚持推动构建人类命运共同体，坚持全面从严治党。以上十四条，构成新时代坚持和发展中国特色社会主义的基本方略，既是习近平新时代中国特色社会主义思想的重要组成部分，也是落实习近平新时代中国特色社会主义思想的实践要求。

"十三个方面成就"包括：坚持党的全面领导，全面从严治党，经济建设，全面深化改革开放，政治建设，全面依法治国，文化建设,社会建设,生态文明建设,国防和军队建设,维护国家安全,坚持"一国两制"和推进祖国统一,外交工作。

"六个必须坚持",就是必须坚持人民至上、必须坚持自信自立、必须坚持守正创新、必须坚持问题导向、必须坚持系统观念、必须坚持胸怀天下。

习近平新时代中国特色社会主义思想,凝结着中国共产党坚持和发展中国特色社会主义的宝贵经验,反映了以习近平同志为核心的党中央对中国特色社会主义规律性认识的深化、拓展、升华,体现了理论与实际相结合、认识论和方法论相统一的鲜明特色,体现了战略与战术、目标与路径、顶层设计与微观指导、继承性与创新性、历史现实未来、中国关怀与世界关切相统一的独特魅力和实践价值。

习近平新时代中国特色社会主义思想是当代中国马克思主义、21世纪马克思主义,是中华文化和中国精神的时代精华,实现了马克思主义中国化新的飞跃。习近平新时代中国特色社会主义思想,体系严整、逻辑严密、内涵丰富、博大精深,贯通马克思主义哲学、政治经济学、科学社会主义,贯通历史、现实和未来,贯通改革发展稳定、内政外交国防、治党治国治军等各领域,使党对共产党执政规律、社会主义建设规律、人类社会发展规律的认识达到新高度,为发展马克思主义做出原创性贡献。习近平新时代中国特色社会主义思想,植根于坚持和发展中国特色社会主义新的伟大实践,坚持理论指导和实践探索相统一,有效激活了中华优秀传统文化的生命力,使中华文明焕发出新的勃勃生机。

四 铸牢中华民族共同体意识的思想基础

民族团结是中国各族人民的生命线，中华民族共同体意识是民族团结之本。铸牢中华民族共同体意识的思想基础，是维护各民族根本利益的必然要求，是实现中华民族伟大复兴的必然要求。进入新时代，伴随着中国日益富强起来，民族地区发展迈上新台阶，各民族人口大流动大融居趋势不断增强，中华民族共同体的思想基础不断巩固。但经济社会发展不平衡不充分问题仍然相对突出，局部地区反分裂形势依然严峻，仍面临着各种风险挑战和国内外复杂形势。为实现中华民族伟大复兴的中国梦，以习近平同志为核心的党中央团结带领人民，铸牢中华民族共同体意识，推进中华民族共同体建设，构筑各民族共有精神家园，凝聚起共同团结奋斗、共同繁荣发展的磅礴力量。

党的十八大以来，以习近平同志为核心的党中央高度重视民族工作，从实现"两个一百年"奋斗目标和中华民族伟大复兴的战略高度出发，围绕怎样坚持和完善中国特色解决民族问题的正确道路，提出一系列新思想、新论断、新要求，形成了习近平关于加强和改进民族工作的重要论述。2014年5月，习近平在第二次中央新疆工作座谈会上明确指出，高举各民族大团结的旗帜，在各民族中牢固树立国家意识、公民意识、中华民族共同体意识。[①]同年9月，习近平在中央民族工作会议暨国务院第六次全国民族团结进步表彰大会上发表重要讲话，系统总结了中国特色解决民族问题正确道路的基本内涵，提出

---

① 《坚持依法治疆团结稳疆长期建疆　团结各族人民建设社会主义新疆》，《人民日报》2014年5月30日。

图15-1 2019年10月1日国庆70周年庆典"民族团结"方阵

"建设各民族共有精神家园,积极培养中华民族共同体意识"。[①]

2017年,党的十九大进一步明确新时代党的民族工作方针,将"铸牢中华民族共同体意识"这一重大原创性论断写入党章。习近平在2019年全国民族团结进步表彰大会提出,中华民族辽阔的疆域是各民族共同开拓的、悠久的历史是各民族共同书写的、灿烂的文化是各民族共同创造的、伟大的精神是各民族共同培育的"四个共同"重要观点,着重强调要以铸牢中华民族共同体意识为主线,把民族团结进步事业作为基础性事业抓紧抓好。党的十九届四中全会把"坚持各民族一律平等,铸牢中华民族共同体意识,实现共同团结奋斗、共同繁荣发展"明确为中国国家制度和国家治理体系的显著优势之一。在

---

① 《习近平关于社会主义政治建设论述摘编》,中央文献出版社2017年版,第157页。

第十五章　走向复兴（中国特色社会主义新时代）

2020年召开的中央第七次西藏工作座谈会、第三次中央新疆工作座谈会上，习近平把铸牢中华民族共同体意识纳入新时代党的治藏方略、治疆方略。2021年8月，习近平在中央民族工作会议上全面系统总结了新时代中国共产党关于加强和改进民族工作的重要思想，回答了新时代民族工作"怎么看""怎么办"等重大问题。习近平关于加强和改进民族工作的重要论述，系统阐明了新时代党的民族工作的历史方位、重要任务、工作主线、制度保障、实现方式等，深刻回答了民族工作举什么旗、走什么路的根本性问题，是党的治国方略在民族工作领域的集中体现，是习近平新时代中国特色社会主义思想的重要组成部分，为新时代党的民族工作提供了根本指导。

统一多民族国家是中国的基本国情，在历史演进中，中国形成中华民族多元一体格局，形成既"大一统"又"因俗而治"的治理理念，多民族是我国的一大特色，也是我国发展的一大有利因素。习近平指出，中华民族一家亲、同心共筑中国梦，这是全体中华儿女的共同心愿，也是全国各族人民的共同目标。[①]在这一目标任务的引领下，中国共产党把建设各民族共有精神家园作为战略任务来抓，带领人民既处理好"大家庭"内的民族关系，又促进"大家庭"巩固发展，在处理民族问题上实现文明自觉，进一步凝聚起全国各族人民的智慧和力量，形成同心实现中国梦的强大正能量。社会主义核心价值观决定着各民族共有精神家园的发展方向，党的十八大以来在各民族中大力培育和践行社会主义核心价值观，注重从少数民族文化中汲取营养，创新载体和方式，引导各族群众牢固树立正确的祖国观、历史观、民

---

① 《中华民族一家亲　同心共筑中国梦》，《人民日报》2015年10月1日。

族观，增进各族群众对伟大祖国、中华民族、中华文化、中国共产党、中国特色社会主义的认同，形成各民族同呼吸、共命运、心连心的牢固精神纽带。同时，进一步推动民族地区文化事业和文化产业大发展大繁荣，各民族优秀传统文化在创造性转化、创新性发展和融合性发展方面迈出新的重大步伐，唱响"中华民族一家亲，同心共筑中国梦"的主旋律，中华民族共有精神家园建设取得显著成效。

民族团结是中国各族人民的生命线，各民族交往交流交融是加强民族团结的根本途径。党的十八大以来，国家把加强民族团结作为战略性、基础性、长远性工作，促进各民族交往交流交融作为衡量民族工作成效的重要标准。围绕铸牢中华民族共同体意识、推进中华民族共同体建设，把"中华民族"写入宪法，"铸牢中华民族共同体意识"写入新修订的地方各级人大和政府组织法，推动7个省区市制定民族团结进步条例，将铸牢中华民族共同体意识逐步纳入法治化轨道。2019年10月，中共中央办公厅、国务院办公厅共同印发《关于全面深入持久开展民族团结进步创建工作铸牢中华民族共同体意识的意见》，将民族团结进步教育落实到日常生活工作学习中，贯穿到学校教育、家庭教育、社会教育各环节各方面。2022年，国家民委会同有关部委组织实施"各族青少年交流计划""各族群众互嵌式发展计划""旅游促进各民族交往交流交融计划"三项计划，推动各民族广泛交往、全面交流、深度交融。各地积极构建相互嵌入式的社会结构和社区环境，从居住生活、工作学习、文化娱乐等日常环节入手，推进民族团结宣传教育人文化、大众化、实体化，基本形成省区、州（地市盟）、县级及以下的多级联动的民族团结进步创建格局。各族儿女在中华民族大家庭中手足相亲、守望相助，在脱贫攻坚和全面建成小康社会进程中，打造东西部对口扶贫协作帮扶的"闽宁模式"，演绎广东珠海与云南怒江对口帮扶、守望相助的"江海情深"，对口援疆、对口援藏中留下无数感人的故事，各族群众广泛交往、全面交流、深度交融，中华民族共同体意识不断增强，各民族像石榴籽一样紧紧抱在一起。

确保少数民族和民族地区同全国一道实现全面小康和现代化，是铸牢中华民族共同体意识思想基础的追求目标和根本保障。习近平指出，"全面实现小康，少数民族一个都不能少，一个都不能掉队"[1]。党的十八大以来，以习近平同志为核心的党中央把加快少数民族和民族地区发展摆在全国改革发展全局中更加突出的位置，出台的政策措施之密集、扶持的力度之大前所未有。中央不断丰富完善差别化支持政策，把民族八省区都纳入"一带一路"建设并给予重要定位，[2]在"十三五"规划纲要中对"推动民族地区健康发展""推进边疆地区开发开放"单列成节、系统部署，并出台实施《"十三五"促进民族地区和人口较少民族发展规划》《兴边富民行动"十三五"规划》《关于进一步加强东西部扶贫协作工作的指导意见》。"十三五"时期国家累计向民族八省区转移支付3800亿元、均衡性转移支付2万多亿元，有力地支持了民族地区加快发展。民族地区3121万贫困人口全部脱贫，民族自治地方420个贫困县全部摘帽，历史性解决了绝对贫困问题，

---

[1] 《习近平扶贫论述摘编》，中央文献出版社2018年版，第6页。
[2] 民族八省区：指五个自治区和贵州、云南、青海三个多民族省份。

各少数民族和民族地区与全国一道全面建成小康社会。[①] 28个人口较少民族全部整族脱贫，所有深度贫困地区的最后堡垒被全部攻克，在中华大地上如期建成惠及全体人民的小康社会。民族地区城乡面貌发生深刻变化，民族八省区地区生产总值稳步提升，基础设施条件明显改善，教育、医疗、社会保障等公共服务水平大幅提升，生态屏障更加牢固。脱贫攻坚和全面小康的阳光照耀到了每一个角落，各民族群众增强了对中华民族大家庭的归属感，不断铸牢中华民族共同体意识的思想基础。

第二节　开创中国式现代化新局面

中国特色社会主义进入新时代，中国共产党在长期探索和实践基础上继续前进，不断实现理论和实践上的创新突破，成功推进和拓展了中国式现代化。中国式现代化赋予中华文明以现代力量，中华文明赋予中国式现代化以深厚底蕴。党的二十大进一步深化对中国式现代化的内涵和本质的认识，对中国式现代化的中国特色、本质要求、战略安排、重大原则等理论和实践问题做出全面系统阐释，初步构建中国式现代化的理论体系，使中国式现代化更加清晰、更加科学、更加可感可行。中国式现代化，是中国共产党领导的社会主义现代化，既有各国现代化的共同特征，更有基于国情的中国特

[①] 尤权：《做好新时代党的民族工作的科学指引——学习贯彻习近平总书记在中央民族工作会议上的重要讲话精神》，《求是》2021年第21期。

色。中国式现代化是人口规模巨大的现代化、是全体人民共同富裕的现代化、是物质文明和精神文明相协调的现代化、是人与自然和谐共生的现代化、是走和平发展道路的现代化。中国式现代化的本质要求是：坚持中国共产党领导，坚持中国特色社会主义，实现高质量发展，发展全过程人民民主，丰富人民精神世界，实现全体人民共同富裕，促进人与自然和谐共生，推动构建人类命运共同体，创造人类文明新形态。[①]中国式现代化开创了实现中华民族伟大复兴的正确道路，中国用几十年时间走完了发达国家几百年走过的工业化历程，建成全世界最完整的现代工业体系，创造世所罕见的经济快速发展奇迹和社会长期稳定奇迹，把国家和民族发展放在自己力量的基点上、把中国发展进步的命运牢牢掌握在自己手中。

一　人口规模巨大的现代化的显著特征

人口规模巨大是中国的基本国情，也是中国式现代化的重要特征。在人类现代化进程中，迄今为止，世界上实现工业化的国家不超过30个，人口总数不超过10亿人。中国是全世界人口最多的国家，是全世界最大的发展中国家，也是全世界最大的社会主义国家。中国14亿多人口整体迈进现代化社会，规模将超过现有发达国家人口的总和，全世界进入现代化的人口规模占比将从不到1/7迅速提升为全世界人口的1/3。这将彻底改写世界现代化的版图，是人类文明的巨

---

① 习近平：《高举中国特色社会主义伟大旗帜　为全面建设社会主义现代化国家而团结奋斗——在中国共产党第二十次全国代表大会上的报告》，人民出版社2022年版，第23页。

大进步，也是中国为世界现代化进程做出的伟大贡献。中国这样超大规模人口的国家实现现代化，艰巨性和复杂性前所未有，在世界上没有先例可循，没有现成道路可走，发展途径和推进方式也必然具有自己的特点。

现代化的本质是人的现代化。江山就是人民，人民就是江山，为了人民、造福于民是中国共产党的永恒追求。人民是历史的创造者，是决定党和国家前途命运的根本力量，实现好、维护好、发展好最广大人民根本利益是中国式现代化的根本目的。为什么人的问题，是检验一个政党、一个政权性质的试金石。实现人口规模巨大的现代化，必须坚持人民主体地位，坚持人民至上的价值理念，把为人民谋幸福作为根本使命，把坚持全心全意为人民服务作为根本宗旨，深刻回答了推进中国式现代化为了谁、依靠谁的重大问题。党的十八大以来，以习近平同志为核心的党中央提出以人民为中心的发展思想，始终把人民放在心中最高位置、把人民对美好生活的向往作为奋斗目标，发展全过程人民民主，维护社会公平正义，保障人民平等参与、平等发展权利，充分调动人民积极性、主动性、创造性，让现代化建设成果更多更公平惠及全体人民，把14亿多中国人民凝聚成推动中华民族伟大复兴的磅礴力量。2021年1月，习近平指出，为人民谋幸福、为民族谋复兴，这既是我们党领导现代化建设的出发点和落脚点，也是新发展理念的"根"和"魂"。只有坚持以人民为中心的发展思想，坚持发展为了人民、发展依靠人民、发展成果由人民共享，才会有正确的发展观、现代化观。[①]

---

① 《习近平谈治国理政》第4卷，外文出版社2022年版，第171页。

第十五章 走向复兴（中国特色社会主义新时代）

到2020年全面建成小康社会，是"两个一百年"奋斗目标的第一个百年奋斗目标，是党的十八大向人民、向历史做出的庄严承诺，是14亿中国人民的共同期盼。实现这个宏伟目标，是全面建成社会主义现代化强国至关重要的一步。全面建成小康社会，强调的不仅是"小康"，而且更重要的也更难做到的是"全面"。"小康"讲的是发展水平，"全面"讲的是发展的平衡性、协调性、可持续性。① 全面小康，是惠及全体人民的小康，是城乡区域共同的小康，全面小康的路上，一个都不能少。为确保到2020年贫困地区和贫困群众同全国一道进入全面小康社会，党中央把脱贫攻坚作为全面建成小康社会的底线任务和标志性指标，组织实施了人类历史上规模最大、力度最强的脱贫攻坚战。把脱贫攻坚作为重中之重，使现行标准下农村贫困人口全部脱贫，是促进全体人民共同富裕的一项重大举措。2015年11月，中共中央、国务院发布《关于打赢脱贫攻坚战的决定》，坚持精准扶贫，确保到2020年农村贫困人口实现脱贫，实现不愁吃、不愁穿和义务教育、基本医疗、住房安全有保障的奋斗目标。2020年，这场举全党全国之力的脱贫攻坚战取得全面胜利，现行标准下9899万农村贫困人口全部脱贫，832个贫困县全部摘帽，12.8万个贫困村全部出列，区域性整体贫困得到解决，完成了消除绝对贫困的艰巨任务。② 2021年7月1日，习近平在庆祝中国共产党成立100周年大会上庄严宣告，"经过全党全国各族人民持续奋斗，我们实现了第一个百年奋斗目标，在中华大地上全面建成了小康社会，历史性地解决了绝对贫困问

---

① 《十八大以来重要文献选编》（中），中央文献出版社2016年版，第830页。
② 《习近平谈治国理政》第4卷，外文出版社2022年版，第125页。

题"①。历史性地解决了困扰中华民族几千年的绝对贫困问题，提前10年实现联合国《2030年可持续发展议程》确定的减贫目标，如期全面建成小康社会、实现第一个百年奋斗目标，为全面建成社会主义现代化强国、实现第二个百年奋斗目标奠定坚实基础。

"治国有常，而利民为本。"中国式现代化致力于实现人的全面发展、社会全面进步，以人民为中心的发展思想，不能只停留在口头上、止步于思想环节，而要体现在经济社会发展各个环节，体现在更好的教育、更稳定的工作、更满意的收入、更可靠的社会保障、更高水平的医疗卫生、更舒适的居住条件和更优美的环境。中国建成世界上规模最大的教育体系、社会保障体系、医疗卫生体系，教育普及水平实现历史性跨越，基本养老保险覆盖10.4亿人，基本医疗保险参保率稳定在95%。②城镇化率提高11.6个百分点，达到64.7%，城市面貌焕然一新，创造大量就业机会，也提高了人民收入，全体人民共享城镇化成果。互联网快速普及，中国网民数量、网络零售交易额、电子信息产品制造规模已居全球第一，建成全球最大规模光纤和移动通信网络，网络覆盖越来越广、资费越来越低、网速越来越快，随时随地可以一键互联、一"网"打尽。在中国式现代化的道路上，14多亿人民同祖国和时代一起成长与进步，共同享有人生出彩的机会，共同享有梦想成真的机会。

---

① 习近平：《在庆祝中国共产党成立100周年大会上的讲话》，人民出版社2021年版，第2页。

② 习近平：《高举中国特色社会主义伟大旗帜　为全面建设社会主义现代化国家而团结奋斗——在中国共产党第二十次全国代表大会上的报告》，人民出版社2022年版，第23页。

第十五章　走向复兴（中国特色社会主义新时代）

人口规模巨大既是压力与考验，也是优势与红利。巨大的人口规模意味着更广阔的市场空间、更丰富的人才资源、更强劲的发展动能。坚持中国共产党领导，坚持中国特色社会主义，是中国式现代化的本质要求的重要内容。充分发挥党总揽全局、协调各方的领导核心作用，充分发挥社会主义集中力量办大事的优势，在统筹兼顾中协调处理好现代化建设各方面各领域的关系，不断巩固全国各族人民大团结，加强海内外中华儿女大团结，凝聚起亿万人民的创造伟力，为中国式现代化注入源源不断的强大动力。

二　全体人民共同富裕的目标追求

实现共同富裕是人民群众千百年的共同期盼，是中国式现代化的重要特征和本质要求。富裕是各国现代化追求的目标，中国式现代化追求的是共同富裕。所有人共富还是少数人富裕，这是中国式现代化与西方现代化的根本区别。习近平强调，"共同富裕是中国特色社会主义的本质要求，我国现代化坚持以人民为中心的发展思想，自觉主动解决地区差距、城乡差距、收入分配差距，促进社会公平正义，逐步实现全体人民共同富裕，坚决防止两极分化"[1]。中国式现代化追求的发展是造福人民的发展，追求的富裕是全体人民共同富裕，既坚持做大蛋糕，又注重分好蛋糕，使全体人民共享现代化成果。

治国之道，富民为始。党的十八大以来，以习近平同志为核心的党中央把握发展阶段新变化，推动区域协调发展，采取有力措施保障和改善民生，把逐步实现全体人民共同富裕摆在更加重要的位

---

[1]《十九大以来重要文献选编》(中)，中央文献出版社2021年版，第825页。

置上。2012年11月15日，习近平在十八届中共中央政治局常委同中外记者见面时的讲话中强调，人民对美好生活的向往就是中国共产党人的奋斗目标，"坚定不移走共同富裕的道路"是我们的重大责任。[①] 2015年10月，党的十八届五中全会提出要坚持以人民为中心的发展思想，把增进人民福祉、促进人的全面发展、朝着共同富裕方向稳步前进作为经济发展的出发点和落脚点。共享发展理念首次提出并贯穿于政治、经济、文化等各领域全过程，以人民为中心的发展思想成为经济社会发展的基本遵循。

2017年10月，党的十九大将逐步实现全体人民共同富裕作为中国特色社会主义新时代的特征之一和习近平新时代中国特色社会主义思想的重要内容，对实现第二个百年奋斗目标做出分两个阶段推进的战略安排，把实现共同富裕的程度作为重要指标：到2035年基本实现社会主义现代化，全体人民共同富裕迈出坚实步伐；到本世纪中叶，把中国建成富强民主文明和谐美丽的社会主义现代化强国，全体人民共同富裕基本实现，中国人民将享有更加幸福安康的生活。[②] 在这个基础上，2020年10月，党的十九届五中全会对扎实推动共同富裕做出重大战略部署，并将"人的全面发展、全体人民共同富裕取得更为明显的实质性进展"[③]列入2035年基本实现社会主义现代化远景目标。2021年3月，十三届全国人大四次会议批准《中华人民共和国国民经济和社会发展第十四个五年规划和2035年远景目标纲要》，制定全面建设社会

[①]《习近平谈治国理政》第1卷，外文出版社2018年版，第4页。
[②]《习近平谈治国理政》第3卷，外文出版社2020年版，第22—23页。
[③]《十九大以来重要文献选编》(中)，中央文献出版社2021年版，第790页。

第十五章 走向复兴（中国特色社会主义新时代）

主义现代化国家新征程的宏伟蓝图，对扎实推动共同富裕作了具体部署。新时代"两步走"战略安排中，"共同富裕"是鲜明标识。

全面建成小康社会特别是打赢脱贫攻坚战，为扎实推进共同富裕奠定了坚实基础。促进全体人民共同富裕是一项长期艰巨的任务，中国发展不平衡不充分问题仍然突出，城乡区域发展和收入分配差距较大，各地区推动共同富裕的基础和条件不尽相同，需要选取部分地区先行先试、做出示范。2021年5月，中共中央、国务院发布《关于支持浙江高质量发展建设共同富裕示范区的意见》，支持浙江在高质量发展中扎实推动共同富裕，构建推动共同富裕的体制机制，到2025年建设共同富裕示范区取得明显实质性进展，到2035年基本实

图15-2　空中俯瞰嘉善县姚庄镇横港村，浙江省嘉兴市嘉善县因地制宜地走出了一条城乡深度融合推动共同富裕的实践之路（2021年7月12日）

现共同富裕。通过实践进一步丰富共同富裕的思想内涵，探索破解新时代社会主要矛盾的有效途径，为全国推动共同富裕提供省域范例。2021年8月，习近平在中央财经委员会第十次会议上明确提出，要深入研究不同阶段的目标，分阶段促进共同富裕：到"十四五"末，全体人民共同富裕迈出坚实步伐，居民收入和实际消费水平差距逐步缩小；到2035年，全体人民共同富裕取得更为明显的实质性进展，基本公共服务实现均等化；到本世纪中叶，全体人民共同富裕基本实现，居民收入和实际消费水平差距缩小到合理区间。[①]中国共产党对共同富裕的认识达到了新的理论高度，在迈向社会主义现代化强国的进程中，对共同富裕目标作了新部署，对共同富裕道路作了新探索。

共同富裕是全体人民共同富裕，是人民群众物质生活和精神生活都富裕，不是少数人的富裕，也不是整齐划一的平均主义。实现共同富裕不能等，必须统筹考虑需要和可能，按照经济社会发展规律循序渐进，要自觉主动解决地区差距、城乡差距、收入差距等问题，推动社会全面进步和人的全面发展，促进社会公平正义。党的十八大以来，居民收入增速持续超过经济增速，农村居民人均可支配收入增速持续超过城镇居民，中等收入群体持续扩大。从2012年到2021年，全国居民人均可支配收入从16510元增长到35128元。2021年，城乡居民人均可支配收入比值为2.50，比2012年下降0.33。全国居民初步实现工资增长与劳动生产率提高基本同步，行业、地区、群体工资差距逐步缩小，中国已形成超过4亿人并快速增长的世界最大规模的中等收入群体。伴随着收入的不断增加，居民消费水平持续提高，消

---

① 习近平：《扎实推动共同富裕》，《求是》2021年第20期。

费结构升级趋势明显。全国恩格尔系数明显下降，从2012年的33.0%下降至2019年的28.2%。2021年人均服务性消费支出达到10645元，占居民人均消费支出的比重为44.2%。按照联合国标准，中国人民生活已经进入殷实富足阶段。共同富裕不仅仅是一个口号，而是看得见、摸得着、真实可感的事实。

三 物质文明精神文明相协调的根本要求

现代化不仅是物质财富的积累，更是精神文明的发展。中国式现代化是独具特色的社会主义现代化，强调物质文明和精神文明协调发展、物质力量和精神力量全面增强、人民群众物质生活和精神生活同步改善。改革开放以来，中国共产党创造性地提出建设社会主义精神文明的战略任务，确立物质文明和精神文明"两手抓、两手都要硬"的战略方针。随着改革开放的深化和社会主义现代化建设的持续推进，亿万人民在中国共产党带领下，用勤劳与智慧创造了物质文明发展的世界奇迹，也收获了精神文明发展的丰硕成果。党的十八大以来，以习近平同志为核心的党中央强调"实现中华民族伟大复兴的中国梦，物质财富要极大丰富，精神财富也要极大丰富"，不断将物质文明和精神文明协调发展推向更高水平。

推动"两个文明"协调发展是实现中华民族伟大复兴的必由之路。习近平指出："实现中国梦，是物质文明和精神文明均衡发展、相互促进的结果"，"是物质文明和精神文明比翼双飞的发展过程"。[①] 为实现中华民族伟大复兴不懈奋斗的每个阶段、每个环节，都要推

---

① 习近平：《在联合国教科文组织总部的演讲》，《人民日报》2014年3月28日。

动物质文明与精神文明协调发展。没有文明的继承和发展，没有文化的弘扬和繁荣，就没有中国梦的实现。贯穿于改革开放和社会主义现代化建设全过程、渗透于社会生活各方面的精神文明建设，不仅在国家整体战略中占据重要地位，也担负着为奋进中的中国提供坚强的思想保证、强大的精神力量、丰润的道德滋养的历史使命。在全面建成小康社会，开启全面建设社会主义现代化国家新征程中，党的十九届五中全会提出"十四五"时期经济社会发展主要目标，要求在质量效益明显提升的基础上实现经济持续健康发展，同时明确"人民精神文化生活日益丰富，中华文化影响力进一步提升，中华民族凝聚力进一步增强"[1]。推动"两个文明"协调发展是实现中华民族伟大复兴中国梦的重要支柱，在着力推进高质量发展的同时，推动文化事业全面繁荣、文化产业快速发展，实现物质文明和精神文明相互促进、相得益彰，克服了资本主义现代化过于重视物质的先天性弊病。

中国特色社会主义是物质文明和精神文明全面发展的社会主义，推动"两个文明"协调发展是坚持和发展中国特色社会主义的必然要求。改革开放以来，中国始终坚持以经济建设为中心，集中精力把经济建设搞上去、把人民生活搞上去，这是解决当代中国一切问题的根本要求。以经济建设为中心是兴国之要，坚持不懈推动经济建设、发展物质文明，为创造人类文明新形态奠定雄厚物质基础。同时，坚持不懈推动文化建设、发展精神文明，为创造人类文明新形态提供文化滋养和精神支撑。一个没有精神力量的民族难以自立自强，一项没有文化支撑的事业难以持续长久。2013年8月，习近平在全国宣传思想

---

[1] 《十九大以来重要文献选编》(中)，中央文献出版社2021年版，第792页。

工作会议上强调，只有物质文明建设和精神文明建设都搞好，国家物质力量和精神力量都增强，全国各族人民物质生活和精神生活都改善，中国特色社会主义事业才能顺利向前推进。[1]物质贫困不是社会主义，精神贫乏也不是社会主义。2022年10月，党的二十大明确指出，物质富足、精神富有是社会主义现代化的根本要求，因此要"不断厚植现代化的物质基础，不断夯实人民幸福生活的物质条件，同时大力发展社会主义先进文化，加强理想信念教育，传承中华文明，促进物的全面丰富和人的全面发展"[2]。

进入新时代以来，中国经济实力、科技实力、综合国力跃上新台阶，迈上更高质量、更有效率、更加公平、更可持续、更为安全的发展之路。同时，全党全国各族人民文化自信明显增强，全社会凝聚力和向心力极大提升，为新时代开创党和国家事业新局面提供了坚强思想保证和强大精神力量。当高楼大厦在中国大地上林立时，中华民族精神的大厦也巍然耸立。

四　人与自然和谐共生的价值理念

人与自然是命运共同体，生态文明建设是关乎中华民族永续发展的根本大计。改革开放以来，中国日益重视生态环境保护。同时，生态文明建设仍然是一个明显短板，资源环境约束趋紧、生态系统退化等问题越来越突出，特别是各类环境污染、生态破坏呈高

---

[1]《习近平谈治国理政》第1卷，外文出版社2018年版，第153页。
[2] 习近平：《高举中国特色社会主义伟大旗帜　为全面建设社会主义现代化国家而团结奋斗——在中国共产党第二十次全国代表大会上的报告》，人民出版社2022年版，第23页。

发态势,成为国土之伤、民生之痛。如果不抓紧扭转生态环境恶化趋势,必将付出极其沉重的代价。以习近平同志为核心的党中央传承中华民族优秀传统文化、顺应时代潮流和人民意愿,围绕生态文明建设发表一系列重要论述,深刻回答了为什么建设生态文明、建设什么样的生态文明、怎样建设生态文明等重大理论和实践问题,形成了习近平生态文明思想。在这一思想指引下,中国以前所未有的力度抓生态文明建设,全方位、全地域、全过程加强生态环境保护,坚持走生产发展、生活富裕、生态良好的人与自然和谐共生的文明发展道路。

党的十八大把生态文明建设纳入中国特色社会主义事业"五位一体"总体布局,明确提出大力推进生态文明建设,努力建设美丽中国,实现中华民族永续发展。在工业化的实践进程中,一般是先污染后治理,生态环境保护与经济发展也难以有机统一起来。正确处理好经济发展同生态环境保护的关系,需要从价值理念上突破。2013年9月,习近平在哈萨克斯坦纳扎尔巴耶夫大学演讲后回答学生们关于环境保护的问题时强调,我们既要绿水青山,也要金山银山。宁要绿水青山,不要金山银山,而且绿水青山就是金山银山。[①]保护生态环境就是保护生产力,改善生态环境就是发展生产力。良好生态环境是最公平的公共产品,是最普惠的民生福祉。2015年4月,中共中央、国务院出台《关于加快推进生态文明建设的意见》,把生态文明建设放在突出的战略位置,融入经济建设、政治建设、文化建设、社会建设各方面和全过程,加快建设美丽中国,实现中

---

① 《弘扬人民友谊 共同建设"丝绸之路经济带"》,《人民日报》2013年9月8日。

第十五章 走向复兴（中国特色社会主义新时代）

华民族永续发展。绿水青山就是金山银山理念深入人心，深刻影响着经济社会的发展理念、发展思路、发展方式，引领中国迈向生态文明新时代，一幅美丽中国新画卷徐徐展开。2015年10月，党的十八届五中全会提出，把绿色作为新发展理念的一大理念，要求坚持节约资源和保护环境的基本国策，坚持可持续发展，坚定走生产发展、生活富裕、生态良好的文明发展道路，加快建设资源节约型、环境友好型社会，形成人与自然和谐发展现代化建设新格局，推进美丽中国建设，为全球生态安全做出新贡献。[①]"十三五"规划中进一步提高绿色指标在全部指标中的权重，把保障人民健康和改善环境质量作为更具约束性的硬指标。

图15-3 志愿者在浙江省湖州市安吉县灵峰街道灵峰湖中清理垃圾

---

① 《十八大以来重要文献选编》（中），中央文献出版社2016年版，第792页。

党的十九大将"坚持人与自然和谐共生"作为新时代坚持和发展中国特色社会主义的基本方略之一，把"美丽中国"作为建设社会主义现代化强国的重要目标，将建设生态文明提升为"千年大计"。大会要求牢固树立社会主义生态文明观，推动形成人与自然和谐发展现代化建设新格局，并对推进绿色发展、着力解决突出环境问题、加大生态系统保护力度、改革生态环境监管体制进行部署。中国式现代化是人与自然和谐共生的现代化，既要创造更多物质财富和精神财富以满足人民日益增长的美好生活需要，也要提供更多优质生态产品以满足人民日益增长的优美生态环境需要。2018年5月，习近平在全国生态环境保护大会上指出，绿水青山既是自然财富、生态财富，又是社会财富、经济财富。保护生态环境就是保护自然价值和增值自然资本，就是保护经济社会发展潜力和后劲，使绿水青山持续发挥生态效益和经济社会效益。[1]2020年10月，党的十九届五中全会进一步提出推动绿色发展，坚持绿水青山就是金山银山理念，坚持尊重自然、顺应自然、保护自然，促进经济社会发展全面绿色转型，建设人与自然和谐共生的现代化。建设人与自然和谐共生的现代化揭示了保护生态环境就是保护生产力、改善生态环境就是发展生产力的道理，指明了实现发展和保护协同共生的新路径。

党的十八大以来，绿水青山就是金山银山理念深入人心，人与自然和谐共生的价值理念深刻影响着经济社会的发展理念、发展思路、发展方式。人与自然和谐共生的现代化是对传统现代化道路的超越，是可持续发展的现代化。中国式现代化坚决抛弃轻视自然、支配自然、破坏

---

[1]《十九大以来重要文献选编》（上），中央文献出版社2019年版，第450页。

自然的现代化模式，坚定走生产发展、生活富裕、生态良好的文明发展道路，为人民创造良好生产生活环境，为全球生态安全做出贡献。

五　走和平发展道路的思想内涵

和平发展是中国发展的鲜明特征，中国式现代化是走和平发展道路的现代化。中国共产党带领人民不懈探索，创造了一条既发展自身、又造福世界的现代化之路。走和平发展道路是中国根据时代发展潮流和自身根本利益做出的战略抉择，是从历史、现实、未来的客观判断中得出的结论，是思想自信和实践自觉的有机统一。

中华民族是爱好和平的民族，历史上中国曾经长期是世界上最强大的国家之一，但没有留下殖民和侵略他国的记录。坚持走和平发展道路，是对几千年来中华民族热爱和平的文化传统的继承和发扬。新中国成立以来特别是改革开放以来，经过艰辛探索和不断实践逐步形成了和平发展道路。在长期实践中，中国提出和坚持和平共处五项原则，确立和奉行独立自主的和平外交政策，向世界做出永远不称霸、永远不搞扩张的庄严承诺，强调中国始终是维护世界和平的坚定力量。

实现"两个一百年"的奋斗目标，必须有和平国际环境。没有和平，中国和世界都不可能顺利发展；没有发展，中国和世界也不可能有持久和平。中国是和平共处五项原则的积极倡导者和坚定实践者，和平共处五项原则载入中国宪法，是中国外交政策的基石。中国是当代国际体系的参与者、建设者、贡献者。2013年1月，十八届中共中央政治局专门就"坚定不移走和平发展道路"问题进行集体学习，习近平明确提出"不断夯实走和平发展道路的物质基础和社会基础"[①]。中国坚定维护自身的主权、安全、发展利益，也支持其他国家特别是广大发展中国家维护自身的主权、安全、发展利益。在国际安全形势发生深刻复杂变化、世界进入新的动荡变革期的重要历史关头，各种传统和非传统安全威胁层出不穷，和平与发展的时代主题面临严峻挑战。在2022年4月博鳌亚洲论坛年会开幕式主旨演讲中，习近平提出全球安全倡议，要坚持共同、综合、合作、可持续的安全观，共同维护世界和平和安全。全球安全倡议准确把握历史规律和世界潮流，为合作应对全球共同挑战、维护世界和平安宁贡献了中国方案，为携手共建持久和平、普遍安全的人类命运共同体指明了前进方向。

中国坚定不移走和平发展道路，既通过维护世界和平发展自己，又通过自身发展维护世界和平。中国式现代化打破西方传统"国强必霸""文明冲突论"和"零和博弈"等思维方式，摒弃西方资本主义国家对外扩张掠夺的现代化老路，创造了平等互利、合作共赢、和平发展的现代化新道路。中国积极发展全球伙伴关系，按照亲诚惠容理念和与邻为善、以邻为伴周边外交方针深化同周边国家关系，秉持正确义利观和真实亲诚理念加强同发展中国家团结合作。中国通过自身的发展成果惠及世界各国人民，支持和帮助广大发展中国家消除贫困，推动经济全球化朝着更加开放、包容、普惠、平衡、共赢的方向发展，在应对全球恐怖主义威胁、网络安全、气候变化等问题上主动担当大国责任。中国对世界的和平安宁、共同发展和文明交流互鉴做

[①] 《更好统筹国内国际两个大局　夯实走和平发展道路的基础》，《人民日报》2013年1月30日。

出重要贡献，为各国发展提供机遇和经验。

中国人民热爱和平、珍惜和平，把维护世界和平、反对霸权主义和强权政治作为自己的神圣职责，反对动辄使用武力或以武力威胁处理国际争端，反对打着所谓"民主""自由""人权"等幌子肆意干涉别国内政。针对国际上对中国发展起来后会不会也搞霸权主义的担心，中国多次向国际社会庄严承诺，中国将坚定不移走和平发展道路，不干涉别国内政，永远不称霸，永远不搞扩张。中国坚持不干涉别国内政原则，不会把自己的意志强加于人，即使再强大也永远不称霸。中国坚持走和平发展道路，但决不放弃自身的正当权益，坚定不移维护自己的主权、安全、发展利益。党的十八大以来，面对个别国家的霸权主义、单边主义，面对一些外国势力在涉疆、涉藏、香港、台湾问题，以及所谓人权、民族、宗教、司法等问题上对中国内政的粗暴干涉，在南海、东海等问题上危害中国领土主权安全的各种图谋与行为，中国原则坚定、立场鲜明、敢于碰硬、坚决斗争，坚定维护国家主权、安全、发展利益。中国式现代化打破了只有遵循资本主义现代化模式才能实现现代化的神话，为发展中国家走向现代化提供了全新选择，深刻影响了人类文明进程，为探索人类文明新形态贡献了中国智慧和中国方案。

第三节　"五大文明"协调发展新成就

社会主义现代化建设，就是社会主义文明建设。中国特色社会主义重视文明发展的协调性与均衡性，致力于构建人与自然、人与社会、人与人的和谐关系。新时代，中国全面推动物质文明、政治文明、精神文明、社会文明、生态文明协调发展，进一步发展社会主义现代化的文明新形态，在新起点上铸就中华文明的新高峰。

一　物质文明成果斐然

改革开放以来，中国共产党抓住经济建设这个中心，领导人民埋头苦干，创造出经济快速发展奇迹，国家经济实力大幅跃升。同时，由于一些地方和部门存在片面追求速度规模、发展方式粗放等问题，加上国际金融危机后世界经济持续低迷，经济结构性、体制性矛盾不断积累，发展不平衡、不协调、不可持续问题十分突出。面对国内外错综复杂的经济形势，中国坚定贯彻创新、协调、绿色、开放、共享的新发展理念，着力推进高质量发展，推动构建新发展格局，实施供给侧结构性改革，制定一系列具有全局性意义的区域重大战略，中国经济实力实现历史性跃升，推进物质文明繁荣发展。

面临增长速度换挡期、结构调整阵痛期、前期刺激政策消化期"三期叠加"的复杂局面，传统发展模式难以为继。2013年，习近平做出中国经济进入新常态这一重大论断。在新常态下，经济发展由高速增长阶段转向高质量发展阶段，发展方式从规模速度型转向质量效率型，经济结构调整从增量扩能为主转向调整存量、做优增量并举，发展动力从主要依靠资源和低成本劳动力等要素投入转向创新驱动。这是中国经济向形态更高级、分工更优化、结构更合理阶段演进的必经过程，实现这样广泛而深刻的变化是一个新的巨大挑战。

第十五章 走向复兴（中国特色社会主义新时代）

在这场关系发展全局的变革中，适应、把握、引领经济发展新常态，需要进一步明确主攻方向、总体思路和工作重点。2015年10月，党的十八届五中全会明确提出坚持以人民为中心的发展思想，以新发展理念为指引，以创新观念提高发展质量和效益，以协调观念形成平衡发展结构，以绿色观念改善生态环境，以开放观念实现合作共赢，以共享观念增进人民福祉，推动发展迈上新台阶。贯彻新发展理念是关系中国发展全局的一场深刻变革，不能简单以生产总值增长率论英雄，必须实现创新成为第一动力、协调成为内生特点、绿色成为普遍形态、开放成为必由之路、共享成为根本目的的高质量发展，推动经济发展质量变革、效率变革、动力变革。

2015年11月，习近平在中央财经领导小组会议上首次提出推进供给侧结构性改革。12月，中央经济工作会议对供给侧结构性改革做出全面部署。围绕供给侧结构性改革主线，坚持稳增长、调结构、惠民生、防风险，实行宏观政策要稳、产业政策要准、微观政策要活、改革政策要实、社会政策要托底的总体思路，保持经济运行在合理区间，在适度扩大总需求的同时，抓好去产能、去库存、去杠杆、降成本、补短板五大任务，提高供给体系质量和效率，推动社会生产力水平整体改善。推进供给侧结构性改革，是适应和引领经济发展新常态的重大创新和必然要求。

随着"十三五"规划目标任务的完成、全面建成小康社会胜利实现，中华民族伟大复兴向前迈出新的一大步，标志着中国进入一个新的发展阶段。在全面建成小康社会、乘势而上开启全面建设社会主义现代化国家新征程之际，2020年10月，党的十九届五中全会召开，全会通过的《中共中央关于制定国民经济和社会发展第十四个五年规划和二〇三五年远景目标的建议》，明确2035年基本实现社会主义现代化的远景目标，阐述"十四五"时期经济社会发展和改革开放的重点任务，提出坚定不移贯彻创新、协调、绿色、开放、共享的新发展理念，以推动高质量发展为主题，加快构建以国内大循环为主体、国内国际双循环相互促进的新发展格局。

针对关系全局、事关长远的问题，中央提出、实施一系列重大发展战略。促进京津冀协同发展、粤港澳大湾区建设、长三角一体化发展、长江经济带建设、黄河流域生态保护和高质量发展，高标准高质量建设雄安新区，东、中、西和东北"四大板块"优势互补，推进以人为核心的新型城镇化，实施乡村振兴战略，奏响新时代中国物质

图15-4 这是试运行的复兴号列车行驶在西藏山南市境内。2021年6月25日，全长435千米、设计时速160千米的拉林铁路建成通车，西藏首条电气化铁路建成，同时复兴号实现对31个省区市全覆盖

第十五章　走向复兴（中国特色社会主义新时代）

文明发展大合唱。

党的十八大以来，中国经济实力、科技实力、综合国力跃上新台阶，为实现中华民族伟大复兴奠定更为坚实的物质基础。2021年是"十四五"开局之年，面对国际疫情防控政策变化、极端气候频发、经济结构转型风险等多重压力，中国宏观经济仍然表现出强大的韧性，全年国内生产总值114.37万亿，比上年增长8.1%，经济平稳复苏，经济结构持续优化。中国经济总量从2012年的53.9万亿元增长到2021年的逾114.4万亿元，占世界经济比重从11.3%到18.5%，稳居世界第二位。人均国内生产总值从6300美元上升到1.2万美元，超过世界人均水平，达到中高收入国家水平。谷物总产量稳居世界首位，14亿多人的粮食安全、能源安全得到有效保障。建成世界最大的高速铁路网、高速公路网，机场港口、水利、能源、信息等基础设施建设取得重大成就。中国全部工业和制造业增加值稳居世界首位，已是世界第二大经济体、第一大工业国、第一大货物贸易国、第一大外汇储备国，服务贸易、对外投资、国内消费市场规模居世界第二。中国经济连续多年对世界经济增长贡献率在30%以上，成为全球经济重要的稳定器、动力源。新时代十年是中国经济社会发展取得历史性成就、发生历史性变革、转向高质量发展的十年。[①]中国经济发展平衡性、协调性、可持续性明显增强，迈上更高质量、更有效率、更加公平、更可持续、更为安全的发展之路，为实现中华民族伟大复兴奠定了更为坚实的物质基础。

[①]《中共中央召开党外人士座谈会》，《人民日报》2022年12月8日。

二　政治文明新形态

中国特色社会主义政治制度是中国共产党和中国人民的伟大创造，坚定中国特色社会主义制度自信首先要坚定对中国特色社会主义政治制度的自信。建设社会主义民主政治，发展社会主义政治文明，必须使中国特色社会主义政治制度深深扎根于中国社会土壤，照抄照搬他国政治制度行不通，甚至会把国家前途命运葬送掉。党的十八大以来，中国提出全过程人民民主重大理念，全面推进依法治国，民主价值和理念进一步转化为科学有效的制度安排和具体现实的民主实践，开创出人民至上的政治文明。

中国是一个发展中大国，坚持正确的政治发展道路是关系根

图15-5　云南省怒江傈僳族自治州贡山县人民法院法官邓兴背着国徽与同事们跨过怒江。为方便居住在高山峡谷里的农村群众，邓兴和同事们一起背着国徽，组建巡回法庭。每年足迹遍及50多个村镇，行程近万千米

第十五章　走向复兴（中国特色社会主义新时代）

本、关系全局的重大问题。2012年12月，在首都各界纪念现行宪法公布施行30周年大会上，习近平概括了中国特色社会主义政治发展道路的核心内涵，强调坚持中国特色社会主义政治发展道路，关键是要坚持党的领导、人民当家作主、依法治国有机统一。[①]2014年9月，习近平在庆祝全国人民代表大会成立60周年大会上，进一步阐述中国特色社会主义政治发展道路的历史逻辑、理论逻辑、实践逻辑，深刻总结中国特色社会主义政治制度的优势和特点。同年10月，党的十八届四中全会通过《中共中央关于全面推进依法治国若干重大问题的决定》，明确全面推进依法治国的总目标是建设中国特色社会主义法治体系，建设社会主义法治国家。围绕总目标，全会提出180多项重大改革举措，对科学立法、严格执法、公正司法、全民守法、法治队伍建设、加强和改进党对全面推进依法治国的领导做出全面部署。2019年10月，党的十九届四中全会着眼于党长期执政和国家长治久安，对坚持和完善中国特色社会主义制度、推进国家治理体系和治理能力现代化做出总体擘画，重点部署坚持和完善支撑中国特色社会主义制度的根本制度、基本制度、重要制度，系统总结中国国家制度和国家治理体系的巨大成就和显著优势，回答了在中国国家制度和国家治理体系上应该"坚持和巩固什么、完善和发展什么"等重大政治问题，对新时代坚持和完善中国特色社会主义制度、推进国家治理体系和治理能力现代化做出顶层设计和全面部署。

党的十八大以来，以增加和扩大中国特色社会主义民主政治的

[①]《十八大以来重要文献选编》（上），中央文献出版社2014年版，第88页。

优势和特点为关键,以保证人民当家作主为根本,以增强党和国家活力、调动人民积极性为目标,扩大社会主义民主,发展社会主义政治文明。坚持人民主体地位,保证人民依法实行民主选举、民主协商、民主决策、民主管理、民主监督。完善人民代表大会制度,支持和保证人民通过人民代表大会行使国家权力,支持和保证人大依法行使立法权、监督权、决定权、任免权,果断查处拉票贿选案,维护人民代表大会制度权威和尊严,发挥人民代表大会制度的根本政治制度作用。2016—2017年,中国县乡两级人大顺利完成新一轮换届选举工作,9亿多选民参加了世界上规模最大的基层选举,直接选举产生新一届县乡两级国家机关领导人员。"十四五"规划建议起草,坚持发言民主、开门问策、集思广益,建议稿增写、改写、精简文字共计366处,覆盖各方面意见和建议546条。[①]社会主义法治国家建设深入推进,全面依法治国总体格局基本形成,中国特色社会主义法治体系不断健全,司法体制改革取得重大进展,社会公平正义保障更为坚实,法治固根本、稳预期、利长远的保障作用进一步发挥,法治中国建设迈出坚实步伐。

完善中国共产党领导的多党合作和政治协商制度,完善民主党派中央对重大决策部署贯彻落实情况实施专项监督、直接向中共中央提出建议等制度,加强人民政协专门协商机构制度建设,推进社会主义协商民主广泛多层制度化发展,形成中国特色协商民主体系。2015年1月,中共中央印发《关于加强社会主义协商民主建设的意见》,

---

[①] 习近平:《关于〈中共中央关于制定国民经济和社会发展第十四个五年规划和二○三五年远景目标的建议〉的说明》,《人民日报》2020年11月4日。

第十五章　走向复兴（中国特色社会主义新时代）

为构建程序合理、环节完整的社会主义协商民主体系做出顶层设计，形成政党协商、人大协商、政府协商、政协协商、人民团体协商、基层协商、社会组织协商七种形式，极大地丰富了民主形式、拓宽了民主渠道、加深了民主内涵。

新时代坚持把铸牢中华民族共同体意识作为党的民族工作主线，坚持统一和自治相结合、民族因素和区域因素相结合，依法保障自治地方行使自治权，促进各民族共同团结奋斗、共同繁荣发展。民族区域自治制度极大增强了各族人民当家作主的自豪感责任感，极大地调动了各族人民共创中华民族美好未来、共享中华民族伟大荣光的积极性主动性创造性。155个民族自治地方的人民代表大会常务委员会中，均有实行区域自治民族的公民担任主任或者副主任；民族自治地方政府的主席、州长、县长或旗长，均由实行区域自治的民族的公民担任。中华民族大团结的局面不断巩固，各族人民交往交流交融日益广泛深入，平等团结互助和谐的社会主义民族关系不断发展，56个民族像石榴籽一样紧紧抱在一起，中华民族共同体意识日益牢固。

巩固基层政权，完善基层民主制度，完善办事公开制度，保障人民知情权、参与权、表达权、监督权。2017年3月通过的《中华人民共和国民法总则》，明确村民委员会、居民委员会具有基层群众性自治组织特别法人资格，可以从事履职所需的民事活动。在基层党组织领导下，广大群众广泛实行自我管理、自我服务、自我教育、自我监督。全国98%的村制订了村规民约或村民自治章程，城市社区普遍制订了居民公约或居民自治章程。农村实现村务监督委员会全覆盖，城市社区居务监督形式日渐丰富，普遍实行村（居）务公开，通过接地气、聚人气的民主实践，利益得到协调，矛盾有效化解，为中国民主发展不断注入新动力。

世界是多彩的，民主是多样的，实现民主有多种方式，不可能千篇一律。在世界文明的百花园里，中国的民主之花绚丽绽放。全过程人民民主，是中国共产党团结带领人民追求民主、发展民主、实现民主的伟大创造，是党不断推进民主理论创新、制度创新、实践创新的经验结晶。

到2020年底，各领域基础性制度框架基本确立，许多领域实现历史性变革、系统性重塑、整体性重构，中国特色社会主义制度日趋成熟定型，国家治理体系和治理能力现代化水平明显提高，为党和国家事业取得历史性成就、发生历史性变革提供了有力保障。中国特色社会主义国家制度和政治制度是一套行得通、真管用、有效率的制度体系，在应对新冠疫情、打赢脱贫攻坚战等实践中进一步彰显优越性，"中国之治"与"西方之乱"对比更加鲜明。中国没有照搬照抄西方民主模式，而是创造了中国式民主，在不断推动人的全面发展、全体人民共同富裕中实现政治文明新发展，为人类民主事业发展探索了新的路径。

三　精神文明气象万千

实现中华民族伟大复兴的中国梦，是物质文明和精神文明均衡发展、相互促进的结果，是物质文明和精神文明比翼双飞的发展过程。在新的历史条件下续写坚持和发展中国特色社会主义这篇大文章，既需要物质文明的积累，更需要精神文明的升华。2013年3月，习近平在十二届全国人大一次会议上指出，"实现中国梦必须弘扬中国精神。

这就是以爱国主义为核心的民族精神，以改革创新为核心的时代精神。这种精神是凝心聚力的兴国之魂、强国之魂"①。

以习近平同志为核心的党中央高度重视中国共产党人精神谱系的构筑和赓续，根据新时代要求，对中国共产党人精神谱系的具体内容进行新的概括凝练，并形成新的精神成果。在脱贫攻坚的伟大斗争中，锻造形成"上下同心、尽锐出战、精准务实、开拓创新、攻坚克难、不负人民"的脱贫攻坚精神。在同新冠疫情这场百年来全球发生的最严重的传染病大流行的殊死较量中，铸就"生命至上、举国同心、舍生忘死、尊重科学、命运与共"的伟大抗疫精神。2021年7月，在庆祝中国共产党成立100周年大会上，习近平首次提出"坚持真理、坚守理想、践行初心、担当使命、不怕牺牲、英勇斗争、对党忠诚、不负人民"②的伟大建党精神和中国共产党人精神谱系，阐释了以伟大创造精神、伟大奋斗精神、伟大团结精神、伟大梦想精神为主要内涵的伟大民族精神。这些精神成为当代中国人民最鲜明的精神标识，极大丰富了民族精神内涵。

意识形态工作是为国家立心、为民族立魂的工作，核心价值观是一个民族赖以维系的精神纽带。加强精神文明建设，必须建设具有强大凝聚力和引领力的社会主义意识形态，培育和践行社会主义核心价值观，发挥社会主义核心价值观对国民教育、精神文明创建、精神文化产品创作生产传播的引领作用。2013年12月，中共中央办公厅印发《关于培育和践行社会主义核心价值观的意见》，要求把培育和践

---

① 《习近平谈治国理政》第1卷，外文出版社2018年版，第40页。
② 《习近平谈治国理政》第4卷，外文出版社2022年版，第7页。

行社会主义核心价值观融入国民教育全过程、落实到经济发展实践和社会治理中。全社会普遍开展爱国主义教育活动和群众性精神文明创建活动，社会主义核心价值观被纳入国民教育体系，推动社会主义核心价值观进教材、进课堂、进学生头脑。2015年4月，中宣部、中央文明办印发《培育和践行社会主义核心价值观行动方案》，着眼践行、立足行动，着力把培育和践行社会主义核心价值观的要求具体化。社会主义核心价值观融入社会发展各方面，转化为人们的情感认同和行为习惯，不断提高人们的思想觉悟、道德水平、文明素养。哲学社会科学具有不可替代的重要地位，2017年3月，中共中央印发《关于加快构建中国特色哲学社会科学的意见》，站在新的历史起点上，更好进行具有许多新的历史特点的伟大斗争、推进中国特色社会主义伟大事业，需要充分发挥哲学社会科学的作用，需要哲学社会科学工作者立时代潮头、发思想先声，积极为党和人民述学立论、建言献策。2013年8月，习近平在全国宣传思想工作会议上强调，经济建设是党的中心工作，而意识形态工作是党的一项极端重要的工作。[1] 2018年8月，习近平在全国宣传思想工作会议上指出，做好新形势下宣传思想工作，必须自觉承担起举旗帜、聚民心、育新人、兴文化、展形象的使命任务。[2] 2023年10月，习近平对全国宣传思想文化工作做出重要指示指出，宣传思想文化工作事关党的前途命运，事关国家长治久安，事关民族凝聚力和向心力，是一项极端重要的工作。以习近平同

---

[1]《胸怀大局把握大势着眼大事 努力把宣传思想工作做得更好》，《人民日报》2013年8月21日。
[2]《举旗帜聚民心育新人兴文化展形象 更好完成新形势下宣传思想工作使命任务》，《人民日报》2018年8月23日。

志为核心的党中央着力解决意识形态领域党的领导弱化问题，立破并举、激浊扬清，就意识形态领域许多方向性、战略性问题做出部署，确立和坚持马克思主义在意识形态领域指导地位的根本制度，健全意识形态工作责任制，旗帜鲜明反对和抵制各种错误观点。党的十八大以来，中国意识形态领域形势发生全局性、根本性转变，全党全国各族人民文化自信明显增强，全社会凝聚力和向心力极大提升，为新时代开创党和国家事业新局面提供坚强思想保证和强大精神力量。

礼序乾坤、乐和天地，崇尚英雄才会产生英雄，争做英雄才能英雄辈出。一些重大礼仪活动上升到国家层面。国家通过法定程序，将9月3日确定为中国人民抗日战争胜利纪念日，将12月13日设立为南京大屠杀死难者国家公祭日，将9月30日设立为烈士纪念日。2015年12月，中共中央印发《关于建立健全党和国家功勋荣誉表彰制度的意见》，全国人民代表大会常务委员会通过《中华人民共和国国家勋章和国家荣誉称号法》，分别制定党、国家、军队三个功勋荣誉表彰条例，确立以"五章一簿"为主干的统一、规范、权威的功勋荣誉表彰制度体系。充分发挥党和国家功勋荣誉表彰的精神引领、典型示范作用，推动全社会形成见贤思齐、崇尚英雄、争做先锋的良好氛围。

举行全国精神文明建设表彰大会，召开全国抗击新冠疫情表彰大会，持续发布"道德模范""最美人物""时代楷模""中国好人"，一系列举措诠释着党和政府对这些引领者、示范者的尊崇，更彰显全社会崇德向善、明德惟馨的美好风尚。张富清、王继才、杜富国、国家援鄂抗疫医疗队，每个名字和集体都是闪光的名片，在新时代彰显着榜样引领的力量。精神文明建设挺起了中国脊梁、激发了中国力量、引领了中国风尚，为全党全国各族人民砥砺前行提供有力的思想指导、精神支撑、智力支持，构建起中华民族伟大复兴的精神坐标。

四　社会文明展现新姿

随着时代发展和社会进步，人民对美好生活的向往更加强烈，对民主、法治、公平、正义、安全、环境等方面的要求日益增长，保障和改善民生的任务十分繁重。进入新时代，以习近平同志为核心的党中央坚持以人民为中心，以保障和改善民生为重点加强社会建设，坚持不懈地发展社会文明。

为了保障和改善民生，深入贯彻以人民为中心的发展思想，在幼有所育、学有所教、劳有所得、病有所医、老有所养、住有所居、弱有所扶上持续用力。按照坚守底线、突出重点、完善制度、引导预期的思路，注重加强普惠性、基础性、兜底性民生建设，在收入分配、就业、教育、社会保障、医疗卫生、住房保障等方面推出一系列重大举措，推进基本公共服务均等化。新时代这十年，居民人均可支配收入从16500元增加到35100元，城镇新增就业年均1300万人以上。改造棚户区住房4200多万套，改造农村危房2400多万户，城乡居民住房条件明显改善。公共文化服务设施全部免费开放，基本实现"县有公共图书馆、文化馆，乡有综合文化站"的建设目标。中国人均预期寿命从75.4岁提高到78.2岁，位于中高收入国家前列，全生命周期健康保障更加有力。经过不懈努力，中国建成世界上规模最大的社会保障体系，人类发展指数进入"高人类发展水平"阶段，正向全覆盖、保基本、多层次、可持续的社会保障目标迈进。

社会治理是国家治理的重要方面,社会治理现代化是国家治理体系和治理能力现代化的重要内容。着眼于国家长治久安、人民安居乐业,建设更高水平的平安中国,完善社会治理体系,健全党组织领导的自治、法治、德治相结合的城乡基层治理体系,推动社会治理重心向基层下移,建设共建共治共享的社会治理制度,建设人人有责、人人尽责、人人享有的社会治理共同体。加强防灾减灾救灾和安全生产工作,加强国家应急管理体系和能力建设。坚持和发展新时代"枫桥经验",坚持系统治理、依法治理、综合治理、源头治理,完善信访制度,健全社会矛盾纠纷多元预防调处化解综合机制,加强社会治安综合治理,开展扫黑除恶专项斗争,坚决惩治放纵、包庇黑恶势力甚至充当保护伞的党员干部,防范和打击暴力恐怖、新型网络犯罪、跨国犯罪。2020年,社会矛盾总量出现历史性拐点,全国法院受理的诉讼案件总数、民事诉讼案件数在持续增长15年之后首次实现"双下降"。社会治理社会化、法治化、智能化、专业化水平大幅度提升,群众安全感由2012年的87.55%上升至2021年的98.62%[①],中国成为世界上最安全的国家之一。在经济转轨、社会转型过程中,续写社会长期稳定的奇迹,平安中国成为一张亮丽的国家名片。

2020年伊始,新冠疫情突如其来。面对百年来全球发生的传播速度最快、感染范围最广、防控难度最大的重大突发公共卫生事件,以习近平同志为核心的党中央坚持人民至上、生命至上,提出坚定信心、同舟共济、科学防治、精准施策的总要求,带领全党全军全国各

---

① 《推进更高水平平安中国建设》,《人民日报》2022年7月26日。

族人民迅速打响疫情人民战争、总体战、阻击战，最大限度地保护了人民生命安全和身体健康。从2020年中国率先控制新冠疫情、率先复工复产、率先实现经济增长由负转正的"三个率先"，到2021年经济发展和疫情防控保持全球领先地位的"两个领先"，中国以实际行动交出了不凡答卷。中国努力用最小的代价实现最大的防控效果。疫情要防住、经济要稳住、发展要安全，中国统筹经济发展和疫情防控取得世界上最好的成果。

适应新时代新要求，社会文明程度的提高成为增强国家软实力、建设文化强国的重要内容和引领方向。党的十八大报告指出，要坚持依法治国和以德治国相结合，加强社会公德、职业道德、家庭美德、个人品德教育，弘扬中华传统美德，弘扬时代新风。2016年3月，"十三五"规划纲要明确提出，全面建成小康社会不仅仅是"国内生产总值和城乡居民人均收入比2010年翻一番"，更将实现"国民素质和社会文明程度显著提高"。2021年3月，《中华人民共和国国民经济和社会发展第十四个五年规划和2035年远景目标纲要》把"社会文明程度得到新提高"确立为"十四五"时期经济社会发展主要目标，将"国民素质和社会文明程度达到新高度"纳入2035年远景目标。健全制度，引领文明风尚，在全社会广泛推动形成适应新时代要求的思想观念、精神面貌、文明风尚、行为规范，持续提升公民的文明素养，为创造人类文明新形态增强社会稳定和社会和谐。党的十八大以来，中国社会建设全面加强，人民生活全方位改善，发展了人民安居乐业、社会稳定有序的良好局面，人民群众获得感、幸福感、安全感更加充实、更有保障、更可持续。

五　生态文明硕果累累

人与自然是命运共同体，生态文明建设是关乎中华民族永续发展的根本大计。党的十八大报告把生态文明建设纳入"五位一体"总体布局，明确提出大力推进生态文明建设，努力建设美丽中国，实现中华民族永续发展。把"人与自然和谐共生"纳入新时代坚持和发展中国特色社会主义基本方略，把"绿色"纳入新发展理念，把"污染防治"纳入三大攻坚战，充分彰显生态文明建设在党和国家事业中的重要地位。党的十九大报告首次把"美丽中国"作为建设社会主义现代化强国的重要目标，将建设生态文明提升为"千年大计"。国家全面加强生态文明建设，坚持"绿水青山就是金山银山"的理念，全方位、全地域、全过程加强生态环境保护，推动形成人与自然和谐发展的现代化建设新格局，中国生态环境保护发生历史性、转折性、全局性变化。

建设生态文明制度体系，用最严格的制度、最严密的法治保护生态环境。2013年11月，党的十八届三中全会提出，加快建立生态文明制度，健全国土空间开发、资源节约利用、生态环境保护的体制机制，推动形成人与自然和谐发展现代化建设新格局。2015年4月，中共中央、国务院印发《关于加快推进生态文明建设的意见》，对健全生态文明制度体系做出明确规定。同年9月，中共中央、国务院印发《生态文明体制改革总体方案》，明确实施自然资源资产产权制度、国土空间开发保护制度等八个方面的改革，又相继出台六个配套方案，确定了改革路线图。

中国政府紧盯环保重点领域、关键问题和薄弱环节，采取标本兼治的措施，坚决遏制环境污染蔓延态势。2014年4月，全国人大常委会通过修订后的《中华人民共和国环境保护法》，在打击环境违法犯罪方面力度空前，因而被称为"史上最严"环境保护法。深入实施大气、水、土壤污染防治三大行动计划，打好蓝天、碧水、净土保卫战，开展农村人居环境整治，全面禁止进口"洋垃圾"。中央生态环境保护督察有力开展，查处一批破坏生态环境的重大典型案件、解决一批人民群众反映强烈的突出环境问题。大力推进山水林田湖草沙一体化保护和系统治理，全面推行湖长制、河长制，对江河湖进行统一保护、统一修复，生态系统质量和稳定性显著提升。为加强生物多样性保护，中国加快构建以国家公园为主体的自然保护地体系，正式设立三江源、大熊猫、东北虎豹、海南热带雨林、武夷山等第一批国家公园，逐步把自然生态系统最重要、自然景观最独特、自然遗产最精华、生物多样性最富集的区域纳入国家公园体系，本着统筹就地保护与迁地保护相结合的原则，启动北京、广州等国家植物园体系建设。空气质量发生历史性变化，2021年全国地级及以上城市空气质量优良天数比例提升到87.5%，成为世界上空气质量改善最快的国家。水环境质量发生转折性的变化，地表水

图15-6　2020年9月7日在内蒙古鄂尔多斯市乌审旗拍摄的治理后的毛乌素沙地（无人机照片）

Ⅰ—Ⅲ类优良水体断面比例达到84.9%，提升了23.3个百分点，劣Ⅴ类水质断面比例下降到1.2%，人民群众的饮用水安全得到有效保障。①

作为全球生态文明建设的参与者、贡献者、引领者，中国坚定践行多边主义，努力推动构建公平合理、合作共赢的全球环境治理体系。积极推动应对气候变化的《巴黎协定》签署、生效、实施，率先发布《中国落实2030年可持续发展议程国别方案》，实施《国家应对气候变化规划（2014—2020年）》，推动建立"一带一路"绿色发展国际联盟，推动制定"2020年后全球生物多样性框架"，做出力争2030年前实现碳达峰、2060年前实现碳中和的庄严承诺。在《生物多样性公约》第十五次缔约方大会领导人峰会上，中国关于生态文明建设的理念和战略，得到国际社会的广泛认可。截至2020年底，单位国内生产总值二氧化碳排放较2005年降低约48.4%，超额完成向国际社会承诺的目标。2021年，中国非化石能源发展迈上新台阶，新能源年发电量首次突破1万亿千瓦时大关，继续保持世界领先优势。塞罕坝林场建设者、浙江"千村示范、万村整治"工程先后荣获联合国环保最高荣誉"地球卫士奖"，体现了中国作为负责任大国的担当。中国坚持共同但有区别的责任原则，推动建立公平有效的全球应对气候变化机制，推动实现更高水平的全球可持续发展。

生态文明建设绝不是单纯就环境来解决环境问题，而是在新文明观指导下的经济方式、生活方式、社会发展方式、文化与科技范

---

① 《美丽中国建设迈出重大步伐》，《人民日报》2022年9月16日。

式等系统性革命。建立健全绿色低碳循环发展经济体系，持续推动产业结构和能源结构调整，启动全国碳市场交易，加快构建"双碳"政策体系，中国已经成为世界利用新能源和可再生能源第一大国。全面节约资源有效推进，大幅提高生态环保标准，加快发展节能环保产业和循环经济。伴随着绿色发展方式的不断推进，绿色生活方式日益成为人们的普遍共识和共同追求。简约适度、绿色低碳的生活方式，反对奢侈浪费和不合理消费，成为文明健康的生活风尚。共享经济、服务租赁、二手交易等新业态蓬勃发展，"光盘行动"、低碳出行等倡议得到全社会的积极响应。中国坚定不移走绿色低碳循环发展之路，坚持走生产发展、生活富裕、生态良好的文明发展道路，构建绿色产业体系和空间格局，引导形成绿色生产方式和生活方式，促进人与自然和谐共生。

第四节　铸就中华文化科技新辉煌

一个国家、一个民族的强盛，总是以文化兴盛为支撑条件。没有文化的繁荣兴盛，就没有中华民族伟大复兴。以习近平同志为核心的党中央团结带领全党全国各族人民坚定不移走中国特色社会主义文化发展道路，坚定文化自信、增强文化自觉、实现文化自强，激发全民族文化创新创造活力，推动中华优秀传统文化创造性转化、创新性发展，推动文化繁荣、建设文化强国、建设中华民族现代文明，向世界讲好中国故事，传播好中国声音，铸就中华文化新辉煌。

一 坚定文化自信推进社会主义文化强国建设

文化是一个国家、一个民族的灵魂，文化兴国运兴，文化强民族强。坚定中国特色社会主义道路自信、理论自信、制度自信，说到底是要坚定文化自信。2014年2月，习近平首次提出文化自信，强调"要讲清楚中华优秀传统文化的历史渊源、发展脉络、基本走向，讲清楚中华文化的独特创造、价值理念、鲜明特色，增强文化自信和价值观自信"[1]。2016年6月，习近平提出坚定"四个自信"，即中国特色社会主义道路自信、理论自信、制度自信、文化自信，明确把文化自信纳入"四个自信"之中。[2]党的十九大将文化自信纳入"坚持社会主义核心价值体系"基本方略，并写入党章，反映了全党全军全国各族人民的共同意志。坚定文化自信，就是坚持中国特色社会主义文化发展道路，激发全民族文化创新创造活力。

党的十八大明确"扎实推进社会主义文化强国建设"指导原则、方针及实践要求。根据党的十八大和十八届三中全会对深化文化体制改革做出的部署，2014年2月，中央全面深化改革领导小组审议通过《深化文化体制改革实施方案》，着力抓住完善文化体制管理和深化国有文化单位改革两个关键环节。2017年5月，中共中央办公厅、国务院办公厅印发《国家"十三五"时期文化发展改革规划纲要》，从理论建设、文艺创作、媒体建设、公共文化、文化产业、传统文化、文化开放、文化体制改革八个方面确立"十三五"时期文化发展改革的主

---

[1] 《习近平谈治国理政》第1卷，外文出版社2018年版，第164页。
[2] 《严肃党内政治生活净化党内政治生态 为全面从严治党打下重要政治基础》，《人民日报》2016年6月30日。

要目标。

新时代中国特色社会主义文化建设在建设社会主义文化强国的伟大征程上不断迈进、全面展开。党的十九届五中全会明确提出,到2035年建成文化强国的远景目标,就"十四五"时期"繁荣发展文化事业和文化产业,提高国家文化软实力"做出具体部署,明确推动形成适应新时代要求的思想观念、精神面貌、文明风尚、行为规范。在2020年9月召开的教育文化卫生体育领域专家代表座谈会上,习近平提出"四个重要","统筹推进'五位一体'总体布局、协调推进'四个全面'战略布局,文化是重要内容;推动高质量发展,文化是重要支点;满足人民日益增长的美好生活需要,文化是重要因素;战胜前进道路上各种风险挑战,文化是重要力量源泉"[1]。从顶层设计的高度将文化建设摆在全面建设社会主义现代化国家中的突出位置,为在新征程中推动建成文化强国提出新课题新要求。2023年6月,文化传承发展座谈会在中国历史研究院召开,会议明确提出坚持党的文化领导权、深刻理解"两个结合"、担负新的文化使命等重大创新观点。习近平指出,"在新的起点上继续推动文化繁荣、建设文化强国、建设中华民族现代文明,是我们在新时代新的文化使命"[2]。2023年10月,习近平对宣传思想文化工作作出重要指示,将"用党的创新理论武装全党、教育人民"作为宣传思想文化工作的首

---

[1] 习近平:《在教育文化卫生体育领域专家代表座谈会上的讲话》,《人民日报》2020年9月23日。
[2] 《担负起新的文化使命 努力建设中华民族现代文明》,《人民日报》2023年6月3日。

要政治任务,并提出"七个着力"①重要要求。全国宣传思想文化工作会议正式提出并系统阐述习近平文化思想。习近平文化思想既有文化理论观点上的创新和突破,又有文化工作布局上的部署要求,明体达用、体用贯通,明确了新时代文化建设的路线图和任务书,标志着中国共产党对中国特色社会主义文化建设规律的认识达到了新高度,表明党的历史自信、文化自信达到了新高度,为担负起新的文化使命提供了强大思想武器和科学行动指南。

二 传承和弘扬中华优秀传统文化

中华优秀传统文化是中华民族的根与魂,是中华民族区别于其他民族的独特精神标识,为中华民族生生不息、发展壮大提供了丰厚滋养。加快建设社会主义文化强国,需要推动中华优秀传统文化创造性转化、创新性发展,在此基础上发展社会主义先进文化。2014年3月26日,教育部印发《完善中华优秀传统文化教育指导纲要》,明确分学段有序推进中华优秀传统文化教育的具体内容,并要求将中华优秀传统文化教育系统融入课程和教材体系。2016年5月,习近平在哲学社会科学工作座谈会上指出,要推动中华文明创造性转化、创新性发展,激活其生命力,让中华文明同各国人民创造的多彩文明一道,为人类提供正确精神指引。② 2017年1月,中共中央办公厅、国务院办

---

① "七个着力"即:(1)着力加强党对宣传思想文化工作的领导,(2)着力建设具有强大凝聚力和引领力的社会主义意识形态,(3)着力培育和践行社会主义核心价值观,(4)着力提升新闻舆论传播力引导力影响力公信力,(5)着力赓续中华文脉、推动中华优秀传统文化创造性转化和创新性发展,(6)着力推动文化事业和文化产业繁荣发展,(7)着力加强国际传播能力建设、促进文明交流互鉴。

②《习近平谈治国理政》第2卷,外文出版社2017年版,第340页。

公厅印发《关于实施中华优秀传统文化传承发展工程的意见》，要求切实把中华优秀传统文化传承发展工作摆上重要日程，不断增强中华优秀传统文化的生命力和影响力，到2025年基本形成中华优秀传统文化传承发展体系，创造中华文化新辉煌。

物质文化遗产保护力度不断加大，非物质文化遗产保护迈上新台阶。中国开展了第一次全国可移动文物普查，摸清国有可移动文物家底；公布第七批全国重点文物保护单位，守护好不可移动文物；公布第四批国家非物质文化遗产名录，为非遗传承提供支持。中国列入联合国教科文组织非物质文化遗产名录（名册）的项目共计43项，位居世界第一。一大批弘扬中华优秀传统文化的电视节目、文化产品服务面世。集合全国近百所高校及科研院所专业力量的《辞源》第三版修订工作竣工，《中国古籍总目》及《史记》（修订本）等一大批古籍整理精品力作推出。《本草中国》《我在故宫修文物》等纪录片展现出中华文明的博大精深，《中国汉字听写大会》《中国诗词大会》等文化益智节目激发起全民学习传统文化的热情。一大批具有中国气派的艺术制品、服装服饰、文化服务等，深受消费者喜爱。三星堆考古发掘现场直播瞬间登顶热搜，舞蹈诗剧《只此青绿》浓缩千里江山还原北宋名画，人们在享受文化服务的同时，接受着中华优秀传统文化的浸润。

实施中华优秀传统文化传承发展工程，推动中华优秀传统文化创造性转化、创新性发展，让文化遗产与国民教育融合，与人民生产生活融合，使宝贵文化遗产焕发新的光彩。2019年1月3日，中国历史研究院正式挂牌成立；2022年7月23日，中国国家版本馆落成揭牌。两家单位都植根于中华文化的深厚底蕴，担负着赓续文脉、发展文的神圣使命。越来越多的传统经典、戏曲、书法等内容走入课堂、走进校园，融入国民教育体系。多措并举让收藏在博物馆里的文物、陈列在大地上的遗产、书写在古籍里的文字都活起来，保护、传承、发展优秀传统文化成为社会自觉，守护中华民族文化根脉的历史自觉更加充满文化自信。登得上城楼、望得见古塔、记得住乡愁的文化长卷，在中华大地上徐徐展开。

三　文化事业和文化产业繁荣发展

坚持把社会效益放在首位、社会效益和经济效益相统一，推动文化事业全面繁荣，加快发展文化产业，不断丰富人民精神世界，不断为人民提供更加丰富的精神食粮，增强人民精神力量，提升文化整体实力和竞争力，扎实推进社会主义文化强国建设。

2015年1月，中共中央办公厅、国务院办公厅印发《关于加快构建现代公共文化服务体系的意见》，要求创新公共文化管理体制和运行机制，建立公共文化服务体系建设协调机制，加大公益性文化事业单位改革力度，创新基层公共文化管理机制，将标准化均等化作为构建公共文化服务体系制度设计"内核"。2017年3月，《中华人民共和国公共文化服务保障法》施行，实现了人民群众基本文化权益的法律保障。围绕该法，《中华人民共和国公共图书馆法》《文化志愿服务管理办法》《文化馆管理办法》等纷纷出台，初步构建起现代公共文化服务体系的制度框架。制定国家公共文化服务标准和指标体系，促进基本公共文化服务标准化、均等化发展。继续实施文化惠民工程，推进基层公共文化设施共建共享，鼓励社会力量和资本参与公共文化服务体系建设。各类博物馆在场馆设施建设、藏品保护研究、陈列展示和免费开放、满足民众需求等方面不断取得进展。随着中国公共文化服务体系建设深入推进，越来越多的人享受到更加优质、便捷、个性化的公共文化服务。2021年底，全国公共图书馆、博物馆数量分别达3217个、3671个，电视节目综合人口覆盖率达99.7%。公共文化服务设施全部免费开放，基本实现"县有公共图书馆、文化馆，乡有综合文化站"的建设目标。

实现中华民族伟大复兴需要中华文化繁荣兴盛。2014年10月15日，习近平主持召开文艺工作座谈会并强调，实现中华民族伟大复兴必须高度重视和充分发挥文艺和文艺工作者的重要作用，坚持以人民为中心的创作导向，创作无愧于时代的优秀作品。[1]自此，中国文艺翻开崭新一页。2015年10月3日，中共中央印发《关于繁荣发展社会主义文艺的意见》，对文艺工作做出战略性部署和规划方案。2018年8月，习近平在全国宣传思想工作会议上指出，要引导广大文化文艺工作者深入生活、扎根人民，把提高质量作为文艺作品的生命线，用心用情用功抒写伟大时代。[2]新时代的文艺工作者自觉担负起振奋民族精神、引领时代风气的使命，真情倾听时代发展的铿锵足音，生动讴歌改革创新的火热实践，在文艺创作、文艺活动、文艺惠民等方面做出积极贡献、取得丰硕成果。中国作家接连获得诺贝尔文学奖、雨果奖、国际安徒生奖等世界文学奖项，中国的网络文学也开始风靡海外，中国文学以独特魅力跻身世界文学殿

---

[1] 参见习近平《在文艺工作座谈会上的讲话》，人民出版社2015年版。
[2] 《习近平谈治国理政》第3卷，外文出版社2020年版，第12页。

堂。大型纪录片《我们走在大路上》《敢教日月换新天》收视率居高不下，重大革命历史题材电视片《觉醒年代》掀起年轻人追剧热潮，电视剧《山海情》"出海"获得众多点赞，电影《长津湖》刷新中国票房纪录，河南卫视春晚节目《唐宫夜宴》网络刷屏，中国文艺事业呈现百花齐放、生机勃勃的繁荣景象。

随着社会主义市场经济深入发展和文化体制改革不断深化，国有文化企业积极参与市场竞争，经营性文化事业单位规范进行转企改制，一大批图书出版、影视制作、文艺演出、电影院线、有线电视网络等文化内容生产企业和文化信息传播企业迅速成长，文化精品不断涌现，文化服务更加活跃，有力促进了文化产业发展和文化市场繁荣，实现社会效益和经济效益同步提升。在经济下行压力较大的背景下，文化产业保持了较快增长速度。规模壮大，效益增长，文化产业健康快速发展。2021年，全国规模以上文化及相关产业企业实现营业收入逾11.9万亿元，中国文化产业成绩亮眼。2013年春节档，中国电影票房约7.8亿元；2022年春节假期，中国电影票房突破60亿元。与此同时，全国银幕总数也从2013年底的逾1.8万块增长到目前的8万余块，增幅超3倍。

四 创新驱动建设世界科技强国

"科技兴则民族兴，科技强则国家强。"科技是国之利器，中国要强，中国人民生活要好，必须有强大科技。当今中国正面临新一轮全球科技革命与产业变革的重大机遇和挑战，科技事业取得众多突破性进展，但仍存在不少"卡脖子"问题。以习近平同志为核心的党中央高度重视科技工作，紧紧把握世界科技发展脉搏，将科技发展与国家富强、民族复兴结合起来，促进科学技术跨越式发展。

党的十八大提出实施创新驱动发展战略。实施创新驱动发展战略，建设创新型国家，为实现"两个一百年"奋斗目标提供强大科技支撑，是时代赋予广大科技工作者的历史使命。2015年3月，中共中央、国务院印发《关于深化体制机制改革加快实施创新驱动发展战略的若干意见》，为推动科技创新做出顶层设计。2016年5月，中共中央、国务院印发《国家创新驱动发展战略纲要》，把创新驱动发展作为国家的优先战略，以科技创新为核心带动全面创新，以体制机制改革激发创新活力，以高效率的创新体系支撑高水平的创新型国家建设，推动经济社会动力根本转变。党的十九大提出加快建设创新型国

图15-7 2021年12月9日"天宫课堂"第一课开课，神舟十三号乘组航天员翟志刚、王亚平、叶光富在空间站进行太空授课。图为学生们在中国科技馆听课

家，到2035年中国跻身创新型国家前列，要瞄准世界科技前沿，加强应用基础研究，拓展实施国家重大科技项目，突出关键共性技术、前沿引领技术、现代工程技术、颠覆性技术创新，为建设科技强国、质量强国、航天强国、网络强国、交通强国、数字中国、智慧社会提供有力支撑。国家"十四五"规划纲要明确，把科技自立自强作为国家发展的战略支撑。2021年5月，习近平在两院院士大会、中国科协第十次全国代表大会上强调，坚决打赢关键核心技术攻坚战，建设全球人才高地，要改革重大科技项目立项和组织管理方式，实行"揭榜挂帅""赛马"等制度。[①]从突出创新在中国现代化建设全局中的核心地位出发，2022年10月，党的二十大报告提出，要实施科教兴国战略，强化现代化建设人才支撑，坚持科技是第一生产力、人才是第一资源、创新是第一动力，深入实施科教兴国战略、人才强国战略、创新驱动发展战略。教育、科技、人才是全面建设社会主义现代化国家的基础性、战略性支撑，这三大战略共同服务于创新型国家的建设，通过协同配合、系统集成，共同塑造发展的新动能新优势。

国家加快推进科技自立自强，加大对科技创新的支持力度。全社会研发投入从2012年的1.03万亿元增长到2021年的2.79万亿元，研发投入强度从1.91%增长到2.44%。中国研发经费总量在2013年超过日本，居世界第二位，研发人员总量居世界首位。世界知识产权组织发布的全球创新指数排名，中国从2012年的第34位上升到2021年的第12位。中国在全球创新版图中的地位和作用发生新的变化，中

[①]《两院院士大会中国科协第十次全国代表大会在京召开》，《人民日报》2021年5月29日。

图15-8　2020年6月23日,中国北斗三号全球卫星导航系统最后一颗组网卫星在西昌卫星发射中心点火升空

国既是国际前沿创新的重要参与者,也是共同解决全球性问题的重要贡献者。中国科技进步贡献率从2012年的52.2%迅速增至2022年的60%以上,进入创新型国家行列。

随着创新驱动发展战略深入实施,基础研究和原始创新不断加强,一些关键核心技术实现突破,战略性新兴产业发展壮大。载人航天、探月探火、深海深地探测、超级计算机、卫星导航、量子信息、核电技术、大飞机制造、生物医药等取得重大成果,国家整体科技实力和许多领域的科技水平明显提升。云计算、大数据、物联网、移动互联网、人工智能等新一代信息技术广泛深入应用,移动支付、共享出行、工业互联、智慧城市等数字经济加快推进,为发展注入新动能，为社会带来深刻变革。全球最长跨海大桥、全球最快智能高铁、全球最大单口径球面射电望远镜，重大工程捷报频传；5G、大数据、移动互联网，智能手机、新能源汽车、工业机器人，云经济、宅经济、数字经济，新技术新产品新业态加速涌现。科技自立自强成为国家发展的战略支撑，中国桥、中国路、中国车、中国港、中国网，一个个圆梦工程造福中国、享誉世界。

五 网络强国和网络文明建设

党的十八大以来，以习近平同志为核心的党中央高度重视网信事业发展，做出建设网络强国的重大战略部署，加强网信工作统筹协调和顶层设计，加强网络内容建设和管理，铸牢国家网络安全屏障，发挥信息化驱动引领作用，推进全球互联网治理体系变革，推动网信事业发展取得历史性成就，探索出一条具有中国特色的互联网发展之路。中国正从网络大国向网络强国阔步迈进。

随着世界多极化、经济全球化、文化多样化、社会信息化深入发展，互联网对人类文明进步发挥更大促进作用。同时，互联网领域发展不平衡、规则不健全、秩序不合理等问题日益凸显，国际上信息鸿沟不断扩大，国内网络安全形势日趋严峻、核心技术缺乏优势、网络治理面对更加复杂的局面，发展中层出不穷的矛盾和挑战也为中国网信事业提出全新命题。2014年2月，习近平在中央网络安全和信息化领导小组第一次会议上强调，努力把中国建设成为网络强国，强调要把握好网上舆论引导的时、度、效，使网络空间清朗起来。[①]新发

[①] 《习近平谈治国理政》第1卷，外文出版社2018年版，第197、198页。

展理念推动经济社会发展,是中国当前和今后一个时期的总要求和大趋势。网信事业代表着新的生产力、新的发展方向,应该也能够在践行新发展理念上先行一步。2016年4月19日,习近平主持召开网络安全和信息化工作座谈会时指出,中国经济发展进入新常态,新常态要有新动力,互联网在这方面可以大有作为。①

党的十八届五中全会、国家"十三五"规划纲要都对实施网络强国战略、"互联网+"行动计划、国家大数据战略等作了部署。习近平指出,"建设网络强国,要有自己的技术,有过硬的技术"②。维护国家安全,建设网络强国,避免被人"卡脖子",必须加强核心技术自主创新,抓紧突破网络发展的前沿技术和具有国际竞争力的关键核心技术,加快推进国产自主可控替代计划,构建安全可控的信息技术体系。2014年6月,国务院印发《国家集成电路产业发展推进纲要》,提出到2030年,集成电路产业链主要环节达到国际先进水平,实现跨越发展。2016年《国家信息化发展战略纲要》出台,描绘未来10年数字中国建设的发展图景,为网络强国建设标识出清晰的时间表和路线图;《"十三五"国家信息化规划》发布,明确提出将数字中国建设取得显著成效作为中国信息化发展总目标。党的十九大制定了面向新时代的行动纲领和发展蓝图,提出要建设网络强国、数字中国、智慧社会,推动互联网、大数据、人工智能和实体经济深度融合,发展数字经济、共享经济,培育新增长点、形成

---

① 习近平:《在网络安全和信息化工作座谈会上的讲话》,人民出版社2016年版,第4页。

② 《习近平谈治国理政》第1卷,外文出版社2018年版,第198页。

新动能。

以互联网发展为代表的信息革命深刻重塑了经济社会和生产生活的形态,为中国注入了难以估量的发展之力。中国网民数量、网络零售交易额、电子信息产品制造规模已居全球第一,建成全球最大规模光纤和移动通信网络。所有地级市全面建成光网城市,行政村、脱贫村通宽带率达100%。移动通信从4G演进到5G,实现网络、产业、应用全球领先。超级计算机进入全球500强的数量首次名列全球第一,发射世界首颗量子通信科学试验卫星,北斗导航卫星全球组网,中国推动的窄带物联标准成为全球统一标准。一批信息技术企业和互联网企业进入世界前列,形成了较为完善的信息产业体系,数字经济发展势头强劲,总量连续多年稳居世界第二。信息技术应用不断深化,互联网催生的大量新产品、新业态竞相涌现,经济社会数字化网络化转型步伐加快,信息化在现代化建设全局中引领作用日益凸显。

没有网络安全就没有国家安全,就没有经济社会稳定运行,也难以保障广大人民群众利益。互联网在促进经济社会发展的同时,也带来网络治理的新挑战,面临着网络基础设施和信息安全风险,更有网络思想舆论的冲击。习近平指出,"谁掌握了互联网,谁就把握住了时代主动权;谁轻视互联网,谁就会被时代所抛弃"[1]。在互联网这个战场上,能否顶得住、打得赢,直接关系国家政治安全、文化安全、意识形态安全。2016年中央网信办、质检总局、国家标准委三部门联合印发《关于加强国家网络安全标准化工作的若干意见》,

---

[1] 《习近平关于网络强国论述摘编》,中央文献出版社2021年版,第41页。

2017年实行《中华人民共和国网络安全法》，数据安全法、个人信息保护法、互联网直播服务管理规定等一系列有针对性的法律法规纷纷出台。组建网络执法与监督局，持续加大网络执法力度，坚决查处各类违法违规案件。依法治网、依法办网、依法上网，确保互联网在法治轨道上健康运行。

网络文明是新形势下社会文明的重要内容，是建设网络强国的重要领域。网络空间是亿万民众共同的精神家园，谁都不愿生活在一个充斥着虚假、诈骗、攻击、谩骂、恐怖、色情、暴力的空间。随着新媒体的快速扩张，传统媒体转型升级及其与新媒体融合发展是大势所趋。中国全面推进媒体融合发展，新型主流媒体矩阵在全媒体时代浪潮中成长壮大，使主流媒体牢牢掌握包括互联网在内的传播主导权。为加强网络舆论引导，依法依规处理了一批长期传播错误言论的渠道平台和人员，营造出清朗的网络舆论环境。2016年，最高人民法院发布人民法院依法保护"狼牙山五壮士"等英雄人物人格权益典型案例。2017年10月，《互联网跟帖评论服务管理规定》落地实施，网络不再是"键盘侠""网络水军"肆意妄言的法外之地。2021年9月，中共中央办公厅、国务院办公厅印发《关于加强网络文明建设的意见》，为新时代网络文明建设提供有力指导。创办中国网络文明大会，实施"争做中国好网民"工程，加强网络诚信建设，营造清朗网络空间。网络平台、社会组织、广大网民共同推进文明办网、文明用网、文明上网，推动互联网这个最大变量变成事业发展的最大增量。

第五节　拓展人类文明发展进步空间

世界好,中国才能更好;中国好,世界才会更好。中国把自身文明发展置于人类发展的坐标系中,把中国人民利益同各国人民共同利益结合起来,做世界和平的建设者、全球发展的贡献者、国际秩序的维护者、公共产品的提供者,推动世界文明交流互鉴,为维护世界和平、促进共同发展不断做出新的更大的贡献。中国倡导推动构建人类命运共同体,推动构建以合作共赢为核心的新型国际关系,让文明交流互鉴成为推动人类社会进步的动力、维护世界和平的纽带,推动人类文明实现创造性发展,同世界各国人民一道建设更加美好的世界。

一　倡导构建人类命运共同体

进入21世纪第二个十年,世界之变、时代之变、历史之变正以前所未有的方式展开,中国前所未有地走近世界舞台中央。世界多极化、经济全球化、文化多样化、社会信息化持续发展,国际力量分布趋于重构,全球治理体系和国际秩序变革持续推进,各国相互联系和依存大大加深。霸权主义、强权政治和新干涉主义有所上升,保护主义、单边主义不断抬头,和平赤字、发展赤字、安全赤字、治理赤字加重,恃强凌弱、巧取豪夺、零和博弈等霸权霸道霸凌行径危害深重,世界充满不确定性。人类社会面临前所未有的挑战,世界又一次站在历史的十字路口，各国都在探索应对之道，希望有新的智慧提供新的解决方案。但和平、发展、合作、共赢的历史潮流不可阻挡，人心所向、大势所趋决定了人类前途终归光明。

人类只有一个地球，各国共处一个世界。2013年3月，习近平在俄罗斯莫斯科国际关系学院发表演讲，倡导构建人类命运共同体。之后，在一系列重大国际场合，习近平对构建人类命运共同体理念进行深入阐发。2015年9月，习近平在联合国总部出席第七十届联合国大会发表演讲，提出"和平、发展、公平、正义、民主、自由"[1]是全人类的共同价值，把构建以合作共赢为核心的新型国际关系与打造人类命运共同体紧密相连，进一步丰富发展了人类命运共同体理念。构建人类命运共同体理念，蕴含着中华民族优秀传统文化中民胞物与、立己达人、协和万邦、天下大同的智慧，体现中国致力于为世界和平与发展做出更大贡献的崇高目标。人类命运共同体理念继承和发扬马克思主义"自由人联合体"思想，以全人类共同价值为遵循，以实现人的自由全面发展、实现全人类幸福为目标，蕴含对人类文明形态的前瞻性思考。2017年1月18日，习近平在联合国日内瓦总部发表主旨演讲，发出"世界怎么了、我们怎么办"时代之问，系统阐述构建人类命运共同体的中国方案，提出坚持对话协商、共建共享、合作共赢、交流互鉴、绿色低碳，倡导建设一个持久和平、普遍安全、共同繁荣、开放包容、清洁美丽的世界。[2]面对世界百年未有之大变局和新冠疫情全球大流行交织影响，2021年9月，习近平在第七十六届联

---

[1] 《十八大以来重要文献选编》（中），中央文献出版社2016年版，第695页。
[2] 习近平：《共同构建人类命运共同体》，《求是》2021年第1期。

第十五章 走向复兴（中国特色社会主义新时代）

合国大会一般性辩论上提出构建全球发展命运共同体，携手应对全球性威胁和挑战。人类命运共同体，顺应了人类社会发展进步的时代潮流，摒弃丛林法则、不搞强权独霸、超越零和博弈，是对国际秩序观的创新和发展，为处于十字路口的世界开辟一条合作共赢、共建共享的文明发展新道路。[①]

构建人类命运共同体，是为解决人类面临的各种复杂问题贡献的中国智慧和中国方案。人类命运共同体回答了"建设一个什么样的世界、如何建设这个世界"的重大课题，是解决全世界面临"时代之问"的中国方案。从地理意义看，命运共同体是多层次的共同体，包括亚洲命运共同体、中非命运共同体、中阿命运共同体、周边命运共同体等。从实践意义看，人类命运共同体是全方位的共同体，涵盖政治共同体、安全共同体、经济共同体、文化共同体、生态共同体等领域。构建人类命运共同体被写入党的十九大、二十大报告，载入党章和宪法，多次被写入联合国、中非合作论坛北京峰会、上合组织青岛峰会、中阿合作论坛部长级会议以及诸多双多边高层交往的成果文件。人类生活在同一个地球村里，越来越成为你中有我、我中有你的命运共同体。中国相继提出共建"一带一路"倡议、全球发展倡议、全球安全倡议、全球文明倡议，丰富了人类命运共同体理念的内涵和实践路径，为应对世界之变、时代之变、历史之变提供了中国方案。从理念到理论、从愿景到倡议、从双边到多边，人类命运共同体逐步成为推动全球治理体系变革、构建新型国际关系和国际新秩

[①] 习近平：《坚定信心 共克时艰 共建更加美好的世界》，《人民日报》2021年9月22日。

序的共同价值规范，成为引领时代潮流和人类文明进步方向的鲜明旗帜。

二　促进世界合作共赢共同发展

党的十八大以来，中国前所未有地走近世界舞台中央。在构建人类命运共同体理念指引下，中国高举和平、发展、合作、共赢的旗帜，始终不渝走和平发展道路，始终不渝奉行互利共赢的开放战略，致力于同世界各国发展友好合作，履行应尽的国际责任和义务，同各国人民一道推进人类和平与发展的崇高事业。在对外开放中展现大国担当，中国成为世界经济增长的主要稳定器和动力源，用自身的发展为其他国家提供新机遇，不仅发展自己，也造福世界。

开放是当代中国的鲜明标识。面对保护主义的抬头、单边霸凌的逆流，中国实行更加积极主动的开放战略，坚守自由贸易体制，构建面向全球的高标准自由贸易区网络。从主场外交到国际会议，从政策宣示到务实举措，中国不断对外释放扩大开放的明确信号，坚定地站在历史前进的正确一边。为构建面向全球的高标准自由贸易区网络，2013年在上海设立第一个自贸试验区，中国加快推进自由贸易试验区、海南自由贸易港建设，自贸试验区覆盖了中国从南到北、从沿海到内陆的广大区域，形成多领域复合型综合改革开放态势。2018年11月，首届中国国际进口博览会在上海举办，这是世界上第一个以进口为主题的国家级展会。2020年，签署《区域全面经济伙伴关系协定》，如期完成中欧投资协定谈判。从在国际货币基金组织中的份额和投票权跃居第三位，到发起成立亚洲基础设施投资银行、金砖国家新开发银行,设立丝路基金,再到人民币正式纳入特别提款权货币篮子,中国从全球金融体系的普通参与者,转变为引领者。

图15-9 2018年11月5—10日,首届中国国际进口博览会在上海举行

中国以共商共建共享为原则倡议并推动"一带一路"建设,契合沿线国家的共同需求,为沿线国家优势互补、开放发展开启新的机遇之窗。2013年11月,党的十八届三中全会做出"推进丝绸之路经济带、海上丝绸之路建设,形成全方位开放新格局"的重大决策部署。"一带一路"倡议继承和发扬丝绸之路精神,把中国发展同沿线国家发展结合起来,把中国梦同沿线各国人民的梦想结合起来,赋予古代丝绸之路全新的时代内涵。这一重大倡议,唤起沿线国家对古老丝绸之路的回忆,既对新时代中国开放空间布局进行统筹谋划,又对中国与世界实现开放共赢的路径进行顶层设计,让以和平合作、开放包容、互学互鉴、互利共赢为特征的丝路精神焕发出时代之彩。"一带一路"倡议被写入联合国、中非合作论坛、上海合作组织、亚欧会议等重要国际机制成果文件。中国已与152个国家、32个国际组织签

署200余份共建"一带一路"合作文件，中国货物贸易总额居世界第一，吸引外资和对外投资居世界前列，形成更大范围、更宽领域、更深层次对外开放格局。共建"一带一路"跨越不同地域、不同发展阶段、不同文明的国家和地区，成为深受欢迎的国际公共产品和国际合作平台，为世界经济增长开辟新空间，为国际贸易和投资搭建新平台，为完善全球经济治理拓展新实践，为增进各国民生福祉做出新贡献。新冠疫情发生后，横贯亚欧大陆的中欧班列，成为驰援各国一条"生命通道"。2020年中欧班列开行1.24万列、发送113.5万标箱，成为助力"一带一路"沿线各国抗疫的"钢铁驼队"。

中国提出构建创新、活力、联动、包容的世界经济，为解决人类社会面临的种种全球性挑战提供了中国方案。从应对新冠疫情、推动全球经济复苏，到应对气候变化、推动绿色低碳转型，中国始终站在国际合作的前沿，为推动全球发展注入澎湃动力。作为世界上最大的发展中国家，中国的发展本身就是对世界发展的巨大贡献。同时，中国也将以自身发展带动世界发展，为世界提供公共产品，在解决全球性共同问题上发挥建设性作用。改革开放以来，中国7.7亿农村贫困人口摆脱贫困，占同期全球减贫人口70%以上，提前10年实现《联合国2030年可持续发展议程》减贫目标。2020年9月，习近平在联合国大会上宣布，中国的二氧化碳排放力争于2030年前达到峰值，努力争取在2060年前实现碳中和。[①]这一承诺体现中国在环境保护和应对气候变化问题上的一个负责任大国的作用和担当。

---

① 《习近平在第七十五届联合国大会一般性辩论上发表重要讲话》，《人民日报》2020年9月23日。

2021年4月，习近平出席领导人气候峰会并发表讲话，阐述构建人与自然生命共同体理念，强调要坚持人与自然和谐共生，坚持绿色发展，坚持系统治理，坚持以人为本，坚持多边主义，坚持共同但有区别的责任原则。[①] 2021年5月，习近平出席全球健康峰会并发表讲话，就提高应对重大突发公共卫生事件能力和水平提出五点意见，强调要坚定不移推进抗疫国际合作，共同推动构建人类卫生健康共同体，共同守护人类健康美好未来。[②] 新冠疫情发生以来，中国全力支持并推动全球团结抗疫，承诺将中国疫苗作为全球公共产品，支持向发展中国家豁免疫苗知识产权，至2022年初中国已向120多个国家和国际组织提供超过20亿剂疫苗，用实际行动践行承诺、展现担当。

党的十八大以来，外资准入负面清单持续缩减，自贸试验区和海南自由贸易港不断扩容，中国开放的大门越开越大，与各国共享市场与机遇。2013—2021年，中国对世界经济增长的平均贡献率达到38.6%，超过七国集团国家贡献率的总和，成为全球经济舞台上举足轻重的主引擎。[③] 中国始终追求互利共赢、美美与共，不断以中国新发展为世界提供新机遇。

三　推进全球治理体系变革

随着国际力量消长变化和全球性挑战日益增多，加强全球治理、

[①] 习近平：《共同构建人与自然生命共同体》，《人民日报》2021年4月23日。
[②] 习近平：《携手共建人类卫生健康共同体》，《人民日报》2021年5月22日。
[③] 《不可阻挡的步伐——写在中华民族伟大复兴的中国梦提出十周年》，《人民日报》2022年11月28日。

推动全球治理体系变革是大势所趋。党的十八大以来，中国提出秉持共商共建共享的全球治理观，以中国智慧、中国主张、中国方案引领全球治理理念实现创新发展，推动构建和平共处、总体稳定、均衡发展的大国关系格局，改变大国必战、国强必霸的西方逻辑。

世界命运应该由各国共同掌握，不是以一种制度代替另一种制度，不是以一种文明代替另一种文明。全球事务应该由各国共同商量，在国际事务中利益共生、权利共享、责任共担。中国倡导共同、综合、合作、可持续的安全观，坚定维护以联合国为核心的国际体系、以国际法为基础的国际秩序、以联合国宪章宗旨和原则为基础的国际关系基本准则，反对一切形式的单边主义，反对搞针对特定国家的阵营化和排他性小圈子。2016年9月，中国政府发布《第71届联合国大会中方立场文件》，向世界阐述了中国关于支持联合国改革、支持联合国维和行动等问题的主张和看法。中国秉持共商共建共享的全球治理观，高举多边主义旗帜，维护联合国权威和作用，充分发挥全球和区域多边平台的建设性作用，推动构建公正合理的国际治理体系。从二十国集团领导人峰会到中法全球治理论坛，从圣彼得堡国际经济论坛到金砖国家领导人会晤，习近平全面阐释多边主义的核心要义和时代内涵，倡导共商共建共享的全球治理观，发出践行多边主义、抵制单边主义、反对霸权主义的正义之声。

中国建立10亿美元的"中国—联合国和平与发展基金"、200亿元人民币的"中国气候变化南南合作基金""南南合作援助基金"等，以实际行动积极实施国际发展援助。

中国积极打造全方位、多层次、立体化的全球伙伴关系网络，

第十五章　走向复兴（中国特色社会主义新时代）

不断完善全方位外交布局，与182个国家正式建立外交关系，与100多个国家、地区和地区组织建立不同层次的伙伴关系，实现了对大国、周边和发展中国家伙伴关系的全覆盖，"朋友圈"遍布全球。2021年1月，习近平在世界经济论坛"达沃斯议程"对话会上号召："让多边主义火炬照亮人类前行之路，向着构建人类命运共同体不断迈进！"①

中国发挥负责任大国作用，举办一系列大型主场外交，推进全球治理体系改革和建设，引导有关会议形成一系列开创性、引领性、机制性成果，为充满不确定性的世界注入稳定性和正能量。2016年9月二十国集团领导人杭州峰会上，中国引导协调各方在创新增长、结构性改革、多边投资、气候变化、可持续发展等重要问题上制定出一系列指导原则和指标体系，发表《二十国集团领导人杭州峰会公报》，有力推动二十国集团从危机应对向长效治理机制转型。中国还成功举办亚信上海峰会、金砖国家领导人厦门会晤等主场外交活动。中国推进共建"一带一路"倡议的实施，推动成立亚洲基础设施投资银行、丝路基金、金砖国家新开发银行，以开放姿态欢迎各国搭乘中国发展"顺风车"。

中国建设性地参与解决国际和地区热点问题，积极参与国际反恐合作，派军舰在亚丁湾、索马里海域执行护航任务。中国编织全球治理体系中的发展中国家合作网，坚持发展中国家定位，努力维护发展中国家的共同利益，发起一系列以发展中国家为主体的国际组织及合作机制，实现了多边机制在发展中国家的网络化全覆盖。中国认真

---

① 《习近平谈治国理政》第4卷，外文出版社2022年版，第466页。

履行自己的责任，遵守国际规则，履行国际义务，同国际社会采取协调一致行动，共同应对气候变化、国际反恐、核安全和国际防扩散等全球性挑战。面对跌宕反复的新冠疫情，中国与国际社会携手推动弥合"免疫鸿沟"，帮助发展中国家撑起"健康之盾"，共筑人类健康"免疫长城"；针对国际社会普遍关注的数据安全风险，2020年中国发起《全球数据安全倡议》，为制定数字安全国际规则提供蓝本。中国积极参与解决朝鲜半岛核、伊朗核、阿富汗等重大地区热点问题，提出具有中国特色的热点问题解决之道。

中国还积极参与网络、极地、深海、外空、生物安全、气候变化等新兴领域规则制定，发起并主办世界互联网大会，推动建立多边、民主、透明的全球互联网治理体系。截至2017年9月，中国先后同70多个国家和地区深度开展打击网络犯罪合作，提出责任共担、社会共治的国际禁毒合作方案，联合各国开展国际追逃追赃、打击电信诈骗等执法行动。中国全面参与联合国、国际刑警组织、上海合作组织、中国—东盟等国际和区域合作框架内的执法安全合作，创建湄公河流域执法安全合作机制，建立新亚欧大陆桥安全走廊国际执法合作论坛。中国顺应时代发展的潮流，推动全球治理体系朝着更加公正合理的方向发展，成为世界乱象中的中流砥柱。

四 推动世界文明交流互鉴

世界文明丰富多彩，多样性是人类文明的魅力所在，更是世界发展的活力和动力之源。文明没有高下、优劣之分，只有特色、地域之别，文明因多样而交流，因交流而互鉴，因互鉴而发展。中国大力

第十五章 走向复兴（中国特色社会主义新时代）

提倡平等、互鉴、对话、包容的文明观，以文明交流超越文明隔阂，以文明互鉴超越文明冲突，以文明共存超越文明优越，促进人类文明发展进步。

"一花独放不是春，百花齐放春满园。"文明交流互鉴，是推动人类文明进步与世界和平发展的重要动力。中国以海纳百川的气度促进文明交流互鉴，是传承弘扬中华文化，增强其生命力和影响力的过程；也是吸纳外来文化文明精华，推动中华文化不断丰富的过程。习近平在外交场合多次倡导文明互鉴，文明因交流而多彩，文明因互鉴而丰富。2014年3月，习近平在联合国教科文组织总部演讲提出，推动文明交流互鉴需要秉持正确的态度和原则：文明是多彩的，人类文明因多样才有交流互鉴的价值；文明是平等的，人类

图15-10　2019年5月15—22日，亚洲文明对话大会在北京举行，亚洲47个国家以及域外其他国家代表2000余人参加大会相关活动。图为5月15日在北京国家体育场（鸟巢）举办的亚洲文化嘉年华活动

文明因平等才有交流互鉴的前提；文明是包容的，人类文明因包容才有交流互鉴的动力。①党的十八大以来，中外文化交流日益密切，各类文化节、文物展览、博览会、书展、电影节、体育竞技、旅游推介等活动在中国与世界各国之间频繁开展。中外智库深度交流，汉学与当代中国座谈会、青年汉学家研修计划等，搭建起中外思想对话桥梁。尤其是随着"一带一路"建设的推进，中国开创敦煌国际文化博览会、丝绸之路国际艺术节、海上丝绸之路国际艺术节等品牌活动，促进了沿线国家和地区的民心相通。2019年5月，习近平在亚洲文明对话大会上发表主旨演讲，为夯实共建亚洲命运共同体、人类命运共同体的人文基础提出四点主张：坚持相互尊重、平等相待；坚持美人之美、美美与共；坚持开放包容、互学互鉴；坚持与时俱进、创新发展。②包容多元、兼收并蓄的中华大地正逐渐成为世界文明交流融合的中心，展现出可信、可爱、可敬的中国形象。

中华文化与世界交流互鉴，中国文化"走出去"，向世界展示中华文化魅力，搭建起中国人民同各国人民有效互动交流的桥梁，让世界更好读懂中国。进入新时代以来，中国作家接连获得诺贝尔文学奖、雨果奖、国际安徒生奖等世界文学奖项，中国文学以独特魅力跻身世界文学殿堂。自2013年中宣部组织实施中国当代作品翻译工程，一大批思想精深、艺术精湛、制作精良的文学翻译作品"走出去"，有血有肉地表现中华文化、中国精神，让国外民众感受到中华文化的

---

① 《习近平谈治国理政》第1卷，外文出版社2018年版，第258、259页。
② 习近平：《深化文明交流互鉴　共建亚洲命运共同体》，《人民日报》2019年5月16日。

第十五章 走向复兴（中国特色社会主义新时代）

独特魅力，加深了对中华文化的认识和理解。中国影片开始在全球各地同步热映，中国电视剧频频在海外热播；感知中国、中国文化年、欢乐春节等中国文化活动影响扩大、成效明显。

党的十八大以来，中国加快国际传播能力建设，向世界讲好中国故事、中国共产党故事，传播好中国声音，促进人类文明交流互鉴，国家文化软实力、中华文化影响力明显提升。2014年3月，国务院印发《关于加快发展对外文化贸易的意见》，要求统筹国际国内两个市场、两种资源，参与国际文化合作和竞争，把更多具有中国特色的优秀文化产品推向世界。扩大国际传播能力建设，最根本的是要建立起对外话语体系。2016年2月，习近平在新闻舆论工作座谈会上强调，要加强对外话语体系建设，用中国理论阐释中国实践，用中国实践升华中国理论，更加鲜明地展现中国思想，更加响亮地提出中国主张。[1]为加强和改进中华文化"走出去"，2016年，中央全面深化改革领导小组通过《关于进一步加强和改进中华文化走出去工作的指导意见》，强调加强顶层设计和统筹协调，向世界阐释推介更多具有中国特色、体现中国精神、蕴藏中国智慧的优秀文化，提高国家文化软实力。

2021年4月，在即将迎来中国共产党成立100周年之际，习近平在博鳌亚洲论坛年会开幕式上的视频主旨演讲中指出，一百年来，中国共产党筚路蓝缕、求索奋进，为中国人民谋幸福，为中华民族谋复兴，为世界谋大同，不仅使中华民族迎来了从站起来、富起来到强起

---

[1] 《习近平关于社会主义文化建设论述摘编》，中央文献出版社2017年版，第213页。

来的伟大飞跃，也为人类文明和进步事业做出了卓越贡献。[①] 2022年2月，克服疫情影响，冬奥会如期开幕，北京成为全球首个"双奥之城"，鸟巢上空，由一朵朵"小雪花"凝聚而成的"大雪花"，中华文明与奥林匹克运动再度携手，中国、世界共同唱响"一起向未来"的冰雪欢歌。一张张亮丽的文化名片展现了中华文化的博大精深与当代中国的昂扬风貌，中国以更加开放的姿态拥抱世界、以更有活力的文明成就贡献世界。2023年3月，习近平在中国共产党与世界政党高层对话会上，首次提出全球文明倡议，共同倡导尊重世界文明多样性，共同倡导弘扬全人类共同价值，共同倡导重视文明传承和创新，共同

图15-11 2022年2月4日，北京冬奥会在国家体育场开幕

---

① 习近平：《同舟共济克时艰，命运与共创未来——在博鳌亚洲论坛2021年年会开幕式上的视频主旨演讲》，《人民日报》2021年4月21日。

倡导加强国际人文交流合作。① 全球文明倡议深刻回答了"人类社会现代化之问",为人类文明发展进步明确了价值追求、指明了前进方向、提供了实践路径。

<h2 style="text-align:center">本章参考文献</h2>

《习近平法治思想学习纲要》,人民出版社、学习出版社2021年版。
《习近平经济思想学习纲要》,人民出版社、学习出版社2022年版。
《习近平生态文明思想学习纲要》,学习出版社、人民出版社2022年版。
《习近平谈治国理政》第1卷,外文出版社2018年版。
《习近平谈治国理政》第2卷,外文出版社2017年版。
《习近平谈治国理政》第3卷,外文出版社2020年版。
《习近平谈治国理政》第4卷,外文出版社2022年版。
《习近平新时代中国特色社会主义思想学习纲要》,人民出版社2019年版。
习近平:《论中国共产党历史》,中央文献出版社2021年版。
《改革开放简史》,人民出版社、中国社会科学出版社2021年版。
《求是》《人民日报》《经济日报》《光明日报》,2012—2022年。
《十八大以来重要文献选编》(上),中央文献出版社2014年版。
《十八大以来重要文献选编》(中),中央文献出版社2016年版。
《十八大以来重要文献选编》(下),中央文献出版社2018年版。
《十九大以来重要文献选编》(上),中央文献出版社2019年版。
《十九大以来重要文献选编》(中),中央文献出版社2021年版。
《中国共产党简史》,人民出版社、中共党史出版社2021年版。
《中华人民共和国国务院公报》,2012—2022年。
《中华人民共和国简史》,人民出版社、当代中国出版社2021年版。
当代中国研究所:《新中国70年》,中共党史出版社2019年版。

---

① 习近平:《携手同行现代化之路——在中国共产党与世界政党高层对话会上的主旨讲话》,《人民日报》2023年3月16日。

国家统计局：《中国统计年鉴》，2012—2021年。
国务院发展研究中心：《十年伟大飞跃》，人民出版社2022年版。
新华网、人民网、中国共产党思想理论资源数据库、学习强国。
《中国共产党的一百年》，中共党史出版社2022年版。

本章图片来源

资料照片，新华社发。

结语

人类文明新形态

结 语　人类文明新形态

章首语

中华文明源远流长、博大精深，是中华民族独特的精神标识，是当代中国文化的根基，是维系全世界华人的精神纽带，也是中国文化创新的宝藏。近代以来，在西方列强的侵袭下，中华民族遭受了前所未有的劫难，中华文明遭遇到难以赓续的深重危机。在拯救民族危亡、实现民族振兴的激烈斗争中，中国共产党领导人民成功走出中国式现代化道路，推动中华优秀传统文化创造性转化、创新性发展，推进中国特色社会主义文化建设，建设中华民族现代文明，创造了人类文明新形态。中国人民焕发出更为强烈的历史自觉和主动精神，在新的历史起点上继续推动文化繁荣、建设文化强国、建设中华民族现代文明，同世界各国人民一道建设更加美好的世界。

一　从千年文明古国中走来

中华民族是世界上古老而伟大的民族，创造了绵延五千多年的灿烂文明，中华文明是世界上唯一自古延续至今、从未中断的文明。考古发现的重大成就实证了中国百万年的人类史、一万年的文化史、五千多年的文明史。中华文明是诞育东方人类的摇篮，在新石器时代、青铜器时代、铁器时代等各个文明时代都走在世界前列，在培育农作物、驯化野生动物、寻医问药、观天文察地理、制造工具、创立文字、发现和发明科技、建设村落、营造都市、建构和治理国家、创造和发展文化艺术等各个领域都取得令人赞叹的成就。中华民族的先民们栉风沐雨、披荆斩棘，共同开辟了祖国的锦绣河山，共同书写了我们灿烂辉煌的历史，共同创造了伟大的中华文明。

先秦时期是中华文明的创生期，以礼乐文化为内核的早期文明形态，塑造了中国人最初的天人观念、审美追求和价值诉求。而对礼乐文化的超越与发展，则孕育出以儒家文化为代表的传统社会主流文明形态，这一独特文明形态奠定了此后两千多年中华文明发展的基础。

在中华文明的萌芽与创生期（包括奴隶制文明、农奴制文明等），中华民族最早的大家庭凝聚成形，国家由此诞生，"大同"社会理想和"天下为公，选贤与能，讲信修睦"的价值追求逐渐深入人心。在早期国家演进过程中，先人积累了初步的国家治理经验，从夏商奴隶制文明"畏天敬神"统治理念，到周人在分邦建国中树立"以德配天""敬德保民"政治理想，中华文明在自我反省、自我涤荡中确立人本理性底色，凝聚起深厚的礼乐传统。

秦汉至宋元时期是中华文明的发展期，儒家思想成为封建社会

结　语　　人类文明新形态

的主流意识形态，并逐步形成以儒家文化为主体，以道家、法家、佛家等思想为补充的文化格局，中华传统文化在不断丰富，走向成熟并迈向新高峰。在追求"大一统"过程中，"民为邦本"的民本思想、"以文化人"的文治主张、"协和万邦"的天下观等，伴随着中央集权制度的发展、郡县制度的完善、官僚制度的健全，在实践中不断得到丰富和完善，推动中国传统社会形成国家治理的基本理念和基本形态，为中国传统社会的长期延续和发展提供了坚实的制度与文化支撑。与此同时，社会制度的历史局限性，使封建文化呈现出自身无法消除的保守性、消极性甚至反动性一面，以"三纲"为代表的封建文化糟粕不断体系化并侵蚀社会有机体。特别是随着儒家学说独尊地位的确立，在具体教化实践中，鼓吹男尊女卑、束缚个性自由、阻遏真理探索的极端化倾向愈演愈烈。

明清时期是中华文明的重要转型期，传统文化在走向鼎盛的同时，带有人文主义和理性主义色彩的"新传统"在主流文化的母体内悄然孕育并形成内涵多元、要素多样、影响深远的新的历史文化形态。这个时期的中华文明，传统文化积淀愈益深厚，"大一统"趋势愈益强化，新生社会因素愈益彰显。其中，最值得关注的是世界文明版图变局和中国人民的抉择。

1840年鸦片战争爆发后，中国陷入半殖民地半封建社会的苦难深渊，国家蒙辱、人民蒙难、文明蒙尘。面对前所未有的劫难，中华民族显现了强大的生命力和创新力，一代又一代中国人不甘沉沦、前赴后继、浴血奋斗，最终找到马克思主义这一科学真理。中国共产党一经诞生，就把实现共产主义作为党的最高理想和最终目标，以人类文明的伟大思想成果即马克思主义为指导，肩负起实现中华民族伟大复兴的历史使命。在中国共产党的领导下，中国人民从精神上由被动转为主动，夺取了新民主主义革命胜利，建立了人民当家作主的中华人民共和国，彻底摆脱备受剥削和压迫的地位、真正掌握自己的命运。中华民族几千年来积淀、积聚的爱国情怀、创造活力被激发出来并发扬光大，古老的中华文明从此获得历史性新生，为中华民族伟大复兴奠定坚实基础。

新中国成立后，一个以新社会制度为基础的新型文明形态，开始在中华大地上建立。毛泽东指出，中华民族"以勇敢而勤劳的姿态工作着，创造自己的文明和幸福，同时也促进世界的和平和自由"，中国将以一个具有高度文化的民族出现于世界。中国共产党团结带领人民完成社会主义革命，确立和巩固社会主义基本制度，全面大规模推进社会主义建设，从一穷二白、人口众多的东方大国大步迈进社会主义社会，为当代中国一切发展进步奠定了根本政治前提和制度基础。中国共产党以苏联的经验教训为鉴戒，把马克思列宁主义基本原理同中国实际进行"第二次结合"，走出一条适合中国国情的重工业优先、工农业并举的工业化道路。中国社会发生了翻天覆地的变化，建立起独立的比较完整的工业体系和国民经济体系，取得科学、教育、卫生和文学艺术等事业的巨大进步，实现由传统农业文明向现代工业文明的转变，实现中华民族由近代不断衰落到根本扭转命运、持续走向繁荣富强的伟大飞跃。

在党和国家面临何去何从的重大历史关头，1978年召开的党的十一届三中全会，结束了"文化大革命"以后的两年徘徊，开启了改

结语　人类文明新形态

革开放和社会主义现代化建设新时期。中国共产党人把马克思主义基本原理同中国改革开放的具体实际结合起来，创造性地将中国传统文化中的小康社会提炼上升为社会主义现代化建设的总体目标，成功开辟中国式现代化新道路，创造了充满生机活力的中国特色社会主义文明。邓小平明确指出，"我们搞的现代化，是中国式的现代化。我们建设的社会主义，是有中国特色的社会主义"。中国式现代化是既有别于传统社会主义，又有别于西方资本主义的人类文明新形态。从党的十二大提出建设社会主义物质文明和精神文明两大任务，到党的十五大提出中国特色社会主义经济、政治、文化三大纲领，到党的十七大提出经济建设、政治建设、文化建设、社会建设"四位一体"布局，文明形态的构成日益完备。中国大踏步赶上时代，实现从生产力相对落后的状况到经济总量跃居世界第二的历史性突破，实现人民生活从温饱不足到总体小康、奔向全面小康的历史性跨越，推动社会主义文化繁荣发展，中国综合国力和文化影响力不断提升。

党的十八大以来，中国特色社会主义进入新时代。以习近平同志为主要代表的中国共产党人，坚持把马克思主义基本原理同中国具体实际相结合、同中华优秀传统文化相结合，从新的实际出发，创立习近平新时代中国特色社会主义思想，成为中华文化和中国精神的时代精华，在新起点上铸就中华文明的新高峰。在习近平新时代中国特色社会主义思想指引下，统筹推进"五位一体"总体布局、协调推进"四个全面"战略布局，进一步拓展和深化中国式现代化道路，不断推进中华优秀传统文化创造性转化、创新性发展，推动物质文明、政治文明、精神文明、社会文明、生态文明协调发展，构成波澜壮阔的新型文明图谱。中国人民经受住了来自各方面的风险挑战考验，战胜一系列重大风险挑战，党和国家事业取得历史性成就、发生历史性变革，在中华大地上全面建成小康社会，历史性地解决绝对贫困问题，创造人类文明史上的奇迹。

一百年来，中国共产党团结带领人民，坚持独立自主走自己的路，取得革命、建设、改革伟大胜利，开创、坚持、捍卫、发展中国特色社会主义，从根本上改变了中国人民和中华民族的前途命运。面对世界百年未有之大变局，中国把自身文明发展置于人类发展的坐标系中，推动构建人类命运共同体，推动人类文明交流互鉴，以包容、开放的姿态引领世界文明发展进程。

二 人类文明新形态的显著特色和丰富内涵

中国共产党领导人民创造的中华民族现代文明，是具有显著特色和丰富内涵的人类文明新形态。这一新型文明源自中华民族五千多年文明历史所孕育的中华优秀传统文化，熔铸于中国共产党领导人民在革命、建设、改革中创造的革命文化和社会主义先进文化，根植于中国特色社会主义伟大实践，同时又吸收借鉴人类创造的一切优秀文明成果。

人类文明新形态是坚持以人民为中心的新形态。人民就是江山，江山就是人民，人民群众是历史的创造者，中国人民是文明成果的创立者，也是文明成果的享有者。中国共产党来自人民、植根人民，根本宗旨是全心全意为人民服务，依靠人民创造历史伟业。中国共产党始终坚持以人民为中心，始终坚持人民至上，把不断实现人民

结　语　**人类文明新形态**

对美好生活的向往作为根本价值追求和实践目标，发展全过程人民民主，维护社会公平正义，推进人与自然和谐共生，不断促进人的全面发展和全体人民共同富裕，实现文明形态从资本逻辑向人民逻辑的革命性转变。

人类文明新形态是坚持中国特色社会主义的新形态。方向决定道路，道路决定命运。中国共产党在长期实践探索中，坚持独立自主走自己的路，开创和发展了中国特色社会主义，从根本上改变了中国人民和中华民族的前途命运。改革开放以来，取得一切成绩和进步的根本原因，归结起来就是：开辟了中国特色社会主义道路，形成了中国特色社会主义理论体系，确立了中国特色社会主义制度，发展了中国特色社会主义文化。中国特色社会主义道路是实现社会主义现代化、创造人民美好生活的必由之路，是能够引领中国进步、增进人民福祉、实现民族复兴的唯一正确道路。中国特色社会主义理论体系是立足时代前沿、与时俱进的科学理论，是指导中华民族实现伟大复兴的行动指南。中国特色社会主义制度是当代中国发展进步的根本制度保障，是具有鲜明中国特色、明显制度优势、强大自我完善能力的先进制度。中国特色社会主义文化积淀着中华民族最深沉的精神追求，代表着中华民族独特的精神标识，是激励全党全国各族人民奋勇前进的强大精神力量。中国特色社会主义丰富发展了科学社会主义并赋予其鲜明中国特色，使科学社会主义焕发出强大的生机活力。只有社会主义才能救中国，只有中国特色社会主义才能发展中国，只有坚持和发展中国特色社会主义，才能成功走出中国式现代化道路，才能创造人类文明新形态。这就是历史的结论、人民的选择，也是未来的昭示。

人类文明新形态是坚持全面协调发展的新形态。中华文明具有无与伦比的包容性和吸纳力，可久可大、根深叶茂。人类文明新形态，是以创新、协调、绿色、开放、共享新发展理念为统领的人类文明新形态，是推动物质文明、政治文明、精神文明、社会文明、生态文明协调发展的人类文明新形态。植根于中华大地上的人类文明新形态从提出伊始便关注物质、政治、精神、社会、生态各个领域之间的平衡关系，在坚持以经济建设为中心的同时，着力推进高质量发展，发展全过程人民民主，以社会主义核心价值观引领文化建设，在发展中保障和改善民生，促进人与自然和谐共生，协同推进人民富裕、国家强盛、中国美丽。在谱写人类文明新篇章的进程中，不断厚植现代化的物质基础，不断夯实人民幸福生活的物质条件，同时大力发展社会主义先进文化，传承中华文明，努力避免实际发展中的片面性，实现物质文明和精神文明相互促进、相得益彰，克服资本主义文明形态过于重视物质的先天性弊病，促进物的全面丰富和人的全面发展。

人类文明新形态是坚持为世界谋大同的新形态。这是一种全新的人类文明形态，深深植根于中华优秀传统文化，体现科学社会主义的先进本质，借鉴吸收一切人类优秀文明成果，代表人类文明进步的发展方向，展现了不同于西方现代化模式的新图景。中国共产党既为中国人民谋幸福、为中华民族谋复兴，也为人类谋进步、为世界谋大同。中国坚持和平、发展、公平、正义、民主、自由的全人类共同价值，推动构建人类命运共同体，推动构建以合作共赢为核心的新型国际关系，让文明交流互鉴成为推动人类社会进步的动力、维护世界和平的纽带，推动人类文明实现创造性发展，同世界各国人民一道建设更加美好的世界。中国共产党开辟了一条合作共赢、共建共享的人类文明发展新道路，以文明交流超越文明隔阂，以文明互鉴超越文明冲突，以文明共存超越文明优越，打破了"国强必霸"的大国崛起传统模式，打破了"现代化＝西方化"的迷思，深刻改变着世界文明格局和话语格局。

三　开创中华民族伟大复兴的崭新局面

中华文明以其独特的精神品格和价值追求，凝聚和鼓舞着中华民族和中国人民一代又一代接续奋斗。中国共产党带领人民经过百年的自强不息、艰苦奋斗，才使中华文明以人类文明新形态的形式重焕光彩，中华民族伟大复兴展现出前所未有的光明前景。

中国特色社会主义开辟了实现中华民族伟大复兴的正确道路，从根本上改变了中华民族的前途命运。走自己的路，是党的全部理论和实践立足点，更是中国共产党百年奋斗得出的历史结论。中国共产党领导人民不懈奋斗、不断进取，成功开辟了实现中华民族伟大复兴的正确道路，坚定不移地走中国式现代化道路，创造、丰富和发展人类文明新形态，使世界范围内社会主义和资本主义两种意识形态、两种社会制度的历史演进及其较量发生有利于社会主义的重大转变。中国共产党领导人民经过波澜壮阔的伟大斗争，使中国人民彻底摆脱了被欺负、被压迫、被奴役的命运，实现了最广泛的人民民主，人民真正成为国家、社会和自己命运的主人。中国从四分五裂、一盘散沙到高度统一、民族团结，从积贫积弱、一穷二白到全面小康、繁荣富强,从被动挨打、饱受欺凌到独立自主、坚定自信,焕发出前所未有的历史主动精神、历史创造精神。中国人民对美好生活的向往不断变为现实,中华民族向世界展现一派欣欣向荣的气象,巍然屹立于世界东方。

久经磨难的中华民族迎来了从站起来、富起来到强起来的伟大飞跃。从积弱积贫、一穷二白到全面小康、繁荣富强,中国人民创造出了世所罕见的经济快速发展和社会长期稳定两大奇迹,综合国力、科技实力、国防实力、文化影响力、国际影响力显著提升。中国用几十年时间走完发达国家几百年走过的工业化历程,建成全世界最完整的现代工业体系,中国已经成为世界第二大经济体、第一大工业国、第一大货物贸易国、第一大外汇储备国。2022年中国经济总量突破120万亿元,对世界经济增长的贡献位居全球前列;人均国内生产总值保持在1.2万美元以上,超过世界人均水平,稳居中高收入国家行列。中国长期保持社会和谐稳定、人民安居乐业,人民生活从短缺走向充裕、从贫困走向小康,整体上彻底摆脱绝对贫困,建成世界上规模最大的社会保障体系,成为国际社会公认的最有安全感的国家之一。从被动挨打、饱受欺凌到独立自主、坚定自信,中国人民迎来实现中华民族伟大复兴的光明前景,比历史上任何时期都更接近、更有信心和能力实现中华民族伟大复兴的目标。

中华文明再次迸发出强大精神力量,铸就中华文化新辉煌。文化兴国运兴、文化强民族强,没有高度的文化自信,没有文化的繁荣兴盛,就没有中华民族伟大复兴。改革开放以来,中国共产党坚持物质文明和精神文明两手抓、两手硬,推动社会主义文化繁荣发展,振

结语　人类文明新形态

奋了民族精神，凝聚了民族力量。以习近平同志为核心的党中央坚持以社会主义核心价值观引领文化建设，弘扬以伟大建党精神为源头的中国共产党人精神谱系，建设具有强大凝聚力和引领力的社会主义意识形态，建设社会主义文化强国，激发全民族文化创新创造活力，更好构筑中国精神、中国价值、中国力量，为创造人类文明新形态提供文化滋养和精神支撑。坚持把社会效益放在首位、社会效益和经济效益相统一，推动文化事业全面繁荣和文化产业快速发展，用社会主义先进文化、革命文化、中华优秀传统文化培根铸魂，不断丰富人民精神世界，不断提升文化整体实力和竞争力。中国意识形态领域形势发生全局性、根本性转变，全党全国各族人民文化自信明显增强，全社会凝聚力和向心力极大提升，为新时代开创党和国家事业新局面提供了坚强思想保证和强大精神力量。

四　引领时代潮流和促进人类文明进步

中国共产党人创造的人类文明新形态，既属于中国，也属于世界。世界好，中国才能更好；中国好，世界才会更好。中国把自身文明发展置于人类发展的坐标系中，以博大宽广的胸怀为世界谋大同、为人类谋进步。中国顺应历史大势，倡导构建人类命运共同体，大力提倡平等、互鉴、对话、包容的文明观，弘扬和平、发展、公平、正义、民主、自由的全人类共同价值，成为引领时代潮流和人类前进方向的鲜明旗帜。中国共产党领导人民成功走出中国式现代化道路，创造了人类文明新形态，拓展了发展中国家走向现代化的途径，给世界上那些既希望加快发展又希望保持自身独立性的国家和民族提供了全新选择。中国式现代化作为人类文明新形态,与全球其他文明相互借鉴,必将极大丰富世界文明百花园。

中国是推动文明交流互鉴、构建人类命运共同体的倡导者,更是实践者和引领者。为解决人类重大问题,中国推动建设持久和平、普遍安全、共同繁荣、开放包容、清洁美丽的世界,成为推动人类发展进步的重要力量。从"一带一路"倡议,到自由贸易试验区建设、海南自由贸易港建设、举办中国国际进口博览会;从扩大金融业、制造业、服务业等领域开放,到拓展资金、人才、科技、文化等领域国际合作,在新的历史条件下加强同世界各国的合作交流、促进各国文明对话和文化交流,中国日益成为引领时代潮流和人类文明进步方向的鲜明旗帜。

中国始终不渝走和平发展道路,提出构建创新、活力、联动、包容的世界经济,推动经济全球化朝着更加开放、包容、普惠、平衡、共赢的方向发展,为解决人类社会面临的种种全球性挑战提供了中国方案。从应对新冠疫情、推动全球经济复苏,到应对气候变化、推动绿色低碳转型,中国始终站在国际合作的前沿,为推动全球发展注入澎湃动力。大道之行,天下为公。中国坚持和平发展道路,发展自身、造福世界,既通过维护世界和平发展自己,又通过自身发展维护世界和平,不仅历史性地改变了中国的面貌,也为世界和平发展做出重大贡献。中国经济连续多年对世界经济增长贡献率在30%以上,成为全球经济重要的稳定器、动力源。中国建设性参与国际和地区热点问题政治解决,支持和帮助广大发展中国家消除贫困,在气候变化、减贫、反恐、网络安全和维护地区安全等领域发挥积极作用。面

结　语　人类文明新形态

对百年来全球发生的最严重的传染病大流行，中国开展抗击新冠疫情国际合作，发起新中国成立以来最大规模的全球紧急人道主义行动，向众多国家特别是发展中国家提供物资援助、医疗支持、疫苗援助和合作。

世界命运应该由各国共同掌握，不是以一种制度代替另一种制度，不是以一种文明代替另一种文明。全球事务应该由各国共同商量，在国际事务中利益共生、权利共享、责任共担。中国倡导共同、综合、合作、可持续的安全观，坚定维护以联合国为核心的国际体系和以国际法为基础的国际秩序，发挥联合国在国际事务中的核心作用，维护和践行真正的多边主义。新中国成立70多年来从没有主动挑起过任何一场战争和冲突，是联合国维和行动第二大出资国和派出维和人员最多的联合国安理会常任理事国。中国秉持共商共建共享的全球治理观，推动构建不冲突、不对抗、相互尊重、合作共赢的新型大国关系，以中国智慧、中国主张、中国方案引领全球治理理念实现创新发展，改写大国必战、国强必霸的西方逻辑。中国共产党从人类发展大潮流、世界变化大格局、中国发展大历史正确认识和处理同外部世界的关系，维护世界持久和平、促进共同发展、共创美好生活，始终站在历史正确的一边，站在人类进步的一边。2023年3月，习近平首次提出全球文明倡议，深刻回答了"人类社会现代化之问"，为应对世界之变、时代之变、历史之变提供了中国方案。中国共产党以世界眼光关注人类前途命运，用实际行动应对人类共同风险挑战，承担大国责任，展现大国担当，始终是世界和平的建设者、全球发展的贡献者、国际秩序的维护者、全球治理的引领者、人类进步的推动者。

后记

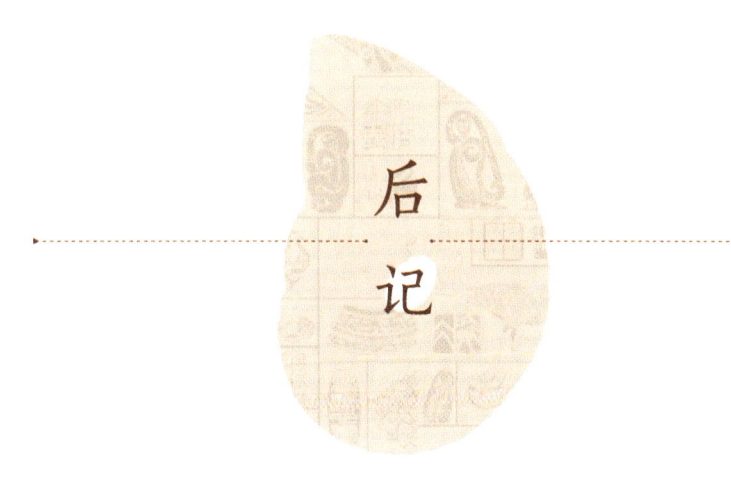

《(新编)中国通史纲要》与《中华文明史简明读本》是国家重大学术文化工程"十四五"规划项目《(新编)中国通史》纂修工程重要阶段性成果，在中央宣传部指导下，由中国社会科学院中国历史研究院承担具体编写任务。两部著作是中国历史研究院学习贯彻习近平文化思想、担负新时代文化建设使命的具体实践。希望通过两部著作，站在历史科学的视角，揭示中华民族成长壮大的宏伟进程，昭示新时代在五千多年文明史上的伟大意义。

项目启动以后，编写组从中国历史研究院院属各研究所、当代中国研究所和部分高校中遴选以中青年学者为主的优秀专家，组成一支立场坚定、专业过硬、视野开阔的撰写团队。具体分工如下：

《(新编)中国通史纲要》第一章：李新伟；第二、三章：徐义华；第四、五章：张荣强；第六章：雷闻、刘子凡；第七、八章：张国旺；第九章：张晓慧；第十章：王剑；第十一章：朱昌荣、刘文星；第十二章：朱浒；第十三章：蒋建农；第十四章：刘国新；第十五章：李正华；第十六章：万建武；附录大事编年：李世愉。

《中华文明史简明读本》第一章：李新伟；第二、三章：刘源；第四章：苏辉；第五章：杨博；第六章：陈爽；第七章：刘子凡；第八、九章：罗玮；第十章：刘文鹏；第十一章：倪玉平；第十二章：左玉河；第十三章：储著武；第十四章：周进；第十五章、结语：吴超。

在两书撰写过程中，中宣部领导同志始终给予关怀和指导，中宣部、财政部等部委相关部门的同志们热忱帮助、大力支持。中国社会科学院院长、党组书记，中国历史研究院院长、党委书记高翔同志始终给予莫大关心，反复斟酌、打磨框架结构，多次审阅书稿，全面指导、亲自部署两书编写工作。中国历史研究院副院长李国强靠前指挥、统筹谋划，余新华、万建武、路育松、陈秋霖等同志予以关心和指导。中国历史研究院相关处室为两书立项、出版、宣传倾力协作，贡献良多。众多资深专家学者为两书修改完善提出许多宝贵意见。

截至交付出版前，两书共计完成9轮修订。编写组分别于2022年7月和9月，两次集中统稿修订，除各章主撰外，周群、张旭鹏、邱志红、赵庆云等同志参与通读校阅，对结构文字进行了必要调整、改写。张凌晖、黄旭同志承担学术联络与编务工作。吴杰、梁奎、解红玉、杨富强等《通史》办工作人员参与了图文资料补充、核查与校对等工作。

两书的出版，得到中国社会科学出版社大力支持。中国社会科学出版社党委书记、社长赵剑英亲自督导、全面统筹，编校、印制、美编人员等多部门同志倾注大量心血，为两书顺利付梓面世付出辛

后 记

勤劳动。

在此谨向为两书高质量编写出版尽心竭力的所有部门与同志们，致以诚挚感谢！

两书编著参考了许多先贤今哲的论著，然限于体裁，未能在书中一一注明，只能将有关专著与重要论文列入参考书目，敬请见谅。出于时间和水平所限，两书定有未臻完善之处，恳请广大读者批评指正。

两书编写组

2023年12月